HIRO-HITO
L'empereur ambigu

EDWARD BEHR

HIRO-HITO

L'empereur ambigu

Traduit de l'anglais par Béatrice Vierne

ÉDITIONS ROBERT LAFFONT
PARIS

ISBN 2-221-05640-X

Pour P. B et C. B

On trouvera en annexe, à partir de la page 501, les cartes, les arbres généalogiques, la liste des principaux acteurs, les notes et la bibliographie qui complètent cet ouvrage.

Chapitre 1

Le 27 septembre 1945 eut lieu un événement extraordinaire qui mit un terme à plus de deux mille six cents ans d'invincibilité japonaise. Ce jour-là, la plus ancienne automobile impériale encore en état de fonctionner (une Mercedès vétuste) fut mise en route avec tous les égards qui lui étaient dus dans le garage du palais et à dix heures du matin, un cortège inhabituel franchit les grilles de l'édifice, puis les douves et se mit à escalader la colline, à travers les décombres aplatis et calcinés de Tokyo, ravagée par la guerre. Le cortège se composait de cinq véhicules (dont deux étaient remplis de policiers et de gardes du corps du palais), flanqués de deux motocyclistes, suite des plus modestes selon les critères impériaux.

A l'intérieur de la Mercedès (baptisée la « bétonnière » par les forces américaines, après ses nombreuses apparitions, et qui occupe aujourd'hui la place d'honneur au musée Mercedes en Allemagne Fédérale) était assis un petit homme tiré à quatre épingles, avec une fine moustache et un menton légèrement fuyant ; il portait une jaquette noire, un pantalon rayé et un chapeau haut de forme. Ces vêtements, nota un témoin, étaient presque aussi vieux que la Mercedès ; d'ailleurs, pendant les trois années suivantes, l'empereur Hiro-Hito mettrait un point d'honneur à ne porter que des complets élimés et mal coupés, afin de partager, symboliquement, les épreuves et la pénurie qu'endurait son peuple. Par cette matinée de septembre, l'empereur était en route pour l'ambassade des Etats-Unis à Tokyo, dans le grand salon de réception de laquelle il devait faire la connaissance du général MacArthur, commandant suprême des forces alliées, le nouveau « *shogun* » américain ; cette rencontre symboliserait à la fois la défaite du Japon et la propre volonté de l'empereur d'aller s'incliner devant le nouveau maître de son pays.

L'entrevue, qu'immortalisa une photographie involontairement comique, prise par un sergent du Corps des Transmissions de l'armée américaine, mettait en relief les différences entre les deux hommes. MacArthur, sans cravate, les mains dans les poches, en simple chemise et pantalon d'uniforme beige, se tient à côté de l'empereur qui lui arrive à peine à l'épaule. L'Américain montre un visage sévère, sans l'ombre d'un sourire, la mâchoire raidie dans une espèce de grimace hargneuse. Les traits d'Hiro-Hito sont figés dans un demi-sourire crispé ; il a l'air fataliste, mais légèrement craintif, et paraît incroyablement jeune. Le photographe — devait se rappeler l'ex-commandant Faubion Bowers, aide de camp particulier de MacArthur — n'eut droit qu'à quelques secondes pour prendre son cliché. Le général n'en voulait qu'un. En professionnel consciencieux, le sergent demanda la permission d'en prendre deux, « au cas où... » et MacArthur accepta d'un bref hochement de tête. (Sage décision, car sur la première photographie, l'empereur avait les yeux fermés, si bien qu'elle aurait été inutilisable.) Aussitôt après, d'un claquement de doigts, le sergent fut congédié.

Les rédacteurs en chef de la presse nippone furent consternés par le contraste entre l'immense colosse qu'était MacArthur et leur minuscule empereur et ils se firent tirer l'oreille pour publier le cliché — mais les directives du SCAP (Commandement suprême des puissances alliées) faisaient loi. Paradoxalement, cette photographie fit plus pour assurer au souverain l'affection du public japonais que toutes ses proclamations ultérieures. Il semblait si vulnérable et partageait si manifestement les malheurs de son peuple.

La tenue négligée de MacArthur scandalisa non seulement les rédacteurs en chef, mais aussi presque tous les lecteurs nippons. Pour une telle occasion, le général aurait au moins pu, estimaient-ils, enfiler son uniforme d'apparat. Dans l'esprit de MacArthur, la chose n'avait pourtant rien d'irrespectueux — ne portait-il pas l'uniforme ordinaire de tous les membres de l'armée américaine d'occupation ? Il fut surpris d'apprendre, a posteriori, les réactions japonaises, car il croyait au contraire avoir fait son possible pour protéger l'empereur des regards indiscrets : la presse n'avait pas été prévenue à l'avance de cette visite, le rendez-vous ne figurait nulle part dans les emplois du temps officiels et la garde d'honneur de service à la grille de l'ambassade ne savait pas à qui elle devait présenter les armes lorsque la Mercedes, suivie de deux autres voitures, s'engagea dans la petite allée. On avait simplement enjoint aux hommes de le faire avec un « panache » exceptionnel, car il s'agissait d'une délégation attendue de « hautes personnalités ». Même le photographe chargé de prendre le cliché historique ignorait tout de l'identité du visiteur avant de l'avoir en face de lui. Toutefois, Bowers eut le sentiment que MacArthur fourrait délibérément ses mains dans ses poches, « pour bien montrer que c'était lui le patron ».

L'empereur dut trouver tous les événements de la matinée quelque peu déroutants. Dès le départ, il fut traité avec une absence de cérémonial voulue. Un aide de camp, le général Bonner Fellers, l'accueillit par une cordiale poignée de main : « Bienvenue, monsieur, c'est un plaisir de vous connaître », lança-t-il. Les neuf hauts fonctionnaires du Palais qui avaient accompagné l'empereur posaient pour leur part un problème à l'état-major de MacArthur. « Nous pensions qu'il viendrait seul ou accompagné, tout au plus, d'un seul écuyer », s'est rappelé Bowers. Finalement, les neuf plus hauts fonctionnaires du ministère de la Maison impériale, dont Tsuneo Matsudaira, le ministre en titre, et le marquis Koichi Kido, garde du Sceau impérial, qui était aussi le conseiller le plus proche et l'ami de toujours du souverain (ils avaient préparé cette réunion ensemble la veille, pendant près de trois heures), furent installés au rez-de-chaussée dans un minuscule salon attenant. La conversation eut tendance à languir. Bowers, interprète attitré de MacArthur, en plus de ses fonctions d'aide militaire, fit de son mieux pour distraire les visiteurs par de menus propos. Passionné de théâtre kabuki, il s'efforça d'aiguiller la conversation sur son sujet de prédilection. Les Japonais furent courtois, se rappelle-t-il, mais leurs esprits étaient visiblement ailleurs.

La nervosité de l'empereur était évidente et fondée. Il était — et on le comprend — terrorisé. Le jour où avait été signée la capitulation inconditionnelle du Japon, à bord du *Missouri,* à peine trois semaines auparavant, le vieux ministre des Affaires étrangères nippon, Mamoru Shigemitsu, épuisé d'avoir grimpé la passerelle du cuirassé, épreuve redoutable pour un septuagénaire unijambiste (il avait perdu une jambe lors d'un attentat à la bombe à Shanghai, dans les années trente), avait demandé un verre d'eau pour se remettre — et l'amiral américain Halsey avait refusé. Hiro-Hito ne savait donc pas à quel traitement s'attendre. Sa requête sollicitant une entrevue avec MacArthur avait été sèchement agréée (« Ce n'est pas trop tôt », avait lancé le « Supremo » à son état-major) et il ignorait si on avait l'intention de l'humilier, comme l'avait été son ministre à bord du *Missouri,* ou même peut-être de l'arrêter séance tenante.

Pour toutes ces raisons, Hiro-Hito paraissait, selon les souvenirs de Bowers, « mort de peur. En prenant son haut-de-forme, j'ai remarqué que ses mains tremblaient. Quand il a aperçu MacArthur, sur le seuil du salon de réception, il s'est incliné profondément, très bas, aussi bas qu'un domestique ». MacArthur serra la main de l'empereur et déclara : « Vous êtes le bienvenu, monsieur. » Il ajouta qu'un interprète américain, Bowers en l'occurrence, était à la disposition du visiteur, mais que si ce dernier le préférait, il pouvait faire appel au sien, car MacArthur n'insisterait pas sur la présence d'un de ses compatriotes. Aussitôt, sur un ton péremptoire, Hiro-Hito ordonna à son interprète, Katuzo Okamura, de rester à ses côtés. De part et d'autre d'une table basse, sur laquelle étaient posées de précieuses céramiques japonaises, les trois hommes, assis dans des fauteuils Louis XV à dossier droit, purent s'entretenir, semblait-il, dans le plus grand secret. Il était bien compréhensible que l'empereur ait tenu à avoir auprès de lui son interprète : ce qu'il avait à dire était si délicat, si difficile à exprimer que l'idée de le laisser traduire par un étranger eût été intolérable. Il ne pouvait pas savoir que Jean MacArthur, l'épouse du général, cachée derrière un rideau, ne perdait pas un mot de l'entretien.

Par la suite, MacArthur devait confier à ses proches collaborateurs que l'empereur était à la fois craintif et tendu, mais bien décidé à ne pas le laisser voir. « Je me suis efforcé de lui faciliter les choses au maximum, mais je savais combien sa souffrance et son humiliation devaient être profondes et affreuses, déclara le général. Qu'il est donc pénible de voir un homme élevé aussi haut rabaissé à ce point. » A un moment donné, il offrit une cigarette à l'empereur qui « était d'une telle nervosité que ses mains tremblaient ». MacArthur l'alluma pour lui. Cette cigarette était un détail auquel on n'avait pensé qu'in extremis : « Il fume ? » avait demandé MacArthur à Bowers quelques minutes à peine avant l'arrivée de l'empereur. Le général lui-même ne fumait, bien sûr, que sa pipe en épi de maïs. Ce fut Bowers qui lui remit son propre paquet de Lucky Strikes.

S'il existait, parmi les forces américaines, un homme capable de mettre l'empereur à l'aise, c'était bien Douglas MacArthur qui, en tant qu'aide de camp de son père, un autre général MacArthur, avait accompagné ce dernier au Japon juste après la guerre russo-japonaise de 1905, sous le règne de l'empereur Meiji. MacArthur le rappela d'ailleurs à son visiteur, lui arrachant un sourire et rompant la glace. Le nouveau généralissime expliqua à Hiro-Hito que son auguste grand-père était alors terriblement préoccupé par une grave épidémie de choléra qui s'était déclarée parmi les unités nippones ayant pris part à la campagne. Le pire, avait déclaré l'empereur au père de MacArthur, c'était que les soldats refusaient purement et simplement de prendre leurs pilules anticholéra.

« Mon père, précisa MacArthur à Hiro-Hito, eut un conseil à proposer à votre grand-père. Il suggéra de mettre un message à l'intérieur de chaque boîte de pilules : L'empereur demande à chacun de ses soldats de prendre une pilule toutes les quatre heures. On se rangea à cet avis et l'épidémie fut enrayée. »

A partir de là, l'atmosphère se détendit, même s'il y eut quelques moments un peu difficiles : Hiro-Hito fit l'éloge du comportement et de la retenue des troupes d'occupation américaines. MacArthur félicita l'empereur de la conduite du peuple japonais en ces circonstances pénibles. Les généralités se firent ensuite un peu moins guindées. Après que MacArthur eut continué en félicitant son visiteur d'avoir mis un terme à la guerre, celui-ci répondit que le mérite en revenait aussi à d'autres. « Le parti de la paix ne put s'imposer avant que le bombardement de Hiroshima n'eût créé une situation susceptible d'être dramatisée », expliqua l'empereur.

MacArthur lui posa alors une question que bien des gens se sont posée depuis. Comment se faisait-il qu'un souverain assez puissant pour mettre fin à la guerre n'eût pas été en mesure de la prévenir ? « J'ai eu l'impression que mon cœur se brisait », avoua Hiro-Hito, ajoutant que le pire pour lui avait été de songer aux conséquences de la guerre pour la famille royale de Grande-Bretagne « qui m'avait traité avec la plus grande bonté lorsque je m'étais rendu dans son pays à l'époque où j'étais encore prince héritier. Toutefois, sur le moment l'idée de contredire mes conseillers ne me vint même pas. D'ailleurs, cela n'aurait servi à rien. On m'aurait enfermé dans un asile de fous, voire peut-être assassiné.

— Un monarque doit être assez courageux pour courir de tels risques », fit valoir MacArthur.

Hiro-Hito, cependant, eut une autre riposte inattendue, laquelle, étant donné les circonstances, révélait en lui à la fois un homme opiniâtre et un brillant joueur de poker. « Il ne m'apparaissait pas clairement que notre politique était injustifiée, déclarat-il. Aujourd'hui encore, je ne sais trop à qui les historiens attribueront la responsabilité de cette guerre. » Puis, au prix d'un effort qui dut être atrocement pénible, il précisa au général qu'il venait « m'offrir au jugement des puissances que vous représentez, en qualité de seul responsable de toutes les décisions politiques et militaires prises et de tous les actes accomplis par mon peuple dans la conduite de la guerre ».

Il s'agissait, bien sûr, d'un simple geste : l'empereur savait déjà pertinemment, deux mois après Hiroshima, que MacArthur ne tenait pas à le voir jugé en tant que criminel de guerre et qu'on ne le prierait presque certainement pas d'abdiquer, car son rang d'empereur, même s'il devait être modifié, ne serait pas entièrement aboli. Le général, de son côté, n'ignorait pas que l'empereur était conscient de cet état de choses. Toutefois, les paroles à double sens sont pour les Japonais une partie essentielle des rapports sociaux et l'empereur, en s'offrant comme bouc émissaire, laissait en réalité entendre que les nouvelles forces d'occupation ne devaient pas se montrer trop dures envers le Japon, surtout sur le chapitre des « criminels de guerre ». Si les autorités américaines étaient résolues à épargner l'empereur, comment auraient-elles pu punir ses serviteurs loyaux et dévoués ?

MacArthur, pour sa part, veilla à faire savoir à Hiro-Hito que les Etats-Unis n'avaient pas l'intention de se conduire en puissance colonisatrice. L'entretien dura, en tout, trente-cinq minutes. Lorsqu'il prit fin, s'est rappelé Paul Manning, correspondant de guerre américain qui avait suivi les opérations dans le Pacifique, participé à des missions de bombardement au-dessus du Japon, assisté à la capitulation à bord du *Missouri* et qui jouissait de rapports privilégiés avec l'état-major de MacArthur, « l'un et l'autre savaient qu'ils pourraient travailler ensemble pour réhabiliter le Japon et son peuple. Ils éprouvaient un respect mutuel, manifestaient une courtoisie réciproque et une sympathie marquée... Ils savaient qu'ils seraient associés dans la tâche d'occupation qui les attendait ». Pour Hiro-Hito, cette rencontre tant redoutée se soldait par un triomphe personnel. Comme il le confia ensuite au marquis Kido, MacArthur lui avait bel et bien demandé conseil ! Selon le journal de Kido, MacArthur avait déclaré que « l'empereur du Japon est le mieux placé pour connaître les hommes importants de l'univers politique de son pays. J'aimerais donc avoir dorénavant votre avis sur différents sujets »...

On entendit l'empereur demander, en partant, au marquis Kido le nom du général qui l'avait accueilli à son entrée à l'ambassade et il envoya ultérieurement au général Bonner Fellers une photographie dédicacée en anglais. C'était un geste surprenant de la part d'un souverain encore considéré comme une divinité et aussi la preuve que Hiro-Hito, pour confiné qu'il fût à l'intérieur de son palais, était parfaitement au courant des techniques de relations publiques à l'occidentale. D'autres gages d'estime suivirent : peu après l'entrevue, l'impératrice Nagako fit parvenir à Jean MacArthur une gigantesque corbeille de fleurs, dont l'Américaine la remercia par une lettre adressée à « Votre Majesté ». Vint ensuite un autre cadeau, de la part de l'empereur cette fois : une écritoire en laque et or, destinée au général et à Mme MacArthur. Cette dernière la fit aussitôt expertiser et fut un peu déçue d'apprendre que l'objet — bien qu'il fût de valeur — n'était pas très ancien, puisqu'il datait probablement de l'ère Tokugawa, au XIXe siècle.

MacArthur fut prompt à reconnaître cette première victoire remportée par l'empereur après la guerre. Il déclara à son état-major que Hiro-Hito « était empereur de naissance, mais en cet instant, je sus que j'avais en face de moi le premier *grand seigneur* du Japon de son plein droit ». Il confia à un visiteur qu'au début « je suis arrivé ici avec l'intention de traiter l'empereur plus durement, mais cela n'a pas été nécessaire. C'est un homme sincère et un authentique libéral ». A aucun moment MacArthur n'adressa à son supérieur en titre, le président Truman, un compte rendu de ce qui s'était dit à l'ambassade entre Hiro-Hito et lui-même. S'il semblait manquer ainsi à son devoir, c'était de propos délibéré : MacArthur, pour cet entretien avec l'empereur comme pour tous ceux qui suivirent (il devait y en avoir dix, en tout, avant la fin de l'occupation), respecta le souhait exprimé par son interlocuteur de les voir rester non seulement officieux, mais tout à fait privés, même si, après les entretiens suivants, les fonctionnaires japonais des Affaires étrangères interrogèrent l'interprète de l'empereur avec l'assentiment de ce dernier. En outre, comme devait se le rappeler Faubion Bowers, bien des années plus tard, « les sentiments antinippons étaient à l'époque si violents à Washington que si MacArthur avait fait savoir que l'empereur revendiquait l'entière responsabilité de la guerre, les " gauchistes " du Département d'Etat auraient sûrement hurlé : Parfait, qu'on le juge » ! La substance des entretiens ultérieurs entre les deux hommes reste donc cachée dans un dossier « top secret » du ministère des Affaires étrangères, à l'exception d'une « fuite » délibérément organisée par le ministère, laquelle entraîna le renvoi d'un des interprètes de Hiro-Hito, à la demande du général MacArthur.

Trois mois plus tard, dans sa proclamation du Nouvel An au peuple japonais, Hiro-Hito renonça officiellement à sa « divinité » par un texte soigneusement préparé, qu'il avait ruminé pendant longtemps. « Le lien entre Nous et vous, le peuple, disait-il, est constamment renoué par la confiance, l'amour et le respect mutuels. Ce ne sont pas simplement la mythologie et les légendes qui le créent. Jamais un tel lien n'est fondé sur la perception chimérique qui fait de l'empereur un dieu vivant et qui, en outre, [considère] la race japonaise comme supérieure à toutes les autres races humaines et donc destinée à gouverner le monde. »

La proclamation du Nouvel An révéla aussi le gros de ses préoccupations : « En conséquence de notre défaite dans une guerre qui s'est éternisée, nous pensons que notre peuple risque d'être saisi d'agitation et de sombrer dans un abîme de découragement. Ce nous est certes une cause de profonde inquiétude que de discerner dans les esprits des signes d'une confusion due au déclin marqué de la moralité qu'entachent des sophismes toujours plus nombreux... » Phrase que certains correspondants américains, même s'ils s'éloignaient du texte, paraphrasaient correctement en ces termes : « Des tendances radicales excessives se répandent progressivement et le sens moral tend à perdre son emprise sur le peuple. » Au mois de décembre 1945, comme le notait Mark Gayn, reporter du *Chicago Sun,* tous les portraits de l'empereur

Hiro-Hito dans les écoles japonaises le représentaient en costume civil et non plus en uniforme. Déjà, un nouvel esprit régnait au SCAP. Selon le sous-chef de la section « Affaires japonaises » de MacArthur, le colonel C. L. Kades, le général estimait que « l'empereur avait expié toutes ses erreurs passées par son soutien inconditionnel à l'Occupation ». Le général Courtney Whitney, premier aide de camp de MacArthur, confia à la presse que « j'aurais l'impression de manquer grossièrement à nos engagements si l'empereur devait passer en jugement comme criminel de guerre, après tous les services qu'il a rendus aux alliés ».

L'histoire de Hiro-Hito est bien compliquée à démêler, d'autant plus que, durant le court intervalle entre la décision de capituler prise par l'empereur et l'arrivée des forces d'occupation américaines, presque tous les documents confidentiels ont été brûlés. Le ministre de la Maison impériale ordonna la destruction de tous les papiers « délicats » du Palais peu avant la capitulation et les ministres des Affaires étrangères, de l'Armée et de la Marine, ainsi que les chefs d'état-major de l'armée et de la marine, en firent autant ; ces diverses instructions furent exécutées avec le plus grand zèle, si bien que lorsque les instances chargées de poursuivre les criminels de guerre japonais en vinrent à réunir des preuves, elles ne trouvèrent pratiquement aucun document à compulser, ce qui forme un contraste frappant avec la masse de papiers abandonnée derrière elle par la bureaucratie nazie. A quelques notoires exceptions près, c'est l'image d'un monarque passif, irréprochable qui s'est, dans l'ensemble, imposée.

A plus de quarante ans de distance, il est étrange de se rappeler qu'en août 1945, il y avait une très réelle possibilité de voir l'empereur Hiro-Hito passer en jugement pour crimes de guerre, du fait de sa responsabilité dans les événements dont le point culminant avait été l'attaque de Pearl Harbor. Il n'y avait pas que l'Union soviétique qui (pour des raisons n'ayant rien à voir avec la justice, mais tout, en revanche, avec l'avancement de la cause du parti communiste japonais, longtemps clandestin) tenait à le faire asseoir au banc des accusés et à voir abolie la monarchie nippone. L'Australie aussi était désireuse d'épingler l'homme coupable d'avoir fermé les yeux sur les exécutions sommaires de prisonniers de guerre australiens, ainsi que sur les mauvais traitements systématiques infligés aux dizaines de milliers de prisonniers, au mépris total des conventions de Genève ; la

Nouvelle-Zélande partageait ce point de vue ; et aux Etats-Unis, un fort courant d'opinion estimait que Hiro-Hito, qui n'avait rien fait pour sauver la vie des premiers équipages d'aviateurs américains capturés lors de raids aériens au-dessus du Japon (dont certains avaient été exécutés en tant que « criminels de guerre »), méritait de subir un sort analogue. En septembre 1945, une résolution commune aux deux assemblées du Congrès (Sénat et Chambre des Représentants) affirmait que « la politique des Etats-Unis veut que l'empereur du Japon, Hiro-Hito, soit jugé comme criminel de guerre ». De nombreux membres des équipes chargées par les Etats-Unis, le Commonwealth britannique et la république chinoise de compiler les dossiers de l'accusation pour les procès qui devaient se dérouler devant le Tribunal militaire international d'Extrême-Orient (aussi appelés « procès de Tokyo »), trouvaient qu'il méritait de figurer parmi les accusés. Il en allait de même, bien sûr, pour les anciens prisonniers de guerre, libérés à partir d'août 1945, leurs vies souvent brisées par des années de privations et de mauvais traitements. Leur indignation pâlissait, cependant, en comparaison des griefs de la Chine de Chiang Kai-shek contre Hiro-Hito, avec ses millions de morts. Cela avait débuté, dès septembre 1931, par « l'incident de Mukden » qui plaça la Mandchourie sous le contrôle des Japonais grâce à un « putsch » soigneusement préparé et orchestré par des officiers nippons ; l'année d'après avait eu lieu « l'incident de Shanghai » avec des milliers de morts ; enfin, en 1937, le Japon envahit la Chine : suivirent l'atroce « viol de Nanking » et les expériences de guerre chimique et bactériologique tentées sur les prisonniers de guerre chinois utilisés comme des cobayes dans des laboratoires ultra-secrets au « Manchukuo », ainsi que dans les territoires occupés par le Japon. Eisenhower envoya même à MacArthur une « Directive des chefs d'état-major interarmées », rédigée par le Comité de coordination du Département d'Etat et des ministères de la Guerre et de la Marine à Washington, pour lui rappeler que Hiro-Hito n'était pas nécessairement exempt de poursuites pour crimes de guerre et que le QG du SCAP devait réunir un dossier le concernant et l'expédier à Washington, afin de permettre aux fonctionnaires de la capitale de statuer sur son sort.

Dans n'importe quel autre contexte politique, ou presque, le dirigeant suprême d'un pays ayant eu le comportement du Japon pendant la guerre aurait été jugé et, peut-être même, exécuté. On pourrait d'ailleurs faire valoir que bon nombre des accusés jugés à Nuremberg furent condamnés pour beaucoup moins que cela — que leurs responsabilités, quoique importantes, étaient moindres que celles de Hitler, lequel était mort. On pourrait prétendre de façon plus valide encore que le sort des criminels de guerre japonais condamnés aux Philippines, en 1945, et à la fin du « Nuremberg japonais », en 1948, relevait d'une parodie de justice — un *Hamlet* d'où le prince du Danemark eût été absent.

Cette optique — qui prévalait à la fin de la Seconde Guerre mondiale — a été depuis radicalement rejetée et il ne suffit que d'en parler pour déclencher une tempête de protestations indignées, tout spécialement aux Etats-Unis. De nos jours, laisser entendre que l'empereur Hiro-Hito pourrait être en partie blâmé pour les événements ayant causé l'attaque de Pearl Harbor et les dizaines de millions de morts occidentaux et asiatiques passe pour une inqualifiable et déloyale « chasse à l'empereur ». Le seul grand ouvrage « révisionniste » en langue anglaise, qui ait contesté l'image généralement acceptée d'un Hiro-Hito épris de paix, prisonnier impuissant de son entourage, à savoir le *Japan's Imperialist Conspiracy* de David Bergamini, a été attaqué avec tant d'acharnement et de violence par une cohorte d'experts universitaires que son auteur est devenu un paria, en butte aux invectives et au ridicule, poussé vers une mort prématurée par le poids des attaques et des critiques hostiles.

L'erreur de Bergamini a été de vouloir à tout prix découvrir dans le comportement de Hiro-Hito, dès les premières années où il devint prince héritier, les signes de sa volonté de conspirer et d'essayer de prouver qu'il avait délibérément placé une poignée de ses partisans aux postes clefs, afin de préparer l'expansion militariste du Japon, éliminant impitoyablement quiconque n'était pas d'accord avec le choix de « la Ruée vers le sud » (la conquête par la force du Sud-Est asiatique), lui préférant « la Ruée vers le nord » (une opération contre l'Union soviétique qui aurait permis de récupérer une partie de la Sibérie ayant jadis appartenu à la Chine).

C'était une vision erronée, faussée encore davantage par un travail de recherche fantaisiste et un désir de déformer tous les faits disponibles pour étayer sa thèse. Bergamini manifestait en outre une attitude quelque peu paranoïaque envers le Japon en général, peut-être en raison de sa propre expérience de civil interné par les

Japonais aux Philippines durant les années de guerre, alors qu'il n'était encore qu'un adolescent ; il subit en effet une épreuve aussi atroce que celle du petit « Jim » dans le chef-d'œuvre autobiographique de Ballard, *Empire of the Sun*.

Je ne suis pas historien de métier. Je n'ai pas non plus de thèse à défendre coûte que coûte. Dans le Sud-Est asiatique, à la fin de la Seconde Guerre mondiale, tout jeune officier subalterne dans l'Armée de l'Inde, j'eus l'occasion d'apercevoir des soldats japonais, mais à l'époque ils étaient déjà des prisonniers de guerre coopératifs et disciplinés. Toutefois en ma qualité de journaliste, témoin des grands événements qui ont secoué le monde depuis le début des années cinquante, j'ai acquis une sorte d'instinct de « détecteur de mensonges » pour tout ce qui sent son exercice de propagande habile et soigneusement orchestré, genre auquel les institutions démocratiques elles-mêmes s'adonnent si librement, et j'ai été frappé par le doigté extraordinaire de la campagne menée pour dégager Hiro-Hito de toute responsabilité dans les événements traumatisants survenus au cours des vingt premières années de son règne. Ce ne fut pas un phénomène exclusivement japonais : la propre attitude de MacArthur envers l'empereur fut déterminante. Dès avant la fin de la guerre, il en était déjà arrivé à la conclusion que la trame même de la société nippone risquait fort de se désintégrer si l'on devait abolir le titre d'empereur. Joseph C. Grew, un des proches conseillers du président Roosevelt pendant la guerre et ambassadeur des Etats-Unis à Tokyo dans les années qui précédèrent Pearl Harbor, était du même avis ; en outre, la « guerre froide » qui suivit de tout près la capitulation du Japon, avec le début, à peine cinq ans après, de la guerre de Corée, le menèrent — ainsi d'ailleurs que d'autres personnages clefs de la politique américaine — à la certitude que, puisque le Japon était en Asie un rempart nécessaire contre le communisme en général et les ambitions territoriales soviétiques en particulier, il était stérile et même déconseillé de s'attarder trop longtemps sur les récents événements. Ceux-ci devaient être exorcisés grâce aux sentences infligées aux criminels de guerre nippons par le TMIEO. Il fallait faire table rase du passé.

Ce point de vue persista au fil des ans ; né avec la guerre de Corée, il connut son apogée durant celle du Viêt-nam : au cours de ces deux conflits les Etats-Unis se servirent du Japon comme d'une base arrière. Aujourd'hui, la thèse selon laquelle l'empereur était le prisonnier virtuel des militaristes qui, à partir de 1931, s'emparèrent du pouvoir et entraînèrent le Japon dans l'avancée expansionniste dont le point culminant fut l'attaque contre Pearl Harbor et l'invasion des Philippines et de la Malaisie, est généralement acceptée. Dans l'esprit de la plupart des gens, Hiro-Hito demeure un personnage passif et réservé, mi-monarque, mi-savant, spécialiste de la biologie marine, qui laissa le pire arriver et ne se tint qu'insuffisamment informé des décisions de son gouvernement, étant, de toute façon, dans l'impossibilité de maîtriser ses guerriers indisciplinés qui, tout en invoquant la volonté impériale, s'occupaient en réalité d'imposer la leur.

Cependant, l'entrevue avec MacArthur, par cette journée de septembre 1945, révèle des qualités et une détermination qui infirment jusqu'à l'absurde la thèse de la passivité. La question que lui posa le général américain, à savoir pourquoi un homme de sa trempe n'avait pas été capable d'empêcher la guerre, reste étonnamment pertinente. Comme le montra bien leur entretien, on avait à l'œuvre un manipulateur sagace et habile, parfaitement au courant de ce qui se passait. Il avait fait la preuve de sa faculté d'entrer en action de façon décisive et impitoyable le 26 février 1936, lorsqu'il jugula presque à lui tout seul un sérieux soulèvement de l'armée, qui fut à deux doigts de renverser le régime en place. Et en août 1945, ce fut lui, encore une fois presque tout seul, qui décida de mettre fin à la guerre.

Pourtant, à d'autres moments, notamment durant « l'incident de Mukden », puis « l'incident de Chine », et aussi durant certains des événements qui menèrent à la fatale journée du 7 décembre 1941, le comportement de Hiro-Hito fut effectivement d'une passivité étrange et inusitée, ses déclarations contredisant directement la politique en vigueur. Il y a deux explications possibles : ou bien l'empereur était, comme l'ont soutenu jusqu'à présent avec succès ses défenseurs, un simple homme de paille des militaires (thèse à laquelle son comportement résolu lors de deux événements capitaux donne le démenti) ; ou alors il existait chez lui une ambivalence innée envers les militaires, associée à un mélange d'astuce, de ruse et de passion du secret, qui lui permettait de « chevaucher le tigre » du militarisme lorsque cela l'arrangeait, tout en le laissant libre de se soustraire au blâme attaché à l'expansionnisme militariste qui caractérisa la décennie 1931-1941.

En ce qui me concerne, la version japonaise « officielle »

selon laquelle Hiro-Hito ne pouvait être tenu pour responsable d'aucune des décisions menant à la Seconde Guerre mondiale, parce que, en dépit de son rang de « dieu vivant » et du fait qu'il n'avait de comptes à rendre à personne, il n'était au courant de rien et n'avait, de toute façon, aucun réel pouvoir, manque de conviction. Si l'on se fie aux événements tels qu'ils se sont déroulés, il paraît clair que, même si l'empereur désavoua quelquefois explicitement les partisans de l'expansionnisme militariste, leurs visées et leurs objectifs — sinon toujours leurs méthodes — jouissaient de son soutien inconditionnel.

Il ratifia la guerre totale livrée par son pays à la Chine à partir de 1937, reprochant seulement à ses généraux de l'avoir trompé en lui promettant de rapides victoires — qu'ils ne remportaient pas assez vite à son gré. Il croyait, sans réserves apparentes, à la « doctrine Monroe » japonaise (qui prévalut à partir de 1940), donnant à son pays le droit d'établir sans entraves son hégémonie sur l'Asie, et il croyait sans aucun doute, jusqu'à ce que les événements eussent fait la preuve de son erreur, que les puissances de l'Axe, l'Italie et l'Allemagne, possédaient des droits analogues sur l'Europe — l'hémisphère occidental restant la zone d'influence naturelle des Etats-Unis, tant que ceux-ci respecteraient aussi bien la zone « légitime » du Japon que celle de l'Axe, après la victoire finale et, aux yeux de Hiro-Hito, inévitable de l'Allemagne en Europe.

Il est désormais de mise, parmi les historiens, d'insister sur la nature limitée des pouvoirs « discrétionnaires » (ou droit de veto) de l'empereur. Pourtant, la réalité est qu'aucune décision importante, aucune promotion, aucun mouvement de troupes ne pouvait avoir lieu sans avoir été approuvé par Hiro-Hito et que son accord pouvait être et fut parfois refusé — sans qu'aucun membre de l'état-major de l'armée ou de la marine n'élevât d'objection ou ne menaçât de se rebeller. La notion d'une obéissance aveugle due à l'empereur était instillée dans le cœur de chaque citoyen japonais et il est inconcevable que l'on n'ait pas tenu compte d'une décision prise, ni d'une opinion émise par lui, même pas nécessairement en termes bien sentis. Comme le laissa échapper, au cours de son procès, Tojo — le principal criminel de guerre jugé par le TMIEO — Hiro-Hito était en dernier ressort l'arbitre de la situation, car « nul sujet japonais n'irait à l'encontre de la volonté de Sa Majesté ».

20

En dépit des réserves inefficaces et, presque à coup sûr, délibérément tièdes qu'il émit, Hiro-Hito laissa survenir les « incidents » du Manchukuo et de Chine, promut ceux qui en étaient responsables et supervisa les préparatifs de la Guerre du Pacifique, sans jamais prendre de mesures concrètes susceptibles de renverser la tendance vers l'affrontement. Comme l'ont révélé les journaux intimes de ses collaborateurs les plus proches, non seulement était-il au courant de la décision clef prise en vue de Pearl Harbor — l'établissement en 1941 de bases japonaises pour les armées de terre et de l'air en Indochine française — mais il demanda en outre ouvertement si cette décision préalable ne devrait pas s'accompagner d'une invasion de la Thaïlande. Et il est bien difficile de prétendre, comme le font encore certains apologistes, que l'empereur ne fut pas prévenu à l'avance de l'attaque contre Pearl Harbor, alors qu'il existe une trace écrite de sa discussion avec ses chefs d'état-major au sujet du 8 décembre — un lundi au Japon, mais un dimanche aux Etats-Unis — au cours de laquelle on lui assura que le dimanche était le meilleur jour possible pour l'attaque, car d'une manière générale le personnel militaire américain avait tendance à faire la bringue le samedi soir et serait par conséquent « fatigué ». En outre, Hiro-Hito salua avec exultation les premières victoires nippones et fit remarquer à sa cour qu'elles étaient le fruit de plans soigneusement échafaudés, de préparatifs auxquels il avait pris part, avec des séances presque quotidiennes de mise au courant. Après la guerre, il alla jusqu'à confier à un pasteur protestant en visite (lequel avait de son côté été mêlé à des tentatives de dernière minute pour éviter le conflit) que s'il avait reçu à temps la lettre personnelle de Roosevelt envoyée le 6 décembre 1941, il aurait « décommandé Pearl Harbor », déclaration qui sous-entend soit une extrême hypocrisie, soit qu'il était en mesure de faire un tel geste.

Selon des rumeurs dignes de foi, l'empereur a tenu un journal depuis l'âge de onze ans ; en outre, un registre horaire détaillé de ses activités journalières, établi par les fonctionnaires de la Maison impériale, existe indubitablement à l'intérieur des murs du palais. Du fait que le contenu de ces documents aurait apporté la preuve concluante de l'étendue de la culpabilité de Hiro-Hito — ou de son innocence — les enquêteurs chargés d'instruire l'affaire des crimes de guerre en vue des procès de Tokyo s'efforcèrent de persuader le ministère public de les faire verser aux dossiers pour les examiner.

Cette requête, présentée alors que les procès étaient déjà en cours, fut rejetée sans appel. En effet, dès cette époque, la fable selon laquelle les seuls responsables des événements qui avaient débouché sur l'attaque contre Pearl Harbor étaient les vingt-sept hommes assis au banc des accusés était fermement accréditée ; ni le président Truman, ni MacArthur ne voulaient en démordre.

Tout ceci fit que Hiro-Hito, à l'encontre de tant d'autres souverains, échappa aux conséquences de ses actes en toute impunité. Au bout d'un intervalle convenable, il reprit ses visites officielles auprès des grandes nations et fut accueilli avec une courtoise déférence aussi bien par la reine Elisabeth que par le président Ford. Beaucoup de Japonais respectent en lui « l'homme qui a mis fin à la guerre ». Depuis 1945, il devint un monarque constitutionnel tenu en haute estime et la monarchie nippone est, avec celles de Grande-Bretagne et d'Espagne, la seule grande monarchie encore en activité : l'idée que le système impérial pourrait un jour prendre fin est considérée au Japon non seulement comme un crime de lèse-majesté, mais comme une aberration. La version « officielle » concernant la responsabilité — ou plutôt l'absence de responsabilité — de Hiro-Hito dans les événements ayant entraîné la guerre est soutenue non seulement par une écrasante majorité de Japonais, mais par la quasi-totalité des experts universitaires, du moins aux Etats-Unis. L'immense richesse du Japon de l'après-guerre et son nouveau rang de grande puissance mondiale font qu'il est peu judicieux de contester ce qui a fini par être accepté comme un fait établi : étant donné l'échelle des investissements nippons aux Etats-Unis et les importantes dotations accordées par les Japonais aux plus grands établissements universitaires américains, il faudrait à l'un d'entre eux un certain courage pour commander à un spécialiste une étude impartiale du rôle joué par Hiro-Hito dans les années trente et quarante.

Par comparaison, bien d'autres monarques mêlés à des guerres qu'ils n'avaient pas toujours pleinement choisi de livrer n'ont pas eu autant de chance : après l'effondrement de l'Allemagne en 1918, le Kaiser Guillaume II finit ses jours en exil et Léopold II, roi des Belges, fut contraint d'abdiquer pour avoir simplement décidé de rester dans son pays durant l'occupation allemande, au lieu de se réfugier en Grande-Bretagne — alors même qu'il avait scrupuleusement évité de tremper le moins du monde dans la collaboration.

Or, non seulement Hiro-Hito survécut, mais il devint en outre le « dernier empereur » et aussi le doyen de tous les monarques de l'histoire contemporaine. Voici quelqu'un qui accéda au titre de régent en 1921 et à celui d'empereur en 1926. C'est un peu comme si Winston Churchill gouvernait encore dans les années quatre-vingt ou si Raymond Poincaré jouait toujours un rôle dans la France de Mitterrand.

La biographie de l'empereur Hiro-Hito englobe de si nombreux bouleversements et une telle somme d'histoire qu'à côté d'elle la vie de tous les autres hommes d'Etat du XXe siècle paraît tout à fait éphémère. Hiro-Hito a parcouru le Mall en carrosse, aux côtés du roi George V, en 1921 et, durant son règne, il s'est familiarisé aussi bien avec la France du président Eugène Mille-rand (1859-1943) qu'avec celle du président Mitterrand. En dépit de sa santé déclinante, il remplissait toujours ses devoirs officiels au début de 1988. Au seul titre de la longévité, son histoire est unique. Toutefois, plus fascinante encore que sa résistance est la nature de son autorité controversée, à l'époque où le Japon déchaînait sa rage expansionniste et militariste. Hiro-Hito n'a pas seulement survécu à la défaite, à la destruction presque totale de son pays et à la fin ignominieuse du « Projet de Coprospérité du grand Est asiatique » ; il s'est métamorphosé en un empereur constitutionnel « régénéré », révéré par son peuple et respecté, sinon admiré dans le monde entier. Le temps s'est montré clément pour l'empereur du Japon et, dans l'intérêt de la *real-politik* tout le monde a fait preuve envers lui d'une belle mansuétude. Trop belle, dira-t-on ?

Peut-être le présent ouvrage rétablira-t-il l'équilibre.

Chapitre 2

A la naissance de Hiro-Hito, en 1901, le Japon venait de traverser en un demi-siècle d'incroyables changements, après de très longues années d'isolement, qui paraissaient avoir arrêté le cours du temps au XVIIe siècle.

Durant sa petite enfance, Hiro-Hito grandit à la cour de l'empereur Meiji, son grand-père, premier souverain japonais de l'ère moderne. C'était sous son règne qu'avait eu lieu le « grand bond en avant ». Auparavant, pendant plus de deux cent soixante-dix ans, les empereurs n'avaient guère été que des hommes de paille, prisonniers virtuels des *shoguns,* suzerains héréditaires et véritables dirigeants du Japon. Les empereurs ne vivaient pas à Tokyo, ou plutôt Edo comme on disait à l'époque, mais devaient rester confinés à Kyoto, la capitale religieuse, où ils étaient l'objet du respect universel en tant que chefs spirituels du shintoïsme, mais ne jouissaient d'aucun pouvoir temporel. Les Tokugawa, la famille de *shoguns* qui gouverna le Japon au XIXe siècle, avaient instauré un véritable Etat policier et coupé le pays du monde extérieur, à tel point qu'il était interdit de construire des navires capables de traverser les océans et que les malheureux Japonais naufragés au large des côtes de leur pays et sauvés en mer par des vaisseaux étrangers n'avaient plus le droit de rentrer chez eux.

La fin du shogunat des Tokugawa fut précipitée par l'arrivée des « bateaux noirs » du commandant Matthew Perry, en 1853. A l'origine, les guerres civiles qui mirent fin à cette suprématie furent inspirées par la xénophobie et le cri de ralliement était : « Révérons l'empereur ! Chassons les barbares ! » Toutefois, le soulèvement fut aussi social et économique : les marchands de soie de Kyoto prirent le parti de l'empereur Komei, père de Meiji, de même que les *ronins* ou samurais en disgrâce, réduits à l'état de hors-la-loi après la brutale répression de la féodalité par les *shoguns*. Deux des principales familles nobles, les Choshu et les Satsuma, se rangèrent aux côtés de l'empereur. Le Japon était toujours en pleine tourmente lorsque l'empereur Meiji monta sur le trône, âgé d'à peine quinze ans.

Ce fut sous le règne du grand-père de Hiro-Hito que le Japon atteignit enfin sa majorité. Les premières années de son règne furent marquées par une série de guerres, d'abord contre le dernier *shogun*, Keiki, qui, en dépit du serment d'allégeance qu'il avait prêté au nouveau souverain, se laissa persuader d'attaquer Kyoto pour débarrasser Meiji de ses « mauvais conseillers ». Il échoua, mais la notion qu'il était moralement acceptable de tenter d'éliminer l'entourage de l'empereur sous prétexte qu'il l'abreuvait de mauvais conseils devait marquer la vie du petit-fils de Meiji, Hiro-Hito, tout au long des années trente.

Keiki survécut, après avoir remis son palais de Tokyo au jeune monarque et à ses partisans victorieux, et beaucoup plus tard (en 1902), après les nombreuses victoires de Meiji et sa réorganisation fondamentale de la société japonaise, il fut reçu en audience par l'empereur et se vit accorder ensuite le titre de prince.

En effet, à partir de 1868, le Japon, sous son nouveau souverain, fut soumis au même processus de modernisation sans répit, qui caractérisa la France napoléonienne et la Turquie de Kemal Atatürk : à peine le jeune monarque venait-il de s'installer, en 1869, à Edo, rebaptisée Tokyo (la capitale de l'Est), qu'il se rendit compte qu'il avait besoin des barbares — ou en tout cas des techniques qu'ils apportaient avec eux — s'il voulait acquérir, en temps voulu, la force nécessaire pour les chasser. On engagea donc des étrangers pour diriger les ports, les chemins de fer, les écoles et on relâcha quelque peu l'interdiction faite aux Japonais de voyager à l'étranger. Le pays fut placé sous un gouvernement moderne, centralisé, avec dans chaque province des préfets qui devaient rendre des comptes à un ministre de l'Intérieur. La tenue vestimentaire occidentale fut mise à la mode et en 1870 le port de l'épée devint illégal. On vit naître un culte de tout ce qui était étranger, à tel point qu'en 1880, une comptine bien connue pour les enfants, que l'on scandait en faisant rebondir un ballon — d'où son nom de « chanson au ballon de la civilisation » — dressait la liste des dix plus précieuses inventions occidentales. C'étaient par ordre d'importance : la locomotive, le bec de gaz, l'appareil photographique, le télégraphe, le paratonnerre, les journaux, les écoles, le système postal, le bateau à vapeur et le fiacre. Et dans chacun de ces domaines, les Japonais se mirent en devoir de prouver qu'ils étaient excessivement doués pour copier l'Occident — que ce fût pour les systèmes administratifs, l'ingénierie ou les armements — surtout une fois qu'ils eurent établi l'instruction obligatoire, au début du règne de l'empereur Meiji.

Avec la modernisation et la fréquence accrue des voyages à l'étranger survint une meilleure connaissance de ce qui se passait au-delà des mers et surtout sur le continent le plus proche — la Chine.

Il y régnait, comme le constatèrent très vite les conseillers de l'empereur Meiji, une situation qu'il fallait éviter à tout prix : la Chine était en passe de devenir à peu de chose près une colonie des puissances étrangères, au moment même où le Japon faisait son entrée dans le monde moderne. En raison de sa faiblesse et de son ingouvernabilité, la Chine en était réduite à céder des portions de son territoire souverain à la Grande-Bretagne, à la France et à l'Allemagne. Des concessions étrangères surgissaient dans tout le pays et le Japon — ayant fourni la moitié des troupes de renfort qui vinrent à bout de la « révolte des Boxers » en 1901 — devait, à son tour, en demander sa part. Il était en outre bien décidé à ne jamais être contraint, à l'instar de la Chine, d'accepter sur son sol, fût-ce pour une brève période, une présence étrangère jouissant de droits extra-territoriaux. Il y avait en fait de nombreuses similarités entre la Chine et le Japon — la tradition impériale, les idéogrammes, le confucianisme et le bouddhisme — mais les Nippons étaient consternés par le manque de patriotisme des Chinois : de façon croissante, à partir de l'ère Meiji, la plupart des Japonais devaient considérer la Chine non pas comme une nation, mais plutôt comme une culture, un état d'esprit.

C'était l'époque où les marines de guerre revêtirent momentanément l'importance qu'ont aujourd'hui les arsenaux nucléaires et où la Chine était l'ultime frontière à conquérir pour les agressives puissances industrielles de l'Ouest, lesquelles dominaient à tel point la scène mondiale que l'on désignait la Grande-Bretagne, la France, l'Allemagne, la Russie et les Etats-Unis par ces seuls mots

« les puissances » ; il n'y en avait pas d'autres, même si le Japon commençait à répondre aux critères voulus et ne tarda pas à montrer qu'il était bien décidé à devenir membre de ce club exclusif.

La raison pour laquelle le Japon réussit là où la Chine avait échoué résidait, en partie, dans la prévoyance des grandes familles qui le gouvernaient, y compris celles qui avaient détruit le shogunat Tokugawa. Durant le règne de l'empereur Meiji (1868-1912), la Chine, sous la dynastie discréditée et dégénérée des Ch'ing, finalement renversée en 1912, fut déstabilisée par une série de révolutions et de guerres civiles, livrée aux caprices des seigneurs de la guerre et incapable d'établir un gouvernement unifié et centralisé, quel qu'il fût. Le Japon aurait pu subir un sort analogue, si les familles dirigeantes, après avoir vaincu le *shogun,* n'avaient pas remis tout leur pouvoir entre les mains de l'empereur. « Point de sol, au-dedans de l'Empire, qui ne lui appartienne », pouvait-on lire dans leur manifeste, rappelant que « dans un passé récent l'autorité impériale a décliné et les classes militaires ont usurpé le pouvoir. A présent que le Pouvoir impérial est restauré, comment pourrions-nous garder en notre possession des terres qui appartiennent à l'Empereur et gouverner les gens du peuple qui sont ses sujets ? Nous lui offrons donc avec révérence toutes nos possessions féodales afin qu'un gouvernement uniforme puisse s'imposer à travers tout l'Empire. Ainsi le pays sera en mesure d'occuper un rang égal à celui des autres nations du monde. »

Sans cet acte d'allégeance, la « restauration Meiji » n'aurait guère duré — et le Japon n'aurait pas été en mesure de jouer un rôle actif sur la scène mondiale si peu de temps après être sorti de son isolement. Ce fut la peur de devenir une autre Chine qui soustendit ce geste fort politique, ainsi que la volonté de dénier aux puissances occidentales un véritable monopole dans l'acquisition des « concessions internationales » sur le sol chinois. En sa qualité de nation relativement petite par la taille, puisqu'il n'était qu'un archipel proche de la Chine, le Japon ne pouvait se permettre de rester passif et de regarder la Grande-Bretagne consolider ses enclaves le long du littoral chinois, la France s'installer en Cochinchine et au Cambodge et la Russie annexer une partie de la Mandchourie, sans craindre pour sa propre intégrité. La meilleure des défenses étant, on le sait, l'attaque, on comprendra aisément pourquoi, sous l'empereur Meiji, le Japon entreprit de contrer les empiétements des puissances occidentales, d'abord en étendant son influence sur la Corée, après une guerre éclair contre la Chine, puis en fournissant un énorme contingent pour aller délivrer Pékin durant la révolte des Boxers, en 1901 (les troupes japonaises furent les seules à ne pas se livrer au pillage) et, pour finir, en défiant la Russie sur sa présence en Mandchourie.

L'empereur Meiji avait pris en personne le commandement de sa nouvelle armée modernisée en 1894, lors de la guerre contre la Chine ; les conditions qu'il avait imposées après la victoire avaient été draconiennes : la Corée devenait quasiment un protectorat japonais, Taiwan serait désormais japonaise, la Chine devait verser une forte « indemnité » et le Japon occupait, dans le sud-est de la Mandchourie, la région appelée « péninsule du Kwangtung ». La brusque accession du Japon au rang de puissance montante d'Extrême-Orient fut si spectaculaire que les pays occidentaux s'en émurent. La France, l'Allemagne et la Russie s'unirent au sein d'une « triple intervention » afin de faire pression sur le Japon et de limiter ses convoitises. L'empereur Meiji céda à contrecœur — la guerre avait laissé son pays dans une situation financière terriblement précaire — mais le souvenir de ce comportement « colonialiste » et le soupçon que l'Occident chercherait toujours à empêcher le Japon de récolter la juste récompense de ses efforts devait incruster pendant plusieurs générations une profonde rancœur dans l'inconscient collectif nippon.

Vers la fin du XIXe siècle, les communications ferroviaires comptaient autant pour le prestige d'une nation que la maîtrise de l'espace à l'heure actuelle et l'exploit réussi par les Russes en menant à bien la construction du transsibérien fut, toutes proportions gardées, aussi remarquable qu'a pu l'être le lancement de la première navette Challenger ou des stations orbitales permanentes ; or, le chemin le plus court jusqu'à Vladivostok passait par la Mandchourie. Les Russes montèrent donc une compagnie des chemins de fer de Chine orientale, théoriquement dirigée par un Chinois, mais qui était en fait une ligne ferroviaire russe sur le sol chinois. Brusquement, la Mandchourie devenait une région d'une énorme importance stratégique et les Russes, trois ans après avoir obligé Meiji à évacuer la péninsule du Kwangtung, s'y installèrent à leur tour, louant des enclaves, notamment Port-Arthur, assurant une liaison de chemin de fer Port-Arthur-Harbin et transformant peu à peu toute la Mandchourie en zone d'influence russe.

C'était l'époque où ce que Kipling appelait le « grand jeu »,
au cours duquel la Russie menaçait constamment l'hégémonie
britannique aux Indes à partir de l'Etat-tampon d'Afghànistàn,
battait son plein ; or, pour les Japonais, la poussée russe en
Mandchourie représentait une version locale du « grand jeu » — et
l'empereur Meiji était fermement résolu à y résister. La Grande-
Bretagne s'était refusée à participer à la « triple intervention » —
se défiant par trop de la Russie — et ce fut la nouvelle menace
russe pesant sur le Japon, par Mandchourie interposée, qui mena
d'abord au traité d'amitié anglo-japonais de 1904, puis à la guerre
russo-japonaise de 1905.

Ce fut un conflit qui stupéfia le monde : avant qu'il n'eût
éclaté, on savait certes que le Japon possédait une armée et une
marine de toute première force, avec treize divisions, une artillerie
flambant neuf et quelque soixante-seize cuirassés. Pourtant, aucun
spécialiste occidental ne croyait qu'il serait en mesure d'affronter
une grande puissance européenne et de la vaincre. Au Japon
même, on avait des doutes : le clan des constitutionnalistes, le
premier grand parti politique japonais, s'opposait à cette guerre et
l'empereur Meiji soi-même se prémunit contre une défaite humiliante en obtenant des Etats-Unis l'assurance qu'ils empêcheraient
la Russie d'envahir le territoire nippon, si elle venait à l'emporter.

Bien qu'il eût rompu les relations diplomatiques avec la Russie
dès le 5 février 1905, le Japon ne déclara officiellement la guerre
que le 10. Le 8 février, cependant, la marine nippone lança une
attaque surprise contre la flotte russe en Extrême-Orient ; ce fut la
bataille de Tsushima, qui eut des résultats dévastateurs. C'était une
préfiguration de Pearl Harbor : le fait d'attaquer l'ennemi sournoi-
sement, sans crier gare, n'était pas seulement acceptable, il faisait
bel et bien partie des cruelles règles du jeu à la japonaise. Grâce à
cette opération, l'amiral Togo dispersa la flotte russe. « Le
courageux petit Japon », si inférieur à la Russie par la taille, faisait
à tel point figure de Petit Poucet face à l'ogre que sa conduite — à
l'encontre de Pearl Harbor — fut volontiers excusée. « La marine
japonaise a ouvert les hostilités par un geste d'une audace inouïe,
destiné à occuper une place d'honneur dans les annales navales »,
écrivit le *Times*.

Les vestiges de la flotte russe se réfugièrent à Port-Arthur,
tandis qu'une autre flotte mouillant dans la Baltique se mettait en
route pour leur porter secours et lever le siège. Appliquant

loyalement son traité d'amitié avec le Japon, la Grande-Bretagne refusa aux navires du tsar le droit d'emprunter le canal de Suez, les obligeant à faire presque le tour du monde, et la France mit un comble à leurs difficultés en leur fermant à son tour tous les ports d'Indochine française.

Pour l'empereur Meiji, il était crucial de venir à bout de la garnison russe à Port-Arthur avant l'arrivée des renforts et il ordonna à son général favori, Maresuke Nogi, de capturer la ville coûte que coûte. Le général annonça donc à ses hommes qu'il leur fallait se préparer à mourir pour l'empereur. Les officiers ne devaient pas survivre et quiconque abandonnait sans raison le champ de bataille serait exécuté séance tenante. Cinq mois durant, les vagues d'infanterie japonaise déferlèrent les unes après les autres, pour tenter de percer les défenses russes. Au cours des attaques qui se succédèrent ainsi, le général Nogi regarda, à travers ses jumelles, ses deux fils monter à l'assaut à la tête de leurs troupes, en brandissant leurs sabres de samurais. L'un et l'autre furent tués et Nogi, dont le dévouement envers l'empereur confinait au fanatisme, fit savoir qu'il avait l'intention de se suicider. Meiji le lui interdit. « Tant que je vivrai, dit-il à Nogi, vous devrez, vous aussi, rester en vie. »

Le général Nogi devint l'un des grands héros de la presse mondiale, de même que l'amiral Togo. Ce fut d'une plume lyrique que le *Times* commenta la victoire finale du Japon : « L'attitude du peuple japonais devant ce triomphe qui fera date dans les annales est un spectacle qui régalera hommes et dieux, pouvait-on lire dans le numéro du 7 juin 1905. Point de bruyantes et vulgaires clameurs, point d'éloge de soi-même, point d'orgueilleux triomphe face à un ennemi vaincu, mais une profonde reconnaissance, une calme satisfaction et une fois encore l'attribution de la victoire aux illustres vertus de l'empereur du Japon. »

La presse britannique avait une autre raison pour prendre de façon aussi flagrante le parti du Japon : la nouvelle marine nippone était en grande partie le produit des ingénieurs et des chantiers navals de Grande-Bretagne, ainsi que des conseillers et instructeurs de la Royal Navy. Lorsque l'amiral Togo, « père de la marine japonaise », anéantit à peu de chose près la flotte russe de renfort au cours de la bataille navale la plus décisive des Temps Modernes, il se mit, du jour au lendemain, à faire autorité sur la guerre en mer moderne et devint un héros pour les Britanniques.

Le traité de Portsmouth (New Hampshire) donna au Japon des droits incontestés sur la Corée et des droits territoriaux en Mandchourie qu'il était cette fois résolu à conserver. La nouvelle compagnie des chemins de fer de Mandchourie méridionale, qui devait devenir assez vite une firme industrielle et commerciale tentaculaire sur le modèle de l'ancienne « Compagnie britannique des Indes », fut protégée par une force permanente de l'armée japonaise stationnée en Mandchourie et connue sous le nom d' « armée du Kwangtung ».

Alors que les politiciens japonais attisaient l'opinion publique, en clamant bien haut que le Japon aurait dû tirer de beaucoup plus gros avantages de cette guerre, notamment une indemnité de la part des Russes, l'empereur Meiji savait bien, quant à lui, que la fin de la guerre et le providentiel rôle de médiateur endossé par les Américains étaient survenus à point nommé : une fois de plus, le Japon était saigné à blanc, mis au bord de la faillite par la coûteuse succession de campagnes sur terre et sur mer et par son invasion de la Mandchourie. C'était la première fois qu'une puissance orientale obtenait une victoire décisive sur une grande puissance occidentale, mais le prix à payer, tant en morts et en blessés qu'en argent comptant, avait été colossal.

On ne saurait surestimer l'impact qu'eut la victoire du David japonais sur le Goliath russe dans le psychisme nippon : les qualités de l'armée et de la marine, dans la grande tradition du code de l'honneur des samurais, le *bushido*, les histoires d'héroïsme fabuleux dans des situations plus que désespérées, narrées et rabâchées par la presse et les livres d'histoire, la confiance en soi retrouvée, le nouvel orgueil et par-dessus tout l'image de l'empereur Meiji sous les traits d'un chef légendaire et divin, influencèrent les Japonais de toutes les conditions sociales. Les carrières dans l'armée et la marine furent d'autant plus recherchées et commencèrent, pour la première fois, à attirer des jeunes gens appartenant à la petite-bourgeoisie et à la paysannerie ; la supériorité désormais évidente du Japon sur l'une des plus grandes puissances du monde encourageait chez ses citoyens des idées de « mission civilisatrice » dans le reste de l'Asie.

Deux officiers nippons furent, diversement, marqués à vie par la guerre russo-japonaise ; à bord du *Nisshin,* l'un des navires de guerre de l'amiral Togo, un jeune officier de marine du nom d'Isokoru Yamamoto, un tout petit bout d'homme coriace et plein d'humour, eut deux doigts amputés et resta couvert de cicatrices, à la suite du mauvais fonctionnement d'un des canons dont le recul faillit lui coûter la vie. Bien des années plus tard, l'amiral Yamamoto, architecte de Pearl Harbor et, néanmoins, l'un des membres les plus sensés, les plus mesurés, les plus prévoyants et les plus sympathiques de l'oligarchie des forces armées japonaises, devait se vanter d'avoir été touché par un obus russe. Cette expérience de jeunesse qui fit de lui le disciple éperdu d'admiration de l'amiral Togo lui fit aussi pleinement apprécier l'importance de l'élément de surprise dans une bataille et celle d'un armement ultra-moderne, car les nouveaux bateaux lance-torpilles japonais avaient joué un rôle déterminant dans la défaite russe.

La guerre eut un impact comparable sur un autre jeune officier, Hideki Tojo ; quoique trop jeune pour y participer en service actif (il était encore élève de l'Ecole militaire lorsqu'elle éclata), il dut sa promotion fulgurante aux vides laissés par les sévères pertes japonaises. Toute sa vie, jusqu'au jour de 1948 où il fut pendu en tant que criminel de guerre, Tojo devait se rappeler les leçons de la guerre russo-japonaise, et surtout la façon dont une petite puissance, pourvu qu'elle fût audacieuse, sans scrupules et suffisamment organisée, pouvait humilier un gigantesque empire.

L'empereur Hiro-Hito n'avait que cinq ans à l'époque du conflit russo-japonais ; c'était un enfant solitaire et renfermé, qui ne jouissait d'aucun des réconforts normaux de la vie de famille. On le traitait déjà en être à part ; il vivait entouré d'adultes, tandis que des prêtres solennels et des courtisans lui inculquaient dès cet âge la notion que — en sa qualité de futur « dieu vivant » — il était différent de tous les autres hommes. La plupart des compagnons de son enfance, plus âgés que lui, étaient déjà des nationalistes extrêmement motivés, pleinement conscients du drame qui se déroulait sur mer et sur les champs de bataille de Mandchourie ; ils idolâtraient leurs héros, les généraux et amiraux de l'empereur, qu'ils avaient parfois l'occasion de côtoyer de près. Peut-être était-il inévitable, au vu du climat de chauvinisme exacerbé qu'avaient engendré la guerre et ses conséquences, qu'ils grandissent convaincus non seulement que le Japon avait un rôle spécial à jouer, mais qu'il était seul qualifié pour prendre la tête du monde asiatique, en vertu de la qualité supérieure de ses forces armées.

Pour sa première apparition en public aux côtés de l'empereur Meiji, en 1905, sur le quai de la gare de Tokyo (pour y accueillir le prince Arthur de Connaught, frère du roi Edouard VII, venu décorer l'empereur de l'ordre de la Jarretière), le petit Hiro-Hito portait d'ailleurs un uniforme miniature d'officier de l'armée japonaise.

La tradition impériale voulait que l'héritier du trône fût élevé par des personnes étrangères à sa famille. Cette coutume, inspirée à l'origine par des raisons de sécurité, s'était perpétuée : elle était censée endurcir le jeune prince et le protéger d'un excès de flatteries. A l'âge de deux mois et demi, Hiro-Hito fut donc enlevé à sa mère pour être confié à une série de nourrices, dans la demeure d'un amiral à la retraite, le comte Kawamura. Ce dernier prenait ses devoirs très au sérieux : il consulta une gouvernante anglaise, au service d'une autre famille princière, qui lui fit part de ses trois règles d'or pour réussir l'éducation d'un enfant ; il fallait, expliqua-t-elle, éveiller chez lui « un esprit indépendant, un cœur compatissant et un sentiment de gratitude ».

A l'époque, le comte Kawamura avait soixante-dix ans ; c'était un traditionaliste, bien décidé à insuffler en outre à son pupille un « esprit intrépide pour supporter toutes les épreuves » et à éliminer chez lui « toute trace d'arrogance et d'égocentrisme ». Un jour, à dîner, le prince, encore tout petit, piqua une colère. Il jeta ses baguettes par terre, en criant : « Je n'en mangerai pas. — Vous n'êtes pas obligé de le manger, mais on ne vous servira rien d'autre », répliqua l'amiral d'un ton sévère. Hiro-Hito sanglota tout bas, puis il annonça « d'une toute petite voix : Je veux bien manger, je veux bien ». Kanroji a noté qu'en le voyant manger ce qu'il venait de refuser, « tenant les baguettes de ses petits doigts dodus, le comte détourna la tête et versa quelques larmes ».

Hiro-Hito n'avait pas tout à fait quatre ans à la mort du comte Kawamura (en 1904). Il fut ramené au palais d'Akasaka, où vivait son père, le prince héritier, mais ne réintégra pas pour autant le giron familial. On l'installa dans une petite maison indépendante, entouré de chambellans et courtisans adultes, et il commença à fréquenter un jardin d'enfants « impérial », spécialement créé pour lui, avec d'autres enfants princiers du même âge. Leur maître d'école, ancien professeur de l'Ecole des Pairs, ne plaisantait pas avec la discipline. Un de ses collègues, Tsuchiya, quoique sévère lui aussi, s'intéressait de très près à la vie et aux plantes marines et la passion durable que conçut Hiro-Hito pour la biologie marine résulta des séances de travail qui les réunissaient après l'école. Le jardin d'enfants comptait aussi une institutrice, Mme Takako Suzuki, épouse d'un officier de marine qui devait devenir, bien des années plus tard, l'ultime Premier ministre de Hiro-Hito durant la guerre.

La rude routine scolaire, ponctuée de nombreux devoirs et de leçons de calligraphie, comportait une sortie mensuelle à l'extérieur du palais. Invariablement, le petit Hiro-Hito choisissait de se rendre au zoo du parc Ueno. Toutefois, même en ces occasions, il n'était pas autorisé à se comporter comme un enfant ordinaire, mais devait subir d'interminables discours sur le comportement des animaux de la part du directeur du zoo. Un chambellan de la cour, Osanaga Kanroji, s'est rappelé, dans un portrait qu'il a tracé du jeune Hiro-Hito[1]*, qu'à la vue d'un blaireau capturé de fraîche date et qui tremblait de peur dans sa petite cage, l'enfant fut bouleversé au point d'avoir les larmes aux yeux : « Je ne veux plus le regarder, geignit-il. Je veux rentrer à la maison. »

« La maison », c'était justement ce qui lui manquait : Hiro-Hito et son frère, le prince Chichibu, son cadet d'un an, vivaient dans une enceinte séparée (où ils partageaient toutefois la même chambre), ne voyaient leur mère qu'une fois par semaine et leur père encore moins souvent. Cette existence était bien dure pour Hiro-Hito, davantage que pour Chichibu, enfant athlétique et extraverti, qui devint très vite le meneur attitré du petit jardin d'enfants. Hiro-Hito était isolé de ses condisciples en partie par son rang de futur souverain et futur « dieu vivant », mais aussi à cause de ses carences physiques : il marchait en traînant légèrement les pieds, défaut hérité de son grand-père, ne se tenait jamais bien droit (par la faute d'une scoliose), souffrait de myopie (mais resta plusieurs mois sans lunettes, car « un empereur n'en porte pas ») et était, dans l'ensemble, plus malingre, plus petit et moins agressif que les autres enfants de son âge. Il était aussi d'une maladresse rédhibitoire et Chichibu se moquait de lui. « Quand Hiro tombe, disait-il, il ne sait plus comment se relever. » Inutile de dire que Kanroji passe sous silence cette rivalité fraternelle (dont on retrouve la trace dans d'autres écrits de la cour), préférant brosser le tableau idyllique, mais quelque peu trompeur, d'un Hiro-Hito « tenant

---

* Les notes appelées par un chiffre se trouvent en fin de volume.

Chichibu par la main ou regardant avec lui des livres d'images ».

La situation ne s'arrangea pas lorsqu'un second petit frère, le prince Takamatsu, se joignit à eux, car lui aussi était plus vif et plus sociable que son aîné. L'un des rares contemporains de Hiro-Hito encore en vie, Torahiko Nagazumi, se rappelle que le futur empereur était beaucoup plus introverti que ses deux frères si « vivants », mais que toujours, lorsque tous les petits garçons jouaient à la guerre dans les jardins du palais de Hayama, pendant les vacances d'été à la campagne, il tenait à être « le commandant en chef ». « Chichibu, ajoute-t-il, était presque invariablement le commandant de l'avant-garde de Hiro-Hito et les deux frères étaient toujours dans le même camp, car Chichibu ne voulait jamais être l'*ennemi*. » Hiro-Hito n'était pas totalement protégé par son rang des empoignades parfois un peu brutales de ces jeux guerriers. Nagazumi se souvient que son propre père lui avait dit : « Si tu luttes au corps à corps avec Hiro-Hito, ne fais pas exprès de perdre simplement parce qu'il sera un jour empereur. »

Toutefois, en sa qualité d'aîné et de futur héritier du trône, Hiro-Hito n'avait pas droit à bien des petits plaisirs accessibles aux autres : son tuteur veillait à ce qu'il ne tentât pas de sauter du haut des murs, comme le faisaient ses camarades, de peur qu'il ne cassât son auguste jambe. A un âge ridiculement jeune, l'enfant était déjà tout imbu de gravité ; c'était une sorte d'aveu mélancolique de sa différence inhérente. Il y avait quelques médiocres compensations : il pouvait prendre sur lui les incartades de ses petits compagnons (par exemple, le fait de percer des trous dans les paravents de papier), certain qu'il ne serait pas puni.

Dans ses mémoires, Kanroji tient si vivement à faire de Hiro-Hito un parangon de toutes les vertus qu'en le voyant reconnaître que le prince était maladroit, on en déduit qu'il devait être incroyablement empoté. Il dut d'ailleurs se soumettre à de pénibles exercices destinés à corriger sa tenue et sa vue déficientes. Pendant des heures, on l'obligeait à regarder au loin. On alla même jusqu'à couper des rangées d'arbres pour qu'il pût contempler la côte éloignée de Shinagawa. On pensait en effet en ces temps-là que le fait de concentrer son regard sur des objets distants guérissait la myopie. On le contraignait aussi à passer parfois des heures assis dans un fauteuil spécialement conçu, avec des poignées de chaque côté, pour lui maintenir la colonne vertébrale droite, et une sorte de pupitre disposé à une quarantaine de centimètres de ses yeux. Tout cela dans le vain espoir de remédier à sa scoliose.

Sous « le grand Meiji », la cour impériale était un curieux endroit pour y élever un enfant : l'atmosphère — nonobstant le rythme effréné du changement à l'extérieur du Palais — restait médiévale ; on aurait pu se croire dans une de ces épopées filmées par Kurosawa. Meiji lui-même, silhouette trapue et autoritaire, avec une courte barbe, des yeux perçants et, selon toute probabilité, un pied bot, n'avait rien du grand-papa gâteau, fondant d'indulgence. Hiro-Hito avait beau le voir plus souvent qu'il ne voyait son propre père, le prince héritier Yoshihito (futur empereur Taisho), on ne pouvait pas dire que l'empereur Meiji déversât sur lui des trésors d'affection.

Le petit garçon, a écrit Kanroji, « se blottissait contre l'empereur Meiji et l'appelait grand-papa », mais ce dernier, « en raison de son rang impérial et aussi de la nature de son tempérament, ne manifestait son affection qu'en souriant au petit prince ». Meiji s'était comporté exactement de la même façon avec son propre fils. A la cour du Japon, la conviction que les enfants pouvaient être vus, mais pas entendus était encore plus ancrée dans les esprits qu'elle ne l'était parmi la haute société anglaise de l'ère victorienne. Kanroji a noté aussi que Meiji ne voyait son propre fils, le prince Yoshihito, « que lors des grandes occasions » ; le prince « s'inclinait bien bas », tandis que Meiji, « bien qu'il acceptât son salut d'un signe de tête, restait silencieux tout au long de leur entrevue ». Kanroji, qui fut le constant compagnon d'enfance de Yoshihito, s'est souvenu que Meiji ne leur adressa la parole qu'une seule et unique fois, durant un exercice de tir à l'arc dans l'un des couloirs du palais. Meiji tomba par hasard sur les deux garçons et les observa à leur insu. A la suite d'un tir particulièrement bien visé, il lança un retentissant : « Excellent ! » Les deux enfants se retournèrent, s'inclinèrent profondément et reprirent leur exercice. L'empereur s'attarda à les regarder, s'écriant : « Bien... Excellent », à chaque fois qu'ils mettaient une flèche dans le mille.

Le jeune Hiro-Hito n'eut même pas droit à de si modiques encouragements de la part de son père. Dans ses souvenirs, Kanroji ne le mentionne quasiment jamais et pour cause : le prince héritier n'était presque jamais là et, lorsqu'il s'y trouvait par hasard, il s'adonnait aux beuveries et à la débauche, négligeant sa famille pendant des jours entiers. Il abominait Tokyo l'hiver et quittait la ville, en quête de chaleur. Même selon les critères du Japon, où les maris (surtout à cette époque d'avant la guerre) avaient tendance à vivre leur vie pendant que leurs épouses étaient strictement cloîtrées au foyer, le prince Yoshihito menait une existence notoirement dissipée. L'aperçu qu'eut le jeune Hiro-Hito des mœurs de la cour laissa chez lui des traces indélébiles : l'ivrognerie était monnaie courante et très tôt, Hiro-Hito refusa de toucher une goutte d'alcool. L'empereur Meiji et son fils étaient tous deux libertins ; dès l'adolescence, Hiro-Hito se montra prude, monogame et puritain.

En ce qui concernait ses habitudes personnelles, l'empereur Meiji resta toute sa vie un noble seigneur japonais profondément conservateur ; il appréciait le bordeaux millésimé, la poésie et les belles femmes, dans cet ordre. Une douzaine de concubines vivant au palais, qui portaient par euphémisme le titre de dames d'honneur, attendaient chaque soir que le souverain laissât tomber son mouchoir aux pieds de l'une d'entre elles, laquelle le suivait alors dans ses appartements, meublés à la japonaise, dont l'accès était interdit à tous hormis quelques pages triés sur le volet. Meiji, cependant, dormait non pas sur un tatami, mais dans un confortable lit à l'occidentale et maîtrisait les mystères du capitalisme avec une remarquable facilité. Sous son règne, les Mitsui, les Sumitomo et les Iwasaki (rendus célèbres par la firme Mitsubishi) devinrent des familiers de la cour et, à mesure que ces membres fondateurs des « Zaibatsus », les gigantesques conglomérats industriels qui devaient très vite dominer l'économie japonaise, prospéraient, la fortune impériale en faisait autant.

Le portrait qu'a laissé Kanroji de Meiji est celui d'un noceur extraverti, aux appétits falstaffiens, entouré d'une clique d'ivrognes. Il décrit d'ailleurs un véritable marathon alcoolique auquel se livra le souverain avec les chambellans de son palais, qu'il conclut en réclamant un cheval et en ordonnant à un de ses compagnons de beuverie de se mettre en selle. « Le chambellan éméché eût beau s'y reprendre à d'innombrables fois, il glissait immanquablement à bas de la selle, ce qui faisait rugir l'empereur de rire. A ce qu'il semble, l'empereur Meiji aussi s'enivrait parfois au point de ne pouvoir regagner son palais à cheval. »

L'abus d'alcool était aussi excusable à cette époque dans la société nippone qu'il l'est de nos jours et l'impression que donne Kanroji de la vie au palais impérial durant l'ère Meiji est celle d'une existence nimbée d'une perpétuelle brume alcoolisée. Les chambellans que l'empereur envoyait exécuter ses ordres revenaient ivres, mais « l'empereur Meiji les écoutait, le sourire aux lèvres, sans jamais les réprimander pour leurs manquements à l'étiquette ».

Le prince héritier Yoshihito, père de Hiro-Hito, initia son fils à l'alcool à l'âge de cinq ans, ce qui ne manqua pas de le traumatiser : il gorgea l'enfant de saké, l'obligeant à en avaler de grandes rasades et à répondre aux toasts que l'on portait, jusqu'à ce qu'enfin le petit prince obéissant tombât comme une masse, ivre mort. Jamais Hiro-Hito ne devait oublier l'humiliation qu'il en éprouva, non plus que la monumentale gueule de bois qui s'ensuivit. A dater de ce jour, confia-t-il plus tard aux membres de sa cour, jamais plus il ne toucha à l'alcool sous quelque forme que ce fût.

Comme son contemporain le prince de Galles, qui devint ensuite le roi Edouard VII, Yoshihito menait une existence futile dans l'ombre d'un parent prestigieux. Il se prit d'une passion pour les uniformes, tout particulièrement celui de la « Tête de mort », cher aux uhlans de l'armée allemande ; il portait des moustaches en crocs, façon Kaiser, et tenait absolument à être « moderne », ce qui dans la pratique revint à collectionner des impressionnistes et à se faire construire une réplique en miniature du château de Versailles, le palais d'Akasaka, qu'il fit bourrer de chandeliers étincelants et de meubles néo-Louis XV, tapissés de brocart. Meiji trouvait cela d'un goût atroce et refusa d'y retourner après sa première visite.

En dépit de sa façade « moderniste », le prince Yoshihito s'était soumis aux volontés de son père, épousant celle que l'empereur avait choisie, une jeune fille issue du noble clan Fujiwara, une famille princière qui fournissait des épouses à la dynastie impériale depuis des siècles. La princesse Sadako était intelligente, belle et avait été élevée depuis l'enfance en vue d'une telle union. Elle n'avait que seize ans à la naissance de Hiro-Hito, le 29 avril 1901 ; c'était la première fois depuis 1758 que le futur empereur n'était pas le fils d'une concubine impériale. Elle ne joua, cependant, aucun rôle ou presque dans la petite enfance de son fils, car elle n'était pas autorisée à le voir souvent.

L'homme qui se substitua au père de Hiro-Hito — et du reste à sa mère — fut le général Nogi, le héros de la guerre contre les

Russes, que Meiji nomma directeur de « l'Ecole des Pairs ». Il devint le précepteur de Hiro-Hito. Non seulement Nogi incarnait-il les vertus anciennes des samurais, mais il était en outre un oiseau rare dans la société japonaise — un soldat qui se doublait d'un intellectuel, d'un calligraphe des plus habiles, d'un expert ès bonsaïs et d'un moraliste. Ce fut lui qui inculqua au jeune prince la notion qu'il n'y avait rien — fût-ce la faiblesse physique, la maladresse innée, voire une coordination défectueuse — que l'on ne pût corriger à force d'exercices et de volonté. Parce qu'il idolâtrait Nogi et voulait désespérément lui plaire, Hiro-Hito devint, à partir de l'âge de dix ans, un athlète honorable, un excellent nageur, un golfeur supérieur à la moyenne et un lutteur de sumo. Il prit aussi des leçons d'escrime — sport qui avait coûté un œil à Nogi dans sa jeunesse — et s'imposa une routine draconienne, à base de douches froides, d'entraînement physique épuisant et de longues heures d'études. Nogi parvint à faire sortir son jeune élève de sa coquille, le débarrassant, comme il le dit lui-même, de sa « mentalité de bossu ».

Au passage, Hiro-Hito acquit aussi un peu du mépris puritain de Nogi pour les plaisirs de la chair et son ascétisme. La demeure du général, qui se dresse toujours au centre de Tokyo entièrement environnée par d'immenses tours de bureaux et d'appartements, est un bâtiment de deux étages, d'une grande sobriété, qui ne ressemble à rien tant qu'à une modeste petite ferme japonaise — rien à voir avec les édifices prétentieux qui avaient les faveurs des contemporains de l'empereur Taisho. Devenue aujourd'hui un lieu de pèlerinage et un musée mal connu, cette maison est l'une des rares du quartier d'Aoyama à Tokyo à avoir été épargnée par les bombardements des B-29 durant la guerre ; elle reflète le goût qu'avait Nogi pour la vie simple, la seule trace d'extravagance étant les immenses écuries, car le général était un cavalier émérite et prenait un soin infini de ses pur-sang. Autrement, son mode de vie était sans prétention, pour ne pas dire parcimonieux. L'une des règles d'or en vigueur chez lui était : il faut avoir honte des habits déchirés, mais jamais des habits rapiécés. C'était une leçon que Hiro-Hito devait se rappeler toute sa vie. Durant les années où il fréquenta l'Ecole des Pairs, Nogi lui fit porter des sous-vêtements et des kimonos en grossière toile de coton et jamais il ne connut la douceur de la soie contre sa peau. Il se mit à faire des économies de toutes sortes, utilisant ses crayons jusqu'à ce qu'ils fussent trop petits pour qu'on pût les tenir, ses gommes jusqu'à ce qu'elles fussent réduites à la taille d'un petit pois.

Dans l'ordre normal des choses, c'est le frère cadet de Hiro-Hito, Chichibu, qui serait devenu le favori de Nogi. Beau garçon, l'esprit vif, athlétique, il était de toute évidence beaucoup plus naturellement fait pour mener les hommes que son aîné. Nogi, cependant, en tant que soldat, croyait à l'émulation et c'était le désir presque pathétique chez les deux frères de plaire à celui qui leur servait de père nourricier qui poussa Hiro-Hito à se libérer de certaines de ses inhibitions, même s'il resta très réservé, plus porté à écouter qu'à discourir, un enfant étrangement indéchiffrable.

En 1911, l'empereur Meiji choisit Nogi pour le représenter au couronnement du roi George V, à Londres, ce qui montrait bien à quel point le général faisait partie de la « famille » de l'empereur. Nogi s'absenta donc pour plusieurs mois et ce fut durant cette période que le cancer dont souffrait le souverain prit un tour fatal, entraînant sa mort précoce le 29 juillet 1912, à l'âge de cinquante-neuf ans.

Le chroniqueur de la cour, Kanroji, a écrit que Hiro-Hito eut, dans un cauchemar, la prémonition de la mort de son aïeul. Il devait, cependant, traverser une expérience beaucoup plus traumatisante le jour des obsèques de l'empereur, qui eurent lieu après six semaines de deuil officiel.

La veille de la cérémonie, Hiro-Hito avait été convoqué dans le bureau du général Nogi, à l'Ecole des Pairs. « Je ne suis pas mécontent des progrès que vous avez accomplis en mon absence, dit-il à son élève, mais je vous demande de travailler encore plus dur. Vous voici désormais prince héritier, vous êtes le plus jeune officier de l'armée et de la marine et le futur chef de la nation. Je vous prie instamment de remplir vos devoirs militaires et de prendre soin de votre santé, tout occupé que vous soyez. Rappelez-vous, je vous prie, que ma présence physique n'est pas nécessaire pour que je vous accompagne dans votre travail. Je serai toujours à vos côtés et j'aurai votre bien-être à cœur. Travaillez dur, pour l'amour de vous-même et l'amour du Japon. » Après un salut mutuel, Hiro-Hito quitta la pièce.

Le lendemain matin, tandis que les canons saluaient la dépouille de l'empereur défunt, le général Nogi et sa femme prirent un bain, revêtirent des kimonos blancs et s'inclinèrent avec solennité devant un portrait dédicacé de l'empereur Meiji. La comtesse Nogi se donna la mort la première, en se tranchant la gorge avec un poignard affûté comme un rasoir. Puis Nogi l'imita, en commettant le *seppuku* (ou éviscération) rituel, avec une courte épée pareillement aiguisée. Dans un bref billet, il sommait tous les patriotes japonais de respecter les antiques vertus de leur race, déplorant l'actuel laisser-aller en matière de moralité. Il avait tenu le serment prêté à l'empereur Meiji sur le champ de bataille, après la mort de ses deux fils, d'une façon qui lui assura sa place dans l'histoire.

On ne peut qu'imaginer l'impact de ce suicide sur le jeune Hiro-Hito âgé de douze ans : Nogi avait été l'objet de son admiration et avait remplacé pour lui le père dont il avait tant besoin, en l'absence de son propre père si méprisé.

Extérieurement, il conserva un calme presque effrayant en apprenant la nouvelle. « Le Japon vient de subir une perte regrettable », dit-il sans émotion apparente.

Chapitre 3

La mort de l'empereur Meiji n'entraîna guère de changements immédiats dans l'existence quotidienne de son petit-fils, mais en revanche, l'attitude de ceux qui l'entouraient s'en trouva considérablement modifiée. Il était désormais l'héritier officiel du trône, nanti d'un brevet d'officier dans l'armée et dans la marine, et il portait fièrement ses nouveaux uniformes. Il avait aussi sa propre chambre. Plus important encore, ses frères cadets étaient tenus de lui montrer tout le respect dû à un futur « dieu vivant ». Il continua, cependant, à fréquenter l'Ecole des Pairs pendant près de deux ans ; il s'y rendait tous les matins à pied avec ses frères, à moins qu'il ne plût, auquel cas on l'autorisait à prendre une voiture. Ensuite, une des salles du palais d'Akasaka fut transformée en salle de classe et il fut confié aux soins d'une équipe de précepteurs particuliers qu'avaient choisis pour lui les chambellans du palais, avec l'approbation de son père.

C'était à présent l'amiral Togo, l'autre héros de la guerre russo-japonaise, qui présidait aux études de Hiro-Hito, mais Togo n'avait rien d'un Nogi et ses rapports avec son élève étaient fort différents. L'amiral avait été un hardi stratège naval et un incontestable meneur d'hommes. Dans la vie de tous les jours, cependant, il était d'une platitude surprenante, totalement dépourvu de la ferveur mystique digne des samurais, qui avait animé Nogi ; c'était un être banal, épris de plaisir, dont la réussite avait exaspéré bon nombre de ses collègues. Nogi avait mené une vie d'une austérité presque caricaturale. Togo avait un appétit d'ogre (et, qui plus est, mangeait salement), ce qui, aux yeux de

Hiro-Hito, ne jouait pas en sa faveur. Le jeune prince ne pouvait manquer de comparer la personnalité si ordinaire de son nouveau mentor (et son relatif manque d'intérêt pour l'hégémonie du Japon en Asie) avec les vertus exceptionnelles du défunt Nogi.

Hiro-Hito recevait désormais l'enseignement de plusieurs précepteurs, appartenant au gratin du monde universitaire japonais. Ces hommes étaient si impressionnés par l'honneur qui leur était ainsi fait qu'ils ne surent pas profiter au maximum de l'occasion qui s'offrait à eux. Le professeur de français, par exemple, ne pouvait se résoudre à corriger les fautes de son royal élève, si bien que ce dernier n'eut jamais, par la suite, une connaissance du français comparable à celle du prince Chichibu qui, grâce aux efforts d'un professeur moins compassé, en vint à parler cette langue presque parfaitement. Le professeur de « morale » du futur empereur, le docteur Sugiura, diplômé de chimie de l'université de Londres, s'avéra être un choix des plus curieux. Ses cours étaient un méli-mélo de superstitions shintoïstes et de clichés concernant les vertus nationales du Japon. Profondément convaincu de la supériorité de la race aryenne, il considérait les Japonais comme les Aryens de l'Asie, de loin supérieurs, sur le plan racial, aux « Chinois dégénérés » ; toutefois, ajoutait-il prudemment, le Japon devait se méfier des méthodes européennes, même celles des nations « aryennes », car, sous tous les rapports, son mode de vie l'emportait aisément, sa religion même étant supérieure à toutes les autres. Sugiura avait aussi l'habitude déconcertante de se mettre brusquement à chanter, pour souligner son propos, soit des extraits des grands classiques du *Nô,* soit des airs d'opéras chinois. Il chantait affreusement faux, mais ne paraissait pas s'en rendre compte. Hiro-Hito l'écoutait, patient, quoique accablé, gardant toujours ses opinions pour lui. Il n'aurait pas été « correct » de demander à ses chambellans de remplacer un seul des précepteurs qu'ils lui avaient choisis, car cela aurait fait perdre la face aux uns et aux autres. Malheureusement les relations peu inspirantes et excessivement guindées que ces mentors entretenaient avec le jeune prince eurent pour effet de l'inhiber encore plus.

Les enseignements d'Isaburo Wada, diplômé de John Hopkins et du Massachusetts Institute of Technology, fournissaient une espèce d'antidote à ceux de Sugiura. Il donnait au prince des cours de mécanique, aérodynamique et chimie. Ces séances auraient été encore plus intéressantes pour Hiro-Hito si elles avaient eu lieu dans un atelier ou un laboratoire, mais le protocole exigeait que le maître et son élève se fissent face, de part et d'autre d'un tatami, rigoureusement immobiles, en dehors des courbettes de rigueur et autres expressions de respect mutuel.

Le précepteur qui eut la plus grande influence sur le prince héritier fut le docteur Hattori qui lui enseignait les sciences naturelles et la biologie. Hiro-Hito s'était plaint, très discrètement, auprès de ses chambellans du fait que la plupart de ses professeurs fussent aussi fades que les « *jagaimos* », les pommes de terre récemment introduites au Japon, mais Hattori faisait exception à la règle. Partisan avoué de l'empirisme, il emmenait son royal élève à la campagne, pour y étudier l'histoire naturelle sur le terrain, et lorsque Hiro-Hito protesta, à juste titre, contre le cortège de chambellans et de fonctionnaires du palais, qui les suivait partout, le docteur Hattori veilla non seulement à réduire la taille de cette suite, mais prit en outre l'habitude d'emmener le prince en mer, sur des bateaux de pêche trop petits pour y loger le moindre courtisan. A cette époque, Hiro-Hito était déjà un excellent nageur et lorsque Hattori engagea deux pêcheurs de perles pour récolter des spécimens sous-marins, le prince se joignit à eux et insista pour rapporter sa part. Ces excursions avaient lieu, pour la plupart, à Hayama, la station balnéaire où la famille impériale possédait une demeure retirée, plus proche de la chaumière que du palais. Hattori devint ultérieurement le collaborateur scientifique de Hiro-Hito et passa sa vie entière au service de l'empereur dont il dirigea, à la fin de sa vie, le laboratoire.

Dans ses mémoires, le prince Chichibu s'est rappelé que son frère aîné avait eu, dès l'enfance, une façon méticuleuse d'aborder les choses, une âme de collectionneur. Alors que Chichibu s'en lassa très vite, Hiro-Hito tint soigneusement à jour, à partir de l'âge de dix ans, ses collections de papillons, d'insectes et de fleurs sauvages. Elles ont été préservées, datées et signées de son écriture bien nette, et sa contribution à la biologie marine, même si elle fut par la suite exagérée par les hagiographes, fut très réelle : à dix-sept ans, le jeune prince, séjournant à Namazu, s'aventura sur la grève après un orage pour ramasser des coquillages et remarqua une crevette rouge, d'environ huit centimètres de long. De retour chez lui, il se plongea dans les ouvrages de référence et fut intrigué de constater que sa trouvaille n'était nulle part répertoriée. Il s'agissait de la célèbre « *sympathiphae imperial* » dont la découverte fit sensation lorsqu'elle fut annoncée au monde scientifique en 1919. Ce haut fait remplit le prince d'orgueil et le confirma définitivement dans sa vocation de biologiste marin. On lui construisit un bateau spécial et la pêche aux spécimens devint pour lui une véritable passion. Jamais il ne répéta son premier exploit, mais il découvrit quand même plusieurs spécimens fort rares de crustacés, notamment le « *Genebis argenteonitens* », au large de Hayama.

Le goût inné de Hiro-Hito pour les mollusques invertébrés reflétait peut-être ses propres tendances à l'introspection et à la solitude. Certains des chambellans de la cour déploraient en privé qu'il ne s'intéressât pas à des activités plus viriles, telles que la chasse, et quelques généraux de l'armée s'enhardirent jusqu'à attirer l'attention de l'empereur Taisho sur le passe-temps incongru auquel son fils consacrait ses loisirs. Il leur était, cependant, impossible de se plaindre qu'il négligeait ses devoirs de soldat, car Hiro-Hito manifesta, dans son adolescence, un intérêt presque aussi passionné pour l'histoire militaire que pour la faune sous-marine. Et, en une occasion au moins, il satisfit aussi aux autres exigences de son père : le rigorisme sexuel n'entre pour aucune part dans le code du « *bushido* » et l'empereur dépêcha donc vers les appartements de Hiro-Hito, alors âgé de quinze ans, une de ses jeunes concubines qui put à son retour lui assurer que le prince avait été au début quelque peu éberlué, mais qu'il avait manifesté ensuite une certaine curiosité scientifique à l'endroit des activités sexuelles, laquelle l'avait mené en temps voulu à une conclusion parfaitement normale. L'empereur fut soulagé d'apprendre que son fils aîné, quoi qu'il en fût de ses autres curieux plaisirs, était néanmoins capable de s'adonner à ce qui, dans son propre cas, était presque une occupation à plein temps. Cette initiation aux choses de l'amour ne stimula nullement chez le prince un intérêt dévorant pour le sexe. Sa rencontre avec la savante geisha laisse plutôt l'impression d'un adolescent soumis s'inclinant une fois de plus devant les traditions qui lui étaient imposées.

Tandis que Hiro-Hito écoutait les ennuyeuses dissertations de ses précepteurs, partait à la pêche aux crustacés et se penchait sur les guerres napoléoniennes, le Japon faisait l'apprentissage de son nouveau rang de grande puissance. Par tempérament, l'empereur Taisho était interventionniste, animé par un fort parti pris pro-allemand et ignorant tout, dans sa candeur naïve, de ce que le Kaiser Guillaume pensait du « péril jaune ». Pourtant, la Première Guerre mondiale vit le Japon se ranger dans le camp de la Grande-Bretagne, la France et la Russie, l'empereur Taisho s'étant à contrecœur incliné devant les arguments de ses conseillers qui faisaient valoir que les intérêts stratégiques et financiers du Japon étaient mieux servis ainsi.

La raison en était, bien sûr, la Chine, toujours neutre, même si elle devait finir par prendre à son tour les armes contre l'Allemagne. Le Japon, sans attendre que ses alliés eussent donné le moindre feu vert, envahit la concession allemande de Tsingtao, sur la côte chinoise, et occupa aussi la minuscule île de Yap, dans le Pacifique, qui était une colonie allemande. En sa qualité d'officier de l'armée et de la marine et surtout de prince héritier, Hiro-Hito était régulièrement tenu au courant des affaires internationales : on lui exposa clairement pour quelles raisons le Japon prenait part à la guerre.

Malgré son enthousiasme à entrer en guerre, la contribution du Japon à la lutte fut négligeable : la marine japonaise patrouilla en Méditerranée, « protégea » Hong Kong et la concession britannique de Shanghai, mais exigea en retour un prix astronomique. Les « vingt et une demandes » soumises par le Japon au nouveau président de la république chinoise, Yuan Shi-kai, en 1915, se seraient traduites par une suzeraineté officielle du Japon sur la Chine entière. Outre des concessions territoriales accrues dans la province du Shantung et en Mandchourie, avec des baux de quatre-vingt-dix-neuf ans, le Japon exigeait que la Chine s'engageât solennellement à ne plus céder la moindre concession à d'autres puissances étrangères et qu'elle fît non seulement appel à lui pour le développement économique en Mandchourie et à Tsingtao, mais le prît en outre pour banquier exclusif en ce qui concernait tous ses emprunts futurs. Un nouvel ensemble de demandes, que le Japon voulait voir tenues secrètes (mais le président chinois, indigné, n'eut rien de plus pressé que d'organiser des fuites délibérées auprès de la presse de Pékin), exigeait que la Chine fît appel à des conseillers techniques nippons pour tous ses grands projets industriels et d'armement, qu'elle cédât au Japon le monopole de la construction des chemins de fer en Chine, qu'elle achetât cinquante pour cent de ses fournitures militaires au Japon et qu'elle autorisât les conseillers japonais à jouer un rôle spécial dans la politique chinoise.

Hiro-Hito n'avait que quinze ans lorsque ces demandes furent soumises et il n'y était, bien entendu, pour rien. Ses précepteurs les lui présentèrent sous le jour le plus favorable, faisant valoir que le Japon était destiné, tant sur le plan géographique que sur le plan historique, à jouer le rôle de « grand frère » de la Chine. L'homme fort du régime chinois, Yuan Shi-kai, fut contraint de céder à ces exigences sous la menace, mais après la guerre, principalement grâce aux pressions exercées par les Britanniques et les Américains à la conférence de Versailles, toutes les clauses sauf celles de Tsingtao et de Mandchourie furent abandonnées.

Elles firent néanmoins date non seulement dans les relations sino-japonaises, mais aussi dans les relations américano-japonaises : en effet, dès 1915, aux yeux des Etats-Unis, l'image du « courageux petit Japon » commença à être remplacée par celle d'une nation dominatrice et vorace.

Les « vingt et une demandes » contribuèrent aussi à renforcer le militarisme du Japon, car elles donnaient une forme concrète au nationalisme croissant de la nouvelle génération d'officiers, nourris de la mystique de la guerre russo-japonaise. Parmi toutes les clauses, la plus importante était celle qui avait trait à la Mandchourie. La victoire de 1905 avait permis d'arracher à la Russie des concessions dans cette partie de la Chine, mais la plupart des Japonais nationalistes estimaient qu'elles ne suffisaient pas. Le petit groupe d'oncles princiers de Hiro-Hito, dont la plupart étaient officiers de carrière dans l'armée ou la marine, était convaincu que la Mandchourie (non seulement les concessions existantes, mais la province entière) était un butin légitime, et le lui faisait savoir.

Liée à ce problème, se posait bien sûr la grande question de la Russie communiste — car, avec la révolution d'octobre 1917, la présence russe en Mandchourie, même sous une forme réduite, prenait une dimension entièrement nouvelle et était considérée comme une menace radicalement différente. Dans le petit cercle de nobles que côtoyait Hiro-Hito, la peur du communisme et la haine de toutes les organisations « de gauche » dominaient. Le spectre du communisme — et la peur presque maladive de le voir se répandre comme une tumeur maligne à travers l'Asie entière — était une « donnée » que le jeune prince acceptait aussi aveuglément que ses compagnons.

L'autre grand événement qui prit place durant l'adolescence de Hiro-Hito fut l'affrontement de plus en plus violent entre les clans Choshu et Satsuma. L'un et l'autre avaient contribué à délivrer la dynastie impériale des *shoguns*. A présent, ils se disputaient le pouvoir et leur querelle fut tranchée par une série d'affrontements politiques, plutôt que par les guerres civiles d'antan, preuve que le Japon s'était désormais transformé en Etat moderne. Toutefois, une querelle de clans toucha directement Hiro-Hito, car elle concernait le choix de son épouse. Elle ne fut réglée qu'après une succession d'intrigues de cour qui n'étaient pas sans rappeler l'époque médiévale, mais auxquelles participèrent néanmoins les forces du « nouveau » Japon — les médias, les partis politiques et même la pègre — Hiro-Hito n'étant pour sa part, malgré son intérêt crucial dans l'affaire, qu'un spectateur passif.

L'un des rares survivants du prestigieux règne de Meiji était un ancien chef d'état-major de l'armée japonaise, le général Arimoto Yamagata. Ce redoutable samurai, brute notoire, mais fin politique, avait été le véritable fondateur de l'armée nippone moderne qui avait écrasé les Russes en 1905. Il était devenu « *genro* », c'est-à-dire conseiller personnel permanent de l'empereur Taisho, et comme tous les autres *genros*, passés et présents, son but avait été non seulement de seconder le souverain, mais aussi de promouvoir les fortunes de son clan et de faire nommer ses protégés aux postes clefs. (Un autre *genro*, le prince Saionji, devait lui survivre et abreuver Hiro-Hito de ses conseils, rarement écoutés, jusqu'à sa mort en 1940.)

A eux deux, Saionji — un des chefs du clan Satsuma — et Yamagata manipulaient non seulement les fonctions de Premier ministre (c'étaient eux qui désignaient les candidats acceptables à l'empereur, lequel était théoriquement tenu de respecter leur avis), mais les hauts commandements militaires. Juste avant la Première Guerre mondiale, Yamagata se rendit compte que l'on contestait sa suprématie, lorsqu'un fonctionnaire qui n'était pas un homme des Choshu amputa l'armée de deux divisions, afin de réduire les sommes consacrées à la défense nationale. Dans les confuses luttes intestines qui s'ensuivirent, les budgets ainsi amputés furent transférés à la marine, ce qui ne fut pas pour plaire à Yamagata, car celle-ci était dominée par les protégés du clan Satsuma.

Les Premiers ministres continuèrent à se succéder avec la

même fréquence que dans l'Italie d'après-guerre, le vrai pouvoir restant aux mains des *genros*; toutefois d'autres signes annoncèrent le déclin de la toute-puissance de Yamagata : en 1916, dans le sillage des « vingt et une demandes », le Japon s'implanta en Mandchourie méridionale et Yamagata, prudent tacticien, prôna la modération. Il se rendait parfaitement compte que dans l'esprit des puissances occidentales, le Japon apparaissait comme une nation agressive et tyrannique. Cependant, tandis que Yamagata établissait des relations cordiales avec le général mandchou, Chang Tso-lin, le seigneur de la guerre qui dominait le nord de la Chine depuis sa « capitale » de Mukden, et lui promettait le soutien du Japon, d'autres « interventionnistes » nippons, encouragés par l'empereur, fomentaient des soulèvements en Mongolie, bien résolus à écraser ce même Chang Tso-lin. Le chef mandchou réchappa de justesse d'une embuscade japonaise à Mukden, où il aurait dû trouver la mort, et rameuta ses troupes pour éjecter les Japonais des zones en Mandchourie où ils s'étaient illégalement infiltrés.

Cet épisode confus et peu édifiant indique bien à quel point la politique étrangère nippone manquait désormais de direction, la raison en étant (bien qu'elle ne fût jamais ouvertement mentionnée dans la presse et qu'on n'en parlât ailleurs qu'à voix basse) que l'empereur Taisho devenait, par crises, de plus en plus excentrique, instable et inapte à régner.

C'était un secret partagé par les *genros*, l'impératrice et Hiro-Hito, bien qu'il n'en soufflât jamais mot, fût-ce à ses amis les plus intimes. Cela explique le mépris croissant que témoignait Yamagata à l'empereur, si différent du légendaire Meiji, son père. Les jours où tout allait bien, devait se rappeler Saionji, Taisho était capable de se montrer brillant et « de prendre des décisions sagaces, aussi remarquables, pour le moins, que celles de Meiji soi-même ». Il avait d'insatiables appétits sexuels et ses chambellans avaient le plus grand mal à suivre la trace de ses liaisons avec ses diverses concubines (car chaque rapport sexuel devait être noté dans une espèce de « registre des saillies impériales », afin que les grossesses des concubines fussent correctement enregistrées), mais ceci n'était pas considéré comme le plus grave problème. Ce qui était plus que gênant, en revanche, c'était son comportement fantasque, à tel point que les *genros* répugnaient à le laisser paraître en public, en quelque occasion que ce fût. Un jour, au cours d'une parade militaire, il cingla ses soldats à coups de cravache, puis il serra un officier dans ses bras et ordonna à un autre soldat de défaire son paquetage qu'il tint absolument à refaire de ses propres mains. En 1915, lors de la cérémonie d'ouverture officielle de la Diète, comme on appelait le parlement (qui n'était pas encore élu par suffrage universel, puisque seulement trois millions de propriétaires, environ, avaient le droit de vote), il fit un rouleau du discours préparé à son intention et s'en servit pour scruter les députés, comme à travers une longue-vue. Ce qui aurait pu passer pour une inoffensive excentricité dans tout autre pays était inacceptable au Japon, où chacun des gestes du « divin » empereur était étroitement surveillé.

Inévitablement, à mesure que l'état de Taisho (diversement considéré comme le résultat d'une attaque ou d'une hémorragie cérébrale non diagnostiquée, mais probablement dû aux suites d'une méningite contractée dans son enfance) se détériorait, les *genros* virent leur pouvoir s'accroître, de même que l'impératrice qui, comme toute autre loyale épouse japonaise, vint soutenir son mari dans les mauvais jours, oubliant la façon scandaleuse dont il l'avait traitée par le passé. Tel était le climat qui régnait à la cour, à l'époque où Hiro-Hito passait insensiblement de l'adolescence à l'âge d'homme, et il paraissait évident aussi bien à l'impératrice qu'aux *genros* que le prince héritier devrait assumer les fonctions de souverain virtuel beaucoup plus tôt que prévu, car il était peu probable que son père se rétablît. Par conséquent, le choix de son épouse revêtait plus d'importance que jamais. Il pouvait d'ores et déjà faire son deuil du joyeux célibat promis à ses amis et parents princiers.

Jamais on n'avait entendu parler d'un prince héritier cherchant à résister aux moyens mis en œuvre pour le marier et ce n'aurait, d'ailleurs, pas été du tout dans le caractère de Hiro-Hito ; aussi bien l'empereur Meiji que son fils Taisho avaient accepté sans sourciller le mariage arrangé à leur intention, car ils savaient pertinemment que cette union était cruciale pour la survie de leur dynastie. La docilité avec laquelle ils avaient accepté l'épouse choisie était sans doute due au fait que le mariage n'était pour eux nullement synonyme de monogamie. Toutefois, la mère de Hiro-Hito, l'impératrice Sadako, qui pour sa part avait épousé Taisho sans l'avoir jamais vu auparavant, était une femme pleine de bon sens et « moderne », qui voulait que son fils eût pour le moins son mot à dire dans l'affaire. Le personnel de la cour et les *genros* dressèrent donc une liste des candidates acceptables et elles furent invitées à des « cérémonies du thé » où le prince pouvait les observer sans être vu. Inutile de dire que la plupart des jeunes filles appartenaient au clan Choshu.

Figuraient sur la liste plusieurs ravissantes jeunes personnes, issues des clans Choshu, Satsuma et Fushimi, notamment une remarquable princesse qui devait épouser par la suite un membre de la famille royale coréenne, avant de consacrer les dernières années de sa vie à une œuvre de charité pour les orphelins de race mixte, nés d'unions entre parents coréens et japonais ; mais, contre toute attente, Hiro-Hito ne s'attarda pas sur les plus jolies candidates. Il demanda plutôt à sa mère de choisir Nagako, une jeune fille intelligente certes, mais dotée d'un physique ingrat, qu'il connaissait depuis l'enfance ; c'était une adolescente de quatorze ans, courte sur pattes et robuste, descendant d'une lignée irréprochable, mais appauvrie.

Nagako était la fille du noble et impécunieux prince Kuni, qui appartenait non pas au clan Choshu, mais à la famille Fushimi, dont les membres avaient contracté des mariages avec les empereurs du Japon depuis des siècles. L'épouse du prince était une Satsuma et il était le père de dix-neuf rejetons, dont treize (parmi lesquels ne figurait pas Nagako) étaient fils ou filles de concubines. Le professeur Sugiura, le maître de « morale » de Hiro-Hito, qui enseignait aussi à la section « filles » de l'Ecole des Pairs, que fréquentait Nagako, avait repéré en elle une candidate possible et il fut enchanté du choix de son royal élève.

L'impératrice aussi s'en réjouit, car elle trouvait Yamagata de plus en plus autoritaire et difficile à supporter ; en revanche, la nouvelle eut le don d'exaspérer le vieux militaire bougon, qui avait escompté que la nouvelle impératrice serait une Choshu et qui était fort désireux de voir une représentante de son clan élevée au plus haut rang de la cour, afin de veiller sur ses fortunes chancelantes. Son premier geste fut de féliciter le prince Kuni du choix impérial, mais dans la coulisse, il se mit aussitôt à comploter pour faire annuler les fiançailles, avec le soutien du baron Nakamura, un Choshu lui aussi, ministre de la Maison impériale.

L'incertitude devait durer six ans, durant lesquels Nagako et Hiro-Hito ne se virent que neuf fois, toujours très brièvement. La première rencontre eut lieu peu après la fatidique « cérémonie du thé ». Les deux adolescents furent autorisés à aller se promener tout seuls dans le parc du palais, mais ce qui aurait dû être un instant plein de romantisme fut gâché par une averse torrentielle. La seconde entrevue, trois semaines plus tard, avait été ménagée pour prendre la photographie officielle des fiançailles, dûment publiée dans la presse. D'ores et déjà, Nagako avait quitté l'école pour être soumise à des examens médicaux draconiens et installée dans un petit pavillon séparé, dans le parc de la demeure de son père, où, en compagnie de dix-sept précepteurs en tous genres et de deux compagnes de son âge, elle devait rester jusqu'à son mariage, soigneusement préparée à remplir ses devoirs de future impératrice. Elle suivit des cours d'anglais, de français et eut droit à des conférences sur les relations internationales, ainsi que sur l'histoire du Japon et ses relations avec l'Europe. Les fiançailles furent longues, comme prévu, car ce n'était que si la santé de l'empereur Taisho prenait brusquement un tour défavorable qu'il serait nécessaire à Hiro-Hito de prouver qu'il était capable d'engendrer un héritier.

L'offensive de Yamagata, quatre ans plus tard, fut à la fois inattendue et menée de main de maître. Il avait alors quatre-vingt-cinq ans, mais il n'en utilisa pas moins, avec beaucoup de sagacité, une arme résolument moderne : la presse. Dans une revue médicale, un médecin japonais, spécialiste des problèmes d'hérédité, écrivit un savant article sur la transmission du daltonisme d'une génération à la suivante et sur la nécessité de modifier les lois concernant la conscription, afin de réformer tous les jeunes gens souffrant de ce mal. L'article, cependant, examinait aussi des cas reconnus de daltonisme, ainsi que leur transmission héréditaire, citant en exemple l'une des familles nobles les plus connues du Japon, les Shimazu. Or, il se trouvait que Nagako était, par sa mère, une Shimazu.

Ce n'était certes pas une coïncidence si l'ancien chef des services de santé de l'armée japonaise, qui n'était autre que le propre médecin de Yamagata, attira l'attention du général sur cet article et sur l'existence prouvée de cas de daltonisme dans la famille Shimazu. Certes, de prime abord, ce mal ne paraissait pas rédhibitoire, même chez une future impératrice, mais la question était néanmoins fort grave, car à la cour japonaise, tous les hommes de la famille impériale devaient servir dans les forces armées. Manifestant tous les signes d'une hypocrite désolation, mais n'écoutant que sa conscience de soldat, Yamagata, en sa qualité de doyen des *genros,* se sentit dans l'impossibilité de ne pas tenir compte de cette mise en garde, laquelle sous-entendait que les héritiers de l'empereur risquaient d'être congénitalement frappés du mal en question. Il pria donc un groupe d'éminents spécialistes japonais d'étudier cet article et de lui faire leurs commentaires. Lorsqu'ils eurent décidé qu'il était scientifiquement valable, Yamagata consulta ses parents du clan Choshu, le baron Nakamura, ministre de la Maison impériale, et Hara, le Premier ministre, et sollicita leur avis.

La réaction de Hara fut qu'il fallait étouffer l'affaire à n'importe quel prix : il était impensable de laisser voir que la famille impériale s'était trompée dans son choix, car c'était en soi un acte de lèse-majesté. Exactement, renchérit Yamagata. C'était pourquoi il se proposait de faire lire cet article au père de Nagako, en lui demandant de rompre les fiançailles.

On persuada, le vieux prince Fushimi de jouer les intermédiaires, car les membres du clan Choshu pensaient que jamais le prince Kuni n'oserait s'opposer aux volontés de son propre père.

Ils se trompaient. L'entrevue entre les deux hommes dégénéra en bruyante querelle de famille. « Venez-vous de la part de l'impératrice ? hurla le prince Kuni. Est-ce donc la famille impériale qui veut faire annuler les fiançailles ? » Rappelant à son père que c'était l'impératrice et Hiro-Hito lui-même qui avaient choisi Nagako, il lui déclara que c'était à eux de rompre, mais que s'il devait en être ainsi, l'affront serait si terrible qu'il tuerait sa fille et se tuerait ensuite.

Il lança alors sa contre-offensive : il commença par s'assurer le soutien du professeur Sugiura qui lui assura que la rupture des fiançailles serait un grave manquement à la morale. En sa qualité de partisan de Nagako, Sugiura avait tout intérêt à favoriser ce mariage. Il menaça à son tour de commettre le « *seppuku* », si le projet n'aboutissait pas.

Puis le prince Kuni écrivit une lettre personnelle à l'empereur Taisho, dont les affaires étaient dorénavant réglées par l'impératrice. Ce remarquable document, d'une éloquence pleine de retenue, ne faisait aucune allusion directe aux intrigues du clan Choshu. Il était accompagné d'un rapport extrêmement complet sur les cas de daltonisme dans la famille de Nagako, ainsi que des résultats avancés par un autre groupe de spécialistes, en contradiction avec ceux des protégés du général Yamagata. Cette missive arriva, comme toute la correspondance de l'empereur, chez le baron Nakamura, qui, avant de la transmettre à son destinataire, en adressa copie à Yamagata.

Ce fut alors que le général fit l'erreur fatale d'intervenir directement. Dans une lettre au prince Kuni, il révéla clairement ses propres ambitions dynastiques.

« Bien sûr, le prince Kuni a raison d'insister pour que les fiançailles, une fois décidées, soient respectées, écrivit-il. Mais il ne faut pas oublier que ces fiançailles ont été arrangées, si l'on peut dire, derrière notre dos. Eussions-nous été informé des négociations, nous aurions été en mesure d'exposer préalablement notre humble point de vue. Nous sommes profondément navré du tour qu'ont pris les choses. »

Après avoir contesté la validité des résultats obtenus par un premier groupe de médecins, il proposa d'en consulter d'autres. « Dans la dernière partie de votre mémoire », concluait-il :

« vous dites que si vous étiez convaincu que cette union fût au détriment de la Famille impériale, vous rompriez volontiers les fiançailles de votre fille avec le prince héritier. C'est la meilleure preuve de votre loyauté envers la Famille impériale et la rupture des fiançailles vous vaudrait très certainement l'approbation générale. Il est vivement souhaitable que vous reconsidériez votre opinion. »

En même temps, il fit savoir au prince Kuni, par le biais d'intermédiaires, que s'il était prêt à se montrer raisonnable, il n'aurait pas à le regretter sur le plan financier. Le prince, à son tour, informa l'impératrice de la proposition et lui transmit la lettre. Yamagata, comprenant qu'il avait affaire à un adversaire infiniment retors, fit pression sur son parent, le ministre de la Maison impériale, afin qu'il accélérât les préparatifs pour le long voyage que Hiro-Hito, en sa qualité de prince héritier, devait faire à l'étranger, car cela dégagerait la voie pour ses intrigues.

C'était l'occasion ou jamais de faire éclater le conflit au grand jour : comme toutes les autres associations ultra-nationalistes, la « Société du Dragon noir » était hostile à tout déplacement hors du pays, sous prétexte qu'en exposant le futur empereur à des coutumes peu familières, il risquait d'être ridiculisé ; or le professeur Sugiura, en dépit de sa passion de toujours pour la morale, était intime avec Toyama, le chef du « Dragon noir » et l'un des hommes les plus influents du Japon. En définitive, ce fut la pègre nippone qui se chargea de causer la déconfiture du clan Choshu, permettant ainsi au prince héritier d'épouser l'élue de son cœur.

Sugiura fit à Toyama un compte rendu détaillé de la crise et le chef de la pègre se hérissa d'indignation en apprenant « l'irrespect » du général Yamagata envers l'empereur. Il commença à mobiliser ses forces considérables, faisant savoir, par voie de presse, qu'une « situation délicate vient de se déclarer entre la Famille impériale et le ministre de la Maison impériale ».

Il y eut aussi d'autres articles critiquant le voyage de Hiro-Hito à l'étranger et si grande était la peur qu'inspirait Toyama que les membres du clan Choshu se mirent à monter la garde devant la résidence du général Yamagata. Le coup de maître de Toyama fut la façon dont il se servit de la foule de Tokyo le jour de la Fondation nationale, le 11 février ; il s'agissait du jour anniversaire de la fondation de la dynastie impériale par l'empereur Jimmu, en 660 avant Jésus-Christ. C'était bien sûr une fête nationale (« le Jour de l'Empire »), consacrée aux visites de sanctuaires et aux prières pour que continuât la prospérité du Japon et de la famille impériale. Les hommes de Toyama distribuèrent des tracts en faveur des fiançailles de Hiro-Hito et de Nagako, des jeunes gens musclés défilèrent dans les rues en hurlant : « Mort à Yamagata ! » et « Nakamura insulte l'empereur ». Le Premier ministre Hara, membre du clan Choshu et chef du parti constitutionnaliste, céda à la panique : ses pires craintes s'étaient réalisées. Il ordonna au ministre de la Maison impériale, Nakamura, d'obtenir de l'empereur une décision immédiate et sans équivoque. Avait-il l'intention de laisser Hiro-Hito épouser Nagako ou non ?

Comme le révéla par la suite un membre de la Maison impériale, Nakamura s'inclina profondément en direction de Taisho et de l'impératrice et les pria de lui pardonner de ne pas avoir découvert en temps voulu qu'il y avait eu des cas de daltonisme dans la famille de la princesse Nagako. « A présent que la chose est connue de tous, ajouta-t-il, quel est le souhait de Votre Majesté impériale ? »

L'empereur, à qui sa femme avait soigneusement fait la leçon, répondit d'une voix hésitante : « J'ai entendu dire que la science elle-même pouvait se tromper. » L'impératrice impatientée fit signe à Nakamura de se lever et de quitter la pièce. Ce soir-là, les fiançailles furent officiellement confirmées et Nakamura donna sa démission. Le *Times* assura qu'une « fort remarquable démonstration du pouvoir de l'opinion publique » avait été responsable de cet événement. Nulle part il n'était question de Toyama ni de ses hommes. Le chef du « Dragon noir » mit une hâte surprenante à faire cesser l'agitation contre le voyage à l'étranger du prince héritier. On fit soudain savoir au Foreign Office que Hiro-Hito arriverait à Londres avec une semaine d'avance sur le programme établi et qu'il s'attarderait en Grande-Bretagne plus longtemps que prévu, ce qui ne fut pas sans agacer prodigieusement le gouvernement britannique, car, alors comme aujourd'hui, les voyages officiels étaient organisés avec minutie et constituaient un rite incompatible avec les changements de dernière minute, surtout lorsque le palais de Buckingham était en cause. Le désir de faire sortir le prince du pays le plus vite possible, à présent que la crise était dénouée, découlait probablement de la peur de voir Toyama changer d'avis et rompre le marché conclu.

Le comportement de Hiro-Hito révéla un contrôle de soi impressionnant chez un si jeune homme : il avait été tenu au courant de tous les démêlés, mais avait refusé d'intervenir, bien que ce fût son propre choix qui fût contesté et son avenir entier qui fût en jeu. Pas une seule fois, durant la crise, il n'entra en contact avec Nagako pour la rassurer ou exprimer sa conviction que tout finirait bien. Et il ne lui rendit pas non plus visite avant de quitter le Japon.

Chapitre 4

Le 3 mars 1921, Hiro-Hito quittait Yokohama à bord du cuirassé *Katori,* accompagné d'une petite suite d'aides de camp et d'officiers. Parmi eux, aucun membre important du clan Choshu. Le navire escorteur était le *Kajima,* un autre cuirassé. Le prince Kuni, futur beau-père de Hiro-Hito, et le professeur Sugiura, fervent défenseur de son mariage, étaient tous deux présents pour lui souhaiter bon voyage.

Pour la première fois de sa vie, il était libre : la plupart des courtisans étant restés au Japon, le protocole était nettement moins strict. Il y avait néanmoins certains rituels auxquels le prince ne pouvait se soustraire : tandis que le convoi quittait la rade de Yokohama, il s'inclina en direction de la côte, où étaient restés l'empereur et l'impératrice, puis en direction du mont Fuji ; plus tard, une après-midi, les navires s'immobilisèrent dans un vrombissement de machines, tandis qu'il accomplissait les rites shintoïstes en l'honneur d'une fête religieuse.

Le prince faisait de la lutte, nageait, jouait au palet, regardait des films et étudiait l'anglais et le français. Il existe un récit du voyage, écrit par deux scribes du palais, qui accompagnèrent Hiro-Hito en Europe à seule fin de commémorer ce périple dans un volume luxueusement relié. Les annales de la Cour impériale n'étaient jamais tenues sur un rythme trépidant, mais ils établirent néanmoins une espèce de record de lenteur, puisque leur ouvrage ne parut qu'au bout de quatre ans. Ce n'était pas entièrement de leur faute, toutefois, car la première édition fut détruite dans le tremblement de terre de Tokyo en 1923[1].

57

Leur prose dithyrambique est d'une drôlerie involontaire, mais les flatteries de ce genre étaient de rigueur à l'époque :

« Notre sujet même, écrivaient-ils, est trop grand, trop auguste pour notre humble plume. Nous avons trouvé en lui un prince digne de notre profonde admiration et de notre entier dévouement. Son caractère élevé et noble, sa virilité, son brillant intellect, ses intérêts multiples, son âme compatissante, son extraordinaire mémoire, ses belles qualités d'athlète, sa personnalité naturelle et sans prétention, ses dispositions pacifiques et son charmant comportement, la force de sa volonté, bref l'heureuse union de toutes ces splendides qualités, qui n'ont jamais été réunies jusqu'ici chez une seule personne, s'est révélée à nous en pleine lumière. Nous avons pensé qu'il ne fallait à aucun prix monopoliser tant de joie et de plaisir et que nous étions tenus par un devoir sacré de les partager avec nos compatriotes en notant noir sur blanc les impressions du périple le plus mémorable jamais enregistré dans les annales de notre pays. »

Les auteurs louaient en outre l'esprit démocratique du jeune prince qui n'hésitait pas à ordonner aux membres de l'équipage de s'asseoir plus près de lui durant les séances de cinéma, afin de mieux voir l'écran. En revanche, une explosion à bord du *Kajima,* qui tua trois chauffeurs, et un autre accident dans la salle des machines du navire où se trouvait Hiro-Hito, qui coûta la vie à deux marins, ont tout juste droit à un paragraphe chacun et sont traités comme des contretemps quelque peu agaçants.

En route pour Londres, Hiro-Hito fit escale à Hong Kong, Singapour, Colombo, Le Caire, Malte et Gibraltar, recevant partout l'hommage enthousiaste des résidents japonais. Au Caire, le maréchal Allenby donna en son honneur une gigantesque garden-party qui fut interrompue par une violente tempête de sable ; à Malte, il assista à une représentation de l'*Otello* de Verdi par une troupe d'opéra italienne et cette première rencontre avec la culture occidentale le laissa quelque peu perplexe ; à Gibraltar, il se rendit aux courses où on lui demanda de parier sur un cheval ; il en choisit un au hasard, qui gagna. A chaque escale, il visitait les merveilles architecturales, les jardins botaniques et les musées d'histoire naturelle.

Durant les vingt-huit jours de croisière, il apprit par cœur des phrases françaises et anglaises, répéta les discours et les toasts qu'il aurait à prononcer et scruta d'un œil attentif les listes d'invités étrangers dont il devrait reconnaître les noms. Avec une minutie toute japonaise, un des diplomates en poste à l'ambassade de Londres rejoignit le prince à Gibraltar avec un emploi du temps à jour. Il s'agissait de Shigeru Yoshida, qui devait rester longtemps Premier ministre du pays après la guerre. Lorsque le navire de Hiro-Hito arriva à Spithead, le prince de Galles était là pour l'accueillir et la Royal Navy lui offrit un spectacle de tout premier ordre.

Il fut ébahi par la façon spontanée dont on le fêta à Londres. « Cette foule si vaste n'était soumise à aucun contrôle policier », s'étonna-t-il. Il fut aussi surpris et enchanté par la cordialité décontractée de la famille royale britannique.

Sur le plan diplomatique, on était en pleine lune de miel anglo-japonaise et les liens entre les deux marines nationales étaient encore très forts. Durant le séjour du prince au palais de Buckingham, le roi George V arriva un soir dans ses appartements, sans se faire annoncer, en tenue négligée. Hiro-Hito fut stupéfait de voir le roi d'Angleterre déambuler dans les couloirs de son palais sans escorte, sans cravate, en bretelles, pour venir lui assener une bonne claque sur l'épaule comme s'il était un vieil ami. « J'espère, mon garçon, que tout le monde veille à vous fournir tout ce dont vous avez besoin, lança George V. Jamais je n'oublierai l'accueil que nous avons reçu de votre grand-père, mon frère et moi, quand nous sommes allés à Yokohama. Malheureusement, je crains que nous n'ayons pas de geisha à vous proposer ici. Sa Majesté mon épouse ne le tolérerait pas. »

Le membre de la famille royale qu'il admirait le plus, confia Hiro-Hito à ses aides de camp, était le prince de Galles (futur duc de Windsor), en raison de son « élégance désinvolte » et de sa façon décontractée d'aborder ses devoirs. Le visiteur fut particulièrement impressionné par le mépris alangui, moqueur, aristocratique du protocole affiché par l'héritier de la couronne britannique, ainsi que par la maestria avec laquelle il savait river leur clou aux plus pompeux fonctionnaires du palais.

Hiro-Hito passa trois jours au palais de Buckingham, en tant qu'invité personnel du roi, huit jours à Chesterfield House, en tant qu'invité du gouvernement, et une semaine en Ecosse, à chasser avec le duc d'Atholl, à Blair Castle. Il fut étonné de constater que le duc et la duchesse ne réintégraient leur château que pour les grandes occasions, vivant le reste du temps presque sans serviteurs dans une petite maison des environs, et que les centaines de domestiques qui les servaient durant sa visite et organisaient les chasses à pied et à courre étaient en fait des membres du clan qui se chargeaient de ces tâches à titre bénévole. Il fut encore plus stupéfait de voir tous ces gens prendre part aux danses écossaises aux côtés du duc et de la duchesse qu'ils traitaient avec une affectueuse familiarité. On avait là, confia Hiro-Hito à un membre de sa suite, un exemple « d'authentique démocratie sans aucune distinction de classes ».

Il passa encore une semaine en Angleterre à titre privé, visitant des fabriques d'armes et des chantiers navals ; il vit Manchester, Glasgow, la Banque d'Angleterre, l'université d'Oxford et le collège d'Eton. Il y eut un épisode un peu gênant, lorsque son entourage découvrit dans la *Chronique du Collège d'Eton* un texte vaguement irrévérencieux à son sujet et tenta de le faire supprimer. Le seul article défavorable fut une diatribe contre le Japon, truffée d'erreurs, qui parut dans le *Church Times.* Le prince alla voir la Pavlova danser *La Mort du cygne,* fit faire son portrait par Augustus John, le plus grand peintre anglais de l'époque, et reçut des diplomates, hommes d'affaires et attachés militaires japonais basés dans d'autres pays d'Europe. La soirée qu'il donna fut si grandiose que certains membres de la haute société japonaise firent le voyage jusqu'en Angleterre dans l'espoir d'y être invités.

Durant ses entretiens avec George V, Hiro-Hito fit bon usage de sa connaissance de l'histoire militaire récente : une grande partie de leurs conversations porta sur la Grande Guerre, dont le souvenir était encore partout un traumatisme très vif. Le visiteur stupéfia un général britannique par sa familiarité avec l'ordre de bataille de l'armée britannique, le reprenant sur un petit détail. Plus tard, en visitant les champs de bataille de Belgique, il télégraphia au roi George que « ce décor impressionnant et édifiant m'a remis en mémoire les paroles par lesquelles Votre Majesté m'a expliqué le caractère sanguinaire de la lutte livrée sur ce champ d'honneur d'Ypres ».

La récente guerre mondiale était certes l'un des rares intérêts que les deux hommes eussent en commun, mais peut-être George V avait-il aussi en tête un autre objectif : rappeler à son visiteur les énormes pertes subies par les Alliés, les opposant tacitement à la contribution minime du Japon.

Avec Lloyd George, le Premier ministre, les intérêts mutuels étaient encore plus rares. Comme le signalèrent, non sans condescendance, les auteurs du *Voyage en Europe* : « On ne pouvait que s'émerveiller de la rencontre de l'Héritier d'un des trônes les plus anciens et les plus chargés d'histoire du monde avec le neveu du cordonnier d'un obscur village gallois — incongruité susceptible de fournir aux philosophes matière à réflexion. »

La seconde étape du voyage était la France et là encore, la passion du prince pour l'histoire militaire fut comblée par les officiers supérieurs de l'armée française, vétérans grisonnants de la Grande Guerre. Il se soumit à la routine immuable prévue pour tous les importants invités étrangers : déjeuner à l'Elysée avec le président Millerand et déplacement jusqu'à la tombe du soldat inconnu pour y déposer une gerbe. Il se rendit en outre à la tour Eiffel et se perdit dans les dédales du métropolitain. Il fit une brève visite au musée du Louvre (*Le Temps* nota qu'elle avait été accomplie au pas de course) et s'attarda beaucoup plus longtemps devant le tombeau de Napoléon aux Invalides.

Du point de vue protocolaire, sa visite était d'ordre privé, mais il fut néanmoins traité comme un souverain en visite officielle. Pour la première fois de sa vie, il alla faire des courses et eut de l'argent en main, ce qui lui permit d'acquérir une peinture à l'huile assez médiocre (qu'il offrit par la suite à son aide de camp, le général Honjo, en guise de cadeau d'adieu) et un buste de Napoléon, qu'il avait l'intention de garder dans son propre bureau, à côté de ceux de ses deux autres héros, Lincoln et Darwin. Il contribua en outre généreusement à l'entretien du tombeau.

Il vit Versailles, toujours en courant, et se rendit à l'Opéra, assistant par ailleurs à une représentation de *Macbeth* donnée par une troupe américaine en tournée. Il fit des emplettes dans les magasins en renom, mangea des escargots chez Lapérouse et, dans une interview exclusive accordée au correspondant de *United Press* à Paris, fit l'éloge « des nobles idéaux et du patriotisme » américains, exprimant l'espoir et le désir de se rendre bientôt aux Etats-Unis. « Je sais à quel point la justice et la liberté sont prisées en Amérique et aussi que votre peuple n'a jamais ménagé ses efforts pour la cause de l'humanité, déclara-t-il. J'espère que l'on verra toujours l'Amérique et le Japon travailler la main dans la main non seulement pour notre bien mutuel, mais aussi pour assurer une paix durable à travers le monde. »

Le maréchal Pétain, légendaire vainqueur de Verdun, l'accompagna sur le lugubre champ de bataille. Hiro-Hito assista à des manœuvres militaires en Alsace, visita l'école de Saint-Cyr et se rendit à Metz pour observer les grandes manœuvres de l'armée française.

Un si grand nombre d'officiers japonais convergèrent vers Paris pour voir le fils de leur empereur que la Sûreté, responsable des opérations de contre-espionnage, finit par s'intéresser à eux. L'officier chargé de mettre sur pied leurs rencontres avec Hiro-Hito était le prince Higashikuni, membre du clan Fushimi et proche parent du prince héritier (il avait épousé l'une des filles de Meiji). A trente-cinq ans, il était encore « étudiant » à Paris et la Sûreté était convaincue qu'il dirigeait un réseau d'espions japonais en Europe.

Une longue « tournée de familiarisation » en Europe, Amérique ou Asie, s'étalant souvent sur trois années, était la récompense normalement accordée à tous les jeunes officiers prometteurs de l'armée nippone et quiconque était destiné par ses chefs aux plus hauts échelons de la hiérarchie militaire devait acquérir de l'expérience dans le domaine de l'espionnage. En Asie, comme la Chine devait bientôt l'apprendre à ses dépens, les réseaux de renseignements japonais parviendraient à établir au fil des ans de meurtrières « cinquièmes colonnes », inventant ainsi une nouvelle forme de guerre que copièrent ensuite Franco et les puissances de l'Axe.

En Europe, les agents japonais ne risquaient pas, bien sûr, de passer inaperçus, mais travaillaient néanmoins avec une incroyable diligence : n'ayant pas vraiment participé aux opérations de la Grande Guerre, les forces armées nippones avaient pris du retard sur le plan technique et il y avait, aux QG de l'armée et de la marine, une soif prodigieuse de se procurer ce qui se faisait de plus nouveau en matière d'armement et de tactique. A la suite de la révolution russe de 1917, des troupes japonaises avaient été envoyées en Sibérie, où elles avaient été consternées de découvrir que leurs adversaires communistes n'étaient pas du tout les nullités escomptées. Higashikuni présenta à Hiro-Hito plusieurs jeunes officiers prometteurs en mission à l'étranger.

Avant de regagner le Japon, le prince héritier se rendit en Belgique (encore des champs de bataille) et aux Pays-Bas, puis il prit un train privé jusqu'à Toulon où il devait embarquer à bord de son navire. Sur le chemin du retour, le convoi jeta l'ancre à Naples, ce qui permit à Hiro-Hito de visiter Rome, le Vatican (où il eut une audience avec le pape Benoît XV) et quelques fabriques d'armes supplémentaires. Il fit aussi la connaissance du président de la république tchécoslovaque, Tomas Masaryk, lui-même en visite en Italie.

A d'innombrables reprises, Hiro-Hito devait parler de ce voyage comme de « l'époque la plus heureuse de ma vie ». Les fonctionnaires de la cour remarquèrent la transformation qui s'était opérée chez lui. « Il s'épanouit, déclara un des chambellans, et parut plus grand à son retour. »

La foule qui se pressait pour l'accueillir lorsqu'il débarqua sur le sol japonais montrait assez que, sur le plan des relations publiques, le voyage avait été un succès au Japon tout autant qu'en Europe, car il avait attiré l'attention sur ce pays en plein essor et sur son jeune futur empereur qui saurait, espérait-on, transformer les rapports entre le système impérial et le peuple. Hiro-Hito rapportait à son futur beau-père, le prince Kuni, une cornemuse et pour lui-même un tonneau de précieux whisky que lui avait offert le duc d'Atholl. Il le mit soigneusement de côté en prévision de la soirée qu'il comptait donner pour fêter son retour.

A peine rentré à Tokyo, Hiro-Hito se trouva aussitôt plongé dans une série de crises. La première fut provoquée par la mort attendue et relativement peu déplorée du général Yamagata, le *genro* qui s'était opposé à son mariage avec Nagako. Le prince et sa cour en vinrent l'un et l'autre à la conclusion qu'il n'était pas nécessaire de le remplacer : dorénavant, le prince Saionji resterait le seul et unique *genro*. Un autre décès, beaucoup plus inquiétant parce qu'il renouait avec la tradition de violence politique, fut celui du Premier ministre de l'empereur Taisho, Takashi Hara, poignardé par un fanatique d'extrême droite. Bien que le chef du « Dragon noir », Toyama, ne fût pas directement mêlé à l'affaire, les mobiles allégués par le meurtrier montraient quel degré de démence pouvait atteindre la susceptibilité des Japonais lorsque les affaires militaires étaient en cause. Hara mourut parce qu'un illuminé estimait qu'il avait manqué de respect envers la marine en se chargeant par intérim du portefeuille en question, pendant que son titulaire se trouvait en déplacement à Washington pour y négocier les termes d'un traité visant à fixer un plafond au tonnage autorisé pour les marines américaine, britannique et japonaise. L'assassin confia ultérieurement aux juges qu'il n'éprouvait aucun regret, parce que sa victime avait insulté non seulement la marine, mais l'empereur en personne. Après avoir purgé une peine relativement légère de douze ans de travaux forcés, le meurtrier se vit octroyer une pension à vie par un groupe de droite. L'indulgence du tribunal reconnaissait implicitement que les meurtres ayant des mobiles politiques bénéficiaient de « circonstances atténuantes ».

On vivait une époque passionnante pour le Japon, mais angoissante pour Hiro-Hito, pour l'oligarchie princière et pour les conservateurs en général. En grande partie à cause des convictions personnelles libérales et « internationalistes » du seul *genro* encore en vie, le prince Kinmochi Saionji, ancien chef de la délégation nippone à la conférence de Versailles, le Japon avait non seulement adhéré à la Société des Nations, mais paraissait prêt à y jouer un rôle dominant. Cela s'était fait presque entièrement à l'initiative de Saionji, car, en 1920 et 1921, la plupart des membres du gouvernement ne manifestaient qu'un tiède intérêt envers les engagements de ce genre. Saionji, homme d'Etat exceptionnel et francophile convaincu, qui avait passé dix ans en France à étudier le droit avant d'entrer au ministère des Affaires étrangères (il s'exprimait d'ailleurs dans un français parfait, mais teinté d'un curieux accent du Midi, car il avait séjourné dans le midi de la France ; jusqu'à sa mort, il ignora qu'il parlait son merveilleux français à la façon d'un personnage de Pagnol), exerça, tout au long de cette période enivrante du début des années vingt, une influence énorme à la cour. Cet esthète spirituel et courtois, un des rares survivants de la glorieuse ère Meiji (ayant servi sous ce dernier, avant de servir sous son fils), était convaincu que l'avenir de son pays résidait dans une étroite coopération avec l'Occident et le rejet de son passé militariste. A l'époque du traité de paix de Versailles, il avait résumé, dans une prose délicieusement fleurie, ses convictions, pour un article destiné au journal favori de sa jeunesse estudiantine, *Le Petit Marseillais* :

« Au siècle des progrès vertigineux dans lequel nous vivons, il est du devoir des hommes de toutes classes et de toutes races d'apporter leur concours à la destruction de tous les éléments — tel le militarisme prussien — qui sont susceptibles d'arrêter ou seulement de suspendre le progrès de la civilisation... Ce langage ne prête à aucune équivoque... La paix qui doit surgir de la Conférence ne doit pas être seulement une paix européenne, mais bien la paix du monde entier et l'assurer pour toujours. L'humanité doit savoir tirer parti des fautes du passé, si elle veut vivre heureuse dans la paix éternelle et féconde. »

L'une des raisons pour lesquelles Hiro-Hito, lorsqu'il n'était encore que prince héritier, était considéré comme un futur monarque prometteur, épris de libéralisme, était la constante présence à ses côtés du prince Saionji qui avait été, à la cour de l'empereur Meiji, le premier noble à se vêtir à l'occidentale et à porter les cheveux courts ; qui était devenu l'ami de Georges Clemenceau, des Goncourt et de Liszt et qui avait une passion pour les parfums Houbigant et pour l'eau de Vichy. Saionji considérait le traité de paix signé à Versailles et la fondation de la Société des Nations comme l'unique espoir de voir le Japon rompre avec son passé isolationniste. Comme il l'écrivit à l'empereur Taisho en 1920 (et Hiro-Hito lut la missive, car dès cette époque, la maladie avait privé son père de presque toutes ses facultés mentales) :

« Les résultats de la Conférence [de Versailles] auront un effet profond sur la position du Japon dans la politique internationale. Notre pays a rejoint les rangs des cinq grandes puissances et cela marque le début de notre participation à la politique européenne. En outre, du fait que nous occupons une place importante à la Société des Nations, nous avons acquis le droit de participer dorénavant à toutes les affaires concernant l'Orient et l'Occident. »

Ce billet était destiné à convaincre Hiro-Hito que le Japon était en mesure d'exercer son influence de façon beaucoup plus efficace par le biais d'une diplomatie pacifique et d'une étroite collaboration avec l'Ouest qu'en poursuivant de nouvelles aventures militaristes en Asie. La récompense décernée à Saionji pour le rôle qu'il avait joué à Versailles — le titre de prince et le

« Grand Ordre du Chrysanthème », la plus haute décoration du pays — semblait indiquer que ses conseils seraient attentivement écoutés et suivis.

On vivait donc, en ce début des années vingt, des temps pleins de promesse, mais marqués aussi par la misère et la désillusion. La prospérité du temps de guerre s'était brusquement tarie et le Japon avait conscience, comme jamais auparavant, du coût de son infrastructure militaire et de son nouveau rôle de grande puissance.

L'époque était en outre jalonnée de graves crises agricoles, entraînant le départ en masse des jeunes de la campagne vers les villes, l'affaiblissement des liens familiaux et le chômage urbain ; caractérisée par la détérioration des rapports entre employeurs et ouvriers et le début d'une lutte de classes ; et marquée aussi par la prolifération de clubs d'avant-garde et « gauchistes », objets de fréquentes descentes de police, ce qui incitait le palais et la droite conservatrice en général à redouter « l'âge d'or du communisme », dont le phénomène soviétique avait été, à leurs yeux, le signe avant-coureur. Bien qu'ils fussent virtuellement hors la loi, le socialisme et le marxisme, propagés par des chefs syndicalistes luttant dans une semi-clandestinité, gagnaient les rejetons de la bourgeoisie prospère, au point que le terme « Marx boy » fût désormais inclus dans le vocabulaire japonais, de même que « Moga » (jeune fille moderne) et « Mobo » (jeune homme moderne). Le Japon eut lui aussi ses « garçonnes » et ses amateurs de jazz. Les historiens nippons baptisèrent cette période l'âge de l' « Ero », du « Guro » et du « Nonsensu » — c'est-à-dire de l'érotisme, du grotesque et de l'absurde.

Les clubs avant-gardistes de gauche étaient, cependant, bien loin d'être aussi nombreux que les clubs « nationalistes » de droite, qui proliféraient un peu partout, et que les sociétés secrètes qui ne cessèrent de se faire, se défaire, se scinder et se reformer, avec une fréquence confondante, à dater du début des années vingt.

Selon le rapport « *Brocade Banner*[2] », qui fait autorité (il fut établi par les experts des services de renseignements américains immédiatement après la Seconde Guerre mondiale), ces sociétés secrètes atteignirent le chiffre astronomique de « huit à neuf cents » en 1941. Bien qu'elles fussent très loin d'avoir toutes la même importance, leur « prémisse fondamentale était que l'empereur, en vertu de ses origines divines, devait régner non seulement sur le Japon, mais sur tous les peuples de la Terre ». Ces organisations avaient en tout cas une chose en commun : elles professaient toutes un dévouement fanatique envers le souverain, dernier rempart contre toutes les espèces de laxisme, politique et moral.

Hiro-Hito lui-même, après avoir observé en Europe des sociétés plus libres, occupées à travailler et à se distraire, était à l'unisson du vent nouveau qui soufflait et devint même — brièvement — un « mobo ». Il se mit à fréquenter les champs de courses de Tokyo pour la première fois de sa vie, on l'aperçut dans des boîtes de nuit, il se commanda des pantalons de golf en tweed, comme il en avait vu porter au prince de Galles, et il ne jurait plus que par les petits déjeuners à l'anglaise agrémentés d'œufs au bacon. Il réduisit au plus juste le personnel de la cour et renvoya toutes les « dames d'honneur » chez elles, à l'exception des suivantes de sa mère, l'impératrice, bien résolu à être le premier empereur véritablement monogame de l'histoire japonaise. Il ordonna à ses chambellans de vider sa garde-robe de tous les kimonos traditionnels ; jamais plus il ne les porterait, sauf pour les cérémonies religieuses (il lui arrivait toutefois d'enfiler un simple kimono après le bain).

Aux réceptions données par le duc d'Atholl, il avait vu des aristocrates en kilt danser avec les filles des fermiers et des pairesses écossaises, diadème au front, évoluer au bras de robustes gardes-chasse. Sur le moment, il avait chuchoté à un de ses aides de camp : « Qu'il serait donc agréable que la famille impériale japonaise puisse en faire autant, entrer en contact direct avec le peuple. »

Il essaya de copier cette atmosphère libre et bon enfant — avec des résultats désastreux. En décembre 1921, il donna sa première et dernière réception privée au palais d'Akasaka pour fêter son retour. Il y avait, en plus de son cercle d'intimes et de ses amis d'enfance (rien que des hommes), quelques geishas ; on passa des disques de jazz, on dansa et on but plus que de raison. Certains des invités (pour la plupart d'anciens élèves de l'Ecole des Pairs ou des condisciples remontant au jardin d'enfants) appliquèrent à la lettre l'ordre que leur avait donné leur hôte de le traiter non pas en prince héritier, mais en ami. Le whisky du duc d'Atholl leur monta à la tête. Ils devinrent d'une familiarité excessive, sombrant soit dans une ivresse larmoyante fort embarrassante, soit dans un relatif irrespect. Le manque de tenue général consterna les chambellans. Des fonctionnaires de la cour, scandalisés, informèrent illico le seul *genro* survivant, le prince Saionji, du genre de fête que donnait le prince héritier à son retour d'Europe, « corrompu » par les mœurs trop libres qui régnaient là-bas. Aussitôt, Saionji quitta sa retraite rurale pour monter dans le train de Tokyo. Arrivé au palais, il adressa à Hiro-Hito des remontrances bien senties. Avec une ferme déférence, il précisa au prince tout contrit que le pire aspect de l'affaire avait été « l'épouvantable familiarité envers son Altesse royale ».

Ce n'étaient ni l'alcool, ni les geishas auxquels il faisait objection : l'illustre aïeul de Hiro-Hito les avait fort goûtés et le prince Saionji lui-même n'avait rien d'un puritain. Durant la conférence de Versailles, âgé pourtant de soixante-douze ans, il avait exhibé partout sa dernière concubine en date, « Fille-fleur », une adorable apprentie geisha qui partageait sa suite à l'hôtel Bristol au vu et au su de tous. Elle avait alimenté les potins d'un Tout-Paris fasciné.

Ce qui préoccupait véritablement Saionji, en dépit de son libéralisme, c'était la crainte de voir le prince commencer à contester les valeurs traditionnelles qui, seules, avaient assuré la continuité ininterrompue de la dynastie impériale. Il fallait préserver à tout prix la vie privée de la famille impériale, si son prestige devait survivre aux dangers de cette époque troublée. Hiro-Hito promit que la chose ne se renouvellerait pas.

Dans les forces armées japonaises, régnait également un esprit nouveau. Selon toute apparence, l'armée et la marine étaient encore des institutions prestigieuses, mais, le temps aidant, les souvenirs de la guerre russo-japonaise s'étaient estompés et les chefs d'état-major devaient à présent faire face au double problème des difficultés de recrutement et des demandes de réduction de budget de la part des politiciens. Cela ne fit que conforter tous les officiers de carrière dans leur volonté de repousser tout compromis. Au contraire, faisaient valoir leurs chefs, il fallait augmenter les dépenses et non les diminuer, car les forces armées nippones étaient désormais démodées par rapport à celles des pays qui avaient participé aux campagnes de la Grande Guerre.

Les principaux idéologues de ce mouvement étaient deux intellectuels non conformistes qui devaient jouer un rôle de premier plan dans les événements dramatiques menant à Pearl Harbor. L'un, le docteur Shumei Okawa, forte personnalité agissant en contact étroit avec les fonctionnaires clefs du palais impérial, devait être jugé pour crimes de guerre à Tokyo après la guerre, mais fut relâché avant le début du procès, car il était parvenu à feindre de façon magistrale une démence temporaire ; l'autre, Ikki Kita, son ancien ami et « gourou », fut fusillé par un peloton de l'armée japonaise en 1936. Ces deux hommes influencèrent non seulement les nationalistes de l'armée et de la marine, mais aussi plusieurs membres de la famille impériale, notamment le prince Chichibu qui fut brièvement attiré par le socialisme en général et par le type de national-socialisme prôné par Ikki Kita en particulier ; celui-ci réclamait non seulement des plafonds pour les fortunes individuelles et les capitaux des sociétés, le partage des bénéfices et la journée de huit heures, mais aussi la nationalisation de tous les biens de la famille impériale. Bien que l'engouement de Chichibu ne laissât pas que d'alarmer les fonctionnaires du palais, leur inquiétude était tempérée par leur certitude que ses enthousiasmes étaient intenses, mais de courte durée.

Un autre éminent aristocrate « contaminé » dans sa jeunesse par les idées d'avant-garde était le prince Fuminaro Konoye, qui devait par la suite à trois reprises occuper les fonctions de Premier ministre dans les années cruciales qui menèrent le Japon à la « grande guerre asiatique ». Konoye, diplômé de l'université impériale de Tokyo, écrivit dans sa jeunesse un article qui fit couler beaucoup d'encre, dans lequel il s'en prenait aux termes du traité de Versailles et à la création de la Société des Nations ; il les accusait de n'être qu'une façade destinée à dissimuler le colonialisme persistant de l'Occident. Ayant ainsi établi sa réputation de nationaliste de gauche, Konoye, dont le propre père était président de la Chambre des Pairs et les origines presque aussi nobles que celles de Hiro-Hito, acheva de scandaliser les fonctionnaires du palais en laissant entendre qu'il songeait à émigrer définitivement aux Etats-Unis parce qu'il en avait plus qu'assez du Japon démodé et conservateur et des rites ridiculement désuets de la cour impériale.

Le docteur Okawa, lui aussi brillant diplômé de l'université de Tokyo et distingué sinologue, qui avait passé plusieurs années en Chine, où les services de renseignements japonais l'avaient chargé de diverses missions, était un protégé du comte Makino, membre du clan Satsuma qui avait accompagné Hiro-Hito en Europe (et devait devenir sous peu son grand chambellan), ainsi que du futur beau-père du prince héritier, le prince Kuni. Il entretenait aussi des rapports très intimes avec la « Société du Dragon noir » et il était l'intellectuel favori de Toyama. Ce fut vers Okawa que se tourna Makino lorsque Hiro-Hito, peu après son retour d'Europe, décida de transformer l'observatoire météorologique du palais en un « réservoir d'idées » financé par des fonds privés, connu ensuite sous divers noms : « Institut de recherche sur les problèmes sociaux », « Maison meublée de l'Université » ou « école *Daigaku* » (titre emprunté aux analectes confucéens) ; Makino en était théoriquement le directeur.

S'inspirant de « groupes d'études » analogues en Europe, Hiro-Hito escomptait probablement que le nouvel établissement compléterait l'école supérieure de guerre et celle instituée par le ministère des Affaires étrangères. Durant les quatre années de son éphémère existence, il devint en fait un club sélect et secret où de brillants jeunes bureaucrates se mêlaient aux jeunes loups des forces armées et de la police pour assister aux cours donnés par des spécialistes de Confucius, des membres de la Maison impériale, d'éminents généraux et des hauts fonctionnaires du ministère de la Guerre. « L'endroit, peut-on lire dans « *Brocade Banner* », était fréquenté par des jeunes officiers impérialistes de l'armée et de la marine, qui devaient par la suite jouer un rôle important dans les tentatives de coups d'Etat des années trente. » Peut-être Hiro-Hito avait-il envisagé une sorte d'IFRI japonais, mais dont les membres seraient uniquement cooptés. L'endroit acquit aussi la réputation d'une « université des services de renseignements », fournissant des plans de secours sur tout et n'importe quoi, depuis le réarmement naval jusqu'aux opérations clandestines en Chine et en Mandchourie, et ses membres, longtemps après sa disparition, continuèrent à se serrer les coudes et à se considérer comme une élite privilégiée et secrète, en liaison étroite avec le palais et l'empereur — apte et prête à exécuter ses ordres, à l'insu de tous s'il le fallait.

La « Maison meublée » devint aussi une sorte de banc d'essai pour les théories chères au cœur du docteur Okawa, mélange de national-socialisme de droite et d'une espèce de mysticisme ultra-nationaliste de type maurrassien. Okawa étant un brillant orateur, ainsi qu'un redoutable manipulateur, il n'est pas étonnant que de nombreux jeunes gens passés par la « Maison meublée de l'Université » en soient ressortis animés par un fervent nationalisme.

La raison pour laquelle Hiro-Hito ferma l'établissement en 1924 n'est pas claire. Le prétexte avancé fut que le bâtiment proprement dit n'était plus sûr depuis le tremblement de terre de 1923, mais ce n'était qu'un prétexte. Peut-être la décision était-elle due au fait que le docteur Okawa commençait à devenir une personnalité gênante. Il se peut aussi que Hiro-Hito, économe de nature, ait renâclé devant les frais incessants. Ou bien estimait-il que l'établissement avait atteint son but en rassemblant la crème de l'élite militaire japonaise et de son administration et en leur inculquant un sentiment commun des objectifs à poursuivre. Hiro-Hito ne pouvait tout ignorer du contenu des séminaires qui se tenaient à la « Maison meublée de l'Université », car il n'était pas dans sa nature de prendre une initiative, puis de s'en désintéresser. Il y avait chez lui un côté maître d'école : des séminaires sur toutes sortes de sujets, allant de la philosophie zen à l'histoire de la Chine ancienne, furent imperturbablement organisés à l'intérieur du palais, même aux heures les plus sombres de la Seconde Guerre mondiale.

Le docteur Okawa n'était pas le seul idéologue à prêcher le dogme du nationalisme autoritariste et le besoin d'expansion territoriale. Il y avait, au sein de l'*establishment* japonais, trois opinions divergentes sur le rôle du Japon et Hiro-Hito, passionné par la stratégie et l'histoire militaire, les connaissait certainement : l'une était reflétée par un puissant *lobby* convaincu que la Russie soviétique représentait la plus grande menace permanente pesant sur le Japon, tant à cause de sa présence physique en Mandchourie qu'à cause de ses dirigeants qui prônaient ouvertement la révolution mondiale. Or, selon ce *lobby*, les qualités très japonaises du respect envers l'autorité et de la discipline aveugle rendaient le tout-venant de la population nippone vulnérable au communisme. Par conséquent, l'objectif à long terme du Japon devait être d'affronter l'URSS en Sibérie, d'y acquérir des territoires et de veiller à ce que l'influence soviétique fût radicalement éliminée de Mandchourie et de l'Asie tout entière. Cette théorie se répandit sous le nom de « Ruée vers le nord ».

Une autre école s'attachait surtout au besoin qu'avait le Japon de devenir le « leader » en Asie et d'aider les Chinois à surmonter leurs nombreux problèmes et à chasser les colonialistes occidentaux qui sévissaient sur leur sol. Vue sous son meilleur jour, le plus idéaliste aussi, cette politique était prochinoise et sous-entendait une amitié et une égalité réelles. Le Japon, de par sa situation unique, était bien placé pour observer la pourriture des institutions chinoises et la nature essentiellement prédatrice des puissances occidentales. Cette « attitude positive » envers la Chine prenait de nombreuses formes : elle était incorporée dans les brutales « vingt et une demandes », mais elle expliquait aussi pourquoi tant Sun Yat-sen que Chiang Kai-shek, après lui, reçurent au début un accueil fort cordial au Japon. Chacun en son temps, ces deux leaders chinois incarnaient le changement. Aux yeux des Japonais, la malchance voulut que Sun Yat-sen fût très vite contraint de quitter le pouvoir et succombât peu après à la maladie. Chiang Kai-shek lui aussi fit d'abord figure d'éventuel allié et collaborateur, dans le cadre d'un « Grand dessein » japonais pour l'Asie.

Il y avait enfin ceux qui croyaient que le Japon, pays « développé » à l'égal des puissances occidentales, ne pouvait se permettre de limiter sa zone d'influence à la Chine, mais devait entrer en compétition, sur le plan mondial, avec les grandes nations de l'Ouest. Cela signifiait qu'il ne devait pas laisser la Grande-Bretagne, la France et les Pays-Bas s'imaginer que leurs possessions coloniales en Asie leur étaient garanties de toute éternité. C'était la théorie que l'on baptisa « Ruée vers le sud ».

Si le Japon devait rester une grande puissance mondiale, il fallait qu'il fût traité en égal. Il fallait aussi qu'il eût les moyens de se défendre contre les autres grandes puissances. D'où l'indignation manifestée par de nombreux Japonais face aux prétendues discriminations concernant le nombre de navires de guerre que leur pays était autorisé à construire et la taille et la portée maximales de ses canons de marine. D'où, aussi, la colère du Japon lorsque les « races blanches » refusèrent, à la conférence de Versailles, de ratifier un texte réclamant l'égalité légale pour toutes les nations « sans distinction de race ». Cette attitude fut confirmée par une décision de la Cour Suprême des Etats-Unis interdisant à tout Japonais de devenir citoyen américain et par la défense d'immigrer opposée de fait aux Japonais et rigoureusement appliquée aussi par le Canada, les pays d'Amérique latine, l'Australie, la Nouvelle-Zélande. En dépit des protestations d'amitié de Hiro-Hito, à l'occasion de son interview avec le correspondant à Paris de *United Press,* les façons d'agir des Américains envers le Japon étaient profondément hypocrites, assuraient certains Japonais dès 1921.

Toutes ces questions furent très certainement débattues à la

« Maison meublée de l'Université », ainsi qu'à une autre « école » ultérieurement fondée par le Dr Okawa, comme dut l'être un best-seller fort remarqué, écrit par un général à la retraite, Kojiro Sato, et publié en 1921, qui avait pour titre *Si le Japon et l'Amérique entrent en lutte.* Vétéran de la guerre russo-japonaise, Sato se fit l'écho de la colère et du ressentiment des officiers nippons qui estimaient que les légitimes revendications japonaises, regroupées sous la forme des « Vingt et une demandes », avaient été définitivement rejetées par les grandes puissances à la conférence de Versailles.

Comme devait l'écrire un officier britannique, le capitaine Malcolm Kennedy, qui passa quelque temps auprès de l'armée japonaise au début des années vingt, les officiers nippons avaient le sentiment que « au moment même où le Japon commençait à devenir vraiment adroit au jeu qui consistait à faire main basse sur le reste du monde, les autres puissances, dont la plupart possédaient de toute façon tout ce qu'elles désiraient, furent prises d'un brusque accès de vertu et mirent fin à la partie ». Leur vision de l'Amérique, précisait-il, était celle d'un pays « égoïste qui se mêlait de tout et s'ingérait de façon injustifiée dans les aspirations nationales du Japon », alors que ce dernier faisait figure de citadelle assiégée face à un monde hostile[3]. A l'époque, ces officiers se montraient relativement tolérants envers les zones d'influence allemande et britannique, lesquelles étaient respectivement connues, dans le jargon militaire d'alors, sous les sobriquets des « trois B » (Berlin-Budapest-Bagdad) et des « trois C » (Le Caire-Le Cap-Calcutta). C'était l'axe des « trois A » (Amérique-Alaska-Asie) qui semblait constituer une réelle menace pour le Japon. En 1924, le Dr Okawa, dans un ouvrage intitulé *L'Asie, l'Europe et le Japon,* où il envisageait par ailleurs la possibilité d'une guerre avec les Etats-Unis, écrivit : « Ces deux nations, les Etats-Unis et le Japon, sont vouées à se battre, de même que la Grèce était l'ennemi naturel de la Perse et Rome de Carthage. O Japon, sera-ce dans un an, dans dix, dans trente ? Nul ne peut le dire. Préparez-vous pour ce céleste appel. »

Sato prétendait que les Etats-Unis avaient « insolemment » révélé leurs ambitions impérialistes « tout en professant la théorie de la porte ouverte ». Leur politique anti-immigration avait « insulté la race japonaise ». Il prônait l'idée de raids éclairs contre les centres stratégiques américains, entrepris par des « forces spéciales » de l'armée japonaise, dans le cadre d'une guerre éclair qui soumettrait les Etats-Unis par la terreur et les obligerait à adopter une attitude plus conciliante envers le Japon. Cette partie de son livre, la moins crédible, était truffée d'appels au peuple japonais, l'adjurant de se rappeler que par le passé il avait su triompher contre toute attente grâce à son « indomptable volonté » et que, en fin de compte, c'était cette détermination presque mystique dont l'on aurait besoin pour défier et vaincre un ennemi de cette importance. Il pressait en outre vivement le ministre japonais de l'Education d'instituer dans les écoles du pays un entraînement obligatoire et recommandait une militarisation générale de la société nippone. Si ces conseils étaient suivis, le Japon pourrait l'emporter, « car, en ce qui concerne les dons intellectuels, les Japonais sont plutôt supérieurs qu'inférieurs aux Américains ».

Même s'il repoussa, finalement, dans son entier la théorie de la « Ruée vers le nord », s'il manifesta une impatience considérable envers les hommes qui mêlèrent le Japon à une guerre prolongée contre la Chine et s'il était discrètement en faveur de la « Ruée vers le sud », Hiro-Hito ne s'était pas encore forgé une opinion irrévocable sur ces questions lorsqu'il devint régent, le 25 novembre 1921, après une nouvelle détérioration dans l'état de santé de l'empereur Taisho. Les souvenirs de son voyage en Europe étaient encore très frais dans sa mémoire et ils furent encore ravivés par la visite du prince de Galles au Japon, en 1922. Hiro-Hito joua au golf avec son invité et se montra, à tous points de vue, sous le jour d'un futur monarque moderne et éclairé. Les rédacteurs en chef des grands quotidiens japonais, cependant, furent choqués par une photographie montrant le prince de Galles déguisé en coolie japonais.

Selon la tradition japonaise, le premier jour de septembre est l'équivalent de notre vendredi treize. Cette superstition reçut une tragique confirmation le 1er septembre 1923, lorsque survint la plus épouvantable catastrophe naturelle de toute l'histoire du Japon. Juste avant midi, un gigantesque tremblement de terre secoua Tokyo, Yokohama et toute la région avoisinante du Kanto. A l'Institut sismologique de Tokyo, l'ampleur du désastre dépassa de très loin tout ce qu'on pouvait lire sur l'échelle de Richter. Un premier « raz de marée terrestre » se propagea à travers les villes, les villages et les champs, laissant dans son sillage la dévastation la plus complète ; immeubles de béton et bidonvilles furent pareillement rasés et seuls les rares bâtiments spécialement conçus pour résister aux séismes, notamment l'Imperial Hotel, dû à Frank Lloyd Wright (l'un des plus précieux parmi les biens immobiliers de la famille impériale), et quelques autres immeubles de bureaux du centre de Tokyo, dessinés par des architectes américains, restèrent intacts.

A cette époque, le fourneau à charbon de bois appelé « hibachi » était utilisé dans presque toutes les demeures japonaises, bâties pour la plupart en bois. Etant donné qu'à l'heure du tremblement de terre la majeure partie des ménagères étaient en train de préparer le repas familial, il s'ensuivit une catastrophique série d'incendies qui réduisirent en cendres presque toutes les zones résidentielles de Tokyo et Yokohama. Dans cette dernière ville, d'énormes cuves servant à stocker du pétrole s'effondrèrent dans la mer où leur contenu prit feu. Lorsqu'on parvint enfin à maîtriser les différents sinistres, plus d'un demi-million de foyers dans la région du Kanto avaient été détruits et les chiffres officiels concernant les victimes oscillaient entre 100 000 et 150 000 morts.

Dans leur retraite de Nikko, dans les collines, l'empereur et l'impératrice étaient sains et saufs, de même que la princesse Nagako. Les édifices du palais impérial n'avaient subi que des dégâts mineurs et Hiro-Hito, qui travaillait dans son bureau, ne quitta ce dernier que sur les instances véhémentes de son entourage. Le Japon était en pleine crise ministérielle et le nouveau Premier ministre en titre, l'ex-amiral Yamamoto (qui n'avait aucun lien de parenté avec le maître à penser de Pearl Harbor), fut légèrement blessé par un éboulis, alors qu'il présidait un meeting de son parti au club de la Marine. Les coupures d'électricité furent générales et durèrent plusieurs jours. La plupart des communications radiophoniques furent interrompues et la presse resta un long moment sans rien pouvoir publier.

Selon les contes et légendes de la tradition japonaise, les séismes qui ont de tout temps ravagé cette partie du littoral étaient l'œuvre d'un poisson-chat géant, vivant tout au fond de l'océan, lequel ne se manifestait que lorsque la race nippone agissait mal. Cela explique peut-être la réaction, apparemment absurde, des fonctionnaires japonais : alors que le réflexe naturel de tout gouvernement ou presque aurait été de faire connaître son malheur et de solliciter les secours internationaux, les Japonais s'efforcèrent par tous les moyens d'empêcher la nouvelle de se répandre, brouillant les rares communications radio qui fonctionnaient encore et niant, jusqu'à ce qu'il fût impossible de soutenir le mensonge, qu'il se fût passé le moindre événement anormal.

Un jeune officier de la Royal Navy, George C. Ross, se trouvait à bord d'un navire de guerre britannique qui pénétra dans le port de Yokohama peu après le tremblement de terre, apportant des médicaments et des couvertures. Il se rappelle avoir entendu les survivants se plaindre du fait que les commandants des vaisseaux de la marine japonaise ancrés dans le port s'étaient comportés de façon inhumaine : des milliers de gens cherchèrent en effet à échapper aux incendies qui faisaient rage sur terre en se jetant dans la mer, « mais ne furent pas autorisés, d'une manière générale, à se réfugier sur ces navires ». Les efforts faits par les Japonais pour taire la catastrophe au monde extérieur étaient « incompréhensibles », ajoute-t-il.

Certaines parties du parc du palais, à Tokyo, furent transformées en postes de premiers soins et ouvertes aux survivants ; Hiro-Hito fit aussi installer un poste de commandement improvisé dans les jardins. L'investiture du Premier ministre récemment élu, l'amiral Yamamoto, eut lieu au palais d'Akasaka le lendemain et quelques jours plus tard, la loi martiale fut proclamée. Toutefois, ni le régent, ni le nouveau gouvernement ne prirent les mesures nécessaires pour rassurer et réconforter les survivants hébétés. Certes, Hiro-Hito se rendit ultérieurement dans les zones sinistrées, mais sur le coup aucun membre de la famille impériale ne fit le tour de la ville. Le poids du protocole était tel que les fonctionnaires du palais étaient incapables de faire face à l'imprévu et le prince lui-même paraît avoir manqué d'imagination ou de la sollicitude voulue pour insister sur la nécessité d'une apparition en public ; plusieurs semaines après, cependant, il fit le tour de sa capitale à cheval et versa dix millions de yens (soit deux millions et demi de dollars de l'époque) au fonds de secours.

La suite des événements permit de constater que le Japon, même s'il semblait avoir bougé avec son temps depuis la restauration de Meiji, n'avait acquis qu'un vernis occidental superficiel : les vieilles peurs, les superstitions ataviques restaient très fortes. Les immigrants coréens constituaient le *lumpenproletariat* japonais et ils avaient une réputation exécrable. La rumeur se répandit à travers Tokyo et Yokohama que les Coréens honnis et les gauchistes avaient offensé les esprits des ancêtres du Japon par leur conduite, provoquant le tremblement de terre. Instinctivement, les survivants japonais se retournèrent contre eux, les accusant d'être responsables non seulement du pillage, mais du séisme lui-même. Ils furent massacrés par milliers, tandis que la police et l'armée se gardaient d'intervenir.

Le tremblement de terre ne fut pas la seule catastrophe cette année-là : le 27 décembre, à Toramoron, Hiro-Hito prit place dans un carrosse pour aller ouvrir la nouvelle session de la Diète ; durant le trajet, un membre mécontent du clan Choshu, Daisaku Namba, lui tira dessus. Selon la version officielle, l'homme était un révolutionnaire procommuniste. C'était aussi le fils d'un politicien bien connu et l'arme dont il se servit était un pistolet dissimulé dans une canne, acheté à Londres par un éminent dignitaire Choshu, Hirobumi Ito. Cette fois, il n'y eut pas de « circonstances atténuantes » et Namba fut exécuté. La police fit savoir qu'il était mort en hurlant des slogans marxistes.

Un mois, presque jour pour jour, après la tentative d'assassinat, le 26 janvier 1924, Hiro-Hito convola en justes noces : la cérémonie avait déjà été différée une fois, à cause du tremblement de terre. Certains fonctionnaires du palais auraient voulu la voir repoussée une seconde fois, afin que rien ne pût venir rappeler aux invités la récente calamité, mais Nagako se rebiffa : cela faisait cinq ans qu'elle était fiancée. Elle estimait avoir attendu suffisamment longtemps.

Chapitre 5

Tant en Orient qu'en Occident, un mariage princier fait oublier les tristes réalités de la vie quotidienne : celui de Hiro-Hito ne fit pas exception à la règle. Au milieu de l'effervescence générale, les affreuses tragédies des trois mois précédents s'estompèrent et les loyaux sujets japonais, dont un demi-siècle d'instruction obligatoire avait déjà fait d'avides lecteurs de journaux, purent ainsi se mettre au diapason de l'événement. La presse nippone se montra presque l'égale de la presse du cœur d'aujourd'hui par son foisonnement de détails en tous genres — sans jamais rien perdre, toutefois, de sa déférence — et elle se pencha sur tous les aspects possibles et imaginables de cette cérémonie qui passionnait les foules.

Janvier n'était pas le mois idéal, mais le 26 janvier 1924, il fit un temps radieux et doux pour la saison. La journée fut décrétée fériée et il y eut des festivités dans tout le pays. Une foule innombrable se massa aux abords du palais et le long de la route que devait emprunter le couple princier. Hiro-Hito se rendit du palais d'Akasaka au palais impérial, seul dans un carrosse fermé, en uniforme de lieutenant-colonel. Un cortège séparé escorta la fiancée, qui avait pris place elle aussi dans un carrosse fermé, jusqu'au palais impérial. La foule qui attendait patiemment depuis des heures fit entendre des acclamations et des cris de « *Banzaï!* » sur leur passage, mais tous hormis les plus hardis détournèrent les yeux, en proie à une sorte d'effroi religieux. Toute cette partie du programme n'était pas sans rappeler les mariages de la famille royale britannique, avec l'habituel remue-ménage engendré par l'arrivée des invités de marque japonais pour le mariage religieux et par celle du corps diplomatique pour une réception séparée l'après-midi. Toutefois, la cérémonie proprement dite se déroula d'un bout à l'autre à l'intérieur du palais et les invités, même les plus privilégiés, n'eurent droit qu'à de très brefs aperçus des divers rites.

Ceux-ci eurent lieu dans le mausolée de la famille impériale, un petit temple retiré, caché par un écran d'arbres et dont l'accès était strictement interdit à tous en dehors de la famille impériale et de quelques prêtres shintoïstes. Les sept cents invités, tous japonais — parmi lesquels figurait le célèbre « parrain » de la pègre, Toyama, qui avait tant fait pour rendre cette union possible, mais pas l'empereur Taisho, « trop souffrant » pour assister au mariage — attendirent à l'extérieur du temple. Mis à part les prêtres, la princesse Nagako et Hiro-Hito lui-même, seul le prince Kujo, « Maître des rites », était présent lors de la cérémonie proprement dite.

Les préparatifs nécessaires prirent plusieurs heures, car les deux principaux protagonistes devaient revêtir de lourds et malcommodes costumes d'apparat. Pour Hiro-Hito, il s'agissait d'une robe et d'une sorte de jupe de couleur orange ; il tenait à la main un sceptre et portait un chapeau en laque noire. Avant de prononcer les vœux qui l'engageraient pour la vie, le prince devait s'adresser aux esprits de ses ancêtres, dans le langage de cour utilisé uniquement pour les rites religieux — et totalement incompréhensible au commun des Japonais — afin de les informer de sa décision d'épouser Nagako. Les deux jeunes gens échangèrent alors des serments relativement simples. Hiro-Hito, puis Nagako, en kimono écarlate et lilas, burent trois fois à la coupe de vin sacré. Une salve de cent un coups de canon salua la fin de la cérémonie et ils quittèrent le temple pour rejoindre brièvement leurs invités qui s'inclinaient profondément. Le jeune couple ne partit pas aussitôt en voyage de noces, mais passa la nuit au palais d'Akasaka, puis le lendemain alla rendre visite à l'empereur Taisho, à Numazu, pour lui présenter ses respects.

Les loyaux sujets japonais attendirent avec impatience la première grossesse de Nagako, mais leurs espoirs furent déçus : ce ne fut qu'au printemps de 1925 que la nouvelle fut enfin annoncée et la déception fut générale et évidente, lorsque la princesse donna naissance à une petite fille, Shigeko : seuls les héritiers mâles pouvaient perpétuer la dynastie impériale. Toutefois, l'arrivée de l'enfant fit cesser une rumeur qui courait dans tout le pays, assurant que feu le général Yamagata avait maudit Nagako sur son lit de mort et juré qu'elle resterait inféconde. Après cette première grossesse, les vieux chambellans du palais et le prince Saionji furent convaincus que Hiro-Hito aurait plus de chance la deuxième fois. Sinon, laissaient-ils entendre — mais jamais devant lui — on pourrait toujours envisager de lui fournir une concubine.

Cela indique à quel point ils comprenaient mal l'état d'esprit du prince. En dépit de son peu d'empressement durant les longues années de fiançailles, Hiro-Hito, même s'il était un peu compassé, se montra dès le début de son mariage un compagnon modèle et affectueux. Le spectacle de la cour de Meiji et les souvenirs des excès de son propre père avaient fait de lui un mari vertueux, épris de son épouse et se refusant à la tromper. Le goût extrême de l'ordre, pour ne pas dire la maniaquerie, qu'il avait manifesté enfant, s'affirma désormais à travers l'établissement d'une routine très stricte. Il y avait des emplois du temps pour tout. Les fonctionnaires de la cour savaient précisément à quelle heure le prince ferait sa promenade à cheval ou irait jouer au golf ou nourrir les oiseaux et les cygnes des jardins du palais, quelles après-midi il passerait en compagnie du Dr Hattori, dorénavant promu au rang d'aide de camp, occupé à étudier la biologie marine. La vie du couple princier était si méthodiquement organisée que certaines dates et heures fixes étaient probablement réservées à la procréation. La princesse Nagako s'adapta très vite à sa nouvelle existence dont elle semblait fort heureuse : aux premiers temps de leur vie conjugale, nota Kanroji, leur « intimité pleine de sollicitude était très belle à voir ».

Ces années de lune de miel du prince impérial furent aussi une espèce de lune de miel pour le pays tout entier. De 1924 à 1927, le Japon traversa une période de libéralisme sans précédent : le droit de vote fut accordé à tous les hommes de vingt-cinq ans et plus, les effectifs de l'armée furent légèrement réduits et la presse nippone devint plus vivante et plus libre qu'elle ne l'avait jamais été. Les deux principaux partis politiques, le Minseito et le Seiyukai, gouvernaient en alternance, comme s'ils obéissaient à un accord tacite. Politiquement parlant, ils se distinguaient à peine l'un de l'autre (le Minseito étant peut-être un rien plus libéral), mais dans l'un et l'autre camp les partisans étaient plus influencés par les personnalités que par les questions à trancher. Les deux partis dépendaient dans une large mesure des vastes conglomérats industriels, les *zaibatsus,* le Minseito étant financé par Mitsubishi et le Seiyukai par Mitsui. La corruption était très répandue ; les conglomérats dictaient la politique économique et, à quelques remarquables exceptions près, la réputation des politiciens n'était pas fameuse. Malgré tout, le Japon semblait se diriger vers une sorte de démocratie parlementaire. Dans le domaine de la diplomatie, il était cosignataire du « traité des neuf puissances » qui garantissait l'indépendance et l'intégrité de la Chine — ainsi que des droits égaux à toutes les nations désireuses d'y faire des investissements.

Très brièvement, au début des années vingt, on put croire que le Japon allait finalement normaliser ses relations avec la Chine et oublier ses rêves de suzeraineté. Toutefois, en dépit de « ce tumultueux flot de libéralisme de la part de la bourgeoisie urbaine [1] », un courant souterrain d'intolérance et de xénophobie persista. Le quotidien *Nichi-Nichi* de Tokyo publia une véhémente mise en garde adressée à « tous les éléments étrangers indésirables au Japon... qui commettent dans l'ombre des crimes détestables ». Alors même que le premier quartier de Tokyo que l'on s'empressa de reconstruire après le tremblement de terre fut celui de Yoshiwara, c'est-à-dire l'immense « quartier réservé » de la capitale, les éditoriaux des journaux fustigeaient « l'immoralité des étrangers » et dans les hôtels et les restaurants, la conduite de ces mêmes étrangers était surveillée et fichée par la police secrète japonaise. A l'occasion d'un banquet tenu dans un hôtel de Tokyo par le Minseito, les organisateurs protestèrent auprès de la direction parce qu'un des maîtres d'hôtel était un espion employé par la police. On leur répondit que cet homme, chargé d'écouter en douce les conversations des étrangers, passait tant de temps à l'hôtel qu'on le considérait comme un membre à part entière du personnel. La surveillance à laquelle étaient soumis les diplomates en poste à Tokyo de la part de leurs employés et domestiques japonais relevait presque de la routine et « l'espionnite » n'allait pas tarder à prendre un caractère obsessionnel.

A. Morgan Young, grand journaliste britannique, qui résidait alors à Tokyo, écrivit par la suite qu'en 1927, il existait encore « parmi la population civile, un courant de pensée indépendant qui, cinq ans plus tard, serait devenu inconcevable [2] », car le climat libéral ne devait pas survivre aux années vingt. Ce fut en 1927, en effet, que le libéralisme reçut un coup fatal, lorsqu'une série de faillites bancaires déclencha une récession antérieure à la grande crise mondiale, laquelle entraîna la ruine d'entreprises appartenant à la nouvelle bourgeoisie et une extrême pauvreté dans les milieux ruraux qui constituaient encore la majeure partie de la population japonaise. Les *zaibatsus* qui n'avaient pas été touchés firent main basse sur tout ce qui était à leur portée. La vague de sentiments hostiles au parlement et à l'industrie qui s'ensuivit alimenta la cause des nationalistes forcenés, des militaristes et des patrons autoritaristes des sociétés secrètes. Un nouveau projet de loi sur « le maintien de l'ordre public », entériné peu après par le gouvernement, amputa de façon draconienne les libertés civiles et la liberté d'expression ; un décret impérial, signé par Hiro-Hito sans avoir fait l'objet d'un débat au parlement — presque certainement à la demande du prince Konoye, parent et ami de l'empereur et désormais (ayant abandonné ses tendances radicales) membre de la chambre des Pairs — porta la peine infligée aux citoyens convaincus d'avoir enfreint cette loi de dix ans de prison à un possible châtiment capital ; peu après commença une gigantesque « purge » dans les écoles et les universités, doublée d'arrestations en masse de communistes, socialistes et gauchistes présumés dans toutes les couches de la société. Dès juillet 1928, déclara Morgan Young, « tous les enseignants libéraux avaient été chassés des universités ».

A l'époque, une des requêtes du général Sato (exposée dans son livre, *Si l'Amérique et le Japon entrent en lutte*) avait été exaucée : à partir de 1926, l'entraînement et la formation militaires commencèrent dès l'école primaire et furent très vite étendus à tout le système d'éducation.

On donna au « culte de l'empereur » pratiqué dans les établissements scolaires un tour militaire, en faisant défiler les écoliers en uniforme devant des photographies de Hiro-Hito, où il arborait invariablement sa grande tenue de commandant en chef. Cela permit de résoudre en partie le problème posé par les coupes sombres pratiquées dans les rangs de l'armée, car de nombreux officiers mis à la retraite d'office trouvèrent des emplois d'instructeurs militaires dans les écoles du pays. La réduction des effectifs de l'armée (qui se montait à environ quatre divisions d'infanterie) fut compensée par la création de nouvelles unités blindées et antichars, d'un corps des transmissions, et, par la suite, d'un centre de guerre chimique et bactériologique ; ces deux dernières innovations étaient dues, en partie du moins, à l'initiative du prince Kuni, beau-père de Hiro-Hito, grand amateur des choses scientifiques. Hiro-Hito lui-même, passionné de science et de biologie marine, s'intéressa à ces nouvelles unités dès leur création.

L'empereur Taisho, qui vivait totalement retiré depuis ses embarrassants impairs, mourut le 18 décembre 1926, mais la nouvelle de sa mort ne fut annoncée que le jour de Noël. Son fils aîné, averti que la fin était proche, était venu veiller à son chevet dans le palais de Hayama au bord de la mer, où l'empereur vivait depuis cinq ans, mais il dormait au moment où son père rendit l'âme. Il n'y eut guère de véritable chagrin parmi ses sujets — cela faisait trop longtemps qu'on ne le voyait plus en public — et Hiro-Hito, en sa qualité de régent, jouissait déjà de toutes les prérogatives impériales à l'exception du titre lui-même. Il s'agissait, cependant, d'un événement important, même si le règne de Hiro-Hito ne commença officiellement qu'avec son couronnement à Kyoto, deux ans plus tard, et il fut marqué par une crise mineure, mais significative, dans les médias, qui indiquait à quel point les secrets étaient bien gardés dès qu'ils concernaient les décisions prises par le palais.

Chaque empereur japonais possède deux noms ; l'un qu'il utilise de son vivant et l'autre destiné à la postérité. Ainsi, de leur vivant, l'empereur Meiji portait le nom de Mutsohito et l'empereur Taisho, celui de Yoshihito ; ce ne fut qu'après leur mort qu'on les désigna respectivement par les noms de Meiji et Taisho (ce dernier nom signifiait « Grande vertu »). Hiro-Hito devait désormais choisir sous quel nom il désirait être connu à titre posthume. Le quotidien *Mainichi* annonça, fort justement, que l'ère Hiro-Hito serait connue sous le nom de « *Kobun* » — ce qui voulait dire « lumière et réussites littéraires » — la nouvelle ayant fait l'objet d'une « fuite » en provenance du palais plusieurs semaines auparavant, dès qu'il devint évident que Taisho n'avait plus longtemps à vivre.

Le nouvel empereur, furieux, décida de punir le journal en adoptant à la place le nom de « *Showa* » (c'est-à-dire « Paix et sagesse éclairée »). Dans *Cinquante Années de lumière et d'obscurité,* un ouvrage publié pour le cinquantième anniversaire du règne de Hiro-Hito, *Mainichi* a révélé qu'à l'époque la décision du jeune souverain provoqua de graves remous à la rédaction du journal, dont le rédacteur en chef fut contraint de démissionner. L'ouvrage ajoutait qu'au vu de ce qui s'était passé par la suite, le fait d'avoir appelé le règne de Hiro-Hito « l'ère de la paix et de la sagesse éclairée » était « une cruelle ironie qui n'avait pas d'équivalent dans l'histoire de notre nation ».

Le trône auquel accédait à présent Hiro-Hito s'était transmis pratiquement sans interruption depuis l'an 660 avant Jésus-Christ — l'année où son glorieux ancêtre Jimmu (plus exactement Jimmu Tenno ou « roi céleste d'une divine bravoure ») apparaît pour la première fois dans les annales les plus anciennes de l'histoire japonaise. A vrai dire, l'empereur Jimmu régna peut-être quelques siècles avant ou après cette date fixée assez arbitrairement ; il existe même des doutes quant à son existence putative. Toujours est-il que Jimmu, rejeton « divin » d'une longue lignée d'ancêtres mythologiques, ou un personnage analogue, fut selon toute probabilité le premier d'une succession de chefs de tribu à marquer de son empreinte l'une des îles de l'archipel nippon, habitée à l'époque par les tribus primitives d'origine sino-coréenne qui en avaient délogé auparavant les indigènes de race polynésienne.

Le mythe de Jimmu, descendant direct de la déesse du soleil, Amaterasu, elle-même issue de toute une suite de dieux et de déesses dont les procréations donnèrent naissance à la matière, aux océans, à la chaleur, à la lumière et à eux-mêmes (leur existence durait environ cinq siècles et plus) ne devint un dogme que sous l'empereur Meiji, car cela étayait utilement, par le biais du shintoïsme, l'autorité fraîchement récupérée par le monarque. On croyait, ou du moins on feignait officiellement de croire, que les attributs divins du souverain — le miroir, l'épée et le collier — étaient d'authentiques reliques sacrées de cette époque héroïque, remontant à la préhistoire. Le miroir de cuivre était l'artifice utilisé par un des dieux pour attirer la déesse Amaterasu hors de la grotte où elle s'était réfugiée, condamnant le monde entier aux ténèbres. En lui remettant l'objet, ce parent l'avait obligée à sortir de sa cachette pour contempler ses traits à la lumière du jour ; l'épée était un attribut également mythique, un des dieux ayant miraculeusement arraché la queue d'un dragon, transformée en glaive ; le collier enfin, composé en réalité de pierres grossièrement sculptées, était peut-être la seule de ces trois reliques qui fût véritablement authentique. Le miroir était conservé dans le saint des saints japonais, le temple d'Isé, où les empereurs se rendaient deux fois par an pour communier avec leurs ancêtres ; les autres reliques se trouvaient dans le mausolée de la famille impériale.

Sous Meiji et dans le cadre de l'instruction obligatoire, on apprenait aux jeunes Japonais à croire à ces récits de héros mythologiques, de même qu'on apprend de nos jours aux chrétiens fondamentalistes à croire aveuglément à la bible. Inutile de dire que les « contes grossiers et obscènes » des origines de ces dieux nippons, devenus petit à petit des êtres humains et les souverains du Japon, étaient considérés par presque tous les Japonais éduqués comme de simples fables. Hiro-Hito, passionné par la biologie marine et s'intéressant vivement au darwinisme, refusait de les prendre au sérieux. Dans sa jeunesse, son refus d'écouter patiemment les professeurs chargés justement de lui expliquer ces choses comme s'il se fût agi de vérités historiques avait incité ces derniers à se plaindre auprès du prince Saionji, le dernier des *genros*, parce que leur royal élève n'affichait aucun zèle pour les études concernant sa propre divinité. Saionji, l'hédoniste francophile, compositeur et poète, admirateur de Voltaire et de la littérature érotique française des XVIIIe et XIXe siècles, le cynique qui comprenait à merveille les réserves de Hiro-Hito, estimait pour sa part que ces mythes étaient fort probablement un ramassis de croyances absurdes, mais néanmoins utiles : pourquoi priver les croyants de leur foi, surtout lorsque celle-ci les incitait à une obéissance implicite aux volontés de l'empereur et facilitait, dans une mesure considérable, la tâche de celui-ci ? Ce fut une leçon que le jeune prince comprit instantanément.

Les juristes qui avaient rédigé la constitution de 1889, s'inspirant largement du modèle prussien, avaient conservé la notion fictive qu'il s'agissait d'un « don du trône ». En théorie, tout du moins, Meiji et tous ses successeurs étaient des monarques absolus, puisque la constitution proclamait non seulement que « une lignée d'empereurs ininterrompue de toute éternité régnera sur l'Empire et le gouvernera », mais aussi que l'empereur était « sacré et inviolable... réunissant en sa personne les droits et l'exercice de la souveraineté », ainsi que le commandement suprême des forces armées.

Selon un almanach du Japon, « l'empereur... ne saurait être déchu du trône pour quelque raison que ce soit et il ne saurait être tenu pour responsable s'il outrepasse les bornes de la loi dans l'exercice de sa souveraineté ». Les responsabilités de ce genre « doivent être endossées par les ministres d'Etat et autres organes du pouvoir. Ainsi, aucune critique ne doit être dirigée contre l'empereur, mais uniquement contre les instruments de sa souveraineté. Les lois ne doivent pas, par principe, s'appliquer à l'empereur, tout spécialement les lois criminelles, car aucun tribunal ne saurait juger l'empereur et il n'est soumis à aucune loi ».

Cette doctrine de l'infaillibilité impériale était, dans la pratique, cernée par certaines limites tacites, car les juristes auteurs de la constitution et les oligarques qui avaient aidé l'empereur à gouverner le pays se rendaient pareillement compte qu'aucun gouvernement ne pouvait être parfait, qu'il y aurait forcément des bavures et que cette même doctrine d'infaillibilité — s'il convenait de la respecter parce qu'elle faisait partie des attributs religieux du souverain — exigeait qu'il n'eût qu'une responsabilité indirecte dans le gouvernement quotidien du pays. Et ce, pour une bonne raison : ce n'était qu'en laissant à d'autres le pouvoir de décision que l'empereur pouvait éviter d'être souillé par toute possibilité d'erreur humaine. Dès le règne de Taisho, l'exercice du pouvoir par le souverain n'était plus qu'une pure formalité : il apposait son sceau aux décrets du gouvernement, mais le processus décisionnel quotidien appartenait au ministère en place. Le Conseil privé remplissait le rôle consultatif et, alors que les pouvoirs de la Diète étaient plus illusoires que réels, les deux personnages les plus puissants de la vie japonaise n'étaient ni membres de la famille régnante, ni élus : il s'agissait des chefs d'état-major de l'armée et de la marine, tous deux, dans la pratique, plus influents que le Premier ministre en personne, car ils avaient le droit de s'entretenir avec l'empereur hors de la présence de tout autre ministre ou fonctionnaire de la cour ; la règle tacite — à laquelle on ne trouvait aucune allusion dans la constitution — selon laquelle les ministres de l'Armée et de la Marine devaient être choisis dans les rangs des officiers en service actif allait donner aux militaires un véritable droit de veto sur la composition des ministères successifs.

Hiro-Hito comprit pleinement, du jour où il devint régent, qu'il était « au-dessus de la politique » et que sa « marge de manœuvre » était limitée. Toutefois, ces restrictions ne signifiaient nullement que l'empereur n'était qu'une marionnette aux mains d'une série d'institutions oligarchiques qui se chevauchaient plus ou moins ; loin de là, au contraire, car le souverain, en dernier ressort, détenait l'arme suprême — un droit de veto limité. Son sceau devait être apposé sur tout document promulguant une décision d'importance ; en refusant d'accomplir ce geste, ou en le différant, il pouvait effectivement bloquer toute mesure à laquelle il avait décidé de s'opposer, qu'il s'agît de la nomination du Premier ministre ou de l'envoi d'une unité de l'armée à l'étranger, autant de choses pour lesquelles sa sanction officielle était indispensable.

En outre, du fait qu'aucune décision, même relativement peu importante, n'était appliquée avant d'être d'abord soumise à la considération de l'empereur, son influence secrète était énorme : personne d'autre ne pouvait être mieux informé de l'état des affaires japonaises qu'un empereur industrieux. Or, Hiro-Hito était un homme exceptionnellement zélé, méthodique et presque obsédé par le souci du détail. Un membre de la famille impériale devait me confirmer, au cours d'un entretien, que « l'empereur lisait tous les documents qu'il marquait de son sceau ». Pour toutes ces raisons, il était constamment au courant de tout ce qui se passait, non seulement au sein du Conseil privé, du commandement militaire suprême et du cabinet ministériel, mais aussi dans les rangs de l'armée et de la marine, ainsi que dans les nombreux clubs ultra-nationalistes. Son « petit cabinet » personnel et privé, composé du ministre de la Maison impériale, du garde du Sceau impérial, du premier aide de camp et du grand chambellan, lui servait d' « yeux » et d' « oreilles » privilégiés et les ressources dont il disposait pour recueillir des informations étaient impressionnantes.

Il y avait un autre domaine dans lequel l'empereur prit une importance considérable : en raison de son énorme fortune personnelle, il était en mesure de financer des projets qui, pour une raison quelconque, ne pouvaient être inclus dans le budget officiel du gouvernement. Jusqu'à la fin de la Seconde Guerre mondiale, les fonds privés de l'empereur servirent, d'une multitude de façons, à concrétiser des projets qui devaient rester secrets.

L'étendue et les limites des pouvoirs de Hiro-Hito étaient parfaitement comprises par ceux qui étaient résolus à transformer le Japon en une puissance expansionniste et autoritariste. Si lourd était le poids de la tradition, si vive l'aura d'infaillibilité qui entourait cet empereur censément « divin » qu'il suffisait de dire que l'on songeait à essayer d'influer sur le cours de ses pensées pour se rendre coupable de lèse-majesté. Cela rendait d'ailleurs fort difficile l'exposition d'une politique quelconque en présence de l'empereur, fût-ce pour des affaires relativement anodines. Pour cette raison, une grande partie des affaires réelles du gouvernement se traitait, pour ainsi dire, en coulisse et le vocabulaire en usage à la cour, regorgeant de circonlocutions et d'allusions, n'était pleinement compréhensible que pour une minuscule coterie proche du souverain.

De temps à autre, cependant, lorsqu'on estimait se trouver entre personnes de confiance, les assistants s'enhardissaient jusqu'à parler franchement. Un exemple de ce genre a été signalé par Ryukishi Tanaka, officier des services de renseignements qui devait par la suite acquérir une certaine notoriété. Tanaka faisait partie d'un petit groupe d'officiers triés sur le volet, tous membres de la « Maison meublée de l'Université », qui venait de fermer ses portes ; peu après le décès de l'empereur Taisho, ces hommes se réunirent pour fêter la montée sur le trône de Hiro-Hito. Le Dr Okawa, présent lui aussi, offrit à boire à la petite assemblée et porta un toast à la conquête de la Mandchourie ; aussitôt, le lieutenant-colonel Tojo (qui serait Premier ministre durant la guerre) lui rappela que « nous ne pouvons jamais déplacer nos troupes sans en être priés par l'empereur ».

Plus tard, le petit groupe légèrement éméché passa devant le palais impérial et aperçut des familles japonaises, dont certaines étaient spécialement venues de la campagne, qui priaient pour le nouveau souverain, agenouillées au clair de lune. Tanaka devait se rappeler par la suite : « En les voyant, nous fûmes soulagés, comme si l'indépendance de la Mandchourie était d'ores et déjà assurée. »

Au moment de la mort de Taisho, deux hommes très différents, mais aussi pittoresques l'un que l'autre, occupaient en Chine — un pays qui allait bientôt jouer un rôle crucial dans la dérive du Japon vers la guerre — le devant de la scène. L'un et l'autre espéraient se servir du Japon pour assouvir leurs ambitions. Hiro-Hito ne devait jamais les rencontrer personnellement, mais il n'ignorait rien de leurs forces et faiblesses respectives ; il suivit leurs carrières avec un intérêt qui ne faiblit jamais et, en fin de compte, les trahit tous les deux.

Le premier était Chiang Kai-shek, ex-agent de change ambitieux et rusé, bien décidé à unifier la Chine et à briser le pouvoir des seigneurs de la guerre, si possible avec le soutien actif de l'empereur du Japon. Le second était le général Chang Tso-lin, « le roi sans couronne de Mandchourie », qui avait lutté aux côtés des Japonais contre la Russie, durant la guerre de 1905, ce qui ne l'avait pas empêché d'être victime, en 1916, de la part de ses anciens compagnons d'armes, d'une tentative d'assassinat dont il avait réchappé de justesse. Sous cet ancien misérable orphelin mandchou, qui avait commencé par devenir un brigand à la Robin des Bois, puis le chef d'une armée privée, la Mandchourie s'était métamorphosée et passait désormais pour la province la mieux administrée de Chine. Ce personnage fluet, sosie de Clark Gable (les yeux bridés mis à part), était un administrateur d'une intelligence aiguë, qui, en dépit d'une voix trompeusement douce, ne s'embarrassait pas de pitié et n'hésitait jamais à faire littéralement rouler les têtes lorsqu'il le fallait : les décapitations, sans procès préalable, n'étaient pas rares dans les territoires qu'il gouvernait. Toutefois, ses victimes étaient pour la plupart des trafiquants de drogue, des banquiers corrompus, des hommes d'affaires véreux et des adeptes du marché noir, si bien que ces exécutions sommaires contribuaient plutôt à le rendre populaire auprès des gens du peuple. Son palais de Mukden était gardé par une garde prétorienne d'une loyauté quasi fanatique, composée de Mandchous triés sur le volet et vêtus d'uniformes hollywoodiens conçus par Chang en personne. C'était un négociateur redoutable, un hôte plein de sollicitude, auquel aucune femme ne résistait ; il avait une faiblesse marquée pour les fourrures précieuses et les concubines à peine nubiles. C'était aussi un financier d'une extraordinaire prévoyance qui comprit très vite l'importance économique et stratégique des chemins de fer et s'empressa d'en faire construire pour rivaliser avec ceux de la compagnie japonaise ; bien qu'il continuât à vivre selon le féroce code des brigands, qui l'avait porté au pinacle et lui avait permis de s'enrichir, c'était, à sa façon curieuse, un patriote, bien décidé à transformer la Mandchourie en province prospère où il ferait régner l'ordre. Il avait le don de s'attirer la loyauté de ceux qui le servaient : un aventurier italien, Amleto Vespa, qui devint un de ses principaux conseillers et écrivit ensuite un ouvrage sur ses expériences en Mandchourie, lors de l'occupation japonaise [3], le considérait comme un des plus grands hommes de tous les temps.

En 1926, les forces japonaises en Mandchourie étaient limitées, par traité, à quelques milliers d'hommes : il s'agissait d'unités spécialement affectées à la protection des chemins de fer de Mandchourie méridionale, dont les Japonais étaient propriétaires et administrateurs, et de « l'armée du Kwangtung », sous le général Muto, établie de longue date dans cette région avec son QG à Port-Arthur.

Malgré cette présence de troupes nippones sur le sol mandchou, les relations entre le Japon et Chang Tso-lin étaient cordiales. La cohabitation était à l'ordre du jour : les Japonais prêtaient au seigneur de la guerre des conseillers militaires et l'assuraient de leur soutien indéfectible.

Eût-il limité sa zone d'influence à la Mandchourie et à la Mongolie, les Japonais et Chiang Kai-shek auraient eu, les uns comme l'autre, le plus grand mal à en venir à bout. Chang Tso-lin, cependant, se croyait appelé à un destin national : il le laissa d'ailleurs entendre à Henry Pu Yi, l'ex-empereur de Chine, veule et démoralisé, âgé de vingt et un ans seulement, qui s'était réfugié dans la zone japonaise de la concession internationale de Tientsin. Chang commit une erreur fatale en prenant le pouvoir à Pékin avec une force extrêmement réduite, après en avoir chassé « le général chrétien », alors allié de Chiang Kai-shek, dont les sympathies communistes étaient bien connues.

En 1927, Chiang Kai-shek avait quitté sa base de Canton, en direction du nord, et se prenait lui aussi pour l'homme providentiel de la Chine. Bien qu'il eût parmi ses alliés aussi bien des gauchistes que des seigneurs de la guerre, il avait compris, dès cette époque, que s'il voulait être reconnu au niveau international, il serait obligé de rompre avec les communistes : lorsque Chang Tso-lin, renseigné par un « tuyau » japonais, fit une descente à l'ambassade soviétique à Pékin et découvrit la preuve, dans certains documents qui s'y trouvaient, d'un complot du Komintern visant à « soviétiser » la Chine, Chiang Kai-shek sauta sur l'occasion. Le 12 avril 1927, « le mardi noir » dans les livres d'histoire de la Chine d'aujourd'hui, il se retourna contre ses alliés communistes avec une soudaine et impitoyable sauvagerie. Des milliers de gens furent arrêtés et exécutés ; Chou En-lai, encore tout récemment un des subordonnés de Chiang et professeur à l'Académie de Whampoa, sorte d'école supérieure de guerre pour les futurs leaders du Kuomintang que Chiang avait établie dans le Sud, grâce à des fonds soviétiques, s'enfuit précipitamment de Shanghai dont il venait d'être élu maire. Les conseillers soviétiques s'éparpillèrent, regagnant l'URSS en toute hâte. Quelques jours plus tard (le 18 avril), Chiang Kai-shek fit de Nankin sa capitale provisoire, à mi-chemin sur la route de Pékin.

Deux jours après cette installation à Nankin, un autre général, Giichi Tanaka, devint Premier ministre de Hiro-Hito. Comme à l'accoutumée, le prince Saionji, dernier des *genros,* était à l'origine de cette nomination, approuvée par le Conseil privé. Après avoir démissionné de l'armée en 1925 (il s'opposait aux réductions du budget militaire), Tanaka s'était lancé dans la politique et n'avait pas tardé à devenir président du parti Seiyukai. Il prit la suite d'un gouvernement discrédité par des faillites bancaires et par la corruption. En sa double qualité d'ancien militaire et de membre du clan Choshu, expliqua Saionji à l'empereur, Tanaka serait en mesure d'imposer son autorité à l'armée et d'aider les hommes de son clan à oublier le passé. Soldat bourru, jovial, extraverti, Tanaka possédait en outre certaines des qualités nécessaires à un Premier ministre. Ce qui lui manquait, c'étaient la vision à long terme du véritable homme d'État et la subtilité, la faculté d'intriguer du courtisan-né.

Comme tous les militaires haut placés, Tanaka était convaincu que le Japon devait absolument consolider sa mainmise sur la Mandchourie et la Mongolie, afin d'en faire un État-tampon entre la Russie communiste et cette Chine faible et divisée. La récente incursion de Chang Tso-lin à Pékin l'inquiétait et il lui conseilla de regagner la Mandchourie, son fief attitré ; en effet, le chef mandchou, anticommuniste acharné, était la meilleure assurance possible contre les empiétements russes dans cette partie du monde. Chang refusa, cependant, faisant valoir que, malgré la nouvelle haine qu'il affichait envers les communistes, Chiang Kai-shek n'était pas un homme à qui l'on pouvait se fier. « Ma guerre [contre Chiang] est aussi celle du Japon », assura-t-il à Tanaka, déplorant au passage les relations amicales que le Japon jugeait bon d'entretenir avec un homme qui, si récemment encore, était l'allié des communistes.

La situation était compliquée, trop compliquée pour le seul Tanaka. Selon l'habitude séculaire des Japonais, il résolut de parvenir à une solution collective, fondée sur une vaste étude du sujet. Dans le mois qui suivit son arrivée au pouvoir, un groupe de travail se réunit pour préparer la « Conférence d'Extrême-Orient », qui eut lieu à Tokyo, du 1er au 7 juillet 1927. Parmi les spécialistes qui siégeaient dans ce comité préparatoire figuraient quelques-uns des plus brillants, mais aussi des plus intraitables avocats de l'expansionnisme et du nationalisme autoritariste du Japon, appartenant aux rangs des militaires et des services de renseignements. Hiro-Hito avait pleinement conscience de la teneur de leurs documents de travail et pourrait même les avoir indirectement influencés, car deux membres de cet aréopage étaient ses propres aides de camp : le vicomte Machijiri, ancien subordonné du prince Higashikuni à Paris, et le commandant Anami. Comme par hasard, presque tous les participants étaient « d'anciens élèves » de la « Maison meublée de l'Université » et Anami était particulièrement proche de l'empereur.

La « Conférence d'Extrême-Orient » est considérée, à juste titre, comme la première preuve évidente de la politique interventionniste du Japon en Chine sous Hiro-Hito. Cette réunion, à laquelle assistèrent des officiers et diplomates chevronnés (notamment le ministre japonais à Pékin, Kenkichi Yoshizawa, et un jeune secrétaire d'ambassade plein d'avenir, Shigeru Yoshida, l'homme qui était venu retrouver Hiro-Hito sur son navire à Gibraltar et qui était désormais consul à Mukden), permit de discuter les diverses possibilités qui s'offraient au Japon pour accroître, comme il y était résolu, son influence en Asie. Elles allaient d'une conquête immédiate de la Mandchourie — c'était l'une des propositions rédigées par le comité préparatoire — à un simple renforcement de la présence économique nippone dans cette région. Des voix s'élevèrent pour se plaindre que la Chine, au mépris du traité signé en 1915 avec le Japon (les fameuses « vingt et une demandes »), refusait de louer des territoires aux Japonais. Si elle persistait dans cette voie, décida la conférence, la seule solution serait de les acquérir en toute propriété et l'on suggéra aussi que des Coréens, que les Chinois ne considéraient pas comme des citoyens japonais à part entière, fussent importés en tant que commodes paravents pour les affairistes nippons.

Bien des années plus tard, les responsables de la propagande de Chiang Kai-shek devaient rendre publiques les conclusions de la « Conférence d'Extrême-Orient » dans un fascicule, le « Mémoire Tanaka », qui n'était autre, assuraient-ils, que le texte d'un document officiel soumis par le Premier ministre à Hiro-Hito en

92

tant que « supplique au trône » et que l'empereur accepta comme étant le futur « plan d'ensemble » de la domination japonaise en Asie.

Ce document, qui n'est autre qu'un projet officiel de conquête militaire de la Mandchourie et de toute la Chine, que devaient suivre l'annexion de l'Asie entière et un conflit armé avec les Etats-Unis, était presque certainement un faux, même s'il s'inspirait incontestablement de certains papiers du comité préparatoire. L'annexion de l'Asie — ce que l'on appela par la suite la doctrine de la « Ruée vers le sud » — fut en effet évoquée à la Conférence. Ces prévisions allaient certes se concrétiser, par la suite, mais il serait exagéré de prétendre que tous les tours et détours de la politique nippone dans les années qui suivirent étaient fondés sur cette espèce de *Mein Kampf* japonais : au contraire, Tanaka (qui avait repris le portefeuille des Affaires étrangères, en plus de ses fonctions de Premier ministre) et le commandant en chef de l'armée du Kwangtung, le général Muto, avaient pleinement conscience du fait qu'une intervention militaire ouverte en Mandchourie risquait de valoir au Japon, de la part des puissances occidentales, des représailles qui pourraient s'avérer désastreuses dans sa situation économique du moment. Par ailleurs, le « Mémoire Tanaka » était beaucoup trop long : un protocole rigide exigeait que toute « supplique au trône » officielle n'excédât pas deux pages. Malgré tout, la plupart des experts, parmi eux A. Morgan Young qui se trouvait à Tokyo à l'époque, reconnaissent que le ton des délibérations de la Conférence correspondait à la substance du « Mémoire Tanaka », même si ce dernier ne fut pas présenté à l'empereur sous cette forme précise.

Peu après la fin des débats, Yoshizawa, de retour à Pékin, donna une de ses rares conférences de presse, au cours de laquelle il affirma que « le Japon n'a absolument aucune intention d'adopter une politique " positive " décisive envers la Mandchourie et il ne projette nulle opération pouvant s'apparenter à une invasion ». Tout semble indiquer qu'il mentait.

Dans le sillage immédiat de la « Conférence d'Extrême-Orient », Chiang Kai-shek arriva en personne au Japon. Ce n'était pas seulement une visite privée — bien qu'il fût venu faire sa cour à Mayling Soong, fille du banquier chinois C. J. Soong, qui séjournait à cette époque au Japon et qu'il épousa le 1er décembre 1927. Après quelques différends politiques mineurs avec ses collègues, Chiang avait momentanément renoncé à ses fonctions de chef du Kuomintang, mais il n'avait qu'à demander pour reprendre sa place.

Son autre but, en venant au Japon, était de sonder les responsables politiques japonais sur l'idée d'une Chine gouvernée par le Kuomintang, avec lui-même aux commandes. Bien qu'il fût hors de question pour lui d'être reçu en audience par Hiro-Hito, il obtint, le 5 novembre 1927, une entrevue privée avec le Premier ministre, Giichi Tanaka. Ce dernier, qui souhaitait ménager à la fois Chiang Kai-shek et Chang Tso-lin, lui déconseilla de se laisser entraîner dans la « politique des seigneurs de la guerre », dans le nord de la Chine. Le Japon, expliqua-t-il, n'était que trop heureux de l'aider dans sa lutte contre les communistes, mais pas au détriment d'un anticommuniste aussi confirmé que Chang Tso-lin. Chiang fit valoir que son avance vers le nord était essentielle à la réussite de son entreprise et sollicita l'aide du Japon, pour combattre l'impression que ce dernier était l'allié exclusif du Mandchou. Il est fort probable qu'un marché fut conclu : Chiang Kai-shek aurait indiqué qu'il ne s'opposerait pas trop à la présence des Japonais en Mandchourie et Mongolie, si ces derniers se chargeaient d'éliminer Chang Tso-lin.

Ce fut un entretien peu concluant et, pour Chiang Kai-shek, peu satisfaisant ; toutefois, il avait aussi fait la connaissance d'autres personnages puissants, quoique moins en vue, de l'*establishment* japonais, notamment celle de Toyama, chef de la société du « Dragon noir », et l'on peut penser qu'il les pressa eux aussi d'user de leur influence pour le débarrasser de Chang Tso-lin, son encombrant rival. En dépit de son âge avancé (il ne mourrait qu'en 1945), Toyama était encore extraordinairement puissant ; il avait toujours, plus que personne, accès non seulement aux officiers nationalistes purs et durs et aux spécialistes des renseignements dont le rôle était de déstabiliser la Mandchourie, mais aussi à des hommes proches de l'empereur, par exemple, le prince Konoye, qui venait tout juste de fonder le « Club du mardi », un groupe de travail officieux, composé de membres de la chambre des pairs et prônant le rapprochement amical avec Chiang Kai-shek pour parvenir à une Asie unifiée sous l'égide du Japon. Il est inconcevable que Hiro-Hito n'ait pas été tenu au courant des entretiens « secrets » que le leader chinois eut au Japon : par l'entremise de son « petit cabinet » et d'amis intimes comme Konoye, les desiderata de Chiang Kai-shek lui furent très certainement communiqués. Il est probable aussi que ce dernier comptait bien faire savoir à l'empereur que — si le Japon réglait le problème Chang Tso-lin — lui-même ne s'élèverait pas contre l'établissement d'une zone d'influence japonaise en Chine, pourvu qu'elle ne débordât pas au sud de la grande muraille.

Ce ne fut sûrement pas une coïncidence si, vers cette époque (décembre 1927), un activiste nippon, le colonel Daisaku Komoto, officier de l'état-major de « l'armée du Kwangtung », basée en Mandchourie, dynamita un pont de chemin de fer dans cette région : les dégâts furent attribués à d'anonymes « bandits ». Au cours des mois suivants, il répéta plusieurs fois cette manœuvre, augmentant régulièrement la charge d'explosifs ; à chaque fois, on accusait les « bandits ». On ignore si les échelons supérieurs de l'état-major général japonais savaient effectivement qui était le véritable responsable, ou si la nouvelle parvint jusqu'aux oreilles de Hiro-Hito. En tout cas, on peut raisonnablement conjecturer que Toyama, le chef du « Dragon noir », et peut-être certains de ses amis aristocrates ayant leurs entrées au palais connaissaient le but de ces expériences. En revanche, Tanaka, le Premier ministre, n'était au courant de rien : il devait s'efforcer à plusieurs reprises de protéger la réputation de Chang Tso-lin, et sa vie, en le suppliant de quitter Pékin pour regagner Mukden.

En effet, durant le printemps et le début de l'été de 1928, Chiang Kai-shek avançait vers le nord et l'armée de Chang Tso-lin était à la fois moins nombreuse et moins bien armée. La progression des troupes du Kuomintang fut brièvement interrompue, au sud de Pékin, à Tsinan, où elles se heurtèrent à des unités de l'armée japonaise, venues de la concession internationale de Tientsin pour protéger les civils nippons ; les affrontements furent violents, au cours d'une série d'échauffourées sporadiques que les commandants, de part et d'autre, attribuèrent à l'inexpérience d'officiers subalternes, agissant sans en avoir reçu l'ordre. Ils finirent par dégénérer en véritable bataille, le 8 mai 1928, quand les troupes japonaises lancèrent une attaque en masse contre Tsinan, durant laquelle des atrocités furent commises et au moins mille soldats et civils chinois trouvèrent la mort. Chiang Kai-shek réclama une enquête de la Société des Nations, qui ne prit aucune mesure. En tout cas, « l'incident » de Tsinan contribua à refroidir sérieusement l'enthousiasme de Chiang pour un « rapprochement » avec le Japon — pour la première fois, il avait vu à quel point les troupes nippones étaient viscéralement antichinoises — mais son objectif premier était toujours d'écraser Chang Tso-lin, si bien qu'il évita délibérément de provoquer davantage les Japonais.

Dix jours plus tard, à la suite d'un entretien avec Hiro-Hito, le Premier ministre nippon informa les diplomates britanniques, français, italiens et américains à Tokyo de son intention de faire tenir dès le lendemain un mémorandum à Chang Tso-lin le priant de « se retirer en bon ordre » de Pékin. « S'il engage la moindre lutte en route, déclara Tanaka, nous l'empêcherons de regagner la Mandchourie... Je m'attends à voir Pékin, une fois évacuée, passer tranquillement aux mains des méridionaux [le Kuomintang]. »

Le diplomate japonais le plus haut placé à Pékin, Yoshizawa, remit dûment le document en question, en assurant à Chang Tso-lin que le Japon pouvait lui sauver la mise, s'il acceptait de quitter la capitale. Le seigneur de la guerre était pris au piège, même s'il refusa tout d'abord de l'admettre. Il avait compté sur le soutien des Occidentaux, car il n'avait pas compris que l'unique souci des puissances d'outre-mer était la sécurité des familles européennes et américaines vivant à Pékin et dans la concession internationale de Tientsin. Il ne fallait à aucun prix que cette miniguerre civile, lointaine et compliquée, coûtât la vie à des Occidentaux. Les propres officiers de Chang comprirent que la bataille de Pékin était d'ores et déjà perdue et une partie de ses troupes commença de son propre chef à refluer vers la Mandchourie. Le 1er juin, Chang Tso-lin plaça la ville sous l'autorité d'un « comité pour la préservation de la paix » et, dans un discours d'adieu, annonça qu'il regagnait sa province « afin d'éviter de nouvelles effusions de sang ».

Ryukishi Tanaka, l'officier japonais qui avait regardé ses compatriotes agenouillés devant le palais impérial à Tokyo, priant pour le nouvel empereur, était à présent agent de renseignements en Chine, où il surveillait attentivement les allées et venues de Chang Tso-lin. Ce dernier avait à sa disposition des trains privés, dont un premier, composé de sept wagons et destiné à servir d'appât, quitta Pékin le soir du 2 juin, avec à son bord plusieurs membres de l'état-major de Chang et sa concubine préférée. Le seigneur de la guerre suivit dans un autre convoi qui ne partit qu'après minuit. En dépit de la détérioration de ses relations avec le Japon, Chang Tso-lin avait encore auprès de lui quelques officiers de liaison nippons. Deux d'entre eux descendirent à

Tientsin. Un seul resta dans le train, le commandant Nobuya Giga, qui tint compagnie au Chinois tout au long de la nuit, en jouant au mah-jong et en buvant de la bière. Chang Tso-lin se jugeait en sécurité tant qu'il y avait à bord de son train ne fût-ce qu'un seul officier japonais.

Tanaka, l'espion, avait signalé le départ des deux trains à ses supérieurs à Mukden. Le premier atteignit sans encombre sa destination. Ce ne fut pas le cas de celui où se trouvait Chang Tso-lin : à un peu plus de trois kilomètres au sud de Mukden, alors que le voyage touchait à sa fin, le commandant Giga se retira nonchalamment dans son compartiment, sous prétexte de rassembler ses bagages. Aussitôt hors de la vue du seigneur de la guerre, il courut jusqu'à la plate-forme tout à fait en queue du convoi, se pelotonna dans un coin et pria le ciel de l'épargner. Tandis que le train pénétrait sous le dernier tunnel, une équipe japonaise entraînée par le commandant Komoto déclencha une explosion. Dans un vacarme assourdissant, le wagon de Chang Tso-lin vola en éclats. Le chef mandchou fut tué instantanément, ainsi que dix-huit autres voyageurs (le commandant Giga survécut). Ce scandaleux attentat, déclara benoîtement le personnel militaire japonais à Mukden, était sans nul doute l'œuvre de « bandits ». On montra même, fort opportunément, deux cadavres, ceux des coupables prétendument arrêtés par les troupes japonaises chargées de surveiller la voie ferrée. Il s'agissait bien sûr de malheureux sacrifiés pour l'occasion, mais un troisième « bandit » parvint à s'échapper et révéla toute la vérité au fils de Chang Tso-lin.

Bien entendu, ce fut la version des « bandits » qui s'imposa au cours des années suivantes et ce fut la seule que rapporta consciencieusement la presse nippone. Ce ne fut qu'après la Seconde Guerre mondiale, lorsque les équipes chargées de préparer le dossier d'accusation pour le TMIEO commencèrent à enquêter sur les carrières passées des Japonais soupçonnés de crimes de guerre, que certains détails apparurent enfin au grand jour.

Le Premier ministre, Tanaka, subodora évidemment aussitôt que le décès si opportun de Chang Tso-lin était l'œuvre d'officiers japonais : d'ailleurs, certains activistes prétendirent par la suite, lors des interrogatoires menés par les Américains[4], que Tanaka avait été parfaitement au courant, dès le départ, du complot échafaudé pour faire sauter le train. Il savait à coup sûr qu'une enquête approfondie pourrait avoir des conséquences embarrassantes pour des personnes haut placées.

Hiro-Hito lui conseilla paisiblement de faire toute la lumière sur cette affaire, sans chercher à ménager quiconque, sans doute pleinement conscient du fait qu'il plaçait son ministre dans une situation impossible. En effet, soit Tanaka ne réclamait qu'un simulacre d'enquête, auquel cas il contrevenait aux ordres de l'empereur en protégeant certains personnages qui occupaient des postes clefs, soit il faisait éclater la vérité — courant alors le risque de déclencher un grave scandale dont les possibles ramifications étaient trop gênantes pour qu'on pût seulement y songer.

Lorsque des rumeurs commencèrent à se répandre au Japon, laissant entendre que Chang Tso-lin avait été la victime d'un attentat habilement manigancé par l'armée japonaise, Tanaka pria le chef de la police secrète nippone, le général Komatsu Mine, de bien vouloir ouvrir personnellement une enquête approfondie sur place. Inutile de dire que le rapport de Mine n'était qu'un tissu de faussetés risibles : des bandits avaient été à l'œuvre ; l'unité de l'armée japonaise chargée de patrouiller le long de la voie ferrée avait été coupable de négligence. Il laissait entendre que le commandant Komoto méritait une réprimande. Eventuellement, on fit « porter le chapeau » à deux officiers : un général (qui fut plus tard réintégré dans ses fonctions) et Komoto furent rayés des cadres « pour ne pas avoir posté de gardes le long de la voie ferrée ».

Si Tanaka avait eu l'aplomb d'accepter tel quel le rapport de Mine, peut-être aurait-il assuré sa propre survie politique. Toutefois, il se trouvait dans une position de plus en plus précaire : violemment critiqué pour avoir laissé le Japon adhérer au pacte Briand-Kellogg (rejetant la guerre comme moyen d'action), il devait aussi essuyer le feu de ses ennemis à la Diète, où une motion de l'opposition réclamant un nouvel examen de l'affaire Chang Tso-lin ne fut repoussée que par deux cent vingt voix à cent quatre-vingt-dix-huit ; Tanaka finit par renvoyer Mine en Mandchourie et cette fois le général, partant du principe que le Premier ministre savait ce qu'il faisait, fournit un rapport qui exposait la majeure partie des faits. Tanaka, outré, sollicita derechef l'avis de l'empereur. Après s'être entendu dire par les chambellans du palais que Hiro-Hito désirait réellement connaître la vérité sans fard, Tanaka fut rassuré. Le Japon, cependant, s'apprêtait à fêter le couronnement officiel de son souverain et toutes les affaires gouvernementales furent momentanément suspendues. Ce ne fut qu'en 1929 que l'enquête reprit son cours et Saionji fit savoir de façon oblique que si le second rapport était jamais rendu public, « l'auguste visage [du souverain] serait souillé de boue ».

Or, bien que Tanaka l'ignorât, il se trouvait que Hiro-Hito avait déjà été mis au courant des conclusions de la deuxième enquête de Mine par son ministre de la Guerre. Tanaka flancha. Il revint sur ses dires, assurant à l'empereur qu'il n'avait, tout bien considéré, aucune révélation sensationnelle à faire. Aussitôt, Hiro-Hito exploita cette volte-face.

« Tout ceci n'est-il pas en complète contradiction avec ce que vous m'avez précédemment déclaré ? » demanda-t-il à son Premier ministre. Et il confia à son grand chambellan : « Je ne comprends pas du tout Tanaka. Je ne veux plus jamais le revoir. »

Il ne restait plus au ministre qu'à donner sa démission. Il mourut trois mois plus tard. La rumeur qu'il s'était suicidé pour protester contre l'atteinte portée à sa réputation se propagea ; en réalité, il était mort dans les bras d'une geisha après une beuverie.

Quatre ans plus tard, Hiro-Hito confia à son premier aide de camp, le général Honjo, qu'il avait congédié Tanaka moins parce qu'il avait menti que parce qu'il s'y était pris si maladroitement. L'empereur déclara que « s'il [Tanaka] avait fait une telle déclaration [pour étouffer l'affaire] de sa propre autorité, puis avait expliqué que la chose était nécessaire pour des raisons de politique et avait *ensuite* remis sa démission », Hiro-Hito aurait été d'avis que « en tant qu'homme politique, il n'avait sans doute pas d'autre choix... Mais il me demanda d'approuver au préalable sa déclaration ; eussé-je donné mon approbation, j'aurais menti à mon peuple ». C'était pourquoi le souverain avait estimé nécessaire non seulement de se débarrasser de Tanaka, mais de faire savoir en outre qu'il était en disgrâce.

Aujourd'hui encore, il reste des « zones d'ombre » dans le complot ourdi contre la vie de Chang Tso-lin. Jamais on ne pourra prouver que Hiro-Hito était au courant des ramifications détaillées de la « conspiration militaire » visant à éliminer le Chinois, avant d'avoir reçu la seconde mouture du rapport Mine. Néanmoins, l'empereur connaissait bien un grand nombre des protagonistes ; après la guerre, plusieurs détails croustillants furent révélés : le général Mine, dont l'enquête avait d'abord blanchi l'armée, avant de la mettre sur la sellette, était lui-même compromis jusqu'au cou. Interrogé par les fonctionnaires du TMIEO en mai 1947, le colonel Kanjo Ishiwara affirma que, contrairement à ce que l'on croyait en général, Tanaka avait déjà confidentiellement communiqué à l'empereur la vérité concernant les circonstances de l'assassinat de Chang Tso-lin lorsqu'il se présenta devant lui pour la dernière fois, avec la version des événements destinée à « étouffer l'affaire ».

Si l'on se fie aux dires d'Ishiwara, qui n'avait aucune raison de mentir, on s'explique beaucoup plus facilement la confusion totale qui régnait dans l'esprit de Tanaka lorsqu'il reçut son congé : en soldat un peu fruste qu'il était, il avait tout simplement cherché la version des événements susceptible, dans son idée, de satisfaire au mieux l'empereur. Perdant pied, il avait pataugé lamentablement et Hiro-Hito s'était brillamment sorti d'une situation fort embarrassante en prenant des airs vertueux et en réprimandant son ministre pour avoir voulu dissimuler la vérité. Ce ne fut pas une coïncidence si la disgrâce de Tanaka marqua celle du clan Choshu dans son ensemble.

Ishiwara déclara aussi aux enquêteurs du TMIEO que le Premier ministre avait révélé à l'empereur les noms de trois des principaux « conspirateurs » — le commandant Doihara, le colonel Itagaki et Ishiwara lui-même — responsables du meurtre de Chang Tso-lin. Si son indignation avait été aussi sincère qu'il l'assura à Tanaka, Hiro-Hito aurait pu, séance tenante, mettre un terme à leur carrière. Au lieu de quoi, le commandant Komoto, le spécialiste des explosifs, fut le seul bouc émissaire et dut quitter l'armée. Peu de temps après, il devint un des principaux hommes d'affaires de Mandchourie, amassant une fortune considérable. Aucun des autres ne vit sa carrière entravée. Au contraire, ils restèrent tous en contact étroit avec les fonctionnaires du palais et les aides de camp qui voyaient quotidiennement l'empereur. Itagaki, plus tard ministre de la Guerre, devait se rendre au palais en 1932 et fut presque certainement reçu en personne par Hiro-Hito qui démontra ainsi sa redoutable habileté à tisser une intrigue, laissant à d'autres le soin d'endosser les responsabilités, tout en se protégeant des éventuelles fâcheuses retombées.

Chapitre 6

Tandis que l'enquête sur le meurtre de Chang Tso-lin restait au point mort, Hiro-Hito fut officiellement couronné cent vingt-quatrième empereur du Japon, en ligne de succession directe, au cours d'une série de cérémonies symbolisant les liens temporels et spirituels entre la dynastie impériale séculaire et le souverain lui-même, chef titulaire du shintoïsme, la religion d'Etat.

Certains des rites propres à cet événement, le plus important de toute la vie de Hiro-Hito, commencèrent plusieurs mois auparavant, avec la plantation symbolique d'un riz de qualité supérieure sur certains sites spécialement choisis ; puisqu'il s'agissait de « la grande fête des aliments nouveaux » (la qualité et l'abondance du riz nouvellement planté devant déterminer la prospérité et la qualité générale du règne), on prit grand soin de le faire mûrir dans toute sa splendeur. Plusieurs autres cérémonies religieuses se déroulèrent tout au long de l'année, atteignant leur apogée avec le couronnement proprement dit en novembre, dans l'antique cité de Kyoto, capitale des ancêtres impériaux du souverain, accompagné d'une succession de cortèges, banquets et rites shintoïstes.

Il y eut au préalable un effort sans précédent pour personnaliser la cérémonie et présenter Hiro-Hito au public sous les traits d'un empereur moderne, le regard braqué vers l'avenir. Fait exceptionnel, on prépara des dossiers de presse et des explications détaillées de la signification des divers rites, tant à l'intention de la presse japonaise que de la presse étrangère ; bien que la prose en question fût encore, même selon les critères d'alors, empreinte d'une révérence et d'une raideur absurdes, cet aspect de la cérémonie s'écartait notoirement de ce qui s'était fait jusque-là. En effet, tout ce qui concernait l'empereur et la famille impériale se distinguait d'habitude par son caractère secret : comme le sait quiconque a visité le saint des saints du shintoïsme, à Isé, où est logé le miroir d'Amaterasu, ce sanctuaire est caché à tous les regards et personne ne peut y pénétrer en dehors du souverain lui-même. L'entrée du temple disparaît entièrement derrière un rideau blanc opaque. Tout ce qui se situe sur les côtés et au-delà est interdit d'accès et au XIXe siècle encore, en se risquant à essayer d'en saisir un aperçu, on s'exposait à la peine de mort. De façon analogue, le parc du palais impérial, qui occupe une énorme superficie en plein centre de Tokyo, est protégé des regards indiscrets par un agencement délibéré de la nature, qui ne laisse dépasser que les toits en cuivre vert-de-grisé de quelques bâti-ments. Le palais d'Akasaka, le Versailles en miniature, est parfaitement visible de la rue, mais le reste de ce site d'une soixantaine d'hectares, où vivent les plus proches parents de l'empereur, est caché derrière un grand mur (et de nos jours entièrement soumis à une surveillance électronique par circuit fermé de télévision). Les édifices impériaux doivent figurer parmi les demeures les mieux protégées du monde.

Le 6 novembre 1928, l'empereur et l'impératrice, à bord de carrosses séparés, quittèrent le palais pour la gare de Tokyo, laquelle ressemblait encore à l'époque à une gare de province en brique rouge, le long d'une route bordée de soldats et d'une foule qui les acclamait. Le voyage en train jusqu'à Kyoto prit deux jours : le convoi avançait volontairement au pas, car des foules de villageois et d'écoliers, officiellement conviés, s'étaient massées de part et d'autre de la voie ferrée. Le couple impérial passa la nuit à Nagoya.

A Kyoto, plusieurs milliers de participants — parents apparte-nant aux familles princières, membres du gouvernement, prêtres, dignitaires aussi bien japonais qu'étrangers — étaient déjà rassem-blés. Parmi eux, un couple rayonnant : le fringant prince Chichibu et son épouse, la superbe Setsuko, fille du baron Matsudaira, ancien ambassadeur du Japon à Washington. Sous bien des rapports, Chichibu et sa ravissante femme étaient beaucoup plus représentatifs de ce nouveau Japon, plein de « chic », que le couple régnant. Chichibu rentrait tout juste d'Oxford et s'expri-

102

mait désormais dans un anglais quasiment parfait. Il avait rencontré Setsuko à l'occasion d'un séjour chez l'ambassadeur à Washington. Elle était beaucoup plus sophistiquée et avertie que l'impératrice. Le prince et la princesse étaient de fervents amateurs de cinéma et de jazz américains et se tenaient au courant de toutes les grandes tendances de la mode occidentale. A cette date, l'impératrice Nagako avait déjà donné naissance à deux filles et elle espérait non sans une certaine impatience, de même que tous les conseillers du palais, que son prochain enfant serait un garçon. Sinon, murmurait-on, il faudrait aviser.

Les cérémonies furent précédées par trois jours de répétitions intenses. Comme d'habitude, l'événement proprement dit se déroula à l'intérieur de la « Salle pourpre secrète », une série de bâtiments impériaux au centre d'un immense parc, et n'eut pour témoins qu'une poignée de participants : la masse des invités privilégiés ne vit pratiquement rien, même si, pour la première fois, la présence de quelques journalistes fut autorisée dans la salle extérieure. Il n'y eut pas de véritable couronnement, mais une série de rites purificateurs qui se déroulèrent derrière un rideau blanc opaque. Les costumes de cérémonie qu'avaient revêtus les souverains leur interdisaient presque tout mouvement. Celui de Hiro-Hito, s'inspirant des modèles les plus anciens dont on eût gardé trace pour ce genre de rituel, qui dataient pour le moins d'un bon millénaire, se composait d'une robe en soie safran ornée d'emblèmes et de signes, avec laquelle il portait des espèces de cothurnes et un pantalon de brocart rouge ; son couvre-chef était laqué de noir. Il tenait dans la main droite son emblème personnel, un sceptre en bois, très simple.

La tenue de l'impératrice était encore plus compliquée et raffinée, s'agissant de cinq kimonos superposés, amidonnés et brodés, qui devaient peser au bas mot entre trente-cinq et quarante kilos. Son visage disparaissait sous un fard blanc comme de la craie, sa chevelure formait une masse énorme surmontée d'une couronne d'or. Les « trônes » étaient des temples en miniature, juchés sur deux hautes plates-formes.

Ce fut là que Hiro-Hito lut sa proclamation, invoquant les esprits de ses ancêtres et annonçant son « désir de préserver la paix dans le monde et de contribuer au bien-être de la race humaine » ; le Premier ministre, Giichi Tanaka, lui répondit par un bref discours de félicitations qui se terminait par les mots : « Tenno

Heika, Banzaï ! » (Que notre seigneur l'empereur vive pendant dix mille ans !) Avec une coordination remarquable en cette époque antérieure aux merveilles de l'électronique, ce cri fut répété dans le pays entier à la minute même, partout suivi d'une exécution de l'hymne national japonais « *Kimigayo* ».

Ceci n'était que la première d'une longue série de cérémonies, qui dura près de deux semaines, avec des banquets, d'autres rites purificateurs, des immersions rituelles dans un fleuve, des séances de contemplation (« Apaisement de l'âme ») et le « *Daijosai* » mystique, c'est-à-dire l'offrande d'aliments symboliques aux dieux du shinto, dans le cadre d'un rituel interminable et compliqué qui s'étalait sur plusieurs nuits. Hiro-Hito en passa une, seul sous une couverture sacrée, en communion symbolique avec son ancêtre, la déesse du soleil Amaterasu, car cela devait le « régénérer ». Tout au long de ce culte, Hiro-Hito fut à la fois le grand-prêtre ordonnant la cérémonie et la divinité qu'elle célébrait. Une fois les rites terminés, tous les objets utilisés, ainsi que tous les bâtiments dans lesquels ils s'étaient déroulés furent brûlés en grande pompe.

Vingt jours plus tard, Hiro-Hito et l'impératrice regagnèrent le palais impérial de Tokyo, acclamés par les mêmes foules, escortés par les mêmes troupes, salués par les mêmes manifestations officielles de bienvenue. Cent un coups de canon résonnèrent au moment où ils pénétrèrent dans le palais et cette nuit-là, la capitale en liesse fut illuminée par des feux d'artifice préludant aux réjouissances populaires.

Ce ne fut qu'alors, quand toutes les cérémonies eurent pris fin, que Hiro-Hito fut considéré par les prêtres shintoïstes comme pleinement qualifié pour devenir leur chef suprême, digne d'agir en qualité de seul intermédiaire entre le monde des vivants et celui des esprits qui les gardaient.

A son retour, en tant qu'empereur couronné, Hiro-Hito fut encore plus soumis au protocole, mais le mode de vie qu'il avait déjà introduit, juste après la mort de son père, ne fut que légèrement modifié. Ses apparitions en public s'espacèrent : à partir de 1929, il n'assista plus qu'à de rares garden-parties, à l'ouverture de la Diète et au passage en revue de ses forces armées, s'intéressant particulièrement aux grandes manœuvres sur terre et en mer. Il était parfois présent pour des défilés d'étudiants et de notables et il recevait régulièrement les ambassadeurs, mais la partie non officielle de son existence se déroulait dorénavant, plus que jamais, hors de la vue du public. Un parcours de golf de neuf trous fut aménagé dans le parc impérial et le laboratoire de la « Maison impériale » fut construit de façon à ce que l'empereur pût s'adonner à son passe-temps favori sans quitter l'enceinte de son palais.

A l'intérieur de ce vaste complexe, Hiro-Hito effectua quelques changements d'importance. Il meubla son propre bureau à l'occidentale, l'ornant des photographies de personnalités distinguées rencontrées lors de son voyage en Europe — le maréchal Pétain, le roi des Belges, Albert Ier, le prince de Galles. Il y avait aussi des bustes de Lincoln, Darwin et Napoléon, ainsi qu'un lit de fortune, au cas où une situation d'urgence l'eût obligé à coucher sur place. Il fit installer, en août 1928, une ligne de téléphone privée qui lui donna un accès beaucoup plus libre à ses subordonnés, ministres et chefs d'état-major : jamais il ne déclinait son identité au téléphone, les gens qu'il appelait étant tous suffisamment intimes pour reconnaître aussitôt sa voix. La bibliothèque impériale fut davantage utilisée (il y donnait ses réceptions les plus officielles).

Après la mort de Taisho, l'une de ses premières décisions fut de mettre fin à la coutume qui voulait qu'on lui offrît, dans les grandes occasions, des poissons morts. En sa qualité de naturaliste, il estimait que ces créatures n'étaient à leur place qu'au fond de la mer. Il réduisit aussi le nombre des habits distribués aux courtisans. En effet, ses ancêtres — s'inspirant des dynasties chinoises des Ming et des Ch'ing — disposaient ainsi de leurs robes qu'ils ne portaient jamais plus de deux ou trois fois. Hiro-Hito, qui n'avait pas oublié les préceptes inculqués par le fruste général Nogi, mit fin à ces pratiques. Certains des rites et tabous consacrés par l'usage furent néanmoins conservés : le protocole interdisait à tous, même aux médecins et aux tailleurs, de toucher l'empereur. (Les premiers portaient donc des gants de soie, mais les seconds étaient obligés de deviner les mensurations du souverain, ce qui explique peut-être pourquoi, sur les photographies, ses costumes et ses uniformes paraissent invariablement trop grands ou trop petits.) Pour éviter l'empoisonnement, il existait toujours des fonctionnaires chargés de goûter la nourriture et deux services distincts ; on continuait en outre à examiner régulièrement les selles impériales. Autrement, la vie quotidienne de Hiro-Hito était celle de n'importe quel autre chef d'Etat du XXᵉ siècle, occupé et industrieux.

Il se levait tôt, à six heures, prenait de l'exercice (une promenade à cheval, si le temps le permettait) puis se rendait auprès de l'impératrice pour le petit déjeuner — la copieuse version anglo-saxonne à laquelle il avait pris goût depuis son voyage en Europe. Ensuite, il lisait la presse, dont l'influent journal en langue anglaise (véritable porte-parole du ministère des Affaires étrangères), le *Japan Times and Advertiser,* lecture suivie d'un bref et officieux entretien avec son grand chambellan, au cours duquel ils passaient en revue les principaux rendez-vous et activités de la journée, ou bien avec son premier aide de camp, si des réunions avec d'importantes personnalités militaires étaient prévues. De dix heures à quatorze heures, on le trouvait presque toujours à son bureau, occupé à lire, étudier et ordonner l'apposition du sceau impérial. C'était aussi l'heure à laquelle il recevait ses visiteurs, soit dans son bureau soit dans la bibliothèque. Après un déjeuner léger, à la japonaise, il prenait à nouveau de l'exercice, généralement en jouant au golf. La plupart des ministres de la cour étaient ou devenaient des golfeurs acharnés, tout spécialement le marquis Kido et le prince Konoye ; un handicap valable était presque obligatoire pour obtenir un poste haut placé dans la hiérarchie du palais.

Ensuite, l'empereur prenait son bain. Le palais était équipé aussi bien de salles de bains à l'européenne qu'à la japonaise et Hiro-Hito utilisait les unes ou les autres, selon son humeur. Après quoi, il retournait à ses paperasseries avant de s'adonner à des occupations privées : lecture ou conversations avec l'impératrice, quelques instants de détente avec sa jeune famille qui s'agrandissait ou peut-être un moment dans son laboratoire de biologie marine. Il se couchait tôt, dans un lit à l'occidentale, et personne, pas même ses plus fidèles serviteurs, n'avait le droit de pénétrer dans sa chambre sans y être spécialement convié.

Quatre hauts fonctionnaires personnellement choisis par Hiro-Hito, qui étaient en fait de véritables officiers d'état-major nantis de pouvoirs énormes, mais mal définis et se chevauchant parfois, l'aidaient à organiser à la fois sa vie privée, au palais, et sa vie publique. Le premier par l'importance, du moins sur le plan du salaire, était le ministre de la Maison impériale, responsable de toutes les fonctions publiques et tous les engagements officiels ; venaient ensuite le garde du Sceau impérial et le premier aide de camp de l'empereur, dont les devoirs étaient identiques, l'un dans le domaine civil et l'autre dans le militaire. Le garde du Sceau impérial (qui, comme le ministre de la Maison impériale, avait rang de ministre d'Etat) était l'officier de liaison du souverain sur le plan politique, chargé d'échanger dans les deux sens des informations non seulement avec les ministres du cabinet et les politiciens en vue, mais aussi avec l'*establishment* japonais dans son ensemble. Le premier aide de camp était son pendant militaire, qui dirigeait son propre état-major de huit aides de camp subalternes, sortis des rangs de la marine aussi bien que de l'armée. Enfin, c'était le grand chambellan qui dirigeait le personnel du palais et administrait la vaste fortune personnelle de l'empereur.

Parce qu'il était parfaitement au courant de la situation financière personnelle de l'empereur, le grand chambellan était aussi son lien officieux avec les *zaibatsus*, les vastes conglomérats industriels. Une grande partie des biens de la famille impériale étaient en effet investis dans les *zaibatsus* ou confiés à des banques leur appartenant. Le grand chambellan était par ailleurs le secrétaire officiellement chargé de fixer les rendez-vous du souverain et, comme tous les gens qui commandent l'accès, important pour cette seule raison.

Au fil des ans, l'influence relative de ces quatre hommes, dont chacun voyait l'empereur plusieurs fois par jour, varia selon les circonstances. A mesure que le dernier des *genros*, le prince Saionji, se faisait plus vieux et moins actif, ses conseils politiques perdirent de leur importance et ceux du garde du Sceau impérial en gagnèrent. De par sa position, le premier aide de camp aurait dû devenir plus puissant que ses trois collègues, puisque les forces armées voyaient s'accroître de jour en jour la part qu'elles prenaient à la vie du Japon, mais dans la réalité, jamais il ne se hissa, dans les affaires militaires, tout à fait au même rang que celui occupé par les chefs d'état-major de l'armée et de la marine. Ces derniers avaient tous deux leurs entrées privilégiées auprès de Hiro-Hito, qu'ils pouvaient voir en tête à tête, sur simple demande, pourvu que l'empereur fût libre de les recevoir.

Certaines tâches spécifiques étaient associées à un jour de la semaine : le mercredi était le jour du Conseil privé, durant lequel on discutait les traités, les décrets impériaux et les grandes lignes de la politique aussi bien extérieure qu'intérieure. Du fait de l'importance de ces réunions, Hiro-Hito aimait bien être libre le lendemain pour pouvoir réfléchir à tout ce qui s'était dit sans risquer d'être dérangé. Les vendredis étaient réservés aux entrevues officielles avec les ambassadeurs, les invités étrangers, les athlètes ou intellectuels de marque. Le souverain consacrait son samedi matin à sa chère biologie marine. Deux fois par mois, il rencontrait les vice-chefs d'état-major ; plusieurs fois par an, la routine volait en éclats : l'empereur officiait lors de cérémonies shintoïstes, vêtu de lourdes robes de soie blanche ; c'étaient les seuls moments où il portait le costume japonais traditionnel.

En ce qui concernait les audiences, tant civiles que militaires, il existait des règles tacites ; la tradition, établie sous le règne de l'empereur Meiji, voulait que, lorsqu'on discutait des postes à pourvoir, aucun aide de camp ou autre personne extérieure aux débats ne fût présent. Meiji, en effet, avait entendu dire que dans la Russie impériale, les aides de camp ayant assisté à de telles conversations prétendaient ensuite être intervenus en faveur des hommes promus ou assignés à de nouveaux commandements et en venaient ainsi à exercer une influence indue. Hiro-Hito était toujours plus à l'aise avec les militaires qu'avec les civils, car avec les premiers il risquait moins d'être en butte à des pétitions aussi indésirables qu'imprévues. Le garde du Sceau impérial assistait invariablement aux audiences accordées à des personnalités civiles. L'empereur réduisit leur fréquence à dater du jour où un haut fonctionnaire eut l'outrecuidance de soulever une question qui ne figurait pas à l'ordre du jour officiel. Parfois, les chefs d'état-major eux-mêmes voyaient leur audience différée, si le grand chambellan avait le sentiment de respecter ainsi les désirs du souverain : après le traité de Londres, destiné à contrôler le tonnage des navires de guerre japonais, le chef d'état-major de la marine chercha à voir Hiro-Hito pour protester contre ces limites, mais le grand chambellan (Kantaro Suzuki, lui-même amiral et courtisan de toujours, qui devait devenir par la suite l'ultime Premier ministre du temps de guerre) ne trouva pas moyen de le glisser dans l'emploi du temps de l'empereur. C'était ainsi, indirectement, que le souverain faisait connaître ses préférences.

Les quatre hauts fonctionnaires en question occupaient des postes si importants que l'empereur devait être absolument convaincu de leur loyauté et de leur discrétion. Depuis le « complot » des Choshu, visant à l'empêcher d'épouser celle sur qui il avait jeté son dévolu, Hiro-Hito avait veillé à n'être entouré que de gens qu'il connaissait depuis de nombreuses années et à qui il faisait une confiance aveugle : en 1928, son grand chambellan était Sutemi Chinda, diplomate chevronné et averti, qui l'avait accompagné en Europe, de même que son premier aide de camp, le général Nara. Par la suite, il devait faire appel à des hommes qui étaient soit « de la famille » (comme le marquis Kido) ou qui avaient servi à la cour toute leur vie, comme l'amiral Suzuki, dont l'épouse avait été jadis l'institutrice de Hiro-Hito, lorsqu'il avait cinq ans. A chaque fois que la situation se gâtait, l'empereur resserrait les rangs et s'appuyait encore plus lourdement que de coutume sur ses parents princiers ou les gens qu'il connaissait depuis l'enfance.

Etant donné que plusieurs des fonctionnaires les plus haut placés du palais devaient faire par écrit le récit détaillé de leurs entretiens avec Hiro-Hito et noter son emploi du temps quotidien, on s'étonne de n'avoir que si peu d'aperçus du comportement qu'il pouvait avoir dans le privé, de son côté « humain ». Sa poésie elle-même, si l'on doit considérer les extraits choisis par Kanroji comme typiques, possède un ton guindé et prévisible. Son premier *waka*, écrit en 1921, était le suivant :

> *Le jour est né*
> *avec un gazouillis d'oiseaux*
> *calmement à l'aube, révélant peu à peu*
> *le sanctuaire de Yoyogi.*

Voici un autre poème, très souvent cité, qu'il écrivit en regagnant le Japon après son voyage en Europe :

> *Si seulement le monde entier*
> *était aussi tranquille*
> *que cette étendue marine,*
> *brillamment inondée*
> *par le chaud soleil du matin.*

Kanroji a dépeint un Hiro-Hito tatillon, faisant table rase de rites périmés et de cérémonies de cour qui lui faisaient perdre son temps. Il existe quelques très rares exemples de l'humour impérial : un jour, Kanroji tomba lourdement en faisant du ski et se mit à jurer comme un charretier. L'empereur s'avança jusqu'à lui et lança, avec un semblant de sourire : « J'aimerais bien connaître certains de ces mots-là. » Il s'amusait de voir ses courtisans chuter sur les pentes enneigées, mais Kanroji précise que « Sa Majesté ne riait jamais ». La seule farce dont on ait gardé trace de sa part illustre ses penchants de naturaliste : connaissant le faible de Kanroji pour la pastèque, il lui offrit une citrouille qui en avait tout à fait l'aspect et lui demanda à plusieurs reprises s'il l'avait goûtée. Ce n'était toutefois que bien rarement, pour ne pas dire jamais, qu'il permettait à d'autres de le voir se comporter en être humain ordinaire et il était presque incapable d'échanger avec quiconque des menus propos qui ne fussent pas affreusement compassés et banals. (Sous ce rapport, notèrent de nombreux diplomates étrangers, l'impératrice était beaucoup plus habile.) Un diplomate français s'est rappelé les propos lamentablement empesés échangés par l'ambassadeur de France et l'empereur lors des rares occasions où ils se rencontraient officiellement, pour la « fête nationale » ou son équivalent. L'empereur demandait sans jamais varier sa formule : « Et comment se porte mon cher frère, le distingué président de la République française ? » L'ambassadeur lui assurait que le président se portait comme un charme. A quoi, Hiro-Hito répondait invariablement : « Veuillez le féliciter d'être en bonne santé et transmettre aussi mes meilleurs vœux au peuple français. » En quittant la présence impériale, le diplomate entendait l'empereur demander au confrère qui le suivait : « Et comment se porte mon cher frère, le distingué roi des Belges ? »

Kanroji donne d'innombrables exemples illustrant la « conscience professionnelle » de l'empereur qui ne cherchait jamais à se soustraire à ses devoirs officiels, fût-ce les plus ennuyeux, fatigants et répétitifs (un chapitre entier de son livre s'intitule « En pensant toujours au peuple »). Comme de Gaulle, Hiro-Hito ne laissait jamais ses aides de camp l'abriter de la pluie lorsqu'il passait des troupes en revue ou saluait la foule ; il semble avoir eu une faculté inépuisable d'accepter les saluts pendant des heures et on raconte même qu'un jour, il s'inclina en direction d'une foule lointaine et invisible, lorsqu'on lui dit qu'elle était massée sur le rivage pour saluer son navire.

Désireux de donner un exemple de la présence d'esprit de Hiro-Hito, Kanroji cite son refus habilement formulé, lorsqu'on lui proposa, durant son voyage en Angleterre en tant que prince héritier, de faire un tour dans un chasseur de l'aviation britannique : « Je suis sûr que ce serait une expérience fort intéressante, mais malheureusement impossible avec un itinéraire aussi serré que celui d'aujourd'hui. » Le ton de Kanroji indique bien qu'il considérait cette suggestion, faite au débotté par les Britanniques, comme une énorme gaffe sur le plan protocolaire.

Bien que l'abîme qui séparait l'empereur de son peuple restât béant, le sacre de Hiro-Hito avait été une excellente opération de relations publiques, tant pour lui-même que pour le Japon. Parmi les gouvernements occidentaux et les diplomates en poste à Tokyo, tout le monde s'accorda à dire, avec un remarquable ensemble, que ce jeune empereur — le seul à avoir jamais voyagé hors de son pays — allait présider à la naissance d'une ère nouvelle, marquée par le progrès et la « modération ». On ne se rendait pas encore compte de ce que le nom de *Showa* pour désigner son règne — « paix et sagesse éclairée » — pouvait avoir d'ironique. Les observateurs étrangers tenaient les quatre plus hauts fonctionnaires et ministres de sa cour pour des hommes fiables, avertis, modérés, qui parviendraient très certainement à restreindre les militaires trop férus d'aventures dans les rangs subalternes des forces armées. Les détails de l'assassinat de Chang Tso-lin n'étaient pas encore connus de tous. Le monde extérieur était prêt non seulement à accepter le Japon en tant que grande puissance, mais aussi à le voir d'un œil favorable atteindre sa majorité politique.

En dépit des purges parmi les universitaires libéraux et de la militarisation croissante du système d'éducation japonais, les observateurs étrangers ne s'inquiétaient guère, en 1928, de l'influence grandissante des militaires. Les diplomates ne pouvaient manquer de remarquer que sur tous ses portraits officiels, l'empereur était immanquablement en uniforme, mais ils n'y voyaient aucun sinistre présage.

Ce qui les troublait bien davantage, c'était la crise économique provoquée par la récession mondiale après le krach de 1929. La moitié des agriculteurs nippons comptaient sur l'élevage du ver à soie pour arrondir leurs maigres revenus, l'Amérique étant de très loin le plus grand importateur de soie brute. A partir de 1930, les ventes de ce produit de luxe aux Etats-Unis chutèrent de façon catastrophique, plongeant de nombreuses personnes dans la misère. Le Japon était encore un pays essentiellement agricole et le secteur rural était surpeuplé ; il n'y avait pas assez de terres disponibles pour tout le monde. Le nouveau radicalisme des milieux militaires résultait en partie de leur parfaite connaissance du triste sort des paysans, car de nombreux membres des forces armées étaient désormais issus des milieux petits-bourgeois ou ruraux. Hiro-Hito, cependant, ne s'intéressait guère à la pénible situation de son peuple. Peut-être était-il inévitable qu'un homme vivant dans une atmosphère aussi raréfiée soit dans la quasi-incapacité de saisir la véritable nature de la misère humaine. Par la suite, au cours de conversations qu'il eut avec son premier aide de camp, Honjo, l'apologie que faisait l'empereur d'une vie agreste empreinte de simplicité, la vie qu'il aurait, assurait-il, volontiers menée s'il n'était pas né dans la pourpre impériale, ne fut pas sans rappeler l'étonnante indifférence d'une Marie-Antoinette. On sent bien, malgré le ton prudent et détourné de son journal, que Honjo lui-même était navré de voir l'apparent détachement du souverain devant le sort cruel de son peuple.

Les officiers de l'armée et les échelons supérieurs de la technocratie japonaise avaient, quant à eux, une pleine conscience de la crise. Le directeur de la compagnie des chemins de fer de Mandchourie méridionale fit ouvertement campagne en faveur d'une émigration — subventionnée par l'Etat — des fermiers japonais vers la Mandchourie, assurant que c'était l'unique solution aux graves problèmes économiques et agricoles du Japon. (Un projet financé par les instances officielles prévoyait des quotas annuels d'émigration de fermiers nippons en Mandchourie jusqu'en 1956.) Un mythe populaire très répandu (et, inutile de le dire, en grande partie dénué de fondement) faisait de la Mandchourie une espèce de pays de cocagne, capable d'accueillir et de nourrir des millions de nouveaux habitants, sans devoir pour autant déplacer la population indigène ni mettre quiconque en difficulté. La poussée expansionniste japonaise qui survint peu après le couronnement répondait en partie au besoin de *lebensraum*. Les avocats d'une colonisation de la Mandchourie considéraient l'opération non seulement comme un projet économique viable, mais aussi comme une excellente solution militaire. Les anciens militaires dépêchés en Mandchourie devaient avoir la préférence sur les agriculteurs civils et les fonctionnaires locaux (médecins, infirmiers, officiers de port, chef de gare) devaient eux aussi être choisis dans les rangs des réservistes, capables, en cas d'urgence, de mettre à profit leur formation militaire. Dans les discours que prononcèrent à l'époque politiciens et généraux, on ne cessait de décrire le Japon comme un petit arbre en pot s'efforçant d'agrandir ses racines — et n'y arrivant pas.

Toutefois, en comparaison de ses voisins russes et chinois, le Japon paraissait infiniment stable. En Union soviétique (reconnue par le Japon en 1928), on vivait le début de l'ère stalinienne, ponctuée par la collectivisation forcée, la famine quasi générale et l'élimination des koulaks ; quant à la Chine, elle était encore bien loin d'être unifiée et Chiang Kai-shek, qui entamait tout juste sa lutte contre les communistes, devait faire face aux troubles et à la subversion dans les villes et les provinces qu'il ne contrôlait pas encore complètement. En Mandchourie, la situation restait extrêmement incertaine : le fils de Chang Tso-lin, Chang Hsueh-lang, dit « le jeune maréchal », avait déçu les Japonais, qui avaient comploté la mort de son père, en proclamant son allégeance envers Chiang Kai-shek, plutôt que de devenir, comme ils l'avaient espéré, un docile fantoche entre leurs mains. Le Japon, cependant n'avait pas encore renoncé à tout espoir de le circonvenir et, en gage (quelque peu cynique) d'estime, un haut fonctionnaire nippon était venu assister aux obsèques de son père. Hiro-Hito alla même jusqu'à décorer le jeune maréchal de « l'Ordre du soleil levant » pour tenter de se concilier ses bonnes grâces. Et ce, en dépit d'un épisode particulièrement dramatique et sanglant, qui montrait que le jeune chef mandchou, nonobstant sa réputation d'opiomane invétéré, était bien le fils de son père : en effet, ayant découvert qu'un général mandchou et le directeur des chemins de fer chinois en Mandchourie trempaient dans un complot ourdi par les Japonais pour mettre la Mandchourie à leur botte, il invita les deux hommes à venir jouer au mah-jong dans son palais de Mukden. Lorsqu'ils pénétrèrent dans la salle de jeu, le jeune maréchal les fit abattre, en guise d'exemple pour ceux qui seraient tentés de les imiter.

Le Premier ministre choisi pour succéder à Tanaka avait été un autre facteur fait pour rassurer aussi bien les observateurs étrangers que les Japonais libéraux. Après avoir encore une fois consulté Saionji, Hiro-Hito nomma Osachi Hamaguchi, un des leaders fort respectés du parti Minseito, avec un faux air d'Einstein oriental. En outre, la nomination au poste de ministre des Affaires étrangères du baron Shidehara, connu pour ses opinions modérées vis-à-vis de la Chine, fit également figure de victoire pour les « libéraux ».

Le seul « ultra » du ministère Hamaguchi était Kenzo Adachi, le ministre de l'Intérieur, affligé d'un passé louche et de la réputation de gagner les élections par la force. Dans sa jeunesse, il avait été le cerveau d'un crime particulièrement atroce — l'assassinat de la reine de Corée, délibérément machiné par les services de renseignements japonais, soutenus par des extrémistes du « Dragon noir », afin de faciliter la mainmise japonaise sur le pays. Le fait que Hamaguchi en fut réduit à inclure un individu aussi monstrueux dans un ministère par ailleurs irréprochable était un triste commentaire sur la situation des partis politiques japonais, trop enclins à faire appel aux voyous et aux politiciens marrons.

Vers 1929-1930, cependant, la grande question du jour n'était pas l'économie, mais le rôle du Japon en tant que puissance navale. Après des entretiens préliminaires à Washington, les principales puissances navales se réunirent à Londres pour décider de la taille respective de leurs marines de guerre. Le but de cette conférence était d'éviter une course aux armements, mais au Japon on la considérait comme un camouflet raciste délibéré. De quel droit, demandaient les nationalistes, les puissances occidentales se mêlaient-elles de dire au Japon de combien de navires de guerre il avait besoin ?

Tant à Washington qu'à Londres, le gros du travail échut à un officier de marine relativement subalterne, le contre-amiral Yamamoto. Celui-ci ne partageait nullement les opinions chauvines de certains de ses collègues. Il estimait — en quoi il était en avance sur son temps — que l'habitude de mesurer la force d'une marine uniquement selon son tonnage était périmée. Il croyait pour sa part à une flotte composée de cuirassés de poche, rapides et très manœuvrables, de sous-marins et, par-dessus tout, à la force de frappe d'une aviation navale basée en mer sur des porte-avions. En son for intérieur, il trouvait qu'un rapport de 10-10-6 (soit six tonnes pour les Japonais par dizaine de tonnes octroyées aux marines britannique et américaine) était plus que satisfaisant. Hiro-Hito, passionné d'histoire militaire et lui-même excellent stratège amateur, était de son avis. Dans le cadre des pourparlers, toutefois, l'empereur pensait, tout comme le chef d'état-major de sa marine, que le Japon devait marchander, et réclamer un rapport de 10-10-7.

Finalement, à l'issue des premiers entretiens de Washington, puis de la conférence de Londres, en 1930, le Japon remporta une victoire surprenante. Le chiffre définitif (6,9945 tonnes contre dix

114

à la Grande-Bretagne et aux Etats-Unis) était de beaucoup supérieur à ce qu'avaient escompté Hiro-Hito et ses experts. En outre, les Américains acceptaient d'accorder au Japon une parité à 73 % jusqu'en 1936 et annoncèrent aussi qu'ils retarderaient la construction de trois croiseurs lourds. Et le plus important de tout, c'était que l'aviation navale n'était mentionnée nulle part dans ce marché.

Le contre-amiral Yamamoto regagna le Japon en passant par l'URSS et la Mandchourie, où il eut une entrevue très discrète avec le prince Konoye, chef du « club du mardi » et l'un des rares Japonais autorisé à voir l'empereur pratiquement quand il le désirait. Le prince déclara à Yamamoto que la façon dont il s'était acquitté de sa mission avait surpris tout le monde. Il le félicita, lui prédit un brillant avenir, mais l'avertit de ne pas s'étonner si, à Tokyo, certains éléments irréductibles se disaient déçus par les résultats obtenus. Cette affaire de parité était devenue un véritable symbole pour les nationalistes « ultras ». Néanmoins, Yamamoto et le ministre de la Marine reçurent tous deux un accueil enthousiaste à leur retour. Hiro-Hito leur accorda une audience et les remercia officiellement du travail accompli. Ce qui n'empêcha pas un activiste du « Dragon noir » d'offrir à un autre délégué, qui regagnait tout juste la capitale, un poignard empaqueté, pour lui signifier, avec une subtilité digne de la mafia, qu'il devrait se suicider « pour avoir mis en danger la défense nationale ».

Comme Yamamoto, Hiro-Hito était d'avis que c'était l'innovation technique, et non le simple tonnage, qui déterminait en réalité la puissance navale. Ce qui l'intéressait à présent beaucoup plus que les différences internationales dans ce domaine, c'étaient les sommes d'argent nécessaires pour faire de la marine de guerre japonaise l'une des meilleures du monde. Montrant un talent considérable pour les luttes intestines, il refusa de signer le traité des limitations navales, tant que son Premier ministre n'eut pas proposé un chiffre suffisamment élevé, lequel déclencha aussitôt une querelle interarmées, car l'armée de terre n'était pas du tout contente de voir la marine se tailler la part du lion dans le budget militaire. Les généraux, en effet, avaient l'œil sur la Mandchourie ; or tout conflit dans cette province serait fort coûteux et devrait se dérouler entièrement sur terre et non en mer. Le général Ugaki, ministre de la Guerre, s'alita pendant plusieurs mois, souffrant d'une prétendue infection de l'oreille. Il s'agissait, en déduisit le prince Chichibu, frais émoulu d'Oxford et encore tout imprégné d'humour anglais, d'une « maladie grève », muette protestation contre les dépenses excessives consenties à la marine nationale.

Même si Ugaki et Hamaguchi, le Premier ministre, finirent tous deux par céder sur le chapitre du budget exigé par la marine, il y eut quand même de discrètes magouilles politiques entre les différentes sections des forces armées : l'un de ces marchés prévoyait une attitude plus tolérante envers les « clubs » nationalistes de l'armée de terre et les sociétés secrètes en tous genres, en échange de la ratification du budget nécessaire aux constructions navales. Le plus important de ces groupes, fondé en 1927, était la « Société Fleur de cerisier », dont le nombre de membres était limité (cent cinquante officiers entre les grades de capitaine et colonel) et qui devint non seulement un véritable vivier de militaires chauvins de tous poils, mais joua aussi un rôle de premier plan dans le putsch qui devait faire tomber la Mandchourie sous la coupe japonaise, grâce à « l'incident de Mukden », en septembre 1931. La tolérance manifestée désormais envers cette association et d'autres du même acabit s'avéra désastreuse, car la « Société Fleur de cerisier » — et ses imitatrices — se transformèrent en aimants pour toutes les formes d'idéologies militaires extrémistes ; à force d'attirer de nouvelles recrues, elles devinrent si puissantes, au fil des ans, que la hiérarchie même de l'armée en parut quelquefois menacée : le temps n'était pas loin, où un colonel ayant de l'entregent, soutenu par la société secrète ou le « club » militaire de son choix, détiendrait un pouvoir réel beaucoup plus grand que son supérieur hiérarchique.

Par ailleurs — au vu des sommes énormes accordées à la marine — l'état-major général de l'armée de terre n'était pas sans savoir que toute opération militaire concernant la Mandchourie devrait dorénavant, par nécessité, se faire à bon compte. On reprit donc à l'étude un plan soumis par le lieutenant-colonel Ishiwara, l'une des éminences grises du meurtre de Chang Tso-lin, lequel prenait en considération le facteur crucial qu'était devenu le coût de l'opération et en tirait même avantage. Hiro-Hito avait, lui aussi, examiné ce document. Il manifestait déjà un intérêt presque paternel envers Ishiwara et son complice, Itagaki, l'un et l'autre officiers d'état-major brillants et peu conventionnels tout à fait prometteurs, et ne les perdait pas de vue.

En octobre 1930, ayant surmonté quelques-uns des problèmes

inhérents au budget de la marine nationale, l'empereur assista, à bord d'un navire amiral, aux grandes manœuvres navales dans la mer Intérieure. Il fut particulièrement impressionné par la démonstration de puissance aéronavale que donna le contre-amiral Yamamoto, dont les avions basés en mer ne firent qu'une bouchée des cuirassés traditionnels, dans les jeux guerriers très réalistes mis sur pied pour le souverain. Dès 1921, George C. Ross, jeune officier de la Royal Navy, qui devait participer deux ans plus tard aux missions de secours postérieures au tremblement de terre, avait écrit à sa famille :

« ... si nous ne nous lançons pas très bientôt dans un programme de construction navale, les Japonais nous laisseront très loin derrière eux en tant que puissance maritime. Ils travaillent jour et nuit sur leurs chantiers navals... Et qui plus est, ils sont à la pointe du progrès sous tous les rapports, ce qui est bien inquiétant si l'on songe qu'ils n'ont commencé, semble-t-il, qu'il y a quelques années. »

Depuis cette date, le Japon était devenu la puissance aéronavale la plus moderne du monde et la base aéronavale secrète de Yamamoto, interdite à tous en dehors d'une poignée de spécialistes, exploitait au maximum son budget modeste : les ponts de décollage et d'atterrissage simulés d'un porte-avions imaginaire (le Japon n'en possédait encore que quatre, bien que plusieurs autres fussent en cours de construction) étaient installés au sol et un corps spécial de pilotes de l'aéronavale, triés sur le volet par Yamamoto, était en passe de devenir l'unité la plus recherchée de toute la marine.

Les jeunes éléments d'élite de ce nouveau corps aéronaval pouvaient non seulement briguer la main des jeunes filles du meilleur monde, mais avaient aussi accès aux maisons de geishas les plus exclusives : les patronnes de ces établissements, personnes pleines de discrimination sur le plan social, savaient pertinemment que plus ces fringants et brillants jeunes officiers seraient nombreux à fréquenter leur maison, plus elles-mêmes faisaient bonne figure et plus leur réputation s'accroissait. C'était pourquoi ces endroits extrêmement coûteux — qui tenaient davantage du club privé que du bordel et où la discrétion était assurée — consentaient d'importantes réductions aux jeunes officiers d'élite de l'armée et de la marine, dont la paye n'était pas élevée. L'amiral Yamamoto, qui n'avait aucune fortune personnelle, passait pratiquement tous ses moments de loisirs dans les maisons de geishas, assouvissant tantôt sa passion des femmes, tantôt celle du jeu. Il n'aurait pu le faire avec ses seuls émoluments, même s'il lui arrivait souvent d'être très heureux au jeu. Dans son cas, cependant — mais il n'était pas unique en son genre —, les patronnes étaient assez avisées pour renoncer à leurs tarifs habituels, alors que leur porte restait inexorablement close à quiconque ne pouvait se prévaloir des relations mondaines, financières ou politiques voulues. Le bouche-à-oreille qui existait parmi l'élite des forces armées, des *zaibatsus* et du gouvernement, sans parler de la surveillance discrète mais tentaculaire de la police secrète nippone, permettait à ceux qui étaient dans le secret de ne rien ignorer du goût pour les geishas de chaque membre du « gratin » durant ses heures de détente. L'amiral Ross, attaché naval adjoint de Grande-Bretagne à Tokyo, de 1933 à 1936, fréquentait assidûment certaines de ces maisons. Il se rappelle avoir vu, dans l'un des établissements les plus exclusifs, l'amiral Yamamoto entouré de pensionnaires. Soudain, Yamamoto fut appelé au téléphone. Dès le premier mot, il se mit impeccablement au garde-à-vous et répondit d'une voix douce, teintée de courtoise déférence, avant de s'éclipser en toute hâte. A en juger par le ton excessivement respectueux de l'amiral et par les termes dans lesquels il s'était adressé à son interlocuteur, assure Ross, il ne faisait aucun doute dans l'esprit de tous ceux qui assistèrent à la scène que la personne à l'autre bout du fil n'était autre que l'empereur.

Lorsqu'il partit assister aux grandes manœuvres navales, Hiro-Hito n'avait pas encore obtenu de son gouvernement le montant exact de la somme réservée aux dépenses de la marine nationale. Celle-ci réclamait cinq cents millions de yens (soit deux cent cinquante millions de dollars, selon les valeurs de 1930). Le ministre des Finances et le Premier ministre supplièrent tous deux le souverain de réduire cette somme à trois cents millions. En définitive, Hamaguchi transigea à trois cent soixante-quatorze millions.

Hamaguchi, cependant, tout comme son prédécesseur Hara, neuf ans auparavant, était désormais un mort en sursis. En acceptant le traité de limitation des armements et en rognant sur les estimations de la marine, il s'était signalé aux mouvements de la

« droite ultra » comme l'un des « mauvais conseillers » de l'empereur ; il convenait donc de l'éliminer par devoir patriotique. Le bruit assurant que sa tête était mise à prix revint aux oreilles de plusieurs personnes, dont Saionji, le *genro* octogénaire et affaibli ; son secrétaire particulier, Harada, en avertit Hamaguchi. Le « vieux lion », comme on surnommait l'ardent politicien, traita ces rumeurs par le mépris.

La presse ne mentionna à aucun moment que la vie du Premier ministre était menacée, mais les personnalités haut placées de la police et du palais savaient que le danger était réel. Hamaguchi était toujours protégé de façon « routinière » par les policiers chargés de le garder, mais le fait que le ministre de l'Intérieur, Adachi, fût membre influent du « Dragon noir » n'était guère rassurant. La nouvelle qu'un homme de main armé suivait Hamaguchi à la trace dut sûrement atteindre le palais : le rédacteur en chef d'un périodique de droite, émanation de la Défense nationale, intitulé *Le Japon et les Japonais,* qui entretenait des rapports étroits avec le « Dragon noir » et « Fleur de cerisier », assura au prince Konoye dès le début novembre 1930 qu' « à partir de ce jour, il va peut-être se passer des choses ». Par le biais de ses relations d'extrême droite au sein de la pègre, ce même journaliste avait été prévenu à l'avance de l'assassinat de Hara, neuf ans auparavant.

Pendant ce temps, Hiro-Hito s'était rendu directement des grandes manœuvres de la marine à celles de l'armée, emmenant avec lui le ministre de l'Intérieur. Hamaguchi devait aller les rejoindre. Le matin du 14 novembre, sur les marches de la gare de Tokyo, au moment où le Premier ministre allait monter dans le train qui l'emporterait vers l'empereur, un activiste de droite presque analphabète, Tomeo Sagoya, lui tira dessus à bout portant, le blessant à l'estomac, et fut aussitôt arrêté.

L'empereur apprit la nouvelle sur le terrain de manœuvres, à presque cinq cents kilomètres au sud de Tokyo. Il ne jugea pas nécessaire de regagner la capitale pour se tenir au courant de la situation, mais resta pour assister aux exercices prévus. Son seul geste fut de nommer le ministre des Affaires étrangères, Shidehara, Premier ministre par intérim et de faire transmettre à Hamaguchi, par l'intermédiaire d'un aide de camp, ses « regrets » concernant la « mésaventure ».

Au début, les médecins qui s'empressaient avec incompétence

autour du ministre à l'infirmerie de l'université impériale de Tokyo pensaient qu'il survivrait. Ils l'opérèrent, lui firent une transfusion sanguine et annoncèrent qu'il avait soixante à soixante-dix pour cent de chances de s'en remettre. Hamaguchi, qui souffrait le martyre, se montra stoïque, mais pessimiste. Faisant preuve d'une extraordinaire volonté, il parvint à vaquer à certains de ses devoirs essentiels au cours des semaines suivantes. Malgré la douleur qui le tenaillait, il fit, d'une voix presque inaudible, un discours devant la Diète à propos du budget de la marine. Il devait mourir des suites d'une opération bâclée, en août 1931.

Hiro-Hito ne vit pas la nécessité d'interrompre son inspection militaire, mais le ministre de l'Intérieur, Adachi, préféra, pour sa part, s'esquiver : il lui semblait indispensable, expliqua-t-il à l'empereur non sans embarras, quelques jours plus tard, de regagner Tokyo illico pour régler de pressantes affaires de police. Il était rigoureusement contraire à toutes les règles du protocole de quitter la présence de l'empereur lorsqu'on était son invité et Hiro-Hito en fut profondément offensé. Il savait bien que le motif qui se cachait derrière ce retour précipité dans la capitale n'était pas l'enquête sur la tentative d'assassinat perpétrée contre Hamaguchi, mais bien plutôt le désir de commencer à organiser sa propre campagne pour le poste de Premier ministre, en réunissant autour de lui ses hommes de confiance, ses « gros bras » et ses bons amis de la pègre, afin de discuter la stratégie électorale. Ce fut une erreur fatale. Après la disparition d'Hamaguchi, la carrière d'Adachi ne confirma jamais les espérances qu'elle avait fait naître : Hiro-Hito y veilla personnellement, l'excluant systématiquement des plus hautes positions à chaque fois que son nom lui était soumis.

Le sort du meurtrier de Hamaguchi, Sagoya, fut tout aussi édifiant : il passa les trois années suivantes en liberté sous caution, avant d'être condamné à mort le 6 novembre 1933. Trois mois plus tard, il fut amnistié. Tout comme l'assassin de Hara, il vécut dès lors très à son aise, grâce à une confortable pension, participant à l'occasion aux rassemblements des extrémistes nationalistes. En 1956, il était toujours en activité dans les milieux de droite, organisant, à la gare Shinbashi de Tokyo, de fausses obsèques pour le Premier ministre Hatoyama, afin de protester contre la décision « traîtresse » de signer officiellement la paix avec l'URSS !

Ce nouvel exemple de l'incroyable mansuétude japonaise

envers les crimes violents, pourvu qu'ils eussent des mobiles politiques, laissaient perplexes certains membres de la propre cour de Hiro-Hito. S'il l'avait voulu, l'empereur aurait certainement pu déconseiller l'amnistie dans le cas de Sagoya et se faire obéir. L'idée que cette clémence risquait de faire naître certains doutes quant à la nature véritable de la justice japonaise et d'encourager de futures tentatives d'assassinat à caractère politique ne paraît pas lui avoir traversé l'esprit. Le meurtre pratiquement impuni de Hamaguchi marqua la fin des premières années « libérales » du règne de Hiro-Hito : l'ère de l'innocence était révolue. Celle des assassins n'allait pas tarder à commencer.

Chapitre 7

La police, sans faire d'excès de zèle dans son enquête sur les liens qui unissaient l'assassin de Hamaguchi à l'extrême droite, conclut en toute hâte qu'il avait agi seul. Toutefois, alors même que la victime s'éteignait lentement, une série de complots était mise en train, dont chacun était ourdi au nom de l'empereur. Le premier, le « complot de mars » 1931, fit mentir l'aphorisme de Marx selon lequel l'histoire se répète d'abord sous forme de tragédie, puis sous forme de farce, car il eut des aspects franchement comiques.

Tout commença au début de 1931, lorsque certains officiers clefs de l'état-major, dont le colonel Hashimoto, un des meneurs de la « Société Fleur de cerisier » (il venait d'être chargé des affaires soviétiques au QG de l'état-major, après un séjour en Turquie où il était devenu un fervent admirateur de Kemal Atatürk), laissèrent entendre au ministre de la Guerre, le général Ugaki, que l'empereur, las d'avoir affaire à des politiciens véreux et querelleurs, verrait d'un œil favorable un coup d'Etat des militaires, destiné à rendre son intégrité à la nation impériale. Ugaki qui servait loyalement Hiro-Hito en tant que ministre de la Guerre depuis 1924, présidant aux réductions du budget de l'armée malgré une violente opposition, s'imposait tout naturellement, suggéraient-ils, comme l'élu du souverain pour devenir son nouveau *genro* militaire.

Le rude général eut la vanité de s'intéresser à ces dires, mais il resta assez prudent pour chercher d'autres preuves de l'engagement tacite de l'empereur. Il fut alors invité et régalé par plusieurs fonctionnaires occupant des postes en vue au palais, mais plus chacun le comblait d'attentions, chez lui ou dans les meilleures maisons de geishas, plus il devenait méfiant.

Le scénario qu'on lui exposa était conforme au modèle cher aux militaires d'Amérique latine : une foule nombreuse devait entourer les sièges respectifs des partis Minseito et Seiyukai, ainsi que la demeure du Premier ministre, tandis qu'une unité de l'armée, triée sur le volet, établirait des cordons autour des ministères, de la station de radio et de la Diète. Un officier haut gradé serait chargé de persuader les parlementaires de voter en faveur d'un gouvernement militaire, de l'abolition des partis politiques et de la dissolution volontaire de l'assemblée dont ils faisaient partie. Malheureusement, lorsque le général Ugaki entra en contact direct avec le commandant de la première division des Gardes (l'unité choisie pour le putsch), ce dernier nia être au courant de quoi que ce fût, assurant qu'il ne prendrait certainement jamais part à une entreprise illégale sans instructions écrites de la main de l'empereur — ordres qui ne vinrent jamais. Si puissante était l'aura de divinité qui enveloppait le souverain que le ministre de la Guerre ne put se résoudre à solliciter une audience privée. De toute façon, lui expliquèrent les conspirateurs, il était impératif que Sa Majesté ne parût aucunement mêlée à l'affaire.

Pourtant, certains des préparatifs étaient tout à fait réels : afin de rendre plus menaçante la foule qui assiégerait la Diète, on devait l'équiper de grenades. Le Dr Okawa, ancien directeur des études de la « Maison meublée de l'Université » trempait dans le complot : c'était lui qui devait fournir les émeutiers et les armes. Des caisses de grenades d'entraînement, simulant chacune l'explosion de quatre obus d'artillerie et remplissant l'air de nuages de fumée, se matérialisèrent : le colonel Hashimoto, l'activiste de la « Société Fleur de cerisier » qui les apporta, expliqua qu'elles lui avaient été prêtées par l'école d'infanterie de Chiba. Okawa les fit entreposer d'abord chez lui, puis dans la maison de sa maîtresse. Elles ne servirent jamais.

Le 2 mars, il y eut une manifestation symbolique, organisée par le Dr Okawa et la société du « Dragon noir », mais personne ne marcha sur la Diète et l'armée ne bougea pas. Les conspirateurs poursuivirent leurs activités comme si l'opération était encore à venir et, une fois de plus, Ugaki fut convié à de fastueux repas en compagnie d'Okawa et d'émissaires des fonctionnaires du palais.

Désormais, cependant, le général subodorait qu'on cherchait à le manipuler et il annonça qu'il ne voulait plus rien avoir à faire avec cette histoire de fous.

Peut-être était-ce justement ce qu'attendait le Dr Okawa. Ayant fait transporter les grenades d'entraînement en lieu sûr, il réclama de l'argent aux conspirateurs — afin de payer les voyous du « Dragon noir » qui avaient participé à la manifestation.

Malgré une longue enquête menée après la guerre par les Américains, on ne sait toujours pas clairement s'il utilisa le chantage pour se faire verser de vastes sommes d'argent en menaçant de révéler la complicité de l'armée. Toujours est-il qu'il se trouva en mesure de régler ses dettes dans les maisons de geishas et d'éponger d'autres frais ayant trait au complot sans épuiser ses ressources. Pendant tout ce temps, Okawa continua d'ailleurs à être grassement payé par la compagnie des chemins de fer de Mandchourie méridionale, à titre « consultatif » et même après confirmation de sa participation au complot, ses émoluments ne cessèrent pas pour autant.

Cependant, si le seul but du « complot de mars » était de discréditer le général Ugaki, ce fut un échec. Peu après, Hiro-Hito l'expédia en Corée, en qualité de gouverneur général : c'était, certes, un poste en grande partie honorifique, mais loin de mettre un terme honteux à une longue carrière militaire. D'ailleurs, ce ne fut pas son chant du cygne : par la suite, le général devait jouer un rôle clef en tant que membre du « parti de la paix », pressant vivement l'empereur de mettre fin à la guerre. Il s'opposa avec tant de virulence aux « ultras » de l'armée que l'on est en droit de se demander — rétrospectivement — si toute l'affaire du « complot de mars » n'était pas un canular compliqué visant à déshonorer l'un des rares généraux de l'élite militaire susceptible de s'opposer à la clique d'excités chauvins qui sévissait parmi ses confrères.

Quel fut le rôle de Hiro-Hito dans tout cela, à supposer qu'il en eût un ? Jamais les activistes qui invoquaient son nom ne fournirent la moindre preuve de sa connivence. L'affaire se déroula de façon si étrange qu'Ugaki finit par faire davantage figure de victime que de protagoniste. Selon l'une des théories avancées depuis, le parti Minseito (et notamment son « noble vieillard », le prince Saionji) et plusieurs membres de l'entourage du souverain avaient conçu une certaine méfiance touchant l'influence et l'intégrité du général Ugaki et souhaitaient le

124

discréditer. Selon une autre, le complot constituait un des préliminaires indispensables à toute intervention directe de l'armée en Mandchourie. La plus machiavélique de toutes, enfin, suppose que cette ridicule intrigue avait été manigancée par Hiro-Hito à seule fin de mettre à l'épreuve la loyauté du général Ugaki et de voir jusqu'où lui et d'autres officiers supérieurs de l'armée se laisseraient entraîner.

A l'époque, les observateurs étrangers n'eurent quasiment pas vent de l'affaire. Ce ne fut qu'après la Seconde Guerre mondiale que les enquêteurs américains employés par le TMIEO découvrirent quelques-uns de ses détails les plus curieux. Ce qui reste certain, en tout cas, comme devait le noter par la suite le marquis Kido, c'est qu'elle « sortit des ténèbres » pour « retourner aux ténèbres ». Personne ne fut blessé, ni même sérieusement compromis ; et l'enfant terrible de la droite japonaise, le Dr Okawa, en profita pour amasser un joli magot, ce qui était à coup sûr un de ses principaux objectifs. Toujours est-il qu'il paraît fort improbable que Hiro-Hito ait tout ignoré des grandes lignes du « complot de mars » : en effet, aussi bien le marquis Kido, qui en 1931 était secrétaire particulier du garde du Sceau impérial, que ce dernier, le comte Makino, faisaient partie de ceux qui cherchèrent à manipuler le malheureux Ugaki et ils n'auraient pu cacher cette intrigue à l'empereur sans perdre sa confiance. Dans la hiérarchie administrative du palais, Kido s'était déjà fait connaître comme un élément discret et indispensable, anormalement influent pour son rang. L'empereur le destinait déjà aux plus hautes responsabilités. Il n'allait évidemment pas sacrifier une si brillante carrière à ce complot abracadabrant. L'énigme demeure : alors que Kido a laissé, dans son journal intime, des comptes-rendus fournis de ses activités, il y fait allusion au « complot de mars » comme s'il en avait été le spectateur désintéressé.

Toutefois, si cette conspiration n'était qu'un canular plutôt mal monté, le complot visant à assurer au Japon le contrôle de la Mandchourie, qui éclata six mois plus tard, fut quant à lui conçu et exécuté de main de maître. Là encore, l'étendue et la nature de l'engagement de Hiro-Hito prêtent toujours à controverse. Trois officiers ayant une expérience considérable de la Chine — les colonels Doihara, Itagaki et Ishiwara — y jouèrent des rôles de premier plan, Ishiwara en qualité de théoricien et « cerveau », Itagaki de coordinateur de l'état-major et Doihara d'officier de liaison avec les Mandchous. Cette conspiration fut montée sur une échelle si colossale, mobilisant de telles ressources, avec des opérations qui devaient être calculées à la seconde près, qu'il est impossible qu'elle ait eu lieu sans le consentement tacite et surtout sans le soutien actif de la majeure partie de l'état-major général de l'armée nippone. Encore une fois, il est fort improbable, quand on sait à quel point Hiro-Hito prenait ses devoirs au sérieux et combien il était curieux pour tout ce qui concernait les affaires militaires, qu'il soit resté dans l'ignorance totale. Il eut certainement connaissance des préparatifs, puisqu'il finit par prendre quelques mesures, au demeurant très molles, pour mettre « l'armée du Kwangtung » en garde contre une action précipitée. Toutefois, il se montra, d'un bout à l'autre, d'une grande duplicité dans ses démêlés non seulement avec ses généraux, mais avec l'ensemble de son gouvernement.

On ne peut s'empêcher de songer à l'attitude du général de Gaulle, durant et après le putsch du 13 mai 1958 à Alger : le général, on le sait à présent, était en contact étroit avec les conspirateurs et, tout en proclamant bien haut qu'il n'avait aucun lien avec eux, laissait entendre en privé qu'il approuvait leurs intentions et n'attendait que de les voir passer aux actes pour entrer en scène à son tour et mettre fin à une IVe République agonisante. De façon analogue, Hiro-Hito, tout en prenant ses distances par rapport aux membres du complot, ne fit rien pour les dissuader d'agir.

La question — rarement posée — est de savoir pourquoi, s'il était véritablement hostile à « l'incident de Mukden », l'empereur ne mit pas en œuvre ses pouvoirs discrétionnaires, pourquoi même il n'exprima pas son désaveu catégorique tant qu'il en était encore temps. Comme l'a noté Richard Storry[1], il était probable qu'une proclamation impériale « visant à brider l'armée en Mandchourie ou, plus tard, en Chine, aurait été obéie par la grande majorité des officiers ». L'empereur, toutefois, préféra rester complètement à l'arrière-plan, ses aides de camp lui servant de « façade » : le bruit se répandit dûment, pendant que l'armée prenait le pouvoir en Mandchourie, qu'il était « extrêmement mécontent » et que les mouvements de troupes de Corée en Mandchourie se faisaient « au mépris des ordres impériaux » ; Saionji devait déclarer à plusieurs reprises que l'attitude de l'armée était « déraisonnable[2] », mais Hiro-Hito n'alla pas plus loin. Par la suite, notamment durant le putsch du 26 février 1936 (que les Japonais désignent tout simplement par les chiffres « 2/26 »), il devait montrer une détermination et une autorité impressionnantes, qui en 1931 brillaient par leur absence.

Une déduction s'impose : c'est qu'à propos de la Mandchourie, Hiro-Hito a tergiversé, soit délibérément, soit par indécision. D'ailleurs le comportement de certains des généraux, étroitement impliqués dans les préparatifs et la conception, de l'opération fort complexe qu'on appela « l'incident de Mukden », n'a de sens que si l'on part du principe que leur conviction intime était qu'en dépit des dénégations publiques de l'empereur et du gouvernement, ils agissaient en fait avec le consentement tacite de Hiro-Hito — même s'ils devaient apparaître comme les seuls responsables, surtout si l'affaire tournait mal.

« L'incident de Mukden » était fondé sur le projet que le colonel Ishiwara avait préparé plusieurs années auparavant et fut mené à bien avec le concours de plusieurs membres de la « Société Fleur de cerisier ». Il fut remarquable pour plusieurs raisons : d'abord, parce qu'il était relativement peu coûteux ; Ishiwara savait qu'aux yeux de l'empereur, l'économie était une vertu majeure. Le projet consistait à s'emparer de la Mandchourie méridionale de l'intérieur, presque exclusivement par l'entremise de « l'armée du Kwangtung », d'une « cinquième colonne » et des gardes des chemins de fer japonais déjà stationnés en permanence dans cette région, selon les termes de très anciens accords avec la Chine. Même si, par la suite, on devait faire appel à des troupes de renfort basées en Corée, alors sous contrôle japonais, Ishiwara envisageait l'étape initiale de son plan comme un court et violent *Blitzkrieg,* à laquelle ne contribueraient que les troupes nippones qui se trouvaient d'ores et déjà sur place, de façon tout à fait réglementaire.

L'autre avantage du projet était d'être conçu non seulement comme une opération militaire, mais de s'inscrire dans le cadre d'une « révolution » relativement peu sanglante, destinée à établir un gouvernement fantoche favorable — et inféodé — au Japon. La « cinquième colonne » mandchoue devait être prête à se porter ostensiblement aux commandes du pays — le véritable pouvoir ne sortant à aucun moment, bien sûr, des mains des militaires japonais. Deux mois avant « l'incident » lui-même (qui eut lieu le 18 septembre 1931), Doihara et ses hommes étaient à l'œuvre, courtisant des alliés en puissance parmi les fonctionnaires et hommes d'affaires mandchous les plus vénaux. Le terrain était fertile : il s'y trouvait des partisans irréductibles de la dynastie impériale mandchoue dépossédée, qui de toute façon ne s'étaient jamais considérés comme des Chinois à part entière, ainsi que des propriétaires et nobliaux locaux qui auguraient mieux de leur avenir sous les Japonais que sous Chiang Kai-shek. Enfin, dans le secteur nippon de la concession internationale de Tientsin, se trouvait Henry Pu Yi, le dernier empereur de Chine, d'ores et déjà l'objet d'une cour pressante de la part des officiers japonais ; il devait devenir le plus important de tous les collaborateurs mandchous.

Les risques étaient grands, cependant, car le fils de Chang Tso-lin, le « jeune maréchal », était devenu un seigneur de la guerre populaire et efficace. Son armée était vingt fois plus nombreuse que la garnison japonaise, mais quand survint le « coup », le « jeune maréchal » et le gros de ses troupes chevronnées se trouvaient tous au sud de la grande muraille, occupés à lutter contre les communistes, et la plupart des troupes autochtones qui restaient en Mandchourie méridionale étaient des « bleus » inexpérimentés.

Pour pouvoir appliquer avec succès le plan d'Ishiwara, il fallait neutraliser deux objectifs militaires à Mukden — la gendarmerie chinoise et la minuscule force aérienne du « jeune maréchal ». Plusieurs mois avant le coup de force de septembre, des membres du génie de « l'armée du Kwangtung » commencèrent à construire une piscine pour les officiers, située fort commodément à la fois près de la caserne de gendarmerie et de l'aérodrome. Pour les fondations on fit appel à des ouvriers chinois, puis les Japonais prirent le relais. L'accès du chantier fut strictement interdit non seulement à tous les Mandchous, mais en outre à la plupart des soldats nippons : seule une escouade triée sur le volet était autorisée à y pénétrer. La « piscine » en béton, entourée d'une immense palissade de bois, percée de portes suffisamment larges pour laisser entrer des camions, était en réalité un emplacement prévu pour des canons et, en temps voulu, deux canons de vingt-trois millimètres, provenant de la base militaire de Port-Arthur, furent introduits subrepticement dans la ville et installés, dans le plus grand secret, dans la piscine-bunker. Des artilleurs d'élite s'entraînèrent à prendre pour cibles la caserne et l'aérodrome.

En juin 1931, en Mongolie extérieure, un espion japonais qui se faisait passer pour un « expert agricole » fut démasqué par les Chinois et fusillé. Cet incident, qu'Ishiwara n'avait pas prévu, mais qui ne fut pas pour lui déplaire, attisa la rage antichinoise de l'armée du Kwangtung. Enfin, Ishiwara profita d'une émeute qui mit aux prises des immigrants coréens et des agriculteurs chinois (occupés à creuser des tranchées sur les terres des Coréens, payés peut-être pour ce faire par les sbires d'Ishiwara) pour faire envoyer des troupes à la frontière entre la Corée et la Mandchourie. Le décor était planté. Il ne restait plus à trouver qu'un détonateur. Cela aussi, Ishiwara y avait pensé, mais désormais tant d'officiers haut gradés étaient au courant du complot mandchou que le gouvernement, ayant à sa tête Wakatsuki, politiquement très proche du défunt Hamaguchi, commença à en avoir vent. Le 4 août, le général Minami, le nouveau ministre de la Guerre, donnant ses instructions à des commandants de division après un exercice d'état-major au Japon, les avertit du fait que la situation était « grave » en Mandchourie et Mongolie. Ce n'était pas une « phase transitoire », dit-il ; c'était dû à un « déclin du prestige japonais » et à la « manie chinoise de vouloir récupérer ses privilèges ». Ce discours, noté à l'époque par A. Morgan Young[3], indiquait clairement que l'armée nippone s'attendait à être mêlée à une guerre en Mandchourie. Des rumeurs assurant qu'il allait bientôt s'y passer des événements importants se répandirent dans tout Tokyo.

Inévitablement, ces nouvelles parvinrent jusqu'à l'empereur en personne. Hiro-Hito vit Minami et l'avertit du fait que « l'armée du Kwangtung » en Mandchourie « doit agir avec prudence et circonspection ». Le vieux *genro*, Saionji, conseilla à Wakatsuki d'envoyer un officier de confiance en Mandchourie pour savoir exactement ce qui s'y passait et pour remettre une lettre du Premier ministre au commandant de « l'armée du Kwangtung », lui ordonnant d'annuler tous ses projets d'action militaire, s'il en avait.

Le Premier ministre fit alors un choix pour le moins bizarre, puisqu'il retint pour remplir cette tâche le général Tatekawa, un homme de tendance « ultra », déjà compromis dans le complot du 31 mars, auteur d'un article[4] qui avait fait beaucoup jaser, prônant une intervention militaire japonaise en Mandchourie. Qui plus est, il était l'un des conspirateurs clefs de l'opération de Mukden dans la capitale nippone. Les responsables du projet furent immédiatement avertis de l'arrivée imminente de Tatekawa et de sa missive par un de leurs complices basés à Tokyo, le colonel Hashimoto, qui les pressa vivement de continuer comme si de rien n'était. Au lieu de prendre directement l'avion pour Port-Arthur, Tatekawa adopta un itinéraire vagabond, voyageant en train via la Corée, et à son arrivée à Mukden, le 18 septembre, il se laissa détourner vers une maison de geishas avant même d'être allé remettre le message dont il était porteur. De toute façon, le nouveau commandant de l'armée du Kwangtung, le général Honjo, n'était pas en ville.

Cette nuit-là, tandis que Tatekawa « se reposait », Ishiwara donna le signal : un officier de l'armée japonaise s'en fut déposer des quantités de dynamite le long du remblai de la voie ferrée appartenant aux Chemins de fer de Mandchourie méridionale, au nord de Mukden, lesquelles étaient conçues pour exploser en faisant un maximum de bruit et un minimum de dégâts. La détonation retentit vers 22 h 20. Par la suite, le gouvernement japonais devait prétendre qu'il s'agissait, de la part des troupes chinoises, d'un « acte de guerre » qui avait entièrement détruit une partie de la voie ferrée et causé de graves perturbations dans le trafic ferroviaire. Il ne fut pas, cependant, en mesure d'expliquer par quel miracle un convoi chargé de passagers se rendant à Mukden était justement passé sur la voie endommagée quelques minutes *après* l'explosion, sans anicroche et même sans que personne à bord ne s'aperçût que tout n'était pas normal.

Néanmoins, l'explosion fut entendue par une patrouille chinoise qui voulut élucider l'affaire et se retrouva aussitôt sous le feu des Japonais. « L'incident » était lancé : le colonel Itagaki donna l'ordre d'attaquer. Les canons de la « piscine » entrèrent dans la danse, avec des résultats dévastateurs, et à travers toute la Mandchourie méridionale, des troupes japonaises qui se trouvaient en état d'alerte depuis plusieurs jours déclenchèrent leur attaque surprise contre les garnisons chinoises. En quelques heures, à peine, tout était fini : Mukden était aux mains des Japonais et l'opération n'avait encore coûté que quelques vies japonaises (alors qu'il y avait déjà quatre cents victimes dans les rangs chinois).

Durant la nuit, le colonel Doihara avait accompli un autre genre de mission : assistant à un banquet en compagnie d'éminentes personnalités chinoises, d'ores et déjà favorablement disposées envers les Japonais, il avait demandé à connaître leurs opinions sur le nouveau gouvernement. Tous étaient convenus que Doihara devait être élu maire de Mukden.

Dès le départ, les décisions en Mandchourie avaient été prises par des colonels et non par des généraux, principalement par Doihara, Ishiwara et Itagaki ; toutefois, le commandant de l'armée du Kwangtung, le général Honjo, qui n'avait pris ses fonctions qu'en août précédent, accepta d'endosser la responsabilité globale des opérations militaires mises en train sans son accord préalable. Lui aussi était un « vieil habitué » de la Chine, favorable à une intervention militaire directe en Mandchourie, d'ailleurs associé dans l'esprit du plus grand nombre à la clique la plus autoritariste de l'armée, le « Kodo-ha » ou faction de la « Voie impériale », qui regroupait des généraux comme Araki, Mazaki et Matsui, honnis des libéraux japonais. Il connaissait et appréciait le trio de colonels : Itagaki avait été son adjoint lorsqu'il était attaché militaire à Pékin en 1924 et il avait travaillé en Chine avec Doihara dès 1918. « Les actes de Honjo quand éclata enfin la crise paraissent confirmer l'opinion de ceux qui le jugeaient en accord avec ses subordonnés, mais peu au courant de leurs projets spécifiques », déclare Mark R. Peatie, l'un des chefs de file des historiens spécialistes du Japon moderne ; il poursuit en citant ces paroles prêtées à Itagaki, durant la nuit fatidique du 18 septembre : « Honjo, on s'en fiche, c'est la guerre d'Ishiwara [5]. » Lorsque le consul japonais à Mukden suggéra de régler le conflit par le biais de négociations diplomatiques avec les Chinois et émit certains doutes sur la version des événements de la nuit fournie par l'armée japonaise, Itagaki lui rappela sans ménagements que le commandement militaire l'emportait sur les civils, et, comme le diplomate refusait de quitter les lieux, un des officiers d'état-major d'Itagaki le menaça de son épée. Peu après, on emmena des correspondants de presse japonais voir la ligne de chemin de fer « endommagée » : les preuves étaient là, une longueur de rails et deux cadavres de soldats chinois. Nul ne se chargea d'expliquer comment on s'y était pris pour réparer la voie aussi vite. Inutile de dire que la version des événements fournie par l'armée japonaise fit les gros titres de tous les journaux importants du pays, qui se gardèrent bien sûr de poser des questions.

Les forces nippones s'emparèrent de Changchun au nord de Mukden le 19 septembre, puis de Kirin le 21. Aussi incroyable que cela paraisse (ou bien le retard avait-il été cyniquement calculé ?), ce ne fut qu'en fin de journée, le 19 septembre, alors qu'il était évidemment trop tard, que le général Tatekawa remit au général Honjo la lettre du Premier ministre : en dehors des opérations de nettoyage, le rôle des militaires japonais était quasiment terminé. Les généraux continuèrent à agir de leur propre initiative : des avions japonais basés en Corée furent utilisés à partir du 19 septembre pour bombarder des poches de troupes chinoises et le 22 une brigade nippone, basée elle aussi en Corée, passa en Mandchourie méridionale — le tout sans aucun ordre de la part du gouvernement. L'intervention des avions japonais venus de Corée, la promptitude avec laquelle Tatekawa avait accepté l'invitation des geishas dès son arrivée, ainsi que la quasi-invisibilité du général Honjo aux toutes premières heures de « l'incident de Mukden », tout semble accréditer l'idée que l'on considérait la lettre du Premier ministre, inspirée par les avertissements prudents de Hiro-Hito, comme une énorme plaisanterie entre initiés.

Pendant ce temps, à Tokyo, le gouvernement japonais, mis devant un fait accompli, était impuissant et l'empereur ne fit rien pour donner à ses ministres des instructions claires. Le Premier ministre expliqua au souverain qu'il avait ordonné à l'armée du Kwangtung de regagner ses bases et de « localiser » le conflit. Hiro-Hito répondit que la décision du gouvernement était « parfaitement appropriée ». Au QG de la Société des Nations, à Genève, les diplomates japonais informèrent leurs collègues que ce « navrant incident » avait été « agencé » par des « provocateurs chinois », mais que les troupes japonaises regagneraient bientôt leurs casernes. Dans son habituel numéro de bonne volonté impuissante, le conseil de la Société des Nations supplia les gouvernements chinois et japonais « de se garder de toute action qui risquerait d'envenimer la situation ».

Le Premier ministre déclara à son collègue de la Guerre que la consigne du gouvernement japonais devait être « ne pas aggraver l'incident », mais Minami déclara à ses subordonnés que « ne pas aggraver ne voulait pas dire ne pas étendre », et douze jours à peine après l'attaque japonaise (le 30 septembre) un émissaire japonais de l'armée du Kwangtung se présentait à Tientsin avec un message d'une extrême importance pour Henry Pu Yi : s'il était disposé à venir en Mandchourie, le Japon était prêt, pour sa part, à y restaurer la dynastie mandchoue.

C'est cela, plus que toute autre chose, qui laisse supposer que l'empereur Hiro-Hito n'était pas aussi dépourvu de liens avec « l'incident de Mukden » qu'on le prétend quelquefois, car un général, fût-il le plus bravache et le plus activiste de son espèce, y regarderait à deux fois avant de proposer de sa propre initiative un trône à un empereur fantoche ; une telle politique impliquait nécessairement le consentement de Hiro-Hito. D'ailleurs, le gouvernement nippon — et Hiro-Hito en personne — ne devait pas tarder à considérer la nouvelle situation en Mandchourie avec une surprenante sérénité. La moitié nord de la province passa sous le contrôle militaire des Japonais dès novembre et peu après, un important et officiel « réservoir d'idées », la « Société d'Enquête sur la Politique économique nationale », reconnaissait que « même si la Mandchourie en vient à prendre la structure d'un Etat indépendant, elle ne sera rien de plus qu'une petite nation faible dont le sort est entièrement contrôlé par une nation développée. En outre, elle ne se verra pas facilement offrir une occasion de sortir de cette situation. La Mandchourie... deviendra un territoire dépourvu d'importance internationale, à l'instar de la Corée ».

Moins de trois mois après la prise du pouvoir en Mandchourie, le colonel Itagaki en personne se présentait au palais impérial de Tokyo pour faire son rapport sur l'évolution de la situation dans cette région. Le marquis Kido, qui mentionna la visite du colonel dans son journal (à la date du 11 janvier 1932), nota également que lui-même « et des personnes proches de l'empereur » (ce qui dans le jargon de la cour signifiait presque certainement que le souverain en personne était officieusement présent) écoutèrent Itagaki leur décrire le nouvel état de choses en Mandchourie : l'arrivée imminente du nouveau souverain fantoche, Pu Yi, l'engagement formel qu'avait pris le Japon de « défendre la Mandchourie de ses ennemis » et le moyen très simple, mais néanmoins ingénieux de contrôler le nouveau gouvernement sans contrevenir à la loi internationale (« les fonctionnaires japonais prendraient la nationalité mandchoue [6] »).

Pour d'autres raisons encore, il est impossible que Hiro-Hito ait ignoré les détails de l'établissement de ce nouvel Etat contrôlé par les Japonais. Dans son journal, Kido, se laissant aller (c'est une des rares fois) à une critique directe, déplora trois jours plus tard (le 14 janvier) de voir l'empereur se noyer dans les détails : « Je crains, peut-on lire, que l'empereur ne semble trop nerveux... Sa

Majesté s'occupe de choses insignifiantes. Il est souhaitable que l'empereur soit aussi imposant qu'une montagne. »

Il ne fait aucun doute que l'indiscipline dont se rendirent coupables Honjo, Tatekawa et le commandant des troupes japonaises en Corée aurait pu leur coûter leur carrière. Si Hiro-Hito avait été fortement indigné par leur comportement, il avait assez de pouvoir discrétionnaire pour agir, soit sur le moment, soit plus tard, comme il devait le faire contre ceux qui le déçurent durant le putsch de 1936, en ordonnant des retraites forcées, en refusant les promotions ou en suggérant des affectations à des postes sans importance. Pourtant, il ne leur arriva ni aux uns, ni aux autres rien qui pût laisser penser que l'empereur était mécontent d'eux. Bien au contraire : Hiro-Hito donna à Honjo la plus grande preuve possible de son estime en 1933, en faisant de lui son premier aide de camp (et partant, l'un des officiers les plus puissants de l'armée impériale). Le colonel Itagaki fut promu au rang de général et devint ministre de la Guerre en 1939. Quelque temps après « l'incident de Mukden », le commandant des troupes nippones en Corée, le général Hayashi, devint d'abord ministre de la Guerre, puis, brièvement, Premier ministre. Doihara s'éleva lui aussi très haut dans la hiérarchie militaire, devenant commandant de l'armée de l'air et l'un des généraux les plus fameux du Japon. Seul Ishiwara qui se brouilla avec un Tojo féroce et vindicatif, finit sa carrière au rang de simple général de division, chargé de la 6ᵉ division d'entraînement, et dut prendre une retraite forcée en 1942. Après la guerre, il devait se vanter auprès du personnel du TMIEO : « Tojo n'a pas eu le cran de me mettre à la retraite, alors il s'est arrangé pour que l'empereur le fasse. »

« L'incident de Mukden » fut placé sous le signe de la duplicité, non seulement de la part des trois colonels qui en furent les instigateurs, mais aussi de celle de presque tous les Japonais occupant des postes à responsabilités. Nul doute que Wakatsuki, le Premier ministre, et son ministre des Affaires étrangères, libéral lui aussi, furent horrifiés en leur for intérieur, mais ils reconnurent par leur silence l'inéluctabilité de l'affaire. Comme le dit A. Morgan Young : « Le Japon s'efforça d'accréditer la thèse selon laquelle son armée avait agi en Mandchourie sans avoir reçu d'ordres. Certes, le ministère des Affaires étrangères n'en avait pas donné, mais la notion n'était pas défendable : l'opération pour s'assurer la mainmise sur la Mandchourie fut calculée d'un bout à l'autre avec une telle minutie et exécutée de façon si impeccable que les ordres de l'état-major avaient dû être d'une rare perfection. » D'ailleurs, ajoutait-il, cette excuse de l'armée agissant de son propre chef était « un vieux truc diplomatique des Japonais », même si dans ce cas précis « peut-être les hauts fonctionnaires eux-mêmes ne se rendaient-ils pas compte du fait que l'initiative était désormais passée complètement hors du contrôle des civils ». Une fois qu'il fut évident que l'occupation de la Mandchourie par les Japonais était irréversible, les diplomates nippons — naguère encore de la race des « colombes » — se mirent à utiliser un langage aussi belliqueux que celui des militaires. Ishizawa, l'ambassadeur à Pékin qui avait benoîtement nié toute ambition territoriale du Japon en Mandchourie quelque temps auparavant, défendait à présent les actes de l'armée, dus, assurait-il, « à des sentiments antijaponais profondément enracinés chez les Chinois... lesquels avaient obligé les Japonais à agir en état de légitime défense ». Comme exemple de la « mauvaise foi » chinoise, il citait le boycott des marchandises nipponnes en Chine — mesure qui ne fut imposée, en réalité, qu'*après* « l'incident de Mukden ». Dès que les combats eurent cessé en Mandchourie, Minami, le ministre de la Guerre, ne se donna même plus la peine de dissimuler ses sentiments : lors d'un banquet (le 23 octobre), auquel assistèrent des généraux et des hauts fonctionnaires de la compagnie des chemins de fer de Mandchourie méridionale, il fit un discours ronflant, affirmant que ce qui venait de se passer en Mandchourie « établit un précédent pour nos futures relations avec la Chine ». Ni le Premier ministre, ni Shidehara, le ministre des Affaires étrangères, ne manifestèrent la moindre envie de démissionner — geste qui aurait pu attirer l'attention mondiale sur le drame interne qui se jouait à Tokyo.

La version « officielle » des Japonais persiste à assurer que l'empereur fut complètement pris de court par le comportement de « l'armée du Kwangtung », que sa connaissance préalable du déroulement de « l'incident de Mukden », tel qu'il était prévu, n'était pas suffisante pour lui permettre d'agir en temps voulu et qu'il fit de son mieux pour réfréner ses officiers et « localiser » le conflit, une fois qu'il fut en train. C'est aussi celle qu'ont adoptée la plupart des universitaires spécialisés dans cette période de l'histoire. A la lumière du comportement de Hiro-Hito, alors et plus tard, de la promotion qu'il accorda à Honjo et de l'assiduité avec laquelle il courtisa l'empereur fantoche du Manchukuo, Pu Yi, elle ne tient pas debout.

Le fait est qu'une « politique interventionniste » en Chine et l'établissement d'un Etat contrôlé par les Japonais en Mandchourie étaient au goût non seulement des groupuscules militaires « ultras », mais d'un vaste échantillon de la population nippone. Les industriels et affairistes de tous poils avaient une conscience aiguë des possibilités qui s'offraient à eux, surtout si — comme cela fut le cas — ils étaient autorisés à opérer sans aucune concurrence extérieure, en éliminant tous leurs rivaux étrangers, occidentaux ou chinois ; l'armée, inutile de le préciser, était en faveur d'une Mandchourie manipulée qui ferait la preuve de la puissance japonaise et donnerait à leur pays la « première place » en Asie ; les économistes, les démographes et les universitaires voyaient quant à eux dans l'émigration à long terme des Japonais en Mandchourie la seule solution aux problèmes de surpopulation. Bref, à l'exception d'une faible minorité de libéraux, comme le prince Saionji, « l'incident de Mukden » et ses conséquences recueillirent les suffrages de tout le monde. Au cours d'un entretien avec son secrétaire particulier, Harada, peu après « l'incident » (en septembre 1932), le vieux *genro* augurait mal des événements et parlait, de façon significative, au passé :

Jadis, lorsque nous songions à l'avenir du Japon, nous ne l'envisagions jamais sous un aspect aussi étroit que : « Le Japon, leader de l'Orient » ou d'une « Doctrine Monroe asiatique ». Le problème de l'Extrême-Orient sera mieux résolu par l'entremise de la coopération avec la Grande-Bretagne et l'Amérique que par celle de slogans tels que « l'asianisme » ou « la doctrine Monroe asiatique ».

La seule explication logique du comportement ambigu de Hiro-Hito durant et après « l'incident de Mukden » est celle d'un homme face à un dilemme : tout en reconnaissant tacitement la puissance écrasante de la coalition d'intérêts favorables à la « politique agressive », il répugnait à s'aliéner irrévocablement les éléments plus prudents, les « libéraux » de son gouvernement, dont les membres se rendaient bien compte des conséquences internationales de la brutale agression japonaise en Mandchourie et même de ses conséquences nationales, puisqu'elle donnait à l'armée toute liberté pour déterminer la politique du pays. Le monarque ne voulait pas non plus se laisser piéger en devenant un empereur-dictateur, ce qui aurait fait de lui le prisonnier des extrémistes militaires. En choisissant la voie de l'ambiguïté, il se conciliait les Japonais qui se méfiaient des activistes militaires, sans se mettre pour autant ces derniers à dos, suivant d'un bout à l'autre le précepte en vigueur depuis la restauration Meiji : ne pas paraître décider personnellement de la politique quotidienne. Il rassura aussi le corps diplomatique en poste à Tokyo, en précisant qu'il était « un homme de cœur » et en laissant l'armée endosser l'entière responsabilité de la création de l'Etat fantoche du « Manchukuo », déjà très controversé.

Parfois, les efforts faits pour « assainir » la prise du pouvoir en Mandchourie versaient carrément dans l'absurde. Le rapport Lytton, effectué à la demande de la Société des Nations, prouva sans équivoque que « l'incident de Mukden » avait été une pure agression japonaise et que le prétendu sabotage de la voie ferrée, qui avait déclenché l'intervention, était une provocation soigneusement préparée. Pourtant, aujourd'hui encore, il y a des gens pour penser — en dépit de toutes les preuves du contraire — que ce sont les Chinois qui ont commencé.

Le général Honjo, qui se suicida en 1945, plutôt que d'affronter un éventuel procès pour crimes de guerre, persista jusqu'à son dernier souffle à soutenir la version japonaise officielle de « l'incident de Mukden », alors que l'on avait depuis longtemps prouvé qu'il s'agissait d'un tissu de mensonges. Dans le billet qu'il laissa en s'ôtant la vie, il répéta avec insistance que des troupes chinoises avaient bel et bien fait sauter la voie ferrée et que les opérations japonaises qui s'en étaient suivies, « visant à maintenir la paix », avaient été rendues « nécessaires pour protéger la vie de citoyens japonais et coréens ».

Cette façon de travestir la vérité, avec un entêtement presque puéril, allait se perpétuer : les mêmes faussetés et contradictions impériales devaient caractériser les événements qui aboutirent à Pearl Harbor. Il serait quelquefois bien difficile de distinguer le talent de Hiro-Hito pour cultiver l'ambiguïté du goût plus grossier de certains Japonais pour « le mensonge éhonté ».

La dernière communication du général Honjo, cependant,

n'avait rien à voir avec un possible décalage entre les conceptions orientales et occidentales de la vérité : c'était tout simplement son ultime et spectaculaire moyen de manifester, jusque dans la mort, sa loyauté mystique envers son souverain.

Chapitre 8

« L'incident de Mukden » et ses conséquences n'anéantirent pas totalement la réputation de jeune « modéré » ami de la paix, dont Hiro-Hito jouissait à l'étranger — il avait trop habilement mené sa barque pour cela — mais elle remit sérieusement en question les objectifs de l'ère « Showa » tels qu'il les avait définis dans la proclamation publiée lors de son accession au trône impérial. En 1926, il avait déclaré : « Le monde connaît à l'heure actuelle un processus d'évolution. Un nouveau chapitre commence dans l'histoire de la civilisation humaine. La politique établie de notre nation ira toujours dans le sens du progrès et de l'amélioration. La simplicité plutôt que la pompe ostentatoire, l'originalité plutôt que l'aveugle imitation, le progrès en prévision de cette période d'évolution, l'amélioration pour continuer à avancer au même rythme que la civilisation, l'harmonie nationale dans nos buts et nos actions, les bienfaits envers toutes les classes sociales et l'amitié pour toutes les nations de la Terre : tels sont les grands objectifs vers lesquels tendent tous nos soins les plus profonds et les plus durables. »

Ces engagements admirables, et sans doute impossibles à tenir, même dans les circonstances les plus favorables, devinrent — après la naissance du Manchukuo — un souvenir ironique de ce qui aurait pu être. « L'amitié pour toutes les nations » était d'ores et déjà — et cela ne ferait qu'aller croissant — une amitié aux conditions du Japon, c'est-à-dire l'amitié d'un maître envers des satellites soumis ; « les bienfaits envers toutes les classes sociales » s'avérèrent être des privations sans précédent pour pouvoir éponger les coûts croissants du réarmement ; quant à « l'harmonie nationale », elle sombra très vite dans un fouillis de complots, qui se succédaient à un rythme effréné, à mesure que les conspirateurs gagnaient en audace, forts de leur certitude qu'un « mobile patriotique » était l'excuse imparable, leur garantissant l'indulgence de la justice.

Les années 1932-33 furent assez noires pour Hiro-Hito qui avait désormais passé la trentaine et se trouvait dans la force de l'âge, car elles coïncidèrent avec un lancinant problème familial et dynastique : au bout de dix années de mariage, il n'avait toujours pas d'héritier mâle. Les complots qui s'enchaînèrent à partir de 1931 étaient en partie liés à cette carence. Bien que la question fût beaucoup trop délicate pour être soulevée dans la presse japonaise, cette incapacité d'engendrer un héritier mâle provoqua des tensions à tous les échelons de la cour et un malaise parmi les gouvernements successifs et dans les rangs des forces armées. Elle explique pourquoi certains des conspirateurs s'intéressèrent au frère cadet de Hiro-Hito, Chichibu, dans l'espoir qu'il pourrait pallier les défaillances de l'empereur. Par le passé, la moralité plus que douteuse de la cour impériale avait assuré une source permanente d'héritiers mâles, fils des concubines du souverain. La bâtardise n'était nullement réprouvée et le grand Meiji soi-même avait été « illégitime ». A présent, Hiro-Hito avait du mal à justifier sa monogamie, face aux voix discrètes, mais persistantes qui lui rappelaient qu'il devait avoir un fils, dans l'intérêt de la stabilité dynastique.

Pour son mariage, la princesse Nagako avait reçu, parmi ses nombreux cadeaux, de superbes « livres d'oreiller » — dont un offert par la propre mère de son fiancé. Ces œuvres d'art classiques, merveilleusement illustrées, proposaient des conseils non seulement sur la technique sexuelle, mais sur les moyens d'être sûre d'avoir un garçon. La mère de Hiro-Hito, l'impératrice Sadako, préparait aussi quelquefois pour sa bru des « tisanes » censées garantir la fécondité — et la naissance d'enfants mâles.

Depuis, Nagako avait donné le jour à quatre filles : Shigeko en 1925 ; une autre fille (morte peu après sa naissance), en 1927 ; une troisième en 1929 ; et enfin une quatrième en 1931. Le prince Saionji lui-même, dont on connaissait pourtant les sympathies pour la vie à l'occidentale, se mit à presser l'empereur, en termes bien sûr aussi respectueux que détournés, de songer à ressusciter la

140

coutume séculaire en prenant une concubine. Nagako comprendrait très certainement, assura-t-il à Hiro-Hito. On prépara des listes de jeunes filles susceptibles de remplir ce rôle et le souverain se vit soumettre des photographies.

Cette apparente incapacité d'assurer la succession fut sans doute l'un des facteurs du « complot d'octobre », en 1931, dans lequel était impliqué, pour la première fois, le prince Chichibu : les conspirateurs fomentèrent un projet de « coup d'Etat » sur le modèle du « complot de mars », mais qui adoptait un modus operandi beaucoup plus meurtrier, puisqu'ils avaient l'intention non seulement de dissoudre le parlement et d'obliger l'empereur à accepter un gouvernement militaire, mais en outre d'assassiner tous les membres du ministère en place. Le Dr Okawa, qui trempait dans tous les complots, était mouillé jusqu'au cou dans celui-là, de même que le colonel Hashimoto, membre très actif de la « Société Fleur de cerisier ». Tous deux se voyaient déjà membres d'un nouveau gouvernement « musclé », Okawa aux Finances et Hashimoto à l'Intérieur ; ils furent arrêtés et brièvement détenus par la police militaire japonaise le 17 octobre 1931, mais furent presque aussitôt remis en liberté. Le bruit courut, put-on lire après la guerre dans le rapport « *Brocade Banner* » (compilé à partir d'archives de la police nippone) que la police (civile) « avait déjà eu vent de l'affaire, mais s'était sentie dans l'impossibilité d'intervenir parce qu'elle savait que le prince Chichibu était en cause ». Le frère du souverain avait, dès cette époque, abandonné ses anciennes opinions « socialistes » et montrait une sympathie croissante envers les nationalistes de l'armée. Une des autres singularités du complot était le projet de faire sortir l'ex-amiral Togo (héros de la guerre russo-japonaise, puis précepteur de Hiro-Hito) de sa retraite et de « persuader » l'empereur d'accepter son retour au premier plan. Parmi les preuves recueillies par la police figurent aussi des rapports sur la querelle entre les divers conspirateurs, qui avait sonné le glas du complot : le Dr Okawa avait été violemment pris à partie et accusé de renseigner son protecteur, le comte Makino, garde du Sceau impérial, sans doute moyennant finances. Expliquant toute l'affaire à ses collègues civils du gouvernement, le ministre de la Guerre, Minami, lui-même nationaliste sans vergogne, précisa qu'il était impératif que le « complot d'octobre » fût étouffé « à jamais ».

Les autres ministres se le tinrent pour dit : aucun des

coupables ne passa en jugement. Ce fut Okawa que l'on détint le plus longtemps — vingt jours dans une cellule confortable. L'avertissement du général Minami porta ses fruits, car, si le complot fut largement discuté au sein de l'*establishment* japonais et des milieux diplomatiques de Tokyo, à l'époque la presse nippone n'en souffla mot. Le « complot d'octobre » fut même utile à Hiro-Hito, car la Société des Nations différa le blâme qu'elle avait décidé d'adresser au Japon pour son comportement en Mandchourie, sous prétexte qu'elle ne voulait pas pousser à bout les trublions de l'armée, alors qu'ils mettaient déjà l'empereur dans l'embarras.

La prise du pouvoir en Mandchourie et les complots de mars et d'octobre avaient eu raison du prestige du gouvernement en place. Sa disgrâce fut consommée par la traîtrise du ministre de l'Intérieur, Adachi, qui refusa d'assister plus longtemps aux conseils des ministres, en prônant la cause d'un gouvernement de coalition, avec les rivaux appartenant au parti Seiyukai, dont lui-même prendrait la tête. Hiro-Hito écarta d'emblée cette idée et préféra, sur les conseils de Saionji, convoquer le chef de Seiyukai, Tsuyoshi Inukai, âgé de soixante-quinze ans, et lui proposer le poste de Premier ministre. Inukai était un vieil ami de Chiang Kai-shek et sa présence au gouvernement serait peut-être l'occasion rêvée pour mettre fin à la brouille issue de « l'incident de Mukden ». Hiro-Hito chargea officiellement le chef de son nouveau gouvernement d'établir une paix durable avec la Chine et de restreindre le pouvoir des militaires. Dès leur première entrevue, il s'emporta contre l'armée : son ingérence dans la politique intérieure et extérieure, confia-t-il à Inukai, « et son obstination, constituent un état de choses que nous devons considérer avec inquiétude, pour le bien de la nation ».

On cite souvent ces mots pour prouver que l'empereur entendait sincèrement écraser les activistes et « normaliser » les relations avec la Chine ; Inukai les prit pour argent comptant. Il avait tort et, avant un an, il devait payer cette erreur de sa vie. En effet, non seulement des informateurs favorables à l'armée au sein de son propre ministère tenaient-ils invariablement les militaires au courant de tout, mais Hiro-Hito lui-même veilla à faire capoter tout projet de paix avec la Chine et à « corriger » tout mouvement en faveur de la modération par un autre mouvement en sens inverse.

L'homme qu'il choisit pour en faire le chef d'état-major de son armée était un prince de haut rang, proche parent de l'impératrice Nagako et un de ses propres amis intimes, dont il subissait l'influence. Le prince Kanin, formé à Saint-Cyr, était un « grand-oncle », membre du clan Fushimi dont les origines aristocratiques ne le cédaient qu'à celles de la seule famille impériale. Du fait qu'il faisait partie de la « famille », le prince aurait pu, si l'empereur avait fait le moindre geste dans ce sens, travailler la main dans la main avec lui pour amputer le pouvoir déjà dangereux que possédaient certains excités de l'armée. Hiro-Hito, toutefois, se garda bien de donner le grand coup de balai nécessaire : on laissa les activistes — pourtant connus — de la « Société Fleur de cerisier » libres de comploter à leur aise. Pis encore : toute chance de conclure un accord durable avec la Chine s'effondra en mars 1932, avec « l'incident de Shanghai », encore une fois manigancé par les Japonais.

L'affaire de Shanghai fut tout à fait calquée sur celle de Mukden, puisqu'il s'agissait d'une provocation délibérée montée contre les Chinois par des civils et des marins nippons et destinée à amener une intervention militaire. Pendant plusieurs semaines, des troupes de la marine japonaise se battirent contre les armées du Kuomintang dans les faubourgs de Shanghai. Des avions japonais bombardèrent les civils chinois, faisant plusieurs milliers de morts. Un peu plus tôt, le 8 janvier 1932, un séparatiste coréen avait expédié une bombe sous ce qu'il croyait être le carrosse de l'empereur, alors que Hiro-Hito se rendait à une revue militaire. Certains journaux chinois écrivirent que « le Coréen a malheureusement attaqué le mauvais carrosse ». Hiro-Hito lui-même plaisanta avec les fonctionnaires de son palais à propos de l'erreur du maladroit, mais dans toutes les enclaves nippones en Chine, les troupes japonaises perdirent la tête et assouvirent leur rage sur la population civile. Puis, alors que les forces chinoises et japonaises continuaient à s'entre-tuer à Shanghai, le Japon fut secoué par un nouveau complot qui devait avoir des répercussions catastrophiques à l'étranger.

La société secrète connue sous le nom de « *Ketsumeidan* » (Fraternité du sang) était d'un fanatisme si démentiel qu'en comparaison les voyous du Dr Okawa et les activistes de la « Société Fleur de cerisier » avaient l'air d'inoffensifs membres d'un Rotary Club. Son fondateur, Nisho Inoue, ancien espion japonais en Chine, reconverti en shintoïste convaincu, était persuadé que le Japon pourrait faire disparaître tous ses maux s'il tournait résolument le dos au XXe siècle pour en revenir à une économie de type rural sous son « divin » empereur, en contact direct avec le peuple. Le « frère » Inoue était hostile à la bureaucratie, aux *zaibatsus,* au parlement et à tout ce qui s'apparentait de près ou de loin au modernisme ou à la culture de l'Occident ; son idéalisme mythique allait de pair avec une foi sanguinaire dans l'art d'assassiner des victimes choisies, afin d'obtenir gain de cause. Tous les membres de sa secte prêtaient des « serments du sang » par lesquels ils s'engageaient à assassiner sans faillir celui que leur désignerait le fou furieux qu'ils avaient pour chef. La petite secte se réunissait régulièrement dans une demeure de la banlieue de Tokyo, pour des séances de prières, méditation et rites, mises au point par Inoue en personne.

Pour illuminé qu'il fût, Inoue n'en avait pas moins des relations tout à fait exceptionnelles : son frère, Fumio Inoue, était un des pilotes instructeurs les plus cotés de l'aéronavale japonaise, intime du prince Higashikuni (à qui il avait appris à piloter) et du marquis Kido. Par ce frère aviateur, un petit nombre d'officiers de marine attachés à la base aéronavale ultra-secrète que l'on appelait « Lagon brumeux » se convertit à la « fraternité », de même qu'une poignée d'élèves officiers impressionnables de l'Académie militaire. Le Dr Okawa, qui naviguait toujours à la périphérie des mouvements extrémistes, quels qu'ils fussent, fournit au « frère » Inoue des pistolets et des munitions. La famille du chef de la « Société du Dragon Noir », Toyama, le prit aussi sous son aile. De fil en aiguille, la « Fraternité du sang » acquit un soutien considérable, notamment de la part d'officiers de l'armée et de la marine prônant la « restauration Showa », c'est-à-dire une dictature militaire sous le commandement suprême de Hiro-Hito. Sur la « liste noire » d'Inoue figuraient les grandes personnalités de l'*establishment* japonais dans les domaines de la banque, du gouvernement et jusqu'à l'intérieur du palais.

Le 7 février 1932, la « Fraternité » frappa pour la première fois : l'un de ses membres, étudiant, abattit devant une école le ministre des Finances qui n'avait pas caché son opposition à un surcroît de dépenses pour l'armement. Suivant la tradition bien établie des assassins politiques, le meurtrier ne chercha nullement à fuir, mais se rendit au contraire à la police. La semaine suivante, cependant, le « frère » Inoue préféra entrer dans la clandestinité :

144

il se réfugia dans une maison presque voisine de la sienne, appartenant à Hidezo Toyama, fils du chef du « Dragon noir ». Hiro-Hito fut abasourdi par ce meurtre, mais n'y vit qu'un phénomène isolé.

La victime suivante, presque un mois plus tard (le 5 mars) fut le baron Takuma Dan, âgé de soixante-quinze ans, banquier éduqué aux Etats-Unis et partisan éminent de la Société des Nations, abattu devant son bureau en plein centre de Tokyo. Ce meurtre atteignit personnellement l'empereur, car il lui faisait honteusement « perdre la face » ; il coïncidait en effet avec l'arrivée à Tokyo d'un comité, ayant à sa tête Lord Lytton, envoyé par la Société des Nations et chargé d'enquêter sur les circonstances de « l'incident de Mukden ». Le baron Dan avait donné un dîner pour les visiteurs la veille de son assassinat. On savait qu'Inukai, le Premier ministre, lui avait demandé de plaider la cause de l'intervention japonaise en Mandchourie auprès d'Américains influents. Dans ce cas-là également, le meurtrier ne fit pas un geste pour s'enfuir.

Cet attentat entraîna pourtant la première répression sérieuse contre le terrorisme : la plupart des membres de la « Fraternité du sang » furent arrêtés et leurs futures cibles firent l'objet d'une protection policière. Malheureusement, la police agit trop tard et ne put empêcher une nouvelle et calamiteuse vague de terrorisme qui mit un terme au système des partis politiques et plaça les militaires dans une position inexpugnable : le 15 mai 1932, le propre Premier ministre de Hiro-Hito, Inukai, fut assassiné par des membres d'une autre fraternité terroriste en faveur du « retour à la terre », qui s'intitulait *Aikyo Juko* (Académie de l'amour du village natal). L'arrière-plan de cet « incident du 15 mai » était troublant : beaucoup de choses laissent penser que de hauts fonctionnaires du palais, et peut-être l'empereur lui-même, n'ignoraient pas le sort qui attendait Inukai, dès avant le meurtre. Non sans ironie, la lumière ne fut faite sur l'affaire que durant l'occupation américaine, après la guerre, et elle ne fut d'ailleurs que partielle : les enquêteurs de « *Brocade Banner* » étaient en effet gênés par une mauvaise volonté bien compréhensible de la part de la police japonaise, peu soucieuse d'impliquer ouvertement des membres de la cour proches de l'empereur.

Les circonstances de « l'incident du 15 mai » étaient les suivantes : juste avant cette date, le Dr Okawa, une fois de plus libre comme l'air (et fort occupé à mettre sur pied un énième club extrémiste, la « société Jimmu »), accompagna en Mandchourie un groupe d'élèves officiers, spécialement choisis pour les bonnes notes qu'ils avaient obtenues ; ostensiblement, ils devaient y constater par eux-mêmes les bienfaits de la colonisation japonaise. Le commandant de l'Académie militaire voyagea avec ses élèves. Les visiteurs furent mis en condition par un petit discours du commandant de l'armée du Kwangtung, le général Honjo, qui eut en outre une entrevue privée avec Okawa. A son retour, le docteur s'en alla voir les cinq principaux conspirateurs de « l'incident du 15 mai » dans une auberge de campagne ; parmi eux se trouvait un des cadets qui avait fait le voyage en Mandchourie.

Le 15 mai 1932, quatre commandos tous affiliés à « l'Académie de l'amour du village natal » se répandirent dans le centre de Tokyo. Trois d'entre eux, s'attaquant à des banques et à des centrales électriques, échouèrent lamentablement. Mais le quatrième groupe, composé de civils, officiers de marine et élèves officiers de l'armée, après avoir prêté un serment solennel devant l'autel du sanctuaire Yakusuni, célèbre monument shintoïste aux soldats japonais morts à la guerre, se rendit chez le Premier ministre. Arrivés là, ils demandèrent à voir Inukai. Un garde du corps qui tenta d'avertir ce dernier fut abattu.

Brandissant des pistolets, les terroristes déferlèrent dans toute la demeure et au premier étage, ils trouvèrent le minuscule Inukai, en kimono, en train de bavarder avec son médecin et sa bru. Avec un sang-froid extraordinaire, le ministre demanda aux agresseurs de bien vouloir, quelles que fussent leurs intentions, respecter d'abord la coutume japonaise et se déchausser. L'un des jeunes élèves, surexcités, le somma d'expliquer comment il se faisait qu'on eût trouvé à Mukden des chèques et des billets confidentiels signés de sa main — détail dont il n'avait pu avoir connaissance que grâce à la récente visite des élèves de l'école militaire au Manchukuo. « Je peux vous l'expliquer », répondit calmement Inukai, mais il n'en eut pas le temps. Un officier de marine, après avoir hurlé : « Assez de paroles ! » lui tira une balle en plein visage. Aussitôt après, les tueurs se rendirent à la police militaire.

Inukai ne mourut qu'au bout de quelques heures. Hiro-Hito, immédiatement prévenu de cet affreux attentat, ordonna à ses aides de camp de courir chez Saionji pour préparer la succession et nomma, entre-temps, le nouveau ministre des Finances Premier ministre par intérim. Furieux, le vieux *genro* fit répondre qu'Inukai « n'était pas encore mort ». Il savait, cependant, que bien avant l'assassinat de son ami, la question de savoir qui allait le remplacer avait alimenté les ragots du palais. De nombreuses années plus tard, on pouvait lire dans l'inattaquable rapport « *Brocade Banner* » une phrase inquiétante, selon laquelle il n'y avait « aucun doute dans l'esprit des gens quant au fait que le complot [du 15 mai] n'était nullement limité au menu fretin qui avait tiré les coups de feu ». Le rapport désignait un influent colonel, Chiaki Shigeto (qui ne fut jamais officiellement impliqué et ne passa pas en jugement), comme l'un des principaux conspirateurs et, ce qui était encore plus grave, notait que parmi les papiers saisis chez le Dr Okawa par la police après l'assassinat d'Inukai figuraient des « documents compromettants » appartenant au garde du Sceau impérial de Hiro-Hito, le comte Makino, et à l'ancien ministre de la Guerre, le général Ugaki. C'était pourquoi, expliquait *Brocade Banner,* « on avait exercé, au cours du procès qui s'en était suivi, de telles pressions sur le tribunal pour sauver la peau d'Okawa ». En Mandchourie, le général Honjo écrivit, assez mystérieusement, dans son journal que « des hommes d'action militaires *sous le regard de leur souverain* ont aujourd'hui défié l'autorité par un acte négatif d'une grande audace ». (Les italiques sont de moi.)

Le long procès qui suivit vira à la farce : les accusés eurent d'innombrables occasions de faire des discours incendiaires ; les juges et les procureurs leur permirent de transformer le tribunal en forum politique, où ils étaient libres de prononcer des harangues aussi longues qu'ils le voulaient devant la presse au grand complet. Les verdicts, rendus en 1934, furent d'une indulgence sidérante : dès 1940, tous les tueurs étaient libres et les quinze ans de détention infligés au Dr Okawa furent réduits après appel à cinq, ce qui entraîna une remise en liberté presque immédiate : sur les cinquante-quatre condamnés, six seulement (parmi lesquels ne figurait pas le docteur) étaient encore en prison en 1935.

« L'incident du 15 mai » marqua la fin de la politique bipartite : à dater de là, les Premiers ministres seraient toujours des indépendants, ce qui dans la pratique signifiait que Hiro-Hito les choisissait dans les rangs de l'armée ou de la marine. Le successeur immédiat d'Inukai fut un amiral à la retraite, Makono Saito, qui avait déjà quatre-vingt-un ans, mais cette fois, les injonctions adressées par l'empereur à Saionji sonnaient creux :

« Sa Majesté, déclara-t-on au vieux prince, désire que le *genro* choisisse comme prochain Premier ministre un homme qui n'ait pas de tendances fascistes et sur lequel n'ait couru aucune rumeur infamante, modéré dans sa pensée et non militariste. » Toutefois, le mal était irréparable. S'il avait convenablement soutenu Inukai, Hiro-Hito, avec la coopération du prince Kanin, aurait sans doute pu remettre les militaires à leur place, à condition d'y être fermement résolu. Force nous est d'en déduire soit qu'il refusait de les considérer comme une authentique menace, soit qu'il était trop préoccupé par ses problèmes personnels pour prendre position pendant qu'il en était encore temps.

Il reste encore une possibilité : celle qu'il se fût bel et bien laissé intimider par le poids du mouvement militariste et ses ramifications gênantes. Il ne fit rien pour démettre Makino de ses fonctions cruciales, en dépit de ses liens passés avec le Dr Okawa. Il ne pouvait non plus tout ignorer des intrigues de son frère : Chichibu était, sous bien des rapports, le contraire de son aîné ; sa ravissante épouse et lui étaient souvent invités dans les ambassades occidentales (les préférées du prince étant les réceptions de l'ambassade américaine, parce qu'elles étaient immanquablement suivies de projections des derniers films hollywoodiens). Toutefois, le cosmopolitisme de Chichibu ne sous-entendait aucun engagement envers les principes démocratiques et ne l'empêchait nullement de flirter (politiquement s'entend) avec certains de ses collègues officiers, activistes tout dévoués à la cause d'une « restauration Showa ».

Les complots continuèrent donc au même rythme trépidant : en août 1932, la police étouffa dans l'œuf un projet d'assassinat du nouveau Premier ministre, l'amiral Saito. L'instigateur en était un ami intime du Dr Okawa ; il fut condamné avec sursis. En septembre, la police découvrait un complot visant l'ancien Premier ministre, Wakatsuki. En novembre, c'était un complot contre le comte Makino, mais il n'est pas impossible qu'il ait été forgé de toutes pièces, afin de détourner l'attention des liens qui l'unissaient au Dr Okawa. En juillet 1933, survint une répétition avortée de « l'incident du 15 mai » : quarante-quatre terroristes appartenant à des sociétés secrètes peu connues, le « Parti de l'amour du travail rural » et la « Société de production du Grand Japon », furent interpellés au moment où ils s'apprêtaient à occire tous les membres du gouvernement, ainsi que d'autres politiciens et des

« scélérats de l'entourage impérial ». Tous furent acquittés, sous prétexte que leurs intentions avaient eu des « motifs patriotiques », mais ce qui entrava sans doute l'action de la police et plus encore celle de la justice, c'était que l'on savait pertinemment dans les milieux policiers (comme le révéla encore une fois le rapport « *Brocade Banner* » après la guerre que le petit groupe de militaires qui se cachait derrière les conspirateurs comptait mettre Chichibu sur le trône, avec le prince Higashikuni comme Premier ministre. Chichibu savait-il effectivement que l'on agissait en son nom ? On ne le saura sans doute jamais.

Le culot des militaires devint sans limites, comme l'illustre bien l'absurde controverse « du feu de signalisation » en juin 1933. Un soldat qui n'était pas de service fut réprimandé par un membre de la police civile pour avoir traversé la rue alors que le feu était vert. Le coupable se mit alors à narguer le policier en traversant et retraversant la rue, pas moins de sept fois, toujours au feu vert, jusqu'à ce que l'agent excédé l'arrêtât. Au cours de la cause célèbre qui s'ensuivit, le commandant militaire de la région d'Osaka exigea que les charges fussent abandonnées et le policier puni, en faisant valoir que « nulle force de police n'a le droit de s'opposer à la marche d'un soldat de l'être suprême ». « Et nous alors, protestèrent les fonctionnaires de la police, ne sommes-nous pas aussi les serviteurs de Sa Majesté ? »

La crise du « feu de signalisation » finit par arriver devant Hiro-Hito soi-même qui, tel Salomon, ordonna au commandant de la région d'Osaka de payer l'amende du soldat et au chef de la police locale d'écrire une lettre d'excuses au commandant. L'arrogance de l'armée s'afficha de façon plus sinistre dans les « territoires occupés » de Chine, où désormais tous les autochtones étaient tenus de s'incliner devant les uniformes japonais et où des soldats nippons ivres d'orgueil traitaient les Chinois en véritables serfs.

En mars 1933, après la condamnation sans équivoque du putsch japonais en Mandchourie, par le rapport Lytton, le Japon se retira de la Société des Nations, en dépit des réserves assez molles émises par l'empereur. Comme le nota Kido dans son journal, Hiro-Hito pria son gouvernement de noter que malgré son retrait forcé, mais inévitable et vraiment « très regrettable », le Japon « poursuivrait sa politique de coopération et de relations internationales intimes avec les autres puissances ». Il semble aussi avoir cru que quelques gestes limités et calculés suffiraient à éviter l'isolement. A l'époque, les troupes japonaises s'approchèrent tout près de la grande muraille, occupant la province de Jehol, avant de battre en retraite. Hiro-Hito demanda, en confidence, à Kido si « le besoin de se retirer de la Société des Nations existait toujours, au vu de l'heureuse résolution de la question de Jehol ». Les concessions superficielles en échange de gros bénéfices diplomatiques devaient d'ailleurs devenir par la suite une des caractéristiques de la diplomatie nippone. Kido répondit qu'il était trop tard pour que le Japon parût changer d'avis. Peu après le retrait du Japon à Genève, les troupes nippones envahirent de nouveau la province de Jehol — cette fois, pour de bon.

A la fin de 1933, l'isolement du Japon était total et l'on pouvait constater combien le programme tracé par Hiro-Hito pour son pays au début de « l'ère Showa » contrastait péniblement avec la réalité — à tel point même que l'empereur laissa entendre à Kido, en 1933, qu'il songeait à abdiquer. Neuf mois plus tard, cependant, il était de bien meilleure humeur et ne tint plus jamais de semblables propos : en décembre 1933, en effet, l'impératrice Nagako donna enfin naissance à un garçon. Le grand chambellan de Hiro-Hito sortit comme un diable de la salle d'accouchement pour se précipiter dans le bureau de l'empereur : « C'est un garçon, annonça-t-il. J'ai vu de mes yeux les gages honorables de sa virilité. » L'heureux père ordonna aussitôt que l'on servît du champagne à tout son personnel. Comme l'écrivit le jour même le marquis Kido dans son journal : « A présent, le problème le plus important est enfin résolu. »

Chapitre 9

En 1932, à l'époque de l'assassinat d'Inukai, Joseph C. Grew arriva à Tokyo pour prendre ses nouvelles fonctions d'ambassadeur des Etats-Unis auprès de la cour impériale du Japon ; c'était une période où les relations entre les deux pays se détérioraient, mais où l'affrontement final ne paraissait pas encore inévitable. Sagace et expérimenté, volontiers snob, ayant de proches liens de famille avec « l'ancien Japon » (sa femme était une petite-fille du commandant Perry), Grew, au début, débordait — son journal intime [1] en fait foi — de sympathie pour Hiro-Hito et le Japon en général. Il eut davantage d'occasions de côtoyer l'empereur et sa cour que tout autre ambassadeur. Au fil des années, il devait être de plus en plus troublé par le contraste entre la cordialité que lui manifestaient personnellement des Japonais extrêmement influents et l'hostilité, la duplicité croissantes auxquelles il se heurtait dans les affaires politiques. Il analysa cette contradiction avec détachement, restant jusqu'au bout serein et équilibré, pour en arriver, à contrecœur, à la conclusion que « les processus mentaux [des Japonais] sont différents. Un Occidental croit qu'un Japonais, parce qu'il a adopté le costume, le langage et les coutumes de l'Ouest doit penser comme lui. On ne saurait se tromper davantage ». C'était à cause de cette différence que « les engagements par traité entre l'Est et l'Ouest seront toujours sujets à de fausses interprétations et prêteront à controverse... Lorsque les obligations vont à l'encontre de ses intérêts, [un Japonais] les interprétera toujours à son avantage ». Bien qu'il évitât de critiquer personnellement Hiro-Hito, il songeait clairement à lui en évoquant le contraste entre les commentaires que lui avait faits l'empereur en privé sur le besoin de tenir la dragée haute au chauvinisme nippon et le foisonnement de preuves d'un nationalisme déchaîné à tous les échelons ; il nota, par exemple, que, n'en déplût à Hiro-Hito avec ses phrases rassurantes, dès 1933, les cartes d'Extrême-Orient dans les écoles primaires japonaises plaçaient la Cochinchine française (le Sud-Viêt-nam), la Thaïlande, la Malaisie, les Philippines et les Indes néerlandaises sous le drapeau nippon.

Grew était très dur d'oreille et bien qu'en règle générale cette infirmité ne le handicapât nullement dans son travail il lui dut néanmoins quelques instants de gêne intense : lorsqu'il eut présenté au souverain ses lettres de créance, au palais impérial, Hiro-Hito fit un bref discours de bienvenue, mais Grew n'avait pas la moindre idée de ce qu'il disait, car l'interprète n'était pas autorisé à élever la voix en présence de l'empereur. Hiro-Hito, écrivit-il, « arbore une petite moustache et des lunettes et sourit agréablement quand il parle ». L'impératrice « ressemble davantage à une mignonne poupée japonaise qu'aucune des autres femmes. Elle n'est pas aussi jolie que la princesse Chichibu qui est vraiment ravissante, mais elle a une charmante expression et un sourire tout à fait enchanteur ». Assistant à un banquet impérial que donna Hiro-Hito pour fêter la naissance de son héritier, Grew remarqua que la salle à manger du palais, surchargée d'ornements, croulait sous « un excès de boiseries assez vilaines et de lourdes tentures ». Il fut conquis en revanche par les paravents dorés, les pins miniatures, les merveilleux arrangements floraux et l'accueil amical. Pendant le dîner, « l'impératrice nous a soutiré presque toute l'histoire de nos vies ». Peu après son arrivée au Japon, il nota combien il était étrange « de vivre dans un pays où individuellement tout le monde est tout à fait amical, mais où collectivement nous avons sans cesse conscience de la méfiance et de l'animosité qui règnent envers notre nation ».

Il paraissait évident à Grew que même le gratin de la société japonaise avait du monde une vision déformée. Un fonctionnaire américain de la Société des Nations lui rapporta que le prince Chichibu lui avait demandé : « Dites-moi, est-il vrai que les Etats-Unis se préparent activement à une guerre contre le Japon ? » Les Japonais haut placés étaient les constants invités de Grew (« La vérité, à ce que je crois, c'est que c'est le seul moyen pour eux de voir un bon film »). Avec certains fonctionnaires du palais et politiciens chevronnés, Grew parvint à établir des rapports de confiance mutuelle et de réelle amitié. Ces hommes, et d'autres sources privilégiées en contact avec le palais, ne manquaient jamais de souligner que Hiro-Hito désapprouvait l'orientation de son pays vers un nationalisme exacerbé et expansionniste. « L'empereur, écrivit-il en 1933, est un homme d'une nature douce et paisible... il n'y a aucune raison de croire qu'il ait approuvé l'aventure mandchoue, car ce n'était pas à lui qu'il appartenait de décider. » Plus tard, à mesure que les années passaient, les références à Hiro-Hito se firent de plus en plus rares : on a l'impression qu'ayant été pour commencer charmé par le souverain, il avait ensuite regretté de s'être laissé subjuguer.

Car Hiro-Hito, en dépit de la distance qui le séparait du reste de l'humanité, savait, lorsque cela l'arrangeait, manier les relations publiques de main de maître, du moins en ce qui concernait les étrangers : aux premiers temps de la mission de Grew à Tokyo, son chien, Sambo, tomba dans les douves du palais et son sauvetage fit la une de tous les journaux japonais. Lors du banquet donné le 23 février 1934, pour célébrer la naissance du prince héritier, Akihito, les premiers mots de l'empereur à Grew furent : « Et comment va Sambo ? »

Les informations émanant de l'intérieur du palais étant très convoitées, les ambassadeurs qui entretenaient des rapports amicaux échangeaient régulièrement les leurs et Grew se dépêchait de bondir sur tout journaliste en visite à Tokyo, qui parvenait à approcher un des conseillers de Hiro-Hito. Le rédacteur en chef du *Temps*, M. Dubosc, lui déclara (après une entrevue avec le comte Makino, garde du Sceau impérial) qu'on avait tort de penser que « le Japon traversait une période dangereuse ». « Eliminez donc le mot " danger ", lui avait dit Makino. Nous possédons un garde-fou unique en son genre, la Maison impériale. Jamais il n'y aura de " danger " de fascisme militaire ou de communisme ou de n'importe quel autre *isme,* tout simplement parce que l'empereur est suprême et qu'il aura *toujours* le dernier mot. » L'impression que laissait Hiro-Hito aux journalistes en poste dans sa capitale était assez différente. Le correspondant du *New York Times,* Hugh Byas, écrivit vers cette époque que l'empereur était « un personnage divin, un symbole de la pérennité de l'Etat ; c'est un automate qui accepte les conseils sans protester quand ils lui sont proposés par la personne voulue ; c'est un grand prêtre, mais ce n'est pas un roi gouvernant un pays ».

La controverse de « l'empereur-organe », qui portait sur la nature et les origines des pouvoirs de Hiro-Hito et devait diviser le Japon de façon presque aussi radicale que l'affaire Dreyfus avait déchiré la France, éclata peu après que Grew se fut installé au Japon pour observer la situation troublée de ce pays secoué par d'incessants complots.

La crise couvait depuis l'arrivée de Grew, mais ne fut pas mentionnée dans la presse japonaise avant 1934. Cette année-là, un agitateur intellectuel ultra-conservateur, Koki Minoda, lança une virulente attaque contre le Dr Tatsukichi Minobe, le professeur de droit le plus célèbre du Japon et son plus grand spécialiste du droit constitutionnel, à qui l'éminence acquise dans sa profession avait valu un siège à la chambre des Pairs. Minobe écrivait et enseignait depuis 1903 et l'élite des hauts fonctionnaires, diplomates et politiciens japonais avait assisté à ses cours à l'université impériale de Tokyo, la plus exclusive de tout l'empire.

Dans un pamphlet intitulé *Le Dr Minobe, anarchiste,* qui prenait aussi à partie d'autres professeurs respectés des universités impériales de Tokyo et Kyoto pour leur interprétation du droit constitutionnel japonais, Minoda, le fanatique de droite, traitait leurs travaux de « violation de la constitution impériale » et de « danger pour la nation » et attaquait même le ministre de l'Intérieur pour n'avoir pas interdit leurs ouvrages. La réaction ne se fit pas attendre : le gouvernement de Hiro-Hito congédia un de ces professeurs, Yukitoki Takigawa, après que le président de l'université de Kyoto eut refusé de le faire. Le ministre de l'Education, lui-même ultra-notoire, traita par le mépris le tollé qui salua cette décision, de la part des étudiants et collègues de Takigawa. « Que tous les professeurs démissionnent, si tels sont leurs sentiments ! déclara-t-il. Peu nous importe de fermer l'université pour de bon. »

En février 1935, un membre de la Diète très bien introduit dans les milieux d'extrême droite, le général de réserve Genkuro Eto, repartit à l'attaque, en plein parlement cette fois, et un autre homme de droite, le baron Kikuchi, fit suivre son intervention d'un discours à la chambre des Pairs, où siégeait Minobe en personne. Kikuchi prit aussi pour cible le président du Conseil privé (et ex-ministre de la Maison impériale) Ichiki Ikki, le décrivant comme un « adepte » de Minobe.

Quel était le crime de ces professeurs de droit ? Dans leurs livres, articles et notes de lecture, ils avaient défini la place de l'empereur par rapport à l'Etat japonais dans son ensemble, faisant valoir que Hiro-Hito, tout comme ses ancêtres, était « un organe de l'Etat ». Le passage d'un des ouvrages de Minobe, qui avait particulièrement indisposé les gens de droite était le suivant :

> Une idée a cours selon laquelle la prérogative impériale est sacrée et inviolable, selon laquelle, étant exécutée par la volonté impériale, elle ne saurait être discutée et nul ne saurait contester ses mérites dans quelque exemple que ce soit de son exercice... C'est une grossière erreur, contraire à l'esprit de la constitution.

Or, attaquer Minobe sur ce point en pleine Diète en 1935 était aussi absurde que si un économiste américain des années 1980 s'en était pris au professeur Keynes pour ce qu'il avait écrit en 1914. C'était en effet trente et un ans auparavant que Minobe avait commencé à parler de l'empereur en tant qu' « organe ». L'éminent professeur n'avait d'ailleurs rien d'un radical ; il avait même attaqué, à d'innombrables reprises, « l'erreur inadmissible » des spécialistes du droit constitutionnel qui prétendaient que « l'empereur est le sujet du pouvoir du gouvernement ». Selon lui, « l'Etat et lui seul est le sujet du pouvoir gouvernemental et le monarque est un organe de l'Etat... en termes légaux d'aujourd'hui, l'unité nationale du Japon ne diffère pas dans son schéma des monarchies constitutionnelles d'Europe » ; l'empereur était « comme un cerveau dans le corps humain ».

En fait, comme le fit remarquer le biographe de Saionji, Lesley Connors, les véritables instigateurs de la controverse de « l'empereur-organe » — et les éminences grises qui manipulaient en coulisse les fanatiques d'extrême droite tels que Koki Minoda, le général Eto et le baron Kikuchi — étaient les militaires : Minobe était le plus connu des universitaires qui s'opposaient à l'extension de leur puissance et il avait su gagner à sa cause de nombreux brillants éléments de l'intelligentsia japonaise. « Ce fut le soutien universitaire inlassable apporté par Minobe aux efforts tentés par la faction libérale pour restreindre le rôle des militaires dans la politique, par le biais de l'interprétation constitutionnelle, qui assura l'adhésion des militaires à toute action destinée à saper sa position[2]. »

Les libéraux japonais avaient de bonnes raisons pour redouter les empiétements des militaires dans des domaines qui n'étaient pas vraiment de leur ressort — ainsi d'ailleurs que Joseph Grew qui expédiait régulièrement à Washington des rapports sur le rôle « positif » que l'armée jouait dans le gouvernement. A vrai dire, tous les membres de l'*establishment* japonais se rendaient compte que l'affaire de « l'organe » transcendait les disputes concernant l'interprétation du droit constitutionnel japonais. Le défi lancé à Minobe et à Ikki n'était que la dernière pression en date exercée par les nationalistes pour affaiblir et saper la position des « modérés » qui — sur le plan politique et au palais — s'opposaient à la politique agressive du Japon en Asie et à ses dépenses excessives dans le domaine de l'armement.

C'était, d'une certaine façon, l'équivalent intellectuel des complots « d'octobre » et « du 15 mai » et il arrivait à un moment où « la volonté de puissance » du Japon venait brusquement d'être révélée comme une menace réelle pesant sur la stabilité et la paix en Asie : en septembre 1934, en Mandchourie, une réorganisation de l'administration locale, ratifiée par Hiro-Hito sans l'ombre d'un murmure, avait placé le « Manchukuo » sous la supervision d'ensemble de la police militaire japonaise, transformant cette province en un Etat policier gouverné avec une brutalité accrue ; peu après, un document largement diffusé par les militaires et intitulé « La véritable signification de la force nationale et quelques propositions pour l'édifier » (qui débutait par l'idée mussolinienne que « la guerre est le père de la création et la mère de la culture ») préconisait « la défense nationale au service de la guerre totale », l'enrégimentement à tout crin de la population nippone et la fin de « l'individualisme occidental ». En décembre 1934, Hiro-Hito approuva une déclaration d'intentions politiques vis-à-vis de la Chine, laquelle marquait la rupture finale avec l'ancien allié qu'était Chiang Kai-shek, en affirmant que « pour le moment, il est préférable de réduire au minimum l'influence du gouvernement de Nankin [c'est-à-dire du KMT] ». Finalement, juste avant le nouvel an, le Japon récusa le Traité de Limitation des armements navals, après d'interminables discussions avec les amiraux et fonctionnaires américains et britanniques à Londres.

Au début de 1935, à la chambre des Pairs, Minobe se leva

pour réfuter, avec une ironie considérable, les allégations de trahison : Pour un Japonais, commença-t-il, sous des applaudissements nourris,

> il n'est rien de plus honteux que d'être appelé traître... Nous pourrions nous demander si la dignité de cette chambre n'a pas été violée... Si un universitaire ayant une formation de juriste, tel que moi, se mêlait de diriger une école militaire et de critiquer les paroles et les écrits des spécialistes de l'art militaire, on ne pourrait qu'en rire.

Au beau milieu de la controverse, en avril 1935, Hiro-Hito accueillit Henry Pu Yi, en visite officielle au Japon ; c'était la récompense accordée à l'empereur fantoche pour quatre années de docilité et de loyauté dans sa collaboration avec les Japonais au « Manchukuo », ce pays gouverné par le Japon, mais jouissant sur le papier d'une fictive « indépendance ». Le prince Chichibu avait été le représentant de son frère au couronnement de Pu Yi à Changchun l'année précédente, les Japonais ayant choisi ce grand centre ferroviaire pour en faire la capitale du pays.

Les arrangements préalables à la visite de Pu Yi révélèrent la nature extraordinairement ritualiste du culte de l'empereur dans les rangs de l'armée nippone : quand on en vint à régler tout le cérémonial, le ministère de la Guerre demanda — requête quand même insolite — que Hiro-Hito n'assistât point à la revue militaire organisée en l'honneur de Pu Yi. Comme le fit valoir le général Honjo, premier aide de camp de l'empereur, chargé de jouer les intermédiaires, « les autorités militaires ont expliqué que la révérence de l'armée envers l'empereur du Japon ne permet pas aux soldats de saluer un empereur étranger et non l'empereur du Japon, lorsque celui-ci est aussi présent ».

Le ministre de la Maison impériale, après avoir dûment consulté le souverain, refusa d'emblée cette requête qui était tout à la fois un manquement au protocole et un geste inamical envers l'hôte distingué de Hiro-Hito — lui aussi empereur, même si ce n'était qu'un titre fictif. L'armée et le palais tombèrent alors d'accord sur un compromis : Hiro-Hito serait présent, mais il recevrait un salut spécial de l'armée à son arrivée et à son départ. Pu Yi n'en aurait pas.

La crise semblait jugulée, mais presque aussitôt l'armée fit savoir, toujours par le truchement de Honjo, que les différents régiments ne souhaitaient pas, en cette occasion, saluer en inclinant leurs drapeaux respectifs. Honjo se rangea à l'avis de ses collègues, sous prétexte qu'il s'agissait d'une cérémonie en l'honneur d'un étranger et qu'on ne devait pas incliner les drapeaux devant les étrangers. Hiro-Hito fut irrité par ces chicaneries, mais accepta de réfléchir. Deux jours plus tard, il avait pris sa décision. Il avait l'intention de tenir bon. Comme le nota Honjo dans son journal, l'empereur « fit remarquer qu'il rend toujours son salut au moindre soldat. Si l'on ne doit pas saluer avec les drapeaux des régiments la personne que je veux honorer, cela signifie-t-il que ces drapeaux sont tenus en plus haute estime que moi-même ? ».

Honjo, à qui ses camarades avaient soigneusement fait la leçon, répondit que lorsque l'empereur rendait son salut à un soldat, il s'agissait d'un « acte volontaire dû à sa grandeur d'âme et à sa bienveillance », mais que les drapeaux des régiments ne devaient s'incliner que devant le seul souverain du Japon. « Ils n'ont pas l'habitude de rendre les saluts fût-ce à l'impératrice ou à l'impératrice douairière... J'ai imploré Sa Majesté de ne pas tolérer le moindre geste susceptible de diminuer la foi des hommes dans les drapeaux de leurs régiments. Sa Majesté a accepté mon explication. » En effet, Hiro-Hito céda. En définitive, on devait s'abstenir de saluer en inclinant les drapeaux.

Les autorités militaires proférèrent alors une troisième requête : il avait été convenu que Hiro-Hito accueillerait Pu Yi à la gare de Tokyo. Or, comme le signala Honjo, l'armée « faisait valoir que ce serait une atteinte à la dignité de Sa Majesté, lorsque après avoir échangé les positions, Sa Majesté s'avancerait derrière l'empereur mandchou alors que les troupes seraient en formation devant eux. » Une fois de plus Hiro-Hito repoussa cette « requête déraisonnable », mais Honjo ordonna derrière son dos au commandant de la garde de veiller à ce que « la manœuvre en question fût exécutée le plus discrètement possible ».

L'impression qui se dégage est celle de généraux obsédés par le protocole et tâtant le terrain pour voir jusqu'où ils pourraient aller. En l'occurrence, Pu Yi, victime d'un abominable mal de mer à bord de l'antique navire de guerre japonais qui l'avait amené jusqu'à Yokohama, ne se douta jamais qu'il avait été au centre de pareille controverse et la série de réceptions officielles données en son honneur n'attira guère le corps diplomatique : ni Grew, ni les

158

ambassadeurs des principales nations européennes, à l'exception de ceux d'Italie et d'Allemagne, n'y assistèrent, car seuls les pays de l'Axe, le Vatican et quelques pays pro-allemands d'Amérique latine avaient reconnu l'existence officielle du « Manchukuo ».

L'absurde querelle autour de la préséance et des rites militaires donne néanmoins un précieux aperçu non seulement de l'état d'esprit qui régnait dans les rangs de l'armée, mais aussi de la façon dont Hiro-Hito faisait face au phénomène croissant du chauvinisme outrancier. En effet, ce n'était pas seulement de la présence officielle de l'empereur qu'il était question, ni même de savoir s'il était acceptable qu'il s'effaçât devant un invité officiel. A un niveau mineur, mais symbolique, il s'agissait de l'affrontement de deux volontés et, mis au pied du mur, Hiro-Hito se déroba devant une collision de plein fouet avec l'armée au sujet d'une véritable broutille. C'était le genre d'hésitation dont il avait déjà fait preuve à propos de la Mandchourie et qui allait se répéter à de multiples reprises pour atteindre son point culminant à l'occasion des événements qui débouchèrent sur l'attaque de Pearl Harbor. Les discussions oiseuses pour savoir à quel endroit devait se tenir l'empereur sur le quai de la gare de Tokyo étaient certes des gamineries sans importance, mais dont l'enjeu politique était néanmoins énorme. La « crise » des drapeaux régimentaux et la controverse de « l'empereur-organe » faisaient partie de la même campagne menée par les extrémistes pour éroder ce qui restait du libéralisme japonais.

A l'occasion de la controverse de « l'empereur-organe », Hiro-Hito laissa de nouveau transparaître l'ambiguïté, l'esprit de compromis qui avaient consommé sa défaite dans l'affaire de la visite de Pu Yi. Ses intentions étaient, de toute évidence, honorables : la première fois où Honjo en parle dans son journal, il note que l'empereur lui a dit que « même s'il existait peut-être une différence de rang entre nous deux, il ne croyait pas qu'il existait physiquement la moindre différence. A la lumière de cette considération, le souverain trouvait extrêmement perturbant, tant sur le plan mental que physique, que l'on soit obligé, pour attaquer la théorie de l'organe, de faire de lui une entité totalement dépourvue de liberté. J'ai répondu que ce n'était pas du tout le cas. Ses remarques m'ont rempli d'un profond chagrin. »

La preuve de l'inquiétude de Hiro-Hito survint un peu plus tard. Honjo fut convoqué encore une fois et l'empereur lui déclara qu'il savait pertinemment que l'attaque contre la théorie « de l'organe » visait en réalité son ancien ministre de la Maison impériale, Ichiki Ikki, dont les écrits concernant le rôle de l'empereur dans les affaires d'Etat étaient de la même veine que ceux de Minobe. « Ichiki, dit Hiro-Hito, est un loyal sujet et il n'y a aucune espèce de justification pour le genre d'attaques publiques dont il est la cible. » Quant à Minobe, ajouta-t-il, « je ne crois pas qu'il pourrait jamais être déloyal. A-t-il aujourd'hui son égal au Japon ? Peut-être est-il allé trop loin sous certains rapports, mais jamais je ne pourrai avoir mauvaise opinion de lui. »

La polémique de « l'empereur-organe » continua au sein du Conseil de Guerre suprême, un corps consultatif composé des généraux et amiraux les plus anciens, et une fois de plus Honjo, l'intermédiaire, se conduisit davantage en porte-parole des activistes qu'en fonctionnaire du palais. Hiro-Hito ayant remarqué que dans le domaine des relations internationales, accords syndicaux, emprunts, etc., « il semble que la théorie de l'organe soit plus importante », Honjo rétorqua que « les militaires idolâtrent Sa Majesté comme un dieu incarné et si Sa Majesté devait être traitée comme n'importe qui, cela créerait de graves difficultés pour la formation militaire et le commandement suprême ».

Encore une fois, l'empereur laissa voir que la question tout entière l'irritait prodigieusement. Il reconvoqua Honjo un peu plus tard le même jour (29 mars 1935) pour lui signaler que l'article 4 de la constitution du Japon « affirme que l'empereur est chef de l'Etat. Cela indique que la constitution est fondée sur la théorie de l'organe et donc que si l'on révise celle-ci, il faudra aussi amender la constitution ». Le 29 mars toujours, le gouvernement se réunit pour discuter la question de « l'organe » et les ministres de la Guerre, de l'Education, de la Justice et de l'Intérieur exigèrent que la théorie incriminée fût « rectifiée ».

Plus tard, Hiro-Hito s'éleva encore une fois contre les forces qui autour de lui alimentaient la controverse. « Si l'on considère l'empereur comme le chef qui contrôle la vie entière de l'Etat, assura-t-il à Honjo, si un désastre le frappe, l'Etat lui aussi perdra la vie... Soutenir que la souveraineté réside non pas dans l'Etat mais dans le monarque, c'est solliciter les accusations de despotisme. Et des difficultés s'élèveraient pour conclure des traités avec les nations étrangères et leur emprunter de l'argent. » Et Hiro-Hito de poursuivre, avec une candeur désarmante : « Moi aussi, j'accepterais volontiers la théorie de la souveraineté impériale si elle ne menait pas aux fléaux que sont le despotisme et la désapprobation des autres nations et si elle n'entrait pas en conflit avec notre politique et notre histoire nationales. Malheureusement, je ne connais pas encore d'explication de cette théorie qui soit digne de respect. »

Honjo, fidèle à son personnage de loyal sujet animé par une foi aveugle dans le droit « divin » de son souverain, répondit que les militaires « ne s'intéressaient pas aux théories des universitaires », mais aux principes de la foi religieuse. Déformant les thèses de Minobe, d'une façon qui montrait que ce soldat tout d'une pièce, bourru, mal à l'aise dans le domaine des abstractions intellectuelles, n'en avait pas moins été fort bien chapitré par ses collègues de l'armée, il ajouta que « les théories soutenant que la Diète est le noyau du gouvernement, que l'on peut critiquer les édits impériaux et que les membres de la Diète peuvent ne pas tenir compte des ordres de l'empereur, sont totalement incompatibles avec la foi et les convictions de l'armée ». Inutile de dire que jamais Minobe n'avait été aussi loin.

Etant donné les pouvoirs de Hiro-Hito et le rôle que souhaitait lui voir jouer l'armée en qualité de souverain « divin », il lui aurait été relativement facile de retourner la situation contre les critiques de la « théorie de l'organe » en proclamant, publiquement, son soutien à Minobe et son mépris pour ceux qui l'attaquaient. Une proclamation impériale aurait peut-être été un moyen excessif pour exposer son opinion, mais il aurait pu réduire les nationalistes au silence en convoquant Minobe au palais pour une audience privée, ou même en permettant à son « petit cabinet » de divulguer à la presse et au public en général les opinions qu'il exprimait en privé devant Honjo.

La passivité de Hiro-Hito et sa tendance à peser le pour et le contre de chacun de ses gestes permit à la question de « l'empereur-organe » de faire boule de neige et de dégénérer en véritable crise : la puissante Association des officiers de réserve vint s'en mêler, de même que l'Association des officiers de l'armée, qui publia un pamphlet affirmant que la « souveraineté de l'Etat » n'était rien d'autre que la « démocratie », idéologie honnie et méprisée par les Japonais chauvins.

Honjo se lassa finalement de son rôle de tampon : au cours d'entretiens avec le ministre de la Guerre et avec l'excité notoire qu'était l'inspecteur général de la formation militaire, Mazaki, l'un des adversaires les plus virulents de Minobe, Honjo leur dit de s'adresser directement à Hiro-Hito s'ils voulaient poursuivre le débat plus avant. Ils répondirent qu'ils ne voyaient « aucun intérêt à discuter ses mérites en tant que thèse universitaire. Leur principal objectif était de dénoncer la théorie de l'organe en tant qu'idéologie ».

Hiro-Hito prit suffisamment au sérieux le pamphlet de l'Association des officiers de l'armée pour l'étudier à fond. Après quoi, il présenta à Honjo, deux jours plus tard (le 27 avril), une réfutation détaillée. La souveraineté de l'Etat, déclara-t-il, n'était pas synonyme de démocratie ; il était faux de dire que l'individualisme exécré était à la base de toutes les institutions occidentales. « Comment expliquer alors la loi sur la Prohibition des Américains, ou le fait que de nombreux membres de l'aristocratie anglaise avaient sacrifié leur vie à leur patrie durant la Première Guerre mondiale ? » On avait tort de partir du principe qu'à l'encontre de l'empereur du Japon « les monarques européens ne se préoccupent que des affaires politiques. En fait, le roi d'Angleterre consacre une grande partie de son temps et de son énergie aux affaires culturelles ».

Hiro-Hito était à tel point préoccupé par la théorie « de l'organe » qu'il tint, dans les jours qui suivirent, à exposer dans le détail à Honjo ses convictions et croyances intimes concernant la nature du gouvernement et les leçons à tirer de l'histoire récente. Lorsque son aide de camp fit valoir que les alliés, durant la Première Guerre mondiale, avaient eu recours à « de la propagande anti-Etat » pour abattre l'Allemagne, ce qui prouvait bien que l'on avait besoin de la théorie « du droit divin » (laquelle, doit-on supposer, aurait donné au Kaiser un soutien national assez vaste pour poursuivre la guerre), Hiro-Hito montra sa meilleure connaissance de l'histoire de l'Europe. L'Allemagne, déclara-t-il, n'avait pas été vaincue par la seule propagande. Il y avait eu de multiples raisons à sa défaite, notamment le fait qu'aucun des Etats de la confédération germanique, en dehors de la Prusse, n'avait la moindre confiance dans le Kaiser. Il ne fallait pas oublier non plus la discorde entre l'armée et les civils, ainsi que l'erreur commise par Guillaume II en s'enfuyant en Hollande. De la même façon, ajouta-t-il, la révolution russe avait réussi parce que « comme sous l'ancien régime en France, il n'y avait en Russie que deux classes sociales : l'aristocratie et les classes inférieures. Il n'y avait pas de bourgeoisie modérée et stable » — ce qui sous-entendait qu'il considérait la bourgeoisie japonaise alors en pleine expansion comme un facteur de stabilité.

A mesure que la controverse de « l'empereur-organe » se transformait de plus en plus en un assaut de l'armée contre les « modérés » en général, engendrant de violentes et injurieuses attaques, Hiro-Hito riposta, mais de façon limitée : il congédia son premier aide de camp naval pour avoir pris une position notoirement « anti-organe » et il remplaça aussi le général Mazaki, inspecteur général de la formation militaire, non seulement à cause de son soutien aux mouvements de droite qui s'en prenaient à la « théorie de l'organe », mais aussi pour avoir encouragé de façon répétée des officiers subalternes à se soulever. Ce furent pourtant les extrémistes qui eurent le dernier mot : le terne gouvernement de l'ex-amiral Okada (qui avait succédé au premier ministre Saito en 1935) décida finalement « d'éliminer la théorie de l'organe » et de surveiller de plus près le contenu idéologique des ouvrages écrits par les professeurs universitaires.

Minobe, qui refusait vaillamment de démissionner de l'université impériale de Tokyo, était toujours traqué par ses détracteurs. Il finit par céder à l'inévitable, renonçant à son siège à la chambre des Pairs en septembre 1935, afin d'éviter d'être poursuivi devant les tribunaux pour « lèse-majesté » ; sa réputation de savant était détruite. Parmi tous les membres de l'*establishment* japonais qui déploraient la dérive vers le totalitarisme, aucun n'eut le courage de prendre son parti ou même de continuer à lui donner signe de vie. On le somma même à de multiples reprises de se suicider. En dépit de sa considération pour le bien-fondé des théories de Minobe et de sa colère contre les gens de droite qui avaient ainsi exploité la « théorie de l'organe », jamais Hiro-Hito ne fit connaître ses sentiments à la famille Minobe. Le professeur fit l'objet d'une protection policière qu'il renforça par des gardes du corps engagés à ses frais, mais il fut néanmoins victime de deux attentats : le 20 février 1936, il fut grièvement blessé par un terroriste d'extrême droite qui lui tira dans les deux genoux ; l'homme devint aussitôt un véritable héros, tandis qu'on était obligé de cacher Minobe dans le service des enfants malades d'un hôpital de Tokyo, de crainte qu'il ne fût la cible d'une nouvelle agression. (Jusqu'à sa mort récente, le fils du professeur, éminent libéral et gouverneur de Tokyo, a fait campagne contre la tendance d'après-guerre à ressusciter le nationalisme et le culte de l'empereur dans les écoles.)

Le dialogue qui s'instaura entre l'empereur et Honjo, retranscrit en détail par ce dernier dans son journal, eut aussi le mérite de définir l'étendue et les limites du « libéralisme » de Hiro-Hito. En effet, s'il nourrissait sur la controverse de « l'organe » des opinions modérées, proches dans l'ensemble de celles de Minobe, en ce qui concernait les problèmes sociaux, en revanche, il apparaît moins sous les traits d'un conservateur que sous ceux d'un homme radicalement coupé des réalités de l'existence et de la misère qu'enduraient beaucoup de ses compatriotes. Du fait qu'un grand nombre des simples soldats (et de plus en plus souvent, des officiers) de l'armée appartenait principalement à des familles d'agriculteurs appauvris et à la classe des « nouveaux pauvres », quelques généraux, parmi eux Honjo, s'efforcèrent d'attirer l'attention de Hiro-Hito sur les troubles sociaux qui attisaient les flammes de l'extrémisme courant dans les « fraternités secrètes ». Le général Araki, ancien ministre de la Guerre, évoquant le complot « du 15 mai » avec l'empereur, remarqua que « l'on pourrait peut-être critiquer les capitalistes pour avoir fait bâtir des demeures grandioses à seule fin de satisfaire leurs goûts de luxe ».

Hiro-Hito rétorqua qu'il était « trop dur » de dire que les capitalistes vivaient ainsi uniquement pour le plaisir. « On dit que Louis XVI, roi de France, en dépit du fait qu'il possédait le splendide château de Versailles, fit construire en outre un petit palais qu'il adorait et où il préférait résider. Il n'est pas nécessairement vrai que les gens vont naturellement aux choses grandioses et luxueuses. Moi-même, qui vous parle, j'aimerais mieux vivre dans un endroit plus modeste que dans un gigantesque palais comme celui-ci où sont employées de nombreuses personnes. Mais... mon lieu de résidence est déterminé par le fait que ce palais a été bâti par mon ancêtre, ainsi que par d'autres traditions et coutumes. Je n'ai aucun moyen de savoir ce qu'éprouvent les autres hommes, mais je crois qu'il doit en exister qui pensent comme moi et préféreraient mener une existence plus simple et qui, pourtant, par la faute de circonstances diverses, sont obligés de vivre dans d'immenses demeures construites par leurs ancêtres. »

Lorsque le sujet resurgit quelques jours plus tard, Hiro-Hito prit une position plus dure. Il était inévitable, dit-il, que les officiers, surtout subalternes, et les soldats que des liens étroits rattachaient aux communes rurales, « sympathisent avec les villageois qui se trouvent dans une situation aussi désespérée et s'inquiètent pour eux, mais s'ils s'intéressent de façon excessive à ces problèmes uniquement pour satisfaire leur propre goût, ils finiront par exercer plutôt une influence néfaste ». Lorsque Honjo répondit que leur inquiétude n'en était pas moins bien naturelle, l'empereur déclara : « Il est bien entendu nécessaire de sympathiser avec la situation tragique des paysans, mais à leur façon ces gens sont heureux. Or, on ne peut pas dire que les membres de la noblesse le soient toujours. Quand j'ai fait mon voyage en Europe, j'ai joui de ma liberté. Les seuls moments où je me sente heureux, c'est quand je parviens à connaître un semblable sentiment de liberté... Alors, les paysans devraient bien songer aux plaisirs de la nature qui sont à leur portée et en profiter, plutôt que de s'attarder uniquement sur les aspects déplaisants de leur vie. En d'autres termes, si l'on se mêle de guider les paysans, il ne faut pas s'en tenir uniquement à des principes légalistes, mais insister aussi sur les principes moraux. »

Paroles prononcées à une époque où la famine ravageait le nord du Japon, où les familles rurales, pour ne pas mourir de faim, vendaient leurs filles comme ouvrières dans les usines, apprenties geishas et prostituées en nombre sans précédent pour le XX⁰ siècle, et qui dénotent un extraordinaire manque de sensibilité envers les difficultés que devaient affronter ses sujets les moins privilégiés.

Parmi les Japonais superstitieux, on commençait à croire de façon croissante que l'année 1936 ne promettait guère et qu'elle allait amener un événement tout à fait calamiteux. Dans l'armée, le bruit courait partout qu'elle marquerait le début de la guerre attendue depuis déjà longtemps contre l'Union soviétique — à tel point que le ministère de la Guerre jugea nécessaire d'interdire dans la presse et les publications militaires toute référence à la « crise de 1936 ». L'année devait en effet être parfaitement catastrophique ; mais ce furent l'insensibilité envers la misère des agriculteurs et la colère croissante parmi les jeunes officiers face à la richesse ostentatoire affichée par les industriels et autres nouveaux riches japonais, qui devaient mettre Hiro-Hito devant son plus sérieux défi et laisser à tout jamais leur marque sur le Japon d'avant-guerre.

Chapitre 10

A la veille du 26 février 1936, qui devait être le pire jour de sa vie jusqu'à celui de la capitulation du Japon face aux puissances alliées, huit ans et six mois plus tard, Hiro-Hito avait plusieurs raisons graves de s'inquiéter de l'état de son pays, mais aussi une grande cause d'optimisme, qui l'emportait sur le reste.

Du côté positif, il y avait les puissants liens familiaux entre lui-même, l'impératrice Nagako et leurs cinq enfants. C'était un père affectueux et bien qu'il eût une préférence marquée pour son fils aîné, Akihito, dont il célébra le troisième anniversaire en grande pompe, lui faisant revêtir les habits rouges qui marquaient la fin de sa petite enfance et de ses vêtements blancs, il était presque aussi attentionné envers ses trois filles. En outre, si un malheur arrivait au prince héritier, il avait désormais un second fils (Masahito, né en 1935), si bien que l'avenir de la dynastie était assuré et que nul conspirateur, militaire ou autre, ne pouvait plus invoquer le problème de la succession pour chercher à le remplacer par son fringant cadet, Chichibu — qui, soit dit en passant, n'eut jamais d'enfants.

En revanche, du côté négatif, il y avait des problèmes sérieux et opiniâtres. L'affaire de « l'empereur-organe » avait déclenché une monumentale controverse, incitant toutes les associations fondamentalistes et les sociétés secrètes à s'unir au sein d'une attaque concertée contre les « juges rouges et les professeurs écarlates ». Au-delà de ces cibles reconnues, la rage des ultras et des têtes brûlées de l'armée était dirigée contre les modérés en général et ceux du « petit cabinet » et du gouvernement de Hiro-

Hito en particulier. Les informateurs de la police secrète signalèrent une nouvelle épidémie de projets d'assassinat et la situation, avec les élections parlementaires prévues pour le 20 février 1936, n'était pas engageante : les résultats prouvèrent que, malgré toutes les rodomontades et les bruyantes manifestations des ultranationalistes, les électeurs japonais avaient encore les idées remarquablement claires et ne s'étaient pas laissé influencer par la propagande chauvine. Les élections se soldaient par un succès pour les petits groupes de gauche et pour le plus modéré des deux grands partis, puisque deux cent cinq membres du Minseito (sur deux cent quatre-vingt-seize candidats) furent élus, alors que le Seiyukai, plus à droite, subissait une grave défaite, avec seulement cent soixante-quatorze élus sur les trois cent trente-six candidats présentés. Hiro-Hito comprenait bien que le décalage qui existait entre la ferveur nationaliste et le climat général plutôt tiède envers l'aventurisme à l'étranger risquait de provoquer de nouveaux troubles, complots et effusions de sang.

Une chanson populaire reflétait bien l'humeur du moment au sein des forces armées et de leurs sympathisants de droite.

Ecrite par Takashi Mikami, lieutenant de vaisseau de son état, elle s'intitulait : « La chanson du jeune Japon » et invitait ouvertement son public à passer aux actes :

> *Les hommes au pouvoir sont bouffis d'orgueil,*
> *mais ne s'intéressent pas à la nation ;*
> *les nantis font étalage de leurs richesses,*
> *mais se moquent du bien-être de la société.*
>
> *Braves guerriers, unis dans la justice, qui êtes*
> *par l'esprit de taille à affronter un million d'ennemis,*
> *prêts à vous éparpiller comme des fleurs de cerisier*
> *dans le ciel printannier de la restauration Showa.*
>
> *Mais laissons là ces lamentations, il est révolu*
> *le temps des pleurs inutiles !*
> *Voici venir le jour où nos épées seront luisantes*
> *du sang de la purification !*

Les conséquences d'un meurtre politique particulièrement horrible faisaient ce jour-là la une de tous les journaux. Le lieutenant-colonel Aizawa, ancien instructeur d'escrime, passait en jugement pour l'un des assassinats les plus sanglants jamais perpétrés à l'intérieur du ministère de la Guerre et le 25 février était la date choisie pour une audience particulièrement mouvementée.

Aizawa, que connaissait personnellement le prince Higashikuni, était un fanatique, fondamentaliste de droite et disciple plein d'admiration de l'ex-inspecteur de la formation militaire, récemment limogé, le général Mazaki. Hiro-Hito s'était enfin décidé à faire pression sur les commandants de son armée pour exiger son renvoi, après avoir obtenu des preuves irréfutables de la dangereuse influence qu'il commençait à exercer parmi les jeunes officiers excités. Mazaki — personnellement mouillé dans plusieurs complots d'extrême droite — avait lutté pied à pied contre sa disgrâce, mais pour une fois l'empereur et ses généraux étaient restés fermes. Aizawa, hors de lui, s'était alors rendu une première fois chez le général Nagata, directeur du Bureau des affaires militaires, que nombre de jeunes officiers fanatiques considéraient comme l'éminence grise de Hiro-Hito au ministère de la Guerre, pour le sommer de réintégrer Mazaki dans ses fonctions. La réaction de Nagata ne s'était pas fait attendre : il avait aussitôt muté son impétueux visiteur à Taiwan.

Aizawa, cependant, qui s'était peut-être laissé endoctriner au point de croire que son geste serait défendu par des éléments haut placés de l'armée, voire par le prince Higashikuni en personne, fit irruption deux jours plus tard dans le bureau du général Nagata, modeste bâtiment de bois tout près du palais impérial, tira son épée et tua le malheureux. L'attaque avait été d'une sauvagerie démente : Aizawa avait taillardé le visage et la poitrine de sa victime, puis — Nagata ayant cherché à s'enfuir — l'avait transpercé de sa lame, le clouant par-derrière à la porte du bureau, ce qui, pour un ancien champion d'escrime, était une façon peu élégante de régler ses comptes.

Soit qu'il feignît délibérément la folie, soit qu'il fût convaincu de son impunité, Aizama s'en fut aussitôt à l'infirmerie de l'armée se faire soigner pour une coupure au doigt. Il expliqua qu'il était très pressé, car il devait acheter une nouvelle casquette pour remplacer celle qu'il avait perdue dans la lutte et oubliée dans le bureau de Nagata. Il devait aussi faire ses bagages, ajouta-t-il, étant donné qu'il allait bientôt partir pour Taiwan. Arrêté peu après avoir quitté le bâtiment, il engagea pour le défendre deux avocats qui étaient de véritables tribuns du nationalisme et qui parvinrent à transformer son procès en une fête de l'expansionnisme chauvin du « grand Japon ». Le 25 février, le prétoire était bondé de sympathisants militaires ayant quartier libre et de reporters, car le général Mazaki avait été convoqué comme témoin de la défense. De façon assez décevante, il refusa de répondre à la moindre question, se retranchant derrière le « secret officiel », à moins que l'empereur en personne ne lui accordât une dérogation ; ce qui n'empêcha pas la défense de s'en donner à cœur joie. « Si la cour ne sait pas comprendre l'esprit qui a guidé l'accusé, déclara un des avocats, on verra apparaître un deuxième, voire un troisième Aizawa. »

Ces paroles étaient prophétiques, car dans deux casernes de l'armée, de l'autre côté des douves du palais, une vingtaine d'officiers subalternes se préparaient à déclencher un putsch auquel se rallierait, croyaient-ils, le corps des officiers japonais au grand complet et qui préluderait à la « restauration Showa » annoncée depuis si longtemps, c'est-à-dire l'établissement d'un régime militaire autoritariste sous l'empereur Hiro-Hito, très vite suivi de vastes réformes sociales et de la disparition d'une politique capitaliste dominée par les *zaibatsus*. Un officier d'artillerie, le capitaine Yamaguchi, qui se trouvait être le gendre du général Honjo, faisait partie du complot et avait distribué, en ce 25 février, quelque deux cents cartes routières de la ville aux rebelles, afin d'être sûr que personne ne se perdrait en route.

Au palais, personne ne soupçonnait cette crise imminente : le soir du 25 février, deux des plus proches conseillers de Hiro-Hito, le grand chambellan Kantaro Suzuki et le nouveau garde du Sceau impérial, l'amiral Saito, ex-Premier ministre, assistèrent à un dîner privé à la résidence de l'ambassadeur des Etats-Unis. Grew avait soigneusement organisé sa soirée : après le dîner, il y eut une projection d'un film de la MGM, *Naughty Marietta*, avec Jeannette MacDonald et Nelson Eddy. Les invités vinrent accompagnés de leurs épouses et Suzuki, qui aimait pourtant, on le savait, se coucher tôt, resta fort tard et parut beaucoup apprécier la sentimentale histoire d'amour. Parmi les dames japonaises, remarqua Grew, tout le monde était en larmes. Il y eut un bref entracte pour changer de bobine, durant lequel on servit des rafraîchissements. Suzuki aurait pu en profiter pour s'éclipser, mais il n'en fit rien. En regardant s'éloigner, dans l'air glacial de la nuit (la neige tombait dru), les véhicules des fonctionnaires du palais, Grew put se féliciter d'avoir donné une soirée fort réussie, car ses deux invités étaient extrêmement recherchés par le corps diplomatique en poste à Tokyo, en raison de leurs contacts étroits et quotidiens avec l'empereur.

A peine deux heures plus tard, à deux heures du matin, tout près du palais impérial, des clairons sonnèrent le réveil dans les casernes de la première Division et de la Garde impériale ; le coup d'Etat démarrait. Tandis que les troupes ensommeillées et lasses se tenaient au garde-à-vous, s'attendant à devoir effectuer un énième exercice nocturne, les officiers mêlés au complot rassemblèrent leurs hommes et se mirent à leur exposer la nature de l'opération qu'ils allaient lancer.

Les deux unités en question avaient appris deux mois auparavant (en décembre 1935) qu'elles allaient bientôt être transférées en Mandchourie ; or, alors que ces ordres auraient dû les combler de joie (aucune de ces deux unités d'élite n'avait eu l'occasion de participer à des opérations depuis la guerre russo-japonaise), la nouvelle avait été accueillie au contraire comme une insulte atroce. Les officiers savaient que la police secrète aussi bien que les échelons supérieurs de la hiérarchie militaire considéraient le régiment des Gardes et la première Division comme des foyers d'activisme politique et ils étaient convaincus que l'ordre de les envoyer en Mandchourie avait été une décision délibérée prise au plus haut niveau pour les mettre hors d'état de nuire le plus vite possible, après l'ouverture du procès Aizawa et les rumeurs de nouveaux complots fomentés par l'armée. Les officiers qui prirent la tête du soulèvement du « 2/26 » étaient sur un pied de grande intimité avec plusieurs anciens officiers déjà révoqués pour la part qu'ils avaient prise à des complots passés et pour leurs opinions irrémédiablement hostiles aux personnalités les plus haut placées des milieux politiques et militaires. L'un d'entre eux, le capitaine Koda, ultérieurement condamné à mort et exécuté, analysa ses mobiles en détail au cours de son interrogatoire, révélant à la fois ses convictions nationalistes simplistes et son ressentiment envers l'injustice sociale qui prévalait, ainsi que l'impact fatal de l'endoctrinement fanatique sur des esprits crédules.

Entraîné dans un cercle de conspirateurs par d'autres officiers qui partageaient ses idées, Koda participa à l'élaboration d'un document intitulé « Le grand objectif », qui exposait aussi bien

170

leurs visées que leurs griefs. En toute révérence, pouvait-on lire,

> « ... nous considérons que le fondement de la divinité de notre patrie réside dans le fait que notre nation est destinée à s'étendre sous le gouvernement impérial jusqu'à englober le monde entier... Il est à présent temps de nous étendre et de nous développer dans toutes les directions ».

Les officiers dénonçaient des « hommes ambitieux et réfractaires » qui avaient « empiété sur la prérogative impériale, entravant la véritable croissance du peuple, repoussé par eux dans les plus lointaines profondeurs de la misère, et faisant de notre pays un objet de mépris... Il n'y a pas de mots pour exprimer notre colère devant ces abominations ».

Les « martyrs de la Fraternité du sang » et « l'épée étincelante du colonel Aizawa » n'avaient eu aucun effet sur les mauvais conseillers de l'empereur. « Même après toutes ces effusions de sang, des scélérats continuent non seulement à vivre dans le confort et l'égoïsme, mais ne témoignent aucun signe de repentir. » En attendant :

> ... il est clair comme le jour que notre pays est au bord de la guerre avec la Russie, la Grande-Bretagne et l'Amérique, qui veulent écraser notre terre ancestrale... Nous sommes persuadés que notre devoir est d'éliminer les gredins qui entourent le trône.

Les sous-officiers et simples soldats des premier et troisième régiments d'infanterie de la première Division à qui on ordonna de participer à l'opération n'osèrent pas refuser. Toutefois, on ne révéla pas aux hommes de la Division des Gardes la véritable nature du complot. Il est intéressant de noter que même si plusieurs officiers dans l'une et l'autre division eurent le sentiment que les insurgés se lançaient dans une folle aventure, vouée à l'échec, rares furent ceux qui s'opposèrent ouvertement à leurs collègues, qui tentèrent de les empêcher d'agir ou qui s'efforcèrent de prévenir leurs supérieurs à temps pour étouffer la rébellion dans l'œuf. L'énorme majorité des officiers supérieurs de ces deux divisions sympathisait de toute évidence avec les insurgés, qui comptaient en tout près de douze cents hommes. En mettant les choses au mieux, on pourrait dire que le comportement des officiers supérieurs s'apparenta à celui d'une équipe de sécurité confrontée à des pirates de l'air : ils s'élevèrent contre l'action immédiate, croyant qu'au fil du temps, la résolution des meneurs s'effriterait. Cependant, leur passivité — ainsi que celle du haut commandement et du ministre de la Guerre lui-même — indiquait bien où allait leur sympathie. Il ne semble pas y avoir eu d'hostilité avouée entre les généraux et les officiers insurgés : d'un bout à l'autre de l'affaire, les rebelles traitèrent les officiers supérieurs avec déférence, alors que ces derniers laissaient clairement voir que, tout en désapprouvant les méthodes de leurs subalternes, ils sympathisaient avec leurs idéaux.

Les insurgés s'étaient répartis entre neuf commandos qui se déployèrent dans les rues enneigées pour occuper leurs objectifs et dresser des barricades et des barrages routiers devant les édifices envahis. Le premier groupe occupa la résidence officielle du ministre de la Guerre, Kawashima, avec une surprenante facilité. Il n'y eut pas de victimes. Kawashima, terne personnage dont le seul titre de gloire fut d'être le père adoptif de la célèbre espionne « Joyau de l'Orient », la princesse mandchoue qui travaillait en Chine pour le compte des services secrets japonais, fit preuve d'une ignominieuse indécision. Lorsque les officiers rebelles demandèrent à le voir, il se déroba et leur fit dire qu'il était malade et alité, avec un mauvais rhume. Ils insistèrent et finirent par faire irruption dans sa chambre pour lui lire leur manifeste du « Grand objectif ». Il ne montra aucune indignation et s'efforça de toute évidence de se ménager les faveurs des visiteurs indésirables, car sa vie ne fut pas menacée et — chose encore plus étonnante — les insurgés permirent aux officiers supérieurs du ministère de la Guerre et de l'état-major général d'aller et venir librement tout au long des trois jours suivants et s'entretenir avec lui sans aucune contrainte.

Le deuxième groupe prit d'assaut le commissariat de la police métropolitaine en face du palais impérial, sans rencontrer non plus de résistance. Après avoir établi des barrages routiers où ils ne laissèrent que quelques hommes, les assaillants se joignirent à ceux qui avaient occupé le ministère de la Guerre.

A cinq heures du matin toujours, le troisième groupe s'introduisait par la force chez l'amiral Kantaro Suzuki, grand chambellan de Hiro-Hito (qui devait devenir vers la fin de la guerre Premier ministre). Suzuki dormait à poings fermés après la longue soirée à l'ambassade américaine, mais le vacarme le réveilla. Il se précipita pour empoigner son épée de cérémonie — trop tard ! L'un des soldats lui demanda : « Etes-vous Son Excellence ? »

Suzuki répondit : « Vous devez avoir une raison pour agir de la sorte ? Dites-la-moi. » Pas de réponse. Un sous-officier hurla : « Pas le temps. Nous allons tirer. — Eh bien, allez-y, tirez ! » les défia Suzuki. Trois officiers déchargèrent leurs armes sur lui, le blessant à la tête, au poumon, à l'épaule et à l'aine. L'amiral semblait mort, mais les insurgés préféraient en être sûrs et l'un d'eux appuya son pistolet contre la tempe du présumé cadavre. *Todome* (coup de grâce), expliqua-t-il, mais la femme de la victime, qui avait assisté à la fusillade, se débattit entre les mains des agresseurs. « Non, arrêtez », hurla-t-elle. Le chef des rebelles, le capitaine Ando, ordonna à ses hommes de se retirer sans tirer le coup fatal. Avant de sortir, ils rendirent à la dépouille un hommage incongru, qui ne peut se comprendre que dans le contexte de la culture du *bushido* japonais, s'agenouillant devant elle, avant de la saluer. Ando se tourna vers Mme Suzuki : « Je suis particulièrement navré de tout ceci, assura-t-il, mais nos opinions divergent de celles de Son Excellence, si bien que la chose était inévitable. »

Le quatrième commando d'insurgés, qui comptait trois cents hommes, entoura la résidence officielle du Premier ministre, Okada, et tua les quatre policiers de service à la grille. « Les voici enfin », s'écria le ministre. Son beau-frère et bras droit, un colonel à la retraite du nom de Matsuo, chercha une cachette. Avec l'aide d'un policier resté loyal, il poussa Okada (toujours en chemise de nuit) dans une resserre inutilisée, puis il partit chercher de l'aide. Le policier, qui montait la garde devant la porte de la resserre, dit à Okada de ne pas bouger. Le secrétaire particulier du ministre, Hizatsune Sakomizu, qui était aussi son gendre, appela le commissariat de la police métropolitaine pour réclamer des secours. « Nous ne contrôlons plus la situation, répondit un policier. Que pouvons-nous faire ? » Une autre voix intervint : « Ici l'unité des insurgés », puis on raccrocha.

Matsuo s'efforça courageusement de quitter la demeure, mais il fut capturé par des troupes rebelles dans la cour extérieure. On le poussa contre un mur et les soldats le couchèrent en joue. Il y eut un bref instant d'hésitation, jusqu'à ce que l'un des officiers se mît à crier : « Et alors, qu'est-ce que vous avez ? Vous allez bientôt vous battre en Mandchourie ! Vous n'êtes donc pas capables de tuer un homme ? » Au moment où les coups partaient, Matsuo cria « Vive l'empereur ! » Un officier mutiné lui donna le coup de grâce. Un autre insurgé qui avait pris une photographie du Premier ministre dans sa chambre à coucher la compara avec le visage du mort : « C'est Okada », affirma-t-il. Le corps fut transporté à l'intérieur où on le laissa dans une pièce voisine de celle où se terrait le véritable Premier ministre.

Quelques instants plus tard, celui-ci sortit en douce de sa cachette, trébucha sur les corps de policiers morts et agonisants, trouva quelques vêtements et aperçut la dépouille de son beau-frère. Il éclata en sanglots et partit à l'aveuglette. L'un des soldats rebelles l'entrevit et déclara à ses camarades : « Je viens de voir un fantôme. » Deux servantes parvinrent à rattraper Okada et à le cacher dans un placard, le recouvrant d'une pile de linge.

Le cinquième groupe, des insurgés appartenant à la division de la Garde impériale, envahit la maison du ministre des Finances, Takahashi. Un lieutenant rebelle surprit le ministre au lit et lui arracha ses draps en hurlant : « *Tenchu !* (Châtiment du ciel !) — Imbécile ! » rétorqua Takahashi. « Quand il a ouvert les yeux, devait déclarer le lieutenant, je lui ai tiré dessus à trois reprises. Quelqu'un d'autre lui a donné des coups d'épée dans le flanc et le ventre ; la mort a été instantanée. » Tandis que les insurgés vidaient les lieux, leur chef dit aux serviteurs affolés : « Veuillez excuser le dérangement que je viens de causer. »

Le sixième groupe accomplit sa mission de façon encore plus sanguinaire. Environ deux cents soldats du troisième régiment d'infanterie firent irruption dans la demeure de l'amiral Saito, ancien Premier ministre, qui venait d'être nommé tout récemment garde du Sceau impérial ; lui aussi avait été l'hôte de l'ambassadeur des Etats-Unis la veille au soir. Selon le témoignage du chef du commando : « Quand je me suis approché de la chambre, la comtesse Saito a ouvert la porte, mais l'a aussitôt claquée. Elle nous a fait face, les mains levées, en disant : " Attendez, s'il vous plaît ". Saito est sorti en chemise de nuit. » Les insurgés ouvrirent le feu et il s'effondra « mais sa femme lui a fait un bouclier de son corps, nous suppliant de la tuer elle, si nous devions tuer quelqu'un. Nous avons été obligés de la traîner plus loin, après quoi nous avons tiré plusieurs coups de feu jusqu'à ce que nous soyons sûrs que le vieillard était bien mort. Un soldat qui venait d'entrer a demandé la permission de tirer lui aussi et nous l'avons autorisé à faire feu à plusieurs reprises. Nous voulions aussi trancher la gorge de Saito, mais nous y avons renoncé parce que sa femme refusait de quitter son cadavre. Ensuite, nous nous sommes rassemblés devant l'entrée principale et nous avons poussé trois *banzaï* pour l'empereur. » On devait retrouver par la suite quarante-sept balles dans le corps de Saito et la comtesse, qui survécut, avait reçu de multiples coups d'épée.

Un autre groupe encore attaqua la résidence du général Watanabe, promu au poste d'inspecteur général de la formation militaire à la place du général Mazaki. Les insurgés firent sauter la serrure de la porte d'entrée d'un coup de pistolet, s'introduisirent dans la demeure et se ruèrent vers la chambre à coucher. L'épouse du général leur demanda calmement à quel régiment ils appartenaient, mais elle fut aussitôt bousculée. Watanabe fut abattu à coups de pistolet, puis un des rebelles lui trancha la gorge.

La huitième unité occupa les locaux du journal *Asahi Shimbun*, tandis que la neuvième, qui s'était mise en route dès minuit en voiture, gagna le village de Yagawara, près d'Artami, où l'ancien garde du Sceau impérial, le comte Makino, séjournait dans sa résidence privée avec sa petite-fille de vingt ans, Kazuko. Les insurgés abattirent un policier et mirent le feu à la demeure, mais, grâce au courage et à la présence d'esprit de Kazuko, ils ne parvinrent pas à tuer Makino : elle entraîna en effet son grand-père dans la colline où les soldats les poursuivirent. Selon la version acceptée des événements, la jeune fille se plaça devant le vieillard, lui faisant un rempart de son corps, et mit leurs assaillants au défi de tirer. Ils préférèrent alors faire demi-tour.

Au cours d'un entretien à Tokyo, la toujours indomptable Kazuko, devenue depuis Mme Aso, a tenu à me préciser que les choses ne s'étaient pas passées de façon aussi dramatique : « Notre garde du corps est parvenu à tuer leur chef avant d'être abattu, a-t-elle expliqué. Nous nous sommes cachés. Ils se sont découragés et n'ont pas fouillé la colline très minutieusement. » Après être restés tapis toute la nuit dans les fourrés, ils se réfugièrent dans une ferme. Un ami vint les y chercher en voiture le lendemain « et nous sommes restés cachés à Tokyo jusqu'à la fin de l'affaire ».

Un autre groupe encore, qui aurait dû se mettre en route au milieu de la nuit pour gagner la résidence du vieux *genro* Saionji, à la campagne, ne partit pas. Après qu'un mystérieux coup de téléphone eut fait savoir au prince que sa vie était en danger ce jour-là, il eut la sagesse de se réfugier chez le chef de la police locale et sa demeure fut surveillée par soixante policiers armés.

A l'aube du 26 février, Hiro-Hito dormait encore, ignorant tout de la mutinerie, du carnage, des barrages routiers dressés à deux pas de l'entrée principale du palais impérial et du fait que certains des meneurs du coup d'Etat avaient transformé l'hôtel Sanno en poste de commandement. L'une des premières personnes à être mises au courant fut le général Honjo. « Alors que je dormais encore, écrivit-il, un second lieutenant du nom d'Ito arriva dans un état d'extrême agitation, prétendant apporter un message de la part de mon gendre, le capitaine Ichitaro Yamaguchi, qui était de service au premier régiment d'infanterie. Me demandant ce qui s'était passé, j'acceptai de le voir. Le lieutenant me tendit un billet griffonné à la hâte annonçant que cinq cents officiers et soldats de son régiment, incapables de se dominer plus longtemps, avaient décidé de passer à l'action directe. Ils s'attendaient à recevoir des renforts continus. Incroyable message ! »

Honjo ordonna au lieutenant de dire à son gendre qu'il devait à tout prix empêcher tout le mouvement. Les troupes s'étaient déjà mises en route, expliqua Ito. « J'ai dit au lieutenant de déclarer catégoriquement à Yamaguchi qu'on ne pouvait laisser l'action projetée se dérouler dans la capitale impériale. Il devait faire tout son possible pour l'interrompre. » Honjo ne pouvait pas savoir que son gendre, loin de décourager les rebelles, était mouillé dans le complot jusqu'au cou, puisqu'il était un de ses principaux organisateurs sur le plan logistique, chargé du transport des commandos (il fut ensuite condamné à l'emprisonnement à vie, mais libéré en 1940).

Honjo téléphona alors au chef de la police militaire, puis à l'aide de camp du palais qui assurait le service de nuit et commanda une voiture pour se faire conduire auprès de l'empereur. Chemin faisant, il croisa des soldats insurgés appartenant à la division de la Garde impériale. A son arrivée au palais, à six heures du matin, il trouva le ministre de la Maison impériale et le grand intendant du palais, qui attendaient déjà d'être convoqués par le souverain. Ce fut là qu'il apprit les assassinats d'Okada, Takahashi et Watanabe — nouvelle que Hiro-Hito venait aussi de recevoir à l'instant. Il fut introduit chez l'empereur. Ce dernier, en uniforme, fulminait : « Sa Majesté était extrêmement perturbée et déclara qu'il fallait écraser cette insurrection le plus vite possible et trouver un moyen de transformer ce désastre en bienfait, écrivit Honjo. Elle se rappela aussi que j'avais exprimé certaines craintes de voir éclater un incident de ce genre. »

Dès le début de la matinée, en ce 26 février 1936, Hiro-Hito avait une vague idée de l'étendue de la rébellion. A sa manière méthodique de maître d'école, il s'efforça d'évaluer les dégâts, ainsi que les conséquences d'une possible extension de la révolte de l'armée — peut-être au pays tout entier. Pour le moment, elle ne semblait pas s'être répandue au-delà de Tokyo.

Il réagit avec calme, mais aussi, comme l'indique Honjo dans son journal, avec une irritation croissante, à mesure que les généraux et le gouvernement, tous rassemblés à l'intérieur du palais mais dans des pièces séparées, commençaient leurs futiles discussions. « 2/26 » devait être un événement marquant dans la vie de l'empereur : c'était la première fois qu'il devait faire face à une crise d'ampleur vraiment nationale ; « l'incident de Mukden » n'avait été, en comparaison, qu'une bagatelle et à l'époque du tremblement de terre de 1923, il était, certes, prince héritier et régent, mais dépendait encore beaucoup des fonctionnaires du palais, retranchés derrière la tradition et le protocole, et d'un gouvernement ridiculement déférent. Cette fois-ci, il se rendait compte que son avenir tout entier était en jeu, peut-être même sa vie. L'ère des compromis et ambiguïtés était révolue. Il ordonna à son ministre de la Marine de mobiliser la flotte de guerre, car il faudrait, le cas échéant, se servir de la marine pour écraser l'armée, même s'il existait aussi parmi les marins — l'empereur ne l'ignorait pas — des « ultras » susceptibles d'étendre la mutinerie à leurs propres rangs.

Il se comporta non seulement en commandant en chef d'une armée rebelle, mais aussi en chef de clan, ordonnant à tous ses proches de venir se regrouper autour du trône. Le membre le plus compromis de la famille impériale, le prince Chichibu, reçut l'ordre de se présenter au plus tôt au palais. Hiro-Hito avait une raison spéciale pour convoquer son cadet : du temps où il était élève à l'Académie militaire, Chichibu avait été très lié avec quatre des officiers dont on savait désormais qu'ils étaient les instigateurs du putsch. Qui plus est, il avait été, pendant plusieurs années, officier dans ce troisième régiment aujourd'hui insurgé — même si, en sa qualité de frère de l'empereur, ses devoirs avaient été légers et ses permissions fréquentes. Hiro-Hito savait, par des rapports de police, que Chichibu avait rencontré à plusieurs reprises l'agitateur radical de droite, Ikki Kita, et que les deux hommes s'étaient fort bien entendus ; c'était d'ailleurs à cause de ses amitiés et relations assez gênantes que le prince avait été expédié loin de Tokyo et affecté à une unité différente (il commandait à présent un bataillon du huitième régiment à Hirosaki, où, l'empereur le savait, les officiers activistes n'étaient pas légion). Si le coup d'Etat réussissait, il était possible que les insurgés fissent appel à Chichibu en tant que sauveur du Japon. Il fallait donc mettre le prince hors d'état de nuire, ne serait-ce que pour son propre bien. Dès son arrivée à la gare de Tokyo, le prince Chichibu fut escorté jusqu'au palais d'Akasaka où il reçut l'ordre (il s'agissait d'un message oral de la part de son frère aîné) de rester pour le moment, sans essayer de se rendre dans sa demeure toute proche d'Aoyama.

Le premier matin, le visiteur le plus important de l'empereur fut le ministre de la Guerre, Kawashima, qui se rendit directement au palais, depuis son ministère occupé par les rebelles, et fut aussitôt introduit auprès du souverain. Il n'avait jamais été très apprécié de l'empereur et son comportement indécis, ce jour-là et les jours suivants, devait mettre un terme à sa médiocre carrière. En effet, au lieu de proposer une action armée immédiate contre les insurgés, à moins qu'ils ne consentissent à se rendre sur-le-champ, solution que Hiro-Hito envisagea d'emblée comme la seule possible, il insista (comme il avait promis de le faire), pour lui lire, d'une voix chevrotante, le long et verbeux manifeste des mutins.

Dès le moment où il apprit la nouvelle, l'empereur comprit que la moindre négociation avec ces derniers équivaudrait à perdre la face de façon irrévocable. Déjà, il se doutait bien que, dans les heures à venir, la rébellion allait faire la « une » de la presse mondiale. La plupart des grandes ambassades étaient proches de l'enclave occupée par les insurgés ; les diplomates qui parlaient le japonais étaient déjà en train de parcourir les lieux, pataugeant péniblement dans l'épaisse couche de neige pour parler aux rebelles, après avoir sans plus attendre télégraphié la nouvelle et leur analyse de la crise à leurs gouvernements respectifs. Les ambassades française et allemande étaient si proches des barricades qu'elles seraient certainement dans la ligne de tir si jamais une fusillade éclatait entre mutins et loyalistes. Plusieurs correspondants de presse s'étaient procuré un exemplaire du manifeste des rebelles, distribué sous forme de pamphlet dans le centre de la capitale par des sympathisants, en dépit des efforts déployés par la police pour le confisquer. Les autobus devaient faire des détours considérables pour éviter la zone occupée et bientôt la ville entière était au courant de la mutinerie, même si les bulletins d'informations radiodiffusés n'y faisaient référence qu'en termes détournés et presque incompréhensibles.

A l'intérieur de la résidence du Premier ministre, les insurgés ne savaient toujours pas que l'homme qu'ils avaient tué n'était pas le Premier ministre Okada. Le gendre de celui-ci, faisant preuve d'un louable courage, regagna la résidence, avec l'autorisation des rebelles, et, guidé par les fidèles servantes, parvint à chuchoter un message d'encouragement à son beau-père démoralisé, toujours caché sous sa pile de linge sale. Alors que Sakomizu se trouvait dans la résidence, un des officiers qui occupaient les lieux lui passa une communication téléphonique. On l'appelait du palais.

C'était un message du ministre de la Maison impériale, Yuasa. L'empereur, annonça-t-il, souhaitait présenter ses regrets à la famille Okada pour ce qui venait de se passer. Devait-on envoyer le messager à la résidence officielle ou à la résidence privée ?

Sakomizu se dit que ce coup de téléphone cachait peut-être quelque chose : se pouvait-il que Hiro-Hito cherchât à découvrir, de cette façon détournée, ce qui s'était passé ? Il songea un instant à en profiter pour signaler la méprise des rebelles quant à l'identité de leur victime, mais il y renonça aussitôt. Un des officiers risquait de l'entendre et, de toute façon, la ligne était peut-être sur table d'écoute. Il resta donc dans le vague, conseillant de ne pas envoyer pour le moment de messager impérial. Il se rendait bien compte que son interlocuteur, à l'autre bout du fil, n'en menait pas large et crut même deviner qu'il se demandait si Sakomizu ne s'était pas lui aussi rallié à la cause des insurgés. Il fallait de toute urgence faire savoir au palais que le Premier ministre était toujours en vie.

Ce n'était pas facile, cependant, et il y eut beaucoup de temps de perdu. Le protocole exigeait que tout fonctionnaire civil se présentant au palais pour demander audience aux membres du « petit cabinet » de l'empereur fût convenablement vêtu. Cela obligea donc Sakomizu à rentrer chez lui pour enfiler son « costume de cour » — habit noir, pantalon rayé et haut-de-forme. Ensuite, ayant pris un taxi pour gagner le palais, il dut parlementer pour parvenir à franchir un des barrages des rebelles. On finit par le laisser passer.

Lorsqu'il arriva enfin au palais, un événement imprévu venait d'avoir lieu, qui compliquait encore la situation : Hiro-Hito avait décidé de nommer son ministre de l'Intérieur, Fumio Goto, Premier ministre par intérim — décision qu'il devait regretter presque aussitôt. Donc, quand Sakomizu se présenta enfin dans le bureau du ministre de la Maison impériale, Hiro-Hito avait bel et bien deux Premiers ministres — dont aucun n'était très vaillant, car Goto s'avéra être une planche presque aussi pourrie que le ministre de la Guerre.

Le protocole exigeait en outre qu'à l'intérieur du palais tout se déroulât sur un rythme paisible et ralenti, ce qui n'empêcha pas Yuasa de faire ce que n'avait encore jamais fait un ministre de la Maison impériale : à peine eut-il appris que le Premier ministre était vivant qu'il se précipita au pas de course chez l'empereur pour le mettre au courant, faisant irruption dans la pièce sans même se faire annoncer. Il était de retour, toujours en courant, quelques minutes plus tard, cramoisi, presque incohérent : « L'empereur est très content, lança-t-il à Sakomizu. Il m'a dit : Excellente nouvelle, et il veut que l'on mette Okada en sécurité le plus vite possible. » C'était la première bonne nouvelle qu'avait reçue Hiro-Hito depuis le début de l'insurrection, car il n'avait encore aucun rapport fiable sur l'état de l'armée dans le reste du pays.

Hors de portée de voix des ministres et des généraux, Sakomizu eut un rapide entretien avec Yuasa. Peut-être pourrait-on ordonner au commandant de la première division, suggéra-t-il, d'escorter le Premier ministre hors de sa résidence occupée. Yuasa repoussa d'emblée cette proposition. De toute évidence, il ne pensait pas que l'on pouvait se fier, pour le moment, à un seul général. Sakomizu se laissa à son tour gagner par le doute : les ministres, qui attendaient l'arrivée de leur chef par intérim, l'entourèrent pour lui demander des détails sur le meurtre d'Okada, mais ils en furent pour leurs frais, car il refusa de répondre à la moindre question. Il n'y avait qu'un seul membre du gouvernement auquel il pouvait tout dire, pensait-il, c'était le ministre de la Marine, ami de jeunesse d'Okada et comme lui ancien amiral. Avec lui, il n'y avait sûrement rien à craindre. Sakomizu lui demanda donc un détachement de marins pour transporter le corps d'Okada hors de la résidence. Impossible, rétorqua le ministre. Cela ne pourrait mener qu'à de nouvelles effusions de sang. A voix basse, Sakomizu lui expliqua qu'il avait une nouvelle cruciale à lui communiquer. S'il ne pouvait pas lui venir en aide, il devait oublier aussitôt ce qu'il allait entendre. Il expliqua alors qu'Okada était toujours en vie. Le ministre de la Marine s'écria immédiatement : « Je n'ai rien entendu » et quitta la pièce au plus vite.

Hiro-Hito attendait à présent que le gouvernement et les commandants militaires lui fournissent un plan d'action pour mettre fin à la mutinerie. Toutes les demi-heures, il envoyait chercher Honjo, son aide de camp — désormais fort démoralisé de savoir que son gendre jouait un rôle clef dans l'affaire. « Que se passe-t-il ? demandait sans cesse l'empereur. Que fait-on ? »

Pas grand-chose, semblait-il, et, de toute façon, rien qui plût à Hiro-Hito. Pendant des heures, les généraux furent incapables de s'entendre sur la marche à suivre, voire sur les termes d'une éventuelle communication aux rebelles. Finalement, à quinze heures, ils émirent un « Avertissement » d'une mansuétude ridicule et annoncèrent que Tokyo avait été placée « sous la juridiction de la première division ». C'était une tentative grotesque pour dissimuler la gravité de la situation au public nippon — un artifice pour minimiser l'étendue de la rébellion, un faux-semblant risible pour sauver la face, en prétendant que les barricades et les barrages étaient officiellement sanctionnés — et ce, de la part de l'empereur en personne. Nul ne fut dupe, car déjà citadins et soldats rebelles s'étaient rassemblés par petits groupes pour discuter la situation, les officiers les plus sensibilisés sur le plan politique justifiant leurs actes dans le langage grandiloquent de leur manifeste du « Grand principe. »

L' « Avertissement » était aussi un aveu des tensions existant parmi les échelons supérieurs de la hiérarchie militaire. En fin de compte, les principaux commandants ne parvinrent à s'entendre que sur une déclaration précisant aux rebelles que leur objectif était « revenu aux oreilles de l'empereur. Nous reconnaissons que votre esprit et vos véritables motifs reposent sur un désir sincère de clarifier la politique nationale ». Les généraux, ajoutait ce document, étaient « en proie à un effroi insupportable ». Hiro-Hito, par le truchement de Honjo, exprima le déplaisir que lui inspiraient ces deux mesures et fut encore plus exaspéré lorsque, par un lapsus presque sûrement voulu, le mot signifiant « esprit et véritables motifs » (*shini'i*) fut remplacé par le mot « vos actions » (*kodo*) — ce qui laissait entendre que l'assassinat de dignitaires haut placés du palais et de ministres recueillait l'approbation officielle. Cette version falsifiée de la déclaration fut celle que l'on communiqua aux médias et les insurgés en conclurent évidemment que l'empereur était sur le point de céder à leurs exigences. Honjo écrivit par la suite qu'il n'avait jamais vu Hiro-Hito dans une telle colère, car il avait en réalité ordonné à Kawashima : « Veuillez mettre fin à cet incident le plus rapidement possible » — c'est-à-dire par la force des armes.

En fin de journée, le gouvernement, dont les membres n'avaient cessé de se réunir à l'intérieur du palais, parvint enfin à l'unanimité sur deux points : au cours d'une entrevue avec l'empereur, le nouveau Premier ministre par intérim annonça que la loi martiale allait immédiatement entrer en vigueur. Ensuite, il déclara que le gouvernement, pénétré de honte à l'idée de ce qui venait de se passer, avait décidé de démissionner. Hiro-Hito accueillit volontiers l'idée d'imposer la loi martiale, mais il ordonna aux ministres de rester en fonction pour le moment. Toutefois, il s'exprima d'un ton si froid qu'ils comprirent aisément que leurs jours au pouvoir étaient comptés. Tout au long de la nuit, ils rédigèrent leurs lettres de démission, essayant diverses formules de contrition. On appréciera mieux la méfiance et le mépris du souverain envers tous ces hommes, si l'on sait qu'il ne dit à aucun d'entre eux, ministres ou généraux — pas même à Honjo —, qu'Okada était vivant et indemne. Après avoir convoqué son premier aide de camp une dernière fois, vers deux heures du matin, pour avoir un rapport à jour de la situation, Hiro-Hito alla se coucher. Il savait désormais que des navires de guerre convergeaient vers la rade de Tokyo et que des unités loyales, y compris des unités blindées, étaient sur le qui-vive en prévision d'un éventuel affrontement. Cette nuit-là, pour la première fois depuis qu'il l'avait fait installer, il dormit sur le lit de camp de son bureau, sans quitter son uniforme.

Cette nuit-là aussi, quelqu'un d'autre apprit que le Premier ministre était toujours vivant. Un sergent de la police militaire, chargé d'emporter les corps des policiers tués, tomba sur Okada — et fit part de sa découverte à un fonctionnaire subalterne des services du ministre. L'homme était un ami proche et sûr de Sakomizu, le gendre d'Okada. Une fois qu'il se fut assuré que le sergent était de leur bord, les trois hommes se réunirent pour organiser l'évasion d'Okada.

Le lendemain matin (27 février), ayant introduit subrepticement des vêtements occidentaux dans la cachette du ministre, ses comparses l'aidèrent à s'habiller et lui couvrirent le visage d'un « masque » comme en portaient les membres des services sanitaires, avant de le faire passer dans la pièce où gisait la dépouille de son beau-frère où il put se mêler à un groupe de proches que les rebelles avaient autorisés à venir s'incliner devant le défunt. Le poussant d'un côté, le portant de l'autre, ils le guidèrent à travers la foule jusqu'à une voiture qui attendait et qui l'emporta aussitôt vers le refuge momentané d'un temple bouddhiste. Okada était tellement traumatisé par son expérience qu'il serait manifestement incapable de reprendre ses fonctions avant un certain temps.

Il y avait à présent un autre problème : s'assurer que les rebelles n'allaient pas s'apercevoir que le cadavre à l'intérieur de la résidence n'était pas celui d'Okada. Sakomizu veilla à ce que le cercueil commandé par la famille fermât hermétiquement et lorsqu'il fut livré, en fin d'après-midi, il enveloppa personnellement la dépouille dans une couverture et ferma la bière de ses mains. Alors que le corbillard s'ébranlait pour gagner la demeure privée du Premier ministre, où l'on préparait une autre cérémonie mortuaire, à laquelle ne manquaient ni le livre de condoléances, ni le portrait bordé de noir du défunt, les soldats rebelles présentèrent les armes.

Ensuite, l'infatigable Sakomizu reprit un taxi jusqu'au palais impérial où il annonça aux ministres que leur chef était vivant et indemne ; il en profita pour leur rappeler que Hiro-Hito voulait voir Okada le plus tôt possible. Mais alors un nouvel obstacle s'interposa : Goto, le Premier ministre suppléant, qui ne devait pas tarder à retomber dans l'oubli, prétendit, au cours d'une risible tentative pour prolonger son passage au pouvoir, qu'en laissant survenir l'insurrection, Okada s'était montré indigne de son poste et devait être traité comme un ex-Premier ministre. Sakomizu en appela aux généraux qui lui battirent froid. Si jamais les rebelles découvraient leur erreur, lui dit-on, ils risquaient de devenir enragés et d'attaquer le palais. Une fois de plus, Sakomizu sauta dans un taxi et regagna la demeure privée d'Okada, afin de s'assurer que les rites funéraires suivraient leur cours, comme s'il s'agissait vraiment du Premier ministre. Il avait désormais révélé la vérité à la famille, ainsi que la mort héroïque de Matsuo. « Je suis heureuse, déclara la veuve de ce dernier, véritable samurai en jupon, que mon mari ait pu se rendre utile. » Tout le monde accepta de continuer à feindre. Sakomizu téléphona aussi au monastère bouddhiste et demanda à son complice, le sergent de la police militaire, d'y rester pour le moment avec le ministre.

Tandis que Sakomizu multipliait les allées et venues entre le palais et la résidence d'Okada, une escorte dépêchée par le palais attendait à la gare de Tokyo le prince Chichibu qui arrivait du nord de Honshu. Une voiture l'emporta directement au palais impérial. (Dans son journal, Honjo assure à tort que le plus jeune frère de l'empereur, le prince Takamatsu, faisait partie de ce groupe, Hiro-Hito l'avait ordonné, en effet, mais Takamatsu préféra ne pas quitter l'enceinte du palais.) Chichibu fut aussitôt introduit auprès de Hiro-Hito, parce que, pour reprendre l'euphémisme de Honjo, « les fonctionnaires de la cour craignaient, si le prince Chichibu regagnait d'abord sa propre résidence, que l'on entrât en contact avec lui pour essayer de se servir de lui ». L'empereur voulait découvrir si Chichibu était de mèche avec les mutins (le prince assura que non) et lui arracher un serment de loyauté sous une forme quelconque.

Chichibu disait-il l'entière vérité ? L'un des insurgés qui passa plus tard en cour martiale certifia à sa famille que le prince les avait encouragés. Et dans une lettre d'adieu, un des meneurs condamné à mort écrivit que « le prince Chichibu m'a dit : lorsque le coup d'Etat surviendra, je veux que vous preniez la tête d'une compagnie et m'invitiez à venir vous regarder quitter la caserne ».

Ce jour-là, il y eut, on ne sut trop comment, des fuites concernant le sort d'Okada, car le commandant de la police militaire, un général quasi infirme, si perclus d'arthrite qu'il pouvait à peine marcher, apprit la nouvelle d'un de ses informateurs et la communiqua au palais. Elle ne fut pourtant toujours pas rendue publique.

Durant cette seconde journée, l'impatience de Hiro-Hito ne fit que croître : il continuait à convoquer Honjo toutes les demi-heures afin d'être tenu au courant de l'évolution de la situation, laquelle justement n'évoluait pas. L'empereur fit venir l'homme récemment nommé commandant de la loi martiale à Tokyo et lui ordonna de désarmer les rebelles « par la force, si nécessaire », sans toutefois lui fixer de limite impérative dans le temps. Durant

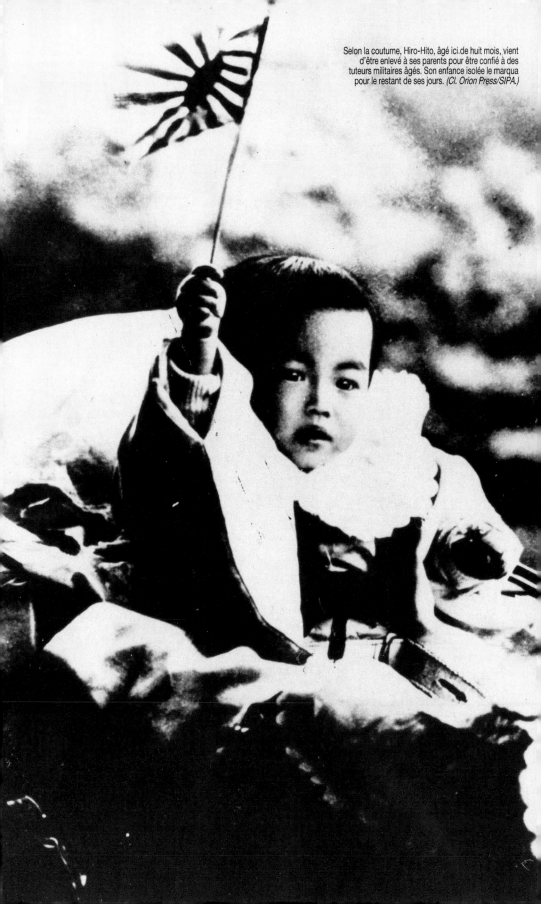

Selon la coutume, Hiro-Hito, âgé ici de huit mois, vient d'être enlevé à ses parents pour être confié à des tuteurs militaires âgés. Son enfance isolée le marqua pour le restant de ses jours. *(Cl. Orion Press/SIPA.)*

Célèbre grand-père de Hiro-Hito, l'empereur Meiji restaura l'autorité impériale, ouvrit le Japon au monde extérieur et, en 1905, écrasa la Russie impériale, qui dut se retirer en grande partie de la Manchourie. Le Japon tout entier lui voua un culte : pour les tuteurs de Hiro-Hito, il était l'exemple à suivre. *(Cl. Roger-Viollet.)*

Son fils *(à gauche)* Taisho, qui lui succéda de 1912 à 1926, fut un empereur falot, irresponsable et débauché ; l'impératrice Sadako, qui l'épousa à seize ans, le soigna avec dévouement, désapprouvant la montée expansionniste japonaise et le faisant savoir à son fils Hiro-Hito. *(Arch. E.R.L.)*

Hiro-Hito *(à gauche)* portant, comme son frère cadet, Chichibu, l'uniforme de l'école des princes ; au centre, le petit prince Takamatsu. Chichibu, mort de tuberculose en 1953, fut mêlé dans sa jeunesse aux complots de jeunes officiers ultras ; Takamatsu, officier de marine, mort en 1987, joua un rôle discret à partir de 1943 en faveur de la paix. *(Cl. Roger-Viollet.)*

Le prince Higashikuni, *(à gauche)* oncle de Hiro-Hito, militaire de carrière, baroudeur et francophone, s'occupa de la formation du jeune prince et devint, dans les deux mois qui suivirent la défaite, Premier ministre du Japon occupé par les forces alliées. *(Cl. Mainichi Newspapers/Orion Press.)*

Véritable père nourricier de Hiro-Hito, le général Maresuke Nogi (1849-1912), héros de la bataille de Port Arthur (1905) et directeur de l'école des princes, se suicida à la mort de Meiji. Il ne s'était jamais remis de la mort de ses deux fils tués sous ses yeux pendant la guerre russo-japonaise. *(Cl. Mainichi Newspapers/Orion Press.)*

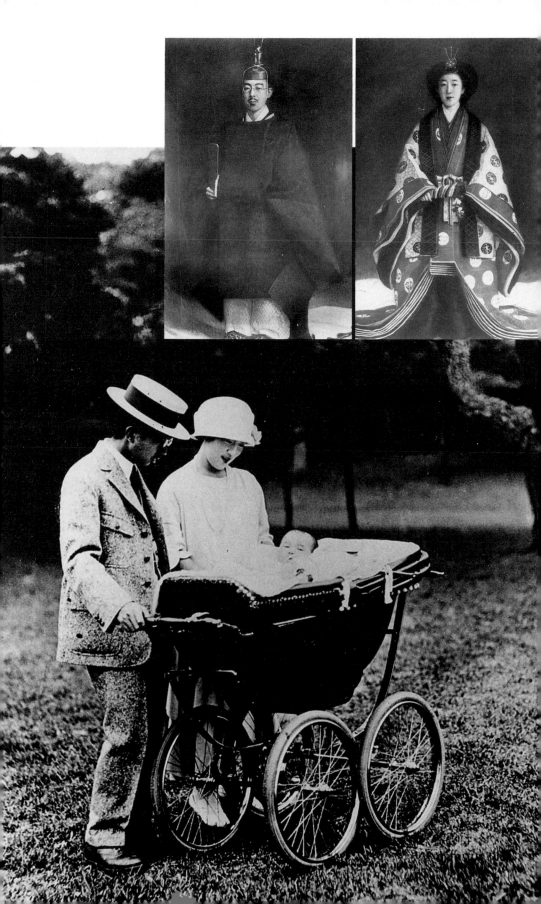

Deux ans après la mort de Taisho, en 1928, Hiro-Hito et Nagako assistèrent aux rites du sacre à Kyoto. Leur première fille, Shigeko étant exclue de la succession, Nagako fut sommée de donner un fils à Hiro-Hito. Elle mit au monde quatre filles avant la naissance de Akihito, empereur depuis 1989. *(Cl. Roger-Viollet et Mainichi/ Orion Press.)*

Jeune empereur, Hiro-Hito institua un emploi du temps rigide, se partageant entre les affaires du trône, les réunions avec sa Cour, ses militaires, ses ministres et ses distractions favorites : l'équitation, l'étude des plantes et de la microbiologie marine. *(Cl. SIPA-Press.)*

Ayant avalisé le coup de force japonais en Manchourie (1931), Hiro-Hito reçut en grande pompe « l'empereur fantoche » Pu Yi et démontra son autorité et sa froide détermination en écrasant une mutinerie de jeunes officiers ultras (février 1936) qui, pendant quatre jours, bouclèrent le palais impérial dans le but de le contraindre à prendre la tête d'un régime ouvertement militaire. *(Cl. Keystone et Mainichi Newspapers/Orion Press.)*

Après la mutinerie, pour donner des gages aux militaires, Hito-Hito accepta la guerre avec la Chine (1937). Son oncle Asaka se distingua pendant l'atroce « viol de Nankin » où des dizaines de milliers de civils et de prisonniers chinois furent massacrés. Hiro-Hito continua de le fréquenter par la suite. (Cl. Mainichi Newspapers/Orion Press.)

Le prince Higashikuni, oncle de Hiro-Hito, prit également part à la guerre, devint commandant en chef de la 2e armée et occupa le Nord de la Chine, utilisant l'appui aérien en grand stratège. (Cl. Mainichi Newspapers/Orion Press.)

La guerre avec la Chine acheva la militarisation de l'appareil scolaire et universitaire japonais. Le maniement des armes devint obligatoire pour les étudiants passés fréquemment en revue par l'empereur lui-même. La société japonaise se mit sur le pied de guerre et une sorte de mobilisation générale s'institua à partir de 1938-39. (Cl. Mainichi Newspapers/Orion Press.)

Le prince Chichibu, ayant servi dans l'unité des mutins, fut ramené à Tokyo et mis en résidence surveillée. Hiro-Hito le somma de proclamer sa fidélité. Il s'exécuta, mais les mutins, avant leur exécution, l'accusèrent de les avoir trahis après les avoir encouragés. Populaire et sportif, Chichibu, qui adorait le jazz et les films américains, manifesta longtemps des velléités de pouvoir et un certain mépris pour son frère aîné. (Cl. Mainichi Newspapers/Orion Press.)

Une des figures les plus tragiques de la cour, le prince Kinmochi Saionji (1849-1940), "genro" (conseiller principal) de Hiro-Hito, vit s'effondrer son rêve d'un Japon libéral et démocratique au profit des militaires, partisans de l'expansionnisme et d'une alliance avec l'Axe.
(Cl. Mainichi Newspapers/Orion Press.)

ses fréquentes entrevues avec Hiro-Hito, Honjo n'hésita pas à lui exposer le point de vue de l'armée. Evidemment, on ne pourrait accorder un pardon total aux « activistes » (il évitait soigneusement d'employer des termes péjoratifs tels que « rebelles » ou « insurgés »), déclara-t-il, « mais si l'on songe à l'esprit qui les a poussés à agir ainsi et au fait qu'ils avaient à cœur le bien de la nation, il ne faut pas forcément les condamner ».

Hiro-Hito rejeta cet avis en termes inhabituellement durs. « Comment ne pas condamner jusqu'à l'esprit de ces officiers d'une brutalité criminelle, qui ont assassiné les sujets âgés que je considérais comme mes mains et mes pieds ? tempêta-t-il. Tuer les hommes âgés et vénérables qui avaient toute ma confiance équivaut à m'étrangler doucement avec un fil de soie. »

« En réponse à ces mots, nota Honjo, je répétai que le fait de tuer et mutiler les sujets âgés est, inutile de le dire, tout à fait horrible, mais que, même s'ils s'étaient laissé induire en erreur par leurs mobiles, ces officiers l'avaient fait dans la ferme conviction que c'était la meilleure manière de servir l'Etat. » Hiro-Hito répliqua que leur seule excuse était « de ne pas avoir agi pour des raisons égoïstes ». Manifestement, dans son esprit, cela n'était pas suffisant pour justifier la moindre indulgence. Tout au long de l'affaire, l'empereur utilisa le terme de « rebelles » et non celui, moins sévère, d' « activistes ». Le vocabulaire des communiqués du ministère de la Guerre, durant les quatre jours de l'insurrection « 2/26 », est tout à fait révélateur : dans le premier bulletin d'informations, les responsables du coup d'Etat étaient décrits comme « un groupe qui s'est élevé pour soutenir et clarifier la constitution nationale ». Ce ne fut que deux jours plus tard, lorsqu'il fut évident qu'il n'y avait eu aucun soulèvement de sympathisants ailleurs au Japon, que le ministère commença à parler d' « émeutiers ». Quant au terme « armée insurgée », il n'apparut que le dernier jour, très certainement à l'instigation de l'empereur lui-même.

A mesure que la deuxième journée traînait en longueur, Hiro-Hito s'emporta une fois de plus contre ses généraux apparemment incapables d'agir contre les rebelles, leur reprochant de faire preuve d'une « prudence excessive et d'inutiles atermoiements ». S'ils n'agissent pas très bientôt, assura-t-il à Honjo, « je prendrai personnellement la tête de la division des Gardes impériaux pour mater ces gens ».

Désormais, le souverain avait parcouru les lettres de démission que lui avait soumises son gouvernement et noté, avec ironie, que les termes en étaient identiques. « Lorsque a eu lieu l'incident de Toranomon [la tentative d'assassinat contre sa personne, en 1923] et que le gouvernement a démissionné en bloc, le ministre sur qui pesaient les plus lourdes responsabilités, celui de l'Intérieur, a écrit une lettre de démission complètement différente de celles des autres, confia-t-il à Honjo. Il a exprimé son très profond sentiment de souffrance. Lorsque Nous avons refusé d'accepter sa démission, il l'a représentée, en expliquant, dans des termes empreints d'émotion, qu'il était incapable de continuer à remplir ses fonctions. » Par contraste, souligna-t-il, la lettre du présent ministre de la Guerre était « étrange ». C'était ainsi que Hiro-Hito entendait faire savoir — par le truchement de Honjo — non seulement son extrême mécontentement, mais le fait qu'il soupçonnait le ministre de la Guerre d'être de mèche avec les conspirateurs. En fin d'après-midi, les officiers rebelles réclamèrent un entretien avec le général Mazaki, l'homme dont l'éviction avait mis le feu aux poudres. Ce dernier s'était déjà rendu plusieurs fois au ministère de la Guerre. La rencontre eut lieu, mais ne mena à rien.

Une autre entrevue eut lieu à huis clos dans le propre bureau de l'empereur. En présence de ses deux frères et de plusieurs proches parents, Hiro-Hito réclama, et obtint de toutes les personnes présentes, un serment de loyauté et d'allégeance. La famille impériale réunie au grand complet décida en outre que, pour que le serment fût absolument à toute épreuve, il fallait que le prince Kanin (malade et alité à la campagne) se présentât au palais, si mal en point qu'il fût, pour prêter lui aussi un serment analogue. Hiro-Hito leur demanda de veiller à ce qu'il fût là sans faute dès le lendemain. Puis, pour la deuxième nuit de suite, il coucha sur son lit de camp dans son bureau.

Le troisième jour (28 février), l'empereur en avait assez : à l'aube il promulgua un décret ordonnant aux rebelles de « se retirer au plus vite » des zones occupées et de regagner leurs unités. S'ils ne s'étaient pas exécutés dans les vingt-quatre heures, ils essuieraient le feu de la troupe. La police commença à dresser des plans pour l'évacuation de certaines zones clefs du centre-ville, afin d'éviter d'inutiles victimes parmi la population civile. Le personnel des ambassades situées dans le périmètre très vulnérable des barricades reçut l'ordre de se cantonner à l'intérieur des bâtiments.

Deux autres princes, absents de la première réunion, arrivèrent au palais : le prince Kanin, chef d'état-major de l'armée, qui jura que son retard était dû à une authentique maladie et qui, pour le prouver, s'alita aussitôt, et le vieux prince Nashimoto, maréchal à la retraite, qui, très ému, prêta le serment d'allégeance et demanda le pardon de Hiro-Hito pour le « crime » de l'armée. Chichibu, qui avait convaincu son frère de sa loyauté, fut autorisé à rentrer chez lui pour tâcher de persuader les officiers insurgés qu'il connaissait personnellement de se rendre. Tout en assurant au ministre de la Guerre qu'il négociait avec les mutins pour le compte de l'empereur, le général Mazaki, toujours prêt à semer la zizanie, était bel et bien occupé à les presser de tenir bon, s'entremettant même auprès d'autres généraux pour faire valoir qu'on avait besoin d'un communiqué approuvant leurs objectifs. Toutefois, parmi les insurgés, certains des simples soldats commençaient à flancher et à reprendre le chemin de leurs casernes. La confusion était telle qu'après une des nombreuses entrevues entre le général Mazaki et les rebelles, certains des meneurs tentèrent de pénétrer dans le palais à sa suite pour parler à l'empereur. Ils furent refoulés.

L'après-midi, Honjo reçut un appel de son gendre. Les officiers rebelles qui occupaient le ministère de la Guerre, annonça Yamagushi, envisageaient de résoudre la crise en se suicidant, mais ils ne le feraient que si l'empereur envoyait un émissaire assister à leur mort rituelle. De toute façon, ajouta-t-il, le commandant de la première division lui avait déclaré qu'il ne permettrait jamais aux « loyalistes » de son unité de tirer sur les rebelles. Honjo n'osa pas transmettre ce second message à Hiro-Hito, mais il hasarda quelques allusions à un suicide collectif en présence d'un fonctionnaire du palais.

La rebuffade fut brutale. « S'ils souhaitent se suicider, qu'ils le fassent, répondit l'empereur. Mais il est hors de question d'expédier un messager auprès de tels gens. »

« Jamais je n'ai vu Sa Majesté manifester un pareil courroux, nota Honjo. Il m'ordonna de faire savoir en termes catégoriques que les troupes devraient être soumises immédiatement. »

Honjo reçut un second appel de son gendre et lui précisa que le pacte du suicide n'avait pas été accepté. Lorsqu'il revit Hiro-

Hito ce jour-là, Honjo éclata en sanglots. L'empereur quitta la pièce, mais le répit fut de courte durée. « Il me convoqua de nouveau et dit que je pleurais tout en protestant contre les calomnies dont on accablait l'armée, mais que si l'incident n'était pas résolu, les conséquences seraient très graves. »

Craignant qu'Okada, dans l'état déplorable où il se trouvait, ne tentât lui aussi de commettre le *seppuku,* son gendre l'introduisit clandestinement au palais, à la nuit tombante, malgré la réticence de tous les autres membres du gouvernement. Les fonctionnaires du palais contemplèrent le vieillard, les yeux écarquillés, comme s'ils voyaient un spectre. Le Premier ministre, larmoyant et défait, supplia d'être autorisé à démissionner pour avoir causé à l'empereur un tel chagrin. Ce dernier refusa. « Je suis heureux de vous voir », assura-t-il et il s'efforça d'insuffler un peu de résolution à son vieux ministre en le traitant avec la ferme douceur que l'on emploie généralement avec les enfants en proie à une crise de nerfs. Okada eut droit à une chambre au palais, mais, visiblement au bord de la dépression nerveuse, il ne reprit jamais ses fonctions. Sa vie avait été épargnée dans des circonstances on ne peut plus humiliantes, si l'on se réfère au contexte du *bushido*. Il avait laissé un membre moins distingué de sa famille faire à sa place le sacrifice suprême et lui offrir ce qu'il ne pourrait jamais lui rendre. Il devait la vie à des humbles, qui n'avaient pu le sauver qu'en le faisant assister à ses propres funérailles — subterfuge risible et honteux, qui aurait fait un sujet rêvé pour une pièce du théâtre Nô. On ne s'étonnera pas de savoir que beaucoup de Japonais estimèrent, après coup, qu'Okada aurait dû commettre le *seppuku* rituel.

Le 29 février, Hiro-Hito se réveilla de meilleure humeur, car les commandants de l'armée étaient enfin décidés à agir : lorsque l'ultimatum expira, à huit heures du matin, le commandant de la loi martiale harangua les rebelles par haut-parleur, les incitant à se rendre. Des chars s'avancèrent le long des rues, dans un sourd grondement, et des avions survolèrent à basse altitude le centre de Tokyo, laissant choir des tracts où l'on pouvait lire :

Regagnez vos unités. Il n'est pas encore trop tard. Quiconque résistera sera considéré comme rebelle et sera abattu. Vos familles pleurent de vous voir ainsi devenir des traîtres.

188

Le lent retour aux casernes des soldats et sous-officiers s'accéléra brusquement. L'ultimatum fut répété à d'innombrables reprises à la radio. L'un des meneurs, un capitaine, tenta de se suicider, mais sans succès ; un autre se fit sauter la cervelle. Finalement tous les mutins restants se rendirent dans le calme et furent aussitôt acheminés vers une prison militaire. La raison de ce renoncement était qu'ils espéraient des procès prolongés, leur fournissant de multiples occasions de discourir, au terme desquels les autorités judiciaires se montreraient aussi clémentes envers eux qu'elles avaient pu l'être lors de précédentes affaires. C'était encore un bien mauvais calcul de leur part, car Hiro-Hito, reconnaissant qu'il s'agissait « d'une tache indélébile dans l'histoire du règne sacré du Showa », était bien décidé à sévir pour l'exemple.

Chapitre 11

Ce ne fut qu'après l'effondrement de l'insurrection de « 2/26 » que l'empereur Hiro-Hito put constater à quel point l'armée était gangrenée : « Pourquoi personne ne savait-il ce qui se tramait ? » protesta-t-il auprès de son aide de camp. Etant donné le rôle qu'avait joué son gendre dans la mutinerie et la mollesse avec laquelle l'armée avait fait face à la crise, Honjo savait que ses jours en tant que premier aide de camp étaient comptés. Fidèle à lui-même, Hiro-Hito joua avec lui au chat et à la souris et ne fit pas la moindre allusion à sa volonté de le remplacer jusqu'au jour où il lui demanda de but en blanc si l'armée verrait d'un bon œil un premier aide de camp sorti des rangs de la marine.

Honjo n'était pourtant pas le seul coupable et, comme Hiro-Hito consentit à le reconnaître, il avait au moins pris la peine de signaler qu'une révolte couvait. A vrai dire, cela faisait des mois, sinon des années, que l'on parlait, parmi l'*establishment* japonais, de soulèvement, sous une forme quelconque. Des archives de la police secrète (mises au grand jour et étudiées durant l'occupation américaine après la guerre) ont permis de découvrir que le prince Chichibu, le prince Higashikuni et jusqu'au marquis Kido avaient tous été au courant, d'une façon ou d'une autre, de certains aspects du complot — même si aucun n'avait su que le 26 février devait être le jour J.

Parmi les autres officiers haut gradés qui n'étaient probable-ment pas sans se douter de l'existence d'une conspiration, citons le général Mazaki, le colonel Ishiwara, qui s'était illustré en Mand-chourie (il était contre l'insurrection et contribua largement à la

190

juguler) et le général à la retraite Araki. L'un des meneurs de « 2/26 », le capitaine Isobe, expliqua à ses juges qu'il avait rendu des visites privées à tous ces officiers « pour sonder leur opinion » et parmi les noms et adresses de quelque importance figurant sur son carnet de notes se trouvaient ceux de Yoshikyuko Kawashima, le ministre de la Guerre, et de Honjo lui-même. Inutile de dire que le journal de ce dernier ne souffle mot d'une telle entrevue.

Hiro-Hito, qui réprima la mutinerie avec tant de fermeté, aurait pu renverser la tendance vers le militarisme dans les mois qui suivirent immédiatement son échec. Ses parents princiers, animés par une admiration et un respect nouveaux, le considéraient comme leur chef incontesté, les têtes brûlées et extrémistes de l'armée étaient domptés, pour le moment du moins, et les commandants militaires enfin réduits à l'obéissance. Avec l'assentiment et le concours de l'empereur, on commença un vaste limogeage des officiers sujets à caution, qui se chiffraient désormais par milliers.

Tout concourait à faciliter une réforme et l'humeur publique n'était pas encore portée aux futurs paroxysmes de ferveur guerrière et promilitaire. Et pourtant, dix-huit mois plus tard, avec la bénédiction de Hiro-Hito, le Japon était engagé dans une guerre à outrance avec la Chine et il était en passe de devenir un Etat totalitaire au plein sens du terme. Comme l'écrivit, lors de son arrivée dans la capitale nippone en août 1937, Robert Craigie, nouvel ambassadeur de Grande-Bretagne à Tokyo (et spécialiste chevronné du Japon, ayant participé aux entretiens sur la limitation des armements navals à Londres en 1930), « le Japon s'est lancé dans une politique d'agression non moins calculée et méthodique que ne l'a été celle suivie par Hitler en Europe après l'occupation de la Rhénanie ». Joseph C. Grew, l'ambassadeur des Etats-Unis, lui aussi observateur expérimenté, en vint à contre-cœur à la conclusion que « frustrés dans leurs tentatives de s'emparer du pouvoir dans leur pays, les extrémistes militaires ont engagé le Japon dans une vaste guerre en Chine ». Ces deux évaluations étaient correctes, bien que les deux diplomates fussent un peu trop enclins à accorder à Hiro-Hito le bénéfice du doute à tout propos, préférant imputer le blâme à des conseillers bellicistes.

La guerre de Chine fut le premier pas décisif sur la route de Pearl Harbor. Pour pouvoir y poursuivre son effort de guerre, le

Japon avait besoin de plus de matières premières qu'il n'en pouvait fournir lui-même ou prendre chez ses vassaux coréens et mandchous ; il lui fallait, notamment, du pétrole pour son énorme flotte. Soucieux de contraindre le Japon à adopter une attitude plus conciliante, les Etats-Unis, imités par la Grande-Bretagne et les Pays-Bas, devaient mettre l'embargo sur les exportations de pétrole et restreindre sévèrement leurs exportations d'autres matières premières à destination du Japon. Ce furent ces mesures imposées à une nation de plus en plus belliqueuse qui finirent par convaincre les commandants militaires nippons qu'à moins d'envahir tout le Sud-Est asiatique pour se procurer ce dont il avait besoin, leur pays allait être étranglé sur le plan économique, ce qui réduirait ses colossales forces armées sur terre et sur mer à la plus totale impuissance. En fin de compte, Hiro-Hito devait accepter cette façon de voir les choses et donner son accord à l'attaque contre Pearl Harbor.

Les événements qui menèrent à cet acte d'agression furent mis en branle presque tout de suite après l'échec du soulèvement militaire, lorsque Hiro-Hito décida, plutôt que d'affronter la perspective de nouveaux complots et d'agitation dans les rangs de l'armée au Japon même, qu'il préférait entériner l'aventurisme militaire à l'étranger. Donc, malgré sa hargne batailleuse envers les insurgés, l'empereur se livra pieds et poings liés aux militaires aussi sûrement que s'il leur avait cédé dès le départ.

Au cours d'un entretien avec Honjo, juste après la reddition des rebelles, Hiro-Hito admit « le besoin d'accéder, dans une certaine mesure, aux requêtes urgentes des militaires, afin d'éviter la répétition de cette tragédie ». On peut déduire aussi quels autres enseignements il avait tiré de « 2/26 », en notant qu'il déclara à Honjo, peu avant de lui « rendre sa liberté », que « du fait que Nous redoutons une répétition de ce genre d'incident si Nous n'acceptons pas [les exigences de l'armée], Nous voulons prendre ses opinions en considération ». Hiro-Hito précisa par ailleurs au marquis Kido : « La formation d'un nouveau gouvernement sera difficile. Un cabinet accueilli avec faveur dans les milieux militaires donnera des inquiétudes aux milieux financiers. Cependant, Nous ne pouvons pas uniquement considérer les intérêts de ces derniers. »

Une première concession impériale, dont les répercussions furent immédiates, fut le retour à l'ancienne coutume qui voulait que tous les ministres de l'Armée et de la Marine fussent choisis dans les rangs des officiers en service actif. Cela donnait de fait à la hiérarchie militaire un droit de veto sur tous les gouvernements à venir. En effet, selon le nouveau règlement, à chaque fois que le chef d'état-major de l'armée et ses acolytes éprouvaient une quelconque antipathie envers le programme ou la personnalité du nouveau Premier ministre ou envers les ministres qu'il aurait désignés, ils n'avaient qu'à refuser de laisser un général accepter le poste de ministre de la Guerre ou de la Marine. Force était alors au Premier ministre de faire savoir qu'il était dans l'incapacité de former un gouvernement et il ne restait plus qu'à choisir un nouveau candidat, plus conforme aux désirs de l'armée.

Le nouveau Premier ministre (de mai 1936 à janvier 1937) fut Koki Hirota, ancien ministre des Affaires étrangères. Ce n'était pas — fait exceptionnel — un aristocrate, mais le fils d'un maçon, qui grâce à ses études très brillantes et à un travail acharné, grâce aussi au soutien du chef du « Dragon noir », Toyama, dont il avait été le fervent partisan durant son adolescence, avait réussi le difficile examen d'entrée au ministère des Affaires étrangères et s'était élevé à la force du poignet dans la carrière diplomatique. En dépit de son enthousiasme de jeunesse pour le nationalisme du « Dragon noir », Hirota acquit en tant que diplomate une réputation de libéral, à tel point que Joseph Grew, enchanté de ce choix, écrivit qu'il considérait Hirota comme « un homme fort et sûr » et que « même s'il doit dans une certaine mesure filer doux devant l'armée, je crois qu'il conduira la politique étrangère aussi sagement qu'il le pourra, compte tenu des éléments intérieurs qu'il devra se concilier ». Moyennant quoi, conclut-il : « C'est probablement lui que j'aurais choisi, moi aussi. »

Hirota n'accepta qu'à contrecœur de prendre la tête du gouvernement, convaincu qu'il finirait à son tour assassiné par les excités de l'armée. Son nom n'avait pas été le premier proposé à l'empereur par le vieux *genro*, Saionji : ce dernier aurait voulu voir son protégé, le prince Fuminaro Konoye, qui était aussi l'ami intime de Hiro-Hito, endosser les responsabilités de Premier ministre, mais Konoye, qui devait devenir chef du gouvernement plus tard dans l'année, refusa pour raisons de santé. Ce n'était qu'un prétexte et le prince était sans doute le seul homme du Japon qui pût se permettre de décliner une telle offre de la part du souverain. Il savait, cependant, que l'armée serait très difficile à manier et préféra se désister.

Le nouveau ministre de la Guerre, qui était aussi, de très loin, l'homme le plus puissant du ministère Hirota, était un « ultra », le général Masatake Terauchi ; il avait tracé les grandes lignes d'une nouvelle politique de Défense impériale, dans laquelle il exposait les objectifs à long terme de la politique étrangère japonaise. Son plan posait comme prémisse que l'objectif global était « d'établir l'autorité de l'empire japonais dans l'Est asiatique », tout en maintenant « des relations amicales avec les puissances étrangères » et en obligeant l'Union soviétique à renoncer à ses « aspirations positives » en Extrême-Orient. Parallèlement, il formait le projet de « dissuader la Chine de dépendre de l'aide européenne et américaine » et de la « persuader », en revanche, d'adopter envers le Japon une « attitude amicale » (« amicale » voulant dire soumise). Pour la première fois, la Grande-Bretagne, en raison de son influence et de ses enclaves en Chine, figurait sur la liste des « principaux ennemis de la nation ».

En dépit de ses constantes protestations d'amitié et d'admiration pour la famille royale britannique, Hiro-Hito accepta et ratifia ce document, qui comprenait également un projet de budgets astronomiques pour l'armée et la marine, lequel ne pouvait signifier qu'une seule chose : que les militaires étaient bien résolus, malgré l'échec de « 2/26 », à jouer les gros bras en Asie.

Hiro-Hito convoqua au palais son nouveau Premier ministre et lui ordonna de veiller à ce que les budgets colossaux de l'armée et de la marine fussent approuvés le plus vite possible par la Diète. « Je vous parle, signifia-t-il à Hirota qui n'osait même pas croiser son regard, mais tenait les yeux baissés vers la table basse qui les séparait, en ma qualité de commandant suprême des forces armées. » C'était la deuxième grande surprise assenée à Hirota depuis son entrée en fonction. La première, survenue dès le premier jour de son mandat, lui était arrivée sous forme de convocation auprès de l'empereur qui lui avait conseillé de respecter la constitution, d'exercer une certaine retenue en matière de politique étrangère, d'éviter tout ce qui risquait de provoquer un bouleversement dans le monde des affaires et (les italiques sont de moi) *de veiller à ce que la position de la noblesse ne fût pas menacée.* Hirota devait ruminer cette dernière injonction des semaines durant. Cela signifiait-il que l'empereur pensait qu'un

Premier ministre issu du peuple ne serait pas capable de faire son travail avec impartialité ? Ou bien s'agissait-il d'une nouvelle attitude de sa part, d'une volonté, dans le sillage de l'insurrection, de mettre de plus en plus souvent aux postes clefs des membres de la famille impériale ? C'était en effet ce qui allait se produire dans un avenir très proche.

Hirota comprit très vite que le général Terauchi tenait le haut du pavé et qu'un Premier ministre civil ne pouvait pas faire grand-chose pour imposer sa volonté. Il présenta donc sa démission, pour reprendre son portefeuille des Affaires étrangères, et resta le loyal serviteur de l'empereur, malgré les craintes que faisait naître en lui l'importance croissante du rôle de l'armée.

Dans une dernière tentative désespérée pour faire obstacle à l'ascension des militaires, le prince Saionji soumit le nom du général Ugaki, l'homme que l'on avait expédié en Corée en qualité de gouverneur général en 1931, après le complot fomenté en son nom, mais auquel il n'avait fort probablement pris aucune part ou presque. Durant les années écoulées depuis sa mésaventure, Ugaki avait conçu une méfiance extrême à l'endroit de l'idéologie expansionniste de ses collègues.

Hiro-Hito entérina le choix du vieux *genro,* par respect pour son grand âge, mais ne fit rien pour venir en aide à Ugaki, lorsqu'il se heurta, comme prévu, au chantage de l'armée. En route pour Tokyo, où il devait être reçu par le souverain, Ugaki vit son véhicule intercepté par la police militaire, la redoutable « *kem-pei* », dont le nouveau commandant, Kesago Nakajima, monta à bord pour lui conseiller, en termes ouvertement menaçants, de ne pas accepter, comme le lui demanderait l'empereur, de former un gouvernement. Cette menace ayant échoué, l'armée refusa pure-ment et simplement de nommer un ministre de la Guerre. En désespoir de cause, Ugaki pria Hiro-Hito de nommer lui-même le ministre de son choix ou bien d'ordonner à un officier de réserve choisi par lui d'accepter le poste, mais l'empereur ayant repoussé sa requête, le général renonça finalement à gouverner le pays.

L'homme qui lui succéda était un ancien ministre de la Guerre, le général Senjuro Hayashi, beaucoup plus acceptable qu'Ugaki aux yeux de l'armée. Il ne resta que quelques mois au pouvoir, cependant, son cabinet démissionnant après un esclandre mémorable en pleine Diète, dû à la tyrannique arrogance du général Terauchi envers les députés, et cette fois le prince Konoye, cédant aux instances de Hiro-Hito et de Saionji, accepta le poste de Premier ministre.

En 1937, le prince Fuminaro Konoye, bien connu du public japonais, était l'un des rares personnages authentiquement populaires sur la scène politique, en raison de ses nombreux écrits dans la presse et de son sens inusité (pour un Japonais) des relations publiques. Indolent, opiniâtre, passionné et imprévisible, Konoye était le seul homme de tout le Japon qui se moquât du protocole lorsqu'il s'adressait à l'empereur. Du temps où il était à la tête du gouvernement, son prédécesseur, Koki Hirota, n'en revenait pas de voir Konoye (de dix ans l'aîné de Hiro-Hito) s'asseoir en présence de l'empereur et même croiser les jambes nonchalamment. Il traitait le souverain en frère cadet, s'amusant à lui rapporter des potins croustillants et de menus propos. Ce comportement n'était pas sans causer à Hiro-Hito, qui n'était pas habitué à ce genre d'écarts, une certaine perplexité : tout à fait dénué d'humour, il était incapable de distinguer entre les cancans et les propos officiels.

Konoye, dont une rue de Kyoto porte toujours le nom, appartenait au clan Fujiwara, dont les membres avaient contracté des mariages avec la famille impériale depuis le VIIe siècle, et il se considérait comme l'égal du souverain sous le rapport de la noblesse et son supérieur sous celui de l'intellect. Sa loyauté, comme il devait le montrer de façon tragique en 1945, était irréprochable. Hiro-Hito avait pour lui de l'affection et de l'admiration. Par son élégance désinvolte et sa façon de vivre, il lui rappelait l'ex-prince de Galles (qui était devenu l'année précédente l'éphémère roi Edouard VIII, avant d'abdiquer et de prendre le titre de duc de Windsor).

Konoye devait sa carrière politique au prince Saionji, qu'il avait accompagné à la conférence de Versailles, en qualité d'aide de camp, mais il ne partageait pas pour autant les opinions patriciennes et libérales du *genro*. Comme Saionji, il méprisait le tout-venant des milieux politiques japonais, mais, à l'encontre de son mentor, il fut dans sa jeunesse et resta jusqu'en 1941, où il opéra un spectaculaire revirement, à la fois un nationaliste et un radical. Dans un célèbre essai, écrit juste avant de partir à la conférence de Versailles, en 1918, il avait dénoncé la Société des Nations, alors en gestation, comme un instrument commode pour la domination exercée par les Britanniques et les Américains sur les puissances asiatiques, plus pauvres. Le Japon, fit-il valoir, ne devrait adhérer à la Société que si les puissances occidentales se montraient prêtes à renoncer à leur « impérialisme économique » et à la discrimination dont les races blanches faisaient preuve à l'encontre des Asiatiques.

Ces opinions radicales et un bref flirt avec le « socialisme de tatami », qui n'étaient que des péchés de jeunesse, allaient de pair avec un puissant sentiment de ses privilèges personnels et une conscience aiguë de sa supériorité princière. Il avait eu une enfance douloureuse : après la mort de son père, il avait connu une soudaine pauvreté et une terrifiante perplexité en apprenant que la femme qu'il vénérait comme sa mère était en réalité sa tante, car son père avait secrètement épousé la sœur de sa femme, après la disparition prématurée et tragique de cette dernière. Bien qu'il eût refusé les « mariages arrangés » qui avaient cours à l'époque pour faire un mariage d'amour, il prit presque aussitôt une concubine. Sa vie sexuelle fort agitée alimentait les ragots des clubs aristocratiques et des rumeurs persistantes ont couru sur ses tendances à la bisexualité. Physiquement, c'était un homme de haute taille, beau garçon à la façon d'une vedette hollywoodienne des années trente, et fort solide bien qu'il prétendît souffrir d'une santé chancelante et fût un hypocondriaque notoire.

Un mois à peine après l'arrivée au pouvoir de Konoye, des troupes japonaises, faisant partie de la garnison légalement installée en Chine du Nord, en tant que force d'occupation limitée, déclenchèrent délibérément des heurts avec des soldats chinois, au cours de ce que l'on appela « l'incident du pont Marco-Polo », au nord de Pékin, le 7 juillet 1937. Ce qui commença comme une simple escarmouche, comme on en avait déjà vu plusieurs, dégénéra très vite en guerre à outrance. Comme pour « l'incident de Mukden », tout avait été soigneusement répété et prévu. Avec le consentement de Hiro-Hito, des soldats japonais déferlèrent immédiatement sur le nord de la Chine, pour venir en renfort de « l'armée du Kwangtung » ; ils ne tardèrent pas à occuper Pékin et marchèrent vers le sud en direction de Shanghai. Ces opérations s'accompagnèrent de débarquements amphibies le long de la côte, soutenus par des tirs d'obus nourris de la part de la marine nippone. A ce stade de sa carrière, Konoye était tout à fait favorable à de telles manœuvres : son but était de renverser Chiang Kai-shek pour le remplacer par des fantoches projaponais plus dociles. Les oncles de l'empereur, le prince Higashikuni et le prince Asaka, devaient accéder à des commandements importants au cours de cette fatidique campagne chinoise. A la fin de 1937, Higashikuni était à la tête de l'aviation japonaise en Chine, tandis que le prince Asaka commandait les troupes de l'armée de terre occupées à progresser au-delà de Shanghai.

Dès le départ les gouvernements britannique, français et américain virent dans ce nouvel exemple d'agressivité la preuve que les militaires avaient pratiquement pris en main les destinées de l'Etat japonais et que l'empereur, malgré sa répugnance, n'avait aucun moyen de les en empêcher. C'était faire peu de cas de deux événements importants : deux jours seulement avant « l'incident du pont Marco-Polo » un pacte avait été signé entre le Kuomintang et les communistes chinois, en vertu duquel les deux adversaires avaient décidé d'oublier momentanément leurs différends pour considérer le Japon comme leur principal ennemi ; et le 17 juillet, dix jours après le début des hostilités en Chine, dix-neuf officiers rebelles, condamnés à mort à la suite du soulèvement du « 2/26 », furent passés par les armes. Du fait qu'à cette date, les gros titres de la presse nippone étaient monopolisés par la guerre en Chine, les exécutions passèrent quasiment inaperçues, sauf des familles concernées. Le pacte entre le KMT et les communistes avait ranimé les craintes dues à l'anti-communisme viscéral de Hiro-Hito et « l'incident du pont Marco-Polo » repoussa opportunément dans l'ombre la fin des insurgés du « 2/26 ». L'empereur s'était vivement inquiété de l'impact qu'auraient les condamnations : on est tenté d'en déduire qu'il fut soulagé de voir l'affaire se conclure ainsi.

Sachant que Hiro-Hito supervisait tous les mouvements de troupes et les promotions militaires, on est aussi tenté d'en déduire qu'il dut être pleinement avisé à l'avance de ce que projetaient les commandants de son armée, bien avant « l'incident du pont Marco-Polo ». Il accorda des audiences personnelles à tous les officiers supérieurs qui partaient pour la Chine avec leurs diverses unités. Dans les semaines qui précédèrent, cependant, son comportement public révèle une considérable faculté de dissimulation : juste avant « l'incident du pont Marco-Polo », il s'entretint sur un ton inhabituellement aimable avec l'ambassadeur de Chiang Kaï-shek à Tokyo et le palais ne laissa passer aucune occasion de souligner les liens personnels qui unissaient l'empereur aux Etats-Unis et à la Grande-Bretagne. Au cours d'une escale à Tokyo, le président des Philippines, Manuel Luis Quezón, en route pour les

Etats-Unis en compagnie du général MacArthur, fut reçu en audience par Hiro-Hito qui les garda à déjeuner. Le souverain débordait de cordialité. « Rarement ai-je vu l'empereur à ce point affable », nota Joseph Grew. Deux mois après le début de la guerre en Chine, Craigie, présentant ses lettres de créance, le 11 septembre 1937, remarqua qu'en dépit des relations tendues entre l'Angleterre et le Japon, à cause du conflit, « l'empereur a été particulièrement aimable et a montré un vif intérêt pour tout ce qui concernait les membres de notre famille royale et le peuple britannique en général ». Il ajoutait que sa première impression de Hiro-Hito était celle « d'un personnage impassible accomplissant avec une certaine raideur un cérémonial coutumier. Toutefois, cette impression s'est très vite modifiée, lorsque après quelques instants de conversation, Sa Majesté a commencé à s'intéresser au sujet abordé et que son visage a pris une expression animée, presque anxieuse, indiquant la vive inquiétude que lui causaient les événements en cours. Ce n'était plus un automate, mais bien un homme qui ressentait profondément les choses et qui, sous le contrôle imposé par une rigide tradition militaire, était véritable-ment désireux de jouer un rôle utile et bénéfique dans les affaires mondiales. En dépit de son abord un peu nerveux, sa tenue fut d'une grande dignité et il faisait passer un sentiment de réelle sincérité ». L'impératrice, nota-t-il aussi, « a démontré une bonne connaissance des affaires et des événements d'Angleterre... On m'a dit par la suite que les deux souverains avaient prolongé leur conversation avec nous au-delà des limites normales ».

Craigie rendit aussi visite à l'impératrice douairière, « une petite dame douée d'une forte personnalité, extrêmement bien informée de tout et de tout le monde ». Lorsque Chichibu revint d'Angleterre, où il avait assisté au couronnement du roi George VI, Craigie se trouvait à Yokohama pour le voir débarquer. Ce qui le frappa par-dessus tout fut la distance à laquelle était maintenue la foule lorsque le prince monta dans son train spécial. Peu après, le prince Arthur de Connaught, qui était venu deux fois au Japon, mourut, et le prince Chichibu et son épouse, ainsi que plusieurs membres importants du gouvernement, assistèrent à un service funèbre dans l'église anglicane de St. Andrew à Tokyo. De toute évidence, malgré l'inclusion de la Grande-Bretagne parmi les principaux ennemis de la nation, on préférait, en haut lieu, laisser tout le monde ignorer les véritables intentions du Japon.

De tels gestes, résultant peut-être de ce voyage en Grande-Bretagne dont Hiro-Hito avait gardé un si plaisant souvenir, firent beaucoup pour renforcer un élément de bienveillance personnelle dans les rapports entre Craigie et le palais. Les diplomates, tout en étant invariablement persuadés qu'ils possèdent le don de charmer et d'influencer autrui, sont généralement moins prompts à déceler les occasions où ils sont eux-mêmes manipulés : en ce qui concerne aussi bien Grew que Craigie, il est certain que l'un et l'autre étaient extrêmement sensibles à l'aura de la royauté. Les deux hommes étaient, chacun à sa manière, des snobs, doués d'un profond respect intrinsèque pour l'institution de la monarchie. Qui plus est, soit grâce à des contacts privilégiés avec des membres de la Maison impériale, soit subtilement influencés par une géniale opération de relations publiques de la part des Japonais, ils étaient convaincus qu'en dépit des propos agressivement favorables à l'Axe tenus par les militaires, l'empereur non seulement pensait ce qu'il disait lorsqu'il assurait que son voyage en Europe avait été l'époque la plus heureuse de sa vie, mais qu'il laissait ainsi entendre que ce voyage avait entièrement conditionné son attitude envers l'Occident. L'idée que — malgré tous ses défauts ou ses contraintes — il était « du bon côté » restait fermement établie. Mais était-ce bien vrai ?

Dans l'Allemagne hitlérienne, les antinazis prêts à risquer leur vie pour abattre le fléau totalitaire constituaient une minorité infime et isolée. Parmi eux figurait un spécialiste de l'Asie, issu d'une des plus grandes dynasties militaires allemandes, Ernst von Reichenau, un catholique pratiquant qui, dès le départ, considéra l'hitlérisme comme une insulte envers la civilisation et se montra résolu à le combattre. Dès 1929, alors que le parti nazi était encore en quête de pouvoir, Ernst von Reichenau prit une décision cruciale en contactant les membres du « Deuxième bureau » français, pour les avertir de l'inquiétante montée du sentiment nazi dans son pays. Il continua à fournir des informations à la France jusqu'au début de la Deuxième Guerre mondiale et noua en outre d'excellentes relations de travail avec l'*Intelligence Service* britannique, ce qui était logique au vu de son intérêt pour l'Asie et de ses fréquents voyages à Hong Kong et Canton. Or, le frère d'Ernst, Walter von Reichenau (mort pendant la guerre sur le front russe) se trouvait être un des généraux préférés de Hitler et un nazi acharné, raison pour laquelle les deux frères ne se parlaient plus.

Le « correspondant » britannique d'Ernst à Hong Kong (membre de l'I.S.) lui demanda de se raccommoder avec son frère de façon à avoir ainsi accès aux informations confidentielles que pourrait lui révéler Walter. Ernst s'exécuta et, professant désormais des convictions pronazies, il mit sur pied une grande scène de réconciliation.

En 1937, parti faire une grande tournée en Chine et au Japon pour promouvoir la vente des armes allemandes, le général Walter von Reichenau fit à son frère le récit circonstancié de sa rencontre avec Hiro-Hito (récit qu'Ernst communiqua ensuite aux services de renseignements britanniques) :

Il était facile de vendre n'importe quoi aux Chinois, en fait d'armes et d'équipements démodés, mais difficile de vendre au Japon autre chose que les inventions les plus perfectionnées et les armes les plus récentes. Il faut aussi se rappeler que la Chine n'était qu'un client, alors que le Japon était traité avec beaucoup de doigté, en sa qualité de partenaire futur et déjà courtisé de l'Axe. La mission du maréchal Walter von Reichenau auprès du Mikado était de faire valoir avec le plus de force possible quelle redoutable impression ferait un futur pacte germano-japonais pour la domination nippone en Extrême-Orient. A cette époque l'axe germano-japonais n'existait pas encore, mais l'idée fut justement soumise à l'empereur par l'un des favoris les plus en vue de Hitler, mon frère.

Ce dernier m'a décrit en détail ce qui s'était passé durant son audience avec l'empereur, dont le temps fort fut le moment où il put s'entretenir en privé avec Sa Majesté et lui annoncer solennellement :

« Votre Majesté, mon Führer envisage avec plaisir — au-delà des questions économiques — une plus grande union entre le pays de Votre Majesté et le sien. »

Mon frère m'a précisé que l'empereur dit alors à son interprète de s'éloigner. Une fois seuls, il regarda mon frère droit dans les yeux et répondit :

« J'ai entendu et je suis satisfait. »

Puis l'empereur fit demi-tour et quitta la pièce tandis que mon frère, figé au garde-à-vous, faisait le salut hitlérien.

Les biographes de Hiro-Hito ont eu bien du mal à expliquer ce qui s'était passé entre la fin de « 2/26 » et le début de la guerre totale en Chine. L'affaire Reichenau, s'ils l'avaient connue, n'aurait pu que les dérouter encore davantage. Car, à l'encontre de ce qui s'était passé lors de « l'incident de Mukden », mis à part deux escarmouches en Mongolie et sur la frontière russe — à l'occasion desquelles les troupes nippones outrepassèrent leurs ordres et furent aussitôt sommées de reculer — il était impossible de prétendre que les décisions clefs avaient été prises derrière le dos de l'empereur par les commandants de son armée, le mettant ainsi devant le fait accompli.

L'un des apologistes les plus connus de Hiro-Hito, feu Leonard Mosley, ne fait qu'effleurer cette période d'une plume quelque peu embarrassée. Défenseur acharné de la thèse selon laquelle le souverain ou bien ignorait tout des événements qui eurent lieu, ou bien fit de son mieux pour mettre halte à la dérive vers le totalitarisme, mais fut, en définitive, incapable de l'éviter, faute de pouvoirs *ad hoc,* Mosley rejette entièrement la faute sur deux des Premiers ministres choisis par le souverain après le putsch du « 2/26 », à savoir Hirota et le prince Konoye, clamant bien haut que l'empereur, quant à lui, était maintenu dans un état « d'isolement total ». Yuasa, le garde du Sceau impérial, était, dit-il, « un faiseur d'embarras qui ne se souciait que du protocole », Kido « n'était plus là » pour aider Hiro-Hito de ses sages conseils, le baron Matsudaira, nouveau ministre de la Maison impériale, « n'avait pas su établir des relations amicales avec l'empereur » et son gendre, le prince Chichibu, qui « aurait pu combler le fossé qui les séparait » se trouvait à Hokkaido avec son régiment. Le prince Saionji, enfin, était vieux, infirme et découragé, et le prince Konoye « était (sans nul doute) endormi ».

Ces critiques ne tiennent pas debout : Yuasa, lorsqu'il était ministre de la Maison impériale, fut presque seul parmi les hauts fonctionnaires du palais à montrer durant le soulèvement du « 2/26 » une loyauté à toute épreuve envers son souverain et une sainte méfiance envers tous les commandants militaires ; en dépit du changement survenu dans sa situation, Kido, en tant que directeur du bureau des pairies et des armoiries, avait conservé ses liens avec le palais et voyait Hiro-Hito presque aussi souvent que par le passé (son journal en est la preuve) ; d'ailleurs — avant de réintégrer le palais en qualité de garde du Sceau impérial — il devait rester en contact étroit avec le souverain, puisqu'il fut d'abord ministre de l'Education et de la Propagande, puis ministre des Affaires sociales, incorporé au gouvernement à la demande expresse de Hiro-Hito, justement pour pouvoir continuer à lui servir « d'yeux et d'oreilles » (il fut plus proche du souverain que tout autre ministre de l'Education avant ou depuis) ; l'idée que Hiro-Hito aurait pu confier à Chichibu (dont nul n'ignorait le passé tumultueux) une mission délicate soit auprès de l'armée, soit au palais même est trop grotesque pour qu'on s'y attarde ; quant au prince Saionji, comme le démontra plus tard un biographe digne de foi, il était plus attristé par la réaction de Hiro-Hito face aux événements qui prenaient place autour de lui que par ses propres infirmités physiques et par les attaques du grand âge.

Mosley attribuait cette nouvelle preuve d'une volonté défaillante chez Hiro-Hito à l'isolement, à la dépression, à une impuissante frustration et à « l'absence d'un proche capable de le galvaniser dans la bonne direction ». Mais la thèse qui veut que Hiro-Hito ait été coupé de tous les hommes qui cherchèrent à attirer son attention sur les dangers d'une politique « positive » envers la Chine ne tient pas debout non plus. Certes, l'empereur reçut des conseils désastreux de la part d'un grand nombre de ses proches, toutefois l'idée qu'il était totalement privé de contacts avec ceux qui professaient des opinions contraires est tout bonnement fausse. Comme le prouve le journal de Kido, il y eut au palais un flot ininterrompu de visiteurs qui n'étaient pas tous partisans d'une agression envers la Chine. Un exemple vient aussitôt à l'esprit : le 30 août 1939, à une époque où la guerre contre la Chine battait son plein, le général Kanji Ishiwara, ex-cerveau de « l'incident de Mukden », qui était devenu depuis un adversaire résolu de la guerre avec la Chine, se trouva, à l'occasion d'un voyage en train, dans le même compartiment qu'un ami intime de l'amiral Yamamoto : Norimachi, fonctionnaire au ministère de la Marine. Les deux hommes se connaissaient. Norimachi demanda à Ishiwara où il allait ainsi. L'autre répondit qu'il devait être reçu en audience par Hiro-Hito avant de prendre ses nouvelles fonctions de commandant de la sixième division d'entraînement : « J'ai l'intention de lui dire, ajouta-t-il, de ne pas laisser continuer l'actuelle guerre contre la Chine. J'ai également l'intention de le dire aux princes Chichibu et Takamatsu. Je sais que le train est bourré de membres de la police militaire en civil et de la police politique, mais ce n'est pas cela qui m'empêchera de clamer bien haut que cette aventure causera la perte du Japon, si nous persistons. »

Le comportement de Hiro-Hito à l'époque où éclata la guerre contre la Chine, dite aussi, par euphémisme, « l'incident de Chine », différait radicalement de celui si distant et si vacillant qu'il avait adopté lors de « l'incident de Mukden ». Ce fut avec son plein consentement que l'on expédia des renforts sur le nouveau théâtre des opérations. Les défenseurs de Hiro-Hito se sont empressés de faire remarquer qu'il s'était élevé avec une vigueur croissante contre la guerre en Chine, mais ils se sont bien gardés de noter que la teneur de ses critiques à l'encontre des généraux était *qu'ils ne gagnaient pas la guerre assez vite* et que celle-ci devenait de plus en plus gênante, surtout après 1940, date à laquelle les ressources militaires japonaises commencèrent à être sollicitées ailleurs. A d'innombrables reprises, Hiro-Hito rappela alors à ses commandants qu'ils avaient promis que tout serait conclu en l'espace de quelques mois. Ce qui mettait l'empereur en colère, c'était le fait que les troupes nippones s'étaient laissé enliser dans un interminable conflit avec la Chine et non la guerre en soi.

Pourquoi, après avoir si radicalement écrasé les rebelles de « 2/26 », l'empereur laissa-t-il « l'incident de Chine » dégénérer en une véritable guerre, qui entraîna, par la suite, l'attaque de Pearl Harbor et « la grande guerre d'Asie » ? Il y eut deux raisons : la première, c'est qu'en dépit de la force de caractère dont il avait fait preuve durant l'insurrection, Hiro-Hito était convaincu que le seul moyen d'éviter de nouveaux soulèvements à l'intérieur du pays était de laisser l'armée se déchaîner au-dehors. L'autre que, malgré son vif désir d'établir des relations durables de neutralité mutuelle avec l'Union soviétique, il agissait sous l'empire d'un anticommunisme primaire et obsessionnel et voyait la menace communiste non pas sous les traits d'une Russie hostile (qu'il serait possible de contenir), mais sous ceux d'une Chine dangereuse, de plus en plus dominée par les rouges.

Ce qui rend les opinions de Hiro-Hito au cours de cette période cruciale si difficiles à cerner, c'est leur ambiguïté même. Il serait faux de croire qu'elles étaient solidement assises, immuables et fondées sur des principes. Comme le montre bien la controverse de « l'organe », l'empereur était fort capable de nourrir en privé une opinion qu'il ne s'avisait pas de défendre ouvertement. Ses pouvoirs de dissimulation étaient, toutefois, considérables et on a des preuves que, à mesure que les militaires consolidaient leur position, sa propre attitude vis-à-vis de la politique étrangère passait d'un extrême à l'autre et qu'il favorisait un jour les liens avec les Etats-Unis et la Grande-Bretagne pour faire les yeux doux à Hitler le lendemain.

La principale et tragique victime de la politique inaugurée à la suite de « l'incident du pont Marco-Polo » fut le vieux *genro*, le prince Saionji. Il était devenu un personnage triste, isolé et de plus en plus dépassé par les événements. Chef incontesté de la petite élite libérale du Japon, il était le témoin impuissant de la destruction de ses idéaux les plus chers, de l'anéantissement de tous ses rêves d'un Japon moderne et tourné vers l'extérieur. Il avait été le protagoniste enthousiaste de la pleine participation de son pays à la Société des Nations — mais le Japon s'en était retiré avec pertes et fracas, dans le sillage de « l'incident de Mukden ». Il avait condamné la course aux armements — et il avait vu le gouvernement Hirota consacrer des sommes d'une ampleur sans précédent à de nouvelles divisions, de nouveaux chasseurs, de nouveaux cuirassés ; il avait prôné l'amitié avec Chiang Kai-shek — et l'empereur venait d'accéder à la requête de l'armée exigeant une guerre totale contre la Chine, le Japon paraissant désormais fermement résolu à éliminer définitivement Chiang de la scène politique ; il avait engagé sa réputation sur le besoin qu'avait sa patrie de maintenir des liens étroits avec la Grande-Bretagne et les Etats-Unis, mais c'étaient des contacts croissants avec l'Italie fasciste et l'Allemagne nazie qui s'étaient imposés, ainsi que le triomphe d'ennemis personnels, tels que le baron Hiranuma, nationaliste de droite, qui en 1936, à la suite de l'insurrection « 2/26 », avait atteint l'objectif qu'il convoitait depuis toujours, en succédant, malgré les objections de Saionji, au prince Konoye en qualité de président du Conseil privé. Pour le vieux *genro*, l'une des couleuvres les plus difficiles à avaler fut la ratification par l'empereur du pacte anti-Komintern, auquel le Japon adhéra en 1937, preuve irréfutable du rapprochement entre l'Allemagne hitlérienne et le Japon nationaliste. A cette époque, le grand âge (Saionji avait quatre-vingt-huit ans), la maladie et sa haine de patricien libéral envers les « ultras », à qui l'empereur prêtait désormais l'oreille, engendrèrent une passivité mélancolique, teintée de léthargie. En apprenant la promotion du baron Hiranuma, Saionji confia à Harada, son secrétaire particulier et confident intime : « Ce n'est pas pour me surprendre... Telle est la tendance du moment et il n'y a rien à faire... C'est bien dommage pour l'empereur. »

En effet, le plus amer chagrin de Saionji n'était pas d'avoir vécu assez longtemps pour voir ses rêves voler en éclats. Ce qui le désolait au moins autant, c'était de voir Hiro-Hito mêlé à une aventure dont le vieillard estimait qu'elle ne pouvait que mal finir et de sentir le mépris de l'empereur pour sa propre vision d'un Japon libéral et ouvert. Sans critiquer directement le souverain, Saionji déclara à de multiples reprises à Harada — avec beaucoup de dignité — qu'il restait tout à fait confondu par la voie inquiétante que suivait le Japon et surtout par l'obstination que mettait l'empereur à refuser de suivre ses conseils. Car Hiro-Hito avait beau se donner les gants de consulter son *genro* de temps à autre, jamais il ne l'écoutait, ni n'agissait selon les préceptes qu'il préconisait. Les remarques du vieil homme se chargèrent d'une amertume et d'une désillusion croissantes. « Qu'allons-nous pouvoir faire, alliés à l'Italie ou à l'Allemagne ? demanda-t-il à Harada. C'est ridicule et je me méfie profondément. Songer au Japon avec les Etats-Unis à l'est et la Grande-Bretagne à l'ouest, voilà qui veut dire quelque chose. Mais cette alliance avec l'Allemagne et l'Italie... à quoi cela peut-il bien rimer ? »

Il était aussi consterné par la distance de plus en plus grande que Hiro-Hito mettait entre lui-même et ses sujets et déplorait les mesures de sécurité draconiennes prises autour de l'empereur : « Il doit sortir un peu plus ouvertement, déclara-t-il à Harada. S'il ne le fait pas, la distance va se creuser entre le peuple et le trône. »

Un an avant sa mort (qui survint en novembre 1940), Saionji refusa tout net de conseiller plus longtemps le palais sur le choix d'un Premier ministre. « Si j'avais le sentiment que l'un vaut mieux que les autres, je le dirais... En trois occasions, j'ai reçu un message de l'empereur disant : S'il vous plaît, conseillez-moi sur les affaires d'Etat. Si j'avais quoi que ce soit à dire qui me paraisse nécessaire, je le dirais *même si l'empereur m'ordonnait de garder le silence* [les italiques sont de moi]. Mais présentement, je n'ai rien à dire... au bout du compte, il n'y a rien à faire, sinon de se taire et d'observer. Si j'étais en meilleur état physiquement et si j'avais un peu plus d'énergie, j'aimerais voir l'empereur et lui parler d'un certain nombre de questions, mais telles que sont les choses, cela aussi est impensable. »

Cette réprimande implicite adressée à l'empereur resta sans réponse. A partir de 1940, il y aurait bien des événements à observer. Fort heureusement, Saionji ne serait plus là pour voir se réaliser l'apocalypse qu'il avait prédite.

Chapitre 12

« L'incident du pont Marco-Polo », en juillet 1937, qui ne tarda pas à entraîner une véritable guerre avec la Chine, n'empêcha pas Hiro-Hito d'aller passer, comme à l'accoutumée, une partie de l'été dans la station balnéaire de Hayama, où il partait, jour après jour, à la pêche aux spécimens. Un voisin américain, l'écrivain Willard Price, a laissé un récit quelque peu idyllique de son existence à proximité de l'empereur vers la fin des années trente.

Dans ce petit port de pêche, à une cinquantaine de kilomètres de Tokyo, Willard Price put constater que Hiro-Hito « possède l'équilibre d'un cavalier et la souplesse d'un nageur, ce qu'on ne s'imaginerait jamais en le voyant si raide et impassible, dans sa limousine, sous le regard de la foule. En de tels moments, le manteau de la divinité pèse lourdement sur ses épaules. Chez lui, il peut oublier qu'il est un dieu. »

Son aspect, lorsqu'il pêchait ou se promenait le long de la grève, reflétait, ajoute Price, des aspirations « de doux rêves et de délices intellectuelles ».

Price eut sans doute droit à une visite guidée du « palais d'été », en l'absence de l'empereur, car il le décrit en détail. « La façade extérieure de la demeure est en bois brut d'un gris terne, patiné par le temps. Il y a beaucoup de poussière dans les pièces. » Il remarqua qu'il n'y avait pas plus de téléphones, que de réfrigérateurs, de cuisinières électriques, de chaudières équipées de thermostat, de climatiseurs ou de machines à laver électriques. Il y avait, en revanche, abondance de moustiques. « Le côté rustique de l'endroit me surprit. C'était presque crasseux. J'eus honte de regagner le luxe de notre propre foyer. »

Bien souvent, Price était réveillé par le bruit que faisait Hiro-Hito, portant « une montre japonaise en chrome à trois dollars », en fendant du bois à l'aube, dans son jardin. Durant ses expéditions de pêche aux spécimens, l'empereur n'échappait pas entièrement au protocole qui régissait la vie de cour à Tokyo. « Il manie lui-même le harpon et le filet », précisait encore Price, mais « chacun de ses gestes est prévu par la cour, observé par sa suite, noté par des scribes... Des courtisans en habit s'enfoncent dans l'eau jusqu'aux hanches, de part et d'autre de sa barque de pêche, pour s'incliner avant de la tirer au sec. »

Un jour, Hiro-Hito oublia une traduction japonaise des fables d'Esope sur la grève. Price voulut la ramasser, mais « un garde se précipita pour s'en saisir et l'emporta avec révérence. » A en croire l'écrivain, les simples citoyens japonais qui résidaient dans les environs ne se voyaient jamais interdire l'accès de la plage, « mais jamais ils ne s'arrêtent pour jouer les badauds ». Il se peut qu'il ait sous-estimé les précautions imposées par les services de sécurité à Hayama et tout le long de la côte, à chaque fois que l'empereur décidait d'aller pêcher, car d'autres témoins oculaires ont assuré que des ports de pêche entiers étaient évacués avant son arrivée. L'espèce de terreur religieuse que l'empereur inspirait à ses sujets était stupéfiante : un Japonais qui avait baptisé son fils Hiro-Hito, nota Price, « finit par tuer l'enfant et se tuer lui-même pour se punir de sa présomption ».

A la fin de l'été de 1937, Hiro-Hito regagna Tokyo. Dans la salle de guerre qu'il avait fait installer au palais, il pouvait suivre la progression de ses troupes en Chine dans le plus grand détail. A Shanghai le nombre de victimes parmi la population civile fut très élevé : pour la première fois eurent lieu, dans les faubourgs de la ville, des bombardements de civils sur une grande échelle. Les correspondants de presse occidentaux suivaient le déroulement du conflit depuis la sécurité relative de la concession internationale, interdite aux soldats nippons. Tous signalèrent l'énorme concentration de troupes et la présence imposante de la marine japonaise. Certains furent même invités à bord du navire amiral où les amiraux japonais leur firent la leçon.

La poussée vers le sud, de Shanghai à Nankin, qui eut lieu en novembre et décembre 1937, eut pour point culminant le « viol de

Nankin », durant lequel des dizaines de milliers de militaires et civils chinois furent massacrés, vingt mille femmes violées et la ville entière pillée de fond en comble, laissant sur la réputation japonaise une infâme souillure que le minuscule général Iwane Matsui, commandant en chef des forces armées nippones à Nankin, finit par payer de sa vie à l'issue du « procès de Tokyo ». Par une de ces sinistres ironies de l'histoire, le tribunal militaire international condamna à mort le seul et unique général japonais qui, horrifié par les atrocités perpétrées à Nankin, avait fait son possible pour les éviter.

A l'exception du Japon, où les livres d'histoire bâclent le sujet en quelques lignes, quand ils ne restent pas carrément muets, l'épouvantable boucherie de Nankin a été amplement rapportée par des observateurs chinois, américains, britanniques et allemands, mais deux questions se posent néanmoins : pourquoi « le viol de Nankin » eut-il lieu et : l'empereur était-il au courant ? Certains des Japonais qui combattirent à Nankin, bourrelés de remords au souvenir de la part qu'ils avaient prise à l'hécatombe (et résolus, en bons bouddhistes, à expier leurs fautes avant de mourir), ont publiquement avoué leurs crimes. Notamment Shiro Azuma, qui décapita dix soldats chinois, mais retourna en Chine en 1987 pour demander pardon au peuple chinois. Pas plus que ses camarades, qui empalèrent des bébés au bout de leurs baïonnettes, ensevelirent des prisonniers vivants avant de leur rouler dessus avec leurs chars et se livrèrent à des viols collectifs dont les victimes, âgées de douze à quatre-vingts ans, étaient exécutées une fois qu'elles n'étaient plus en mesure de servir. Ce ne fut pas un brusque accès de rage qui détermina la conduite des militaires tels que Azuma : tous obéirent, en fait, à des ordres venus d'en haut. Tel est le message que plusieurs anciens combattants japonais ayant pris part au viol de Nankin ont courageusement et opiniâtrement répété, ces derniers temps, à des auditoires réduits de citoyens japonais concernés — appartenant pour la plupart à des groupes pacifistes ou des lobbies antinucléaires.

La raison d'être de toute cette sauvagerie était que la nouvelle du « viol de Nankin » devait se répandre à travers la Chine et convaincre ses citoyens terrorisés à accepter l'occupation japonaise pour ne pas subir un sort identique. Le corollaire de cette proposition était, bien sûr, que cette manœuvre entraînerait en outre le départ de Chiang Kai-shek, car il ne faisait aucun doute que les Chinois rejetteraient son autorité après une débâcle aussi catastrophique. Dans l'un et l'autre cas, l'argument de la brutalité connut un échec retentissant : la résistance chinoise à l'envahisseur japonais s'intensifia et Chiang, même s'il dut dans un premier temps s'enfuir à Hankou, puis à Chungking, ne sombra pas.

La politique « positive » du Japon envers la Chine, inaugurée à Nankin sur une échelle sans précédent, avait un nom, utilisé lors des réunions ministérielles ou militaires, mais jamais dans la presse ; c'était « la guerre punitive » contre la Chine. Cette expression consacrée possède en japonais des connotations beaucoup plus brutales que lorsqu'elle est traduite et elle démentait radicalement la politique soi-disant amicale de la main tendue, la thèse officielle selon laquelle, si seulement les Chinois se débarrassaient de Chiang Kai-shek et se conformaient aux désirs du Japon en ce qui concernait le commerce, la reconnaissance du Manchukuo et l'hégémonie nippone sur l'ensemble de leur pays, tout ne serait que douceur et lumière. L'un des aspects les plus hypocrites de la prétendue « politique d'amitié » envers la Chine, professée par les Japonais, était que le Japon — comme devait le prouver Ko-A-In, le rapport du comité de l'opium du 12 décembre 1938 — n'avait aucune raison majeure de mettre fin à la guerre puisque les dépenses encourues étaient en grande partie épongées par le trafic de drogue sanctionné par les instances officielles nippones et qui se trouvait presque entièrement entre les mains des militaires ou des gendarmes — ou se pratiquait avec leur permission.

Dans quelle mesure, Hiro-Hito était-il au courant des divers aspects de cette « guerre punitive » ? Il ne fait aucun doute qu'il était familiarisé avec cette terminologie, car elle fut mentionnée à de multiples reprises en sa présence. Qu'en était-il de la politique proprement dite ? Leonard Mosley prétend, en citant, bien entendu, des sources appartenant au palais, que l'empereur n'en avait pas la moindre idée et qu'il n'apprit, à son profond chagrin, les détails du « viol de Nankin » que bien des années plus tard, après la guerre. Il fait d'ailleurs valoir que l'on ne trouve pas trace, dans le journal de Kido, des événements survenus à Nankin. Notons, cependant, que le *Kido Nikki*, pour inestimable qu'il soit, est un journal intime retraçant les propres activités de Kido ; on ne saurait en aucun cas le considérer comme une suite de bulletins d'informations. Ainsi, il n'y est pas non plus question du commencement de la guerre en Chine, provoqué par « l'incident du pont

Marco-Polo » ; la seule référence à ce sujet est une phrase assez sibylline, signalant que le prince Konoye ne put assister à un dîner donné par Kido, à cause des « événements survenus en Chine ».

Il est donc instructif de se tourner vers le biographe de Hirota, Saburo Shiroyama (*Criminel de guerre, la vie et la mort de Hirota Koki,* Kodansha, 1974), pour avoir un récit détaillé du massacre de Nankin vu de Tokyo et de son impact sur les milieux gouvernementaux japonais.

Selon la description de Shiroyama, « l'occupation de Nankin posa à Hirota un autre problème épineux et, à long terme, fatal ». Un diplomate japonais, Shunrokuro Hidaka, qui venait d'être nommé consul général du Japon à Nankin, y était arrivé dans le sillage des troupes nippones et il télégraphia au ministère des Affaires étrangères un rapport imagé et horrifié sur les scènes dont il avait été témoin. Un exemplaire de ce rapport fut communiqué au ministère de la Guerre. « Lorsque Hirota eut vent de ces rapports, il entra dans une violente colère, a écrit Shiroyama. Il alla voir le ministre de la Guerre, Sugiyama, afin de protester et de lui demander de prendre des mesures immédiates pour renforcer la discipline dans les rangs de l'armée. Pendant ce temps, à Nankin, le conseiller Hidaka et d'autres allèrent trouver les chefs militaires pour les presser de faire quelque chose. Le général Matsui, commandant en chef, reconnut que les soldats placés sous ses ordres semblaient s'être comportés de façon scandaleuse. Lorsque Hidaka lui demanda s'il se pouvait que les hommes de troupe n'eussent pas entendu les ordres de leurs supérieurs, le général marmonna d'un air sombre qu'à ce qu'il semblait, c'était aux supérieurs eux-mêmes qu'incombait parfois la faute. »

La désobéissance aux ordres de Matsui était en effet flagrante : il avait demandé de ne laisser entrer dans la ville que quelques unités triées sur le volet et il avait rappelé à tout le monde, dans un message spécial, que leur conduite devait être irréprochable. Mais ce furent plusieurs divisions qui déferlèrent dans les rues de Nankin. Les plus infâmes furent les soldats de la seizième division, sous les ordres d'un général sadique, Kesago Nakajima, ancien commandant de la *kempei,* celui-là même qui était monté à bord de la voiture du général Ugaki pour lui demander de ne pas accepter le poste de Premier ministre ; toutefois des divisions d'infanterie sous deux autres commandants se comportèrent de façon presque aussi barbare.

Il s'agissait du général Heisuke Yanagawa, rival de longue date de Matsui, et du prince Asaka, l'oncle de Hiro-Hito (par son mariage avec l'une des filles de l'empereur Meiji), lui aussi général (de corps d'armée), arrivé tout récemment du Japon, puisqu'il n'avait pris son commandement que dix jours avant le « viol de Nankin ».

Hidaka, diplomate intègre, se rendit également chez le prince Asaka afin de lui exprimer son indignation et de lui demander de punir ses hommes. Bien qu'il n'y ait eu dans la presse japonaise aucun écho du comportement des troupes (et il n'y en aurait jamais), Hidaka savait combien les rapports de la vaste communauté étrangère de Nankin porteraient préjudice au Japon : ironie du sort, un grand nombre de soldats chinois torturés ou exécutés séance tenante, par balle ou baïonnette, s'étaient rendus aux Japonais après s'être d'abord réfugiés dans la concession internationale de la ville ; les leaders de la communauté étrangère leur avaient assuré que les Japonais les traiteraient « honorablement » et les avaient pressés de se livrer ; on comprendra aisément que les leaders en question se sentaient tenaillés par la culpabilité après le tour qu'avaient pris les événements.

Le rapport de Hidaka défraya la chronique non seulement au ministère des Affaires étrangères (où le personnel n'était pas encore entièrement composé de créatures dociles aux ordres d'un Japon totalitaire), mais aussi au ministère de la Guerre et à l'état-major général. Un officier supérieur, le général Masaharu Honma, fut envoyé à Nankin pour enquêter et deux mois plus tard, quatre-vingts officiers d'état-major, qui s'étaient trouvés à Nankin avec les forces japonaises durant le sac de la ville, furent discrètement rappelés au Japon. Parmi eux le prince Asaka, qui alla voir Hirota à son bureau, « pour le prier tout spécialement, en présence du sous-secrétaire aux Affaires étrangères, Horinouchi, de lui pardonner tous les ennuis qu'il lui avait causés ».

Il est difficile de croire que cet événement — l'un des scandales les plus criants de la guerre contre la Chine — eut lieu à l'insu de l'empereur Hiro-Hito. A supposer que l'état-major général, le ministère de la Guerre et celui des Affaires étrangères se fussent ligués pour lui cacher les atrocités — et il n'y a aucune preuve qu'ils l'aient fait — il est inconcevable qu'il n'ait lu aucun des rapports sur le massacre de Nankin et qu'il ne se soit pas demandé pourquoi le prince Asaka, qu'il avait vu juste avant son départ pour la Chine, avait été si vite relevé de son commandement. D'autant que quelques jours à peine avant la poussée vers Nankin (en novembre 1937) Hiro-Hito avait établi à l'intérieur du palais son grand quartier général impérial, une salle de guerre très perfectionnée, d'où il devait suivre dorénavant toutes les grandes batailles, et d'où les politiciens, jusques et y compris le Premier ministre, étaient strictement exclus. Ce nouveau QG basé au palais avait eu un précédent sous le règne de Meiji ; or, aucune importante nouvelle militaire ne pouvait manquer d'atteindre l'empereur grâce à ce poste de commandement et les graves remous provoqués par les atrocités de Nankin furent le grand sujet de discussion des diplomates et officiers d'état-major japonais tout au long des mois de janvier et février 1938. Pourtant, moins d'une semaine après s'être platement excusé auprès de Hirota, le prince Asaka reprit régulièrement ses parcours de golf avec son neveu, Hiro-Hito. De quoi parlaient-ils donc ? De la pluie et du beau temps ?

La Chine fut aussi l'un des premiers théâtres des opérations où l'on utilisa sur une vaste échelle des armes chimiques et bactériologiques et, au fil du temps, les Japonais devaient devenir les spécialistes les plus avancés de ce type de guerre. Enfouies dans le projet, affreusement coûteux, de budget militaire pour 1936, que l'empereur avait ordonné à Hirota de faire approuver au plus vite par la Diète, figuraient des allocations destinées à une obscure « Unité d'approvisionnement pour la prévention des épidémies et la purification de l'eau », établie cette année-là par décret officiel frappé du sceau impérial. Les anciens de cette organisation, connue aussi sous le nom d' « unité 731 », sont très fiers de cette origine « impériale », faisant remarquer que leur unité est la seule de toute l'armée à avoir été fondée par « décret impérial » et lors de leurs banquets annuels, ils s'inclinent généralement en direction du palais. Inutile de dire que la Diète ne fut jamais mise au courant de l'utilisation détaillée des sommes considérables réservées à l' « unité 731 » (trois millions de yens pour le personnel, deux cent à trois cent mille yens par unité autonome et six millions de yens pour les expériences et la recherche, durant sa première année d'existence).

Or, l'histoire de l' « unité 731 » est probablement le chapitre le plus sombre de l'histoire du Japon immédiatement avant la guerre ; et, comme nous le verrons plus tard, c'est aussi un chapitre bien louche de l'histoire américaine, une souillure indélébile sur la réputation de MacArthur, qui ne fit que corser la farce que furent les « procès de Tokyo ». « L'unité 731 » avait, en effet, une double fonction : ses équipes, attachées à chacune des divisions sur le terrain, maniaient effectivement un matériel destiné à purifier l'eau et à fournir de l'eau potable aux soldats japonais, mais ce n'était qu'une infime partie de ses activités. Le rôle plus important, mais tenu secret, de cette unité, c'était de développer et de mettre en pratique les techniques de guerre biologique qui, faisaient valoir certains des grands stratèges de l'armée, feraient probablement pencher la balance en faveur du Japon. Or, afin de parfaire ces techniques, il fallait amasser des données scientifiques, ce qui impliquait des expériences non seulement sur les récoltes et les animaux, mais aussi sur les hommes : le temps aidant, « l'unité 731 » finirait par avoir des laboratoires et des bases expérimentales dans des lieux aussi éloignés que Singapour, Nankin et même Rangoon et parmi son vaste personnel on retrouverait la majorité des plus brillants savants japonais, soit invités à participer en tant qu'experts civils, soit, s'ils refusaient, mobilisés et affectés à « l'unité 731 » en qualité de conscrits à partir de 1936.

« L'unité 731 » était la création du général Shiro Ishii, lui-même savant distingué, dont l'équipement mobile pour la purification de l'eau, d'une géniale simplicité, fut admiré par l'empereur en personne, lors d'une de ses nombreuses tournées d'inspection des unités de l'armée juste avant la guerre. Les fonctionnaires du palais, scandalisés, regardèrent le général Ishii transformer littéralement de l'urine en eau potable en présence de Hiro-Hito fasciné, l'invitant même à boire le produit fini « parfaitement salubre » (l'empereur ne s'y risqua pas, mais regarda Ishii en vider un grand verre). Le général avait, toutefois, d'autres objectifs scientifiques, nettement plus sinistres. Comme le confia un ancien de « l'unité 731 » à une équipe de la télévision britannique occupée à réaliser un documentaire particulièrement troublant intitulé « *L'empereur savait-il ?* » pour le compte de TVS, en 1985, « j'avais l'impression qu'Ishii considérait cela [la guerre bactériologique] comme un moyen grâce auquel le Japon pourrait conquérir le monde ». Avant la guerre et la bombe atomique, l'impact d'une guerre bactériologique sur le champ de bataille et sur les populations civiles était un sujet très âprement discuté. Le général Ishii croyait fermement que le Japon, qui n'avait pas signé le protocole de

Genève, en 1925, par lequel la Société des Nations bannissait ce genre de guerre, devait avoir cette arme à sa disposition.

Dès 1931, Ishii, qui n'était encore que colonel, avait établi un petit laboratoire de recherches à l'école de médecine militaire de Tokyo, presque sans encouragements officiels et avec des fonds réduits. Puis, en 1935, il se passa une chose qui transforma radicalement l'attitude de l'état-major général du Japon : une épouvantable épidémie de choléra se déclara en Mandchourie, faisant six mille victimes parmi les hommes de « l'armée du Kwangtung ». Les officiers des services de sécurité prétendaient qu'il ne s'agissait nullement d'une épidémie ordinaire, mais qu'elle avait été délibérément fabriquée par des espions et saboteurs chinois qui avaient répandu le mal en se servant d'une eau polluée. Ils prétendaient aussi avoir capturé des saboteurs chinois avec des rats bourrés de puces contenant, entre autres, les microbes du typhus et de la variole. Du jour au lendemain, Ishii se vit octroyer un budget considérable et ordonner de mettre au point, sur une vaste échelle, un « arsenal » bactériologique japonais. En 1936, Hiro-Hito apposa son sceau à un document établissant l' « unité 731 ».

Ishii fut promu au rang de général de brigade et partit s'installer dans un endroit du nom de Ping Fan, à une soixantaine de kilomètres au sud de Harbin, dans le nord de la Mandchourie. Dès 1939, selon les souvenirs d'anciens membres de l'unité, c'était devenu un vaste ensemble de laboratoires, bâtiments d'habitation et casernes, soumis à une étroite surveillance et pourvu d'une garnison de trois mille scientifiques, laborantins et gardes, dont l'accès était rigoureusement interdit à tous les soldats japonais, hormis ceux possédant un laissez-passer spécial. Des bactéries du typhus, du tétanos, du charbon, de la variole et de la salmonellose étaient entreposées dans de gigantesques cuves.

L'attitude du général Ishii envers ses travaux était curieusement ambivalente : devant ses collègues et supérieurs de l'armée, il se vantait de sa contribution à la défense nationale et de l'intérêt que l'on prenait à ses activités au plus haut niveau ; parmi ses subordonnés, il instillait le besoin du secret absolu, leur faisant jurer qu'ils ne révéleraient jamais ce qu'ils avaient vu à Ping Fan. Pour s'en assurer, il bourra son quartier général et ses laboratoires de recrues et de volontaires venant tous d'un petit village proche de Tokyo, Kamo, dont il se trouvait être le plus riche propriétaire terrien et le « châtelain » local, hautement respecté. Pour que ses travaux eussent une réelle valeur scientifique, Ishii avait besoin d'êtres humains vivants sur qui tenter ses expériences. Sous le brutal régime policier instauré par la *kempei* au Manchukuo, il n'eut aucun mal à s'en procurer.

Les criminels de guerre, si endurcis soient-ils, préfèrent dépersonnaliser leurs victimes. Dans le cas de « l'unité 731 », les cobayes — prisonniers de droit commun, vagabonds, espions ou saboteurs présumés, communistes, Russes blancs apatrides, n'ayant aucune espèce de droits sous le régime fantoche de Pu Yi ; puis, plus tard, après le début de la guerre de Chine et celui de la grande guerre d'Asie, prisonniers de guerre chinois et peut-être aussi britanniques, néerlandais, australiens et américains — étaient désignés par le mot *marutas* (bûches). Il y avait pour eux plusieurs lieux de détention. L'un de ceux-ci, durant les premières années, fut le sous-sol du consulat japonais à Harbin. Les cobayes étaient ensuite transférés en pleine nuit à Ping Fan où ils pénétraient par un tunnel spécialement conçu à cet effet.

Plusieurs anciens membres de « l'unité 731 », aujourd'hui des vieillards pleins de remords, ont parlé de leurs activités. L'un d'eux, Naionji Ozono, chargé d'imprimer et de diffuser à qui de droit les documents « top secret », estime qu'environ trois mille cobayes sont morts des suites d'expériences en tout genre. Des spécialistes japonais de « l'unité 731 », notamment Masaki Shimosato, journaliste de la rédaction d'*Akahata*, le quotidien communiste, fixeraient plutôt le nombre total aux alentours de dix mille. Ozono a expliqué de quelle façon les *marutas*, affublés dès leur arrivée d'un simple matricule, étaient soumis à diverses expériences : on inoculait à certains la dysenterie ou le tétanos ; d'autres (munis ou non de masques à gaz) étaient attachés à des piquets en plein air avant d'être gazés au cyanure ; d'autres encore étaient exposés à des températures de moins cinquante degrés dans des « chambres froides » jusqu'à ce que mort s'ensuivît. Etant donné qu'en 1936, beaucoup d'officiers supérieurs de l'état-major pensaient que la guerre contre l'Union soviétique n'était qu'une question de temps, il était important pour les planificateurs de l'armée japonaise de connaître les limites humaines en cas de guerre dans un climat excessivement froid ou bien lors de vols à très haute altitude : l'un des anciens de « l'unité 731 » a raconté qu'il avait vu deux Blancs — des Russes apatrides — en train de mourir de froid derrière une vitre, serrés l'un contre l'autre pour essayer de se tenir chaud, entièrement nus en dehors des tubes fixés à leurs personnes pour contrôler leurs réactions cardiaques et pulmonaires et le rythme de leur pouls. D'autres expériences étaient encore plus atroces : afin d'établir les limites de l'endurance humaine, on obligeait les prisonniers à endosser de lourds paquetages militaires et à tourner en rond indéfiniment, dans le rigoureux climat hivernal de la Mandchourie, soutenus par de minuscules rations de nourriture et d'eau, jusqu'à ce qu'ils mourussent d'épuisement.

Il n'y eut aucun survivant parmi les *marutas :* la seule porte de sortie, selon Shimosato, « était par la cheminée du four crématoire, sous forme de fumée » — encore que, comme l'a spécifié Ozono, le général Ishii ait conservé, à des fins scientifiques, une imposante collection de spécimens en bocal, y compris des cadavres entiers. Certaines expériences, a-t-il ajouté, notamment des vivisections, étaient d'un intérêt scientifique plus que douteux et, au cours d'une révolte des prisonniers, tous les détenus de deux rangées de cellules à l'intérieur du centre furent empoisonnés par des gaz toxiques.

Le plus gros problème du général Ishii n'était pas la fabrication de bactéries sur une gigantesque échelle, ni le manque de cobayes, mais l'absence de systèmes de diffusion efficaces : quand l'heure fut venue de tester les « méthodes de diffusion offensives », on s'aperçut que les bombes à basse altitude avaient le fâcheux défaut de détruire — en explosant — les bactéries mêmes qu'elles étaient censées disséminer au-dessus de l'ennemi. Pour finir, le général trouva un moyen de diffusion plus sûr et moins coûteux : des rats contaminateurs infestés de puces porteuses de bactéries. Dans le cours de la guerre contre la Chine, à partir de 1937, de tels « lâchers de rats », durant des raids aériens, devinrent communs et firent l'objet de rapports adressés à Roosevelt et aux gouvernements britanniques successifs par Chiang Kai-shek. Ils n'étaient pas toujours pris au sérieux. Pourtant, l'état-major général du Japon était bien placé pour savoir ce qu'il en était : à l'occasion, d'un de ces fameux « lâchers de rats », l'attaque bactériologique tourna mal et frappa les troupes japonaises sur le terrain, faisant mille six cents victimes.

Dans quelle mesure Hiro-Hito était-il au courant de tout ceci ? Même les experts japonais en la matière se dérobent devant cette

218

question. D'un côté, il y a le fait incontestable qu'il apposa son sceau au décret ordonnant l'établissement de cette unité et, comme me l'a dit un membre de la famille impériale, « l'empereur lisait tout ce qu'il marquait de son sceau — jamais il n'aurait utilisé celui-ci comme une simple machine à estampiller ». Il faut songer aussi à ce que coûtait « l'unité 731 » : l'empereur avait la manie d'éplucher les comptes, qu'il s'agît de ceux de sa propre Maison ou du budget de l'armée, et « l'unité 731 » coûtait cher, puisqu'un de ses administrateurs alla même jusqu'à la décrire comme « le tonneau des Danaïdes » (en 1941, l'allocation originale de trois millions de yens pour la recherche avait décuplé). Un autre survivant assure que « l'origine impériale » de l'unité signifiait que son budget était « quasiment illimité ». En outre, Hiro-Hito était lui-même un scientifique d'une envergure considérable, même si sa propre spécialité était fort éloignée de celle du général Ishii, qu'il connaissait, dont il ratifia la promotion et à qui il accorda l'honneur d'être élevé à un haut grade de « l'Ordre du soleil levant ». Il faut par ailleurs considérer sa responsabilité légale : en sa qualité de commandant en chef, tout ce que faisait l'armée impériale du Japon était fait en son nom. Enfin, il est certain qu'en ce qui concernait la « recherche et le développement » de ses forces armées bien-aimées, l'empereur avait donné une fois pour toutes l'ordre de le tenir parfaitement au courant de toute expérience scientifique ayant trait aux choses militaires : vers la fin de la guerre, par exemple, il n'ignorait rien des efforts tentés par les ingénieurs de l'aéronautique japonaise pour mettre au point un avion expérimental volant à très haute altitude, capable de détruire des bombardiers américains B-29.

« La culpabilité par association » est un concept répugnant, mais on ne peut passer sous silence la participation aux affaires de « l'unité 731 » de certains membres immédiats de la famille impériale. Un photographe de l'unité se rappelle avoir pris un cliché de groupe des officiers se trouvant à Ping Fan, parmi lesquels trônait à la place d'honneur le plus jeune frère de Hiro-Hito, le prince Mikasa, en tournée d'inspection. Le photographe, Yamashita, n'eut pas le droit d'accompagner le prince et sa suite dans le secteur des laboratoires « interdit » au tout-venant et il ne peut donc assurer si le prince vit ou non « tout ce qu'il y avait à voir ». Toutefois, il a gardé un souvenir très net de cette occasion, parce qu'il fut sévèrement réprimandé par le général Ishii : le soleil se reflétant dans les lunettes du prince gâcha le cliché, car il cachait complètement le regard de Mikasa. Plus tard, dans ses mémoires, ce dernier mentionna « l'unité 731 » — sans la citer nommément — en ces termes :

> Un jeune officier m'a expliqué — et le choc a été d'autant plus grand qu'il avait été mon condisciple à l'école des officiers — qu'on utilisait exclusivement des prisonniers vivants pour l'entraînement à la baïonnette, afin d'améliorer le tour de main des soldats. On m'a aussi montré des films où de grands nombres de prisonniers de guerre chinois amenés par trains et camions étaient obligés de marcher dans la plaine de Mandchourie pour qu'on puisse faire des expériences avec des gaz toxiques sur des sujets vivants. Un médecin militaire haut gradé, qui a pris part à ces expériences, m'a dit... qu'ils avaient essayé de donner à de tels groupes des fruits contaminés par le choléra, mais sans succès.

Le prince Chichibu ne se rendit pas à Ping Fan, mais il assista, le 9 février 1939, à une conférence secrète donnée par Ishii au ministère de la Guerre et fut « abasourdi » par les résultats du général.

Cependant, de loin le plus averti de tous les parents de Hiro-Hito dans ce domaine était le prince Takeda, son cousin germain, qui devint l'officier responsable des finances de « l'unité 731 », au QG de « l'armée du Kwangtung ». Takeda, dont le nom de guerre était le « colonel Suneyochi Miata » et dont la mère était Masako, sixième fille de l'empereur Meiji, reconnut dans une interview accordée en 1983 à Peter McGill de l'*Observer* (qui ne fut jamais publiée) qu'il avait visité « l'unité 731 » dans l'exercice de ses devoirs militaires. Bien qu'il manifestât une nette réticence à ce sujet, le prince confia à McGill qu'il n'éprouvait aucun scrupule en ce qui concernait le principe de la guerre biologique (« Je crois que nous avions besoin d'étudier tous les moyens de faire la guerre ») et il se vanta du fait que le Japon avait eu les moyens nécessaires pour fabriquer une bombe atomique « avant les Etats-Unis ». « Le Japon aurait pu être le premier », déclara-t-il.

Nul n'ignore plus, bien sûr, que Hiro-Hito fut progressivement isolé de ses frères et cousins à mesure que la « grande guerre d'Asie » suivait son cours, limitant volontairement ses contacts avec eux, sous prétexte qu'il ne voulait pas voir des gens qui ne jouaient aucun rôle officiel dans la façon de mener la guerre se mêler d'affaires qui ne les regardaient pas. Toutefois, au cours des années immédiatement antérieures à la guerre, ces restrictions n'existaient pas.

L'un des anciens de « l'unité 731 », aujourd'hui fort âgé, a révélé que « l'empereur devait être au courant, parce que le budget était énorme et les personnes concernées évoluaient au plus haut niveau ». Un ancien chercheur de l'unité a ajouté que « les rapports devaient être soumis à tous ceux qui s'intéressaient de près aux recherches importantes. Il est impensable que ces informations n'aient pas été communiquées à l'empereur ». Les activités de « l'unité 731 » étaient connues d'un grand nombre de médecins travaillant au vaste hôpital militaire de Shinjuku, à Tokyo, où des centaines de spécimens humains « en conserve » étaient entreposés (ils furent détruits dans le mois qui suivit la capitulation japonaise, avant que les forces d'occupation américaines n'eussent commencé à s'organiser).

Paradoxalement, Shimosato pense que Hiro-Hito, bien qu'il eût une connaissance « schématique » des travaux de « l'unité 731 », n'était pas au courant des expériences sur des cobayes humains. « Le critère pour la distribution des informations était la nécessité de savoir, explique-t-il, et il n'existe aucun document indiquant que l'empereur avait conscience de ce qui se passait. » L'écrivain à succès Seichi Morimura, auteur de plusieurs livres sur « l'unité 731 » (ce qui lui a valu des menaces de mort de la part des militants de droite) estime que Hiro-Hito « avait peut-être une très vague idée de la chose ». Un des arguments qu'il avance est que l'armée aurait pu cacher les détails les plus atroces au souverain « sous prétexte qu'il était humaniste et aurait pu ordonner la dissolution de l'unité s'il avait eu pleinement conscience de ce qui s'y passait ».

Cependant, tous ces arguments sont fondés, à tout prendre, sur la prémisse que l'empereur ne cessa à aucun moment d'être « humaniste », « pacifiste », et « fondamentalement opposé à la guerre » ; aussi bien Shimosato que Morimura préfèrent essayer de deviner qui, dans l'entourage de Hiro-Hito, « savait forcément ». Tojo, son Premier ministre à partir d'octobre 1941, sans aucun doute, Konoye et Kido probablement, et, bien entendu, tous les généraux haut placés, y compris les ministres de la Guerre et les chefs d'état-major qui se succédèrent durant ces années. Comment un tel secret aurait-il pu être dissimulé pendant si longtemps à un empereur aussi travailleur et curieux de tout que Hiro-Hito, personne ne s'avise de l'expliquer. Toutefois, ces vaines spéculations, y compris celle qui porte sur ce que l'empereur savait (ou ignorait) des expériences de « l'unité 731 », sont presque entièrement éclipsées par le fait monstrueux que ni le général Ishii, ni aucun de ses principaux assistants, dont certains occupèrent par la suite, après la guerre, des postes au plus haut niveau dans les hôpitaux, les laboratoires et les universités du Japon, ne passèrent jamais en jugement pour ce qu'ils avaient fait. D'ailleurs, comme on le verra plus tard, on ne trouve dans les trente mille dossiers du TMIEO qu'une mention extrêmement brève et superficielle de « l'unité 731 ».

Chapitre 13

Le 11 décembre 1937, au plus fort du siège de Nankin (les massacres allaient survenir quelques jours plus tard), des avions de la marine japonaise bombardèrent le navire de guerre américain *Panay*, sur le Yang-tseu-kiang, près de Shanghai, tandis que l'artillerie japonaise coulait la frégate britannique *Ladybird*. Les deux embarcations patrouillaient régulièrement le fleuve pour protéger les navires étrangers et rassurer la communauté internationale de Shanghai en « faisant flotter le drapeau » ; leur destruction, qui fit plusieurs victimes parmi les équipages, provoqua un grave incident diplomatique, en grande partie résolu grâce au doigté de l'amiral Yamamoto ; après que ses subordonnés eurent tenté d'étouffer l'affaire, le ministère de la Marine publia un communiqué approuvé par lui en ces termes :

> Une unité de l'aéronavale a bombardé par erreur trois navires à vapeur de la compagnie Standard, frappant les vaisseaux en question, ainsi qu'un navire de guerre américain qui se trouvait à proximité. Cet incident, qui met en cause la marine des Etats-Unis, est tout à fait regrettable.

Yamamoto présenta personnellement des excuses à Joseph Grew, en déclarant : « La marine ne peut que rougir de honte », et il révoqua séance tenante le contre-amiral responsable de ce faux pas.

Le courroux de Yamamoto, à cette occasion, était parfaitement sincère. Un peu plus tôt, il s'était répandu en invectives contre le comportement des troupes impériales en Chine (« Ça me met dans une telle fureur que j'arrête de fumer jusqu'à la fin de cette histoire »), mais ce qui le hérissa par-dessus tout, ce fut de constater que l'armée ne se donnait pas la peine de sanctionner l'officier responsable du tir contre le *Ladybird*. Il s'agissait du colonel Kingoro Hashimoto, officier de réserve, qui avait momentanément repris du service en Chine ; c'était, soit dit en passant, l'homme qui avait été de tous les complots militaires d'extrême droite dans les années trente, en tant que meneur de la « Société Fleur de cerisier ».

Ce furent de tels comportements, de la part des militaires, qui incitèrent progressivement Yamamoto à penser que le Japon ne parviendrait jamais à instaurer une forme de gouvernement équilibrée, tant qu'on n'aurait pas exercé une sévère répression contre « la droite » — mesure qui engendrerait peut-être de brefs heurts, sur une échelle beaucoup plus vaste que « 2/26 », mais qui débarrasserait pour de bon le pays de ses têtes brûlées. En 1937 encore, Yamamoto était convaincu qu'en cas d'affrontement de ce type, la marine se rallierait au souverain, de même que la majeure partie de l'armée. Les individus de l'acabit du colonel Hashimoto, déclara-t-il à un ami, méritaient d'être fusillés.

L'amiral Isoroku Yamamoto allait pourtant devenir l'artisan de Pearl Harbor et, de ce fait, le personnage désigné par la presse américaine comme l'incarnation de tout ce que le militarisme nippon avait d'odieux. Par une ironie du sort, on pourrait dire que s'il y eut, en ces temps troublés, d'authentiques héros japonais, son nom figure indéniablement en tête de liste. En effet, depuis le début de la guerre en Chine et jusqu'à l'attaque contre la flotte américaine, il ne fut pas seulement pro-occidental et parfaitement conscient de la monumentale erreur que commettait l'empereur en laissant son pays entrer en guerre ; c'était aussi, à sa manière, un antimilitariste, nourrissant une profonde méfiance envers la plupart de ses collègues et excitant pareillement celle des officiers chauvins qui, de plus en plus, faisaient la loi dans les milieux de l'armée et de la marine — et qui l'auraient volontiers expédié *ad patres* à la première occasion.

Ce petit bonhomme (à peine un mètre soixante pour moins de soixante kilos), imposant néanmoins, chauve comme une boule de billard et doué d'un sens de la repartie dont l'irrévérence faisait mouche, avait été remarqué dès l'école navale pour ses qualités de

« risque-tout » et avait bien profité de ses deux séjours aux Etats-Unis — l'un en qualité d'officier subalterne détaché à Harvard pour y poursuivre des études, l'autre en tant qu'attaché naval en titre, s'entendant à merveille avec ses collègues américains qui le trouvaient savoureusement différent de tous les autres Japonais de leur connaissance. Dans les années vingt, à l'occasion d'une permission, il s'était rendu jusqu'au Mexique pour y étudier l'industrie pétrolière et faire un rapport à ses supérieurs (ce genre de tournée d'information semi-clandestine faisait partie de la routine pour tous les ambitieux officiers d'état-major en poste à l'étranger) ; il avait été ramassé par la police mexicaine qui avait dûment signalé au FBI qu'un « homme prétendant s'appeler Isoroku Yamamoto, officier de la marine japonaise, parcourt le pays pour inspecter les puits de pétrole. Il séjourne dans les pires mansardes des hôtels borgnes, mais ne mange jamais à l'hôtel, se nourrissant exclusivement de pain, d'eau et de bananes. Veuillez confirmer son identité ».

Même selon les critères de l'époque, la vie de famille de Yamamoto était bizarre : ayant reçu l'empereur à bord de son navire amiral, le *Nagato,* à l'occasion d'une revue navale, il décida d'aller, pour une fois, passer la nuit chez lui, événement si inhabituel qu'il fut obligé d'escalader le mur de son jardin et d'entrer dans sa maison par effraction, comme un cambrioleur. Sa vie amoureuse était mouvementée : il inspira de violentes passions à trois femmes du « demi-monde », dont l'une n'avait été qu'une apprentie geisha de douze ans, lorsqu'ils avaient fait connaissance. Il se conduisait parfois de façon scandaleuse, recevant ouvertement ses conquêtes à bord du *Nagato* et ne faisant pas mystère de ses rapports avec les « belles de nuit ». Calligraphe de talent, il décorait les maisons de geishas de ses maîtresses passées et présentes et vivait bien au-dessus de ses moyens, malgré les considérables revenus annexes qu'il devait à ses dons phénoménaux de joueur de bridge et de poker. Animé par une farouche croyance dans les forces occultes, il engagea un spécialiste de la physiognomonie et de la chiromancie pour déceler les futurs as de l'aviation parmi les recrues de l'armée de l'air japonaise et subventionna brièvement un charlatan qui se prétendait capable de transformer l'eau en pétrole.

Toutefois, ce m'as-tu-vu impénitent qui, histoire de s'amuser, tentait de périlleux équilibres sur les mains aux balcons des étages supérieurs ou sur les rambardes des navires et qui était possédé par le démon du jeu, déclarant, après avoir reçu les félicitations de Hiro-Hito pour l'attaque contre Pearl Harbor : « S'ils voulaient vraiment me faire plaisir, ils feraient mieux de m'autoriser à ouvrir un casino à Singapour », était aussi l'un des esprits militaires les plus originaux du siècle. A l'instar de De Gaulle qui, après la Première Guerre mondiale, fut l'un des premiers à comprendre que le char d'assaut allait révolutionner la guerre moderne, Yamamoto pressentit que les batailles navales de l'avenir seraient livrées et gagnées dans les airs. Mais, contrairement au général, qui, en vrai prophète, ne fut pas reconnu à temps dans son pays. Yamamoto reçut tous les encouragements nécessaires pour mettre au point une force de frappe aérienne, basée sur des porte-avions, sans laquelle le Japon n'aurait jamais pu se lancer dans une guerre importante. En tant que chef des unités aéronavales de la marine impériale, vice-ministre de la Marine et, pour finir, commandant en chef de la « flotte combinée », Yamamoto fut effectivement l'artisan de Pearl Harbor ; mais, ironie du sort, dès le départ, ce fut tout à fait à contrecœur, et même en proie à de sombres prémonitions, qu'il échafauda des plans pour l'attaque contre Hawaii, car il savait parfaitement qu'elle causerait éventuellement la perte de son pays.

Yamamoto avait été chef des services de recherche aéronautique lors de l'insurrection « 2/26 » ; il avait son bureau au siège de l'Amirauté et le deuxième jour du putsch, quelques jeunes officiers de marine y avaient fait irruption, en clamant que la marine devait absolument se joindre aux rebelles de l'armée. Yamamoto s'était fâché : « Foutez-moi le camp d'ici ! » et telle était la force de sa personnalité qu'ils regagnèrent leurs bureaux sans piper. Cette prise de position et les commentaires impitoyablement moqueurs qu'il faisait pleuvoir sur les travers de ses collègues et de ses supérieurs, au sein du gouvernement et des forces armées, lui valurent plus que sa part d'ennemis. Par mesure de précaution, à l'époque où il était vice-ministre de la Marine, il avait ordonné qu'une voiture blindée bloquât en permanence l'entrée de l'immeuble où se trouvait son bureau et, à l'encontre des autres officiers supérieurs, il refusa la protection des forces de sécurité de la *kempei,* la police militaire, car il considérait ses membres comme des espions à la solde de la droite.

Bien qu'il fût aussi fanatiquement dévoué à l'empereur que

n'importe lequel de ses collègues, son franc-parler le faisait passer pour un non-conformiste : lorsque l'un des frères cadets du souverain, le prince Takamatsu, entra au ministère de la Marine en 1937, à sa sortie de l'Ecole navale, en qualité de capitaine de corvette, le bras droit de Yamamoto projeta de l'accueillir en grande cérémonie, en demandant à tout le personnel du ministère d'aller s'aligner devant le bâtiment pour saluer son arrivée. Yamamoto, furieux, annula ces arrangements, en rappelant à ses aides de camp que Takamatsu — du moins à l'intérieur du ministère — était non pas un prince, mais un officier subalterne qu'il convenait de traiter comme tel.

Plus tard, à l'occasion des fêtes organisées en 1940 pour célébrer le deux mille six centième anniversaire de l'accession au trône de Jimmu, l'ancêtre de Hiro-Hito, Yamamoto, pourtant invité, n'assista pas aux rites qui eurent lieu devant le palais impérial. Il expliqua ainsi son absence : « Le Japon est en guerre avec la Chine et, si j'étais Chiang Kai-shek, j'aurais utilisé tous les avions à ma disposition pour anéantir d'un seul coup la famille impériale et les autorités japonaises. C'est pourquoi j'ai décliné l'invitation de Sa Majesté et suis parti passer deux jours en mer, afin de surveiller le ciel. » Yamamoto, note son biographe, Hiroyoki Agawa, prétexta peut-être cette éventualité assez improbable pour échapper à une corvée assommante, car il détestait la propension croissante des propagandistes nippons à mettre en avant les mythes « divins » et la « voie des dieux », lorsqu'ils voulaient donner au public la notion de l'invincibilité des forces armées japonaises, décourageant ainsi les comparaisons sérieuses, à long terme, entre les potentiels de guerre japonais et américain.

Il le précisa d'ailleurs clairement, à l'époque où il était vice-ministre de la Marine, dans un rapport au gouvernement, qui fut probablement lu par Hiro-Hito en personne : « Une guerre entre le Japon et les Etats-Unis serait une grande calamité pour le monde », écrivait-il, en critiquant violemment les manœuvres (qui aboutirent en 1940) visant à établir un « pacte tripartite » entre le Japon, l'Italie et l'Allemagne. En privé, il se montrait encore plus virulent : le secrétaire particulier de Saionji, Harada, qui tenait lui aussi son journal intime avec un soin scrupuleux, a noté une conversation qu'il eut avec Yamamoto, au cours d'un dîner, le 14 octobre 1940, durant laquelle l'amiral déclara que la possibilité d'une guerre entre les Etats-Unis et le Japon était « scandaleuse...

Cependant, avec l'accord du ministre de la Marine et du chef de l'état-major naval, il est aussi nécessaire de faire des préparatifs pour toutes les missions dont la Marine devra se charger ». (En réalité, Yamamoto avait déjà commencé à l'époque à projeter son attaque contre Pearl Harbor.) Il poursuivit en expliquant qu'à son avis :

> ... si nous voulons nous battre contre les Etats-Unis, nous devons lutter avec l'intention de défier pour ainsi dire le monde entier. Bref, même si l'on parvient à conclure un pacte de non-agression avec les Soviétiques, il n'est pas possible de se fier totalement à la Russie. Qui peut garantir que, tandis que nous nous battrons contre les Américains, les Russes respecteront le pacte et n'iront pas nous attaquer par-derrière ? De toute façon, puisque nous en sommes arrivés là, je ferai tous les efforts possibles et périrai probablement en me battant à bord du cuirassé *Nagato*. Pendant ce temps, Tokyo sera sans doute réduite en cendres....

« Peut-être les Japonais bien informés réclamaient-ils des miracles par leurs prières, nota Harada, mais s'ils étaient réalistes, ils devaient (selon Yamamoto) être prêts à agir et périr. » Un peu plus tôt, l'amiral avait confié à un de ses subalternes : « Les villes japonaises, faites principalement de bois et de papier, brûleraient très facilement. L'armée se gargarise de grands mots, mais s'il y avait une guerre et des raids aériens sur une grande échelle, Dieu seul sait ce qui arriverait. Avez-vous jamais vu la mer en feu, quand un avion s'écrase dans l'eau et que le carburant se met à brûler à la surface des flots ? C'est l'enfer, je peux vous le dire — et encore, c'est dans *l'eau !* » Il se montra aussi d'une étonnante exactitude dans ses prédictions concernant les futures tactiques de guerre dans le Pacifique : « Telles que je vois les choses, les opérations navales de l'avenir consisteront à s'emparer d'une île, puis à y bâtir un terrain d'aviation dans les plus brefs délais — disons environ une semaine — pour y envoyer des unités aériennes dont on se servira pour s'assurer le contrôle de la prochaine portion d'océan dans le ciel et en surface. » Ce serait précisément la tactique de MacArthur, mais Yamamoto savait bien qu'elle ne conviendrait jamais pour le Japon, car, comme il le dit, « vous croyez vraiment que nous possédons la capacité industrielle voulue pour faire ce genre de chose ? ».

Le tragique dilemme de l'amiral Yamamoto illustre bien l'extraordinaire capacité de « dédoublement de la pensée » manifestée par les principaux hommes d'Etat japonais — y compris l'empereur — durant cette période : ils avaient, en effet, une conscience intermittente de tout ce que la politique effroyablement risquée dans laquelle ils s'étaient engagés pouvait avoir de sot, notamment le fait de s'apprêter à déclarer la guerre à un adversaire infiniment supérieur. Pourtant, ayant adopté un processus mental qui possédait sa propre logique démente, ils y restèrent empêtrés, incapables de se sortir de ce guêpier sans perdre la face de manière inacceptable.

Pis encore, ils finirent par croire à leur propre propagande et leur vision du monde extérieur, qui n'avait jamais été bien profonde, en devint peu à peu totalement déformée. Hiro-Hito lui-même, qui avait beaucoup lu et beaucoup étudié, qui connaissait à fond les vicissitudes du Kaiser vers la fin de la Première Guerre mondiale, raisonnait parfois comme un extraterrestre.

Ce qui frappe le plus, lorsqu'on étudie le glissement du Japon vers la guerre, c'est l'imprévoyance de ses responsables politiques, qui semblaient incapables de penser autrement qu'à court terme, et leur crédulité à l'endroit de l'Italie fasciste et de l'Allemagne nazie : ni l'empereur, ni ses conseillers, ni surtout les chefs militaires dogmatiques et étroits d'esprit ne paraissent avoir vraiment compris la nature des forces qu'ils déchaînèrent en bombardant Pearl Harbor.

Hiro-Hito partageait d'ailleurs cette étrange myopie. Il croyait sincèrement, même après Pearl Harbor, que le Japon serait en mesure de négocier rapidement les termes d'une paix qui rendrait légitime son hégémonie sur toute l'Asie. Personne, ou presque, ne se rendit compte que la seule issue ouverte aux Alliés — après de pareils agissements — était la capitulation inconditionnelle du Japon et que les victoires à court terme n'étaient absolument pas négociables ; qui plus est, parmi la poignée de Japonais assez lucides pour jouer les Cassandre, il n'y avait pas un seul homme suffisamment courageux ou puissant pour le dire ouvertement à l'empereur. Tout le monde, en effet, ne s'était pas laissé leurrer par la rhétorique expansionniste ; l'amiral Yamamoto, par exemple, lorsqu'il se trouvait en compagnie soigneusement choisie, se montrait d'une éloquence prophétique sur le sort épouvantable qui attendait le Japon s'il s'avisait de partir en guerre. Alors que la plupart des hommes qui entouraient l'empereur avaient perdu tout sens des réalités, il fut l'un des rares à ne jamais croire un instant à la propagande officielle de son pays.

Un autre élément crucial caractérisait la pensée japonaise : on ne saurait, en effet, comprendre le cours des événements qui débouchèrent sur Pearl Harbor, si l'on oublie que l'empereur Hiro-Hito, ainsi que presque tous les responsables Japonais (avec la possible exception de l'amiral Yamamoto qui était davantage un équipier qu'un leader, en dépit de la réputation qu'on lui fit après l'attaque contre la flotte américaine), croyaient — et ce, jusqu'à ce que la guerre commençât à prendre un tour défavorable pour eux — que la fin des années trente marquait le début d'une « ère nouvelle », du moins en Europe, et que Hitler allait s'imposer. C'est pour cette raison qu'il n'y eut guère de protestations lorsque le Japon signa son pacte anti-Komintern avec l'Allemagne, en décembre 1936 ; il s'agissait d'un accord stipulant que Hitler viendrait en aide au Japon si celui-ci était attaqué par l'Union soviétique, lequel protégeait en fait le Japon de toute ingérence soviétique s'il décidait d'envahir la Chine. L'hypocrisie nippone était telle que les ambassadeurs de Hiro-Hito à l'étranger reçurent l'ordre d'essayer de persuader d'autres pays de signer eux aussi un pacte analogue avec l'Allemagne, en faisant valoir qu'il s'agissait d'une simple mesure défensive pour empêcher la propagation du communisme international ; cette idée, Shigeru Yoshida, maintenant ambassadeur japonais à Londres, refusa tout net de la transmettre au Foreign Office, car il savait qu'une telle démarche le couvrirait de ridicule.

Au Japon même, le conflit entre « modérés » et « bellicistes » ne mettait plus en cause d'une part une minorité libérale (incarnée par le prince Saionji), résolument hostile à la guerre et décidée à prolonger les traditionnels liens d'amitié du Japon avec l'Amérique et les grandes démocraties européennes, et de l'autre les partisans du fascisme ; il opposait plutôt ceux qui croyaient au succès d'une guerre *immédiate* et ceux qui, comme Kido (tout en considérant la guerre comme un objectif à long terme), estimaient que le Japon avait tout intérêt à s'abstenir de se battre pendant quelques années, car sa puissance n'en serait alors que plus écrasante. La situation était encore compliquée par le fait que certains des principaux acteurs de ce drame, notamment l'empereur lui-même, avaient la

230

fâcheuse habitude de changer d'avis avec une soudaineté déconcertante ; il n'était pas rare de les voir passer en un instant de la modération à l'agression tous azimuts, tentés de mettre en branle la machine militaire perfectionnée qu'ils avaient entre les mains, car l'outrecuidance du nationalisme expansionniste était susceptible de s'emparer de n'importe quel dirigeant, fût-ce le plus prudent et le plus timoré.

A partir de 1937, le marquis Koichi Kido devint le plus proche conseiller de Hiro-Hito, l'ami en qui il avait toute confiance, et il le resta jusqu'aux tout derniers instants de la Seconde Guerre mondiale. C'était un infatigable observateur, qui notait chaque jour dans son journal les événements les plus banals de son existence aussi bien que les faits saillants. Le *Kido Nikki* (journal de Kido) devint plus tard une espèce de bible pour les équipes américaines enquêtant sur les crimes de guerre japonais, après la fin des hostilités. Dans la tradition de la bureaucratie nippone, on tenait un journal dans un but bien particulier : cela permettait aux hauts fonctionnaires de garder trace de leurs activités quotidiennes, au cas où des inspecteurs s'aviseraient par la suite de mettre en cause le travail accompli. C'est pour cela que les journaux de ce genre pèchent rarement par excès de modestie, ayant plutôt tendance à présenter les activités de leur auteur sous leur meilleur jour. Dans le cas de Kido, ce fut une aubaine non seulement pour les enquêteurs du TMIEO, mais aussi pour le marquis lui-même que les Américains félicitèrent vivement de le leur avoir remis de son plein gré. A vrai dire, il y eut un débat animé, à l'intérieur du palais, pour savoir s'il était sage d'agir ainsi, car, même si une grande partie du contenu de ce journal donnait une impression favorable de l'empereur, il y avait aussi bon nombre de passages qui le montraient sous un jour singulièrement négatif. S'étonnera-t-on de savoir, étant donné l'attitude de MacArthur envers Hiro-Hito après la guerre, que ce fut l'aspect « positif » du journal de Kido vis-à-vis du souverain, qui fut constamment mis en avant ?

Kido avait été secrétaire particulier du garde du Sceau impérial lors de la mutinerie du « 2/26 » et Hiro-Hito avait hautement loué sa lucidité, son zèle et sa totale loyauté. D'octobre 1937 à août 1939, il fut, à la demande du souverain, ministre dans plusieurs gouvernements. En juin 1940, il devint à son tour garde du Sceau impérial et, du même coup, le personnage le plus influent du palais et peut-être même de tout le Japon. Comme le notèrent les juges assesseurs du TMIEO, Kido « donnait à chaque poste qu'il occupait une importance qu'il n'aurait pas eue entre les mains de quelqu'un d'autre ». C'était un « bras droit » idéal — loyal, discret, infatigable. Son journal intime montre bien qu'il ne devait pas avoir de vie privée digne de ce nom, car toutes ses journées (et parfois ses nuits) étaient consacrées au service de l'empereur.

Néanmoins, sous un rapport très important, son journal, pourtant si foisonnant de détails, ne nous dit pas grand-chose sur le « véritable » Kido : nous discernons un bureaucrate d'une remarquable compétence, ayant l'esprit d'analyse, doué d'un savoir encyclopédique sur l'élite gouvernante du Japon, civile et militaire, mais nous n'apprenons presque rien sur ses propres sentiments, ses sympathies et ses antipathies, ses engagements moraux. Comme le notèrent les enquêteurs du TMIEO, « il se souciait moins du bien ou du mal-fondé d'une politique que des risques qui l'accompagnaient ». Certes, il n'y a dans son journal aucune trace de la propagande nationaliste grandiloquente qui devint la toile de fond de la vie quotidienne au Japon à partir de 1937-38, mais il n'y a pas non plus un seul mot qui indique qu'elle lui déplaisait. « Du début à la fin, pouvait-on lire dans le rapport du TMIEO à son sujet, il ne semble pas qu'il ait jamais attiré l'attention de Hiro-Hito sur l'aspect moral du déclenchement de la guerre du Pacifique, ni de la manière dont celle-ci fut menée. Son esprit tout entier ne s'attachait qu'à l'opportunité du conflit. »

Après la guerre, Kido devait être longuement interrogé par le colonel Henry R. Sackett, de l'armée américaine, l'un des enquêteurs chargés d'instruire les « procès de Tokyo ». Ce fut ce qui se rapprocha le plus d'un interrogatoire de Hiro-Hito par un membre du ministère public, car, sur les ordres du procureur général Joseph Keenan, lequel ne faisait qu'obéir pour sa part à ceux de MacArthur, pour tous les fonctionnaires du TMIEO, l'empereur — de même que les membres de la famille impériale — était hors d'atteinte.

Les longs échanges entre Sackett et Kido sont une véritable mine d'informations, car l'accusateur et l'accusé savaient tous deux pertinemment que Hiro-Hito était tiré d'affaire et que rien de ce que pourrait dire Kido en privé à son sujet, au cours de ces interrogatoires préliminaires, ne pourrait être utilisé contre lui, ni même cité en pleine audience.

Malgré toutes les mises en garde et les consignes données par Keenan à son équipe, que l'on pourrait résumer en substance par la formule « touchez pas à l'empereur », il est évident, quand on lit les procès-verbaux des interrogatoires, que Sackett était fort curieux de connaître la nature exacte du rôle joué par le souverain et de ses responsabilités, durant ces années menant à la guerre, et qu'il n'avait pu totalement étouffer des questions que Keenan aurait préféré ne pas entendre poser.

Au début de ses séances avec Kido, le colonel Sackett lui demanda s'il avait jamais songé à conseiller à Hiro-Hito de « mater » les militaristes.

Kido répondit avec la précision d'un haut fonctionnaire de carrière. Il se rappelait, déclara-t-il, douze occasions lors desquelles il avait abordé ce sujet devant l'empereur. Spontanément, il ajouta que, s'il avait bonne mémoire, le souverain n'avait suivi ses conseils que trois fois : deux fois en 1932, lors des complots de février et du 15 mai, et durant la crise de l'Indochine française, en 1940-41.

La constatation qui découle de ces propos va de soi : durant la période cruciale, à partir de 1936, Hiro-Hito ne prit aucune mesure pour restreindre les militaires et l'on est donc bien obligé d'en conclure — à l'exception de deux occasions où l'armée japonaise outrepassa les ordres en attaquant des unités soviétiques sur la frontière de la Mandchourie et en Mongolie et où elle fut aussitôt rappelée à l'ordre — qu'il approuvait la façon dont ses troupes s'étaient comportées en Chine, que nul scrupule ne l'avait poussé à protester auprès de ses officiers, ni à prendre contre eux des sanctions disciplinaires et qu'il était à l'unisson de la politique étrangère de plus en plus agressive (ou, pour reprendre l'euphémisme en vogue parmi les Japonais, « positive ») de son pays.

C'était aussi la politique de Konoye, même si, voyant que les troupes japonaises ne parvenaient pas à se sortir du guêpier chinois, il tenta périodiquement de démissionner. Cynique, ne se prenant jamais au sérieux, spirituel, nonchalant et décontracté, le prince Konoye aurait fait un admirable ministre de l'Information ou un as du marketing, car ses talents de persuasion étaient immenses et il charmait tous ceux qu'il rencontrait, mais en tant que Premier ministre, il n'était pas du tout à sa place et se rendait compte, par intermittence, du fait qu'il entraînait son pays vers l'abîme. Son attitude envers l'armée était ambivalente : il méprisait les généraux, mais était néanmoins suffisamment chauvin pour rêver d'un empire japonais régnant indirectement sur une Chine docile, administrée par des fantoches pronippons soigneusement choisis. Il réduisit encore la possibilité pour le Japon de faire la part du feu en Chine et de parvenir à un compromis avec Chiang Kai-shek en introduisant dans son gouvernement deux nationalistes acharnés. L'un était l'amiral Nobumasa Suetsugo, un officier extrémiste et férocement antibritannique, qu'il bombarda ministre de l'Intérieur. L'autre, nommé au début de son second gouvernement, en 1940, et dont le choix s'avéra encore plus désastreux, était Yosuki Matsuoka, diplomate de carrière qui devint son ministre des Affaires étrangères, pour la plus grande consternation de tous ceux qui espéraient encore éviter un affrontement avec les Etats-Unis.

Konoye justifia la nomination de Suetsugo (dont les liens avec les « ultras » étaient bien connus et qui représentait une minorité très présente dans la marine), ainsi que celle du général Itagaki (l'un des artisans de « l'incident de Mukden » en 1931) au ministère de la Guerre, en faisant valoir que ces deux hommes avaient de nombreux adeptes dans les forces armées et qu'ils seraient donc obéis. Konoye se félicitait volontiers de la sagacité avec laquelle « il combattait le feu par le feu », mais il répugnait à admettre qu'il choisissait bien mal ses subordonnés : lorsque Matsuoka commença à montrer des signes de déséquilibre et de mégalomanie si graves qu'ils permettaient de douter de sa santé mentale, Hiro-Hito fit remarquer à Konoye que puisqu'il l'avait personnellement choisi, il lui était tout aussi facile de le remplacer ; à quoi le prince répondit qu'il était responsable vis-à-vis de cet homme et le soutiendrait jusqu'au bout, quitte à démissionner lui-même de ses fonctions. Il changea éventuellement d'avis. L'une des plus graves faiblesses existant chez l'homme supérieurement intelligent et brillant qu'était Konoye tenait à son irrésolution invétérée : il ne se mettait que trop facilement à la place des autres. Les têtes brûlées de l'armée le considéraient comme un des leurs, alors que le prince Saionji, jusque vers le milieu des années trente, resta persuadé que son nationalisme était moins important que son aura de popularité et son influence naturelle de grand seigneur. Hiro-Hito avait certes conscience de ses défauts, mais il le traitait néanmoins avec une extraordinaire indulgence, saluant d'un simple haussement d'épaules son indécision et ses choix catastrophiques en matière de subordonnés. Il y avait, dans la personnalité de Konoye, une désinvolture pleine d'assurance et un mépris pour les convenances de l'époque que l'empereur trouvait irrésistibles, parce qu'ils étaient la preuve d'une liberté à laquelle, régi comme il l'était par le protocole, il n'aurait, quant à lui, jamais accès. Ce que Hiro-Hito aurait condamné, chez tout autre, comme un impardonnable manquement à son devoir, était excusé chez Konoye avec un sourire indulgent.

Avec des hommes tels que Suetsugo et Itagaki gravitant autour de Konoye, il n'y avait aucun espoir de parvenir à une solution de compromis en Chine, d'autant que Hiro-Hito ne semble pas avoir insisté dans ce sens, sinon en répétant, avec une fréquence croissante à mesure que le conflit s'éternisait, que ses généraux l'avaient trompé en lui promettant une victoire rapide. Suetsugo fit valoir que le moindre retrait risquait de pourrir la situation au Japon même et d'entraîner des événements incontrôlables. La Grande-Bretagne et les Etats-Unis étaient, bien entendu, de plus en plus inquiets face à cette volonté de poursuivre la guerre en Chine, tout comme l'était, paradoxalement, Hitler : il avait déjà envisagé avec satisfaction le moment où son pays et le Japon s'aligneraient côte à côte dans le cadre d'un affrontement officiel avec la Grande-Bretagne, la France et les Etats-Unis et il considérait cette prolongation de la guerre contre la Chine comme une diversion exaspérante qui affaiblissait le Japon et dispersait ses forces. C'est pourquoi les ambassadeurs d'Allemagne à Tokyo et à Hankou (auprès de Chiang Kai-shek) s'entremirent pour essayer de conclure un cessez-le-feu susceptible de satisfaire les deux camps. Mais les termes proposés par le Japon, parmi lesquels figuraient plusieurs exigences non négociables — Chiang Kai-shek devait reconnaître officiellement le régime fantoche du « Manchukuo », mettre fin à sa collaboration avec les communistes chinois, payer des dommages de guerre, accepter la présence sur le sol chinois de troupes japonaises pour une période indéterminée et faire de la Chine à peu de chose près la vassale du Japon — étaient de toute évidence inacceptables.

La réaction de Konoye fut d'annoncer qu'il cessait dorénavant de traiter avec Chiang Kai-shek et, en pleine Diète, il proclama fièrement que même si le leader chinois venait le supplier de signer un traité de paix, il l'ignorerait. Forts de leur précédent succès avec Henry Pu Yi, dont ils avaient fait l'empereur du « Manchukuo », les Japonais lorgnaient d'ores et déjà en direction de Wang Ching-wei, l'un des chefs du KMT sous Chiang Kai-shek, en qui l'on voyait le possible chef d'un gouvernement pronippon dans une Chine du Nord occupée par le Japon. Comme le nota Kido dans son journal (à la date du 14 janvier 1938) : « Nous attendons beaucoup du nouveau gouvernement chinois. »

Du fait que la Grande-Bretagne était bien décidée à maintenir ses enclaves à l'intérieur des « concessions internationales » établies sur le sol chinois, le soutien qu'elle accordait à Chiang Kai-shek était important, même si, après Munich, elle concentra la majeure partie de son attention sur l'Allemagne nazie. Alors que l'aide américaine à Chiang était principalement financière, celle des Britanniques consistait à autoriser le passage d'équipement essentiel à la « Chine libre » par la route de Birmanie. La Grande-Bretagne devint de ce fait encore plus impopulaire que les Etats-Unis auprès des Japonais et, en 1939, juste avant le début de la Seconde Guerre mondiale, le Japon réclama la fermeture de cette voie de ravitaillement.

Selon la version officielle de la détérioration dans les rapports anglo-japonais, l'empereur déplorait la crise de plus en plus vive entre les deux pays, étant donné les traditionnels liens d'amitié qui existaient entre eux et ses excellentes relations personnelles avec la famille royale britannique, et il considérait la dérive vers un conflit ouvert avec un chagrin et une terreur non dissimulés. Peut-être eut-il en effet, à cette époque, certains scrupules, mais un passage du journal de Kido, à la date du 21 juillet 1940, révèle que ce n'était pas toujours le cas.

Ce jour-là, Kido s'en fut au palais visiter Hiro-Hito. « Il est en maillot de bain, très détendu », nota le garde du Sceau impérial. Les deux hommes évoquèrent la crise de la route de Birmanie et l'empereur déclara (selon Kido) : « J'imagine que la Grande-Bretagne va rejeter notre demande de mettre fin au soutien qu'elle accorde à Chiang. Dans ce cas-là, nous occuperons Hong Kong et nous finirons par déclarer la guerre aux Britanniques. »

Interloqué, Kido préconisa la prudence et une soigneuse préparation de l'opinion publique, mais Hiro-Hito, manifestement en pleine euphorie, se mit alors à supputer les chances de parvenir, dans un délai plus ou moins bref, à un compromis avec la Chine, afin de pouvoir se préparer à un affrontement avec l'Union soviétique.

236

En l'occurrence, l'agressivité de l'empereur ne fut jamais mise à l'épreuve : avec le début de la Seconde Guerre mondiale en août 1939 et l'engagement britannique en France, la Chine parut soudain bien éloignée. Pour le plus grand dépit de Henry Stimson, le secrétaire d'Etat américain, tout de suite après la débâcle de Dunkerque, la Grande-Bretagne accepta d'interrompre, pendant trois mois, à partir de juillet 1940, ses envois d'armes, d'équipement et de nourriture à Chiang Kai-shek par la route de Birmanie. Cela coïncidait avec la mousson, durant laquelle la route était de toute façon souvent infranchissable, mais Hiro-Hito dut considérer cette concession comme une nouvelle preuve du déclin de l'Occident, de l'irrésistible ascension de Hitler et de la validité du « Grand dessein » de Konoye.

Chapitre 14

A partir de 1939 et durant les quatre années suivantes, au moins, il allait être bien difficile aux Japonais, quels qu'ils fussent, de mettre en perspective l'histoire de leur pays telle qu'elle se déroulait : tout semblait pleinement justifier l'attitude des extrémistes de droite et des militaristes, convaincus que « l'ordre nouveau » en Europe faisait partie d'un Grand Dessein qui allait permettre au Japon de jouer le rôle auquel il était prédestiné en sa qualité de nation la plus avancée et la plus efficace d'Asie, douée de surcroît d'une supériorité raciale et possédant le « droit divin » d'imposer sa volonté à l'espèce inférieure que constituaient les autres nations et colonies de cette partie du monde. La notion du *Hakko Ishiu* (« les huit coins du monde sous un seul toit ») n'était plus une formule shintoïste mythique stipulant, dans l'abstrait, le droit divin de l'empereur à dominer le monde, mais un slogan aux applications pratiques bien réelles, une justification religieuse de la puissance et de l'influence récemment acquises par le Japon ; l'agression victorieuse de l'Allemagne en Europe, qui ne rencontra aucune opposition (jusqu'à l'invasion de la Pologne), et la transformation de l'Italie en un Etat efficace et hautement centralisé, réussie par Mussolini, faisaient l'objet de rapports admiratifs et détaillés de la part des ambassadeurs du Japon à Berlin et à Rome, tous deux adeptes inconditionnels du fascisme, à tel point que certains plaisantins du ministère des Affaires étrangères à Tokyo appelaient Hiroshi Oshima « l'ambassadeur d'Allemagne à Berlin ».

Même l'inattendu pacte de non-intervention entre Hitler et

Staline, en 1939, ne parvint pas à ébranler durablement l'alliance germano-japonaise : le baron Hiranuma, qui avait succédé brièvement à Konoye à la tête du gouvernement, démissionna, certes, imité par tous ses ministres, « pour avoir donné de mauvais conseils à l'empereur », et l'ambassadeur à Berlin, Oshima, fut rappelé, mais pas pour longtemps. Une année plus tard, il était de retour dans la capitale allemande, plus influent que jamais, et un an après le pacte (le 27 septembre 1940), l'alliance tripartite entre l'Italie, l'Allemagne et le Japon était signée.

La date a son importance — quelques mois seulement après Dunkerque, l'effondrement de la France et l'entrée en guerre de l'Italie aux côtés de Hitler — et le but du document était on ne peut plus clair : l'article deux stipulait que « l'Allemagne et l'Italie reconnaîtront et respecteront l'autorité du Japon pour l'établissement d'un ordre nouveau dans l'Est asiatique », et les trois signataires s'engageaient à déclarer la guerre à toute nation qui n'était pas encore en guerre avec l'Allemagne et qui oserait attaquer l'un d'eux ; c'était un avertissement délibéré et brutal aux Etats-Unis, pour les inciter à rester neutres s'ils ne voulaient pas avoir à subir les conséquences de leurs actes.

Le Japon paraissait lancé sur une trajectoire irrésistible : n'avait-il pas, profitant de la défaite de la France (en juillet 1940), installé en toute impunité des hommes et des bases aériennes dans le nord de l'Indochine française ; ostensiblement, il s'agissait d'établir un « deuxième front » contre Chiang Kai-shek, mais c'était un prétexte qu'aucune puissance étrangère ne pouvait prendre au sérieux. Quant à la Grande-Bretagne, elle avait docilement suspendu son aide au même Chiang par la route de Birmanie.

A la mi-été de 1940, comme l'a noté Richard Storry [1], « pour aller s'imaginer que l'Allemagne perdrait la guerre, il aurait fallu qu'un citoyen japonais, si sagace fût-il, fût animé de sentiments résolument probritanniques ou bien doué d'une remarquable prescience », même si une poignée de diplomates et d'hommes d'Etat devinaient instinctivement que le Japon avait parié sur le mauvais cheval. Parmi eux se trouvaient deux ambassadeurs à Londres, Shigeru Yoshida et son successeur, Mamoru Shigemitsu, qui s'efforcèrent l'un et l'autre de dissuader Hiro-Hito de croire aveuglément la propagande nazie annonçant le déclin de la nation britannique et son effondrement imminent, ainsi, bien sûr, que le sage vieux prince Saionji qui déclara à son fidèle secrétaire, Harada, quelques semaines avant sa mort : « En fin de compte, je crois que la Grande-Bretagne l'emportera. »

Du côté des forces armées, l'amiral Yamamoto n'était pas le seul commandant à exprimer en privé ses inquiétudes, mais on entrait désormais dans l'ère du « contrôle de la pensée » et de l'influence croissante de la *Kempei*, la redoutable police militaire : critiquer en public l'alliance tripartite relevait de la haute trahison. Seul le général Kanji Ishiwara osait défier ouvertement la *Kempei* et son cas était tout à fait spécial ; on n'allait quand même pas arrêter l'un des héros de « l'incident de Mukden ».

Comment l'empereur réagissait-il à tous ces événements ? Etait-il, comme le veut la version japonaise officielle, personnellement consterné aussi bien par la montée du fascisme au Japon même que par sa politique expansionniste à l'extérieur ? Avait-il la moindre marge pour manœuvrer ? Fut-il tout au long de cette période, comme le prétendent tant de ses apologistes, un quasi-prisonnier des militaristes et de leurs alliés ? Ou bien en vint-il à incarner la tendance nationaliste de son pays au point de croire que sa « mission divine » était de gouverner la moitié du monde ?

Il lui aurait certainement fallu, dans sa situation et dans le contexte historique de l'époque, une perspicacité et des qualités d'homme d'Etat exceptionnelles pour discerner les faiblesses sous-jacentes qui menaçaient la position du Japon ; de son point de vue, au sommet de la pyramide, l'idée que sa nation chevauchait la crête d'une grande vague de l'histoire devait être irrésistible. Ce fut, après tout, son parent le prince **Konoye**, en qui il avait toute confiance, qui avança (dès le 22 décembre 1938) l'idée d'une « ère nouvelle » et d'un « Ordre Nouveau dans l'Est asiatique ». Ce fut encore Konoye, qui dans son discours radiodiffusé, « En recevant la mission impériale », proclama qu'en Europe l'ancien ordre établi s'effondrait et que le Japon devait se préparer à faire face à un monde radicalement différent ; Konoye toujours qui, quelques semaines plus tard (le 1er août 1940), dans sa « définition d'une politique nationale de base » préconisa un Etat fort, axé sur la défense nationale, pour affronter « une épreuve d'une ampleur sans précédent », tandis que le nouveau ministre des Affaires étrangères qu'il avait personnellement choisi, Yosuke Matsuoka, demandait à ses concitoyens d'imposer « la voie impériale à travers le monde » et inventait l'expression « Grand projet de coprospé-

240

rité de l'Est asiatique », ce qui lui permettait d'inclure dans ses visées aussi bien l'Indochine française que les Indes néerlandaises. Même pour un empereur introverti et peu sûr de lui, c'était grisant.

Si plus tard, Hiro-Hito avait consenti à reconnaître tout ceci, comme le fit justement le prince Konoye, peu de gens lui en auraient tenu grief. Mais jamais, au grand jamais, l'empereur ne fit un aveu de ce genre : jusqu'à la fin de sa vie, il a toujours affirmé qu'il s'était opposé sans désemparer, tout au long des multiples rebondissements, au « parti de la guerre », livrant un combat d'arrière-garde acharné et opiniâtre contre les bellicistes. Ce fut ce qu'il assura à MacArthur (qui le crut aveuglément), lors de leur première rencontre historique ; ce qu'il répéta à John Foster Dulles en 1952 et ce qu'il s'est évertué à préciser depuis, dans ses « conférences de presse » annuelles devant une poignée de journalistes japonais, accrédités en tant que « correspondants de la cour ». La version des événements fournie par Hiro-Hito est devenue l'histoire officielle du Japon, dont les historiens et les diplomates se portent garants au niveau international. Elle n'est malheureusement pas exacte et les faits, tels que nous les connaissons à présent, racontent une histoire fort différente.

Jusqu'à ce que la nouvelle constitution du Japon (après la guerre, en 1946) eût dépouillé Hiro-Hito de ses oripeaux « divins », tous les Japonais étaient censés considérer l'empereur avec un sentiment « d'admiration mêlé à l'effroi ». Rétrospectivement, on peut se dire que ce sont précisément ces émotions-là qui semblent avoir agité Hiro-Hito lui-même durant les mois enivrants qui précédèrent la « grande guerre d'Asie » : oscillant entre son admiration à l'égard de la puissance croissante de son pays et l'émoi à l'idée des possibles conséquences de sa politique d'agression, tiraillé entre l'euphorie et le doute, il prit soin de brouiller les pistes, ce qui rend ardu tout jugement définitif et encourage la notion qu'il fut entraîné dans la guerre contre son gré. On a démontré *ad nauseam,* documents à l'appui, que Hiro-Hito avait fréquemment modéré l'ardeur de ses commandants militaires et de ses ministres, en leur rappelant les mérites de la prudence et de la diplomatie, et les archives indiquent qu'il sut en effet, à diverses reprises, faire voler en éclats leur sentiment d'invincibilité et leurs rodomontades débordantes d'assurance. Mais — et cela les archives le prouvent aussi — Hiro-Hito ne fut pas seulement gagné par leur arrogance, il se conduisit aussi durant ses nombreuses

241

séances avec ses chefs militaires, moins comme un saint Thomas, toujours prêt à douter, que comme un enseignant de la Harvard Business School présidant un séminaire et veillant à faire le tour de toutes les embûches possibles, cajolant et guidant ses élèves pour arriver, grâce à ses remises en cause permanentes de leurs objectifs et de leurs tactiques, à une solution acceptable « sur le papier ». Le fait que cet aspect du personnage ait été invariablement ignoré ou négligé est un étonnant hommage rendu à l'habileté avec laquelle on a su lui refaire une virginité depuis la guerre.

On cite souvent la guerre du Japon contre la Chine comme l'exemple même du conflit sur lequel Hiro-Hito n'avait pratiquement aucun contrôle, bien qu'il eût fait tout son possible pour y mettre fin en critiquant en face ses généraux, à chaque fois que l'occasion s'en présentait. Il n'en reste pas moins que Hiro-Hito soutint la prise de position intransigeante de Konoye, en janvier 1938, refusant de reconnaître plus longtemps le gouvernement de Chiang Kai-shek, contre l'avis de la plupart de ses généraux qui à l'époque penchaient plutôt pour une conciliation avec la Chine, persuadés que la guerre qu'ils livraient là-bas était un gouffre où ils allaient engloutir petit à petit leurs ressources militaires pour se retrouver incapables d'engager par la suite une guerre autrement essentielle contre l'Union soviétique — éventualité que beaucoup d'officiers généraux considéraient comme inévitable. Comme l'indique le journal de Kido, lorsque le chef d'état-major de l'armée sollicita un entretien pour discuter la possibilité de se retirer de Chine, l'empereur fit traîner les choses. Hiro-Hito expliqua à Konoye : « Le chef d'état-major voulait me voir avant que je ne me sois entretenu avec vous, mais je soupçonne qu'ils veulent annuler ce qui est déjà décidé (la décision de ne plus reconnaître le régime de Chiang Kai-shek), alors j'ai dit que j'avais déjà rendez-vous avec le Premier ministre et j'ai repoussé sa requête. »

Lorsque le souverain accepta enfin de recevoir son chef d'état-major, le prince Kanin, il lui demanda : « Pourquoi le chef d'état-major veut-il mettre fin à la guerre avec la Chine et se préparer à une guerre avec la Russie ? Cela voudrait-il dire que la Russie nous menace ? »

Kanin répondit que les préparatifs en vue d'un affrontement avec l'URSS s'inscrivaient dans un plan d'ensemble, « exactement comme les mesures de sécurité que l'on prend pour les voyages de

242

l'empereur. Nous devons être prêts au pire ». Hiro-Hito rapporta ultérieurement cette conversation au Premier ministre, ajoutant : « Si tel est le cas, jamais nous n'aurions dû nous lancer dans cette guerre contre la Chine, mais puisque nous avons commencé, nous devons aller jusqu'au bout. »

Comme le fait remarquer le professeur Inouye[2], Hiro-Hito était passé maître dans l'art de diviser pour régner, dressant les militaires contre le gouvernement et l'armée contre la marine, afin d'obtenir ce qu'il voulait : en juillet 1937, lorsque éclata « l'incident de Chine », il avait d'ailleurs joué le même petit jeu à l'envers : étant en faveur d'une intervention en Chine, il repoussa les conseils de son grand chambellan, qui préconisait la prudence, et accorda d'abord une entrevue à son chef d'état-major, mettant ensuite Konoye devant le fait accompli. Les mémoires de Harada montrent que Hiro-Hito, loin de déplorer l'intensification de la guerre, après le sac de Nankin, fit jouer son influence pour qu'elle se poursuivît. Konoye confia, en effet, à Harada (le 15 janvier 1938) que « les chefs d'état-major souhaitaient vivement cesser la guerre contre la Chine pour se préparer à une guerre contre l'Union soviétique », mais que « l'empereur gardait le silence ». Hiro-Hito se rangeait, de ce fait, du côté des « ultras » qui estimaient que le Japon ne devait prendre aucune initiative en faveur d'un cessez-le-feu avec la Chine, car cela inciterait sûrement Chiang Kai-shek à revendiquer la victoire finale, en dépit de toutes ses défaites militaires. Plus tard encore (le 2 décembre 1940), Kido nota le compte rendu que lui fit l'empereur de son entrevue du jour avec le nouveau chef d'état-major de l'armée, le général Hajino Sugiyama. Celui-ci avait récemment remplacé le prince Kanin, car Hiro-Hito se rendait d'ores et déjà compte que le Japon serait bientôt en guerre et il ne voulait pas voir les membres de la famille impériale sous le feu des projecteurs, « au cas où les événements se retourneraient contre eux ».

Au cours de cette conversation, l'empereur demanda à Sugiyama : « Y a-t-il moyen de frapper Chiang Kai-shek une fois pour toutes ? », à quoi Sugiyama répondit qu'il serait bien difficile de le « détruire complètement ».

Hiro-Hito voulut savoir : « Pouvons-nous réduire les opérations sur le front chinois ? »

Sugiyama expliqua qu'il serait impossible de « retirer nos armées sans une baisse sensible du moral des troupes, parce qu'on donnera alors l'impression d'avoir subi une défaite ».

L'empereur ordonna alors à son chef d'état-major de « revoir la situation avec beaucoup de rigueur », non pas parce qu'il estimait que la « guerre punitive » était immorale, mais parce qu'il penchait désormais pour la « ruée vers le sud » et comprenait bien qu'elle serait difficile à mettre en œuvre si ses soldats étaient coincés en Chine.

On a souvent prétendu aussi que la signature de l'alliance tripartite avait suscité chez Hiro-Hito de vifs scrupules et, d'ailleurs, on fit savoir à l'époque au corps diplomatique en poste à Tokyo, au moyen de « fuites » savamment orchestrées, qu'aussi bien l'empereur que son Premier ministre, Konoye, avaient été farouchement hostiles à ce pacte et n'y avaient consenti que contraints et forcés. Il est certain que Hiro-Hito éprouva des réserves initiales, mais comme il le dit à Kido : « Je crois qu'il n'y a pas moyen d'éviter de signer l'alliance militaire avec l'Allemagne dans la situation actuelle. S'il n'y a pas d'autre façon de traiter avec les Etats-Unis, c'est peut-être la seule solution... »

Toutefois, ses doutes l'incitèrent à dire à Konoye : « Nous sommes engagés ensemble dans cette affaire, vous et moi, pour le meilleur et pour le pire », remarque que l'on peut interpréter de diverses manières — soit comme un appel à la loyauté, soit comme une demande de soutien, soit même comme une menace voilée. Durant les mois qui suivirent, l'empereur devait se rallier à la thèse de Matsuoka, le ministre des Affaires étrangères, qui prétendait que seule l'alliance tripartite saurait empêcher les Etats-Unis d'attaquer le Japon.

Comme à l'accoutumée, des fuites firent connaître les déclarations de l'empereur, de façon à le présenter sous le meilleur jour possible. L'ambassadeur des Etats-Unis, Joseph Grew, écrivit le 22 octobre 1940 :

J'ai appris aujourd'hui, de source très sûre, que l'empereur et le prince Konoye étaient l'un et l'autre résolument hostiles à l'alliance tripartite, mais que l'on avait signalé à l'attention du souverain le fait qu'il courait le risque de ne pas survivre à un refus, si bien qu'il avait dit à Konoye : « Ma foi, vous et moi allons devoir tenir bon ou périr ensemble. » *La chose m'est revenue indirectement aux oreilles par l'entremise d'un membre de la famille impériale.* [Les italiques sont de moi.]

La proclamation impériale annonçant l'alliance tripartite au peuple japonais est, malgré les graves réserves censément nourries par Hiro-Hito, un texte exagérément ronflant et l'on est tout surpris, sachant que l'empereur était, paraît-il, si hostile au pacte en question, de constater qu'il fut incapable d'atténuer les termes de la proclamation. Après une première envolée :

> Les grandioses instructions que nous a léguées Amaterasu ont été d'étendre notre noble obligation morale dans toutes les directions et d'unifier le monde sous un seul toit. Cette injonction, nous l'observons fidèlement, jour et nuit...

La proclamation fait l'éloge de l'alliance tripartite qui est :

> ... une source de grande joie... Nous croyons qu'il est d'une grandeur sans exemple de laisser toutes les nations chercher la place qui leur convient et les myriades de peuples jouir de l'heureux temps de la paix... Nos sujets sont donc priés d'accorder clarté et distinction au concept politique et de dominer une situation d'une grande importance par la délibération et la coopération, protégeant ainsi le trône impérial qui coexiste avec les cieux et les étoiles.

Peut-être la tradition exigeait-elle l'emploi d'un tel jargon, peut-être Hiro-Hito ne pouvait-il rien faire pour le modifier, ni pour laisser entendre, au détour d'une phrase — comme il prétendit l'avoir fait plus tard dans une autre proclamation déclarant la guerre aux Etats-Unis et à la Grande-Bretagne — qu'il agissait à contrecœur.

Mais alors, que doit-on penser du passage suivant du journal de Kido, à la date du 24 septembre 1940 ? Convoqué par Hiro-Hito, dont il « nota les paroles avec un respectueux effroi », Kido écrivit que leur conversation porta sur :

> ... l'alliance tripartite et la forme des rites qui devaient avoir lieu pour la commémorer. L'empereur a demandé au ministre de la Maison impériale de consulter les archives anciennes pour découvrir quels genres de rites sacrés furent célébrés lors de la signature du traité d'amitié anglo-japonais [en 1904]. Le

ministre de la Maison impériale a découvert qu'il n'y avait eu aucun rituel shintoïste. L'empereur a décidé que, s'agissant d'un événement d'une extrême importance... nous devrions organiser une cérémonie spéciale dans le sanctuaire situé à l'intérieur du palais et demander la bénédiction des dieux pour ce pacte tripartite.

On ne saurait surestimer l'importance de cette décision. Hiro-Hito était profondément pénétré de la valeur des précédents et il était tout à fait exceptionnel de le voir rompre avec la tradition, quelles que fussent les circonstances. Le traité d'amitié anglo-japonais était la plus éclatante réussite du règne de l'empereur Meiji et on peut sans doute le considérer comme l'accord crucial de toute cette période. Par conséquent, le fait que Hiro-Hito ait mis l'alliance tripartite sur le même pied invalide complète la thèse selon laquelle il ne l'aurait acceptée qu'à son corps défendant. Au contraire, sa décision d'organiser un rituel religieux solennel — chose que l'on avait pas faite pour le traité anglo-japonais et qui surprit vivement Kido — indique bien que l'empereur plaçait le nouveau pacte *au-dessus* du traité de 1904 dans son échelle des valeurs.

Cela donne aussi une tout autre perspective à la « fuite » à l'intention de Joseph Grew : l'idée que l'on pourrait délibérément se servir de membres de la famille impériale et de fonctionnaires du palais à des fins de « désinformation » ne semble être venue ni à Grew, ni à Craigie, tous deux étonnamment complaisants parfois, dès qu'il s'agissait de prendre les « fuites » en provenance du palais pour argent comptant. Il faut dire que la « désinformation », artifice fort prisé des Japonais (et des Allemands) dans les années trente et quarante, était à l'époque une arme diplomatique relativement neuve.

On eut un autre exemple de « l'orientation positive » de Hiro-Hito avec l'Indochine française : le Japon fut prompt à exploiter les revers et l'humiliation de la France, dans le sillage de sa défaite. Deux jours après l'entrevue entre Pétain et Hitler, à Montoire, ratifiant l'occupation de Paris et l'armistice entre les deux pays, des inspecteurs nippons débarquèrent en Indochine pour examiner des cargaisons d'armes à destination de la Chine, des navires de guerre japonais bloquèrent le port de Haiphong, dans la grande tradition de la « diplomatie de la canonnière », et le général Georges

Catroux, gouverneur général d'Indochine (qui n'allait pas tarder à rejoindre de Gaulle) n'eut d'autre solution que d'accéder aux exigences japonaises : tous les envois d'armes à Chiang Kai-shek cessèrent immédiatement et la liaison ferroviaire Hanoi-Yunnan fut interrompue.

A cette époque, compte tenu de la défaite française, les pensées des militaires japonais s'étaient tournées (dans le cadre de la « ruée vers le sud ») vers le besoin de bases militaires permanentes dans toute l'Indochine et le 2 août 1940, dans un premier temps, le Japon adressa au nouveau gouverneur général d'Indochine, l'amiral Jean Decoux, un ultimatum réclamant un droit de transit pour ses troupes dans le nord de l'Indochine et le libre accès aux terrains d'aviation qui s'y trouvaient. Decoux fit traîner les choses autant qu'il put, mais les choix qui s'offraient à lui étaient des plus réduits. Le 30 août 1940, le gouvernement de Vichy accorda au Japon des « facilités militaires » dans le Tonkin et promit de lui fournir d'importantes quantités de riz indochinois (dont il avait grand besoin) en échange de la promesse, arrachée par Decoux, que le Japon continuerait à reconnaître la souveraineté française sur toute l'Indochine. Plusieurs milliers de soldats japonais furent expédiés au Tonkin, autour de Hanoi. Les Etats-Unis répliquèrent en mettant l'embargo sur l'exportation de ferraille à destination du Japon — mesure qui pour beaucoup de conseillers de Roosevelt était une « réaction graduée » non seulement tardive, mais trop molle, à la politique d'agression croissante du Japon. Ce dernier, ayant reçu cette indication très nette des futures mesures de rétorsion auxquelles il pouvait s'attendre de la part des Américains, se mit aussitôt en devoir de stocker des réserves de pétrole et de minerais, faisant pression sur le gouvernement aux abois des Indes néerlandaises, afin de l'obliger à quintupler ses ventes de pétrole au Japon pour les cinq années à venir.

La Thaïlande, profitant elle aussi de la position affaiblie de la France sur le plan international, exigea la restitution de certaines parties du Cambodge qu'elle considérait comme siennes, et le Japon, choisi comme médiateur, en dépit de sa flagrante partialité en faveur des Thaïlandais, veilla à ce que les territoires en question fussent rendus à la Thaïlande.

Ce n'était pas suffisant, car les ambitions territoriales du Japon s'étaient développées : la « Sphère de coprospérité du grand

Est asiatique » (l'Indochine et les Indes néerlandaises figurant toutes deux sous le drapeau du soleil levant sur les cartes japonaises) était devenue un but concret et les chefs militaires nippons avaient commencé à discuter ouvertement leur stratégie pour la « ruée vers le sud » avec l'empereur. Dans leur nouvelle optique, l'Indochine était certes importante, mais ce n'était plus qu'un pion dans leur stratégie globale, une plate-forme, d'où ils pourraient se lancer à l'assaut de l'Indonésie, de la Malaisie et des Philippines.

Il se trouve que nous sommes fort bien informés sur les conversations qu'eut l'empereur avec les commandants de ses forces armées et avec Konoye durant cette période, grâce au célèbre « mémorandum Sugiyama » : il s'agissait de comptes rendus presque textuels des réunions ultra-secrètes entre le chef d'état-major de l'armée, Hajimo Sugiyama, et l'empereur. Sugiyama brûla le manuscrit original juste avant de se suicider par *seppuku,* en août 1945, mais une copie appartenant à son principal adjoint survécut miraculeusement et fut préservée dans les archives du QG des forces d'autodéfense du Japon, où elle resta jusqu'à ce qu'un membre haut placé du personnel autorisât une respectable maison d'édition de Tokyo, *Hara Shobo,* à la publier dans une édition de luxe en deux volumes, en 1967.

De façon assez surprenante, le mémorandum ne suscita guère d'intérêt lors de sa publication, mais il n'en reste pas moins un document unique, car les conversations entre l'empereur et ses commandants qui s'y trouvent consignées, ultra-confidentielles et d'une brutale franchise, sont presque aussi évocatrices que des enregistrements pris sur le vif. Du fait que ces entretiens n'avaient généralement rien d'officiel, Hiro-Hito et ses interlocuteurs s'expriment dans un style caractérisé par la litote et l'ellipse ; ils parlent en abrégé, pourrait-on dire. En effet, toutes les personnes présentes étant au courant des événements et des idées dont il était question, elles pouvaient se dispenser d'y faire des références détaillées : étant donné le goût japonais des circonlocutions, on se contentait, pour désigner le projet d'invasion de la Malaisie, des Philippines et des Indes néerlandaises, de parler de « faire le Sud » ou du « problème du Sud ».

En janvier 1941, les militaires n'étaient plus disposés à se satisfaire de leurs bases limitées au Tonkin. Obnubilés par la « ruée vers le sud », ils voulaient encore s'agrandir et estimaient que les Français démoralisés n'auraient pas d'autre choix que de les autoriser à déborder jusqu'au Cambodge, au Laos et dans le sud de l'Indochine.

Ils voulaient aussi des bases en Thaïlande, mais pensaient que l'autorisation des autorités thaïlandaises n'était qu'une question de pure forme. Le stationnement de troupes japonaises au Tonkin — et l'interruption de tout approvisionnement à Chiang Kai-shek le long de la frontière indochinoise — étaient des étapes logiques dans le conflit avec la Chine, qui durait maintenant depuis déjà quatre ans. En revanche, la présence de ces mêmes troupes nippones dans le sud de l'Indochine, au Cambodge et en Thaïlande ne pouvait s'expliquer dans le cadre d'une stratégie prévue uniquement pour cette guerre-là. Mais, bien sûr, de telles bases seraient inestimables si le Japon avait — comme c'était évidemment le cas — l'intention d'envahir la Malaisie, les Philippines et les Indes néerlandaises. Elles ne pouvaient donc signifier qu'une seule chose : que les Nippons se préparaient à une hypothétique « ruée vers le sud », afin de s'assurer le contrôle de tout l'Est asiatique. Sugiyama le dit d'ailleurs à Hiro-Hito dans un rapport daté du 1er février 1941, en se servant des habituelles formules détournées pour désigner la « ruée vers le sud » : les bases militaires japonaises dans le sud de l'Indochine étaient, écrivait-il, une plate-forme indispensable « dans l'optique des difficultés qui pourraient se poser, s'il y avait jamais des problèmes dans le Sud ». De toute façon, ajoutait-il, l'Indochine française n'était pas en état de résister à la puissance des armes japonaises.

Hiro-Hito eut plusieurs séances de « brainstorming » avec ses chefs d'état-major, tantôt seul avec eux, tantôt en présence de son Premier ministre, Konoye, qui assistait aux « conférences de liaison ». Comme le montre le mémorandum Sugiyama, l'empereur fut dès le début parfaitement au courant de ce que projetaient ses commandants. Le 23 janvier 1941, il demanda à ses chefs d'état-major : « Pouvez-vous garder secret un pacte militaire avec la Thaïlande ? » En effet, il fallait absolument prévoir un arrangement quelconque, si les troupes japonaises — envahissant la Malaisie britannique — transitaient par la Thaïlande. L'armée était en faveur d'un pacte militaire officiel, tandis que Matsuoka, le ministre des Affaires étrangères, avait le sentiment que la Thaïlande, ayant obtenu un « rajustement » satisfaisant de ses frontières grâce à la « médiation » japonaise, était déjà suffisamment redevable au Japon et devait accepter sans plus de façons de laisser les troupes nippones traverser le territoire national. Le lendemain (24 janvier), Hiro-Hito revint à la charge. Il déclara à Sugiyama que « puisque l'influence probritannique en Thaïlande est forte », il fallait user de beaucoup de prudence pour mettre sur pied un « pacte militaire » avec les Thaïlandais, car les Britanniques seraient presque sûrs d'en avoir vent. En ce qui concernait le projet d'installer des unités de l'armée de terre, de l'aviation et de la marine dans le sud de l'Indochine, l'empereur rappela ce même jour à ses chefs d'état-major que des négociations entre le Japon et le gouvernement de Vichy se déroulaient présentement à Tokyo, en sorte que si les Français acceptaient les demandes japonaises, il ne serait pas nécessaire d'avoir recours à la force. Sugiyama en convint volontiers. Quelques jours plus tard (le 1er février), toujours soucieux de l'effet qu'aurait dans le monde une arrivée en masse de troupes japonaises en Indochine, Hiro-Hito demanda à ses chefs militaires comment il serait possible d'établir des bases japonaises en Indochine sans « agiter » les gouvernements améri-cain et britannique. Les militaires le rassurèrent, en faisant valoir que « le climat général n'était pas à la guerre ». Sans doute bluffaient-ils, mais en tout état de cause, ils ne se trompaient guère : même si l'opinion américaine devait se durcir très nette-ment vis-à-vis du Japon après l'occupation du sud de l'Indochine, en octobre 1940, l'amiral James O. Richardson, qui était alors commandant en chef de la flotte du Pacifique, confia dans ses mémoires que Roosevelt lui avait dit que « si les Japonais envahissaient la Thaïlande ou l'isthme de Kra, ou encore les Indes néerlandaises, nous ne leur déclarerions pas la guerre pour autant, et que même s'ils attaquaient les Philippines, il doutait de notre entrée en guerre ».

Hiro-Hito posa ensuite quelques questions éminemment prati-ques : « Combien de forces navales vous faudra-t-il ? Où avez-vous l'intention de situer les nouvelles bases aériennes et navales en Indochine ? »

L'amiral Nagano, chef d'état-major de la marine, répondit que la marine avait l'intention d'occuper la baie de Camranh ; Sugiyama expliqua qu'il y aurait de nouvelles bases militaires à Saigon et Phnom Penh et des bases aériennes à Saigon, Natrang et Tourane (Danang), ajoutant [les italiques sont de moi] : *Cela sera nécessaire pour les opérations de débarquement dans la péninsule malaise.*

Hiro-Hito accepta cette réponse sans commentaire et sans protester, se contentant d'ajouter : « Aurez-vous aussi besoin d'une base aérienne en Thaïlande ? » Sugiyama déclara qu'il était essentiel d'en avoir une à Saigon, « mais pour le moment nous ne songeons pas à en installer une dans le sud de la Thaïlande ». L'empereur se rendait compte, bien sûr, que le projet d'un envoi massif des troupes japonaises en Indochine française n'aurait pas été concevable sans l'effondrement de la France — et il était suffisamment humain pour éprouver des sentiments mitigés à l'idée de profiter ainsi sans scrupules des malheurs d'une nation naguère amie. Il fit remarquer à Kido que c'était un peu comme un voleur pillant une maison incendiée. « Ça ne me plaît guère, avoua-t-il, mais je suppose qu'il n'y a rien à faire », ajoutant qu'il ne fallait pas non plus se laisser trop facilement attendrir. Il n'est pas bon de se montrer trop civilisé, continua-t-il, « ni de se prendre pour le prince Song », faisant allusion à la légende d'un prince chinois si chevaleresque qu'il n'attaquait jamais un ennemi qui n'était pas prêt pour le combat.

Les négociations avec le gouvernement de Vichy continuèrent. Les réactions américaines et britanniques devant l'établissement de bases nippones au Tonkin avaient été sévères, mais non dramatiques. Les restrictions commerciales étaient certes un handicap, mais temporaire : en augmentant la production d'acier en Mandchourie, en Corée et au Japon même, les architectes de la guerre comptaient venir à bout des carences en l'espace d'un an. Des entretiens au sommet avaient enfin démarré, entre le Japon et les Etats-Unis, concernant une éventuelle solution dans la guerre de Chine. L'empereur pensait que la chose n'avait été possible que grâce au pouvoir dissuasif de l'alliance tripartite. Comme il le fit remarquer à Kido, c'était une preuve de son utilité. « La patience, déclara Hiro-Hito à Kido, la patience, l'endurance et la persévérance sont tout. » Il accepta volontiers l'idée d'envoyer Matsuoka en Europe pour une longue tournée d'entretiens avec Hitler, Mussolini et Staline. Le ministre des Affaires étrangères devait insister dans ses propos sur l'importance de la « doctrine Monroe japonaise », prônant la supériorité du Japon en Asie, et on lui ordonna de tâcher de parvenir à un accord avec l'Union soviétique, peut-être en persuadant Staline de s'associer d'une façon quelconque à l'alliance tripartite.

A cette époque (mars-avril 1941), Hitler préparait déjà son

offensive contre l'URSS et, tout à sa mégalomanie, croyait pouvoir se servir du Japon comme d'un pion docile. Son unique souci était de convaincre les autorités nippones, par la menace si nécessaire, de consommer la perte de la Grande-Bretagne en s'emparant de Singapour et de la Malaisie. L'argument dont Ribbentrop et Hitler se servirent auprès de Matsuoka était volontairement grossier : l'Allemagne avait déjà quasiment gagné la guerre, le vieil ordre croulait, le pacte tripartite saurait assurer efficacement la neutralité des Etats-Unis, même si le Japon ne tentait rien contre Singapour ; alors, si le Japon voulait faire partie de « l'ordre nouveau », il devait aider l'Allemagne — autrement les dépouilles asiatiques des vaincus européens, notamment les Indes néerlandaises et leur pétrole, lui passeraient sous le nez. Hitler fut consterné d'entendre Matsuoka se lancer dans des discours aussi interminables que confus, car il n'était pas clairement habilité par l'empereur à engager son pays dans une guerre immédiate contre la Grande-Bretagne en Extrême-Orient. Pour reprendre la formule de Herbert Feis, dans son admirable étude[3] : « On avait invité un homme dont on espérait qu'il serait prompt à l'action éclatante ; celui qui arriva n'avait à proposer que des discours d'excuse. » En regagnant Tokyo, via Moscou, Matsuoka parvint à conclure un accord de non-intervention avec l'URSS et rentra chez lui dans la plus béate ignorance des préparatifs allemands pour « l'opération Barberousse », c'est-à-dire l'invasion de l'URSS par l'Allemagne.

A son retour au Japon, juste à temps pour les fêtes célébrant l'anniversaire de l'empereur, le 29 avril 1941, il montra que la pression incessante à laquelle il avait été soumis à Berlin avait fait son effet : presque quotidiennement, il bombardait Hiro-Hito de rapports ou lui rendait visite pour lui exprimer directement son point de vue. Le Japon, expliqua-t-il à l'empereur, devait attaquer au plus tôt la Grande-Bretagne en Asie. Il s'était en effet totalement converti à l'opinion de Hitler, à tel point que lorsque le Führer lança — le 22 juin — son offensive contre l'Union soviétique, Matsuoka, nonobstant les propos de neutralité qu'il avait tenus à Staline et Molotov, s'empressa d'insister auprès de Hiro-Hito pour qu'il attaquât aussi l'URSS. L'empereur ne supportait plus désormais la volubilité, l'incohérence et l'irresponsabilité de son ministre des Affaires étrangères. Il fallait se débarrasser de Matsuoka, confia-t-il à Kido. De façon typiquement japonaise, on allait exercer une pression indirecte pour l'inciter à se retirer. En temps voulu, Matsuoka devait être évincé du gouvernement non seulement à cause de sa mégalomanie croissante et de son comportement indigne d'un diplomate, mais parce que le reste de l'élite gouvernante, y compris l'empereur, refusait de souscrire à la thèse qu'il défendait, selon laquelle le Japon avait le devoir de frapper l'Union soviétique par son flanc oriental, afin d'aider l'Allemagne à conclure encore plus rapidement sa guerre éclair contre les Russes.

Pourtant, le 25 juin 1941, trois jours seulement après l'entrée en territoire soviétique des troupes allemandes, la conférence qui eut lieu au palais impérial et à laquelle assistèrent Hiro-Hito, Konoye et les chefs d'état-major portait non pas sur l'URSS, mais sur l'Indochine. On poursuivit les discussions sur l'invasion désormais imminente de cette région. Les chefs militaires se montrèrent intraitables : il n'était pas question d'accepter le moindre compromis avec les Français obstructionnistes, en dépit de l'intercession de Konoye qui s'inquiétait de savoir s'il était correct d'employer ainsi la force vis-à-vis d'interlocuteurs qui manifestaient justement leur bonne volonté dans les entretiens qui avaient lieu au même moment à Tokyo.

Sugiyama assura qu'il était plus important que jamais de mener à bien au plus vite l'opération indochinoise. « Les puissances ABCD [l'Amérique, la Grande-Bretagne, la Chine et les Indes néerlandaises] ont collaboré jour après jour contre le Japon pour nous empêcher de nous étendre ; nous avons besoin d'établir la sphère en question aussitôt que possible. Dans une situation d'urgence comme la présente, avec un blocus total des exportations vers le Japon et le renforcement de la structure stratégique des Etats-Unis et de la Grande-Bretagne, nous devons agir très rapidement. »

A ce stade des discussions, Hiro-Hito n'exprima pas la moindre réserve, s'intéressant davantage au coût global de l'opération et demandant : « Cela suffira-t-il de frapper uniquement l'Indochine française ? » Sugiyama répondit que — pour le moment, en tout cas — il ne serait pas avisé d'envoyer des troupes en Thaïlande (« nous pensons qu'il vaudra mieux nous occuper ensuite de la Thaïlande »), notamment parce que l'expédition simultanée de soldats dans les deux pays risquait de trahir les menées à long terme du Japon.

L'empereur demanda alors s'il y avait le moindre lien entre leur entreprise et la guerre russo-allemande. Sugiyama répondit que l'opération d'Indochine devrait avoir lieu indépendamment de ce qui se passait sur le front russo-allemand, ainsi d'ailleurs qu'à Washington, où les négociations entre le Japon et les Etats-Unis étaient toujours en cours.

L'empereur réclama un surcroît de précisions logistiques. Combien d'hommes enverrait-on en Indochine et où les prendrait-on ? Une nouvelle fois, ses chefs d'état-major lui dressèrent un catalogue détaillé des unités concernées et des bases que l'on se proposait d'établir sur place. Ce ne fut qu'à ce moment-là que Hiro-Hito exprima quelques doutes circonspects : « Je m'inquiète énormément des répercussions internationales [de l'invasion], expliqua-t-il. On pourrait s'en prendre à notre moralité, mais passe encore. » D'une voix ferme, devait noter Sugiyama, le souverain ajouta : « Cela me convient parfaitement. » Dans son compte rendu de la séance du jour, Sugiyama précisa que Hiro-Hito paraissait content et « plus jovial que les jours précédents ».

On continua à observer les formes diplomatiques, mais les instructions en code secret expédiées aux diplomates nippons à l'étranger donnaient une version sans fard des événements. Le gouvernement, selon le câble envoyé au consul général japonais à Hanoi, le 16 juillet 1941 :

A décidé que les forces impériales doivent envahir la portion méridionale de l'Indochine française afin de s'y assurer des bases militaires. En ce qui concerne le gouvernement impérial, il importe peu que cette invasion soit effectuée paisiblement ou par la force.

Etant donné la possibilité d'une résistance armée de la part des Français et pour éviter tout risque de représailles, le télégramme expédié à Hanoi ordonnait que tous les ressortissants nippons fussent évacués sur Taiwan (« Il n'y aura pas d'ordre officiel, mais tout le monde doit être évacué ») et afin de leur laisser le temps de s'embarquer paisiblement à bord d'un paquebot de ligne spécialement affrété, ce dernier devait rester quelque temps dans le port de Haiphong ; « Par conséquent, veuillez, s'il vous plaît, faire savoir que la raison [de son départ différé] est due au retard dans l'horaire et les problèmes de déchargement.

Veuillez prendre toutes les précautions utiles pour ne pas laisser les autorités françaises avoir vent de nos plans. »

L'extraordinaire vénération dont Hiro-Hito était l'objet de la part de ses sujets transparaissait dans ce câble : en effet, un émissaire spécial devait « respectueusement emporter les portraits impériaux et demander qu'à leur arrivée [à Taiwan] ils fussent confiés aux bons soins du Bureau provincial ».

Certains ambassadeurs reçurent des versions légèrement différentes : le télégramme adressé à Oshima, à Berlin, comportait un appendice faisant remarquer que « *ce plan est la première étape de l'avancée japonaise vers le sud, que l'Allemagne espère depuis déjà longtemps* » (les italiques sont de moi) ; et celui qui parvint au ministre japonais auprès du gouvernement de Vichy ajoutait, sur un ton assez menaçant, que « si les Français refusent [cette occupation], cela risque de nuire non seulement aux relations entre Tokyo et Vichy, mais aussi à celles entre Berlin et les autorités françaises ». En d'autres termes, le Japon veillerait à ce que Hitler serrât la vis aussi bien dans la zone occupée que dans la zone libre, si le gouvernement de Pétain s'obstinait à faire traîner les choses.

Face à cette impitoyable démonstration de force, Vichy capitula. Quelques mesures insignifiantes, lui permettant de sauver la face, furent incluses dans l'accord franco-japonais qui autorisait la création d'un grand nombre de bases militaires, navales et aériennes japonaises dans toute l'Indochine, notamment la fiction selon laquelle le Japon continuerait à « respecter la souveraineté et l'intégrité territoriale de la France ». Le 21 juillet 1941, l'amiral Jean Darlan, vice-Premier ministre et ministre des Affaires étrangères de Pétain, reconnut que son gouvernement n'avait « d'autre choix que de céder » aux exigences nippones et accepta de « coopérer avec le Japon pour la défense de l'Indochine française ».

Si l'on se réfère aux échanges entre Hiro-Hito et ses chefs d'état-major, il est évident qu'il savait parfaitement que les bases japonaises en Indochine serviraient non pas contre Chiang Kai-shek, mais dans un tout autre but — lequel était bien entendu sous-jacent dans tous les entretiens avec l'empereur et faisait l'objet de constantes allusions, mais en termes voilés. Les enquêteurs du TMIEO ignoraient l'existence du mémorandum Sugiyama, mais le colonel Sackett, qui interrogea Kido, laissa voir qu'il était tout à fait conscient du rôle joué par l'empereur dans les événements qui débouchèrent sur l'attaque de Pearl Harbor. Le 26 février 1946, le dialogue suivant eut lieu à la prison de Sugamo :

> *SACKETT* : L'empereur savait [en juillet 1941] que le pays s'était assez nettement engagé, par le biais de sa politique étrangère, dans la voie de l'expansion vers le sud, en ayant recours, le cas échéant, à la force armée, et il pensait que le moment était inopportun pour entrer en guerre dans le nord, contre l'URSS, alors que vous cherchiez à vous procurer du matériel de guerre dans le sud ?
> *KIDO* : Oui.
> *SACKETT* : Il était donc absolument nécessaire d'obtenir d'abord le consentement de l'empereur avant d'envoyer des troupes dans un lieu tel que l'Indochine ?
> *KIDO* : Oui.
> *SACKETT* : En d'autres termes, le commandement suprême n'aurait pas expédié de troupes en Indochine française sans comparaître au préalable devant l'empereur pour obtenir son accord ?
> *KIDO* : Non.

Les avions japonais qui coulèrent deux navires de guerre britanniques, le *Repulse* et le *Prince of Wales* au large des côtes de Malaisie, deux jours après Pearl Harbor, partirent de bases établies en Cochinchine.

Chapitre 15

Pendant que le Japon était occupé à planifier son réseau de bases militaires à l'étranger, en vue d'une éventuelle « ruée vers le sud », à l'intérieur du pays la ferveur patriotique tournait à la véritable frénésie, avec un « culte impérial » croissant qui, grâce au soutien des instances officielles, allait bientôt atteindre des proportions impressionnantes.

Le deux mille six centième anniversaire du règne de Jimmu, premier et mythique empereur du Japon, célébré en grande pompe en 1940, avec des revues navales et des cérémonies religieuses, fut suivi, un an plus tard, de festivités encore plus grandioses qui ne furent pas sans rappeler à Otto Tolischus, correspondant chevronné du *New York Times* (qui arriva à Tokyo en janvier 1941, fraîchement expulsé de Berlin), les nombreux meetings nazis auxquels il avait assisté. Le deux mille six cent unième anniversaire de la fondation de l'empire japonais fut marqué par une nouvelle série de cérémonies religieuses et par une parade regroupant plus de cent vingt mille ouvriers, écoliers, « réprésentants d'organisations nationales » et membres de la Fédération du service industriel national, croulant sous les drapeaux et les fanfares, qui défilèrent pendant des heures devant leur empereur inlassablement occupé à leur rendre leurs saluts.

Le principal orateur fut le baron Hiranuma, ministre de l'Intérieur, ancien président du Conseil privé et ex-Premier ministre. Ce qui faisait du Japon un pays supérieur à tous les autres, expliqua-t-il aux foules massées pour l'entendre, c'était que « les rois, les empereurs, les présidents étrangers sont tous créés par l'homme, alors que le Japon possède un trône sacré, hérité des ancêtres impériaux. La loi impériale du Japon est donc une extension du ciel. Les dynasties fabriquées par l'homme s'écroulent, mais le trône créé par le ciel est hors de portée des simples mortels... »

L'ambassadeur américain, Joseph Grew, nota que, selon la coutume, aucun Japonais ne fut autorisé à regarder l'empereur « d'en haut » : les toits qui faisaient face au palais, dans le quartier de Marinouchi, restèrent vides. Tolischus, pour sa part, remarqua que même si les résidents étrangers désignaient, entre eux, Hiro-Hito par le sobriquet irrévérencieux de « Charlie », les journaux nippons mettaient constamment en avant la divinité de l'empereur et que le totalitarisme japonais ressemblait tellement au programme nazi « que j'aurais bien aimé savoir lequel avait imité l'autre ».

Quelques années plus tard, les Japonais et les autorités d'occupation américaines uniraient leurs efforts pour minimiser le rôle joué par l'empereur avant la guerre, mais en avril 1941, les propagandistes japonais chargés de mettre le souverain en valeur se démenaient pour faire justement le contraire : lors d'une conférence de hauts fonctionnaires de province, juste avant l'anniversaire de Hiro-Hito, le ministre de la Maison impériale expliqua à l'assistance que « les affaires de la guerre » accaparaient si entièrement l'empereur qu'il avait dû renoncer à ses promenades à cheval du petit matin, occupé qu'il était « à prendre de constantes décisions concernant divers documents d'Etat se rapportant à la politique et à la stratégie militaire... Il se lève très tôt et se couche très tard, car il lui arrive de recevoir des rapports jusqu'à minuit ». Il ajouta que « la profondeur du chagrin qu'éprouve l'impératrice en songeant aux morts et aux blessés » les victimes japonaises de la guerre en Chine « dépasse l'imagination d'une personne ordinaire ».

Pour le quarantième anniversaire du souverain — le 29 avril — le *Japan Times and Advertiser,* le journal en langue anglaise qui reflétait fidèlement les opinions du ministère japonais des Affaires étrangères, fit paraître un important éditorial sur « l'ordre nouveau dans le monde », vu de Tokyo.

Ce curieux texte, établissant une hiérarchie rigide parmi les nations « fortes », avec l'Allemagne (et son second, l'Italie) en tête de la liste européenne, alors que le Japon occupait la première place en Asie, faisait sans aucun doute écho aux convictions du prince Konoye, en proie à un de ses pires accès de nationalisme, et à celles de Matsuoka, le ministre des Affaires étrangères, qui à l'époque rentrait tout juste de sa tournée triomphale à Berlin et Rome — et qui avait reçu l'accolade de Staline après avoir signé un pacte de neutralité avec l'URSS.

L'empire britannique, les Etats-Unis et l'Union soviétique avaient droit à une mention dans « l'ordre nouveau » proposé par le journal japonais, qui, tout bien considéré, aurait pu être conçu par Hitler en personne : on réclamait la démilitarisation de Gibraltar, de l'est de la Méditerranée, de Malte, d'Aden, et de la mer Rouge, de Singapour, de Hong Kong et de « toutes les bases américaines dans le Pacifique », le retrait total de la Royal Navy hors de la Méditerranée, la surveillance conjuguée du canal de Suez par les Britanniques et les puissances de l'Axe, le transfert de certaines colonies britanniques en Afrique, ainsi que de l'Afrique du Nord, « de Gibraltar à la Somalie », à l'Allemagne et l'Italie tandis que le continent européen serait « réorganisé en un seul état sous le Reich allemand ».

L'éditorial prônait aussi une participation allemande aux industries pétrolières d'Iran et d'Iraq, l'accès des Indes néerlandaises à des « conseillers » japonais, la démilitarisation de la Sibérie, le droit pour les citoyens japonais d'immigrer en Australie, l'autonomie de l'Inde et « la liberté religieuse et politique pour tous ». Son aspect le plus important était peut-être la division arbitraire du monde en « zones d'influence », qui faisait du Japon le chef de file incontesté en Asie. La « sphère d'influence » des Etats-Unis s'étendait au Canada, à l'Amérique centrale et du Sud, à Terre-Neuve et au Groenland — pourvu qu'il n'y eût pas « en Amérique latine d'hégémonie américaine hostile aux puissances de l'Axe », ni de bases américaines au-delà de Hawaii.

Certes, en 1941, les articles débordant d'hystérie, destinés à attiser les flammes du nationalisme japonais, étaient légion — à ceci près que le *Japan Times and Avertiser* n'était pas quelque éphémère torchon, mais un journal respectable, qui ressemblait étonnamment dans sa mise en page et sa typographie au *New York Times,* et que la publication d'un tel éditorial pour l'anniversaire de l'empereur était certainement voulue.

En effet, l'après-midi même, comme pour souligner l'importance de cette déclaration politique et lui donner une pertinence spéciale, eut lieu la plus gigantesque parade militaire jamais organisée au Japon : Hiro-Hito, juché sur son cheval blanc favori, Shiranyuki, regarda défiler trente mille soldats et une centaine de tanks, tandis que cinq cents avions survolaient les lieux. Un mois plus tard, pour la « Fête de la marine » (le 27 mai 1941), eut lieu un étalage non moins impressionnant et des porte-parole japonais en profitèrent pour annoncer que leur pays possédait cinq cents navires de guerre et quatre mille avions prêts à combattre — plus que les Etats-Unis n'en pouvaient réunir. Le 18 juin — et l'affront envers les Alliés qui soutenaient Chiang Kai-shek était délibéré — Hiro-Hito assista à un banquet officiel en l'honneur de Wang Ching-wei, le collaborateur chinois, chef du « gouvernement de Nankin » et ancien leader du Kuomintang, dont le régime fantoche subventionné par les Japonais s'étendait au centre de la Chine ; il s'agissait d'un privilège qui n'avait pas été accordé à l'autre fantoche, Pu Yi, empereur du Manchukuo, qui (en 1935) avait dû se contenter d'un banquet offert par le Premier ministre.

Trois mois après la parution de l'éditorial du *Japan Times and Advertiser*, un autre exposé « philosophique » des convictions, objectifs et politique du Japon, beaucoup plus important, fut mis sur la liste des lectures obligatoires pour tous les citoyens. C'était « La voie des sujets », qui puisait largement dans les propres proclamations impériales de Hiro-Hito et que l'on distribua dans le pays entier, dans les écoles, les groupements d'adultes et les associations de toutes sortes, dont, bien entendu, « l'Association d'assistance à l'autorité impériale » (AAAI). Il s'agissait d'une structure « verticale » de type totalitaire, établie en 1940 avec la bénédiction initiale de Konoye, qui était en passe de supplanter tous les partis politiques ; elle était obligatoire dans les bureaux et les usines, avec des « comités de rue » chargés de surveiller le comportement des adhérents.

« La voie des sujets » mérite une étude approfondie, ne serait-ce que parce que ce texte contenait toutes les déclarations que les dirigeants nippons répugnaient à dire ouvertement aux diplomates étrangers. Il a aussi son importance en tant que déclaration d'intentions totalitaires par le biais des propres proclamations de l'empereur et en tant que réinterprétation globale de l'histoire japonaise dans une optique militaire ; c'était une justification posthume des idéaux chers aux rebelles disparus de « 2/26 ». Il est intéressant de noter qu'il ne s'agissait nullement d'un pamphlet politique émis par les têtes brûlées de l'AAAI, mais d'un document officiel écrit par des hauts fonctionnaires du gouvernement et distribué par l'entremise du ministère de l'Education.

Le texte commençait par une féroce condamnation des cultures européenne et américaine et de leurs us et coutumes nuisibles et débilitants. « L'individualisme, le libéralisme, l'utilitarisme et le matérialisme » étaient les maux que ces cultures avaient importés au Japon. Les pays non européens, « profondément endormis », avaient laissé le désastre s'accomplir, mais « à présent le vieil ordre s'écroule » et la domination économique et politique du monde occidental était sur le déclin.

L'affaire de Mandchourie avait été « une violente éruption de la vie nationale japonaise trop longtemps réprimée » et l'intervention nippone avait eu lieu parce que la Chine « s'était mise à piétiner la position du Japon en Mandchourie, ce qui avait coûté de lourds sacrifices en vies japonaises et menacé les sauvegardes du Japon ». Avec « l'incident de Mukden », « on était arrivé aux nouvelles pages de l'histoire mondiale », car le « Manchukuo » (l'empire fantoche de Pu Yi) « suit la voie royale, étant un pays de béatitude et de concorde raciale... et il a connu d'année en année une rapide et saine croissance, consolidant ainsi les fondations de la structure de l'unité du Japon et du Manchukuo ». Suivaient alors de larges extraits d'une proclamation de Hiro-Hito, à l'époque où le Japon s'était retiré de la société des Nations, pour expliquer que l'Europe et l'Amérique s'étaient « senties très menacées » par la création du nouvel empire et avaient tenté de le saboter au moyen du « prétendu rapport Lytton ».

Les entretiens sur la limitation des armes navales étaient un autre exemple d'intervention étrangère malintentionnée, « conçue pour entraver les progrès du Japon en tant que facteur de stabilité dans l'Est asiatique ». Quant à la Chine, dont « le rapprochement et la coordination inconditionnels se font cruellement désirer pour la construction d'un ordre nouveau dans toute l'Asie », elle donnait lieu à une autre citation d'une proclamation impériale, émise lors du premier anniversaire de « l'incident de Chine » : « Nous croyons que, faute d'éliminer les causes nuisibles qui existent depuis tant d'années, on ne saurait espérer une quelconque stabilité dans l'Est asiatique... La consolidation d'une coalition sino-japonaise et la concrétisation de leur coprospérité contribueront à l'établissement d'une paix mondiale », ainsi que de celle célébrant l'alliance tripartite : « La mission du Japon, concluait ce document, était d'une importance historique mondiale ».

Toutefois, l'affaire de Chine « ne prendrait pas et ne devait pas prendre fin avec la seule chute de Chiang Kai-shek. Tant que l'élimination des fléaux que sont les influences européenne et américaine dans l'est asiatique, qui ont égaré la Chine dans la mauvaise voie, ne sera pas consommée, tant que la coopération entre le Japon et la Chine ne donnera pas des résultats satisfaisants et que l'Est asiatique et le reste du monde ne seront pas à l'unisson sur la base des principes moraux, les efforts infatigables du Japon ne sauraient se relâcher », car le Japon « a pour mission politique, dans le projet de coprospérité de l'Est asiatique, d'aider diverses régions, de façon à les soustraire au contrôle des puissances coloniales ». Sur le plan culturel, le Japon avait aussi une mission qui était de « persuader les nations de l'Est asiatique de cesser de copier les cultures européenne et américaine et de développer la culture orientale pour contribuer à la création d'un monde juste ».

L'objectif concret du Japon était désormais de « perfectionner un Etat nanti d'une défense hautement équipée et centralisée et de renforcer l'encadrement pour une guerre nationale totale ». On avait en effet incorporé à « La voie des sujets » le concept de la guerre totale : « de nos jours, l'action militaire signifie la pensée diplomatique et économique et la science de la guerre amalgamées en un tout harmonieux. » Il y avait un précédent divin à tout ceci, car « la mission du Japon, qui est de construire le monde sur une base morale, a son origine dans la fondation même de l'empire ». La caractéristique fondamentale du Japon, concluait le document, « repose sur la théocratie suivante : l'empereur gouverne et règne avec la volonté solennelle de servir les dieux. L'empereur aime ses sujets d'un cœur paternel et les sujets aiment leur empereur avec le sentiment de s'incliner devant leur vénéré père. Il n'existe aucun pays de cette sorte où que ce soit dans le monde... La source vive du Japon est la race Yamato (japonaise), le Manchukuo est son réservoir, l'Est asiatique sa rizière ».

Au vu du rationnement et des pénuries croissantes et aussi de l'industrie centralement planifiée, la première impression de Tolischus, à son arrivée, fut que Tokyo « était déjà en guerre ». Les restrictions imposées aux journalistes étaient phénoménales : les lois sur la protection des secrets militaires et des secrets de la défense nationale étaient telles que « les activités normales d'un correspondant étaient presque entièrement illégales [1] ». L'affaire était encore corsée par les interdits frappant les câbles (limités aux langues japonaise, anglaise et allemande), les appels téléphoniques internationaux (limités au japonais et à l'anglais) et surtout les appels téléphoniques intérieurs, limités à la seule langue japonaise, pour que la police pût les surveiller. Malgré tout, comme le notait Tolischus, les matériaux de guerre et les matières premières requis pour la guerre de Chine ne représentaient que dix pour cent de la capacité de production du Japon et l'économie des « canons avant le beurre » semblait fonctionner.

Le Japon était de toute évidence au bord de la guerre et en lisant le *Japan Times and Advertiser,* on avait parfois l'impression, malgré tous ses reportages mondains, de lire une version anglophone d'un quotidien nazi ; en effet, toutes les informations concernant la guerre en Europe exprimaient exclusivement le point de vue de l'Axe et, pour tout ce qui touchait aux Etats-Unis, une part énorme était faite au lobby isolationniste et à son unique héros américain, Charles Lindbergh. Le 26 avril 1941, en première page, une photographie de la Cité de Londres, dévastée par les bombes, illustrait un article ayant pour titre : « La capitale britannique éprouve la pleine force de la puissance allemande. »

En de telles circonstances, les négociations visant à réduire les tensions entre les Etats-Unis et le Japon durent paraître vaines, mais furent néanmoins prises au sérieux d'un côté comme de l'autre : à Washington, Roosevelt se laissa guider par la conviction de son ambassadeur à Tokyo, Grew, qui estimait préférable de poursuivre les entretiens dans l'espoir de voir des conseils plus raisonnables l'emporter finalement ; l'empereur n'était-il pas après tout un homme pacifique ? La vérité, c'est que les deux camps cherchaient à gagner du temps : les Etats-Unis et le Japon souhaitaient l'un comme l'autre attendre de savoir comment allait évoluer la situation en Europe, surtout après l'offensive de Hitler contre l'Union soviétique, le 22 juin 1941.

Il convient maintenant de faire un bref retour en arrière pour étudier une conférence impériale, ou *Gozen Kaigi,* d'une importance vitale, qui eut lieu le 2 juillet, quelques jours après que Hiro-Hito eut soumis ses chefs d'état-major à un interrogatoire serré (le 25 juin) et peu avant l'occupation de Saigon, la baie de Camranh et Tourane (Danang) par les Japonais. Cette réunion, qui marqua un tournant dans l'attitude de l'empereur envers la guerre à venir,

263

indiquait clairement que la pensée qui sous-tendait « La voie des sujets » (alors en cours de rédaction au ministère de l'Education) n'était pas un banal exercice de propagande.

Les décisions d'un *Gozen Kaigi* prises en présence de l'empereur, des principaux ministres du gouvernement (Premier ministre et ministres de la Guerre, de la Marine et des Affaires étrangères), du président du Conseil privé et des deux chefs d'état-major, étaient sacrées et inviolables. Du fait de l'importance cruciale de cette réunion du 2 juillet et aussi parce qu'il existe un résumé remarquablement concis de ses résolutions, cela vaut la peine de les citer presque *in extenso* :

Politique envisagée

1. Le gouvernement impérial est résolu à suivre une politique qui aura pour résultat l'établissement de la Sphère de Coprospérité du Grand Est asiatique et la paix mondiale, indépendamment de l'évolution de la situation internationale.
2. Le gouvernement impérial poursuivra ses efforts pour parvenir au règlement de l'Incident de Chine et s'évertuera à établir une base solide pour la sécurité et la préservation de la nation. Cela nécessitera une avancée dans les régions méridionales et aussi, selon les événements futurs, le règlement de la question soviétique.
3. Le gouvernement impérial mènera à bien le programme exposé ci-dessus dans son entier, quels que soient les obstacles qu'il trouvera sur sa route.

Mise en application

1. Des mesures seront prises pour faire pression sur le régime de Chiang en passant par le sud, afin de l'obliger à capituler. A chaque fois que les événements futurs l'exigeront, on aura recours aux droits d'un belligérant contre Chungking et les concessions internationales ennemies seront occupées.
2. Afin de garantir la sécurité et la préservation nationales, le gouvernement impérial poursuivra toutes les négociations diplomatiques nécessaires afférant aux régions méridionales et exécutera divers autres plans selon les besoins. Au cas où les négociations diplomatiques seraient interrompues [toutes les italiques sont de moi], *il procédera également à des préparatifs*

264

en vue d'une guerre avec la Grande-Bretagne et l'Amérique.
Pour commencer, il continuera d'appliquer les plans ayant trait à l'Indochine française et à la Thaïlande, dans le but de consolider la position du Japon dans les territoires méridionaux.
Lors de l'exécution des plans tracés dans l'article ci-dessus, nous ne nous laisserons pas dissuader par le risque d'être entraînés dans une guerre avec la Grande-Bretagne et l'Amérique.
3. Notre attitude vis-à-vis de la guerre germano-soviétique sera fondée sur l'esprit de l'alliance tripartite. Toutefois, nous ne nous mêlerons pas au conflit avant quelque temps, mais procéderons régulièrement à des préparatifs militaires contre les Soviétiques et déciderons individuellement de notre attitude finale. En même temps, nous poursuivrons des activités soigneusement coordonnées dans le domaine diplomatique. Au cas où la guerre germano-soviétique évoluerait à notre avantage, nous ferons usage de notre force militaire, réglerons la question soviétique et garantirons la sécurité de nos frontières septentrionales.
4. *Pour la mise en application du précédent article, tous les plans, particulièrement l'emploi des forces armées, seront exécutés de façon à ne placer aucun obstacle sérieux sur le chemin de nos préparatifs militaires fondamentaux en vue d'une guerre avec l'Angleterre et l'Amérique.*
5. Au cas où les moyens diplomatiques ne parviendraient pas à empêcher l'entrée de l'Amérique dans la guerre en Europe, nous agirons conformément aux obligations que nous impose le pacte tripartite. Cependant, en ce qui concerne le moment et la façon d'utiliser nos forces armées, notre action sera indépendante.
6. Nous nous attacherons immédiatement à mettre le pays sur le pied de guerre et nous prendrons des mesures spéciales pour renforcer la défense de la nation.
7. Des plans concrets couvrant tous les articles du présent programme seront dressés séparément.

« L'empereur, fort content, nota ensuite Sugiyama, donna son assentiment sur tous ces points à treize heures trente, tout de suite après le déjeuner. »

Hiro-Hito avait plusieurs raisons d'être satisfait : dans son rapport sur l'évolution de la guerre en Europe, Sugiyama lui expliqua qu'il était clair que l'Allemagne était en train de gagner et que, par conséquent, il était quasiment certain que les Etats-Unis n'iraient pas intervenir et risquer une guerre à la fois avec le Japon et l'Allemagne victorieuse, en essayant d'empêcher l'établissement, même par la force, de bases japonaises dans toute l'Indochine. Autre cause de soulagement : le ministre de la Guerre, Tojo, réputé pour son franc-parler et son refus de cacher à l'empereur les réalités désagréables, avait assuré durant le *Gozen Kaigi* que le niveau de la discipline parmi les officiers était satisfaisant et que le risque de révolte de la part des jeunes officiers était réduit à zéro. Enfin, le *Gozen Kaigi,* en repoussant la requête de Matsuoka qui réclamait une attaque immédiate contre l'Union soviétique, mit le ministre des Affaires étrangères dans une situation intenable : Hiro-Hito était sûr désormais que cet homme imprévisible et de plus en plus gênant serait bientôt révoqué par Konoye, s'il ne démissionnait pas de son propre chef.

L'empereur, cependant, dut avoir certains doutes concernant cette réunion, car le 22 juillet, il convoquait les chefs d'état-major au palais pour de nouveaux entretiens officieux. Hiro-Hito voulait en savoir plus sur les chances de succès des négociations diplomatiques avec les Etats-Unis, ainsi que sur l'attitude des chefs d'état-major envers de telles négociations ; il voulait aussi de la part des deux hommes l'assurance formelle que — si la guerre éclatait — elle mènerait rapidement à une victoire japonaise décisive. Ce qu'ils avaient à lui dire n'était guère encourageant.

Au cours de la séance du matin, le général Sugiyama expliqua que la Seconde Guerre mondiale avait, par sa seule existence, radicalement modifié les plans stratégiques du Japon. « Avant, nous ne pensions qu'à " l'incident de Chine ". Après le début de la guerre et l'offensive de Hitler contre la Russie, la situation a évolué vers une guerre mondiale totale ». Les forces de Chiang Kai-shek étaient sur la défensive, faibles et démoralisées, et ne tenaient que grâce au soutien des Etats-Unis, de la Grande-Bretagne et de l'Union soviétique. Pour cette raison, « la seule façon de résoudre " l'incident de Chine ", c'est de vaincre la Grande-Bretagne et les Etats-Unis ».

L'après-midi, l'empereur questionna les deux hommes de façon approfondie. Eu égard à ce qu'ils avaient dit le matin même, l'intervention armée était-elle la seule solution ? Puisqu'ils avaient peint un tableau si sombre des forces armées en Chine, « pouvons-nous parvenir à notre but en utilisant la force ? ».

La réponse de Sugiyama, que reprit le chef d'état-major de la marine, Nagano, fut que l'empereur avait tout à fait raison, mais que « si nous laissons la situation se dégrader davantage, le Japon sera non seulement incapable de régler " l'incident de Chine ", mais accablé en outre par d'autres difficultés, donc nous devons agir à point nommé ».

Hiro-Hito objecta : « Vous dites que vous n'avez pas assez de matériel. » Sugiyama déclara qu'il ne pouvait répondre pour la marine, « mais l'armée peut tenir environ un an.

— C'est ce que vous dites, persista Hiro-Hito, mais une année sera-t-elle suffisante pour gagner ? »

Sugiyama reconnut qu'il ne pouvait le garantir, « mais nous devons saisir au vol le moment opportun et prendre des mesures pour élargir [le conflit]. Par exemple, nous devrions observer attentivement les combats russo-allemands et choisir l'instant propice pour stabiliser notre frontière septentrionale. Il est nécessaire de décider si nous devons avancer vers le nord ou vers le sud. Tant pour l'armée que pour la marine, plus nous perdrons de temps, plus ce sera difficile.

— Je me demande si vous avez raison, dit Hiro-Hito. Y a-t-il un moyen quelconque d'éviter d'utiliser la force ? Si les opérations se déroulent comme prévu en Indochine, c'est parfait. Toutefois, j'ai entendu dire que la Grande-Bretagne avait posté certaines de ses troupes en Thaïlande. »

C'était faux, protesta Sugiyama, qui entreprit alors de mettre l'empereur au courant des dispositions britanniques en Asie : trente mille hommes en Birmanie et de quarante à cinquante mille en Malaisie, « mais un quart seulement sont des Britanniques, les autres sont des autochtones ou des indigènes, mécontents pour la plupart de l'oppression britannique... Ils ne peuvent pas agir de façon agressive », assura-t-il, en ajoutant que les attachés militaires japonais dans la région « avaient soumis une appréciation analogue ». « Quelle que soit sa domination financière et économique, la bonne décision sera de terrasser la Grande-Bretagne ». Au cas où des troupes britanniques pénétreraient en Thaïlande, « nous prendrons la décision adéquate pour faire face à une telle manœuvre et nous solliciterons votre approbation ». Hiro-Hito, toujours préoccupé par les conséquences de l'opération d'Indo-chine, demanda : « J'imagine que vous n'aurez pas besoin d'avoir recours à la force en Indochine française ? » On lui assura encore une fois que les Français ne donneraient aucun fil à retordre. Dans une note qu'il tenait à voir rester absolument secrète, Sugiyama ajouta que l'empereur « semble décidé à ne pas utiliser la force » et « nous devons le persuader de changer d'avis ». Hiro-Hito devait en outre, concluait-il, prendre une décision définitive : souhaitait-il choisir « la ruée vers le nord » (la guerre contre l'Union soviétique aux côtés de l'Allemagne) ou bien « la ruée vers le sud » ?

Le 30 juillet, Hiro-Hito s'entretint encore avec ses chefs d'état-major et se montra, une fois de plus, profondément inquiet de ce que lui disait le chef d'état-major de la marine. Selon le journal de Kido, Hiro-Hito dit, presque comme s'il réfléchissait tout haut, à l'amiral Nagano : « Bien sûr, nous serons victorieux contre les Etats-Unis et la Grande-Bretagne, mais je suppose que ce ne sera certainement pas le genre de victoire totale que nous avons remportée sur les Russes en 1905 ? »

Nagano reconnut qu'une pareille victoire était en effet hors de question. « A vrai dire, nous ne sommes même pas sûrs de gagner. »

Cette réponse inattendue plongea Hiro-Hito dans la morosité.

S'entretenant avec Kido, après cette entrevue, il déclara que sans être « par principe » hostile à l'idée d'une guerre contre les Etats-Unis et la Grande-Bretagne, il estimait qu'il « ne faut pas faire la guerre sans prévoir la victoire », car cela équivalait à se lancer dans une « guerre désespérée ».

Mais, en réalité, le compte à rebours avait déjà commencé : l'amiral Yamamoto avait remis son projet pour les opérations dans le Pacifique (y compris un brouillon de l'attaque contre Pearl Harbor) au chef d'état-major de la Marine et une maquette de Pearl Harbor était en construction à l'école navale (où le prince Takamatsu qui y fit un passage en 1941, dut certainement la voir).

Tojo, l'intègre ministre de la Guerre, rassura l'empereur sur le moral qui régnait dans les forces armées, mais il ne se montra pas tout à fait franc : les officiers commençaient à s'agiter, réclamant la mise en application immédiate des mesures soumises à l'empereur lors de la conférence impériale du 2 juillet, l'occupation rapide de l'Indochine et l'assurance que les négociations en cours avec les Etats-Unis sauraient « suivre l'orientation d'ores et déjà choisie et ne pas aller contre l'esprit des puissances de l'Axe ».

A vrai dire, à ce stade des événements, la position de Hiro-Hito était, une fois de plus, ambiguë : il redoutait désormais l'idée d'une guerre contre les Etats-Unis, non pas pour des raisons morales, mais parce que ses chefs d'état-major lui avaient fait savoir que les chances de réussite étaient moins bonnes qu'on ne le lui avait laissé croire au départ ; en même temps, il répugnait à réduire l'ampleur des projets pour « la ruée vers le sud » et aussi à faire la moindre véritable concession aux Etats-Unis en ce qui concernait la Chine.

Rétrospectivement, l'impression que l'on a de Hiro-Hito durant ces quelques mois est celle d'un souverain pris au piège et irrévocablement engagé dans une voie donnée par une succession de mesures intermédiaires dont aucune ne pouvait être annulée, peu disposé à accepter les conséquences de ses décisions passées, incapable de faire faire marche arrière à sa machine de guerre ou de perdre la face en acceptant une solution de compromis en Chine. La réaction des Etats-Unis face à l'occupation du sud de l'Indochine — embargo total sur les ventes de pétrole au Japon et gel de ses capitaux aux Etats-Unis à partir du 29 juillet — ne fit que renforcer les arguments de Nagano et de Sugiyama, assurant qu'il n'y avait pas de temps à perdre et que plus tôt le Japon entrerait en guerre, mieux cela vaudrait.

Le colonel Sackett, au cours de l'interrogatoire de Kido, en 1946, devait faire preuve d'une compréhension presque intuitive des dilemmes qui se posaient à l'empereur, et, pour une fois, les réponses de Kido ne furent pas insipides.

SACKETT : N'est-il pas vrai que l'empereur n'était point tant hostile à l'idée d'acquérir des bases en Indochine française qu'inquiet en pensant aux incidences néfastes que cela pourrait avoir dans les négociations avec les Etats-Unis ?
KIDO : Oui, c'était son principal souci.
SACKETT : Nous pouvons donc dire que l'empereur n'était pas vraiment opposé à l'expansion japonaise dans le sud, à condition qu'elle pût être accomplie sans encourir les foudres et l'hostilité de nations telles que la Grande-Bretagne et les Etats-Unis ?
KIDO : Parce que les militaires assuraient qu'ils pourraient régler l'incident chinois et l'empereur désirait, bien sûr,

vivement que cela fût fait le plus vite possible ; il était dans une position délicate.

SACKETT : En fait, aucune des personnes haut placées n'était opposée à l'expansion de l'influence japonaise vers le sud, si elle pouvait se faire sans provoquer une guerre contre les Etats-Unis et la Grande-Bretagne ? C'est exact ?

KIDO : Oui.

SACKETT : Mais lorsqu'on décida, durant la conférence impériale, que le Japon ne tolérerait aucune ingérence de la part des Etats-Unis, on savait déjà que ce pays risquait de fort mal prendre l'envoi de troupes japonaises en Indochine française ; pourtant, malgré tout, on a choisi une politique étrangère qui obligeait le Japon à se battre contre les Etats-Unis, s'il le fallait, pour respecter son programme et débarquer ses soldats.

KIDO : Oui.

SACKETT : Le 26 juillet, vous faites allusion à des défenses anti-aériennes dans le parc du palais. Pourquoi donc équipait-on le palais de défenses anti-aériennes ? De qui le Japon pouvait-il craindre des attaques aériennes contre le parc du palais ?

KIDO : Etant donné que les négociations entre le Japon et les Etats-Unis devenaient critiques, la construction d'abris anti-aériens a été discutée avec l'empereur.

SACKETT : En d'autres termes, c'était simplement l'un des plans adoptés par le Japon en prévision d'un possible conflit avec les Etats-Unis. Est-ce bien cela ?

KIDO : Oui.

Ultérieurement, Sackett devait revenir sur la réunion officieuse du 28 juillet.

SACKETT : L'empereur fut-il déçu par le point de vue qu'adopta Nagano, lorsqu'il déclara que la marine ne pouvait remporter une guerre contre les Etats-Unis ? Aurait-il souhaité le voir manifester davantage d'enthousiasme envers la possibilité de gagner effectivement la guerre ?

KIDO : En entendant le rapport du chef d'état-major, l'empereur a dit qu'il fallait reconsidérer le problème. Il ne fallait pas essayer d'aller trop loin.

SACKETT : Auprès de qui l'empereur se rangeait-il ? De la marine dans son ensemble ou de Nagano ? Qui croyait-il ou qui était-il enclin à croire ?

KIDO : Au départ, l'empereur ne voulait pas de guerre contre les Etats-Unis. Il voulait être mieux assuré de la victoire, avant de lancer volontiers la nation dans la guerre.

SACKETT : L'empereur était très inquiet de constater que la marine prétendait pouvoir gagner la guerre, alors que son chef d'état-major assurait le contraire. Est-ce exact ?

KIDO : Etant donné que la réussite positive du plan soumis par Nagano était si douteuse, l'empereur était extrêmement soucieux.

SACKETT : En d'autres termes, l'empereur voulait que la marine prît position d'un côté ou de l'autre. Il ne voulait pas deux opinions divergentes sur la possibilité de vaincre ?

KIDO : En voyant que Nagano présentait un plan dont le résultat devait être la victoire, tout en professant de sérieux doutes personnels quant à cette victoire, l'empereur était très perplexe.

Sackett abandonna momentanément ce sujet pour s'intéresser à un autre passage du journal de Kido :

SACKETT : L'empereur vous a demandé de vous renseigner sur la quantité de caoutchouc et d'étain que possédaient les Etats-Unis et sur leurs sources d'approvisionnement en Amérique latine. Pourquoi voulait-il savoir tout cela ?

KIDO : Je crois que c'était à la suite d'un article de presse.

SACKETT : Pourquoi ? N'était-ce pas dans le but de savoir si oui ou non le Japon était capable de livrer une guerre victorieuse aux Etats-Unis ?

KIDO : Je ne crois pas que son intérêt était aussi profond. Du fait que l'empereur est un scientifique de valeur, il a souvent émis de telles requêtes.

SACKETT : Moi, je vous suggère que l'empereur cherchait à se procurer cette information afin de décider si le Japon pouvait entrer en guerre contre les Etats-Unis. C'était plutôt cela, non ?

KIDO : Peut-être sa pensée avait-elle quelque lien avec ce problème.

Il est possible, comme l'indiquent aussi bien le journal de Kido que le mémorandum Sugiyama, que Hiro-Hito soit entré en guerre sur la pointe des pieds, mais il le fit néanmoins en toute connaissance de cause. Plusieurs mois avant Pearl Harbor, il eut en sa possession un calendrier détaillé de l'ordre de bataille de la « ruée vers le sud » et les questions qu'il posa à ses chefs d'état-major montraient bien qu'il était parfaitement au fait des péripéties de l'opération. A chaque stade de sa préparation, il se pencha activement sur divers détails et il allait se livrer à de nouveaux interrogatoires serrés en septembre et octobre, c'est-à-dire jusqu'au tout dernier moment. En dépit des réserves émises par Hiro-Hito, le texte du *Gozen Kaigi* du 2 juillet ne fut pas amendé — mais il devait, ultérieurement, être rendu plus explicite.

L'aspect le plus surprenant du débat qui avait cours entre l'empereur et ses chefs d'état-major est son ton froid et dépourvu de passion. On n'y discerne nul scrupule moral, nulle réserve concernant les victimes, les souffrances et sacrifices potentiels imposés au peuple japonais.

On n'a pas l'impression non plus que les protagonistes aient eu la moindre conscience de l'importance du défi japonais — ni de ses conséquences inévitables : de toute évidence, Hiro-Hito croyait qu'une guerre éclair, brève et victorieuse, pourrait mener très vite à des négociations grâce auxquelles le Japon garderait au moins une partie de son butin, préservant ainsi son hégémonie sur le reste de l'Asie, sans songer à se demander si l'ennemi ne voudrait pas lui aussi « sauver la face ». Comme devaient le noter, non sans stupeur, certains membres du Comité d'évaluation des bombardements américains après la guerre, « personne, en 1941, ne semblait avoir une idée bien nette de la façon dont toute l'affaire finirait » et personne ne semblait d'ailleurs s'en soucier. Quant aux recommandations succinctes émises par l'empereur lui-même — rechercher le soutien du Vatican en tant que médiateur, empêcher à tout prix Hitler et Churchill d'une part, Hitler et Staline de l'autre de conclure des paix séparées, elles révèlent une ignorance crasse — ou une indifférence impériale — quant aux rapports existant au-dehors du Japon. Hiro-Hito n'était, semble-t-il, pas capable de comprendre qu'ayant commencé une guerre, il ne pourrait pas y mettre fin à sa guise.

On ne saurait pourtant dire qu'aucune voix ne s'éleva pour le mettre en garde : en dépit de sa grande déférence, Kido pouvait se permettre de parler franchement à l'empereur et il fut peut-être le seul, parmi tous les conseillers, à deviner intuitivement les dangers futurs. A la veille de Pearl Harbor, il nota dans son journal son intention de dire au souverain que :

Une fois la décision finale prise, elle sera véritablement ultime et irrévocable. Ainsi, s'il y a le moindre doute dans l'esprit de Votre Majesté, je supplie Votre Majesté de bien vouloir l'élucider sans la moindre réserve et de prendre les mesures appropriées, dont Votre Majesté ne saurait se repentir par la suite...

Et après l'avoir vu, il écrivit (à la date du 30 novembre 1941) :

... la décision de Sa Majesté est d'une telle gravité que, une fois prise, elle ne pourrait plus être annulée par la suite. Par conséquent, j'ai le sentiment que s'il y a la moindre incertitude, il convient de prendre toutes les précautions possibles pour faire ce à quoi Sa Majesté peut consentir.

Toutefois, dès août 1941, la décision de Hiro-Hito semblait prise ; comme le montrent les événements menant au compte à rebours final, le prudent empereur devait manifester — et ce n'était pas la première fois — une faculté considérable d'implacabilité et de ruse.

Chapitre 16

Avec l'assentiment de l'empereur Hiro-Hito, des soldats japonais et des escadrilles de l'aviation nationale commencèrent à s'installer dans les nouvelles bases d'Indochine méridionale, quittant l'île de Hainan par bateau le 29 juillet 1941. Dès le 1er août, les Etats-Unis et la Grande-Bretagne avaient tous deux répliqué en gelant les capitaux nippons, en mettant un embargo sur le pétrole et en interrompant la quasi-totalité de leurs échanges commerciaux avec le Japon. Konoye, qui ne s'attendait pas à cela, entra en fureur, accusant les militaires de lui avoir fourni des informations inexactes sur les réactions américaines. Les nouvelles restrictions incitèrent les « ultras » japonais les plus virulents à crier plus fort que jamais à l' « encerclement » et à brandir l'embargo sur le pétrole comme un argument supplémentaire en faveur d'une guerre immédiate. Malgré tout, les négociations diplomatiques entre le Japon et les Etats-Unis ne furent pas brutalement interrompues pour autant ; au contraire, elles traînèrent encore quatre mois. Rétrospectivement, il est évident qu'elles se poursuivirent ainsi parce qu'à ce stade, les deux pays, tels des lutteurs de *sumo,* étaient toujours occupés à se dévisager avec méfiance, ni l'un ni l'autre n'étant encore tout à fait prêt pour l'ultime et irrévocable corps à corps.

Ces pourparlers se distinguaient par plusieurs aspects inhabituels : le nouvel ambassadeur nippon à Washington, l'amiral Kishisaburo Nomura, n'avait guère d'expérience diplomatique et n'avait accepté qu'à contrecœur de se charger d'une mission qu'il savait fort ingrate. Les entretiens commencèrent sous forme de contacts « privés » entre des groupes n'ayant aucun lien avec les deux gouvernements, ce qui garantissait presque que l'on en viendrait, à un moment ou à un autre, à s'accuser mutuellement de duplicité et de mauvaise foi. Enfin, il y avait l'énorme avantage que représentait *Magic :* tout au long de cette période, en effet, Roosevelt et son secrétaire d'Etat (ainsi qu'une demi-douzaine de responsables haut placés du gouvernement américain) furent admirablement renseignés sur les intentions réelles du Japon (par opposition à celles qu'il avouait ouvertement), du fait que les Américains avaient pu percer à jour le code ultra-secret des Japonais et étaient donc en mesure de déchiffrer les câbles les plus confidentiels que le gouvernement nippon expédiait à ses représentants à l'étranger.

Les conséquences de *Magic,* comme on avait baptisé cette opération de décodage, étaient très vastes et devaient avoir, par la suite, un impact énorme sur le cours de la guerre. Durant les mois qui précédèrent immédiatement Pearl Harbor, *Magic* permit aux négociateurs américains de comparer les véritables desseins japonais aux déclarations spécialement concoctées à l'intention des Etats-Unis. Quels que soient les pourparlers, c'est un précieux avantage que de connaître la position de repli de l'adversaire. Grâce à *Magic,* les Américains avaient non seulement cette faculté, mais ils étaient en outre pleinement conscients du fait que le Japon, tout en émettant de rassurants propos de paix, se préparait en fait à la guerre, conformément aux décisions prises lors du *Gozen Kaigi* du 2 juillet. La Corée du Nord en 1953-54 et le Nord-Viêt-nam en 1968-73 devaient à leur tour pratiquer avec une habileté considérable la politique conjuguée des pourparlers et des actions militaires. On peut faire valoir que le Japon fut le premier à l'utiliser, au cours des mois qui précédèrent l'attaque contre Pearl Harbor.

Certains historiens, et quelques rares diplomates, ont prétendu que c'était la puissance du « lobbby chinois » à Washington qui expliquait « l'intransigeance » des Etats-Unis et l'impasse dans laquelle échouèrent finalement les entretiens entre Japonais et Américains. Sir Robert Craigie, ambassadeur de Grande-Bretagne à Tokyo de 1937 à décembre 1941, devait ultérieurement accuser les Américains d'incompétence et assurer que l'on aurait fort bien pu parvenir à un *modus vivendi* si seulement on avait laissé les pourparlers suivre leur cours. Cependant, si les Etats-Unis firent preuve d'une telle fermeté, ce ne fut pas tant à cause du « lobby chinois », pour puissant qu'il ait pu être, qu'à cause des informations que *Magic* avait permis d'intercepter : presque quotidiennement, les responsables américains chargés de traiter les affaires japonaises au plus haut niveau étaient témoins de l'abîme insondable qui existait entre les intentions annoncées par leurs interlocuteurs et tout ce qui pouvait découler de l'attachement inébranlable du Japon à un « ordre nouveau » au sein du « Projet de Coprospérité du Grand Est asiatique » et de sa volonté d'utiliser la force pour l'établir. Au début d'août 1941, par exemple, le secrétaire d'Etat américain, Cordell Hull, connaissait, grâce à *Magic,* la teneur des décisions prises lors du *Gozen Kaigi* du 2 juillet. *Magic* permit aussi aux Etats-Unis de savoir ce qui se cachait en réalité derrière la création de bases militaires nippones en Indochine — car les câbles adressés par le ministère japonais des Affaires étrangères à ses ambassadeurs, que ce fût à Berlin ou à Vichy (et cités précédemment), avaient eux aussi été décryptés.

Les accusations de mauvaise foi portées par les Japonais contre les Américains n'étaient, cependant, pas tout à fait dénuées de fondement — même si cela était dû en majeure partie au comportement de l'ambassadeur nippon, Nomura, un amiral bourru et quelque peu pompeux, plus à l'aise avec les officiers de l'U.S. Navy qu'avec les diplomates ; il parlait fort mal l'anglais et avait en outre les plus grandes difficultés à s'entendre avec son propre ministre des Affaires étrangères.

Il n'était d'ailleurs pas le seul. L'une des habitudes les plus incongrues de Matsuoka était sa manie, éminemment personnelle et nullement japonaise, de discourir à l'infini sur tout ce qui lui passait par la tête. Il oscillait sans cesse entre l'euphorie et la colère, proclamant un jour des sentiments d'amitié profonde et indéfectible envers les Américains pour les considérer le lendemain comme d'odieux ennemis. Joseph Grew lui-même, qui en avait pourtant vu d'autres, resta médusé lorsque le ministre, à la fin d'avril 1941, rentrant de sa mission auprès de Hitler, Mussolini et Staline, le prit violemment à partie en affirmant que la seule chose « courageuse, correcte et raisonnable » à faire, pour les Etats-Unis, serait de déclarer la guerre à l'Allemagne, « compte tenu de l'attitude si provocatrice adoptée par l'Amérique envers l'Allemagne » et de « la patience et la générosité extrêmes » de Hitler. « Voyant que je me formalise de ses remarques, nota Grew dans son journal, il retire le sous-entendu que les Etats-Unis sont coupables de " conduite lâche, incorrecte et déraisonnable " et m'écrit par la suite que, par la faute de sa connaissance imparfaite de l'anglais, il a employé le mot " incorrect " alors qu'il voulait dire " prudent ". » Plus tard, encore, dans une lettre personnelle à Grew, Matsuoka précisa qu'il s'exprimait non pas en tant que ministre des Affaires étrangères, mais en tant qu'homme « s'abandonnant à des pensées portant sur un ou deux, voire trois milliers d'années, et si cela vous paraît être un signe de démence, je n'y puis rien, car je suis ainsi fait ». Peu après, Matsuoka protesta auprès de Grew, déclarant qu'il n'aurait de toute façon jamais dû rapporter ses remarques « très personnelles » à Washington.

A une autre époque, on aurait sans doute attribué les sautes d'humeur de Matsuoka à des abus de drogue. En l'occurrence, son imprévisibilité l'exposa à s'entendre accuser, par ses proches, d'instabilité mentale, ce qui faisait de lui un « joker » de trop dans une situation déjà suffisamment compliquée et instable. Grew lui-même reconnaissait que le ministre japonais possédait un charme intermittent, lorsqu'il était bien luné, et Matsuoka savait être d'une éloquence inépuisable au sujet de son enfance de petit écolier pauvre dans l'Etat de Washington, de la bonté d'une vieille dame américaine de Seattle qui l'avait élevé comme son propre fils et du monument qu'il avait fait ériger sur sa tombe en 1933. Toutefois, les diplomates de carrière savaient que la dernière chose à espérer de lui était la moindre espèce de cohérence.

Les profanes, en revanche, se laissaient tromper plus aisément, comme cela arrive souvent lors de rencontres fortuites avec des déséquilibrés et, parmi les conquêtes que fit Matsuoka, on peut citer celles de deux ecclésiastiques américains, Mgr James E. Walsh et le père James M. Drought, tous deux membres de la Société de la Mission étrangère catholique américaine à Maryknoll, qui rentrèrent d'un voyage au Japon, en mars 1941, fermement résolus à favoriser l'établissement de meilleurs rapports entre leur pays et le Japon. Ils contactèrent un éminent catholique, le ministre des Postes de Roosevelt, Frank C. Walker, pour lui proposer une tentative de « diplomatie parallèle » auprès de correspondants japonais soigneusement choisis ; Roosevelt, préoccupé, donna son accord du bout des lèvres.

Enchantés, les deux prêtres américains entrèrent aussitôt en relation avec leurs vis-à-vis nippons, parmi lesquels figurait un banquier proche de Konoye, Tadao Ikawa, et un colonel en service actif, Hideo Iwakuro, qui connaissait bien Tojo, tout en professant de puissants sentiments d'amitié personnelle envers l'Amérique. Avec la bénédiction (et les fonds) du ministre des Postes, ils louèrent la chambre 1802 au Berkshire Hotel, à Manhattan, pour y installer discrètement leur bureau.

Peu après, le 19 avril, cette étrange équipe soumit à Cordell Hull sa « Proposition présentée au Département d'Etat par l'entremise de simples citoyens américains et japonais ». On ne saura probablement jamais si Roosevelt et Hull voyaient dans toute cette affaire un nouveau moyen de sonder les profondeurs de la duplicité japonaise, ou s'ils la prirent effectivement au sérieux. Tous deux étaient suffisamment expérimentés et roublards pour donner le change. Ce qui ne laisse aucun doute, en revanche, c'est que le désintéressement du colonel Iwakuro était, pour dire le moins, sujet à caution, puisqu'il était l'un des fondateurs de la célèbre « école d'espionnage de Nakano », un établissement militaire qui sélectionnait les jeunes officiers et sous-officiers particulièrement motivés, afin de les former non seulement pour des missions de renseignements et d'espionnage, mais pour en faire des membres de « forces spéciales », initiés aux techniques de survie. Iwakuro fit plusieurs voyages aux Etats-Unis, ostensiblement pour affaires ayant trait au « projet d'entente », mais cela aurait pu être une façade idéale pour ses activités d'agent de renseignements.

Bien que le texte du projet initial fût, dans l'ensemble, tout à fait inacceptable aux yeux de Hull, il comportait néanmoins deux clauses « positives » : primo, il affirmait que le Japon ne prendrait aucune mesure de guerre dans le Pacifique ; secundo, il promettait qu'il n'entrerait en guerre aux côtés de l'Allemagne que s'il était soumis à une « agression » de la part des Etats-Unis. Autrement, le texte n'était qu'une longue liste des habituelles demandes nippones : en échange de ces deux engagements plutôt vagues, le Japon réclamait la fin de toutes les restrictions commerciales, l'aide américaine pour obliger Chiang Kai-shek à accepter les termes de paix du Japon et l'interruption de toute assistance des Etats-Unis s'il refusait de reconnaître le « Manchukuo » ou d'amalgamer son propre « gouvernement de Chungking » avec le « gouvernement de Nankin » sous le fantoche japonais Wang Ching-wei. Enfin, les Etats-Unis devaient aider le Japon « à se débarrasser de l'influence britannique à Hong Kong et Singapour, car c'était la porte ouverte à de nouveaux empiétements politiques de la part des impérialistes britanniques en Extrême-Orient ».

Cordell Hull amenda aussitôt le « projet d'entente » et demanda à Nomura si le Japon était disposé à présenter ce nouveau texte, en tant que « brouillon » susceptible de servir de base à des entretiens officiels. Nomura crut comprendre que les Etats-Unis considéraient le texte comme une base acceptable pour des négociations, ce qui était une interprétation totalement erronée de la position américaine.

Pour ne rien arranger, Cordell Hull soumit alors au Japon quatre points qui étaient, expliqua-t-il, des « préliminaires essentiels » que le Japon devait accepter avant le début du moindre entretien. Ces « demandes de principe » allaient droit au but : elles garantissaient, si elles étaient concédées, qu'il n'y aurait pas besoin d'autres négociations, puisqu'elles concernaient le « respect [du Japon] envers l'intégrité et la souveraineté territoriales de toutes les nations, son adhésion au principe de non-ingérence dans les affaires internationales, son respect du principe de la liberté du commerce international » ainsi que l'engagement solennel qu'il n'y aurait « aucune modification du statu quo dans les territoires du Pacifique, par des moyens autres que paisibles ».

Nomura aggrava sa première erreur en omettant tout simplement de transmettre ces « demandes de principe » à Tokyo pendant un certain temps. Peut-être croyait-il, emporté par son propre optimisme, que ce qui comptait avant tout c'était de mettre en route les négociations officielles, à n'importe quel prix ou presque, et se rendait-il compte que s'il faisait suivre ces requêtes, l'initiative risquait de capoter immédiatement. Hiro-Hito fut informé, à tort, du fait que les Etats-Unis étaient disposés à accepter le texte revu et corrigé par Hull en tant que « base de négociations », mais il n'apprit que plus tard que ce document, bien qu'amendé par le Département d'Etat américain, était le résultat d'une initative privée à laquelle le gouvernement américain n'avait jusqu'à présent pris aucune part.

De toute façon, Matsuoka avait désormais perdu tout intérêt pour la tentative en faveur de la paix qu'il avait encouragée avec tant d'insouciance quelques semaines auparavant, car son esprit était ailleurs : rentrant tout juste de son voyage « triomphal » à Berlin, Rome et Moscou, complètement subjugué par Hitler, il était à présent convaincu que son pays devait entrer en guerre aux côtés de l'Allemagne dès que possible et il était si infatué de lui-même qu'il était bien résolu à saboter toute initiative lancée par d'autres. Le 8 mai 1941, il annonça à Hiro-Hito que cette douteuse tentative de paix, qui était de toute évidence une sombre manœuvre américaine, n'aboutirait à rien. Tout comme Cordell Hull avait réclamé une « déclaration de principe » de la part des Japonais, Matsuoka demanda, une semaine plus tard, aux Américains de signer — avant le début de toute espèce de négociations — un « pacte de neutralité » qui aurait permis au Japon d'agir à sa guise. Cordell Hull contre-attaqua (le 21 juin) en sommant le Japon de se retirer de l'alliance tripartite, de déclarer l'Indochine zone « neutre » et de rappeler toutes les troupes nippones qui se trouvaient en Chine du Nord.

On se trouvait donc d'ores et déjà dans une impasse, avant même que les entretiens sérieux n'eussent commencé, mais Hiro-Hito, inquiet de voir avec quel empressement Matsuoka souhaitait céder prématurément aux instances de Hitler, préférait voir les négociations se poursuivre. Le 21 juin, Hull revit Nomura et lui confia que l'un des principaux obstacles à la progression des pourparlers était l'influence de « certaines personnes haut placées » (phrase qui désignait, évidemment, Matsuoka), qui de toute évidence s'étaient engagées à accorder un soutien inconditionnel à l'Allemagne nazie. Dans une communication écrite, il notait que la présence prolongée de soldats japonais sur le sol chinois était inacceptable, que l'on parvînt ou non à un règlement pacifique du conflit en Chine, et une fois encore, le trop optimiste Nomura crut discerner dans ces mots une preuve de la bonne marche des négociations : il ne put s'empêcher de se demander si c'était la seule objection des Américains à ce que le Japon envisageait désormais comme un possible « compromis de paix ».

Paradoxalement, l'invasion de l'Union soviétique par les troupes allemandes le lendemain redonna vie aux pourparlers entre Américains et Japonais. En effet, elle marqua la disgrâce de Matsuoka, car même les plus ardents militaristes hésitaient à engager les forces armées nippones, si nombreuses fussent-elles, dans un conflit simultané contre les Etats-Unis, la Grande-Bretagne, les Pays-Bas et l'Union soviétique, comme le préconisait dorénavant le ministre des Affaires étrangères ; en outre, l'agression allemande provoqua un revirement chez le prince Konoye : il avait toujours espéré, à tort, que Staline adhérerait, le temps aidant, à l'alliance tripartite et il considérait de ce fait l'invasion comme un « acte de traîtrise » de la part de l'Allemagne. A dater de ce moment, le prince commença à nourrir des doutes sur la politique du Japon dans son ensemble ; il était encore trop profondément sous le choc, et trop nonchalant aussi, pour protester à haute et intelligible voix quelques jours plus tard, lorsque le *Gozen Kaigi* du 2 juillet lança le Japon sur la voie de la guerre — mais il était néanmoins résolu à faire de son mieux pour éviter cette calamité s'il le pouvait. Car enfin, les résolutions adoptées lors du *Gozen Kaigi* stipulaient que le Japon n'entrerait en guerre que si les négociations échouaient, or les Etats-Unis et le Japon étaient toujours en pourparlers. Il avait le sentiment que Hiro-Hito partageait son opinion et, au mois d'août, en désespoir de cause, il proposa une solution romantique : une « rencontre au sommet » entre lui-même et Roosevelt.

Ce genre de volte-face était du pur Konoye, même si Washington crut y voir une énième preuve de la duplicité japonaise. Rétrospectivement, on peut estimer que Cordell Hull eut tort de lui dénier toute valeur, car il y avait, sans conteste, un élément tout à fait irrationnel dans la politique étrangère du Japon et il est fort possible que Konoye ait été sincère. La chose est bien difficile à établir avec certitude, cependant, car dans sa volonté de recourir à la « diplomatie au sommet », Konoye s'efforça brusquement de faire plaisir à tout le monde. Il déclara à Tojo qu'il se montrerait intraitable, auprès de Roosevelt, sur le besoin de créer une « sphère de coprospérité du Grand Est asiatique ». Grâce à quoi Tojo, ministre de la Guerre, accepta, quoique sceptique, de ne pas opposer son veto au « sommet » en question ; il écrivit toutefois à Konoye que si sa tentative échouait, il ne devait pas démissionner, mais rester à la tête du gouvernement durant la guerre contre les Etats-Unis ; dans les mémoires qu'il rédigea par la suite, le prince ne souffle mot de tout ceci, mais précise qu'il était prêt à extirper le Japon du pacte tripartite.

S'il avait pu rencontrer Roosevelt et s'ils étaient parvenus à s'entendre, il avait l'intention, expliqua-t-il a posteriori, de câbler le texte d'un éventuel accord directement à l'empereur. Hiro-Hito aurait alors promulgué une proclamation impériale, selon les termes dictés par Konoye, et l'armée aurait bien été obligée de respecter les ordres du souverain. Konoye envisageait-il de mettre l'empereur devant un fait accompli ou bien d'attendre d'être sur le point de partir pour lui exposer son plan ? On ne le saura jamais.

En dehors de cette preuve indirecte du fait que les décisions de l'empereur faisaient loi et qu'une proclamation impériale pouvait bel et bien décider de la guerre ou de la paix, rien ne permet de supposer que Konoye parla effectivement à Hiro-Hito de la nécessité d'abandonner l'alliance tripartite, ni qu'il avait l'intention de faire d'autres importantes concessions qui auraient totalement invalidé le *Gozen Kaigi* du 2 juillet. Toutefois, durant la dernière semaine de juillet, l'empereur n'était pas encore remis de sa déception à l'idée que la marine n'était pas certaine de gagner une guerre contre les Etats-Unis. Lorsque Konoye sollicita la permission de Hiro-Hito pour une rencontre avec Roosevelt, l'empereur se contenta de répondre : « J'ai reçu des renseignements de la marine me signalant que l'Amérique a mis l'embargo sur les exportations de pétrole à destination du Japon. Cela étant, votre entrevue avec le président devrait avoir lieu le plus tôt possible. »

De toute façon, l'empereur ne pouvait avoir la moindre objection au « sommet » proposé par son Premier ministre, car un tel geste était conforme à une des clauses du *Gozen Kaigi* du 2 juillet, concernant la « poursuite des négociations diplomatiques » ; ainsi, même si l'initiative se soldait par un échec, elle pourrait être considérée comme une excellente opération de propagande.

Ce fut ainsi que Konoye, l'aristocrate habituellement indolent, qui préférait s'aliter dès qu'il voyait se dresser sur son chemin la moindre difficulté, se lança corps et âme dans la préparation de cette rencontre au sommet, faisant preuve d'une énergie inaccoutumée. Son premier soin fut de se débarrasser, avec une rare maestria, de Matsuoka : le 26 juillet, il démissionna avec tout son gouvernement, pour reprendre ses fonctions de Premier ministre deux jours plus tard, à la tête du même cabinet, à l'exception du ministre des Affaires étrangères ; il confia ce portefeuille à l'amiral Teijiro Toyoda, plus modéré et certainement plus sain d'esprit que le ministre sortant.

Cependant, pour que la diplomatie au sommet puisse porter ses fruits, une confiance mutuelle considérable est indispensable ; or, pour Roosevelt et Cordell Hull, Konoye restait un belliciste, le défenseur d'un système politique unipartite, l'un des architectes de « l'ordre nouveau », l'homme qui avait donné sa bénédiction aux manœuvres destinées à déclencher la guerre en Chine et qui avait fait de son mieux pour éliminer Chiang Kai-shek. Peu familiarisés avec la mentalité nippone et avec les anciens mythes du Japon, ils étaient incapables de s'adapter à ce genre de conversion brutale, alors même que ces revirements spectaculaires foisonnaient dans les contes et légendes ayant pour protagonistes les héros de l'ancien Japon.

Dans l'esprit de Roosevelt, Churchill et Cordell Hull, ce soudain intérêt pour un face à face rappelait la rencontre entre Hitler et Chamberlain, de sinistre mémoire : il ne pouvait s'ensuivre, pensaient-ils, qu'un nouveau Munich. Le flot incessant de décryptages opérés grâce à *Magic* ne faisait que souligner toute l'étendue des faux-fuyants japonais : Nomura insistait, auprès de Hull, sur le fait que l'alliance tripartite restait un dispositif purement défensif et que le Japon n'entrerait pas automatiquement en guerre contre les Etats-Unis en cas de heurts entre les marines américaine et allemande dans l'océan Atlantique (c'était le cauchemar de Roosevelt) ; au contraire, le nouveau ministre des Affaires étrangères soutenait à Oshima, l'ambassadeur pronazi du Japon à Berlin, que leur pays déclarerait la guerre si cela arrivait.

On ne s'étonnera donc pas de savoir que Hull refusait de croire un seul mot de ce que disaient les Japonais. Comme il le confia à un de ses collaborateurs : « Rien ne peut les arrêter en dehors de la force... Il s'agit de savoir pendant combien de temps nous pouvons manœuvrer, en attendant que les opérations militaires en Europe parviennent à leur conclusion. Je me refuse à accepter une seule de leurs déclarations, mais nous devons feindre de le faire, dans la mesure où cela nous permettra de retarder leur mise en action. » Bref, si le Japon faisait preuve de duplicité, les Etats-Unis ne seraient pas en reste.

Par conséquent, Hull et Roosevelt étaient tous deux disposés à considérer la proposition de rencontre au sommet soumise par Konoye, ne fût-ce que pour découvrir, avec l'aide de *Magic*, quelles étaient ses intentions véritables. A Washington, à la mi-août, Nomura eut une entrevue avec un Roosevelt inhabituellement cordial et en profita pour répéter une fois de plus la même rengaine : la décision d'investir l'Indochine méridionale avait été strictement défensive et le Japon n'irait pas plus loin en Asie. *Magic* racontait, bien sûr, une tout autre histoire et Churchill, désormais passablement alarmé, car ses propres services de renseignements lui avaient appris que le Japon envisageait d'envahir Singapour et la Thaïlande, pressait le président américain de consentir à une triple alliance à rebours, l'Amérique s'engageant à entrer en guerre contre le Japon si ce dernier attaquait les possessions britanniques ou néerlandaises en Asie. Par conséquent, Roosevelt, compatissant aux difficultés de son allié britannique, mais redoutant toujours le lobby isolationniste et craignant de voir le Congrès refuser un marché de ce genre, se contenta de sourire, encore et toujours, tout en écoutant, avec un feint intérêt, Nomura lui expliquer qu'un paquebot spécialement équipé, le *Nitta Maru,* bourré de matériel radio ultra-sophistiqué, était prêt à partir de Yokohama vers n'importe quel point du globe afin de servir de centre de communications à Konoye pour toute la durée du sommet envisagé ; FDR proposa même un lieu de rencontre : Juneau, en Alaska. Puis, ayant flatté les espoirs du prince, il les anéantit, comme s'il voulait lui faire endurer les mêmes affres que celles par lesquelles passait Hull à chaque fois qu'il comparait les benoîtes promesses de Nomura aux preuves fournies par *Magic.*

En effet, le 3 septembre, lorsque Roosevelt revit Nomura, il repoussa la proposition d'entrevue au sommet et expliqua qu'il devait avoir une idée plus claire de ce dont il s'agissait, de ce dont Konoye et lui allaient parler et que c'était un problème à résoudre par les moyens diplomatiques traditionnels, *avant* que la rencontre ne pût avoir lieu. C'était une réaffirmation des « quatre principes » et cette fois non seulement Konoye, mais l'empereur lui-même comprirent que les Etats-Unis étaient en train de les mener en bateau.

Hull écrivit plus tard, dans ses *Mémoires,* que « la façon dont le Japon insista pour que la rencontre se déroulât coûte que coûte, quitte à en régler ultérieurement divers " détails ", était en soi lourde de signification. Nous avions l'impression que le Japon se démenait pour nous propulser vers une conférence d'où sortiraient des déclarations d'ordre général — que nos interlocuteurs pourraient alors interpréter et utiliser à leur guise pour atteindre leurs propres objectifs, comme ils l'avaient toujours fait par le passé. En outre, ils pourraient alors prétendre que le président avait ratifié leurs actes... A moins que le président ne fût prêt à accepter de vagues généralités, toutes à l'avantage du Japon, il était plus que probable que l'entrevue se solderait par un échec. Dans ce cas, les militaires nippons pourraient déclarer à leurs concitoyens que les

Etats-Unis étaient responsables de cette issue défavorable et s'empresser de préparer l'opinion publique à une guerre dans le Pacifique ».

Les Japonais étaient désormais à bout de patience et le jour où Nomura vit Roosevelt et essuya ce refus indirect de prendre part à une rencontre au sommet, une « conférence de liaison » réunissant les principaux membres du gouvernement et les commandants des forces armées eut lieu à Tokyo, afin de préparer un dernier ultimatum diplomatique dont l'insuccès était couru d'avance — et surtout un nouveau *Gozen Kaigi* encore plus historique, trois jours plus tard (le 6 septembre), qui engagea le Japon sur le chemin de la guerre de façon irrévocable.

Cette fois encore, il fut décidé que les exigences japonaises devaient être obtenues, si possible, par les voies diplomatiques, mais il y avait une date limite : après le 31 octobre, le Japon « n'éviterait plus la guerre avec les Etats-Unis, la Grande-Bretagne et les Pays-Bas ». Or les conditions diplomatiques « minimales » étaient toujours aussi inacceptables : pas d'immixtion américaine ou britannique dans les démêlés entre le Japon et la Chine, plus la moindre aide américaine ou britannique à Chiang Kai-shek, rétablissement des activités commerciales normales avec le Japon, « coopération amicale » des Etats-Unis et de la Grande-Bretagne dans les liens commerciaux du Japon avec la Thaïlande et les Indes néerlandaises. Désormais, le seul élément « positif » de cette intransigeante liste de requêtes était une vague promesse que le Japon serait disposé à évacuer l'Indochine « dès la conclusion d'un traité de paix équitable en Extrême-Orient ».

Le 5 septembre, Konoye, démoralisé, se présenta devant Hiro-Hito pour lui demander de présider un *Gozen Kaigi* dès le lendemain. Après en avoir parcouru l'ordre du jour, l'empereur annonça qu'il avait des questions d'importance à poser à ses commandants militaires. Plutôt que de le faire lors de la réunion officielle, suggéra le Premier ministre, mieux valait s'entretenir aussitôt avec les chefs d'état-major. Hiro-Hito en convint. Les deux militaires furent dûment convoqués et soumis à l'interrogatoire le plus serré que l'empereur leur eût encore infligé.

Il commença par les chapitrer sur le besoin de faire passer la diplomatie avant la guerre : « Vous ne devez pas vous préparer simultanément à la guerre et aux démarches diplomatiques », leur déclara-t-il. Puis, ayant réglé ce point, il se lança dans une série de questions pratiques détaillées : les chefs d'état-major croyaient-ils pouvoir « faire le Sud » de la façon exposée dans leurs projets d'opérations ?

Au lieu de répondre à la question qui lui était posée de façon simple et directe, Sugiyama, que ses camarades de l'armée avaient surnommé « porte basculante », parce qu'il avait la réputation d'être un personnage hésitant et influençable, ayant tendance à osciller d'un côté, puis de l'autre, comme une porte de latrines dans une caserne, perdit un temps fou, malgré l'irritation visible de l'empereur, à passer en revue de façon détaillée les opérations prévues pour l'invasion de la Malaisie et des Philippines.

Hiro-Hito insista : « Vous êtes sûr que tout se déroulera selon vos plans ? Ce n'est jamais tout à fait le cas. Vous dites que tout sera terminé dans cinq mois. Mais vous aviez dit que nous serions débarrassés de Chiang Kai-shek en l'espace d'un an et il est toujours là. Ne faut-il pas tenir compte de tout ce qui peut arriver d'imprévu ? »

Sugiyama rétorqua que les projets d'opérations « ont été étudiés de très près et nous pensons que tout se déroulera comme prévu.

— Vous croyez vraiment que le débarquement sera aussi facile ? insista Hiro-Hito.

— Je ne sais pas s'il sera facile, mais je crois qu'il est très faisable », répondit le chef d'état-major.

Montrant une solide connaissance des récentes grandes manœuvres jusque dans leurs moindres détails, l'empereur fit remarquer qu'au cours des exercices d'invasion simulée, au large de l'île de Kyushu, de nombreux navires avaient été « coulés » par l'aviation ennemie. « S'il se passe la même chose pour de vrai, que ferez-vous ? »

Sugiyama répondit que c'était justement à cela que servaient les manœuvres : la flotte avait agi avant que sa couverture aérienne ne fût prête. L'erreur ne se reproduirait plus.

Hiro-Hito s'inquiéta de ce qui se passerait si les conditions météorologiques étaient mauvaises.

Sugiyama expliqua que cela compliquerait les opérations, mais sans les compromettre.

Comment se faisait-il qu'il fût aussi confiant ? s'étonna Hiro-

Hito. « Quand vous étiez ministre de la Guerre, vous avez dit que " l'incident de Chine " serait réglé en cinq mois — et il ne l'est toujours pas. »

Sugiyama rejeta la faute sur les « circonstances particulières » survenues en Chine. Dans son journal, Konoye nota que le général précisa à l'empereur : « Je ne peux pas vous garantir la victoire à cent pour cent, mais je soutiens que nous avons de bonnes chances de l'emporter. » Ce dont le Japon avait besoin — et il devait être prêt à courir des risques pour y parvenir — c'était d'un règlement permanent. « Même si nous obtenons la paix dans six mois ou un an, il serait inacceptable de devoir affonter de nouveau les mêmes difficultés. Nous devons assurer la paix pour vingt ou cinquante ans. »

Cet argument fit son effet. D'une voix forte, Hiro-Hito déclara : « Je comprends. » L'amiral Nagano mit son grain de sel, avec un exemple tiré de l'histoire japonaise du XVIIᵉ siècle, pour souligner le fait que le Japon ne devait pas accepter de différer son entrée en guerre, si ce retard n'était profitable qu'à l'ennemi. Cette intervention, observa Sugiyama, frappa elle aussi vivement l'empereur.

Le lendemain, Hiro-Hito en revint à la question de la diplomatie et de la guerre. Comme il avait été convenu, Hara, président du Conseil privé, demanda, au nom de Hiro-Hito, la ferme promesse que la première l'emporterait sur la seconde. Le ministre de la Marine lui assura qu'il en serait ainsi, mais les chefs d'état-major gardèrent le silence. L'empereur intervint alors directement, du haut du trône où il avait pris place, à une extrémité de la pièce. Pourquoi ne disaient-ils rien ? « Hara a fort bien parlé, mais vous n'avez pas répondu. Pourquoi ? Il s'agit d'une question extrêmement grave. »

Se référant aux notes griffonnées sur les papiers qu'il avait devant lui, Hiro-Hito lut un poème écrit par son grand-père, Meiji :

> *A travers le monde entier,*
> *Partout, nous sommes frères.*
> *Pourquoi donc les vents et les vagues*
> *Se déchaînent-ils si violemment ?*

Il songeait souvent à ce poème, leur confia-t-il, lorsqu'il s'efforçait de contribuer à préserver la paix.

Les deux chefs d'état-major protestèrent aussitôt qu'ils n'avaient nullement voulu faire la sourde oreille aux propos de l'empereur. Simplement, ils n'avaient rien à ajouter à l'excellente réponse du ministre de la Marine. Le *Gozen Kaigi,* nota Konoye, s'acheva dans une atmosphère terriblement tendue.

On avance souvent cet incident, et le *haiku* cité par Hiro-Hito, pour démontrer qu'il s'évertuait désespérément à trouver une solution paisible. Mais si la chose lui tenait tant à cœur, comment se fait-il qu'il se soit contenté de propos aussi vagues ? C'était le moment ou jamais de prodiguer à son gouvernement et à ses chefs militaires des conseils leur permettant de satisfaire à quelques-unes des exigences américaines sans perdre la face. Konoye était désormais tenaillé par l'angoisse, mais il continuait à se raccrocher à l'idée d'une éventuelle rencontre au sommet avec Roosevelt. Le ministre de la Marine, et la majorité de ses officiers supérieurs, auraient accepté à bras ouverts une déclaration de l'empereur leur laissant la possibilité de différer la guerre proprement dite. Certes, au cours d'un *Gozen Kaigi* officiel, Hiro-Hito ne pouvait absolument pas s'exprimer officieusement, mais, comme le journal de Kido l'a montré à de multiples reprises, il n'avait besoin que de convoquer le marquis et de lui faire part de ses difficultés : Kido transmettrait immanquablement le message et il possédait une si parfaite connaissance intuitive des processus mentaux de l'empereur qu'il ne se trompait jamais, reflétant fidèlement les nuances les plus subtiles de sa pensée.

La citation du poème de l'empereur Meiji pourrait aussi s'expliquer autrement. Comme l'a fait remarquer Michael Montgomery dans *Imperialist Japan*[1], la « paix », dans le contexte de la grandiose restauration Meiji, ne possédait pas tout à fait le sens qu'elle avait dans le reste du monde, se rapprochant davantage de l'idée de « paradis », de la situation idyllique que symbolisait l'idée du « *Hakka Ishiu* » (« les huit coins du monde sous le même toit ») ; Meiji lui-même qui avait voulu se battre en Corée à la tête de ses troupes et qui avait détruit la flotte russe sans avoir officiellement déclaré la guerre, ne pouvait pas vraiment passer pour un modèle de pacifisme. Peut-être Hiro-Hito cherchait-il plutôt, suggère Montgomery, à exprimer sa frustration que son inquiétude, car on pourrait fort bien comprendre ainsi le *haiku :* puisque le monde est destiné à être placé sous la protection divine du Japon, pourquoi donc certaines autres nations refusent-elles si obstinément d'accepter cet état de choses, dicté par la nature ? Rétrospectivement, on a l'impression que Hiro-Hito s'est comporté comme s'il avait pleinement conscience de ce qui allait arriver et qu'il était bien décidé à se procurer un alibi, à faire endosser à d'autres la responsabilité de la guerre. A aucun moment, dans ses discussions avec ses nombreux conseillers ou dans les allusions qu'a laissées Kido, on ne voit l'empereur tenter d'examiner, l'un après l'autre, les désaccords inconciliables entre les optiques américaine et japonaise, afin de voir sur quels points le Japon pouvait céder, à supposer qu'il y en eût. Il était toujours animé par le souci, pour ne pas dire l'obsession, d'arracher à ses commandants militaires des certitudes officielles de victoire et l'on est bien obligé de se dire que s'il n'avait pas eu affaire à des hommes aussi francs et directs dans leurs réponses, il n'aurait pas soulevé la moindre objection à la guerre. Ce qu'il semble avoir exigé d'eux, c'était une faculté miraculeuse de mettre les Etats-Unis à leur botte sans avoir recours à la guerre, mais sans faire non plus la moindre concession. En dépit du déroulement houleux du *Gozen Kaigi* du 6 septembre, Hiro-Hito ne fit aucun effort pour différer ce que tous les hommes concernés devaient désormais tenir pour inévitable : à dater du 1ᵉʳ novembre, la guerre était quasiment certaine.

Les projets d'opérations pour la « ruée vers le sud », dûment mis à jour, furent présentés à l'empereur le 9 septembre. Dorénavant, il était bien évident que ce dernier savait, au fond de lui-même, que les références à une solution diplomatique étaient uniquement pour la galerie, puisqu'il demanda à Sugiyama : « Que ferez-vous si vous êtes soumis à des pressions en provenance du nord [c'est-à-dire si les Soviétiques attaquent] pendant que nous agirons dans le Sud ? »

Sugiyama assura qu'il pourrait faire face. « Votre réponse me rassure », déclara l'empereur. Le lendemain, les projets de mobilisation reçurent l'assentiment sans ambages de Hiro-Hito. Quelques jours plus tard, le chef exécutif du seul parti politique autorisé, l'AAAI, proclama avec emphase que « le ciel ne créait pas des races supérieures pour les laisser mourir de faim ». Le 18 septembre, le dixième anniversaire de « l'incident de Mukden » fut célébré en grande pompe. En présence du prince Takamatsu, Tojo évoqua « le tocsin sonné par les cieux pour signaler à l'intérieur et à l'extérieur du pays l'aube historique de l'Est asiatique ». Et toujours en ce mois de septembre, la Monnaie impériale commença à imprimer des « yens d'occupation militaire » qui auraient cours, à l'avenir, dans la « Sphère de coprospérité du grand Est asiatique ».

Chapitre 17

Le *Gozen Kaigi* du 6 septembre aurait dû convaincre le prince Konoye que ses chances d'empêcher la guerre, ou même de rencontrer le président Roosevelt, étaient désormais nulles. Au lieu de l'accepter, il redoubla ses efforts pour devenir une sorte d'homme-orchestre dont la cause était perdue d'avance, pris qu'il était entre l'ardeur belliciste de son propre *establishment* et la sévérité de maître d'école de Cordell Hull.

Le soir même de la réunion, le prince eut une entrevue de trois heures avec Joseph Grew. Ils se retrouvèrent comme des conspirateurs : en dehors de Konoye et de son aide de camp particulier d'une part, de Grew et de son interprète personnel de l'autre, seuls le prince Ito qui leur offrit l'hospitalité et sa fille qui leur prépara un repas étaient au courant. Désormais, diplomates et politiciens partaient tous du principe qu'il fallait se méfier des domestiques, soupçonnés d'être des espions à la solde de la police secrète ou militaire, ou contraints de travailler pour elles, et ceux d'Ito avaient reçu congé pour la soirée. Konoye et Grew arrivèrent tous deux dans des voitures banalisées au lieu de leurs véhicules officiels.

Konoye, qui connaissait les dernières décisions prises un peu plus tôt en présence de l'empereur, devait être tenaillé par un sentiment d'urgence. Il savait qu'il lui restait désormais moins d'un mois pour obtenir sa conférence au sommet et il ne parvenait pas à se résigner à l'idée qu'elle était à tout jamais hors de sa portée. Il était donc prêt à tout pour persuader Grew de sa bonne foi, fût-ce à souscrire aux « quatre principes » stipulés par Hull, comme étant les préliminaires indispensables à tous pourparlers, fût-ce à reconnaître que la situation s'était dégradée par la faute du Japon et à s'abstenir de faire de nouvelles promesses « irresponsables » que le gouvernement nippon ne serait pas en mesure de tenir.

Il n'était pas vrai, cependant, fit-il savoir à Grew, avec une franchise presque pathétique et en termes à peine voilés, qu'il fût isolé et quasiment privé de toute influence, ni que le pouvoir de décision fût désormais entièrement aux mains des militaires. D'ailleurs si le « sommet » avait bien lieu, il amènerait avec lui un général à cinq étoiles, désigné par Tojo, ainsi que les vice-chefs d'état-major. Le Japon, laissa-t-il entendre, avait fait peau neuve et désirait à présent une complète reconstruction de ses rapports avec les Etats-Unis. Cela prendra du temps, bien sûr, déclara-t-il en substance, et j'ai conscience du fait que mes états de service laissent à désirer, mais faites-moi confiance ; je suis votre seule et unique chance d'éviter la guerre.

Grew, impressionné, annonça qu'il était convaincu de la sincérité du prince et favorable à une « conciliation constructive ». Ce n'était pas le cas de Hull. La présence de généraux aux côtés de Konoye, lors de l'hypothétique rencontre au sommet, n'était, à son avis, qu'une nouvelle preuve du fait que les Japonais voulaient organiser leur propre petit « Munich » et les contre-propositions nippones qui lui parvinrent (les 6 et 25 septembre) ne furent pas pour arranger les choses. Au lieu de refléter la nouvelle attitude de Konoye, telle que l'avait décrite Grew, elles se contentaient de réaffirmer les anciennes exigences japonaises concernant la Chine, rédigées en termes effectivement un peu plus rassurants.

Le 2 octobre, Hull donna sa réponse, sous une forme qui anéantit pour de bon chez Konoye tous les espoirs qu'il avait pu nourrir de voir Roosevelt. Pourtant, le prince refusa de s'avouer vaincu. En dépit de *Magic*, personne, dans le camp américain, n'était au courant du compte à rebours désormais commencé, mais Konoye savait, pour sa part, qu'il ne lui restait même pas un mois, car la date fatidique n'était plus à présent le 31, mais le 15 octobre, les militaires ayant décidé arbitrairement qu'ils avaient besoin d'une quinzaine supplémentaire pour mettre leurs plans à exécution. Il demanda à Tojo de lui donner davantage de temps pour organiser son entrevue au sommet, mais le général répondit qu'il serait déloyal envers l'empereur de chercher à modifier les décisions sacrées du *Gozen Kaigi*.

Le 12 octobre, jour de ses cinquante ans, Konoye fit une ultime tentative pour convaincre Tojo. Faisant preuve d'une franchise inaccoutumée et d'une gravité pathétique, il expliqua au général qu'il se savait déjà responsable d'un conflit — en Chine — et qu'il ne se sentait pas la force d'entraîner son pays dans une autre guerre. Or, le seul moyen de l'éviter était de « céder » momentanément à certaines des exigences américaines et d'accepter le retrait de soldats nippons hors de Chine. De toute façon, il s'agissait d'une guerre impossible à gagner, comme les Japonais devraient bien l'admettre tôt ou tard.

Le ministre de la Guerre fut intraitable. La moindre concession atteindrait le moral des troupes, et comment pourrait-on leur demander, alors, de se battre convenablement ? « Il me semble que vous êtes par trop pessimiste, conclut-il, sans doute parce que vous connaissez trop bien nos faiblesses. L'Amérique n'a-t-elle donc pas, elle aussi, des points faibles ? » L'irritation du pompeux Tojo était palpable et, de son point de vue, logique : il n'y avait pas si longtemps, Konoye, plus que tout autre dirigeant civil, avait insisté pour que l'on fît disparaître Chiang Kai-shek et n'avait pas ménagé ses efforts pour faire établir le « gouvernement de Nankin » du fantoche Wang Ching-wei. A présent, se laissant emporter par ses émotions, le prince voulait obliger l'armée à repartir dans une direction tout à fait différente et à faire table rase des efforts et des victimes consentis depuis quatre ans. Après cet entretien, Konoye se rendit compte qu'il avait tiré ses dernières cartouches et qu'il ne lui restait plus aucun moyen d'action.

Le lendemain, Hiro-Hito en vint à une conclusion à peu près analogue, mais son état d'esprit n'avait rien à voir avec celui de son Premier ministre. L'empereur, en effet, acceptait désormais avec une apparente indifférence l'inévitabilité de la guerre. « Dans la conjoncture actuelle, confia-t-il à Kido, je pense que des négociations entre les Etats-Unis et le Japon n'ont guère de chances d'aboutir. » Si la guerre éclatait, ajouta-t-il, il devrait promulguer une proclamation impériale et il se mit en devoir de préciser à Kido (qui serait chargé d'en rédiger le brouillon) quelle devrait être sa teneur. A l'encontre de Konoye, intuitivement empli de sombres pressentiments concernant le futur immédiat, l'empereur envisageait avec optimisme, au-delà des hostilités, le moment où le pays, en position de force, pourrait négocier.

Si l'on en arrivait à une guerre contre les Etats-Unis et la

Grande-Bretagne, expliqua-t-il à Kido, la situation en Europe devrait être pleinement contrôlée. Il faudrait surveiller l'Allemagne de très près, car si Hitler tentait de conclure une paix séparée soit avec Churchill, soit avec Staline, ce serait autant de coups terribles portés contre l'effort de guerre japonais ; par conséquent, « nous avons besoin d'excellents contacts diplomatiques pour veiller à ce que l'Allemagne maintienne sa coopération dans la guerre du Japon contre les Etats-Unis. » Il serait aussi nécessaire, poursuivit Hiro-Hito, de commencer à songer, dès avant le début de la guerre, au moyen d'y mettre fin et de chercher le médiateur *ah hoc*. Le Vatican serait, bien sûr, l'idéal et il était souhaitable que le Japon commençât à établir des relations au plus haut niveau avec le pape Pie XII.

Le 14 octobre, lors d'un conseil des ministres, on prit la décision de laisser le compte à rebours suivre son cours et Konoye précisa que le présent conseil serait son dernier. Le soir même, il était l'invité d'honneur d'un dîner, doublé d'une séance de travail, organisé par certains de ses adjoints pour choisir le prochain président de la Compagnie pour le Développement de la Chine septentrionale. Konoye arriva à dix-huit heures, en kimono, et annonça : « Notre discussion n'est plus nécessaire. Mon gouvernement est sur le point de tomber. » Le ministre de la Guerre avait refusé de différer le compte à rebours, déclara-t-il à ses hôtes, et celui de la Marine avait décliné l'idée d'exprimer de façon officielle et publique les réserves nourries dans les milieux navals en ce qui concernait une guerre contre les Etats-Unis. Avec un pâle sourire, Konoye ajouta : « Ce soir, je ne suis ici que pour savourer votre hospitalité. » Après le dîner, devaient se rappeler les organisateurs, il saisit un pinceau et traça d'une main assurée l'idéogramme représentant le mot « rêve ». « Deux mille six cents ans, murmura-t-il. C'est long pour un rêve. »

Plus tard encore, cette nuit-là, un aide de camp se présenta chez Konoye, porteur d'un message de la part de Tojo. Ce dernier venait de s'apercevoir, un peu tard, de ce que Konoye savait depuis le début : parmi les échelons supérieurs de la marine, il existait de graves désaccords quant aux possibilités de victoire du Japon. Or, expliqua le messager, si la marine refusait d'entrer en guerre sans pour autant accepter de le reconnaître publiquement, c'était que quelqu'un, quelque part, avait sérieusement failli à son devoir. La nouvelle que venait de recevoir Tojo remettait en question les décisions prises lors du *Gozen Kaigi* du 6 septembre, d'où il ressortait, logiquement, que tous les assistants avaient manqué à leur devoir envers l'empereur. Il n'y avait qu'une issue : Konoye et tout son gouvernement devaient démissionner et le prince Higashikuni prendrait la tête d'un nouveau ministère : lui seul possédait assez de prestige pour mener à bien une révision de la politique actuelle et rétablir l'harmonie entre les deux branches des forces armées.

Konoye ne dormit guère cette nuit-là : pesant le pour et le contre des maigres choix qui s'offraient encore à lui, il songea même à quitter le Japon, de sa propre initiative, pour se rendre officieusement à Washington et contraindre Roosevelt à un face-à-face. Le lendemain (15 octobre), il renonça à jouer les Rudolf Hess. Faisant siens, au contraire, les arguments de Tojo, il alla trouver Hiro-Hito pour le presser de nommer le prince Higashikuni Premier ministre. Puis le 16 octobre, il démissionna, exposant les raisons de son geste dans une longue missive adressée au « Conseil des sages », l'aréopage officieux composé entièrement d'anciens Premiers ministres, qui ne se réunissait qu'à la demande de l'empereur, lorsque des affaires graves étaient en jeu. Bien qu'elle leur fût adressée, la lettre de Konoye était destinée, en réalité, à Hiro-Hito lui-même.

Le professeur Inouye la considère comme l'ultimatum du prince : Konoye priait une dernière fois le souverain de choisir entre les négociations et la guerre. Si Hiro-Hito avait refusé sa démission comme il l'avait déjà fait plusieurs fois par le passé, Konoye aurait su que l'empereur était de son côté et qu'il restait donc une lueur d'espoir en faveur de la paix.

Hiro-Hito, cependant, n'essaya même pas de persuader le prince de revenir sur sa décision. Et, malgré les avis conjugués de ce dernier et de Tojo, il refusa aussi de porter au pouvoir Higashikuni, officier coriace et capable, que l'on savait moins enthousiaste envers la guerre que Tojo lui-même. Kido, qui avait toujours présents à l'esprit les intérêts de la famille impériale, avait fait valoir que si un prince du sang devenait Premier ministre et déclarait la guerre, cela risquerait d'attirer « le courroux du peuple » sur la famille régnante. Par conséquent, il suggérait d'offrir le poste de Premier ministre à Tojo lui-même plutôt qu'à Higashikuni et Hiro-Hito accepta cette idée avec alacrité.

Bien des années plus tard, dans une interview accordée à Yoshio Ando, du journal *Ekonomisuto,* le prince Higashikuni fit un peu de lumière sur ce qui se passa vraiment durant ces heures fatidiques des 16 et 17 octobre : « Konoye m'a demandé de former un gouvernement, expliqua-t-il. L'empereur était d'accord et Kido également. Mais je ne voulais pas être le nouveau Premier ministre. J'ai répondu à Konoye : Si Tojo refuse de vous écouter, pourquoi ne pas former un quatrième ministère Konoye et en profiter pour le congédier ? Il y a dans l'armée des hommes qui veulent éviter la guerre. Konoye m'a dit : J'en parlerai à l'empereur. Tandis que nous discutions ainsi, le général Abe [Noburuku Abe, qui avait brièvement pris la tête du gouvernement en août 1939, après le premier ministère Konoye et celui de Hiranuma] et Kido s'étaient réunis et ils ont proposé de nommer Tojo Premier ministre ; l'empereur a accepté. Alors Konoye, qui avait quitté la pièce pour savoir ce qui se passait, est revenu me trouver en courant et m'a dit : C'est Tojo qui sera le prochain Premier ministre et je n'y peux plus rien. Harada [le secrétaire particulier de Saionji] a remarqué : C'est la fin du Japon. »

De prime abord, ce soutien accordé à Tojo par Kido peut sembler étrange ; pourtant, l'aristocrate ultra-raffiné et le soldat guindé et étroit d'esprit s'entendaient bien et avaient davantage de choses en commun qu'il n'y paraissait. Tous deux étaient des bureaucrates d'une extrême compétence, doués d'un fort sens pratique, et leur dévouement envers Hiro-Hito allait jusqu'à l'abnégation. De tous les généraux qui occupaient le devant de la scène, Tojo semblait être le plus digne de confiance. Hiro-Hito avait de la sympathie pour lui, nota Kido par la suite, parce qu'il ne gardait jamais rien sur le cœur. C'était aussi un bourreau de travail, d'une honnêteté irréprochable. Alors que d'autres chefs de la police militaire au Manchukuo s'étaient enrichis, Tojo était resté intègre et continuait à distribuer une partie de ses émoluments aux anciens de son régiment tombés dans la misère.

Kido avait peut-être encore une autre raison pour soumettre ainsi le nom de Tojo : l'habile garde du Sceau impérial, si proche de l'empereur qu'il était capable de déceler infailliblement ses moindres changements d'humeur, avait déjà dû se rendre compte, à cette époque, que Hiro-Hito s'était résigné à l'inévitabilité de ce qu'il envisageait comme une guerre acharnée, mais brève, contre les Etats-Unis, la Grande-Bretagne et les Pays-Bas, bientôt suivie d'un traité de paix qui viendrait entériner, officiellement et pour toujours, l'hégémonie japonaise sur l'Est asiatique.

Trois jours plus tard, le 20 octobre, l'empereur félicita Kido de son choix. Savourant les louanges du souverain, Kido expliqua que le Japon avait été en danger de se mettre en guerre selon un calendrier préétabli, sans y être convenablement préparé, mais que Tojo, dont on connaissait assez les qualités d'organisateur, allait remédier à cela. Hiro-Hito était, de toute évidence, sorti de la crise de dépression traversée un peu plus tôt, après avoir appris de Nagano à quel point la marine répugnait à se laisser entraîner dans un conflit ; en effet, à la fin de son entretien avec Kido, il lâcha une remarque tout à fait étonnante : « Nous voici désormais dans une situation très épineuse, au bord de la guerre. Mais on ne saurait capturer le bébé tigre sans pénétrer dans le repaire de la tigresse. » (« Je fus saisi d'un respectueux effroi », nota le marquis après coup.)

Il s'agit, bien sûr, d'une version nippone, beaucoup plus imagée, de notre vieux « Qui ne risque rien n'a rien ». Une interprétation s'impose, dans le contexte de la conversation qu'eut ce jour-là l'empereur avec son garde du Sceau impérial et des observations qu'il avait faites trois jours plus tôt sur le besoin de maintenir l'Allemagne en guerre aux côtés du Japon : c'était que Hiro-Hito, convaincu de l'imminence des hostilités et ne doutant plus de leur issue, considérait Tojo comme le meilleur Premier ministre qui fût en cas de guerre. Il est d'ailleurs intéressant de noter que, dans le nouveau gouvernement, le général conserva les portefeuilles de la Guerre et de l'Intérieur, ce qui ne s'était jamais produit auparavant. Cela indiquait clairement que le conflit était tout proche. On comprend sans peine pourquoi Tojo insista pour être aussi ministre de l'Intérieur : de cette façon, il coiffait toutes les forces de police, tant secrètes que militaires.

Bien des années plus tard (en 1958), le fidèle bras droit de Konoye, Tomita, devait témoigner par écrit de la détresse de son protecteur au cours de ces semaines cruciales. Pourquoi, demanda Tomita au prince (durant la guerre), libre d'aller voir Hiro-Hito quand il le voulait, uni à lui par des liens de parenté et d'amitié, ne s'était-il pas présenté directement à l'empereur, afin de lui expliquer qu'un gouvernement Tojo serait une calamité pour le Japon ?

Konoye laissa tristement entendre que le souverain avait vacillé durant ces journées fatidiques et que de toute façon, dès le 16 octobre, il s'était prononcé en faveur des partisans de la guerre.

Il précisa à Tomita : « Lorsque je disais à l'empereur [aux derniers jours de son ministère] que nous commettrions une tragique erreur en déclenchant les hostilités, il abondait dans mon sens, mais ensuite il écoutait d'autres opinions et me disait que j'avais tort de tant me tracasser. Il était légèrement favorable à la guerre et par la suite, il devint encore plus agressif. Il finit par croire que je n'avais rien d'un expert dans le domaine de la stratégie et des affaires militaires en général. En tant que Premier ministre, je n'avais aucune autorité sur l'armée et ne pouvais en appeler qu'à une seule personne : l'empereur lui-même. Malheureusement, il est tombé à tel point sous la coupe des militaires que je me suis retrouvé totalement impuissant. »

Si l'on en juge par le ton du journal de Kido, après le 16 octobre, il ressort clairement que Tojo et lui collaboraient très étroitement et que le général lui avait confié tout ce qu'il avait sur le cœur au sujet des atermoiements de dernière minute de la marine. Dans son journal, le marquis a noté que la nécessité prioritaire était de rétablir l'harmonie entre les deux branches des forces armées et de rouvrir les discussions concernant le *Gozen Kaigi* du 6 septembre. Il dut être pour Tojo un intermédiaire efficace, car très peu de temps après, l'empereur pria son nouveau Premier ministre, par l'entremise de Kido, de concrétiser tout cela et lui confia aussi qu'il convenait de revoir le « compte à rebours automatique » décidé à l'occasion de la réunion du 6 septembre. Il fallait réfléchir davantage sur les politiques intérieure et extérieure du Japon avant de prendre une décision irrévocable. Il s'agissait, précisa Hiro-Hito au chef de son gouvernement, d'un ordre « impérial ». Il était aussi extrêmement ambigu, car à aucun moment le souverain ne précisa comment cette « harmonisation » devait être effectuée. La marine devait-elle ravaler ses craintes et s'aligner sur la position belliqueuse de l'armée de terre ? Ou bien était-ce celle-ci qui devait mûrement réfléchir aux doutes que nourrissait la marine et se pénétrer des conséquences que pourraient avoir sur l'ensemble de l'opération « ruée vers le sud » un engagement à contrecœur de la flotte japonaise et une vision pessimiste de l'avenir ? Avec Tojo à la tête du gouvernement, à la Guerre et à l'Intérieur, le regroupement final ne pouvait faire aucun doute, à moins que l'empereur ne fît connaître ses préférences — ce qui ne fut pas le cas. En l'occurrence, la marine accepta de mettre en sourdine ses opinions négatives et l'amiral

Nagano se plia lâchement aux désirs de l'autre chef d'état-major, Sugiyama, tandis que le ministre de la Marine, non moins veule, continuait à exprimer en privé ses hésitations, mais sans vouloir les répéter lors des réunions où se prenaient les décisions politiques.

Entre le 23 octobre et le 1er novembre eurent lieu huit réunions au plus haut niveau, afin d'amender et de peaufiner les décisions prises lors du dernier *Gozen Kaigi;* on y étudia onze questions distinctes. Dix d'entre elles concernaient la « ruée vers le sud » et l'évolution probable du conflit ; une seule se rapportait aux entretiens avec les Etats-Unis. Au 1er novembre, les doutes de la marine avaient été dissipés, car on réaffirma les décisions du 6 septembre, selon un calendrier légèrement modifié, le « Jour X » ayant été avancé au mois de décembre ; il n'était plus possible, en effet, de tarder davantage, car les conditions climatiques se détérioraient très rapidement et si l'on ne respectait pas la date limite du mois de décembre, il faudrait tout reprogrammer pour mars 1942. Donc, la flotte devait être sur le pied de guerre dès le début du mois, tandis que les négociations avec les Etats-Unis se poursuivraient ; celles-ci n'étaient plus, cependant, que de la poudre aux yeux, puisqu'une nouvelle décision essentielle venait d'être prise concernant le « compte à rebours » : on veillerait à établir, « juste avant le début des hostilités », des relations militaires avec la Thaïlande, afin de permettre aux troupes japonaises d'y installer des bases d'où elles pourraient envahir le nord de la Malaisie en profitant au maximum de l'effet de surprise. Toutefois, si jamais les négociations avec les Américains étaient couronnées de succès — c'est-à-dire, au cas bien improbable où les Etats-Unis, après avoir résisté pendant des années aux exigences inacceptables du Japon, auraient brusquement cédé et accepté d'abandonner Chiang Kai-shek, laissant le Japon libre d'agir à sa guise en Asie — tous les plans en vue de la « ruée vers le sud » seraient aussitôt annulés.

On remarquera avec intérêt, au vu des propos tenus par Hiro-Hito à Kido concernant le « repaire de la tigresse », que des sources haut placées au palais continuaient à abreuver Joseph Grew de « fuites » rassurantes : à la date du 25 octobre, l'ambassadeur américain mentionne dans son journal un « informateur anonyme » qui prétendait s'être entretenu avec l'empereur. Selon cette personne, Hiro-Hito « aurait demandé aux principaux membres du Conseil privé et des forces armées s'ils étaient prêts à suivre une politique susceptible de garantir qu'il n'y aurait pas de guerre contre les Etats-Unis. L'empereur n'ayant pu obtenir une réponse satisfaisante, il cita Meiji et ordonna aux personnes assemblées d'exaucer ses désirs ». Il y avait là un curieux amalgame de demi-vérités, présenté de façon subtile et, fort probablement, délibérée.

En fait, les séances de questions/réponses entre Hiro-Hito et ses chefs d'état-major prenaient désormais des allures de vérification méthodique du déroulement des opérations à venir. Le 2 novembre, l'empereur demanda aux deux militaires à combien ils estimaient leurs pertes initiales. La réponse se révèle, rétrospectivement, trop pessimiste : un cuirassé, deux croiseurs lourds, quatre croiseurs légers et mille huit cents avions. Hiro-Hito leur dit qu'il fallait aussi prendre en considération les pertes subies à terre. « J'espère que vous pensez aussi aux moyens de transport [maritime] endommagés, ajouta-t-il. La défense aérienne est-elle satisfaisante ? Que ferez-vous si l'ennemi détruit les barrages en Corée ? »

Sugiyama le rassura sur tous ces points.

L'empereur se pencha alors sur le calendrier des opérations dans la zone Chine-Hong Kong. « J'ai cru comprendre, dit-il, que vous " feriez " Hong Kong après vous être assurés de la Malaisie [on en avait décidé ainsi, afin de donner à l'attaque contre la Malaisie l'effet de surprise maximal] ; mais que fera-t-on au sujet des concessions étrangères en Chine ? » A quel stade, voulut-il savoir, le Japon y déclencherait-il ses attaques ? S'il intervenait trop tôt, avertit Hiro-Hito, la surprise ne jouerait plus et « l'attaque contre la Malaisie échouera ». Il supposait donc que le tour de la Chine viendrait, lui aussi, après les premières agressions surprises.

Sugiyama lui répondit que c'était en effet ce qui était prévu.

Hiro-Hito en revint à la possibilité de difficultés d'ordre météorologique. La saison des pluies n'allait plus tarder. En quoi risquait-elle d'affecter les opérations de débarquement ?

C'était parce qu'il redoutait des pluies prolongées en Malaisie, expliqua Sugiyama, qu'il avait finalement décidé de renoncer à y commencer les hostilités par une attaque aérienne massive. Dans le secteur des Philippines, ajouta-t-il, on ne pensait pas rencontrer de tels problèmes.

S'adressant alors à l'amiral Nagano, Hiro-Hito fit son unique référence à Pearl Harbor et l'échange sibyllin qui s'ensuivit montrait bien qu'il était au courant des moindres détails.

Hiro-Hito demanda : Quelle est la date choisie pour la marine ?

Le 8 décembre, répondit Nagano.

N'est-ce pas un lundi ? protesta l'empereur.

Nagano lui fit remarquer la différence horaire entre Hawaii et Tokyo (le 8 décembre au Japon étant le 7 décembre à Hawaii) et lui rappela que l'on avait choisi un dimanche « parce que tout le monde sera fatigué ». Cela faisait des mois que des espions étaient à pied d'œuvre à Hawaii et ils avaient déjà signalé que l'US Navy prenait ses week-ends très au sérieux et que les samedis soir généreusement arrosés étaient suivis de dimanches matin léthargiques.

L'empereur voulut savoir si tout serait organisé de façon à se dérouler simultanément. Nagano répondit qu'en raison des distances considérables, cela serait très difficile. Comme il le fit remarquer, toujours à propos de Pearl Harbor, mais sans entrer dans le détail du plan d'attaque : « L'issue de la guerre dépend dans une large mesure de l'issue de la première étape, laquelle dépend du résultat de l'attaque surprise. Nous devons cacher à tout prix notre intention d'entrer en guerre. » Dans le contexte des entretiens qui eurent lieu ce jour-là, il était évident que Hiro-Hito comprenait parfaitement de quelle « attaque surprise » il s'agissait.

Nagano précisa que le début de la guerre serait plus risqué que tout ce que l'on avait connu en Chine, en raison de la présence d'avions et de sous-marins ennemis, mais « une fois que nous aurons réussi nos débarquements, nous sommes tout à fait sûrs de l'emporter. Nous nous efforcerons de terminer la guerre au plus vite, conclut-il, mais nous devons néanmoins être prêts pour une guerre prolongée ». Il fallait empêcher les Etats-Unis d'utiliser des bases en Union soviétique.

Toujours préoccupé par les opérations navales, Hiro-Hito pria Nagano de ne pas négliger la menace possible que faisaient peser les sous-marins basés dans les ports australiens et les dégâts qu'ils pourraient infliger aux pétroliers japonais.

Le 4 novembre, l'empereur fournit à Kido un compte rendu détaillé de ce qui s'était dit. Il lui confia aussi la tâche spécifique de préparer un message officiel que l'on utiliserait « quand nous envahirons la Thaïlande ». Au cours de discussions préalables, Hiro-Hito avait déclaré à ses chefs d'état-major qu'on se trouvait, en ce qui concernait l'attitude à adopter envers cette nation amie et traditionnellement pro-nippone, devant une alternative : ou bien on préparait par avance un traité militaire, de façon à ce que les troupes japonaises transitant par la Thaïlande pussent le faire en toute légalité ; ou alors on envahissait le pays et on obligeait les Thaïlandais à signer un document autorisant le passage des soldats japonais. Hiro-Hito avait finalement opté pour la seconde solution, car elle était plus logique sur le plan militaire ; en effet, un pacte conclu peu avant l'invasion aurait vendu la mèche.

Ce même jour (4 novembre), un diplomate japonais très haut placé, Saburo Kurusu, quitta Tokyo pour aller rejoindre Nomura à Washington, afin d'y « renforcer » l'équipe chargée des négociations. L'épouse de Kurusu était américaine et cette nomination fit les gros titres de la presse nippone. Kurusu, ancien ambassadeur à Berlin, était au courant de l'ensemble des opérations prévues en cas de guerre, bien qu'on lui eût caché l'attaque projetée contre Pearl Harbor (Tojo le précisa dans sa déposition après la guerre). Nomura, l'ambassadeur, ne savait rien. C'était d'ailleurs lui qui avait demandé que Kurusu vînt le retrouver à Washington, car, comme il le fit savoir à son ministre à Tokyo, « je ne saurais vous préciser à quel point je suis dans l'obscurité. Je ne suis plus désormais, si l'on peut dire, que le squelette d'un cheval mort et je ne tiens pas à poursuivre cette existence hypocrite, passée à me duper moi-même et à tromper les autres. Je suis incapable de percevoir les délicates nuances de la politique gouvernementale et je ne sais vraiment plus que faire ». La mission de Kurusu à Washington était de faire durer les négociations le plus longtemps possible. Comme on le verra plus tard, toutes ces manœuvres faisaient partie d'un plan global extrêmement fouillé et soigneusement orchestré pour endormir les Américains, en leur laissant croire que, pour inévitable que fût la guerre à plus ou moins long terme, elle ne risquait pas de survenir tout de suite, ni sous la forme déjà minutieusement mise au point.

Le 5 novembre 1941, un nouveau *Gozen Kaigi* ratifia les décisions prises le 2. L'empereur, rapporta Sugiyama, montra qu'il connaissait à fond tous les problèmes soulevés et prit la décision officielle sans plus tarder. Vinrent ensuite quelques questions officieuses sur les aspects pratiques de la chose. Hiro-Hito demanda à quel moment on mettrait enfin au courant les commandants sur le terrain et quand on les enverrait rejoindre leurs unités ? Quelle était la date optimale, étant donné le besoin impératif de garder le plus grand secret ?

Sugiyama répondit que les instructions détaillées commenceraient le 7 novembre. Combien de temps pourrait-on les tenir secrètes ? voulut savoir Hiro-Hito. Etant donné que les opérations devaient se faire sur une échelle gigantesque, expliqua Sugiyama, c'était très difficile à dire. Une fois de plus, l'empereur le pressa de ne pas se battre sur un trop grand nombre de fronts : « Ne dérangez pas le nord », recommanda-t-il. De toute évidence, on redoutait une opération de diversion soviétique — c'est-à-dire une incursion de l'autre côté de la frontière mandchoue, afin d'aider les Etats-Unis — et Sugiyama déclara à l'empereur que l'on serait peut-être obligé de renforcer les unités postées le long de la frontière sino-soviétique, bien qu'il n'eût aucune envie d'y transférer des soldats de la région de Shangai. D'un ton catégorique, Hiro-Hito lui dit : « Il vaut mieux envoyer des troupes de la région de Senchou. » (C'était la principale base militaire japonaise sur le Yang Tseu-kiang.)

Une mini-crise au QG de l'armée servit à révéler encore un peu plus à quel point Hiro-Hito avait pleinement saisi l'ensemble des opérations de la « ruée vers le sud » et son souci maniaque du détail : il s'agissait d'une des unités choisies pour l'invasion de la Malaisie, la cinquième division, recrutée dans la région de Hiroshima. Selon le plan original, elle devait partir de sa base en territoire chinois pour aller rejoindre le groupe chargé de cette opération. Du fait qu'ils étaient nés aux alentours de Hiroshima, la plupart de ses hommes savaient nager, ce que l'on considérait, en haut lieu, comme un avantage pour le théâtre des opérations malais. Tous les mouvements de troupes devant recevoir l'assentiment de Hiro-Hito, on envoya au palais une demande officielle de transfert de la cinquième division de Chine en Malaisie. A la surprise des commandants militaires, l'empereur n'en tint aucun compte. Finalement, voyant que le « Jour X » se rapprochait, ils commencèrent à s'inquiéter et l'état-major général écrivit à l'empereur pour lui demander respectueusement, s'il avait des objections contre le rôle de la cinquième division.

Hiro-Hito répondit qu'à son avis, ce n'était pas une bonne idée de faire passer cette unité directement de Chine en Malaisie. Elle avait, en effet, fit-il remarquer, pris part à de durs combats en Chine et la nature des opérations en Malaisie serait très différente.

L'empereur voulait dire par là qu'il savait pertinemment que les soldats de la cinquième division avaient tué des civils et commis diverses atrocités en Chine et que s'ils se comportaient de la sorte en Malaisie, cela pourrait être très gênant, car les troupes opérant dans le « sud » devaient être constamment au-dessus de tout reproche. Par conséquent, il ne pouvait entériner un transfert direct. Il ordonna, à la place, d'accorder à la division tout entière une semaine de permission à Shanghai (pour « décompresser ») et de la rapatrier au Japon avant son départ pour la Malaisie. Ce qui fut fait[1].

Le 7 novembre, à Washington, Nomura et Kurusu se rendirent auprès de Hull pour la première fois depuis que Tojo était devenu Premier ministre. Le secrétaire d'Etat se prit aussitôt d'antipathie pour Kurusu (il lui trouva l'air « faux-jeton », écrivit-il plus tard), mais il n'en continua pas moins à discuter la possibilité d'un accord américano-japonais. Trois jours plus tard, Nomura fut reçu par Roosevelt. Ce jour-là, à Tokyo, fut promulgué « l'Ordre d'opérations numéro un de la force de frappe », ordonnant à tous les navires de guerre japonais de terminer leurs préparatifs de combat pour le 20 novembre et à la force de frappe de Pearl Harbor de s'assembler au large des Kouriles.

Pourtant, bien que Roosevelt et Hull fussent désormais convaincus que Kurusu n'était aux Etats-Unis que pour détourner l'attention des plans de bataille japonais, une ultime tentative eut lieu pour parvenir à un compromis. Les deux ambassadeurs présentèrent leurs propositions finales au président. C'étaient de pâles copies des requêtes antérieures : ni le Japon, ni les Etats-Unis ne devaient déplacer de troupes vers une zone quelconque du Sud-Est asiatique (mais les soldats nippons resteraient quand même en Indochine française) ; toute concession de la part du Japon (d'éventuels retraits des unités basées en Indochine et en Chine) était fonction d'une « paix équitable » dans le Pacifique et, entre-temps, les Etats-Unis devaient lever l'embargo sur le pétrole et le commerce et « renoncer à toute action préjudiciable à une paix entre la Chine et le Japon ».

C'était la vieille litanie que Hull connaissait par cœur : en échange de vagues promesses, auxquelles la conduite passée du Japon donnait le démenti, les Etats-Unis étaient sommés, préalablement à toute espèce de « paix » en Chine et au moindre retrait de troupes, de consentir à lever leurs embargos et d'accepter que le

Japon restât membre de l'alliance tripartite, ce qui l'engageait à déclarer la guerre aux Etats-Unis si l'Allemagne attaquait les navires américains dans l'océan Atlantique.

En ce qui concernait Hull, cette nouvelle série de propositions était aussi « clairement inacceptable » que toutes celles qui l'avaient précédée. « Ce à quoi nous devions nous engager n'était ni plus ni moins qu'une capitulation », nota-t-il par la suite. Le 22 novembre, il eut une nouvelle entrevue avec Nomura et Kurusu, espérant qu'ils pourraient lui proposer des concessions de dernière minute. A cette date, « *Magic* » avait permis de décrypter un câble crucial adressé à Nomura par le nouveau ministre des Affaires étrangères de Tojo, Shinegori Togo. Aucun changement de date limite ne pouvait être envisagé, déclarait cette dépêche, « pour des raisons qu'il vous est impossible de deviner », mais « si vous parvenez à obtenir la signature des documents pertinents [un brouillon d'accord sur les dernières propositions], nous attendrons le 29 novembre. Après cela, les événements se précipiteront automatiquement ».

C'était à présent au tour de Roosevelt de mettre sur pied l'équivalent d'un *Gozen Kaigi,* avec ses principaux adjoints civils et militaires — Hull, Henry Stimson, ministre de la Guerre, Frank Knox, ministre de la Marine, l'amiral Harold R. Stark, chef des opérations navales, et le chef d'état-major de l'armée, le général George C. Marshall. Leurs discussions portèrent moins sur la poursuite des négociations avec le Japon que sur ce qu'il conviendrait de faire quand le Japon aurait déclenché les hostilités. Comme l'écrivit Stimson, Roosevelt leur dit : « Nous courions le risque d'être agressés dès lundi prochain [1er décembre], car les Japonais sont connus pour attaquer sans sommation. » Par des méthodes de renseignements plus conventionnelles que *Magic,* le président savait désormais que de vastes concentrations de navires japonais convergeaient vers Shanghai pour y embarquer en grand nombre les soldats nippons.

Le 26 novembre, Hull mit la dernière main à sa réponse définitive à Kurusu et Nomura, sachant pertinemment qu'elle serait interprétée comme une fin de non-recevoir. Elle proposait un pacte de non-agression parmi tous les pays du Sud-Est asiatique et le retrait des Japonais hors de Chine et d'Indochine. Hull savait bien qu'on y verrait à Tokyo un ultimatum inacceptable, mais il en avait assez. Comme il le confia à Stimson : « Je m'en lave les mains. » Les soldats américains à l'étranger furent mis en état d'alerte et l'amiral Kimmel, à Pearl Harbor, reçut un « avertissement de guerre ». Toutefois, Roosevelt et son Conseil de guerre avaient, à ce stade, le sentiment que les hostilités commenceraient par des attaques contre la Malaisie et les Indes néerlandaises. Personne ne semble avoir eu la moindre idée que le Japon était capable de mener une guerre éclair sur terre, sur mer et dans l'air sur plusieurs fronts simultanément.

Nomura avait été amèrement déçu par le message de Hull, mais il n'en pressa pas moins Tojo de prolonger les entretiens. Le Premier ministre refusa. Le 29 novembre, le jour où les événements devaient « automatiquement se précipiter », un conseil d'anciens Premiers ministres se réunit autour de l'empereur. Hiro-Hito pria chacun de parler franchement. Les ex-Premiers ministres militaires étaient tous, sans aucune réserve, en faveur d'une guerre immédiate ; les autres, sans aller jusqu'à exprimer tout haut leur dissentiment, les combattirent en posant des questions : Le Japon était-il capable de livrer une guerre prolongée ? La situation de l'approvisionnement alimentaire et autre permettrait-elle de tenir au-delà de quelques mois ? Yonaï, un ancien amiral, fut le plus direct : nous devons veiller, déclara-t-il au souverain, « à ne pas courir à la banqueroute en cherchant à éviter la pauvreté ». Si Hiro-Hito espérait entendre une voix exprimant clairement la dissension, il en fut pour ses frais : les Saint-Thomas étaient trop déférents pour aller contre sa volonté.

Ce fut le prince Takamatsu, officier de marine, qui parvint presque à convaincre son frère de changer d'avis à la dernière minute : on avait étouffé les doutes de la marine, expliqua-t-il à Hiro-Hito le 30 novembre, mais sans les éliminer pour autant : « La marine sera enchantée si l'on peut éviter la guerre. »

Aussitôt, l'empereur convoqua Kido et lui demanda conseil. « Que se passe-t-il ? s'inquiéta-t-il. Me cacherait-on quelque chose ? »

Kido répondit que si l'empereur avait le moindre doute, il ne devait pas hésiter à faire appeler encore une fois le ministre de la Marine et le chef d'état-major et à les soumettre à un nouvel interrogatoire.

Cet après-midi-là, Hiro-Hito fit venir Tojo, puis le ministre de la Marine, puis Nagano. Ils durent apaiser ses craintes, puisqu'il ordonna à Tojo de continuer comme prévu. Il n'y avait aucun problème dans les rangs de la marine, déclara-t-il plus tard à Kido. A dater de ce jour, les rapports entre l'empereur et son frère cadet se refroidirent considérablement.

Le lendemain (1er décembre), lors d'un dernier *Gozen Kaigi,* la décision d'entrer en guerre fut définitivement prise et on confirma que le 8 décembre (heure de Tokyo) serait le « jour X ». Tojo garda la parole d'un bout à l'autre. L'empereur n'intervint pas et ne posa aucune question. Les événements avaient déjà commencé à « se précipiter automatiquement », avec une ultime campagne de désinformation, menée de main de maître.

Chapitre 18

A Tokyo, diplomates et correspondants de presse avaient tous compris, après la dernière proposition de Cordell Hull et son brutal rejet par les Japonais, que la guerre n'était plus qu'une question de semaines, voire de jours. Le principal souci du président Roosevelt, durant la semaine qui commença le 1er décembre, n'était plus de négocier avec le Japon, mais de réfléchir aux moyens de contrer une agression armée de sa part en Asie ; malheureusement, il se savait assez démuni. Il caressa, avant de la rejeter, l'idée d'une trêve de six mois ; il songea aussi à certifier officiellement à la Grande-Bretagne et au gouvernement « libre » des Pays-Bas (établi à Londres) que, si le Japon attaquait leurs territoires asiatiques, les Etats-Unis entreraient en guerre à leurs côtés. Mais n'étant pas du tout sûr qu'une telle décision recueillerait le soutien massif du Congrès, même si le pays était manifestement au bord d'une guerre avec le Japon, il préféra s'abstenir, en dépit d'un flot de dépêches de Churchill le pressant de déclarer publiquement que « tout nouvel acte d'agression de la part du Japon entraînera aussitôt les conséquences les plus graves ».

Durant cette étrange accalmie qui marqua en Amérique la dernière semaine de paix, les correspondants de presse ne pouvaient pas savoir que tout était déjà joué. L'amiral Yamamoto avait reçu son message codé (« Faites l'ascension du mont Nitaka ! 1208 »), ce qui signifiait qu'il devait attaquer Pearl Harbor à l'aube (heure de Tokyo), le 8 décembre. La flotte nippone avait d'ores et déjà quitté les Kouriles (laissant derrière elle un minuscule « écran de fumée », sous forme de navires chargés des communications pour simuler les échanges de dépêches d'une flotte entière) et fonçait, de toute la puissance de ses machines, vers la côte hawaiienne où elle devait mouiller juste hors de portée des avions de reconnaissance américains, ayant reçu l'ordre de couler tout navire, tant japonais qu'étranger, qui l'aurait repérée en route ; le correspondant du *New York Times*, Otto Tolischus, trouva l'ambassadeur américain, Joseph Grew, inhabituellement distant et peu coopératif, répugnant à dire un seul mot qui eût risqué d'aggraver les rapports américano-japonais. De même que son homologue nippon, Nomura, à Washington, Grew se sentait en dehors du coup, conscient que les grandes décisions se prenaient désormais ailleurs et que son avis ne comptait plus ; comme il le dit à son personnel, il se demandait même si ses supérieurs se donnaient la peine de lire ses dépêches.

La guerre étant si proche, et si inévitable, les observateurs se raccrochaient au moindre indice — et l'un des plus importants, que ce fût pour Tolischus à Tokyo ou pour Matsuo Kato, le correspondant de *Domeï* (l'agence de presse japonaise) à Washington, n'était autre que le *Tatuta Maru,* le plus prestigieux paquebot japonais.

Depuis plusieurs semaines, le *Tatuta Maru* était sur le point de partir pour les Etats-Unis, mais à chaque fois, la date fixée pour son départ avait été repoussée, chaque retard étant interprété comme une nouvelle dégradation dans les relations américano-japonaises. Ce bâtiment était l'orgueil de la marine marchande nippone, un navire rapide et ultra-moderne, ni aussi vaste ni aussi luxueux que le *Normandie* ou le *Queen Mary,* mais néanmoins un superbe hommage à l'architecture et l'ingénierie navales japonaises. Il était logique, de la part des autorités, de l'empêcher de partir, car si la guerre éclatait pendant qu'il se trouvait dans les eaux territoriales américaines ou dans un port des Etats-Unis, il risquait de devenir une prise de guerre particulièrement précieuse, susceptible d'être reconvertie en transport de troupes. Par conséquent, lorsque le *Japan Times and Advertiser* annonça, le 1er décembre, que le *Tatuta Maru* partirait pour Balboa (à Panama) et Los Angeles, le lendemain, les correspondants et les diplomates se mirent à respirer un peu plus librement. Ils en déduisirent que les hostilités ne commenceraient pas avant deux ou trois semaines, au moins, ce qui laisserait au paquebot le temps de gagner Los Angeles, charger les passagers à destination du Japon, et reprendre le chemin de Yokohama. Dans les câbles adressés à son ambassade à Washington, le ministère japonais des Affaires étrangères s'inquiétait des groupes de citoyens japonais aux Etats-Unis qu'il convenait de rapatrier à bord du *Tatuta Maru*.

Se fondant sur la durée habituelle des traversées, les diplomates et la presse (ainsi, bien sûr, que les spécialistes britanniques et américains des renseignements militaires) calculèrent que le Japon ne déclarerait probablement pas la guerre avant le 14 décembre au plus tôt et pourrait même laisser passer les fêtes de Noël. Jusqu'au tout dernier moment, l'incertitude fut totale. Le *Tatuta Maru* allait-il partir ou non ? Le 2 décembre, il prit effectivement la mer, avec à son bord cent cinquante et une personnes, dont vingt-trois passagers américains, quelques familles anglaises et des dizaines de Japonais émigrés aux Etats-Unis, principalement sur la côte ouest, qui n'avaient pas encore obtenu la nationalité américaine, mais qui s'étaient rendus au Japon pour voir leurs familles, car ils devinaient qu'ils risquaient de rester bien longtemps séparés.

Les malheureux passagers allaient devenir les victimes passives d'un brillant stratagème. Car le *Tatuta Maru* ne devait jamais atteindre Los Angeles ; au lieu de cela, dès qu'il eut quitté le Japon, il se mit à tourner en rond dans le Pacifique pendant treize jours. Le 14 décembre, il regagna son point de départ, Yokohama, où les passagers redescendirent à terre, les citoyens britanniques et américains étant aussitôt dirigés vers des camps de détention, figurant ainsi parmi les premières victimes de Pearl Harbor et les plus oubliées. L'affaire du *Tatuta Maru* ne fut qu'un exemple assez insignifiant de la dissimulation japonaise et n'a d'intérêt qu'à cause de l'élément humain qu'elle mit en jeu et parce qu'elle révèle le degré de la préparation japonaise et le grand nombre de gens concernés par les opérations du « Jour X ».

A Washington fut jouée une comédie beaucoup plus importante, qui endormit la méfiance de Roosevelt lui-même, au point de lui laisser croire que la guerre n'éclaterait pas avant au moins deux semaines : le principal protagoniste en fut Hidenori Terasaki, brillant diplomate nippon, qui au moment de Pearl Harbor, était le bras droit de Nomura (et le numéro trois dans la hiérarchie de l'ambassade, du moins sur le plan salarial) et qui est resté pour les historiens spécialisés l'un des rares Japonais qui s'efforça authentiquement de préserver la paix, en prenant des risques personnels considérables.

Dans son livre *A Bridge to the Sun* (« Un pont vers le soleil »), son épouse américaine, Gwen Terasaki, a laissé un témoignage émouvant sur cet aristocrate humaniste, cultivé et pro-occidental (qui devait devenir, après la guerre, l'un des interprètes de Hiro-Hito) ; il était entré dans le corps diplomatique japonais dans les années vingt et son frère aîné, ancien consul à New York, fut directeur de la « section américaine » au ministère des Affaires étrangères à Tokyo, mais démissionna le 18 octobre 1941, le lendemain du jour où Tojo devint Premier ministre.

L'ouvrage de Gwen Terasaki relate avec éloquence et retenue l'histoire d'une jeune Américaine qui tombe amoureuse folle d'un beau diplomate japonais, l'épouse en 1930 et lui consacre le reste de son existence, surmontant l'écueil des différences culturelles entre son propre milieu familial et celui d'une famille japonaise traditionaliste de la grande bourgeoisie, pour devenir une femme de diplomate merveilleusement efficace et « loyale » à Shanghai, La Havane et finalement Washington, sans jamais oublier qu'elle était, par sa naissance et sa culture, citoyenne des Etats-Unis.

Selon le récit des événements fourni par Gwen (d'après ce que lui dit son mari alors et plus tard), Terasaki alla trouver Kurusu, l'ambassadeur extraordinaire, le 29 novembre, et lui déclara : « Votre Excellence, pourquoi ne devenez-vous pas " traître national " ? Pourquoi ne pas prendre sur vous de dire aux Américains que nous allons nous retirer de Chine ? De toute façon, nous ne pourrons pas y rester encore longtemps et le clan des bellicistes le sait bien. »

Kurusu retourna habilement la situation : « Pourquoi ne le feriez-vous pas vous-même ? demanda-t-il. Il me semble que nous devrions contacter le président Roosevelt par le biais d'un intermédiaire, de quelqu'un qu'il écoute volontiers, pour lui suggérer d'adresser directement à l'empereur un câble plaidant la cause de la paix. Je vous avertis que j'ai déjà envoyé une dépêche à Tojo pour lui demander la permission d'agir dans ce sens et que j'ai été éconduit. Si le câble est effectivement expédié, il devra éviter Tojo pour solliciter l'empereur. Evidemment, si l'on découvre quel rôle vous avez joué, ce sera peut-être la mort, pour vous et pour votre famille. Mais puisque vous avez estimé que je pouvais, moi, courir un tel risque, je vous retourne le compliment. »

Terasaki accepta la gageure et organisa une entrevue secrète avec l'ambassadeur de Chiang Kai-shek à Washington, le Dr Hu Shih, et avec l'homme qu'il espérait utiliser comme intermédiaire, E. Stanley Jones, un prédicateur méthodiste bien connu qui était un ami personnel du président américain.

Dans un salon particulier du restaurant *Purple Iris,* dans la banlieue de Washington, ils discutèrent la marche à suivre et décidèrent que le mieux était que Jones transmît son message au président de vive voix. Il devait lui confier — avec la bénédiction tacite de l'ambassadeur chinois — que Kurusu et Terasaki pensaient que Roosevelt devait faire une ultime tentative pour éviter, in extremis, une guerre inéluctable en envoyant à l'empereur un message personnel. Comme le dit Terasaki à Jones, « on savait que, si l'empereur intervenait, les Japonais s'inclineraient, même les militaires » — autre preuve indirecte du fait que, pour limités que fussent les pouvoirs du souverain dans la pratique, ils n'étaient pas aussi inexistants que l'on a bien voulu le dire ultérieurement.

Jones écrivit à Roosevelt pour solliciter un entretien et, le 3 décembre, il lui rendit visite à la Maison-Blanche. Le prédicateur évoqua l'entrevue secrète au restaurant et Roosevelt lui confia qu'il avait justement songé à une démarche de ce genre, « mais j'ai hésité à la tenter, parce que je ne voulais pas gêner les Japonais en poste ici, à Washington, en passant par-dessus leurs têtes pour m'adresser à l'empereur ».

Jones expliqua que sa venue était le résultat direct d'une insistante intervention des diplomates en question : « Ils m'ont prié de vous demander d'envoyer cette lettre, mais bien entendu ils ne pouvaient pas me dire cela par écrit ; il ne doit y avoir aucune trace, étant donné qu'il s'agit de court-circuiter le gouvernement japonais pour joindre directement l'empereur.

— Voilà qui me permet de repartir à zéro, répondit Roosevelt. Je vais pouvoir envoyer cette dépêche. »

Jones lui conseilla alors de ne pas passer par le ministère japonais des Affaires étrangères. En effet, lors de l'incident du *Panay,* un câble expédié par FDR à Hiro-Hito n'était jamais arrivé au palais. « Envoyez-le directement à l'empereur en personne, conseilla-t-il à Roosevelt. Je ne sais pas comment ces choses-là fonctionnent, mais c'est ce qu'ils [Kurusu et Terasaki] m'ont recommandé. »

Roosevelt répondit : « Ecoutez, je ne fais que réfléchir tout haut. Je ne peux pas descendre au bureau des câbles pour dire que je veux envoyer une dépêche du président des Etats-Unis à l'empereur du Japon, mais je pourrais l'envoyer à Grew. En sa qualité d'ambassadeur, il est habilité à voir le chef de l'Etat sur simple demande et pourra donc la remettre en main propre à l'empereur. Si je n'ai pas de nouvelles au bout de vingt-quatre heures, je communiquerai le texte de mon message à la presse — j'ai acquis une certaine expérience dans ce genre de choses, voyez-vous — et je le forcerai à me répondre. »

Jones pria Roosevelt de ne jamais mentionner que Terasaki était l'instigateur de cette démarche.

« Dites à ce jeune homme que j'admire son courage, repartit Roosevelt. Personne n'apprendra jamais de moi quel rôle il a joué. Son secret est en sécurité. »

Pourquoi Terasaki préféra-t-il, dans cette affaire, faire appel à Kurusu plutôt qu'à Nomura ? On pourrait expliquer sa décision en arguant du fait que « l'envoyé spécial » était plus influent que l'ambassadeur en titre. Il était aussi bien compréhensible qu'il mît sa femme au courant, car ils étaient très unis et, chez lui, Terasaki se comportait davantage comme un Américain que comme un mari japonais traditionnel. Gwen Terasaki n'ignorait rien du message à Roosevelt et elle était même fière que son mari fût prêt à risquer sa carrière, et peut-être sa vie, pour la cause de la paix. C'est pourquoi, en apprenant brutalement la nouvelle de l'attaque contre Pearl Harbor, elle fut non seulement horrifiée, mais stupéfaite. Qu'était-il donc advenu du câble du président ? L'empereur l'avait-il effectivement reçu ? Que s'était-il passé ?

Bien qu'elle fût au courant du projet secret de Terasaki, elle ignorait certaines choses concernant son époux et les ignore peut-être encore aujourd'hui. Ainsi, il n'est pas question, dans son livre, du soutien actif accordé par Terasaki au groupe isolationniste *America First,* non plus qu'à l'enquête qu'il avait menée au sujet du sentiment pro-américain parmi la communauté étrangère en Argentine — territoire qui était également de sa compétence. Terasaki ne lui dit pas non plus qu'il figurait sur la liste des gens à rapatrier d'urgence que le ministère japonais des Affaires étrangères envoya par câble à Washington le 5 décembre. Il ressort clairement du livre de Gwen Terakasi que, jusqu'au 7 décembre, elle espéra, envers et contre tout, que la guerre pourrait, Dieu sait comment, être évitée et que son mari et elle resteraient à Washington. Le portrait qu'elle trace de Hidenori Terasaki laisse penser qu'il était lui-même animé par des sentiments ambivalents à l'idée de regagner le Japon en cas de guerre, qu'il fut même presque tenté, à un moment donné, de devenir un des tout premiers dissidents — quitte à être accusé de haute trahison.

Gwen Terasaki présente sous un jour si sympathique ce diplomate impavide et libéral, déchiré entre son patriotisme inné et son amour de l'Amérique, que l'on ressent un choc considérable en apprenant qu'il n'était pas tout à fait celui qu'il prétendait être.

Son « libéralisme » était-il réel ou n'était-il qu'une utile façade, lui seul pourrait nous le faire savoir par-delà la mort. Ce qui est incontestable, en revanche, c'est que, malgré ses efforts pour empêcher un conflit entre le Japon et les Etats-Unis, il fut bel et bien — et ce jusqu'à Pearl Harbor — un officier supérieur des services de renseignements plutôt qu'un simple diplomate.

Après avoir reçu, deux jours avant Pearl Harbor, la liste des membres de l'ambassade qui devaient quitter Washington au plus tôt, Kurusu expédia un câble à Tokyo pour signaler qu'il *apprécierait grandement la chose si Terasaki, en sa qualité d'organisateur de notre réseau de renseignements* pouvait rester à Washington, car sa présence y était « d'une extrême importance, au vu de l'état des négociations américano-japonaises. »

Ce message secret, décodé grâce à « *Magic* », éclaire d'un jour tout à fait nouveau non seulement Terasaki lui-même, mais toute la version Kurusu-Terasaki concernant les origines du message à Roosevelt. En tant que « chef de notre réseau de renseignements », il était fort possible que Terasaki eût collaboré avec Kurusu pour concocter toute cette histoire dans un but bien différent. La plupart des experts du Département d'Etat s'accordèrent par la suite à dire que Kurusu avait été spécialement détaché à Washington moins pour aider Nomura à tenter de trouver une solution aux graves problèmes existant entre les deux pays que pour faire traîner les choses en longueur et orchestrer une « opération de sabotage » que Nomura, marin bourru et honnête, était tout à fait incapable de mener à bien tout seul — et aurait sans doute refusé d'exécuter si on le lui avait ordonné.

Il est fort possible que Terasaki ait sincèrement éprouvé des doutes quant à l'issue d'une guerre entre les Etats-Unis et le Japon. Mais il n'en était pas moins un agent de renseignements chevronné et d'une remarquable efficacité et nous ne possédons que sa version de ses premiers entretiens avec Kurusu. En ce qui me concerne, j'ai la nette impression, ayant découvert la nature de son rôle secret, qu'il pourrait fort bien avoir persuadé Jones de prier Roosevelt d'adresser un message à Hiro-Hito non pas parce qu'il croyait vraiment que cela pourrait éviter la guerre, mais pour faire croire aux Américains (comme devait le faire le voyage du *Tatuta Maru*) que le conflit n'était pas vraiment imminent. Comme l'avait souligné l'empereur en personne, il était impératif de garder le secret afin de prendre tout le monde par surprise. Dans le domaine des renseignements, rien n'est jamais inutile. Peut-être Roosevelt ne se sentit-il guère moins menacé après avoir expédié sa dépêche à Hiro-Hito. En revanche, il est presque certain que les agents de renseignements japonais n'étaient pas au courant du laisser-aller qui régnait parmi le personnel militaire américain et considéraient peut-être cette opération secrète, présentée comme la périlleuse initiative d'une poignée de diplomates pacifistes, comme une nouvelle tromperie, relativement peu importante, certes, mais néanmoins valable.

Le 6 décembre, Roosevelt envoya à Hiro-Hito, par l'entremise de Grew, son message personnel, élégamment rédigé. Celui-ci quitta Washington vers dix-huit heures, heure locale.

> Voici presque un siècle, disait-il, le président des Etats-Unis adressa à l'empereur du Japon un message contenant une offre d'amitié de la part du peuple des Etats-Unis à celui du Japon. Cette offre fut acceptée et, durant la longue période de paix et d'amitié ininterrompues qui s'en est suivie, nos deux nations, grâce aux vertus de leurs citoyens et à la sagesse de leurs dirigeants, ont prospéré et contribué de façon substantielle au bien-être de l'humanité. Ce n'est que dans des situations d'une extraordinaire importance pour nos deux pays que j'éprouve le besoin d'adresser à Votre Majesté des messages portant sur les affaires d'Etat. J'ai la conviction que je dois le faire aujourd'hui, en raison de la crise profonde et étendue qui semble être en formation.

Certains événements étaient en cours, continuait Roosevelt, « qui menacent de priver chacune de nos nations et l'humanité entière de l'influence bénéfique de la longue paix entre nos deux pays ». Les Américains avaient espéré maintenir cette paix et suivi de très près les négociations entre leurs dirigeants et ceux du

315

Japon. Ils avaient été témoins de la concentration de forces japonaises en Indochine. Aujourd'hui, le président des Etats-Unis suppliait personnellement l'empereur d'obtenir le retrait de ces forces, afin d'apaiser les craintes des peuples de Thaïlande, des Philippines, des Indes néerlandaises et de Malaisie que menaçait la guerre. S'il y parvenait, il n'y aurait aucune ingérence occidentale en Asie. Roosevelt concluait sa missive en rappelant à Hiro-Hito qu'ils avaient tous deux « le devoir sacré de rétablir l'amitié traditionnelle et d'empêcher un surcroît de mort et de destruction dans le monde ».

Ce message, qui n'était que légèrement codé, afin de pouvoir être traité au plus vite, quitta donc Washington vers dix-huit heures, le 6 décembre, au moment même où un câble beaucoup plus long, expédié par le ministère japonais des Affaires étrangères à son ambassade à Washington, commençait à arriver sur le téléscripteur de celle-ci (la transmission démarra vers six heures trente du matin, le 6 décembre, heure de Tokyo). Il s'agissait du texte du mémorandum en quatorze parties, qui se terminait par une déclaration de guerre aux Etats-Unis. Celle-ci devait à l'origine, à ce que prétendirent, du moins, les fonctionnaires du ministère des Affaires étrangères, arriver dans la capitale américaine juste à temps pour être remis à qui de droit trente minutes au moins avant l'attaque contre Pearl Harbor.

Le monde entier le sait désormais, la dépêche ne fut, en l'occurrence, présentée qu'*après* l'agression (et aucune déclaration de guerre ne parvint jamais aux gouvernements britannique et néerlandais) ; les Japonais se sont cramponnés à leur explication originale : il fallait imputer ce retard à la lenteur du décodage (seule une poignée de diplomates étaient habilités par les services de sécurité à y travailler) et au manque de personnel compétent pour dactylographier la version anglaise définitive du mémorandum. L'empereur, comme le déclara ultérieurement Kido aux enquêteurs du TMIEO, fut « extrêmement mécontent » de « l'imbécillité et de l'incompétence totales » des fonctionnaires de l'ambassade du Japon à Washington ; ce fut aussi ce qu'assurèrent des gens bien placés au palais, cités par le biographe Leonard Mosley.

Le témoignage du correspondant à Washington de l'agence *Domei*, Matsuo Kato, infirme cette version. Dans son livre, *The Lost War* (« La guerre perdue », Knopf, 1946), il se rappelle que le

6 décembre 1941, tout le personnel de l'ambassade nippone assista à un déjeuner en l'honneur d'un des hauts fonctionnaires, transféré à Rio. Ce déjeuner, organisé à l'hôtel Mayflower, se prolongea fort avant dans l'après-midi, mais les diplomates, y compris ceux qui avaient accès au code secret, ne manifestèrent pas la moindre hâte de retourner au travail. Pourtant, à cette heure, la majeure partie du mémorandum était arrivée à l'ambassade.

Après le déjeuner, a noté Kato, « j'ai joué au ping-pong dans le sous-sol de l'ambassade. Katsuko Okamura [1], le premier secrétaire, nous regardait... Il semblait n'avoir rien à faire et pourtant [ceci, Kato l'apprit ultérieurement] il était chargé de taper à la machine la première partie de la déclaration de guerre envoyée par Tokyo. » L'atmosphère était de toute évidence détendue et Okamura avait sûrement conscience des minutes qui s'égrenaient. « Nous avons commencé à discuter pour savoir si le *Tatuta Maru* allait arriver aux Etats-Unis, a écrit Kato. Okamura a dit : Je vous parie un dollar qu'il n'atteindra jamais Los Angeles. » Kato releva le défi. Plus tard, alors qu'ils étaient tous deux internés par les autorités américaines, en instance de rapatriement vers le Japon, Okamura reconnut qu'il avait été l'un des rares fonctionnaires de l'ambassade à savoir à l'avance que les Japonais allaient attaquer Pearl Harbor et qu'il avait donc parié en toute connaissance de cause, étant également au courant du subterfuge du *Tatuta Maru*.

Grew eut connaissance du message personnel destiné à Hiro-Hito longtemps avant de le recevoir, grâce à l'annonce faite à la radio américaine. Pourquoi ce délai d'une dizaine d'heures avant réception ? Aucune explication satisfaisante n'a jamais été fournie sur ce point ; les fonctionnaires nippons imputèrent par la suite le blâme aux « censeurs militaires », encore qu'il soit difficile d'imaginer quel intérêt ils pouvaient avoir à censurer un câble codé de ce genre. Il paraît plus logique de penser qu'avertis par leurs services de renseignements à Washington du fait que Roosevelt avait décidé de communiquer directement avec Hiro-Hito, ils étaient résolus à tout faire pour que le message arrivât trop tard.

Grew, ulcéré par ces dix heures de retard, appela immédiatement le ministère des Affaires étrangères (il était minuit passé — zéro heure trente, le 8 décembre, heure de Tokyo, quand il eut le texte en main) pour essayer d'obtenir une audience auprès de l'empereur. L'élégant ministre, Shigenori Togo, d'ordinaire amical (il avait passé presque quatre ans à l'ambassade du Japon à

Washington et parlait couramment l'anglais) adopta, cette fois, un ton froid et officiel. Grew fit valoir que le message du président était si important « que je sollicite respectueusement l'autorisation de le remettre en main propre à Sa Majesté dès que possible. »

Il était hors de question de déranger l'empereur à une heure aussi tardive, répliqua Togo. Par ailleurs, il faudrait consulter le ministre de la Maison impériale. Il y avait peu de chances d'obtenir une audience en début de matinée. Togo savait, bien sûr, que l'attaque contre Pearl Harbor allait commencer dans deux heures au plus tard. Il était donc dans l'embarras, désireux de gagner du temps, mais n'osant cependant refuser net la requête de Grew, de peur d'éveiller ses soupçons. L'ambassadeur insista pour lui lire le message. Togo écouta patiemment et se débarrassa de son interlocuteur en lui assurant que sa demande serait soumise au souverain à la première occasion.

Grew regagna l'ambassade des Etats-Unis et son lit, espérant quand même, en dépit de tout, qu'il pourrait voir Hiro-Hito le lendemain. Togo se fit aussitôt conduire jusqu'aux bureaux du Premier ministre et trouva le général Tojo encore éveillé et au travail. Il lui fit lire le texte du message de Roosevelt. Les deux hommes savaient bien qu'il était désormais inutile, mais il fallait sauvegarder les apparences. Ils décidèrent que la missive ne contenait rien de neuf, sinon peut-être une offre tout à fait insuffisante de « neutralisation » de l'Indochine. Ensemble, ils rédigèrent un projet de refus au nom de l'empereur, se référant simplement à un précédent rejet des propositions américaines et priant Roosevelt de « bien vouloir se reporter à cette réponse ». A eux deux, Tojo et Togo ajoutèrent quelques mots concernant « l'établissement de la paix dans le Pacifique et, par conséquent, dans le monde », qui « a toujours été l'espoir caressé par Sa Majesté ». Tandis que l'on préparait ce rapide brouillon, les avions japonais commençaient à faire tourner leurs moteurs sur les porte-avions de la force de frappe, à environ deux cents kilomètres de Pearl Harbor, et les sous-marins se rapprochaient subrepticement du port.

Togo n'avait pas encore fini sa nuit : au moment même (soit deux heures quarante-cinq du matin, heure de Tokyo) où les attaques aériennes débutaient contre la flotte américaine, Togo était accueilli au palais par Kido et s'apprêtait à être reçu par Hiro-Hito. Kido avait été avisé du message de Roosevelt et s'était fait conduire au palais au milieu de la nuit. En uniforme de la marine, Hiro-Hito reçut Togo seul, écouta le texte du message de Roosevelt et approuva le projet de réponse — qui n'atteignit jamais son destinataire. Togo rentra alors chez lui, pour prendre deux heures de sommeil bien mérité. L'empereur se retira dans sa « salle de guerre ». Selon certains rapports, il écouta les messages à la radio avec son aide de camp naval, pour apprendre, par le *Nagato,* le navire amiral d'où Yamamoto dirigeait les opérations, au large de Hiroshima, les premiers résultats du raid.

A Washington, c'était à présent le matin du 7 décembre ; par une ironie du sort, les hauts fonctionnaires du gouvernement et des forces armées des Etats-Unis trouvèrent sur leurs bureaux, avec plusieurs heures d'avance sur l'horaire prévu par les Japonais, grâce à *Magic,* la majeure partie du mémorandum japonais, préparant la déclaration de guerre. Les treize premières parties n'étaient que de longues récapitulations des négociations passées. L'essentiel, c'est-à-dire l'annonce du fait que les deux pays étaient désormais en guerre, n'avait pas encore été transmis ; le processus de décodage, qui reprit à dix heures du matin à l'ambassade japonaise, était toujours très lent, peut-être délibérément. La quatorzième et dernière partie arriva à dix heures trente, en même temps qu'un câble non codé, en anglais, ordonnant à Nomura et Kurusu d'aller remettre le texte entier à treize heures. Ce fut ce bref message qui mit finalement la puce à l'oreille des officiers supérieurs de l'US Navy et de certains des subordonnés du général Marshall, et leur fit penser que le Japon était peut-être sur le point de lancer une attaque surprise contre les installations militaires américaines, juste après l'heure indiquée. Marshall accepta aussitôt d'expédier des avertissements prioritaires aux bases de San Francisco, des Philippines et du canal de Panama, pour les mettre en état d'alerte. Il fut impossible de faire parvenir un message analogue à Hawaii, en raison des conditions atmosphériques.

A treize heures quarante-sept, le ministre de la Marine, Frank Knox, reçut le premier rapport sur l'attaque de Pearl Harbor. Roosevelt en fut informé presque immédiatement et téléphona à Cordell Hull à quatorze heures cinq. Les deux ambassadeurs, Nomura et Kurusu, venaient tout juste d'arriver au Département d'Etat et attendaient pour le voir, les mains croisées autour de la traduction du mémorandum en quatorze parties que Hull avait désormais, grâce à *Magic,* lu dans son entier. A quatorze heures vingt, on les introduisit dans son bureau. Hull ne parut pas remarquer leurs mains tendues. Les ambassadeurs restèrent debout.

Ce fut Nomura qui lui donna le mémorandum, en expliquant que ses instructions étaient de le remettre à treize heures.

« Pourquoi à treize heures ? » demanda Hull. Nomura dit qu'il n'en savait rien. Hull le parcourut, feignant d'ignorer son contenu, et déclara aux deux envoyés japonais qu'il n'avait jamais lu un document « bourré de tant d'infâmes mensonges et de distorsions des faits ». Tandis qu'ils se retiraient, Hull les traita de façon audible de « canailles » et d' « ordures ». A leur retour à l'ambassade, dans Massachusetts Avenue, Kurusu et Nomura apprirent de la bouche du premier secrétaire, Okamura, que des avions japonais avaient bombardé Pearl Harbor.

Il est sans doute impossible pour un non-Américain de se rendre compte de l'impact de « Pearl Harbor ». C'était de loin la base navale et aérienne la plus vitale pour les Etats-Unis, située à quelques kilomètres à peine de Honolulu (Hawaii), c'est-à-dire suffisamment loin du Japon pour être (du moins les Américains le croyaient-ils) à l'abri d'une attaque surprise, mais suffisamment près du Pacifique pour intervenir rapidement dans un conflit dont on se doutait qu'il aurait lieu, tôt ou tard, autour des territoires convoités par le Japon : Indes néerlandaises, Philippines, Malaisie, Bornéo.

L'énorme flotte de guerre américaine basée à Pearl Harbor, avec des centaines d'avions, était une des seules forces au monde capables de jouer les gendarmes du Pacifique face aux forces japonaises.

En moins d'une heure, cette force cessa d'exister : en deux raids successifs, les avions japonais lance-torpilles, à partir des porte-avions conçus par Yamamoto, coulèrent huit des plus grands cuirassés américains, endommageant des dizaines de croiseurs, destroyers, dragueurs de mines et autres bâtiments plus modestes. L'intervention des sous-marins de poche japonais, lâchant leurs torpilles à l'intérieur de la rade à bout portant, provoqua une stupeur encore plus grande. Après le raid, alors qu'il n'y avait toujours pas de déclaration de guerre officiellement proclamée entre le Japon et les Etats-Unis, la moitié de la force américaine basée à Pearl Harbor était hors de combat, et il faudrait plusieurs mois pour réparer les navires endommagés mais pouvant encore servir. Plus d'une centaine d'avions américains étaient également détruits au sol.

Depuis la déclaration de l'indépendance des Etats-Unis, en 1776, c'était le plus grand affront, la plus grande humiliation subis par ce pays jeune, riche (en dépit du krach boursier de 1929), puissant et imbu d'une confiance en soi qui frisait l'arrogance. De tous les slogans qui ont eu cours en Amérique depuis cette date fatidique du 7 décembre 1941, le seul qui ait survécu jusqu'à nos jours avec une certaine intensité est : *Remember Pearl Harbor* (Souvenez-vous de Pearl Harbor).

Alors même que l'attaque était en cours, de complexes mesures de sécurité contre les nouveaux « ressortissants ennemis » furent appliquées à Tokyo : à l'aube les ambassades britannique et américaine furent cernées par la police, tandis que les correspondants de presse des deux pays, ayant fait l'objet d'un ramassage systématique, étaient emmenés dans des commissariats de police où certains d'entre eux, notamment Tolischus, furent soumis pendant plusieurs jours à des interrogatoires brutaux. A six heures du matin, lors d'une conférence de presse spéciale au ministère de la Guerre, on annonça à des journalistes japonais triés sur le volet que le pays était en guerre. Au cours d'une séance d'information ultérieure, au ministère des Affaires étrangères, pour la presse non japonaise, le correspondant de l'agence Havas, Robert Guillain, remarqua l'absence de tous ses amis britanniques et américains. Il demanda, gouailleur, au porte-parole nippon si l'attaque avait eu lieu avant ou après la déclaration de guerre et fut vertement rabroué. Coincé à l'intérieur de l'ambassade des Etats-Unis, Robert Fearey, un jeune attaché fraîchement arrivé à Tokyo, où il était l'adjoint personnel de Grew, entendant les cris des vendeurs de journaux à l'extérieur, escalada hardiment un mur et rapporta plusieurs exemplaires du *Japan Times and Advertiser* annonçant la guerre. Ces journaux devinrent des objets de collection : en effet, deux heures après leur mise en vente, la police militaire confisqua tous les exemplaires restants, car il y avait dans les pages intérieures de longs articles retraçant les négociations qui avaient débouché sur le conflit et — aux yeux des censeurs militaires désormais tout-puissants — les références aux efforts déployés par le prince Konoye pour l'éviter étaient trop nombreuses. Depuis sa démission, le prince était en semi-disgrâce.

A bord du *Nagato,* l'amiral Yamamoto demanda à un de ses aides de camp de vérifier à quelle heure la déclaration de guerre avait été transmise aux Etats-Unis. En homme d'honneur qu'il était, il n'avait pas voulu cette ultime traîtrise — et il avait cru que la chose serait annoncée trente minutes avant le début de l'attaque. Ce retard causa également, à en croire ce qu'assurèrent par la suite de nombreuses sources du palais, la « fureur » de Hiro-Hito.

Le courroux de l'empereur pouvait être terrible. Une question vient automatiquement à l'esprit : si Hiro-Hito avait été mis en rage par « l'imbécillité et l'incompétence » des fonctionnaires de l'ambassade à Washington, par la faute de qui la réputation du Japon en tant que nation civilisée portait désormais une souillure indélébile, quelles sanctions fit-il prendre contre les coupables ? Normalement, une si grave faute professionnelle aurait dû coûter aux principaux intéressés leur carrière, et plus encore. Les décodeurs si peu zélés auraient dû trembler de peur pendant toute la durée de leur (luxueuse) détention aux Etats-Unis et de leur traversée jusqu'au Japon (qui eut lieu, ironie du sort, sur le *Tatuta Maru*). Pourtant, il ne semble pas qu'ils se soient beaucoup inquiétés et Kato, dans son récit détaillé et plein d'humour sur les premiers mois de la guerre, ne mentionne jamais la moindre appréhension de leur part.

Durant l'interrogatoire préalable au procès, le colonel Sackett questionna Kido sur ce point précis :

KIDO : J'ai appris de la bouche même de l'empereur que l'on avait projeté de transmettre d'abord la déclaration de guerre, puis de déclencher l'attaque.
SACKETT : Pourquoi est-ce le contraire qui eut lieu ?
KIDO : Je ne connais pas la raison de ce contretemps.
SACKETT : Y a-t-il eu la moindre enquête au sujet du contretemps ? Il me semble que c'était tout à fait inaccoutumé ?
KIDO : Pas à ma connaissance.

Dans l'un des rares rapports du TMIEO où Hiro-Hito fut nommément impliqué (il s'agit du document n° 3245, daté du 10 novembre 1947, « Crimes auxquels se rattache le présent document : l'empereur était-il au courant du plan d'attaque contre Pearl Harbor ? »), un rapport soumis par le gouvernement du prince Higashikuni, qui fut au pouvoir immédiatement après la guerre, fournissait, entre autres, les précisions suivantes, toutes conçues pour protéger Hiro-Hito d'éventuelles poursuites judiciaires et pour minimiser sa responsabilité personnelle :

1. Nous croyons, eu égard aux circonstances concomitantes, que l'empire a été contraint à déclarer la guerre du grand Est asiatique.
2. Que l'empereur était excessivement désireux de parvenir à une conclusion paisible des négociations entre le Japon et les Etats-Unis.
3. Que l'empereur, suivant la pratique établie dans l'application de la constitution, n'a pas rejeté, en ce qui concerne les décisions afférant au début des hostilités et l'exécution des plans prévus pour les opérations des affaires décidées par le quartier général impérial et le gouvernement.
4. Qu'afin de faire tous les efforts nécessaires pour éviter de lancer une attaque surprise pendant que des négociations étaient en cours, on a désespérément tenté de communiquer l'annonce de l'interruption des pourparlers entre le Japon et l'Amérique. (NOTA BENE : Puisque nous n'avons fait, à la lumière des circonstances existantes de la pression économique, etc., imposées à l'empire, qu'exercer notre droit d'autodéfense, nous estimons que les clauses du traité de La Haye concernant le début des hostilités peuvent être annulées.)
5. Que la Proclamation impériale déclarant la guerre était de nature interne et destinée principalement au peuple du Japon.
6. Que nous ne pouvions pas traiter séparément la Grande-Bretagne et les autres pays, eu égard aux relations existant à l'époque entre les Etats-Unis et tous ces pays.

Retraçant de façon plus détaillée la position de Hiro-Hito, le document précisait que « bien que l'empereur eût appris de ses chefs d'état-major de l'armée et de la marine, préalablement à l'attaque contre Pearl Harbor, les grandes lignes des opérations militaires durant le stade initial, il ne reçut aucun rapport concernant les détails de l'opération... Il avait cru comprendre que lorsque le plan susmentionné serait mis à exécution, des mesures diplomatiques seraient prises auprès du gouvernement américain avant d'avoir recours aux armes ».

Il est intéressant de comparer cette déclaration à l'interrogatoire subi par Kido sur ce point, avant les procès. Le colonel Sackett lui demanda ce qu'il avait su personnellement de Pearl Harbor :

KIDO : En règle générale, l'empereur me disait tout, mais en ce qui concernait les opérations, l'empereur était très réservé et me taisait parfois certaines choses.
SACKETT : En d'autres termes, quand les chefs d'état-major de l'armée ou de la marine évoquaient avec l'empereur des questions concernant les opérations, celles-ci étaient tellement secrètes qu'il n'en parlait normalement à personne ?
KIDO : Peut-être l'empereur pensait-il aussi que s'il révélait de telles affaires au garde du Sceau impérial, ce dernier pourrait trouver le secret trop lourd ou avoir ensuite à s'en repentir.
SACKETT : Les chefs d'état-major devaient révéler à l'empereur les principales phases des opérations, même si vous-même n'étiez pas au courant, n'est-ce pas ?
KIDO : Il lui arrivait parfois d'aborder des problèmes très importants, en effet.
SACKETT : J'imagine que l'empereur avait appris de l'armée et de la marine, au cours de leurs entretiens privés, ce projet d'attaque contre Pearl Harbor avant qu'il n'ait lieu ?
KIDO : *Je crois qu'il était en effet au courant de l'attaque contre Pearl Harbor.* [Les italiques sont de moi.]

Et un peu plus tard :
SACKETT : Je ne doute pas que l'empereur ait connu ces projets d'opérations contre Pearl Harbor et la décision de déclencher effectivement l'attaque, longtemps à l'avance ?
KIDO : Je crois que l'empereur en avait été instruit préalablement, parce que l'état-major général de la Marine lui soumit directement les grandes lignes du projet d'attaque.

Malgré tous ses efforts, Sackett ne parvint pas à soutirer au marquis la date à laquelle l'empereur avait probablement entendu parler pour la première fois de l'attaque contre Pearl Harbor. Kido éluda encore et toujours et finit par dire qu'il n'en savait rien. Sackett lui rétorqua qu'il trouvait cela difficile à croire.

324

A vrai dire, le document soumis par le ministère Higashikuni au TMIEO voulait prouver beaucoup trop de choses : tout en attribuant l'absence de tout avertissement préalable à un événement fortuit (« en raison de la durée inattendue de l'intervalle nécessaire pour décrypter et préparer la notification télégraphique susmentionnée à l'ambassade du Japon aux Etats-Unis, le gouvernement américain fut averti trop tard »), il avançait aussi le « droit à l'autodéfense », assimilant la « pression économique » (entraînée par l'agression japonaise en Indochine) à une sorte d'équivalent politique de Pearl Harbor, ce qui « annulait » les termes du traité de La Haye.

L'explication de la non-déclaration de guerre à la Grande-Bretagne et aux Pays-Bas était la moins convaincante de toutes. Comme l'expliquait une note ultérieure : « la situation était telle qu'eu égard aux relations anglo-américaines existant à l'époque, on pensait que le dernier avis adressé aux Américains et le recours aux forces militaires seraient immédiatement transmis par le gouvernement américain au gouvernement britannique et aux autres. »

Pourquoi n'y eut-il pas la moindre tentative pour communiquer avec Anthony Eden, le ministre britannique des Affaires étrangères, par le truchement de la très active ambassade du Japon à Londres ? Même « immédiate », une notification adressée à l'ambassadeur britannique à Washington par Cordell Hull aurait demandé plusieurs minutes et il aurait fallu plusieurs heures pour que les forces britanniques en Malaisie fussent informées, via Londres, de l'attaque imminente, car les liaisons radio étaient souvent gênées par les conditions atmosphériques et les opérations de codage et décodage prenaient du temps. En l'occurrence, bien sûr, on ne sut en Malaisie que le Japon avait l'intention d'entrer en guerre contre la Grande-Bretagne qu'en voyant des soldats nippons débarquer à Kota Baru et d'autres arriver par voie de terre en provenance du nord, après avoir traversé la Thaïlande.

La véritable raison en était, presque certainement, qu'en attaquant la Malaisie sans aucune sommation préalable, à peu près au moment où les avions japonais commençaient à bombarder Pearl Harbor, les commandants nippons ne faisaient que mettre à exécution les conseils impériaux concernant la surprise et le secret qui, comme l'avait fait remarquer Hiro-Hito soi-même, étaient indispensables à la réussite d'une opération aussi compliquée se déroulant simultanément sur plusieurs fronts.

A la lumière des séances de mise au point consignées dans le mémorandum Sugiyama, de la connaissance détaillée qu'avait Hiro-Hito des multiples plans d'attaque, de ses interrogatoires non moins détaillés et de ses commentaires pertinents sur l'importance du secret, sur la coordination et sur la chronologie des événements qui devaient suivre à Hong Kong, en Thaïlande et dans les concessions internationales de Chine, sans parler des allusions voilées à Pearl Harbor (« N'est-ce pas un lundi ? » « Tout dépend de la première attaque surprise »), de la franchise avec laquelle Kido reconnut que l'empereur était au courant et de l'immunité des fonctionnaires de l'ambassade à Washington qui sabotèrent la transmission de la déclaration de guerre, le rapport Higashikuni à l'intention du TMIEO est assez cocasse à lire.

Toutefois, lorsqu'on s'avisa de récrire l'histoire, une nouvelle distorsion vint s'ajouter : après la guerre, le prédicateur méthodiste qui avait servi d'intermédiaire à Terasaki, E. Stanley Jones, fut reçu par Hiro-Hito. Selon le livre de Gwen Terasaki, Jones rapporta ensuite à son mari les propos de l'empereur, lequel avait précisé que « s'il avait reçu le télégramme de Roosevelt un jour plus tôt, il aurait stoppé Pearl Harbor ». Outre que ces propos confirment que Hiro-Hito n'avait rien d'un fantoche, puisqu'il prétendait qu'il aurait pu empêcher Pearl Harbor, et qu'il mentait donc à MacArthur lorsqu'il lui assura qu'il avait eu les mains liées dès le départ, on peut y voir aussi, compte tenu du comportement de l'empereur tout au long du compte à rebours qui précéda l'attaque et de son intérêt de pure forme pour le message de Roosevelt lorsqu'il arriva enfin, l'allégation la plus mensongère de toutes.

Chapitre 19

L'impression transmise au monde extérieur par les membres du ministère de la Maison impériale, les gouvernements japonais successifs, les grands spécialistes de l'histoire, les faiseurs d'opinion et, il ne faut pas l'oublier, par Hiro-Hito lui-même, dans ses déclarations souvent répétées après la guerre, est que les années de guerre furent pour lui un cauchemar perpétuel et de très loin les pires de son existence.

Cela est fort possible, mais uniquement à partir du moment où le cours des événements commença à être défavorable au Japon. Car cette image d'un empereur angoissé, tenaillé par la culpabilité, forcé, contre son gré, à entrer en guerre et déplorant dès le début des hostilités la mort et la destruction infligées à des milliers d'innocents par des soldats sur lesquels il n'avait aucun contrôle, est une fiction soigneusement concoctée et s'inscrit dans un « grand dessein » destiné à convaincre le monde entier que Hiro-Hito n'eut, du début à la fin, aucune espèce de responsabilité dans le conflit.

Kido devait, en effet, noter que l'empereur parlait de plus en plus souvent de son amitié avec la famille royale britannique, de toutes les attentions que ses membres avaient eues envers lui, lorsqu'il était prince héritier, et de son amer regret en voyant leurs deux nations ainsi dressées l'une contre l'autre. D'une plume non dépourvue d'ironie, peut-être, le marquis observa que plus la guerre tournait au désavantage du Japon, plus le souverain semblait s'attarder sur ces jours bénis passés à Londres et à Balmoral. Certes, tout de suite après avoir promulgué la proclamation impériale du 8 décembre 1941, déclarant la guerre aux Etats-Unis, Hiro-Hito déclara à son garde du Sceau impérial que cela le navrait profondément d'avoir le roi d'Angleterre pour ennemi, mais ensuite le souvenir de ses liens d'amitié avec la famille royale ne paraît guère l'avoir gêné, tant que le Japon accumula les victoires. Une phrase de la proclamation impériale, prononcée huit heures après Pearl Harbor (« Laisser Notre empire croiser ainsi le fer avec l'Amérique et la Grande-Bretagne fut véritablement inévitable et bien loin de Nos souhaits »), fut citée par la suite comme la preuve que le souverain agissait à contrecœur. Mais la proclamation de guerre contenait aussi des formules grandiloquentes, avançant notamment, de façon assez indéfendable, que l'invasion et l'occupation par la force de la Malaisie, des Philippines, des Indes néerlandaises, de Hong Kong et des « enclaves » étrangères en Chine étaient destinées à « soutenir la cause de la paix ».

Sachant que la guerre était un pari colossal dont il serait tenu pour responsable, en tant que chef d'Etat, il se peut que Hiro-Hito ait nourri, au fond de lui-même, certaines réserves, malgré le soin avec lequel il avait surveillé la mise au point des opérations militaires fort complexes. Toutefois, comme l'a écrit Robert Guillain, durant les premiers mois grisants de la guerre, le Japon tout entier nageait en pleine euphorie, célébrant ses victoires par des réceptions échevelées et d'innombrables toasts au saké[1]. L'occupation de la Malaisie et des Indes néerlandaises eut pour résultat, du moins momentanément, un afflux de denrées alimentaires et de biens de consommation dans les magasins ; il s'agissait d'un butin de guerre sous forme d'automobiles et de postes de radio « libérés », en provenance de Singapour et de Batavia, la capitale des Indes néerlandaises, ainsi que de riz et d'autres matières premières dont le besoin s'était fait cruellement sentir et presque tous les Japonais étaient ivres de joie et d'orgueil. Or, le journal de Kido indique que Hiro-Hito, loin de recommander la prudence aux commandants de ses forces armées et à ses aides de camp et de manifester, tel Cassandre, un pressentiment des horreurs à venir, partageait la béatitude générale, en tout cas au début. En parcourant les notes de Kido, jour après jour, on a l'impression que ce dernier aurait bien voulu voir l'empereur montrer parfois un peu plus de retenue et commencer à se poser des questions sur la stratégie à long terme du pays.

En l'occurrence, ayant décidé d'opter pour la guerre et l'ayant déclarée, le soulagement de Hiro-Hito devant le succès de « l'attaque surprise » était très compréhensible et, bien entendu, son devoir, en qualité de commandant en chef, était de féliciter ses troupes et sa marine (comme il le fit à intervalles réguliers) de leurs grandes victoires durant les premières semaines du conflit.

Toutefois, l'allégresse de l'empereur allait bien au-delà des réactions quasi officielles. Peut-être était-il normal, dans l'ivresse que suscitèrent les premiers rapports en provenance de Pearl Harbor, le 8 décembre, qu'il confiât à Kido et Sugiyama : « Lorsque j'ai appris les excellentes nouvelles concernant l'attaque surprise, j'ai senti la bonne volonté des dieux. » L'empereur, nota Kido ce jour-là, était « pondéré et serein et je n'ai pas discerné dans sa conduite la moindre anxiété ».

Lorsque le garde du Sceau impérial félicita le souverain de la chute de Singapour, à la mi-février, il le trouva d'une humeur encore plus euphorique. « L'empereur est extrêmement joyeux », écrivit-il ; il eut d'ailleurs droit à un long discours sur l'excellence de la planification qui avait rendu la chose possible. « Mon cher Kido, ajouta Hiro-Hito, je sais que je reviens sans cesse là-dessus, mais comme je l'ai déjà dit et comme je le redirai, tout cela montre combien il est important de tout prévoir à l'avance. Rien de tout cela n'eût été possible sans de soigneux préparatifs. »

Lorsque Hiro-Hito conseilla à Tojo — le 10 février 1942 — d'envisager d'éventuels projets de paix, il songeait plutôt à une capitulation partielle de la part des Alliés : du point de vue japonais, les victoires récemment acquises permettaient à peu de chose près de dicter les termes des négociations. Ayant donné ces instructions à son Premier ministre, l'empereur émit aussitôt quelques réserves : « Bien sûr, la fin de la guerre ne dépend pas de nous seuls. Elle dépend aussi des Etats-Unis, de la Grande-Bretagne et de la façon dont les choses évolueront sur le front russe. Il ne s'agit pas de renoncer à mi-chemin, afin de nous assurer l'accès aux matières premières du sud. Réfléchissez donc à tout cela et faites pour le mieux. » Les termes de la paix que Hiro-Hito pressait ses commandants de mettre au point équivalaient dans la pratique au renoncement des Alliés face à l'hégémonie japonaise en Asie.

Le côté « humaniste » de l'empereur semble avoir été étrangement atténué à ce stade du conflit : il était souhaitable, expliqua-t-il à Tojo, de mettre fin à la guerre le plus tôt possible, non pas, comme on aurait pu le penser, parce que sa prolongation entraînerait forcément un surcroît de morts et de souffrances, mais parce que, pour reprendre sa formule, « si elle se poursuit trop longtemps, la qualité de l'armée se détériorera inévitablement » ; on reconnaissait là, certes, le coup d'œil du militaire de carrière, mais c'était une attitude qui manquait quand même singulièrement de cœur. En se fondant sur une conversation pour le moins sibylline que l'empereur eut avec Sugiyama lors d'une « conférence de liaison », David Bergamini va jusqu'à rendre Hiro-Hito entièrement responsable des sanglants massacres perpétrés contre les Chinois en Malaisie et à Singapour ; il n'existe, cependant, que ce soit dans le mémorandum Sugiyama ou le journal de Kido, aucune trace d'un ordre direct ou d'une déclaration prouvant que Hiro-Hito ait effectivement encouragé les atrocités qui eurent lieu en Malaisie ou au cours de la « marche à la mort » de Bataan[2]. Néanmoins, il suivit de très près les campagnes qui s'y déroulèrent, expédiant des aides de camp de son entourage sur les fronts de Singapour et des Philippines ; certes, les ordres honteux de massacrer les blessés et les infirmiers et de maltraiter systématiquement les prisonniers de guerre émanaient du colonel Masanobu Tsuji, l'un des principaux officiers d'état-major du général Sugiyama, qui prétendait avoir l'oreille de l'empereur, mais il est fort possible qu'à l'instar d'autres militaires nippons, il se soit servi de ses liens avec le palais pour donner des ordres au nom de l'empereur sans autorisation formelle de ce dernier. Ce qui est certain, en revanche, c'est que lorsqu'un récit détaillé des horreurs survenues lors de la « marche à la mort » de Bataan fut communiqué au monde entier, en 1943, et porté à l'attention de Hiro-Hito par Kido, l'empereur préféra changer de sujet — et qu'il n'ordonna jamais la moindre enquête sur la conduite des responsables.

Changer de sujet ou l'éviter complètement était le moyen de prédilection du souverain pour indiquer ses préférences à ses généraux. Ainsi, le 23 février 1942, il assista à une conférence de liaison où l'on aurait dû discuter une question d'une extrême importance : l'invasion de l'Australie. Parmi les commandants militaires, une première tendance affirmait que c'était la seule mesure qui permettrait au Japon de remporter finalement la guerre ; c'était l'opinion de l'amiral Yamamoto qui avait aussi été partisan d'un débarquement et d'une invasion à Hawaii. Tojo.

général prudent et peu imaginatif de nature, était contre. En l'occurrence, le sujet ne fut à aucun moment soulevé devant l'empereur. Il préféra poser des questions sur une possible occupation de l'île portugaise de Timor et sur les garanties bancaires japonaises pour le yen « d'occupation ». L'invasion de l'Australie ne fut plus jamais évoquée en présence de Hiro-Hito.

Bien entendu, même si les Japonais avaient présenté leurs propositions de « paix », de « cessez-le-feu » ou de « trêve », il n'y avait désormais plus aucune chance qu'elles fussent acceptées ni par Roosevelt, ni par Churchill : Hiro-Hito avait complètement sous-estimé la combativité des Américains après l'humiliation et l'indignation qu'avait suscitées Pearl Harbor ; quant à Churchill, il était surtout concerné par la guerre en Europe. Après les désastreuses défaites essuyées par les Britanniques en Malaisie et dans le Pacifique, il était résigné, comme l'a fait remarquer l'historien australien, David May[3], à voir le Japon envahir momentanément l'Asie entière, jusques et y compris l'Australie : il serait toujours temps de s'occuper du Japon, estimait-il, une fois Hitler écrasé.

Trois semaines après la chute de Singapour (le 9 mars 1942), Kido fut convoqué auprès de Hiro-Hito et le trouva « souriant, avec aux yeux des larmes de joie » : « Cette série de victoires est trop complète, trop rapide, exulta-t-il. Kido, vous rendez-vous compte que Java s'est rendue, que nos troupes ont obtenu une capitulation totale aux Indes néerlandaises, que la Birmanie est à nous, que Rangoon est tombée ! » L'empereur, nota Kido, « semblait rayonner de satisfaction. J'étais si ému que je ne trouvais plus de mots pour le féliciter. »

L'allégresse de Hiro-Hito s'étendait aussi aux victoires des alliés allemands. Le 28 juin 1942, il dit à Kido que « les Allemands n'ont pas seulement capturé Tobrouk ; ils sont déjà bien engagés sur le chemin de l'Egypte après avoir pris Sidi-Barrani en route. » Il désirait, déclara-t-il, envoyer à Hitler un télégramme pour le féliciter de la prise de Tobrouk.

Kido répondit qu'il en parlerait au ministre de la Maison impériale. La dépêche ne fut jamais expédiée, mais uniquement parce que Tsuneo Matsudaira, le ministre en question, s'y opposa, sous prétexte que Hiro-Hito n'avait pas reçu de télégramme de félicitation de la part de Hitler après ses victoires en Asie. Il est quasiment certain que Matsudaira, réputé avant la guerre pour ses sentiments anglophiles, ne voulait pas voir partir un pareil télé-gramme, car il n'hésita pas à faire à l'empereur un pieux mensonge : en réalité, Hitler, le roi Umberto d'Italie et, bien entendu, le veule Pu Yi, empereur du Manchukuo, avaient tous consciencieusement câblé leurs élogieuses félicitations à Hiro-Hito après Pearl Harbor et le torpillage du *Repulse* et du *Prince of Wales*.

Sous un rapport, le Japon imita ses alliés allemands, sans aller toutefois jusqu'au bout. En mars 1942, lors d'une autre « confé-rence de liaison », en présence de l'empereur, le Japon adopta une série de mesures concernant les Juifs, au Japon même et dans les territoires nouvellement conquis, laquelle n'était qu'une pâle copie des lois en vigueur en Allemagne nazie : l'immigration de Juifs en Chine, en Mandchourie, au Japon et dans tous les territoires occupés était interdite ; les Juifs vivant déjà dans ces régions ne seraient pas arrêtés, mais « en raison des caractéristiques raciales spéciales des Juifs, la surveillance de leurs résidences et de leurs occupations professionnelles sera très stricte. Eventuellement aussi, leurs activités en faveur de l'ennemi seront éliminées et réprimées ». Les Juifs « qui peuvent être utiles à l'empereur (y compris ceux qui peuvent être utiles aux nations de l'Axe et ceux qui ne sont pas hostiles à la politique nationale) seront soigneuse-ment sélectionnés et recevront un traitement approprié. »

Sugiyama reconnut que de telles dispositions étaient directe-ment issues des propres mesures discriminatoires de l'Allemagne, mais soutint qu'elles étaient de toute façon nécessaires : « Si nous ne prenons pas des mesures immédiates et appropriées concernant les Juifs et leurs caractéristiques raciales, on ne saurait exclure la possibilité de fâcheux incidents dans les zones occupées. » Les Juifs allemands « seront considérés comme apatrides et soumis à une stricte surveillance ». Sugiyama ajoutait, toutefois, que « notre politique n'est pas de persécuter les Juifs, car cela ferait de la propagande aux Etats-Unis et à la Grande-Bretagne ». Cette nouvelle législation ne touchait qu'un très faible nombre de personnes — des réfugiés européens, pour la plupart, qui avaient émigré jusqu'au Japon, ainsi que des Juifs hollandais des Indes néerlandaises et les Juifs résidant dans les anciennes concessions internationales. Les Juifs d'origine russe, qui vivaient presque tous en Mandchourie ou dans le nord de la Chine, faisaient déjà l'objet d'une épouvantable discrimination, non pas en tant que Juifs, mais en tant que Russes blancs apatrides et « bûches » en puissance. Les mesures prises en mars 1942 sont surtout intéressantes en ce qu'elles reflètent la sensibilité japonaise envers l'attitude adoptée par l'Allemagne. La notion des « Juifs de l'empereur » était probablement héritée du souvenir de la guerre russo-japonaise de 1904-1905 ; à l'époque la firme de banquiers américains, Kuhn, Loeb, avait été le principal soutien financier de l'empereur Meiji.

Les règlements antijuifs adoptés durant la guerre viennent néanmoins rappeler que l'actuel antisémitisme japonais, phénomène des années soixante-dix et quatre-vingt (illustré par une série de best-sellers imputant au « lobby juif » aux Etats-Unis la politique prétendument anti-nippone des Américains), remonte quand même assez loin. Les aristocrates japonais, dont le prince Konoye, manifestaient les mêmes préjugés que les nobles Anglais du XVIIIe siècle. Comme l'ont révélé ses écrits publiés à titre posthume, l'antisémitisme de Konoye, l'esthète tolérant qui admirait Proust et Oscar Wilde, était lié à sa peur du communisme : il considérait le marxisme comme un « fléau juif ».

Tout le monde ne réagit pas avec enthousiasme devant la progression victorieuse du Japon en Asie. Le prince Konoye était morose, écrivit son ami Morisoda Hosokawa. « Au club des Pairs, tout le monde autour de lui se réjouissait avec frénésie du succès de Pearl Harbor. D'une voix emplie de crainte et de tristesse, il dit : Il vient de se passer une chose terrible. Je sais qu'en fin de compte une défaite tragique nous attend. Je le sens. La chance ne nous sourira pas plus de trois mois, et encore... »

Le premier janvier 1942, Konoye, en demi-disgrâce, vint néanmoins présenter ses vœux à Hiro-Hito, en sa qualité d'ex-Premier ministre et de parent. Il révéla par la suite à son bras droit, Tomita, que « tout le monde au palais fêtait le succès de Pearl Harbor. L'amiral Okada lui-même [l'ancien Premier ministre laissé pour mort durant " 2/26 " et qui devint plus tard un des hommes en vue du " parti de la paix "] se démenait comme un beau diable, portant toast après toast. Plusieurs autres vieillards qui ne comprennent rien à rien se sont mis à chanter à tue-tête avec Okada. Déplorable spectacle ! Que de vulgarité ! A ce train-là, ils ne tarderont pas à nous jeter dans la défaite »... La franchise avec laquelle le prince s'élevait contre la guerre faillit lui valoir de sérieux ennuis avec la police politique et la *kempeï,* d'autant qu'il était déjà très mal vu, en raison de son amitié passée avec un ancien adjoint, Hotsumi Ozaki, qui était depuis des années un crypto-communiste et le principal informateur de Richard Sorge, le correspondant à Tokyo du *Frankfurter Zeitung* et sans doute l'espion le plus précieux de l'Union soviétique.

Parmi les autres illustres personnages qui se refusèrent à partager la jubilation ambiante figurait l'amiral Yamamoto en personne. Juste après l'attaque contre Pearl Harbor, il y eut, à bord du *Nagato,* de bruyantes réjouissances dans le mess des officiers. Seul Yamamoto, semble-t-il, resta plongé dans une crise de dépression. Il répondit d'ailleurs en termes tièdes et prophétiques aux camarades qui lui adressèrent leurs félicitations. Ainsi il écrivit à l'amiral Mineichi Koga : « La liesse imbécile qui règne chez nous est réellement déplorable [4]. »

L'impératrice douairière Sadako (veuve de l'empereur Taisho) fut l'un des rares membres importants de la famille impériale à prendre une position résolument opposée à la guerre ; moyennant quoi ses relations avec son fils aîné furent, durant les premiers mois du conflit, sérieusement tendues. Elle quitta Tokyo pour se retirer à Numazu, sur la côte, où elle avait vécu avec son défunt mari, lors du long déclin dû à sa maladie. Le 17 avril 1942, elle convoqua Kido et lui posa des questions incisives sur les événements qui avaient conduit à Pearl Harbor et sur « l'utilisation brutale de nos forces ». Lorsque le marquis rapporta ensuite la chose à Hiro-Hito, au cours d'un de leurs rares moments de détente, durant une excursion à la campagne, l'empereur changea de sujet et se mit à lui faire un cours sur les champignons.

Le prince Takamatsu, reflétant les craintes et les silencieuses appréhensions de beaucoup de ses camarades de la marine, se rangea dès le départ parmi les « colombes » et devait, éventuellement, jouer un rôle important, quoique mal connu, lorsqu'il fallut aiguiller le Japon vers la paix. Le prince Mikasa, en revanche, se prêta volontiers, du moins au début, aux opérations de « relations publiques », représentant Hiro-Hito lors de visites au front pour remonter le moral des troupes : le 8 mai, à Manille, à l'occasion d'une cérémonie organisée par les vainqueurs nippons, il observa des prisonniers de guerre américains, en route vers les camps de détention, que l'on promenait dans les rues de la ville. Comme son mari, l'impératrice Nagako fut aux premiers jours de la guerre — nonobstant l'image que l'on a ultérieurement donnée d'elle — plutôt « faucon » que « colombe ». Elle ne partageait pas les liens privilégiés qui unissaient son époux à la famille royale britannique et resta convaincue, bien après que Hiro-Hito lui-même eut cessé de croire à la victoire de l'Axe, que Hitler gagnerait la guerre. Un passage du journal de Kido révèle que l'on fit spécialement venir au palais l'ancien ambassadeur du Japon à Londres, afin qu'il entretînt l'impératrice du courage du peuple britannique durant la bataille d'Angleterre et les bombardements qui avaient suivi ; rien d'autre, en effet, ne semblait susceptible de la convaincre qu'il fallait écouter d'une oreille circonspecte la propagande de l'Axe qui battait alors son plein au Japon.

Les premiers signes avant-coureurs révélant que la guerre ne serait pas la rapide avancée victorieuse que l'on avait espérée, bientôt suivie de négociations favorables au Japon, arrivèrent sous la forme du premier raid aérien contre Tokyo, Yokohama, Nagoya et Kobé, effectué par des B-25 sous le commandement du lieutenant-colonel James H. Doolittle, le 18 avril 1942. Cette opération extrêmement risquée était avant tout destinée à remonter le moral des Américains, qui en avaient bien besoin, car elle causa peu de dégâts matériels, mais son impact sur l'élite gouvernante du Japon fut néanmoins considérable. Les appareils, que l'on avait soulevés au moyen de grues pour les déposer sur le porte-avions *Hornet,* s'envolèrent au milieu d'une mer houleuse, à plus de mille kilomètres de leur cible. C'était la première fois que les pilotes décollaient d'un porte-avions et chaque manœuvre réussie tenait du miracle.

Après avoir lâché leurs bombes, certaines au ras des arbres, les seize avions devaient aller atterrir en Chine, dans la zone « amie » que contrôlait le Kuomintang, mais certains, à court de carburant, furent contraints de se poser en catastrophe en Chine « japonaise » et un appareil échoua en territoire soviétique, près de Vladivostok, où son équipage fut momentanément interné. Huit aviateurs américains furent capturés par les Japonais et — à la honte éternelle de ces derniers — jugés comme « terroristes ». Hiro-Hito commua cinq condamnations à mort, mais il dut endosser la responsabilité des trois exécutions qui eurent lieu : Sugiyama avait réclamé un « sévère châtiment » et, après la parodie de cour martiale (précédée par de longues séances de torture), les huit prisonniers furent condamnés à la peine capitale.

Tojo fit de mon mieux pour obtenir une commutation de peine pour tout le monde. Comme il le révéla devant le TMIEO, il évoqua le cas des aviateurs américains avec Hiro-Hito et le pria de commuer toutes les peines de mort. La décision, expliqua-t-il, « appartenait à l'empereur, en raison de son invariable bienveillance ». Aux procès de Tokyo, tous les accusés, presque sans faillir, firent leur possible pour protéger l'empereur et nul ne se montra plus dévoué que Tojo, mais il ressortait clairement, tant de son interrogatoire avant le procès que des débats proprement dits, qu'il s'était élevé contre l'exécution des huit aviateurs et que l'empereur n'avait pas consenti à le suivre. Si Hiro-Hito avait éprouvé tant soit peu de « bienveillance », il n'aurait eu aucune difficulté à obtenir la grâce des trois autres Américains sans un murmure de protestation de la part de Sugiyama. Force nous est d'en conclure qu'il ne le souhaitait pas.

La réaction américaine en apprenant la mort des trois aviateurs et la « marche à la mort » de Bataan, ainsi que d'autres atrocités qui suivirent, lors de la guerre éclair menée par les Japonais en 1941-42, fut en partie responsable du soudain déluge de propagande alliée hostile à Hiro-Hito que l'on dénonçait, avec Hitler et Mussolini, comme l'un des « trois hommes les plus haïs de la planète ». Ironie du sort, parmi ceux qui s'offusquèrent de la décision de juger les aviateurs capturés, entérinée par Hiro-Hito, figuraient les Allemands qui y voyaient un regrettable précédent, risquant d'affecter le moral de leurs propres équipages de bombardiers.

Le raid de Doolittle fut une amère défaite personnelle pour l'amiral Yamamoto, mais il inquiéta aussi considérablement Tojo, car il prouvait que l'empereur lui-même était à la merci de possibles représailles par la voie des airs. On était sur le point d'organiser un grandiose défilé militaire pour le quarante et unième anniversaire de l'empereur (le 29 avril 1942) et d'incessantes réunions au plus haut niveau eurent lieu pour savoir s'il valait mieux l'annuler — et ce qu'il conviendrait de faire en cas d'alerte aérienne en plein milieu de la parade. Les généraux et les fonctionnaires de la cour discutèrent à n'en plus finir ; on décida, tout bien considéré, de maintenir le défilé comme prévu « car si l'on venait à apprendre que l'empereur n'assiste pas à la parade de crainte d'une attaque aérienne, ce serait honteux », mais, si par hasard l'alerte était donnée juste avant que le souverain ne se mît en route, il ne quitterait pas le palais.

En fait, quand survint la chute de Tobrouk, la fortune de la guerre avait déjà subi un revirement, car en ce mois de juin, même si les conséquences de cette défaite ne furent pas immédiatement comprises, le Japon perdit la bataille de Midway. L'amiral Yamamoto, qui avait tenté un pari si réussi à Pearl Harbor, voulait frapper un nouveau coup décisif contre la marine américaine. Cette fois, il échoua, en partie parce que son opération était mal conçue, mais aussi parce que d'habiles spécialistes américains du décryptage avaient percé à jour le code naval japonais, en sorte que l'US Navy savait exactement où se dirigeait sa flotte et dans quelles formations. A la bataille de Midway, le Japon perdit quatre porte-avions, un croiseur lourd et la fine fleur de ses pilotes, alors que les Américains n'eurent à déplorer qu'un seul porte-avions et un destroyer coulés. Les Japonais parvinrent effectivement à débarquer des troupes sur les îles d'Attu et de Kiska, et continuèrent à manifester leur supériorité dans les airs (les bombardiers américains détruisirent les porte-avions ennemis alors que leurs avions étaient à bord pour être réarmés), mais plus jamais des navires japonais ne tenteraient de remporter une grande victoire navale « classique » ; dorénavant, leur guerre en mer devait être une guerre d'usure ou, plus tard, se limiter à des attaques de « kamikazes » sur une échelle colossale. L'un des pires coups que subit le Japon fut la perte d'un de ses célèbres avions « Zéros », qui dut se poser en catastrophe, mais presque intact, sur un atoll que contrôlait l'ennemi. Les spécialistes américains le démontèrent entièrement, grâce à quoi leurs pilotes allaient pouvoir utiliser, vers la fin de la guerre, le *Hellcat,* supérieur au « Zéro ». Les craintes d'une prudente minorité au sein de l'état-major naval du Japon s'avéraient fondées, mais pendant bien des mois encore on laisserait croire au public japonais que Midway s'était soldé par une victoire nippone.

Hiro-Hito n'ignorait pas la vérité, mais il n'en saisissait sans doute pas toute la portée, et il réagit comme un roi guerrier face à un échec léger et momentané. « C'est tout à fait regrettable, c'est vraiment dommage, avoua-t-il à Kido, mais j'ai donné l'ordre aux chefs d'état-major de veiller à ce que nous ne perdions pas notre combativité, à ce que nous ne devenions pas passifs dans le domaine des opérations. » En cette occasion, nota Kido, le comportement de Hiro-Hito fut « digne d'un très grand chef... Je vois dans la réaction de Sa Majesté la qualité étincelante d'un empereur et je suis bouleversé par mon amour pour l'empire japonais ». Hiro-Hito montra aussi qu'il approuvait la façon dont on avait camouflé, à des fins de propagande, la défaite de Midway en victoire japonaise, demandant même à Kido si, pour donner davantage de poids à la version « officielle », il ne devrait pas promulguer une proclamation impériale à la gloire des « vainqueurs » de Midway. Kido le lui déconseilla.

La défaite de Midway, suivie d'offensives américaines combinées dans les îles Salomon et à Guadalcanal, eut des répercussions immédiates : les chefs d'état-major de l'armée et de la marine japonaises commencèrent à se disputer les ressources disponibles, particulièrement les avions, et Hiro-Hito se vit de plus en plus souvent forcé d'arbitrer leurs querelles. Les messages de félicitation aux forces impériales se firent plus mesurés et leur nombre décrut. Pourtant, à mesure que la contre-offensive américaine dans le Pacifique prenait de l'élan et bien après que la majeure partie du gouvernement et de l'élite militaire du Japon se fut lassée des façons de faire de plus en plus despotiques de Tojo, Hiro-Hito continua à mettre en lui tous ses espoirs.

Les tensions prirent un tour personnel : l'empereur — comme il l'avait fait durant les phases cruciales de la guerre de Chine, en 1937-38 — renonça à ses visites au laboratoire du palais, durant le week-end, à ses promenades à cheval du petit matin, puis, à mesure que les restrictions alimentaires se faisaient sentir, à ses petits déjeuners à l'anglaise pour en revenir aux soupes et au riz complet, afin de donner l'exemple à son peuple.

Un an après Pearl Harbor, l'euphorie avait disparu. Les Etats-Unis avaient repris les îles Salomon et Guadalcanal et deux jours après le premier anniversaire de Pearl Harbor, Hiro-Hito assista à une réunion organisée pour améliorer les relations entre l'armée et la marine. Au début de 1943, les Japonais perdirent Buna, en Nouvelle-Guinée, en partie parce que les transports maritimes pour acheminer des renforts — et plus tard pour évacuer les troupes en bon ordre — étaient insuffisants. Hiro-Hito fit l'éloge des qualités de combattants des soldats qui avaient défendu la Nouvelle-Guinée et nota que la bataille de Buna « doit être considérée comme un échec, mais si elle peut servir de base à un futur succès, elle passera peut-être pour une leçon salutaire ». Il témoigna d'une connaissance très détaillée des combats qui s'y étaient déroulés : « J'ai cru comprendre, fit-il remarquer, que l'ennemi avait utilisé douze chars ou plus. Nous n'avons donc pas de chars dans cette région ? »

Les combats qui eurent lieu à Attu, dans les îles Aléoutiennes, et se conclurent par une sortie désespérée, façon *kamikaze*, des deux mille cinq cents hommes de la garnison, qui se firent tuer jusqu'au dernier, furent travestis par les propagandistes nippons en victoire héroïque, illustrant les vertus japonaises traditionnelles du courage et de l'abnégation au nom de l'empereur ; désormais, cependant, Hiro-Hito s'en prenait ouvertement à ses chefs d'état-major qui n'avaient pas été capables de remporter une seule victoire incontestable. Il les mit en garde contre la tendance des militaires américains à couper les lignes de retraite japonaises : « Veillez à ne pas l'oublier ! »

Dans une lettre à Kido, en 1943, l'amiral Yamamoto compara le conflit à un combat entre deux lutteurs de sumo de corpulences très inégales. « Au lieu d'attendre la fin de l'habituelle cérémonie des exercices d'assouplissement, le plus petit des deux a attaqué et a bien failli pousser le plus gros hors du ring, tandis que le public acclamait cette manœuvre propre, directe et hardie. » Mais le champion « poids lourd » s'était repris « après avoir chancelé au bord du désastre, puis il s'est solidement campé sur ses jambes et a lentement commencé à avancer. A présent [en 1943], il se trouve en face de son petit adversaire au milieu du ring. Désormais, la véritable lutte pour le pouvoir est lancée, durant laquelle les réactions, l'entraînement et la technique feront toute la différence. La ténacité des cinq dernières minutes décidera de l'issue du combat ». Connaissant peut-être la passion de Hiro-Hito pour le sumo, Yamamoto s'efforçait, par le truchement de Kido, de lui faire comprendre à quel point leur situation était désespérée.

Yamamoto, cependant, ne devait pas assister à la fin du combat, car peu après, comme il l'avait prédit, il fut tué au combat, mais pas à bord de son bien-aimé *Nagato*. Le 18 avril 1943, il décida de se rendre en avion de son QG de Rabaul jusqu'à Bougainville, afin d'aller remonter le moral aux jeunes aviateurs de la marine qui s'y trouvaient et qui avaient effectué de nombreuses sorties contre les embarcations alliées. Des spécialistes américains décodèrent son plan de vol et son itinéraire détaillé. Une opération très perfectionnée fut mise sur pied pour l'abattre en plein vol. Estimant que leur projet n'était ni plus ni moins qu'un assassinat de sang-froid et risquait en outre de laisser soupçonner au commandement suprême japonais que ses codes avaient été percés à jour, les commandants américains sur le terrain sollicitèrent une autorisation au plus haut niveau. Roosevelt la leur donna, et un audacieux raid à longue portée, à bord de P-38, fut organisé. Le 18 avril à l'aube, dix-huit *Lightnings* convergèrent vers l'avion de l'amiral et son escorte de neuf « Zéros », peu après le décollage, et l'abattirent. Lorsqu'on retrouva finalement le corps de Yamamoto, au plus profond de la jungle, on constata qu'il était mort sur le coup d'une balle en plein visage.

Peut-être avait-il eu une prémonition de sa mort et la désirait-il secrètement, car on le savait désespéré par les énormes pertes qui avaient décimé son unité d'élite de l'aéronavale, triée sur le volet et composée, sans aucun doute, des meilleurs pilotes de la Deuxième Guerre mondiale. Parmi ses effets personnels, on trouva un poème de sa main, superbement calligraphié, que l'on montra plus tard à Kido qui le transmit presque certainement à Hiro-Hito :

> *Il y a tant de morts.*
> *Je ne puis affronter l'empereur.*
> *Je n'ai pas de mots pour les familles.*
> *Mais je pousserai au plus profond*
> *du camp ennemi.*
> *Attendez, jeunes soldats morts,*
> *je ferai mes adieux en combattant*
> *Et vous suivrai bientôt.*

Sa disparition provoqua une nouvelle détérioration dans le moral de la marine, bien que ses funérailles nationales, le 5 juin (le jour même du neuvième anniversaire de celles de l'amiral Togo, héros de la guerre russo-japonaise) fussent prétexte à un somptueux défilé militaire à grand spectacle (chose que Yamamoto exécrait) et à un exercice de propagande sur les vertus du sacrifice de soi, en présence de représentants haut placés de l'empereur, de l'impératrice et de l'impératrice douairière. Kido y assista au nom de l'empereur, car le protocole interdisait à la famille impériale de se rendre en personne à des obsèques autres que celles de ses parents très proches. Les véritables amours de Yamamoto, les trois geishas avec qui il avait entretenu une volumineuse correspondance depuis le début de la guerre, furent exclues de la cérémonie officielle. Elles se considéraient, néanmoins, comme sa vraie « famille » et leur chagrin formait un saisissant contraste avec l'œil sec et le contrôle de soi affichés par la veuve au visage sévère et impénétrable.

Trois jours après les funérailles de l'amiral Yamamoto (le 8 juin 1943), Hiro-Hito, assistant à une autopsie des combats d'Attu, où la garnison japonaise, largement inférieure par le nombre, s'était battue jusqu'à la mort plutôt que de se rendre, déclara à ses chefs d'état-major que ce genre de stratégie était « regrettable. Je me demande si l'armée et la marine coopèrent véritablement ». Il revint là-dessus deux jours plus tard : « Vous m'avancez toutes sortes d'excuses, telles que l'épais brouillard et ainsi de suite, mais il aurait fallu y songer préalablement. Je voudrais bien savoir si l'armée et la marine ont ensemble le moindre dialogue... Nous ne pouvons pas gagner avec une absence de coopération. Si nous continuons à nous battre ainsi, nous ne ferons que réjouir les Chinois, troubler les pays neutres, navrer nos alliés et affaiblir la sphère de copropriété. N'y a-t-il donc pas moyen, quelque part, d'une façon quelconque, de cerner des forces américaines et de les détruire ? »

Peu après, Tojo se rendit sur le théâtre des opérations des îles Salomon, porteur d'un message personnel de Hiro-Hito à ses commandants sur le terrain. Bien qu'il comprît parfaitement les difficultés de son ministre, l'empereur lui parla durement avant son départ : « Vous ne cessez de répéter que l'armée impériale est invincible, mais à chaque fois que l'ennemi débarque, vous perdez la bataille. Vous n'avez jamais été capables de repousser les débarquements ennemis. Si nous ne les arrêtons pas quelque part, où tout cela finira-t-il, je vous le demande ? »

Deux mois plus tard, son impatience s'exacerba. « Quand donc allez-vous commencer à frapper l'ennemi sur tous les fronts ? demanda-t-il à ses chefs d'état-major. Ne pourrions-nous remporter ne fût-ce qu'un seul succès spectaculaire contre les Etats-Unis ? Nous ne pouvons pas continuer à battre ainsi en retraite. » Hiro-Hito posa aussi à Sugiyama des questions très fouillées concernant l'impact qu'avaient eu sur l'Allemagne les débarquements alliés en Sicile : cela signifiait-il que l'Italie allait se retirer de la guerre et, du même coup, de l'alliance tripartite ? L'Allemagne avait-elle suffisamment de ressources pour expédier des renforts en Italie ? Comment la perte de l'Italie affecterait-elle l'approvisionnement en pétrole de l'Allemagne depuis la Roumanie ? Le 8 septembre 1943, les pires craintes que nourrissait l'empereur concernant l'Italie se réalisèrent, car elle se retira en effet du conflit. L'alliance tripartite ne comptait plus désormais que deux partenaires, l'un et l'autre dans un état précaire.

Hiro-Hito avait commencé à prendre Sugiyama en grippe et à se laisser fortement alarmer par le fatalisme croissant de l'amiral Nagano. Pourtant, en dépit de ses accès de rage relativement rares, il avait toujours confiance en Tojo, qui était plus résolu que jamais et se chargea de rassurer l'empereur en lui certifiant que les querelles intestines entre l'armée et la marine n'étaient que de « petites mésententes » qui n'affecteraient pas sérieusement l'issue du conflit. Mais les problèmes refusaient opiniâtrement de disparaître : les chefs d'état-major réclamaient quarante mille avions, chiffre qu'ils portèrent ensuite à cinquante-deux mille. Après d'interminables discussions, l'armée accepta d'en prendre vingt-sept mille et d'en laisser vingt-cinq mille à la marine, mais il fallut pour cela que des officiers supérieurs de l'état-major naval fissent soigneusement la leçon au prince Takamatsu qui fut ensuite chargé de préciser à l'empereur les besoins de la marine. En l'occurrence, ils durent se contenter d'un nombre bien inférieur, puisque l'année suivante, on ne parvint à construire que vingt-huit mille appareils.

Afin de tirer le parti le plus efficace possible des effectifs japonais dans les territoires occupés et de concrétiser la « Sphère de coprospérité », certaines des colonies asiatiques occupées par le Japon s'étaient vu octroyer leur indépendance sous des dirigeants suffisamment dociles ou pro-japonais. Le 1er août 1943, le Dr U Ba Maw devint chef d'Etat d'une Birmanie souveraine ; en octobre de la même année, les Philippines devinrent un « client » indépendant des Japonais, sous José Laurel. Et le 5 novembre, une réunion des dirigeants de la « Sphère de coprospérité » eut lieu en grande pompe à Tokyo pour évoquer les nouvelles mesures à prendre en vue d'une Asie unie. Hiro-Hito assista au banquet des invités.

Une photographie du groupe, avec Tojo au milieu, est la triste preuve de l'isolement croissant des Japonais : Wang Ching-wei, l'obèse fantoche chinois, devait bientôt mourir d'un cancer ; Pu Yi était représenté par son Premier ministre, Chang Chung-hui, un ancien affairiste des plus louches, compromis dans des histoires de drogue ; un prince thaïlandais, le président philippin, le Birman U Ba Maw et — en qualité d' « observateur » — Subhas Chandra

Bhose, de « l'armée nationale indienne » complétaient la brochette. Aucun d'entre eux ne pouvait aider le Japon à résoudre ses difficultés croissantes et la plupart dépendaient même de sa générosité pour leur existence. L'unique collaborateur crédible, le leader nationaliste indonésien Soekarno, n'avait pas été invité, parce que la politique japonaise envers les Indes néerlandaises n'était pas encore très claire : cette colonie fort riche était la bouée de sauvetage du Japon, car elle lui fournissait du pétrole et d'autres matières premières, et Tojo n'avait aucune intention d'accorder, du moins pour le moment, son indépendance au dirigeant indonésien, réputé pour son non-conformisme.

En janvier 1944, non seulement Konoye, mais une partie considérable de l'état-major impérial, notamment la plupart des officiers de la marine, savaient que le Japon avait perdu la guerre. Les troupes américaines débarquèrent aux îles Marshall ; une gigantesque attaque aérienne contre la grande base navale établie à Truk diminua encore les capacités de combat du Japon. Tojo travaillait vingt-quatre heures sur vingt-quatre : la lourde machine militaire n'obéissait plus à ses ordres, mais au lieu de chercher les causes sous-jacentes de son échec, la réaction du Premier ministre fut d'essayer de concentrer de plus en plus de pouvoirs entre ses propres mains.

Cela n'avait rien de nouveau : dès septembre 1942, alors que le Japon contrôlait encore totalement le Pacifique, Tojo avait préconisé l'établissement d'un « ministère du Grand Est asiatique », sous le contrôle de l'armée, afin de gérer les territoires nouvellement occupés selon un schéma militaire standardisé. Le ministre des Affaires étrangères, Togo, y vit une grave atteinte à son propre pouvoir et s'y opposa. Parce qu'il avait le sentiment que Tojo était beaucoup plus essentiel à l'effort de guerre que Togo, l'empereur prit, dans cette crise ministérielle, le parti du Premier ministre et, par l'intermédiaire du ministre de la Marine, Shimada (une créature de Tojo), il obtint la démission de Togo. Tojo ajouta donc à ses autres portefeuilles celui des Affaires étrangères (mais il avait, entre-temps, renoncé à l'Intérieur) ; cela ne lui suffisait pas toutefois. En qualité de Premier ministre, ministre de la Guerre et désormais ministre des Affaires étrangères, Tojo connaissait — à présent qu'il n'était plus qu'un civil — la frustration qu'engendraient les démêlés avec les militaires qui se considéraient toujours comme une entité séparée, dont les liens internes étaient beaucoup plus importants que leur loyauté envers le gouvernement, fût-ce un gouvernement ayant à sa tête un ancien militaire de carrière.

La façon brutale et assurée dont Tojo abordait les problèmes était celle d'un drogué du travail qui menait une existence ascétique et dont la philosophie était mieux adaptée à la vie simple d'un soldat qu'aux complexes réalités de la diplomatie et de la politique. Même lorsqu'il devint évident à d'autres yeux que l'économie de guerre japonaise cafouillait lamentablement, il continua à croire que des heures de travail accrues, des rations réduites et la mobilisation des femmes (et plus tard des enfants) permettraient de redresser la situation ; confronté au problème de la coopération des militaires, il adopta la thèse simpliste selon laquelle en coiffant la casquette de chef d'état-major de l'armée, en plus de toutes les autres, il éliminerait beaucoup de paperasserie, obligerait l'armée à se soumettre et instituerait un nouveau modèle de relations entre le ministère et les forces armées.

« Depuis longtemps déjà, Konoye, Kido et le frère cadet de l'empereur, Takamatsu (la " colombe "), étaient persuadés que la " leadership " de Tojo avait été un désastre, et que la défaite était inévitable. » Mais Hiro-Hito avait encore confiance en lui. Il était impressionné par le calme, la détermination, et la franchise de Tojo. Pour toutes ces raisons, Hiro-Hito était prêt à laisser Tojo rompre avec la tradition et endosser ce fardeau supplémentaire. Il était désormais (en janvier 1944) totalement revenu de ses illusions sur Sugiyama et ne prévoyait aucun problème. Sugiyama, cependant, rechigna à s'effacer. « J'ai entendu dire que Sa Majesté Impériale avait déjà décidé de ratifier [ce] changement, déclarat-il. C'est une affaire fort grave qui concerne non seulement les militaires, mais la nation tout entière. Si Sa Majesté a décidé, je n'ai plus rien à dire, mais quand même, j'aimerais que Sa Majesté précise clairement qu'il s'agit d'un cas spécial, valable dans la conjoncture actuelle, et qui ne doit en aucun cas devenir la règle. »

Ce qui finit par détruire Tojo, cependant, ce fut l'influence conjuguée des désastres militaires et de la sortie au grand jour d'une puissante « cabale » d'anciens hommes politiques et vénérables hommes d'Etat, qui travaillaient industrieusement en coulisse à sortir le Japon de l'infernal guêpier où l'avait plongé la guerre. Kido, véritable pivot de la lutte pour le pouvoir, se laissa gagner à leur cause ; dès janvier 1944, ils regardaient déjà au-delà de la fin de la guerre pour envisager le nouveau Japon de l'après-guerre. Pour certains, il était inconcevable que Hiro-Hito restât sur le trône, mais tous étaient fermement résolus à préserver le « système impérial », avec ou sans Hiro-Hito.

Chapitre 20

Depuis Pearl Harbor, il existait de discrets projets pour mettre fin à la guerre. Six jours seulement après la bataille de Midway, Shigeru Yoshida, ancien ambassadeur en Grande-Bretagne, avait soumis à Kido un document proposant de partir discrètement pour l'Europe, avec le prince Konoye, et de s'installer en Suisse afin de sonder aussi bien les belligérants que les pays neutres sur les possibilités de régler le conflit. Kido estima que le moment n'était pas encore venu et ne fit rien pour encourager les offres de service de Yoshida : il ne mentionne, dans son journal, aucune intention de les transmettre à l'empereur.

En février 1943, tandis que la situation militaire se dégradait rapidement pour les Japonais, Konoye, toujours en semi-disgrâce, rencontra Kido chez le secrétaire particulier de ce dernier, Yasumasa Matsudaira, et le pressa vivement de persuader l'empereur de mettre un terme aux hostilités dans les plus brefs délais, faisant valoir que si elles se prolongeaient encore, le pays allait devenir la proie du communisme. En mars suivant, le garde du Sceau impérial revit Yoshida ; le diplomate était toujours en disponibilité, en raison de son manque d'enthousiasme notoire envers la guerre, et encore une fois les deux hommes évoquèrent diverses modalités de paix. Là non plus, rien ne laisse penser que Hiro-Hito en fut informé.

Quand arriva 1944, cependant, et que les pertes japonaises sur mer, dans les airs et sur terre commencèrent à devenir catastrophiques, un noyau dur de politiciens et de commandants militaires en vue s'efforcèrent de mettre sur pied une politique de paix à long terme. Ils obéissaient à des mobiles variés : certains, tels les princes Fushimi et Higashikuni, étaient dévorés de haine envers l'arriviste Tojo qui avait osé rompre avec la tradition et concentrer entre ses propres mains non seulement les responsabilités ministérielles, mais aussi les pleins pouvoirs militaires ; d'autres, notamment le prince Takamatsu, reflétaient l'état d'esprit d'une marine totalement démoralisée, qui n'avait plus confiance en son médiocre ministre, Shigerato Shimada, âme damnée de Tojo ; Shimada, à l'instar de son protecteur, cumulait les fonctions de ministre et de chef d'état-major de la Marine. D'autres encore, comme l'ex-Premier ministre Okada et Hiranuma (lequel avait été naguère un « ultra »), avaient renoncé depuis longtemps à tout espoir de victoire pour se rabattre sur l'idée d'une paix honorable, permettant d'éviter une capitulation inconditionnelle. Tous, et particulièrement les princes, s'inquiétaient pour la survie du « système impérial » et se rendaient compte qu'à mesure que la liste des victimes s'allongeait, que les restrictions se multipliaient et que le Japon perdait, par lambeaux, toutes ses conquêtes, la situation pouvait fort bien se retourner contre Hiro-Hito.

En 1944, la police secrète commença à signaler une animosité croissante contre Tojo qui, parce qu'il avait endossé un si grand nombre de responsabilités, était accusé de tous les maux. On notait, cependant, que l'empereur était parfois critiqué, lui aussi, pour l'avoir nommé premier ministre et lui avoir permis d'assumer tant de fonctions différentes. Le prudent Kido lui-même nota dans son journal que si le souverain s'obstinait à lui faire confiance, la haine concentrée sur son premier ministre risquait de déborder pour l'atteindre à son tour, chose qu'il fallait éviter à tout prix. Dès janvier 1944, Konoye et Higashikuni, deux princes dont les fortunes étaient irrémédiablement liées au « système impérial », se réunirent secrètement à Tokyo pour discuter le meilleur moyen de préserver celui-ci, au cas où le Japon, comme cela paraissait de plus en plus probable, perdrait la guerre.

Le dénouement survint avec l'attaque américaine contre Saipan, à partir du 15 juin 1944. A l'encontre des îles Gilbert — Tarawa, Kwajalein et Eniwetok — toutes occupées désormais par les Américains, après des combats acharnés, Saipan n'était pas une simple île du Pacifique conquise par les Japonais dans le sillage de Pearl Harbor ; c'était la première partie intégrante du Japon à être envahie. Ancienne colonie allemande, faisant partie des territoires attribués au Japon après la Première Guerre mondiale, l'île comptait de nombreux ressortissants japonais parmi sa population, puisqu'aux dix mille civils s'ajoutait une considérable garnison militaire. Tojo soutenait que Saipan était imprenable — c'était la zone meurtrière qui obligerait les Etats-Unis à reconsidérer tous leurs plans futurs d'affrontement au sol — mais dans les esprits de la petite élite nippone, consciente de la désastreuse érosion des navires et avions japonais et de l'énorme déséquilibre qui existait entre leur production de guerre faiblissante et les colossales capacités américaines, il ne faisait aucun doute que Saipan serait tôt ou tard envahie. A partir de là, comme le prince Konoye fut l'un des premiers à le noter, la guerre prendrait un tour radicalement différent, car les bombardiers B-29 de l'US Air Force seraient alors à portée de vol de la plupart des grandes villes du Japon et le pays serait très certainement soumis au pilonnage ininterrompu prédit naguère par l'amiral Yamamoto.

Tojo avait mis tous ses espoirs dans les trente-deux mille hommes qui composaient la garnison de Saipan, ainsi que dans les réseaux communicants de bunkers souterrains, à l'épreuve des bombes, et dans l'écran protecteur de ce qui restait de la « flotte combinée » du Japon. La force spéciale américaine comptait cent mille hommes, sept cuirassés, quinze porte-avions, vingt et un croiseurs, soixante-neuf destroyers et près de mille avions. Lorsque Saipan tomba, trois semaines et demie plus tard (le 9 juillet), le nombre des soldats japonais morts au combat s'élevait à près de trente mille, auxquels il fallait ajouter au moins dix mille civils ; sur les quatre cent soixante-quinze avions de combat, il n'y avait que trente-cinq rescapés et la « flotte combinée » était en majeure partie détruite.

Sept jours après le début de la lutte pour Saipan, l'empereur approuva la mise au point du premier prototype de « bombe volante » pilotée, qui allait devenir l'engin standard des « *kamikazes* ». Des ordres émanant du palais furent transmis au gouverneur de Saipan, promettant que tous les civils qui périraient sur l'île seraient élevés au même rang glorieux que les soldats morts au combat. Ce message impérial ambigu que l'on pouvait — et on ne s'en priva pas — interpréter comme un encouragement à s'immoler plutôt que de tomber aux mains des Américains, ne fut pas tout de suite communiqué aux autorités de Saipan, car Tojo, comme il l'expliqua par la suite aux enquêteurs du TMIEO, essaya de l'arrêter. Il fut pourtant bel et bien transmis, même si l'on ignore à ce jour qui en prit la responsabilité. On a dit que l'empereur en ignorait certainement le contenu, mais les messages impériaux de ce genre n'étaient pourtant pas faciles à contrefaire ni à glisser, à l'insu du souverain ou contre sa volonté, entre les mailles du filet tendu par la bureaucratie de la cour, aussi efficace que tatillonne. Quel que fût le responsable, des milliers d'hommes, de femmes et d'enfants allaient, dans la phase ultime de la bataille, se jeter par sa faute du haut des falaises dans une mer infestée de requins, plutôt que de se rendre. Les marines américains, horrifiés, filmèrent de loin ce suicide collectif. Lorsque je me rendis à Saipan, plus de vingt années après (pour « Cinq Colonnes à la Une ») ces mêmes requins, où leurs rejetons, tournaient toujours à l'endroit même où les civils japonais s'étaient volontairement précipités dans les flots, attendant un improbable retour de cette manne providentielle.

Pour épouvantables qu'elles fussent, les pertes auraient pu être encore bien pires, de part et d'autre, car le commandant de l' « unité 731 », le général Ishii, avait eu l'intention de lancer, pour la première fois, sur les assaillants ses puces porteuses de maladies mortelles. Si l'on échappa à ce fléau, ce fut uniquement parce que le navire japonais chargé d'acheminer l'équipe de l' « unité 731 » et son cargo meurtrier jusqu'à Saipan, fut coulé par un sous-marin américain.

Tandis que la bataille de Saipan faisait rage, un conflit d'une autre espèce se déroulait à Tokyo, derrière le dos de Hiro-Hito. Le prince Higashikuni fut le premier à recevoir la nouvelle : le 20 juin, un émissaire de Tojo vint le trouver, pour lui annoncer que le Premier ministre sentait qu'il n'avait plus la confiance de l'empereur et n'avait plus, de ce fait, la certitude de pouvoir mener le Japon à la victoire : il songeait donc à démissionner. Deux jours plus tard (le 22 juin), Konoye et Higashikuni se retrouvèrent en secret chez un ami mutuel, homme d'affaires éminent, et Higashikuni communiqua la nouvelle à Konoye, ajoutant qu'il avait conseillé à Tojo de rester. Le conseil avait été donné en toute connaissance de cause, expliqua le machiavélique Higashikuni : ce qui comptait, ce n'était pas l'avenir de Tojo, mais la préservation du « système impérial » et le moyen d'empêcher Hiro-Hito d'être tenu pour responsable de tout ce qui s'était passé depuis quatre ans. Si Tojo restait, tandis que la situation s'aggravait de plus en plus, il deviendrait un bouc émissaire fort commode, « comme

Hitler », et on pourrait rejeter sur lui tout le blâme. En revanche, si l'on procédait à un remaniement ministériel, les responsabilités des dirigeants s'en trouveraient diluées et celles de la famille impériale accrues.

Peut-être Konoye apprécia-t-il le raisonnement impitoyable de son complice, mais il fit néanmoins remarquer que, tôt ou tard, il faudrait former un nouveau gouvernement et que, pour conduire le Japon hors de la guerre, il était impératif que ce gouvernement eût à sa tête un membre de la famille impériale. Seul un prince étroitement apparenté à l'empereur aurait une autorité suffisante sur les militaires et le peuple. Higashikuni répondit que si ce moment arrivait — ce qui fut le cas treize mois plus tard — il ne se déroberait pas.

A cette époque, les opinions du circonspect Kido se rapprochaient lentement de celles des deux princes. Deux jours plus tard, ce fut à son tour de s'entretenir avec Konoye, chez ce dernier cette fois et en présence de sa femme, afin d'évoquer des « affaires de famille », en particulier le prochain mariage de son fils avec une parente du prince.

Il est intéressant de noter que ce fut l'une des rares occasions où le marquis s'abstint de rapporter, dans son journal, la teneur de la conversation, remarquant simplement qu'il avait été question d' « affaires de famille ». Le seul résumé figure dans le journal de Konoye, que l'on transforma plus tard, avec quelques additions, en mémoires posthumes. La raison n'en est pas difficile à saisir : la substance de leur entretien était si « révolutionnaire » que Kido ne put se résoudre à la coucher noir sur blanc, fût-ce dans son journal intime.

Selon les souvenirs de Konoye, le marquis accepta le principe d'un Premier ministre « princier », mais émit l'idée qu'il faudrait peut-être introduire ce nouveau gouvernement avant la fin de la guerre. Il remarqua aussi que lorsque les hostilités prendraient fin, Hiro-Hito devrait revendiquer l'entière responsabilité de tout ce qui s'était passé, afin d'éviter d'humiliantes récriminations mutuelles et un sauve-qui-peut général, entre l'armée, la marine et les dirigeants politiques. Pas plus Konoye que Higashikuni ne partageaient au départ ce point de vue : dans les mois qui suivirent, ils devaient changer d'avis à plusieurs reprises, avant d'en venir à la conclusion que, pour le bien de la dynastie, il fallait, coûte que coûte, protéger l'empereur des conséquences de ses actes.

Deux jours plus tard (le 26 juin), l'affaire se corsa : le prince Takamatsu savait, grâce à ses relations haut placées dans la marine, à quel point la situation était désespérée. Un lien vital se forgea désormais entre lui et Konoye, toujours derrière le dos de Hiro-Hito, grâce à un ami mutuel qui servit d'intermédiaire, Morisada Hosokawa, ancien adjoint de Konoye qui travaillait aussi, en tant que contact politique, pour Takamatsu. Hosokawa transmit à Konoye, le 26 juin, un plan de rechange pour mettre fin à la guerre, lequel avait reçu, expliqua-t-il, l'assentiment de Kido : Tojo resterait premier ministre, jusqu'à la prochaine grande catastrophe militaire. Alors, un nouveau gouvernement, avec à la barre un personnage princier, serait mis en place ; il changerait complètement de cap et se chargerait de négocier la paix la plus avantageuse.

Deux autres politiciens en vue, tous deux ex-Premiers ministres, Okada et Hinamura, entrèrent aussi en contact avec Konoye durant la bataille de Saipan ; ils étaient également d'avis que Tojo devait sauter.

N'étant plus désormais relégué au rang de paria, Konoye décida de faire connaître les pensées de son petit groupe à l'empereur lui-même, ce qu'il fit par le truchement du secrétaire particulier de Kido. Il rédigea aussi un « relevé de position » parfaitement à jour, destiné à Hiro-Hito, et il le remit à Kido.

C'était un document extraordinaire : si l'empereur l'avait pris au sérieux, la guerre aurait pu se terminer beaucoup plus tôt, sauvant ainsi des millions de vies. Konoye commençait par affirmer que la situation militaire était si désespérée qu'il était nécessaire d'opter pour une forme quelconque de capitulation, mais que personne, ni dans l'entourage immédiat du souverain, ni dans l'armée, ni dans la marine, n'avait le cran de le dire. L'empereur devrait arracher la vérité à ses chefs d'état-major, à Tojo et Shimada, et exiger des réponses écrites aux questions suivantes : Quelle était d'une manière générale l'étendue du désastre militaire ? Comment les chefs d'état-major envisageaient-ils la future conduite des opérations ? Quels étaient leurs plans ?

Ainsi acculé, poursuivait Konoye, Tojo réagirait de trois façons possibles : ou bien il démissionnerait sur-le-champ, ou bien il prierait Hiro-Hito de décider à sa place, ou enfin il répondrait en termes volontairement vagues. Dans ce troisième cas, il ne faudrait pas lui permettre de s'en sortir aussi aisément, mais le contraindre au contraire à se démettre de ses fonctions.

S'il se démettait, ajoutait Konoye, le prochain Premier ministre devrait être un membre de la famille impériale (il lui semblait que Takamatsu était son candidat préféré) et le nouveau gouvernement proclamerait la fin de la guerre.

Il y avait, expliqua Konoye, plusieurs façons de justifier cette décision vis-à-vis du monde extérieur. On pouvait se retrancher derrière un souci humanitaire ; ou alors prétendre que le Japon avait atteint ses objectifs et mis fin à l' « encerclement » occidental ; il y avait enfin la possibilité de dire que l'empereur ne pouvait rester plus longtemps le témoin impuissant des souffrances et des sacrifices désormais inutiles de son peuple. Etant donné que les deux premières explications étaient parfaitement risibles, il ne restait qu'une solution crédible. En proclamant la fin de souffrances superflues, écrivait Konoye, l'empereur réaffirmerait ses liens avec ses sujets. Plus tôt il le ferait, mieux cela vaudrait. Le Japon ne devait pas attendre d'être acculé à une capitulation inconditionnelle, car il fallait protéger, coûte que coûte, le « système impérial ». Il convient de noter que dans son discours radiodiffusé historique, enregistré le 14 août 1945, pour annoncer la fin de la guerre, Hiro-Hito incorpora à son texte certaines des tournures et jusqu'au vocabulaire utilisés par Konoye dans cette partie de son rapport.

Le 4 juillet 1944, alors que la campagne de Saipan approchait de sa fin atroce, Kido fit parvenir un message à Konoye. Il était d'accord avec la plupart de ses propositions, à quelques exceptions près. Le 8, les deux hommes se réunirent clandestinement : Kido révéla au prince que l'armée et la marine semblaient résolues à poursuivre la guerre, sans tenir compte du nombre des victimes ni des sacrifices. Il fallait donc absolument se débarrasser de Tojo. Le prochain gouvernement devrait assurer la transition, avec à sa tête un général digne de confiance (Kido avança le nom de Terauchi), après quoi un ministère placé sous l'égide d'un prince pourrait se charger de mettre fin au conflit. Le marquis préférait Higashikuni à Takamatsu, car il savait mieux que personne qu'il existait un grave contentieux entre Hiro-Hito et son cadet.

Les deux conspirateurs en revinrent alors à la question de la responsabilité de l'empereur : comme il l'avait fait lors de leur première rencontre, pour « affaire de famille », Kido insista sur le fait que Hiro-Hito devait endosser l'entière responsabilité de la politique japonaise. Ce qui voulait dire qu'il serait probablement obligé d'abdiquer. On pourrait alors proclamer le prince héritier empereur et charger un régent d'exercer le pouvoir par intérim. (A cette époque, le prince Chichibu, gravement atteint par la tuberculose qui devait l'emporter en 1953, n'était plus dans la course, et Kido hésitait toujours à appuyer la candidature de Takamatsu, à cause des tensions qui subsistaient entre les deux frères.)

Pendant et après la bataille de Saipan, d'éminents parents de l'empereur, appartenant aux rangs de l'armée ou de la marine (notamment les princes Higashikuni, Asaka, Mikasa, Fushimi et Kaya) commencèrent à se réunir et à débattre la meilleure façon de mettre fin à la guerre ; Hiro-Hito finit par s'apercevoir de leur allées et venues et de leurs assemblées fréquentes et censément secrètes. Il n'est pas impossible que le prince Mikasa, le plus jeunes de ses frères, plus « faucon » que Chichibu et Takamatsu, ait vendu la mèche, car il avait déjà dénoncé un groupe d'officiers de l'armée qui complotaient d'assassiner Tojo.

L'empereur manifesta son mécontentement extrême. C'était un « comportement irresponsable » qu'il ne pouvait tolérer de la part de membres de sa famille, lesquels n'avaient pas à se mêler des affaires d'Etat. Hiro-Hito fut particulièrement courroucé par le franc-parler de son frère, Takamatsu. Le colonel Kaya, cousin de l'empereur, rapporta que l'empereur « s'énervait beaucoup » à chaque fois que son frère lui parlait sans mâcher ses mots, à tel point, précisa Kaya, qu'il ne pouvait envisager de seconder Hiro-Hito s'il persistait dans cette attitude, qu'il menaça de renoncer pour de bon à son titre de prince et à se désolidariser officiellement de la famille impériale en devenant roturier. Il fallut tout le doigté du prince Higashikuni, qui fit office de médiateur, pour l'en dissuader.

Le 13 juillet 1944, après une orageuse entrevue avec Kido, Tojo fut obligé de céder sa « casquette » de chef d'état-major de l'armée et de limoger Shimada, au double titre de ministre et de chef d'état-major de la Marine. Il accepta d'élargir son gouvernement afin d'y faire de la place à d'éminents anciens ministres que l'on savait en faveur de négociations ; mais ces derniers refusèrent de servir sous Tojo.

Le 18 juillet, à la fois à cause de la « cabale » montée contre lui, qui lui avait fait perdre la face, et à cause du désastre de Saipan, Tojo démissionna de ses fonctions de Premier ministre, mais chercha brièvement à s'incruster au ministère de la Guerre.

Un groupe d'anciens Premiers ministres se réunit pour lui chercher un successeur. Leur choix se porta sur le général Terauchi, mais on avança aussi, comme pis-aller, les noms du général Koiso et du général Hatta. Kido fit remarquer à l'empereur que Terauchi (qui commandait les forces japonaises en Birmanie) aurait besoin de l'autorisation du quartier général impérial pour regagner Tokyo. Hiro-Hito, toujours sous la coupe de Tojo, semblait-il, bien qu'il se fût résigné à le perdre comme Premier ministre, le consulta pour savoir s'il serait avisé d'arracher Terauchi à ses devoirs sur le théâtre des opérations. Hors de question ! s'écria Tojo. Cela laissait donc Koiso, personnalité plutôt falote, en dépit du sobriquet qu'on lui avait donné dans l'armée, « le tigre de Corée » ; Konoye commençait d'ailleurs à revenir des illusions qu'il s'était faites sur son compte. Pourquoi, suggéra le prince à Kido, ne pas former un gouvernement bicéphale, en nommant à un poste de premier plan un amiral, du nom de Yonai ? Ce dernier était une « colombe » et serait donc utile au « parti de la paix ».

Hiro-Hito accepta, mais, bien que ce nouveau ministère fût plus enclin à cesser les hostilités que celui de Tojo, il fut incapable de mettre en train des négociations en faveur de la paix et l'empereur ne paraissait toujours pas disposé à prendre les mesures préconisées avec insistance par Konoye, ni même à « tâter le terrain » en aucune façon ; les « ultras » occupaient toujours des postes à responsabilités. Certes, Tojo, contraint et forcé, quitta le ministère de la Guerre, mais son remplaçant ne fut autre que le général naguère discrédité, Sugiyama, alias « porte basculante », l'homme qui, en tant que chef d'état-major avait promis la victoire à Hiro-Hito en l'espace d'un an et qui avait requis la peine de mort contre les aviateurs américains capturés après le raid Doolittle. Manifestement, l'empereur espérait encore voir survenir le combat spectaculaire et victorieux, dans lequel on pourrait reconnaître le tournant tant attendu de la guerre.

En août 1944, l'endroit où un tel revirement avait le plus de chance de s'opérer était la Birmanie. C'est pourquoi tous les correspondants de guerre japonais disponibles furent expédiés sur le front birman, chargés de décrire, en termes dithyrambiques, la chute de Kohima et Imphal, investies par les troupes nippones. Cependant, l'héroïsme des soldats britanniques et indiens et la puissance aérienne anglaise qui se révéla décisive privèrent leurs adversaires de cette consolation : les journalistes furent rappelés.

Ce furent, pour Hiro-Hito, des semaines pénibles mais pas encore désespérées, car les raids au-dessus de Tokyo ne se concrétisèrent pas aussi vite que Konoye l'avait prévu ; lorsqu'ils le firent enfin, les dégâts furent d'abord légers. Comme l'a noté Robert Guillain, il fallut attendre le 1er novembre 1944 pour voir apparaître les premiers B-29, et encore n'effectuaient-ils que des vols de renconnaissance photographique. A cette date, les étudiants et les écoliers, mobilisés en tant que membres de la défense civile, avaient dégagé des allées « coupe-feu » à travers le fouillis de maisons de bois qui constituait la capitale, afin d'empêcher les incendies de se propager. Toutefois, malgré les effrayantes prédictions antérieures de l'amiral Yamamoto, les autorités japonaises sous-estimèrent gravement la menace des bombes incendiaires. Pour reprendre les paroles de Guillain, à cette époque, « on considérait encore, de toute évidence, les mises en garde contre les attaques aériennes comme d'excellents moyens de contrôler la population et de stimuler son moral. On ne paraît pas avoir songé un instant au danger qu'elles représentaient ». Les écoliers et les vieillards furent évacués ; le jeune prince Akihito ferait ultérieurement partie de ceux que l'on mettrait en sécurité dans les montagnes. Tous les habitants qui restèrent reçurent l'ordre de défendre chacun sa maison et de creuser leurs propres abris peu profonds. La thèse officiellement adoptée était que les demeures de Tokyo étant éminemment inflammables, les habitants devaient être à pied d'œuvre pour éteindre immédiatement les sinistres sur place ; c'était pour cette raison que l'on avait découragé la construction d'abris publics.

Les maisons en flammes allaient devenir l'un des spectacles nocturnes les plus communs de Tokyo à partir de fin novembre 1944. Les habitants ayant le sens de l'esthétique les appelaient « les fleurs d'Edo » et Guillain, à l'occasion d'un trajet en tramway au lendemain de la première grande attaque, découvrit qu'en une nuit, « un quartier japonais pouvait disparaître sans laisser de trace ». Peu après débuta un exode massif, car le bruit se répandit que les B-29 allaient arriver par centaines le 8 décembre, troisième anniversaire de Pearl Harbor.

A l'intérieur du palais impérial, on avait construit un abri profond et pratiquement à l'épreuve des bombes ; avec ses portes blindées d'une épaisseur colossale, il tenait davantage de la chambre forte souterraine que de l'abri anti-aérien classique. Son plafond en béton armé avait dix mètres d'épaisseur, les contreforts d'acier étaient d'anciens rails de tramway récupérés. L'un des pires emplois du palais était de pourvoir à l'approvisionnement en électricité de cet abri : dans une chaleur étouffante, sans un souffle d'air, un des gardes du palais (recruté parmi les plus coriaces) pédalait sur une bicyclette stationnaire pour faire tourner un moteur alimentant un générateur d'électricité. Tant que l'abri était en service (et vers les derniers mois de la guerre, il le fut vingt-quatre heures sur vingt-quatre), des équipes de gardes durent se relayer pour pédaler de façon à éclairer faiblement l'intérieur.

Hiro-Hito se mit à y passer de plus en plus de temps et finit même par le transformer en bureau, salle de conférences et, tout à fait à la fin, en chambre à coucher. Bien qu'il entendît le vrombissement des B-29 et les explosions des bombes, il resta très longtemps sans vraiment saisir l'étendue des dégâts, car désormais, pour des raisons de sécurité, il était quasiment sequestré à l'intérieur du palais et, au début en tout cas, il n'eut droit qu'à des versions « aseptisées » de la violence des attaques.

Il n'y avait, en revanche, aucun moyen de cacher le tour catastrophique que prenait la guerre du Pacifique : en octobre 1944 commença la campagne pour la libération des Philippines ; l'entraî-nement des pilotes japonais avait été réduit de façon draconienne, à cause du manque de carburant, et Hiro-Hito épancha sa bile et se défoula de ses frustrations sur le malheureux Koiso, tout comme il avait naguère tyrannisé Sugiyama, lorsque la situation — après les victoires initiales — avait commencé à tourner au désavantage du Japon. Koiso avait déclaré que la bataille pour s'assurer la possession de Leyte serait décisive et elle avait été perdue. Que se proposait-il de tenter à présent ? lui demanda Hiro-Hito. Luçon et les Philippines étaient-elles définitivement perdues ? Et dans ce cas, qu'envisageait Koiso ? A ce stade du conflit, les Alliés avançaient sur un vaste front en France et les armées soviétiques étaient en train de reconquérir à toute allure les territoires perdus.

Depuis le mois d'août 1944, un « conseil supérieur des directives de guerre » (où siégeaient le Premier ministre, le ministre des Affaires étrangères, ceux de l'Armée et de la Marine et les deux chefs d'état-major) s'était réuni au palais deux fois par semaine, pour discuter les questions de stratégie. De plus en plus souvent, on prit l'habitude de se retrouver dans la salle de conférence souterraine, où l'on étouffait de chaleur et de manque d'air.

Hiro-Hito suivit en détail, sur les cartes de sa « salle de guerre », l'inexorable progression américaine aux Philippines et il était conscient du fossé de plus en plus béant qui séparait la propagande de la réalité : en octobre, il avait consenti à promulguer une proclamation impériale félicitant la marine de ses superbes victoires, alors qu'il savait pertinemment que ses navires de guerre avaient reçu des coups presque mortels, dont le moindre n'était pas la perte du *Yamato* qui avait remplacé le *Nagato*, obsolète, en tant que navire-amiral de la « flotte combinée ». Pour finir, après un entretien orageux avec Koiso, l'empereur déclara à Kido que la situation aux Philippines commençait à être désespérée et qu'il était désireux d'écouter les conseils de « ceux qui me sont proches ». Désormais, les attaques des B-29 battaient leur plein, frappant des centres industriels tels que Nagoya et endommageant même le sanctuaire sacré d'Isé.

Au début de janvier 1945, Kido nota que Hiro-Hito avait pleinement conscience du drame qui se jouait aux Philippines. Le 4 janvier, Hiro-Hito déclara à Kido : « A présent, il va falloir livrer un combat décisif à Luçon puisque Leyte est perdue... Il faudra cacher cela au peuple. » Deux jours plus tard, rapporta Kido, l'empereur lui dit : « On dit que l'armée américaine compte débarquer à Luçon. La situation aux Philippines est extrêmement grave. Alors je pense qu'il sera peut-être nécessaire d'apprendre les intentions des *jushins* (les ex-Premiers ministres) issues de la conjoncture actuelle. Qu'en pensez-vous ? »

Kido lui conseilla de discuter la situation d'ensemble, de façon officieuse, afin d'entendre si possible la vérité sans fard, puis de convoquer les principaux ministres et « de poser vos questions aussi lucidement que possible » et enfin de réunir les anciens Premiers ministres pour avoir leur avis. Kido savait qu'il était inutile de suggérer à l'empereur de consulter le prince Takamatsu, mais au début de février, il fit venir au palais tous les anciens chefs de gouvernement encore en vie — Hiranuma, Hirota, Wakatsuki, Okada, Konoye et Tojo — afin qu'ils pussent dire ce qu'ils avaient sur le cœur.

Si terribles que fussent leurs prémonitions, ni Hiranuma, ni Hirota, Ni Wakatsuki, ni Okada ne parvinrent à surmonter leur timidité et à s'exprimer franchement. Ils préférèrent se retrancher derrière un écran de vagues banalités. Deux hommes seulement parlèrent à cœur ouvert : Tojo, qui conseilla à Hiro-Hito de poursuivre la « guerre totale » sur le sol japonais, jusqu'à la mort s'il le fallait — et le prince Konoye.

Konoye recommanda à l'empereur de faire la paix à presque n'importe quelles conditions. A cette époque, toutefois, peut-être parce qu'il se sentait personnellement fautif ou parce qu'il éprouvait le besoin de rationaliser sa propre conduite passée, le prince était obsédé par le spectre du communisme qu'il considérait à présent comme un fléau plus redoutable pour le Japon que toute autre chose, fût-ce une défaite totale. Il était persuadé que les « réformistes » de l'armée, qu'il avait jadis sollicités et admirés, avaient été eux aussi, consciemment ou non, les jouets d'un vaste complot communiste. Il sermonna Hiro-Hito sur le mal qu'ils avaient fait (avec la planification d'Etat, l'économie centralisée) et sur leurs alliances douteuses avec des sociétés secrètes gauchistes et non conformistes, toutes dévouées à la cause de la réforme. Sa diatribe anti-communiste dut paraître étrangement hors de propos au souverain et entacha de doute le reste de son analyse.

Les préoccupations de Hiro-Hito étaient plus prosaïques : il demanda à Konoye si, comme certains de ses généraux le lui avaient affirmé, les Américains avaient l'intention de massacrer la famille impériale.

Le prince répondit qu'il ne le pensait pas : « Je connais Grew et d'autres Américains haut placés », déclara-t-il. Jamais ils ne toléreraient cela.

L'empereur était enclin à le croire. « Le général Umezu (nouveau chef d'état-major de l'armée) dit qu'ils vont massacrer toute la famille, mais je ne pense pas qu'il ait entièrement raison. » Il ajouta qu'Umezu estimait qu'il fallait persuader par la ruse une gigantesque force américaine d'engager sur terre, à Taiwan, un combat à la mort qui ferait tant de victimes parmi les soldats des Etats-Unis que le Japon se trouverait en position de force relative dans les négociations qui pourraient alors commencer.

Konoye ne parvint pas à démêler si l'empereur croyait vraiment à cette idée d'un combat à Taiwan ou s'il la voyait pour ce qu'elle était vraiment, c'est-à-dire un prétexte avancé par les militaires pour prolonger la guerre et la mener à un terme apocalyptique. Observateur sagace et lucide, lorsqu'il ne s'évertuait pas à imputer tous les malheurs qui frappaient le Japon à un complot communiste, Konoye sortit déprimé de sa réunion avec Hiro-Hito. Il déclara à Hosakawa que si l'empereur continuait à prendre au sérieux les conseils d'hommes tels que le général Umezu, « je suis très pessimiste » (en ce qui concernait les possibilités de conclure la paix).

Les raids des B-29 étaient désormais quotidiens et avaient de graves répercussions sur la production de guerre ; le nombre des victimes civiles augmentait. Le 16 janvier 1945, Kido nota les chiffres communiqués à l'empereur depuis que les attaques avaient commencé pour de bon : sept mille six cents morts, cinq mille foyers détruits, cinquante-cinq mille autres évacués et vingt pour cent de la population (dont deux cent mille écoliers) envoyés hors de la capitale. Parallèlement, la vie à la cour se poursuivait, sous certains rapports, dans une atmosphère presque irréelle. Deux jours plus tard (le 18 janvier 1945), Kido enregistra les activités de Hiro-Hito et de l'impératrice Nagako, qui auraient quasiment pu être les mêmes en temps de paix : une conférence sur la calligraphie par l'un des plus grands spécialistes du Japon, suivie d'un débat philosophique sur la nature de la culture chinoise et la place importante qu'elle faisait à la courtoisie, suivi à son tour d'une conférence, plus pertinente celle-là, faite par un expert, sur « le déploiement des armes à ondes électriques » (le radar). Tout cela était soigneusement minuté, entre les visites au bunker fortifié durant les raids et le travail accompli avec diligence par Nagako, pour remonter le moral de la population, notamment la rédaction de lettres de condoléances aux familles des victimes de la guerre : jusqu'au jour où ces dernières furent vraiment trop nombreuses et où les communications se furent détériorées à tel point qu'il fut impossible de continuer, toutes les familles endeuillées reçurent des missives frappées du sceau impérial, les remerciant des services rendus à la nation.

Pendant ce temps, le prince Konoye poursuivait ses efforts indépendants et de plus en plus marginaux pour terminer la guerre et préserver le système impérial. Le 26 janvier 1945, il prit le train pour Kyoto (une ville épargnée par les B-29 sous prétexte qu'elle était pleine de temples sacrés) pour y voir le prince Takamatsu, qui s'y était replié, et lui faire une proposition suffocante : le Japon avait d'ores et déjà perdu la guerre, expliqua-t-il au prince ; compte tenu du rôle qu'il avait joué dans les événements qui avaient entraîné la guerre, il était inconcevable que Hiro-Hito restât sur le trône. Mais l'abdication ne suffisait pas. Il ne fallait pas qu'il risquât d'être arrêté. Il devrait donc consacrer le reste de son existence à prier pour les âmes des héros morts à la guerre, qui avaient sacrifié leur vie à son service. Il y avait eu, par le passé, même si la chose remontait assez loin, une tradition chez les souverains du Japon de renoncer de leur plein gré à leur divinité pour entrer dans un monastère. Konoye suggérait que dès avant la défaite totale, Hiro-Hito devait non seulement abdiquer, cédant le trône à son jeune fils Akihito, sous la régence de Takamatsu, mais se retirer aussitôt dans le temple Ninna, à Kyoto, dont il deviendrait l'abbé.

Konoye avait longuement mûri son projet. Il s'était entretenu avec l'actuel abbé, Okamoto, trente-neuvième à occuper ce rang depuis la fondation du monastère, et les deux hommes avaient même choisi le nom qu'adopterait Hiro-Hito lorsqu'il serait devenu prêtre : Yu-Nin Ho-Oh. (Yu-Nin était une autre façon de prononcer Hiro-Hito en conservant la même calligraphie, tandis que le titre de Ho-Oh était réservé aux empereurs qui entraient en religion). Konoye passa neuf heures à tenter de convaincre Takamatsu que son idée était viable, que c'était même le seul moyen de préserver le système impérial. « Je me retirerai avec lui dans le monastère », précisa-t-il. Il ajouta qu'il avait déjà sondé à ce sujet l'amiral Yonai, ministre de la Marine, et l'ex-Premier ministre Okada et qu'ils s'étaient montrés favorables.

Le mois suivant, Konoye soumit ce projet au palais, en dépit du scepticisme avoué de Kido (qu'il avait aussi consulté) et surtout du prince Takamatsu qui refusait d'apporter son soutien. Le raisonnement de ce dernier était d'une logique impeccable : comment les Américains et les Britanniques, en majorité chrétiens, pourraient-ils comprendre les mobiles auxquels obéissait un empereur qui devenait prêtre bouddhiste ? Cela sortait complètement de leur système de référence. Kido, lui aussi, était résolument opposé au plan de Konoye : il ne croyait plus, désormais, que l'empereur devait abdiquer et nommer un régent. Cette solution était devenue trop risquée. « Si l'empereur abdique, ce n'en sera que plus dangereux pour lui », assura-t-il à Konoye. Les Alliés ne sauraient pas replacer son geste dans son véritable contexte religieux ; ils croiraient plutôt qu'il se sentait coupable et se dérobait au châtiment en se réfugiant ostensiblement dans la religion.

Entre-temps, les généraux « ultras » avaient mis sur pied leur propre plan pour protéger le souverain de la rétribution qui arrivait à grands pas. Des ingénieurs de l'armée avaient commencé à construire, à grands frais, un gigantesque complexe souterrain fortifié à Matsuchiro, près du mont Fuji, pour y loger l'empereur et sa famille, afin qu'ils fussent en sûreté tandis que l'ultime bataille ferait rage sur le sol japonais. Ils conçurent même une sorte de caravane blindée pour les transporter du palais au bunker. C'était parce qu'il avait eu vent de ces travaux que Konoye s'était rendu à Kyoto, car il se rendait bien compte que si l'armée parvenait à escamoter le souverain, son propre projet n'avait aucune chance d'aboutir.

De son côté, l'impératrice douairière faisait connaître ses opinions. « L'empereur, nota Kido, de façon quelque peu sibylline, le 29 janvier 1945, m'a confié les sentiments de l'impératrice douairière au sujet de la guerre. » Etant donné qu'elle s'était élevée dès le début contre le conflit, on peut penser que les propos qu'elle tint à son fils auraient pu se résumer très succinctement par ces mots : « Je vous l'avais bien dit. » Moins d'un mois plus tard (le 25 février), la demeure de la vieille dame fut entièrement détruite par le feu au cours d'une attaque aérienne.

A cette date, le prince héritier, Akihito, avait été mis en sécurité dans les montagnes. Il existe une courte lettre que lui adressa Hiro-Hito, le 6 mars 1945 : elle ne diffère pas beaucoup de la lettre que n'importe quel père très occupé pourrait écrire à son petit garçon pensionnaire : « Merci de votre lettre. Je suis très content de savoir que le ski vous plaît et que vous vous portez bien. Notre guerre traverse une phase très difficile, mais je veux, par la grâce de tous mes efforts et de mon pouvoir divin, surmonter ces épreuves et j'apprécie beaucoup le soutien de vos prières. Ne vous inquiétez pas, je vais bien. Je suis allé me promener dans le parc avec votre mère et j'ai recueilli des objets ayant trait aux B-29 » (des fragments de bombes).

Peu après (le 9 mars 1945) survint une attaque nocturne véritablement apocalyptique contre Tokyo, qui fit plus de cent mille victimes et détruisit la majeure partie de la ville. Trois jours plus tard, une réunion eut lieu à l'intérieur du palais, pour décider si l'empereur devait se rendre ou non dans les zones sinistrées. Kido déclara au grand chambellan : « Un déplacement impérial avec une garde importante, comme on les organise d'habitude, pourrait causer beaucoup de tort. Ce n'est pas une mauvaise idée, mais nous sommes en guerre ; il faut donc adopter un système très simple, pour donner l'impression que l'empereur a agi spontanément. » Le matin du 18 mars eut lieu une visite « en toute simplicité » de la ville en ruine, le souverain n'étant accompagné que de quelques personnes.

Jusque-là, les B-29 avaient reçu l'ordre très strict de ne pas viser le palais impérial, mais une discussion était présentement en cours à Washington pour savoir s'il ne convenait pas de lever cet ordre et un rapport de l'OSS (Office of Strategic Services) — qui ne fut publié qu'en juillet 1945, alors que la guerre était presque terminée, mais qui fut préparé à l'apogée des raids incendiaires — pesait officiellement le pour et le contre. C'est un document intéressant, parce qu'il jette une certaine lumière sur les attitudes américaines vis-à-vis de Hiro-Hito, alors même que le conflit faisait encore rage.

On remarquait d'abord qu'il existait un certain nombre d'arguments valables en faveur de la destruction du palais : des rumeurs pouvaient provoquer une panique parmi les citoyens nippons, il était peut-être « souhaitable d'éliminer l'empereur de la scène politique, en raison de sa position au centre même de la tradition nationaliste du Japon » et aussi parce que « cela satisferait les Américains qui criaient vengeance contre le comportement des soldats japonais aux Philippines ».

En revanche, notaient les experts de l'OSS, le bombardement du palais risquait de « stimuler l'esprit offensif » du peuple nippon. En outre, les auteurs partaient du principe que le bunker du souverain était à l'épreuve des bombes, si bien qu'il ne courait que de faibles risques ; de toute façon, « son décès n'affecterait pas le " concept " impérial ». Sur le plan stratégique, il était vain de frapper le palais, puisqu'il était peu probable que des « documents vitaux pour la conduite de la guerre » y fussent entreposés. L'argument le plus convaincant, cependant, était que « Hiro-Hito pourra exercer ultérieurement une influence utile ».

Il convenait même de décourager le bombardement des ministères de la Guerre et de la Marine, proches du palais, car « on pourrait croire qu'il s'agit d'attaques ratées contre celui-ci ». Bref, les experts de l'OSS estimaient que « la destruction par les bombes du palais impérial est considérée comme défavorable à l'atteinte des objectifs militaires et politiques des Etats-Unis » et que le seul résultat d'une telle attaque « sera d'accroître chez le peuple japonais la volonté de poursuivre la guerre ».

Tandis que la puissance américaine montait d'un cran, en prévision des débarquements à Okinawa, et que le Japon était soumis à un pilonnage intensif de bombes incendiaires, le Premier ministre, Koiso, s'efforçait de mettre fin, coûte que coûte, à l'engagement japonais en Chine. Son raisonnement était le suivant : en dernier ressort, on aurait besoin, au Japon même, pour le dernier combat, des forces japonaises disséminées à travers toute la Chine. Des entretiens secrets, entamés par le biais d'intermédiaires, furent mis en train, mais lorsque Hiro-Hito en entendit parler, il se mit en colère et ordonna à son Premier ministre de les interrompre. Ce fut la principale raison de la démission de Koiso, le 2 avril 1945 ; il fut remplacé par un autre amiral à la retraite, Kantaro Suzuki, courtisan de toujours, dont l'épouse avait été l'une des institutrices de Hiro-Hito dans son enfance. Lorsque l'on porta enfin à la connaissance de l'empereur les deux propositions avancées respectivement par l'armée et Konoye pour le mettre à l'abri, l'armée dans son super-bunker et le prince dans un monastère, il refusa opiniâtrement de bouger. Kido ayant timidement suggéré que l'on pourrait du moins transporter dans le bunker de Matsuchiro les trois reliques sacrées du Shinto — le miroir, le collier et l'épée — il refusa également. « Je resterai avec mon peuple, quoi qu'il advienne », déclara-t-il à son grand chambellan. Il dit à Kido : « Je partagerai le sort des reliques sacrées. » Il était sur le point de manifester la détermination et le sens du commandement qui lui avaient permis de tenir en échec les insurgés de « 2/26 », mais auparavant, le Japon devrait endurer des souffrances considérables et les morts se chiffreraient encore par centaines de milliers.

Chapitre 21

Après avoir parcouru divers quartiers de sa capitale ravagée par les bombes, le 18 mars 1945, Hiro-Hito ne pouvait plus nourrir la moindre illusion concernant l'issue de la guerre. Les militaires, cependant, n'avaient pas renoncé à l'idée d'une sorte de « crépuscule des dieux », un dernier combat sacrificiel, sur le sol sacré du Japon, au cours duquel ils infligeraient de telles pertes aux envahisseurs américains que cela leur permettrait, in extremis, de conclure une paix « honorable ». Pour reprendre leur logique démente, si un Japonais valide sur dix parvenait à tuer un soldat ennemi, peut-être serait-il encore possible de gagner la guerre et de toute façon, même s'ils échouaient, la « mort honorable de cent millions d'hommes » était préférable à une capitulation.

Les militaires croyaient en outre avoir encore quelques atouts secrets dans leur manche. Les armes de l' « unité 731 » ne seraient jamais testées contre les Américains (au début de la bataille d'Okinawa, en avril, le général Ishii revint à la charge et proposa ses services, mais il fut éconduit sous prétexte que la guerre bactériologique « ne ferait plus aucune différence ») ; en revanche plusieurs prototypes d'avions volant à haute altitude étaient en cours de construction, afin de contrer les B-29. Hiro-Hito était tenu au courant de leurs performances — et de leurs échecs — et s'enquit à plusieurs reprises des progrès accomplis.

Il y avait enfin une dernière arme secrète dont les Japonais espéraient se servir contre l'armada américaine, à mesure qu'elle se rapprochait des côtes nippones : la bombe atomique. Comme dans le cas de l' « unité 731 », il n'existe aucune preuve directe permettant d'affirmer que Hiro-Hito était au courant de l'évolution des recherches dans ce domaine. La seule preuve d'un lien entre le « père » de la bombe atomique japonaise, le distingué physicien nucléaire qu'était Yoshio Nishina, et le palais était une photographie du savant dans son bureau en compagnie du prince Chichibu, prise probablement en mai 1940, après que le prince fut venu inspecter le premier cyclotron japonais, conçu et réalisé par Nishina. Ce dernier devait mourir en 1951, victime de la maladie engendrée par les radiations auxquelles il avait été soumis, lors de son héroïque tentative pour dresser un rapport complet concernant les effets qu'aurait la bombe de Hiroshima sur les personnes ayant survécu à l'explosion ; bien qu'il eût été interrogé par des spécialistes américains, immédiatement après la guerre, il resta très évasif sur le chapitre des efforts tentés pour mettre au point une bombe atomique et fit de son mieux pour leur cacher la vérité. Il est, toutefois, presque inconcevable que Hiro-Hito, lui-même biologiste, en contact étroit avec la communauté scientifique de son pays et d'une curiosité insatiable concernant toutes les nouveautés de la science, dans tous les domaines, soit resté ignorant des travaux menés, sous l'emprise d'un sentiment d'urgence désespéré, par le *Rikken,* l'institut de recherche physique et chimique du Japon, à partir de 1940, ainsi que de l'existence de l'énorme centrale nucléaire de Hungnan (en Corée du Nord), démantelée ultérieurement par les Soviétiques qui récoltèrent sans doute autant d'informations sur la fission nucléaire dans cette base nippone ultra-secrète que ne leur en fournirent les rapports des espions atomiques que furent les Rosenberg et Fuchs.

La course à la bombe A engagée par les Japonais, confirmée de façon oblique par le prince Takeda, bien des années plus tard, dans l'interview qu'il accorda au correspondant de l'*Observer* (voir chapitre 13), a aussi été retracée dans le livre de Robert Wilcox, *Japan's Secret War — Japan's race against time to build its own atom bomb* (William Morrow, 1985) (La guerre secrète du Japon ; la course contre la montre du Japon pour construire sa propre bombe atomique), une enquête approfondie de cette péripétie. On y trouve le récit de David Snell, plus tard journaliste à *Life* et témoin digne de foi : juste après la guerre, Snell interrogea un ingénieur japonais qui fut le témoin oculaire d'une explosion atomique au large de Hungnan, le 10 août 1945 ; figure aussi le récit le plus complet d'un épisode peu connu, survenu en mai 1945, qui expliquerait peut-être pourquoi les dirigeants militaires nippons ne furent pas en mesure, comme ils l'avaient espéré, de fixer au moins une bombe atomique à un de leurs avions *kamikazes* ou à un de leurs sous-marins, pour la lancer contre une importante cible américaine.

Encore une fois, en dépit des preuves inattaquables du savoir-faire japonais en matière nucléaire, fournies par Wilcox, on ne trouve trace nulle part, dans aucun des journaux que tenaient plusieurs membres de l'entourage de l'empereur, du fait que le Japon s'était lancé, dès avant Pearl Harbor, dans un ambitieux programme atomique ; ni du fait que Hiro-Hito était instruit du voyage avorté du sous-marin allemand géant, l'U-234, qui aurait permis au Japon d'être approvisionné en uranium. Compte tenu de l'étroit contrôle exercé, jusqu'à la fin des hostilités, par le souverain sur l'évolution de la guerre, des efforts tentés par les Japonais pour introduire de nouvelles armes susceptibles de tenir en échec la puissance écrasante des Etats-Unis sur le plan numérique et industriel, et enfin de l'intérêt que manifestait Hiro-Hito pour la technologie de pointe dans tous les domaines, il est permis de penser qu'il était au courant.

L'odyssée de l'U-234 fut la suivante : à mesure que la guerre dans le Pacifique tournait à l'avantage des Alliés, Oshima, l'ambassadeur du Japon à Berlin, se mit à harceler de plus en plus vivement les dirigeants nazis, afin d'obtenir d'eux une aide technologique. Oshima précisa, tout spécialement, que son gouvernement était intéressé par la technologie des missiles (les V1 et les V2 commençaient à pleuvoir sur la Grande-Bretagne) et avait désespérément besoin d'uranium. Le Japon en possédait un peu, extrait principalement de mines coréennes, mais en quantité nettement insuffisante. Quelques sous-marins allemands pouvaient transporter jusqu'à deux cent quarante tonnes d'équipement et l'Allemagne voulut bien expédier quelques-unes de ses précieuses armes de pointe vers le Japon, à bord d'un des fameux *U-boot :* en 1944-45, il n'y avait, de toute façon, plus d'autre voie possible.

Le dernier sous-marin allemand à tenter la longue et périlleuse traversée entre l'Allemagne et le Japon fut donc l'U-234, un bâtiment géant de vingt-deux mille tonnes, dont le commandant, Johann Heinrich Fehler, était, bien qu'il n'eût encore que trente-cinq ans, l'un des marins allemands les plus expérimentés, ancien « pacha » du bateau-piège, l'*Atlantis,* qui avait causé la perte d'innombrables navires alliés. Le 25 mars 1945, sept jours après que Hiro-Hito fut allé inspecter Tokyo martyrisée, l'U-234 quitta Kiel, bourré de dispositifs secrets, de mercure (dissimulé sous forme de lest) dont le besoin se faisait cruellement sentir, des tout derniers projectiles anti-aériens mis au point par l'Allemagne, de pièces détachées pour avions à réaction, des roquettes et des détonateurs de bombe. Toutefois, son chargement le plus précieux consistait en cinq cent soixante kilos d'oxyde d'uranium, logés dans dix containers et susceptibles de fournir de quoi fabriquer deux bombes atomiques.

Au bout de seize jours dans l'océan Atlantique, passés à éviter de justesse les bâtiments de la Royal Navy et de l'US Navy, qui régnaient désormais en maîtres sur toutes les mers du globe, l'U-234 était à mi-chemin des côtes américaines. A cette date, la guerre en Europe était terminée et à partir du 2 mai les signaux émis par le sous-marin ne reçurent plus de réponse. Fehler l'ignorait, mais le QG naval de son pays était aux mains des Alliés. Peu après, l'amiral Doenitz donna aux *U-boot* encore en mer l'ordre de se rendre et le 10 mai, l'U-234 capta ce message. Fehler était alors, à peu de chose près, à égale distance des ports britanniques, canadiens et américains. Sagement, il décida de ne pas poursuivre son voyage et se dirigea vers la côte Est des Etats-Unis.

A bord du sous-marin se trouvaient deux officiers de la marine impériale japonaise, dont l'un était un expert ès constructions sous-marines et l'autre un spécialiste des missiles. Plutôt que de se rendre, annoncèrent-ils à Fehler, ils préféraient se suicider. Par considération pour l'équipage, ils prirent des somnifères au lieu de commettre un *seppuku* rituel à l'arme blanche, ce qui aurait été d'une horreur insupportable dans un sous-marin ; le 11 mai, eurent lieu leurs obsèques en mer. Le 14 mai, à huit cents kilomètres des côtes américaines, un équipage de l'US Navy monta à bord de l'U-234 et peu après la presse américaine convergea vers Portsmouth, dans le New Hampshire, pour inspecter cette dernière prise de guerre.

Les reporters chargés de couvrir l'affaire de l'U-234 expédièrent à leurs rédactions des descriptions colorées de la reddition, mais en mettant davantage l'accent sur l'aspect physique de l'équipage, lors de son débarquement, que sur le contenu du sous-marin. Un peu plus tard, les autorités navales américaines firent démanteler le bâtiment avec minutie, ce qui permit de découvrir le mercure qui servait de lest. A l'époque, bien sûr, le mot « uranium » n'était guère connu que des spécialistes. Comme Wilcox le découvrit plus tard, aux Archives opérationnelles du Centre naval historique des Etats-Unis, à Washington, l'inventaire du chargement de l'U-234, diffusé en mai 1945 par l'US Navy (sans être toutefois communiqué à la presse), faisait état de « cinq cent soixante kilos d'oxyde d'uranium pour l'armée japonaise ». Cette information fut tenue secrète ; elle ne pouvait signifier qu'une seule chose : que le Japòn, sous une forme ou une autre, était sans doute tout près de fabriquer une bombe atomique.

Wilcox s'efforça vainement de découvrir quel parti on avait tiré de cette précieuse information et, surtout, ce qui était arrivé à la quantité non négligeable d'oxyde d'uranium confisquée aux Allemands. Certains secrets, cependant, restent impénétrables, fût-ce dans les sociétés les plus ouvertes et sous des lois aussi libérales que la loi américaine sur la liberté de l'information. Il faut avoir une imagination quelque peu fantasque pour se dire que le butin saisi à bord de l'U-234 finit dans les bombes expédiées sur Hiroshima et Nagasaki, mais il n'est pas excessif, en revanche, de croire non seulement que le président Truman fut mis au courant de ce que l'on avait découvert à bord du sous-marin, mais aussi que ce fut l'une des raisons secrètes pour lesquelles il décida d'autoriser l'envoi de bombes atomiques sur les deux cités japonaises. Il n'est pas exclu de penser que Hiro-Hito était au courant de l'expédition de l'U-234, même s'il prit la décision de capituler avant la date où le bâtiment aurait pu espérer atteindre un port japonais. Il savait pertinemment que les équipages des sous-marins allemands avaient obéi aux ordres de l'amiral Doenitz et s'étaient rendus à leurs collègues britanniques et américains.

A partir d'avril 1945, les notations quotidiennes du journal de Kido deviennent plus courtes et plus elliptiques. Le 13 avril, il ne consacra que quelques lignes à l'incendie de sa demeure, détruite lors d'un raid aérien. « Je ne puis échapper à un sentiment de regret, conclut-il, mais par ailleurs je me sens comme purifié. » Le 29 avril 1945, quarante-quatrième anniversaire de l'empereur, il nota : « Pas de célébration », et le lendemain : « Une attaque aérienne a interrompu ma coupe de cheveux. » En ce mois d'avril, l'éminence grise du « parti de la paix », Shigeru Yoshida, fut arrêtée par la police militaire et détenue pendant un mois entier. Konoye, cynique, mais clairvoyant, remarqua que « cela lui sera fort utile en temps voulu ».

Le 25 mai, onze jours après l'arrivée de l'U-234 à Portsmouth, le palais impérial fut gravement endommagé, pendant la nuit, par une attaque à la bombe incendiaire. Les B-29 n'avaient pourtant pas désobéi à l'ordre leur interdisant de viser le palais et il ne s'agissait pas non plus d'une erreur de leur part : un vent violent projeta des fragments enflammés par-dessus les murailles et jusque dans le parc du palais ; dans l'incendie qui s'ensuivit, vingt-huit membres de la Maison impériale, dont une douzaine de pompiers, trouvèrent la mort. Lors de cette même attaque, dix-neuf kilomètres carrés de Tokyo furent entièrement rasés par le feu et les palais du prince héritier, Akihito, et des princes Kanin, Chichibu et Mikasa furent détruits, ainsi que les demeures plus modestes des princes Hishimoto, Riken et Rigu, certaines parties des ministères de la Marine et de la Guerre et les résidences officielles de plusieurs ministres.

L'empereur logeait désormais, la plupart du temps, dans son étouffant abri antiaérien, juste au-dessous de la Bibliothèque impériale *(obunko),* qui comprenait plusieurs chambres, des salles de bains, une cuisine, un standard téléphonique et une salle de conférence. Le prince héritier avait été mis en sécurité dans les montagnes, mais les frères du souverain, Mikasa et Takamatsu, y passèrent plusieurs nuits, à partir du 25 mai ; l'atmosphère devait être assez tendue, car Hiro-Hito n'avait pas pardonné à Takamatsu d'avoir « comploté » de mettre fin à la guerre.

A la date du 11 juin, on peut lire dans le journal de Kido : « Quatre *kempei* sont venus me garder. » Etaient-ils là pour assurer la protection du marquis ou parce qu'il était, lui aussi, sur le point d'être arrêté pour ses efforts clandestins en faveur de la paix ? Peut-être la police militaire craignait-elle des manifestations contre l'homme qui était depuis si longtemps l'éminence grise de l'empereur. Deux jours plus tard (le 13 juin), Kido nota qu'un des intendants de l'impératrice était venu le voir pour parler « des honorables déplacements du palanquin de l'empereur » et du « quartier général dans les montagnes ». Encore une fois, les militaires pressaient Hiro-Hito et sa famille de se réfugier dans le bunker secret qu'ils leur avaient fait bâtir à grands frais dans les Alpes japonaises — et la visite de l'intendant laisse penser que Nagako était peut-être plus encline à les écouter que son époux.

Pourtant, le Premier ministre, Suzuki, ne paraissait toujours pas disposé à mettre fin à la guerre. La situation frôlait l'absurde. Quand vint le mois de mai, Hitler était mort et les Alliés allaient bientôt pouvoir concentrer toutes leurs ressources contre le Japon. L'Union soviétique avait officiellement annoncé que son pacte de non-agression avec les Japonais ne serait pas renouvelé. Okinawa était sur le point de tomber et l'invasion du Japon par ses ennemis n'était plus qu'une question de temps. En dépit des théories romantiques et suicidaires des militaires, la défaite était inévitable, car le Japon était à court de carburant, d'avions, de matières premières de toutes sortes et de nourriture. Ses grandes villes étaient en ruine, des millions de citoyens affamés et à la rue. Non sans hésitations, le Conseil suprême pour la conduite de la guerre commença à étudier différentes solutions, non pas pour capituler, mais pour mettre un terme « honorable » à la guerre. On saisira à quel point les Japonais étaient désormais coupés de la réalité en notant que les membres du Conseil, et Hiro-Hito lui-même, croyaient tous que l'Union soviétique pourrait intercéder auprès des puissances alliées et servir de médiateur au Japon pour obtenir un règlement « honorable » du conflit.

Pour invraisemblable que pût paraître cette notion — preuve que les Japonais étaient désormais aux abois — elle ne fut même pas adoptée avec la moindre cohérence, puisqu'aux premières réunions du Conseil suprême pour évoquer une éventuelle média-tion soviétique (du 11 au 14 mai) succédèrent des prises de position catégoriques de la part de Suzuki, assurant que les Japonais étaient prêts à se battre jusqu'à la mort, lesquelles donnaient un démenti flagrant aux velléités de paix manifestées un peu plus tôt.

Le concept de la capitulation était si étranger à quiconque était imprégné depuis toujours de la tradition militaire nippone (et Suzuki était, il ne faut pas l'oublier, officier de marine, bien qu'il eût passé des années à la cour) que le vieil amiral, presque octogénaire, dépassé, épuisé et sourd, était littéralement incapable d'envisager cette possibilité de façon durable. A chaque fois que Kido s'attendait à l'entendre se prononcer en faveur de la paix (devant la Diète et les autres membres du Conseil suprême), le Premier ministre tenait le genre de discours sanguinaire et intransi-geant qui était devenu comme un réflexe conditionné chez tous les militaires, voire tous les citoyens du Japon.

La thèse officielle du « combat à la mort » était si répandue que, le 8 juin 1945, trois semaines à peine après avoir étudié l'éventualité d'une médiation soviétique, le Conseil adopta, en présence de Hiro-Hito, une résolution réclamant « le suprême sacrifice de soi » et « la mort honorable de cent millions d'hommes », plutôt que de se rendre. Le document qui en résulta, ratifié le jour même par l'empereur (et intitulé « Politique fondamentale sur la conduite de la guerre ») avait le même caractère sacré et irréversible qu'une décision prise lors d'un *Gozen Kaigi*. Hypnotisés par l'atmosphère de romantique abnégation qui régna tout au long de ces journées envoûtantes où l'on sentit poindre la catastrophe, les hommes qui assistèrent à cette réunion, l'empereur en premier, furent incapables de s'élever contre l'officialisation d'une telle politique. Le ministre des Affaires étrangères, Togo, qui était pourtant une « colombe », ne trouva même pas moyen de faire miroiter une dernière fois la possibilité d'une médiation soviétique.

Tout de suite après cette dernière preuve d'aveuglement, Kido s'installa à sa table pour rédiger à son tour un rapport (« Mesures pour maîtriser la situation »), dans lequel il pressait vivement Hiro-Hito de mettre immédiatement fin aux hostilités. C'était un geste qui exigeait un courage moral considérable et, dès le lendemain, le marquis répéta son opinion au souverain de vive voix. Mais ce ne fut que treize jours plus tard, le 21 juin, le lendemain de la chute d'Okinawa, que Hiro-Hito enfin galvanisé passa aux actes et précisa à Suzuki qu'il ne devait pas se laisser arrêter par la décision du *Gozen Kaigi* du 8 juin, mais devait au contraire fonder sa politique sur le rapport de Kido et examiner la situation de façon « concrète et rapide ». A cette date, en plus des victimes militaires d'Okinawa, quelque cent vingt mille civils y avaient aussi trouvé la mort, ainsi que des dizaines de milliers d'autres au Japon même, par la faute des bombardements.

Hiro-Hito connaissait Suzuki depuis qu'il avait quatre ans. « A cet homme, confia-t-il à Kido, je pouvais ouvrir mon cœur. » Les nombreuses barrières entre l'empereur et son sujet ne pouvaient être totalement abolies, mais Suzuki était, avec Konoye et Kido, l'une des rares personnes avec qui Hiro-Hito pouvait s'entretenir en toute franchise et sans protocole. Avoir attendu si longtemps, sans rien faire, alors que les bombardements continuaient au Japon et que le carnage se poursuivait à l'étranger (Rangoon tomba en juin et les soldats japonais furent décimés en mer alors qu'ils cherchaient à s'enfuir dans des embarcations de fortune), était une aberration que l'on ne saurait expliquer que par un état de choc prolongé, dû a une série ininterrompue de désastres, aggravée par les bombardements, qui avait fait voler en éclats le rêve de l'ère Showa et paralysé la volonté de Hiro-Hito. La perspective d'une capitulation de la part d'un empereur qui était aussi un « dieu vivant », héritier d'une dynastie vieille de deux mille six cents ans, invaincue à ce jour par une puissance étrangère, était déjà suffisamment effroyable. Mais, en plus, ses généraux avaient délibérément pourri la situation, en l'encourageant à croire que les Américains avaient l'intention de détruire définitivement le « système impérial », de l'exiler ou de le juger, de déporter sa famille, peut-être même de prendre ses fils en otage et de les garder toute leur vie prisonniers aux Etats-Unis. Ces rumeurs s'étaient répandues à travers toutes les forces armées : elles allaient bientôt engendrer l'un des complots les plus romantiquement absurdes de l'histoire du Japon moderne. Parce qu'il avait le sentiment de ne pas avoir d'autre choix, Hiro-Hito, en dépit des preuves du contraire, se cramponnait encore à la conviction qu'une médiation de l'Union soviétique était le seul moyen d'éviter une capitulation inconditionnelle. Togo, aux Affaires étrangères, passa voir l'ambassadeur soviétique, Jakob Malik, pour lui faire comprendre que l'Union soviétique n'aurait pas affaire à des ingrats si elle acceptait de coopérer, et se heurta à une méprisante indifférence.

Dans cette conjoncture, l'empereur, comme il l'avait fait jadis, fit appel à Konoye en qui il voyait le seul homme capable de plaider la cause du Japon auprès de Molotov et le pria de se rendre à Moscou dans ce but.

Si Hiro-Hito avait su ce qui se tramait alors à Washington, peut-être aurait-il agi plus tôt et de façon plus décisive — épargnant ainsi la vie de toutes les victimes de Hiroshima et de Nagasaki. En effet, dix jours après la remise du rapport courageux et sensé de Kido concernant le besoin de mettre fin au conflit dans les plus brefs délais, Truman se réunit avec ses principaux adjoints afin de préparer la conférence de Potsdam qui devait avoir lieu le mois suivant. En dépit des sondages hostiles, qui indiquaient à quel point les Américains étaient désireux de voir l'empereur puni (trente pour cent se prononçaient en faveur de son exécution, trente-sept pour cent de son procès et de sa détention à perpétuité et sept pour cent seulement estimaient qu'il devait bénéficier d'une immunité spéciale ou devenir un simple fantoche), un influent « lobby de Tokyo », ayant à sa tête Grew et le ministre adjoint de la Guerre, John J. McCloy, fit valoir que Hiro-Hito devait rester sur le trône en qualité de monarque constitutionnel, à condition que le Japon renonçât au militarisme. Truman sortit de la réunion convaincu que la suggestion de McCloy — le président des Etats-Unis devait adresser à l'empereur un message personnel traçant les grandes lignes de cette proposition — méritait d'être étudiée et que si elle était repoussée ou ignorée par Hiro-Hito, mais uniquement dans ce cas, il conviendrait d'avoir recours aux bombes atomiques.

Konoye accepta de se rendre à Moscou. En son for intérieur, il ne se faisait aucune illusion sur sa mission, mais, comme il le confia à son secrétaire, Tomita, « je n'ai rien pu dire quand j'ai vu l'empereur. Lui qui est toujours tiré à quatre épingles est sorti de son abri anti-aérien hirsute, le visage pâle et affreusement défait ». Le prince espérait ressusciter le projet qu'il avait conçu, naguère, pour sa rencontre au sommet avortée avec Roosevelt. Afin d'empêcher l'armée de lui mettre des bâtons dans les roues, il suggéra à l'empereur de promulguer une proclamation impériale qu'il rédigerait lui-même depuis Moscou, ratifiant les termes de la paix qu'il espérait pouvoir mettre sur pied avec Molotov. Ainsi, les militaires se trouveraient devant un fait accompli. Tout comme celle de 1941, cette proposition démontrait amplement à quel point Konoye avait foi dans le caractère sacré des décisions de l'empereur et dans son autorité absolue.

Les Soviétiques firent traîner les choses tant qu'ils le purent. Sato, l'ambassadeur du Japon à Moscou, s'aperçut que Molotov était toujours « trop occupé » pour le voir. A cette date, les Alliés victorieux étaient en train d'établir l'ordre du jour de la conférence de Potsdam. Hiro-Hito n'avait aucun moyen de savoir que Staline avait une excellente raison de ne pas vouloir jouer les médiateurs pour obtenir une paix relativement favorable aux Japonais : sept mois auparavant, à Yalta, Roosevelt et Churchill l'avaient tous deux pressé d'entrer en guerre contre le Japon dès qu'il le pourrait après la défaite de l'Allemagne. A la conférence de Potsdam (en compagnie de Churchill et Truman), il savait bien qu'on lui demanderait d'établir un deuxième front contre le Japon. Il était prêt à le faire, mais le plus tard possible.

Les dirigeants alliés convergèrent vers Potsdam et à la veille de la première séance de travail (le 16 juillet), Truman apprit qu'une bombe atomique avait fait l'objet d'une expérience réussie au Nouveau-Mexique. Il le dit à Churchill dont la réaction immédiate fut de s'écrier que si Truman ordonnait l'utilisation de ces engins contre le Japon (et le Premier ministre britannique était convaincu qu'il ne devait pas hésiter à le faire), « nous n'aurons pas besoin des Russes ». Truman décida de ne pas mettre Staline au courant des détails de l'expérience, mais il mentionna, au passage, que l'Amérique disposait d'une nouvelle bombe très puissante dont il avait l'intention de se servir contre le Japon. Staline n'exprima qu'un intérêt de pure courtoisie. Il évoqua, cependant, l'offre de Konoye, que Truman connaissait déjà, grâce aux interceptions de *Magic*. Staline confia en outre au président américain que ses armées déclencheraient au début du mois d'août une attaque contre la Mandchourie, toujours occupée par les Japonais, et lui demanda quelle réponse il lui conseillait de donner à Konoye. Truman l'incita vivement à se fier à son propre jugement. Le dirigeant soviétique déclara alors qu'il préférait continuer à laisser traîner les choses. L'adjoint de Molotov finit donc par recevoir Sato, mais uniquement pour lui dire que la mission dont Konoye était chargé restait trop vague pour justifier sa venue en Union soviétique.

Le dernier soir de la conférence de Potsdam, on échangea un nombre impressionnant de toasts et Churchill, qui était loin de se douter qu'il n'avait plus que quelques heures à passer au pouvoir (le travailliste, Attlee, remporta les premières élections générales de l'après-guerre, le 26 juillet 1945), leva son verre et de sa voix tonitruante s'écria : « A notre prochaine réunion à Tokyo. »

L'ultimatum lancé conjointement au Japon par les Etats-Unis, la Grande-Bretagne et la Chine, sous le nom de Déclaration de Potsdam, aurait dû, en toute logique, permettre à Hiro-Hito de répondre de façon immédiate et positive, ce qui aurait donné à Truman l'occasion de reconsidérer sa décision de lancer des bombes atomiques contre Hiroshima et Nagasaki. Sans énoncer de concessions spécifiques, elle marquait un recul par rapport à la précédente communication (lors du sommet au Caire) exigeant la capitulation sans conditions du Japon, puisqu'elle ne réclamait que la « capitulation sans conditions de toutes les forces armées japonaises », ce qui n'était pas du tout la même chose. Une fois que les troupes nippones auraient rendu les armes, les trois nations s'engageaient à les « autoriser à regagner leurs foyers, en leur fournissant l'occasion de mener des vies paisibles et productives ». L'empereur n'était absolument pas mentionné, mais on pouvait, en lisant entre les lignes, comprendre que le « système impérial », une fois purgé des ingérences militaires, avait de bonnes chances d'être conservé. L'influence de Grew et McCloy sur la version définitive fut considérable : « Nous n'avons pas l'intention de réduire la race japonaise en esclavage, ni de la détruire en tant que nation, mais une justice sévère frappera les criminels de guerre, notamment ceux qui ont infligé des sévices à nos prisonniers. Le gouvernement japonais d'après-guerre éliminera tous les obstacles s'opposant à la renaissance et à la consolidation des tendances démocratiques parmi son peuple. La liberté d'expression, de religion et d'opinion, ainsi que le respect des droits fondamentaux de l'homme, seront établis. »

Le 27 juillet 1945, le Conseil suprême pour la conduite de la guerre se réunit pour étudier ce texte. Togo estimait qu'il ne serait pas sage de le rejeter, mais le Conseil suprême et les ministres, qui se consultèrent séparément cet après-midi-là, n'arrivaient pas à s'entendre sur la façon de présenter la Déclaration de Potsdam au peuple japonais, et aux forces armées. Le consensus qui se fit jour — on décida de communiquer à la presse, sans aucun commentaire, une version expurgée du texte et d'adopter une attitude attentiste, dans l'espoir de recevoir une réponse favorable des Soviétiques aux propositions de Konoye — garantissait déjà quasiment que Truman impatienté, interprétant cette réaction comme une preuve de mauvaise volonté, passerait aux actes et ordonnerait la première attaque atomique.

Ce n'était pas le pire, cependant. En effet, le 28 juillet, l'amiral Suzuki, au cours d'une de ses rares conférences de presse, résuma l'opinion de la majorité du gouvernement en annonçant sa décision de « *mokusatsu* » la Déclaration, c'est-à-dire de « la tuer par le silence » ou, selon une autre interprétation du mot, de « la traiter par le mépris silencieux ». Sur ordre du gouvernement, le quotidien *Asahi Shimbun* déclara que la Déclaration de Potsdam était une « démarche de peu de valeur ». Ni le Conseil suprême, ni le ministère en place, ni l'empereur ne pouvaient deviner que par l'emploi de ces termes regrettables et par la façon dont ils avaient censuré la version de la Déclaration communiquée à la presse — Washington ne mit pas longtemps à découvrir que la phrase clef (« Nous n'avons pas l'intention de réduire la race japonaise en esclavage, ni de la détruire en tant que nation ») avait été coupée — ils signaient l'arrêt de mort des victimes de Hiroshima et de Nagasaki.

L'état de choc qui avait paralysé un peu plus tôt la volonté de l'empereur s'étendit au gouvernement tout entier. Peut-être Hiro-Hito crut-il que cela valait la peine d'attendre une réponse soviétique, mais il était presque le seul : il est possible, toutefois, que les autres aient eu l'impression de gagner du temps, ce qui aurait permis à leurs adversaires de s'exprimer en termes plus explicites et de se montrer, notamment, plus rassurants sur l'avenir de l'empereur et du système impérial. Truman attendit un peu plus d'une semaine. Puis, comme aucune autre réponse ne paraissait devoir arriver de Tokyo, le 6 août, à huit heures quinze, l'*Enola Gay* survola Hiroshima et lâcha sa bombe atomique parachutée sur les habitants de la ville, si habitués aux vols des B-29 qu'en ne voyant que deux avions dans le ciel, ils crurent qu'il s'agissait d'une mission de reconnaissance et ne prirent même pas la peine de se réfugier dans leurs abris.

Ce ne fut que l'après-midi que les rapports détaillés concernant l'explosion atteignirent Tokyo, mais le QG de l'armée japonaise comprit immédiatement ce qui venait de se passer : les recherches nippones dans le domaine nucléaire étaient suffisamment avancées pour que les commandants militaires n'eussent pas le moindre doute. Et Truman, dans une déclaration d'un goût étrange, confirma leurs soupçons. « La source dont le soleil tire sa puissance, proclama-t-il, peut désormais totalement éclipser le pays du soleil levant, sur le trône duquel est assis un descendant direct d'Amaterasu O-Mikami, déesse du soleil. » Ce furent Togo et l'armée qui apprirent à Hiro-Hito la nature de la bombe. Une fois de plus l'empereur et tout son gouvernement parurent sombrer dans la catatonie, victimes d'une grave défaillance de volonté, car une journée entière se passa sans que la moindre tentative fût faite pour mettre fin à la guerre.

Ce ne fut donc que quarante-huit heures plus tard, après que Togo fut allé retrouver Hiro-Hito dans son bunker pour le supplier d'accepter au plus tôt les termes de la Déclaration de Potsdam, que l'empereur réagit. Au cours d'un entretien avec Kido, il déclara que sa propre sécurité n'avait aucune importance. Ce qui comptait, c'était de terminer immédiatement le conflit. Mais l'appareil gouvernemental était si lourd et si lent que l'on perdit encore des

376

heures précieuses. La réunion du Conseil suprême n'eut lieu que le 9 août. Ce matin-là, les troupes soviétiques franchirent la frontière et se déversèrent en Mandchourie et une seconde bombe atomique fut lancée sur Nagasaki. Il y avait à présent, dans l'esprit des dirigeants japonais, une très réelle possibilité de voir un troisième engin de mort s'abattre sur la capitale, annihilant du même coup la famille impériale et la majeure partie de la population. Lorsque le Conseil suprême de guerre se réunit cette après-midi-là, dans la chaleur étouffante du bunker souterrain, Suzuki annonça enfin qu'il n'y avait qu'une chose à faire : le Japon devait accepter les termes de la Déclaration de Potsdam.

Aussi incroyable que cela paraisse, trois des militaires siégeant à ce Conseil — le général Korechiko Anami, ministre de la Guerre, et les chefs d'état-major de l'Armée et de la Marine — croyaient être encore en mesure d'imposer aux Alliés leurs propres conditions. Comme l'ont noté les auteurs de l'admirable chronique de la capitulation, *Japan's Longest Day* (« Le jour le plus long du Japon »), ces trois hommes étaient encore psychologiquement incapables d'accepter la seule idée de la défaite et de la reddition, et leurs propositions revenaient à nier au niveau subliminal l'existence même de ces deux réalités. Après ce qui venait d'arriver, Anami faisait valoir que le Japon devait insister sur une force d'occupation minimale et exiger que les criminels de guerre fussent jugés par les tribunaux japonais et la démobilisation effectuée sans ingérence étrangère. « Nous ne pouvons prétendre que la victoire est certaine, mais il est encore beaucoup trop tôt pour dire que la guerre est perdue », déclara-t-il. Le général Umezu était de son avis. Une consternante dissension régnait au Conseil suprême — trois de ses membres étant prêts à accepter la Déclaration de Potsdam dans son entier et les trois autres s'y opposant.

Ce fut alors que Hiro-Hito, s'arrachant à ses inhibitions, décida d'agir : il convoqua Hiroshi Shimomura, ancien directeur de NHK, l'office national de radiodiffusion, devenu directeur de l'Information, et resta enfermé avec lui dans son bunker pendant deux heures. Ce soir-là, Shimomura confia à un de ses adjoints : « L'empereur a accepté de diffuser un message précisant à la nation si nous devons avoir la paix ou la guerre. » Plus tard, Hiro-Hito s'entretint avec Kido jusqu'à une heure avancée de la nuit. Il avait pris sa décision : il allait enfin faire jouer ses prérogatives impériales.

Plus tard encore, cette nuit-là, se déroula le plus dramatique de tous les *Gozen Kaigi,* dans la salle de conférence étouffante et sans air. Tout le monde transpirait à grosses gouttes, surtout les civils que le protocole obligeait à porter le costume de cour traditionnel : lourdes jaquettes noires, chemises empesées et pantalon rayés. Lorsque la réunion s'acheva, cependant, les visages ruisselaient non seulement de sueur, mais de larmes. On lut la Déclaration de Potsdam. Suzuki présenta à Hiro-Hito ses excuses officielles pour l'avoir prié d'honorer de sa présence une assemblée divisée. Puis il somma les ministres présents de parler. Togo recommanda avec insistance, comme il l'avait fait depuis le début, d'accepter les termes de la Déclaration. Yonai, le ministre de la Marine, fit brièvement chorus. Anami, reprenant ses arguments de la veille, mais avec une éloquence encore plus désespérée, réclama l'obtention de garanties pour la préservation du système impérial, l'autorisation pour les Japonais de procéder eux-mêmes aux poursuites contre leurs criminels de guerre et au désarmement de leurs soldats, et enfin la limitation sur le plan numérique des forces d'occupation. Umezu le soutint. Hiranuma, qui assistait d'office à tout *Gozen Kaigi* en tant que président du Conseil privé, questionna de très près les membres de l'armée et de la marine sur la possibilité d'une capitulation en bon ordre et parut, indirectement, se ranger du côté des « ultras ». Puis Toyoda ajouta sa voix à celles d'Umezu et Anami.

Alors, Suzuki se leva. Avec les habituelles et cérémonieuses circonlocutions de rigueur en présence de l'empereur, surtout en une occasion aussi solennelle, il pria humblement Hiro-Hito de trancher. On appelait le Commandement impérial « la voix de la grue », car il s'apparentait au cri de cet oiseau que l'on peut entendre à des kilomètres à la ronde, alors que celui qui le pousse est rarement visible. C'était à présent la « voix de la grue » qui devait décider si la nation japonaise allait survivre ou poursuivre la guerre jusqu'à son terme terrible et sacrificatoire, c'est-à-dire jusqu'à « la mort honorable de cent millions d'hommes ».

Hiro-Hito parla sans emphase. La prolongation de la guerre ne pouvait se solder que par l'annihilation de son peuple et par de nouvelles souffrances pour l'humanité entière. Il lui semblait clair que le Japon ne pouvait plus lutter, ni défendre ses côtes. « Il va sans dire qu'il m'est insupportable de voir mes loyaux soldats désarmés, mais l'heure est venue de supporter l'insupportable. Je donne mon accord à la proposition d'accepter la Déclaration de Potsdam selon les termes énoncés par le ministre des Affaires étrangères. » Tout en parlant, il semblait s'adresser à un seul homme : Anami. Bien qu'il n'existe aucun procès-verbal détaillé du déroulement de cette réunion, on devait apprendre par la suite que l'empereur, alors qu'il s'adressait aux autres ministres et généraux en employant leur titre, comme l'exigeait le protocole, appela Anami par son nom, le sollicitant personnellement, presque fraternellement. Hiro-Hito savait que c'était l'accord d'Anami qui comptait. C'était lui qu'il fallait convaincre d'accepter la décision de l'empereur, car c'était lui qui devrait à son tour convaincre l'armée de se soumettre. Il se trouvait que les deux hommes se connaissaient bien : dans les années vingt, Anami avait été l'un des aides de camp du souverain et ce dernier avait gardé de l'affection pour lui. Il lui avait souvent confié des tâches n'ayant rien à voir avec les affaires militaires ; par exemple, de dénicher des papillons rares à Taiwan pour la collection impériale. Sans attendre la réponse des onze hommes présents dans la pièce, Hiro-Hito se leva et sortit.

« La décision de Sa Majesté devrait être adoptée par tous les membres de la présente conférence », dit Suzuki. Tous les yeux étaient fixés sur Anami, qui se taisait. Le silence sous-entendait l'accord tacite de l'assemblée entière et la réunion fut ajournée, mais pas pour longtemps.

Selon la constitution, c'était le gouvernement en place qui devait prendre les mesures officielles en faveur de la paix et aussitôt les autres ministres rejoignirent, à la résidence officielle de Suzuki, leurs collègues ayant assisté au *Gozen Kaigi*. Un communiqué fut rédigé, acceptant les termes de la Déclaration de Potsdam, et chacun des ministres y apposa sa signature. Encore une fois, tous les regards convergèrent vers Anami lorsque ce fut à lui d'ajouter son nom : même alors, il aurait pu entacher le document de nullité en refusant de signer, car la décision du gouvernement devait être prise à l'unanimité. Mais l'empereur avait parlé et Anami était tenu d'obéir, même si cet ordre était pour lui, il le savait, un arrêt de mort. En le voyant parapher le document, ses collègues poussèrent un soupir de soulagement presque audible.

Trois heures plus tard, le câble suivant fut expédié vers les ambassades nippones à Berne et Stockholm, pour être transmis au plus vite à Washington, Londres, Moscou et Chungking :

« Le gouvernement japonais est prêt à accepter les termes énoncés dans la déclaration faite conjointement à Potsdam, le 26 juillet 1945, par les chefs des gouvernements des Etats-Unis, de Grande-Bretagne et de Chine, à laquelle a souscrit ultérieurement le gouvernement soviétique, *étant bien entendu que ladite déclaration ne comporte nulle demande risquant de porter préjudice aux prérogatives de Sa Majesté en sa qualité de souverain.* » (Les italiques sont de moi.)

C'était en effet la condition sine qua non à laquelle les militaires s'étaient cramponnés irréductiblement. Mais, de toute façon, tous ceux que l'on avait consultés, notamment Suzuki et Kido, s'étaient prononcés en faveur de son inclusion : elle fournissait en effet à Anami un puissant argument au cas où ses officiers refuseraient de rendre les armes, car si les Alliés la repoussaient explicitement, il avait arraché à Suzuki la promesse que le Japon continuerait la lutte. C'était aussi, notons-le, le premier pas dans la longue bataille livrée avec tant d'abnégation par les courtisans de Hiro-Hito pour préserver ce dernier des conséquences de la guerre et veiller à ce qu'il ne fît personnellement l'objet d'aucune poursuite, même si tous les autres membres de ce dernier *Gozen kaigi* devaient être inculpés de crimes de guerre.

Chapitre 22

C'était à présent au tour des Alliés de décider si l'assentiment du Japon aux conditions de sa capitulation suffisait. Après un débat transatlantique prolongé, ils répondirent par l'affirmative, tout en estimant qu'il fallait clarifier la partie concernant les « prérogatives du souverain ». Leur réaction câblée fut que « dès l'instant de la capitulation, l'autorité de l'empereur et des dirigeants japonais pour gouverner l'Etat sera soumise à celle du Commandant suprême des puissances alliées, qui prendra les mesures qu'il jugera convenables pour appliquer les conditions de la capitulation ». En outre, Truman voulait qu'il fût clairement stipulé que Hiro-Hito devrait prendre part en personne à la cérémonie officielle, mais le nouveau gouvernement britannique estima, avec la bénédiction de Churchill, que c'était aller trop loin, et proposa plutôt que « l'empereur autorisera et garantira la signature des conditions de la capitulation par le gouvernement et le commandement militaire du Japon ». Truman ratifia cette nouvelle formule, de même que Chiang Kai-shek.

Aussi incroyable que cela paraisse, au Japon même, rien de tout cela, fût-ce la décision de capituler, n'avait encore été rendu public, car on n'avait pas encore trouvé le moyen d'annoncer à la population la décision du gouvernement ; la situation était rendue encore plus confuse par deux communiqués tout à fait contradictoires. L'un, émis par le ministère de la Guerre au nom du général Anami, le 10 août, mais sans son autorisation spécifique (il fut rédigé par un groupe d'officiers d'état-major subalternes, de tendance « ultra ») annonçait qu'il n'y avait qu'un choix possible :

381

« Nous devons continuer la lutte jusqu'à la victoire finale, afin de préserver notre régime politique sacré... même si nous devons pour cela manger de l'herbe et vivre dans les champs. » L'autre, approuvé par le gouvernement, différait considérablement, mais sans donner davantage d'informations, puisqu'il se contentait de laisser supposer qu'une décision cruciale allait être prise : « Le gouvernement fera tout son possible pour défendre le sol natal et préserver l'honneur du pays, déclarait-il, mais il espère que les cent millions de Japonais se montreront à la hauteur de la situation, surmontant tous les obstacles qui se dresseront sur leur chemin vers la préservation de notre organisation politique nationale. » A l'intention des étrangers exclusivement, l'agence de presse *Domei* fut autorisée à diffuser, en morse, le texte intégral de la réponse envoyée par le gouvernement nippon à Berne et Stockholm. Parmi les aides de camp de Hiro-Hito, une discussion faisait rage quant à la signification de la réponse des Alliés : tous, y compris ceux qui étaient les plus désireux de mettre fin au conflit, savaient que l'armée aurait beaucoup de mal à l'accepter.

A l'intérieur du ministère de la Guerre, l'atmosphère n'était pas sans rappeler celle des heures grisantes de l'insurrection du « 2/26 » : des officiers surexcités se réunissaient par petits groupes dans des bureaux bondés ; des colonels et des capitaines « ultras » faisaient le siège d'Anami et du président du Conseil privé, le baron Hiranuma, et d'autres tentèrent même d'obtenir le soutien du prince Mikasa en faveur d'une poursuite de la lutte jusqu'au sacrifice final. En réalité, des projets de « coups d'Etat » dans la plus pure tradition de « 2/26 », mettant à contribution la division de la Garde impériale et certains éléments du haut-commandement du corps d'armée de l'Est, étaient déjà en cours, sous l'égide d'une tête pensante, celle du commandant Kenji Hatanaka, membre du bureau des affaires militaires au ministère même, secondé par le lieutenant-colonel Masahito Takeshita, beau-frère du général Anami, par le commandant Koga, gendre de l'ex-Premier ministre Tojo, et par plusieurs autres officiers influents appartenant aux échelons intermédiaires de la hiérarchie militaire.

Les généraux soupçonnaient l'existence d'une conspiration de ce genre. Le général Yoshijiro Umezu, chef d'état-major de l'armée, contacté par quelques officiers subalternes de l'état-major, fit clairement savoir qu'il refusait de prendre part au moindre complot. Anami en fit autant, car il eût ainsi trahi sa promesse à l'empereur, crime encore plus odieux que la capitulation même. Toutefois, durant les quarante-huit heures suivantes, Anami, soumis à une pression constante de la part d'officiers hystériques dont il partageait le point de vue, vacilla ; quant aux chefs d'état-major de la Marine et de l'Armée, tarabustés par des groupes de jeunes officiers d'état-major, ils allèrent trouver Togo et le supplièrent de changer d'avis en ce qui concernait les conditions de la capitulation.

En plus des bombes, les B-29 lâchaient désormais des tracts en japonais, où figurait le texte de la dernière réponse des Alliés. Etant donné le tumulte qui régnait dans les rangs de l'armée, cela pourrait avoir des conséquences catastrophiques, à moins que l'on n'expliquât à la population ce qui se passait. Kido persuada l'empereur que le seul moyen d'empêcher un coup d'Etat militaire était d'organiser un nouveau *Gozen Kaigi,* afin d'obtenir une fois pour toutes la soumission des généraux et des amiraux dont la résolution chancelait.

La réunion eut lieu encore une fois dans la salle de conférence souterraine, le 14 août au matin. Après avoir écouté l'amiral Toyoda et le général Anami, qui réitéraient leurs appels en faveur d'une prolongation de la lutte, Hiro-Hito, en uniforme de l'armée, essuya avec un mouchoir blanc son visage dégoulinant de sueur. Emacié, épuisé, hébété par le manque de sommeil et inquiet à juste titre sur son propre sort, il accomplit néanmoins son devoir avec une retenue véritablement royale, qu'étayait une éloquence posée, mais pleine d'autorité. Ce fut, sans aucun doute, son heure de gloire.

« J'ai écouté avec attention, dit-il, tous vos arguments... Ma propre opinion reste inchangée. Je vais à présent la réaffirmer. » En poursuivant la guerre, on ne gagnerait rien qu'un surcroît de destruction. Par leur réponse, les Alliés avaient « reconnu notre prise de position. Bref, je la tiens pour acceptable. Bien que certains d'entre vous paraissent anxieux quant à la préservation de notre structure nationale, je crois que la réponse des Alliés prouve amplement les bonnes intentions de l'ennemi... C'est pourquoi je suis partisan de l'accepter. Je comprends pleinement, continuait-il, à quel point il sera pénible pour les officiers et les hommes de l'armée et de la marine de se résigner à rendre leurs armes et à voir leur pays occupé... Je ne me soucie pas de ce qui peut m'arriver personnellement. Je veux préserver les vies de mes sujets. Je ne veux pas les voir subir de nouveaux ravages. Il m'est pourtant très douloureux de voir mes loyaux soldats désarmés et mes fidèles ministres châtiés en tant que criminels de guerre ».

Toutefois, continuer les hostilités, c'était détruire le Japon et « telles que se présentent actuellement les choses, la nation a encore une chance de se remettre... Comme le peuple du Japon ne se doute pas de la gravité de la situation, je sais qu'il sera profondément frappé en apprenant notre décision. Si l'on juge préférable que je leur expose personnellement l'affaire, je suis prêt à me présenter devant les micros... Je suis disposé à faire tout ce qui sera nécessaire pour expliquer notre geste. Je souhaite que le gouvernement prépare dès que possible une proclamation impériale annonçant la fin de la guerre ». Sans attendre les commentaires, il quitta la salle. Certains des ministres étaient tombés à genoux et se prosternaient le front contre terre. Tous étaient en larmes et leurs sanglots emplissaient l'air.

Il n'y avait plus rien à dire. Après cet ultime *Gozen Kaigi* du temps de guerre, Hiro-Hito se montra parfaitement maître de lui, annonçant calmement à Kido, quelques instants après, qu'il était prêt à se rendre au ministère de la Guerre et à celui de la Marine pour parler en personne aux officiers rebelles, si cela devait servir à quelque chose. Il pria aussi Kido de se mettre en rapport avec Shimomura, le directeur de l'Information, pour lui dire qu'il serait prêt à enregistrer son message un peu plus tard dans la journée.

Il était en effet impensable que l'empereur pût parler à la radio en direct ; par conséquent, une équipe technique improvisée fut rassemblée dans les locaux du NHK. Elle allait être chargée de graver un disque du discours impérial, qui serait ensuite retransmis. Sa tâche était si urgente qu'on annonça à ceux qui en faisaient partie qu'ils ne seraient pas obligés d'endosser la jaquette et le pantalon rayé de rigueur. Les vêtements informes de l'uniforme civil, que portaient presque tous les Japonais (le *kokominfuku*), suffiraient.

Après le dernier *Gozen Kaigi* de l'empereur, l'un des leaders du complot, le lieutenant-colonel Takeshita, parvint à joindre son beau-frère, le général Anami, dans le bureau du Premier ministre, et fit une dernière tentative pour le persuader de changer d'avis et de prendre la tête du « coup d'Etat » permettant de neutraliser les « traîtres » qui entouraient l'empereur et de poursuivre la guerre. Leur entretien eut lieu juste avant le conseil des ministres où devait être officiellement entérinée la proclamation impériale mettant fin au conflit.

Anami refusa. « L'empereur a pris sa décision, dit-il. Je ne peux plus rien faire. En tant que soldat japonais, je dois obéir à mon souverain. » Takeshita lui demanda alors, comme une dernière grâce, de bien vouloir démissionner. Etant donné que la décision ministérielle d'émettre la proclamation devait être prise à l'unanimité, le conseil ne pourrait avoir lieu normalement et serait retardé jusqu'à ce qu'on eût trouvé un nouveau ministre de la Guerre — c'est-à-dire sans doute indéfiniment. « La guerre prendra fin même si je démissionne, rétorqua Anami. Et si je le faisais, je ne reverrais plus l'empereur. » Après le conseil des ministres, durant lequel tous les regards se portèrent une fois de plus sur Anami, car certains de ses collègues avaient le sentiment qu'il était capable de donner sa démission à l'improviste, le soulagement fut général de voir la réunion se terminer sans qu'il eût prononcé la moindre parole. Le ministre de la Guerre regagna alors son bureau.

De même que son collègue de la Marine, il s'était engagé à faire respecter les ordres de l'empereur. Il rédigea donc une brève déclaration : « Les forces impériales agiront strictement en conformité avec la décision de Sa Majesté l'empereur », et la fit signer par tous les officiers supérieurs et les hauts fonctionnaires de son ministère. Après quoi, il harangua brièvement ses subordonnés, leur expliquant la décision du souverain : « Vous autres, officiers, devez bien comprendre que la mort ne saurait vous dispenser de faire votre devoir, commença-t-il. Ce devoir est de rester en vie et de faire de votre mieux pour aider votre pays à suivre la voie du rétablissement, même si cela vous oblige à ruminer de l'herbe, à manger de la terre et à dormir dans les champs. » Bref, il leur demandait de ne pas suivre la voie du *bushido* en commettant le *seppuku* rituel ; toutefois il avait dit « vous autres, officiers » et non « nous autres » et cela signifiait, pensèrent aussitôt ceux qui l'écoutaient, que pour Anami il n'était pas question de survivre à la capitulation.

L'un des membres de l'équipe du NHK chargée d'enregistrer le discours de l'empereur se nommait Shizuto Haruna ; il avait à l'époque vingt-trois ans et il a gardé un souvenir très net de cette journée. Une voiture du palais vint chercher les six techniciens à quatorze heures et ils commencèrent à tout installer dans deux pièces mises à leur disposition au ministère de la Maison impériale, un bâtiment néo-xviiie assez quelconque, proche de la porte Sakashita. Dans la pièce où l'empereur devait prononcer son discours, on plaça un grand micro lui permettant de parler debout ; dans la pièce voisine, les spécialistes de la radio disposèrent les lourdes machines servant à graver les disques. Une table d'écoute était prévue, pour que l'empereur pût entendre son enregistrement. « Nous avons attendu pendant des heures », s'est rappelé Haruna. A dix-huit heures, on leur servit un repas, dans la vaisselle du palais marquée de l'emblème du chrysanthème, puis il y eut une alerte aérienne et les lumières furent mises en veilleuse. Un signal marqua ensuite la fin de l'alerte, mais l'empereur n'arrivait toujours pas. Il y avait eu un contretemps de dernière minute : le responsable en était le général Anami.

Dans le bureau du Premier ministre, en effet, l'équipe d'adjoints et de ministres chargée de préparer le texte qui serait diffusé le lendemain s'était enlisée dans une discussion interminable à cause d'une simple petite phrase. A l'origine, on avait prévu de faire dire à l'empereur : « La situation militaire nous est de plus en plus défavorable avec chaque jour qui passe. » Or, Anami déclara tout net qu'il était hors de question qu'il signât un tel texte, car cela revenait ni plus ni moins à admettre que tous les précédents communiqués du ministère de la Guerre n'avaient été que des tissus de mensonges. « Nous n'avons toujours pas perdu la guerre », répéta-t-il avec insistance. Il ne paraissait pas se rendre compte de tout ce que la situation avait d'urgent et semblait même savourer intérieurement l'irritation qu'il suscitait. Après des heures passées à palabrer, coupées par une seule brève interruption, le comité de rédaction accepta de changer la phrase et d'écrire : « La situation militaire a évolué, mais pas à l'avantage du Japon. »

Au palais, Hiro-Hito commençait à s'impatienter : il demanda à plusieurs reprises à ses chambellans si le texte était en route. Kido trouva le temps de mettre les princes Takamatsu et Mikasa au courant des événements de la journée et il reçut aussi Konoye qui était venu le voir pour l'avertir de certaines rumeurs qu'il avait entendues, annonçant un coup d'Etat. « Tout cela ne me plaît guère, dit-il à Kido. Les bruits qui me sont parvenus concernant la division de la Garde impériale m'inquiètent assez. » La première division de la Garde impériale, dont la caserne était à l'arrière du palais, près de la porte Inui, était placée sous le commandement du lieutenant-colonel Takeshi Mori, dit « le moine » en raison de son sens exacerbé du devoir et de son crâne rasé. Elle était responsable de la sécurité personnelle de l'empereur et l'un de ses bataillons montait en permanence la garde autour du palais. Kido assura au prince qu'Anami contrôlait parfaitement l'armée. Il transmit toutefois le message de Konoye au premier aide de camp de Hiro-Hito, lequel contacta aussitôt Mori ; ce dernier lui déclara que ses hommes étaient, certes, « perturbés », mais qu'il n'était absolument pas au courant d'un coup d'Etat imminent. Konoye avait raison pourtant, et Mori était mal informé : plusieurs officiers de la Garde impériale s'étaient en effet ralliés à la conspiration du commandant Hatanaka, parmi eux deux hommes occupant des postes importants, le commandant Koga (qui avait sous ses ordres un bataillon entier) et le commandant Ishihara, officier d'état-major.

Tout en attendant d'enregistrer son discours, Hiro-Hito partit faire son habituelle promenade du soir dans le parc du palais. Lorsqu'il regagna sa bibliothèque, il y trouva le Premier ministre Suzuki, mais celui-ci était simplement venu le prier d'excuser le retard dans la préparation de la proclamation. Elle n'était pas encore tout à fait prête, dit-il d'un ton confus.

Finalement, vers dix-neuf heures trente, le texte du discours de capitulation était enfin terminé à la satisfaction de tous, mais l'exemplaire qu'on apporta au palais était plein de ratures et de rajouts, si bien qu'il allait être nécessaire de le copier sur un papier spécial, en veillant à le calligraphier impeccablement. Cela demanderait encore du temps. De toute évidence, la radiodiffusion ne pourrait avoir lieu ce jour-là et l'on fixa un nouvel horaire. Le ministre des Affaires étrangères, Togo, désireux de voir l'affaire réglée dans les plus brefs délais, suggéra sept heures le lendemain matin. Anami protesta : il avait besoin de vingt-quatre heures de délai, afin d'avoir le temps de transmettre le texte à toutes les troupes japonaises à l'étranger, en même temps que les commentaires et explications du ministère de la Guerre. On finit par transiger et on décida que midi, le 15 août, serait l'heure optimale. Cela laisserait en outre le temps de rétablir momentanément le courant électrique dans tout le Japon et de lancer des messages appropriés à la radio pour avertir par avance la population.

La « bonne copie » du texte fut enfin soumise à Hiro-Hito qui

la lut soigneusement dans sa bibliothèque et, à sa façon méticuleuse, se mit en devoir de la remanier à son idée. Il fit en tout cinq
corrections, corrigeant notamment une nouvelle fois la phrase qui
avait causé un tel retard : « La situation militaire a évolué, mais
pas *nécessairement* à l'avantage du Japon ». A l'occasion d'une
ultime révision du texte, un chambellan remarqua une grave faute
de grammaire dans la phrase faisant allusion à la bombe de
Hiroshima. Exceptionnellement, en raison du caractère urgent de
l'affaire, on décida de ne pas récrire entièrement le document,
mais de coller une bande de parchemin à l'endroit voulu.

Après quoi, le texte dûment amendé fut renvoyé chez le
Premier ministre, qui fit la grimace en constatant qu'il ne s'agissait
pas d'une copie parfaitement propre. Il le retourna à l'empereur
pour qu'il y apposât son sceau impérial. Ensuite, une seconde
copie du texte corrigé repartit vers les bureaux du Premier
ministre, où tous les ministres devaient le contresigner. Anami
s'exécuta sans même prendre la peine de le lire, puis il regagna
directement son bureau du ministère de la Guerre. Il rédigea alors
sa propre lettre de démission et se mit en devoir de vider son
bureau.

La proclamation était désormais officielle et les fonctionnaires
du ministère des Affaires étrangères pouvaient rédiger, pour
annoncer au monde extérieur la capitulation du Japon, un projet
de câble annonçant : « Sa Majesté l'empereur a promulgué une
Proclamation impériale concernant l'acceptation par le Japon des
clauses de la déclaration de Potsdam. Sa Majesté est prête à
autoriser et à garantir la signature, par son gouvernement et le
commandement militaire impérial, des conditions nécessaires à
l'application des clauses de la déclaration de Potsdam. Sa Majesté
est aussi prête à donner ses ordres à toutes les autorités militaires,
navales et aériennes du Japon et à toutes les forces placées sous
leur contrôle, où qu'elles se trouvent, afin qu'elles cessent les
opérations actives, qu'elles rendent les armes et qu'elles émettent
tous les autres ordres que pourra exiger le commandant suprême
des forces alliées pour l'exécution des conditions susmention-
nées. » De même que l'acceptation qui l'avait précédé, ce câble fut
envoyé aux ambassades de Berne et de Stockholm d'où il devait
être répercuté aux gouvernements des Etats-Unis, de la Chine, de
la Grande-Bretagne et de l'URSS.

Dans tout Tokyo, on vit briller des feux : il ne s'agissait pas des « fleurs d'Edo », dues aux bombes incendiaires, mais d'énormes brasiers allumés à l'intérieur du palais et dans les cours des ministères et du QG de l'armée. On détruisait tous les documents et les dossiers confidentiels.

Il était à présent vingt-deux heures passées et l'équipe du NKH attendait toujours. Hiro-Hito était prêt à enregistrer, mais ses aides de camp suggérèrent qu'il ferait mieux de rester dans sa bibliothèque, prêt à descendre dans son abri, au cas où les B-29 reviendraient. S'il n'y avait pas d'alerte dans les heures qui suivaient, il pourrait alors se rendre en toute sécurité jusqu'au bâtiment tout proche qui abritait le ministère de la Maison impériale.

Dans les bureaux du Premier ministre, Suzuki avait organisé une dernière réunion afin de regrouper les lettres de démission de ses ministres et de préparer la voie au nouveau gouvernement d'après-guerre. Un peu plus tard, Anami vint lui présenter ses excuses pour lui avoir causé tant de soucis : « Mon principal objectif a toujours été la préservation de notre système politique national », déclara-t-il.

Suzuki s'efforça de le rassurer : « La Maison impériale sera préservée. L'empereur est en sécurité. Bientôt, nous le verrons en train de prier les esprits de ses ancêtres.

— J'ose espérer qu'il ne lui arrivera rien, répondit Anami.

— Je ne suis pas indûment pessimiste en ce qui concerne l'avenir du Japon, dit Suzuki. Si l'empereur et le peuple restent unis, le Japon se remettra. »

Anami lui tendit alors une boîte de cigares de Sumatra, enveloppée dans un papier, qu'un général de ses amis lui avait envoyée des Indes néerlandaises. « Je ne fume pas, dit-il. Je tiens à les offrir au Premier ministre. » Il salua et quitta le bureau de Suzuki. Ce dernier dit à un de ses adjoints : « Je crois que le ministre de la Guerre est venu nous faire ses adieux. »

Il était presque minuit quand les chambellans, les hauts fonctionnaires du NHK et le ministre de l'Information se dirigèrent vers le studio d'enregistrement installé au deuxième étage du ministère de la Maison impériale. On ne présenta pas à l'empereur les techniciens du NHK, mais il demanda sans faire de façons : « Comment dois-je parler ? » Shimomura lui répondit que le ton de la conversation ordinaire ferait très bien l'affaire. « Comme ceci, ça va ? » demanda Hiro-Hito.

Le pénible processus de gravure de disques commença : l'ingénieur en chef mit d'abord la machine en route, puis il fit signe au fonctionnaire du palais qui se tenait dans l'embrasure de la porte pour lui indiquer que l'on pouvait lancer l'enregistrement. Le fonctionnaire en question s'inclina vers Shimomura qui répercuta la courbette en direction de l'empereur qui attendait, son texte à la main. Le chambellan fit un bref essai de voix à la place du souverain, pour s'assurer que tout fonctionnait normalement, puis Hiro-Hito commença à lire son discours.

« Personne n'avait jamais entendu la voix de l'empereur, m'a dit par la suite Haruna. Dans le passé, on nous avait dit que s'il nous arrivait jamais, par mégarde, d'enregistrer sa voix lors d'une cérémonie officielle, ça nous coûterait très cher. Alors, comme j'étais dans un état de grande nervosité, je n'ai pas prêté grande attention à la signification des paroles qu'il prononçait. J'avais mon casque sur les oreilles et je me préoccupais beaucoup plus du niveau sonore que du contenu du discours, mais j'ai quand même saisi l'essentiel. Il a parlé pendant trois minutes environ, et nous faisions deux gravures simultanées. Nous avions des tas de disques vierges — une bonne soixantaine en tout. »

Après la gravure du premier disque, Hiro-Hito s'enquit d'un ton dégagé : « Faut-il que je recommence ? » « Jamais nous n'aurions osé le lui demander, a précisé Haruna ; d'ailleurs la première prise était excellente. » Shimomura s'inclina, néanmoins, pour marquer son assentiment et l'empereur fit une seconde lecture. La seconde prise ne fut pas aussi bonne que la première, s'est rappelé Haruna. La voix était plus stridente et, à un endroit, le souverain bafouilla. Lorsqu'il eut terminé, Hiro-Hito déclara : « Je suis tout à fait disposé à recommencer. » On lui fit écouter les deux versions et on décida d'utiliser la première.

L'empereur repartit aussitôt, en voiture, pour regagner sa bibliothèque toute proche. Un fonctionnaire du palais annonça aux techniciens du NHK qu'ils pouvaient, s'ils le souhaitaient, passer le reste de la nuit dans le dortoir du ministère de la Maison impériale, mais ils étaient tous désireux de rentrer chez eux. De toute façon, leur travail n'était pas encore terminé : il fallait démonter et ranger dans de lourdes boîtes tout le matériel d'enregistrement. Ils venaient tout juste de s'y mettre, lorsqu'on entendit hurler une sirène : la dernière attaque des B-29 au-dessus de Tokyo était sur le point de commencer et Hiro-Hito se prépara à passer une nouvelle nuit blanche dans son abri irrespirable. Les quatre disques furent enfermés dans des boîtes métalliques, puis dans deux sacs en coton. Un chambellan, Yoshihiro Tokugawa, descendant du célèbre clan de *shoguns* dont les membres avaient jadis été plus puissants que les ancêtres de Hiro-Hito, les enferma dans un petit coffre-fort dans l'un des bureaux du palais, plutôt que de prendre le risque de les envoyer jusqu'aux locaux du NHK en plein milieu d'une attaque aérienne.

Le texte du discours de l'empereur fut communiqué à l'agence *Domei* et à tous les grands journaux, avec la recommandation de ne rien publier tant que la radiodiffusion n'aurait pas eu lieu, le lendemain.

Tandis que l'équipe du NHK pliait bagages et que le ministre de l'Information, Shimomura, savourait une dernière tasse de thé vert avec un des chambellans du palais, les chefs du coup d'Etat lançaient leur tentative désespérée : le commandant Hatanaka et son principal complice, le capitaine Shigerato Uehara, de l'école de l'Air, se rendirent chez le général Mori au QG de la Garde impériale. Avec la foi aveugle des fanatiques, ils croyaient pouvoir le convaincre de se joindre à eux. Mori était dans son bureau, en train de bavarder avec son beau-frère, le lieutenant-colonel Shiraishi. Lorsque le général refusa avec colère de prendre part au coup d'Etat, Hatanaka le tua d'un coup de revolver, tandis que Uehara décapitait Shiraishi avec son épée. Ensuite, avec l'aide d'un officier de la Garde membre de leur complot, ils apposèrent le sceau de Mori sur un ordre officiel, préparé à l'avance, enjoignant à la division entière d'encercler le palais pour le couper de l'extérieur et d'en faire autant pour les locaux du NHK.

Les commandants ultra-disciplinés des différents régiments, n'ayant pas la moindre idée de ce qui s'était réellement passé, crurent obéir aux ordres de Mori et rassemblèrent aussitôt leurs hommes. Certains des membres haut placés de l'équipe du NHK, qui n'avaient pas attendu que les techniciens eussent fini leur travail, furent arrêtés en quittant l'enceinte du palais et détenus dans la salle des gardes de la division. Il y avait des soldats dans tous les coins, car le bataillon du commandant Koga avait d'ores et déjà pénétré dans le parc sans aucun ordre officiel ; lorsque Haruna et le reste de l'équipe technique sortirent du ministère de la Maison impériale, ils furent eux aussi interpellés et incarcérés dans la salle où se trouvaient déjà leurs collègues. Comme en février 1936, le palais était désormais isolé du monde extérieur.

Hatanaka savait que l'empereur avait déjà enregistré son discours de capitulation ; il savait aussi, après avoir interrogé les employés du NHK (maintenant prisonniers) à leur sortie du ministère de la Maison impériale, que les disques devaient toujours se trouver quelque part à l'intérieur du palais, mais où ? A ce stade de l'insurrection, son but était d'empêcher la radiodiffusion du message. C'était la première phase, car il avait aussi formé le projet, avec certains de ses amis de l'armée de l'air, de la marine et d'autres unités de l'armée, notamment la Garde de Yokohama, de lancer un appel à la résistance « jusqu'au-boutiste » et, comme pour « 2/26 », d'assassiner les « traîtres » qui avaient donné de si « mauvais conseils » à l'empereur. Les deux cibles principales étaient Kido et Suzuki.

Les officiers rebelles coupèrent les lignes téléphoniques du palais et partirent à la recherche des disques. Des officiers et sous-officiers de la Garde impériale se mirent à fouiller brutalement les lieux, terrorisant les fonctionnaires du palais. Kido et le ministre de la Maison impériale, Ishiwatari, qui se doutaient qu'ils devaient figurer sur la « liste noire » des rebelles, se cachèrent dans la chambre forte du palais, au moins aussi solide que celle d'une grande banque. Tokugawa, le chambellan, fut violemment frappé par un officier de la Garde pour s'être montré « irrespectueux ». Toutefois, les insurgés ne découvrirent pas les disques et durant les premières heures du matin, alors que tous ces événements pre-naient place, l'empereur dormit paisiblement, sans se douter que les membres de sa Garde impériale grouillaient à travers toute l'enceinte du palais. Ses chambellans se regroupèrent devant l'entrée de l'abri anti-aérien et se consultèrent pour savoir s'ils devaient le réveiller pour lui annoncer ce qui se passait. Ils décidèrent finalement de le laisser dormir. En l'occurrence, l'empereur, poursuivi par l'insomnie tout au long des derniers mois de la guerre, était déjà éveillé lorsqu'ils se mirent à chuchoter ; il entendit le sourd murmure de leur conversation et se demanda ce qui se passait.

Tandis que la Garde impériale fouillait le palais, le général Anami faisait ses derniers préparatifs pour l'ultime et complexe cérémonial du *seppuku*. Son beau-frère, le lieutenant-colonel Takeshita, avait été envoyé chez lui pour essayer une dernière fois de le persuader de se joindre aux rebelles. Il le trouva de fort

L'entrée en guerre contre les Etats-Unis, la Grande-Bretagne et la Hollande, le 7 décembre 1941, par l'anéantissement de la flotte américaine à Pearl Harbour, quarante-cinq minutes avant la déclaration de guerre japonaise, provoque l'indignation. Après la mainmise sur le Pacifique, le recul : seuls les kamikazes retardent la poussée inexorable des alliés. *(Cl. U.S.I.S./Arch. E.R.L.)*

Le paquebot japonais *Tatsuta Maru* quitte le Japon le 2 décembre 1941 pour Los Angeles. C'est une ruse pour faire croire que la guerre n'aura pas lieu. Les passagers américains et britanniques seront débarqués à Yokohama quinze jours plus tard. *(Cl. Mainichi Newspapers/Orion Press.)*

A cause des bombardements, les conférences impériales se tiendront, à partir de 1944, dans le bunker du palais. C'est ici que Hiro-Hito prendra la décision de se soumettre à la déclaration de Potsdam réclamant la reddition sans conditions des armées japonaises. *(Cl. Lapi/Roger-Viollet.)*

Manquant d'abris collectifs, les civils, eux, mourront par centaines de milliers dans Tokyo et autres grandes villes ravagées par les raids massifs des B. 29 américains. *(Cl. Keystone.)*

Le 27 septembre 1945, Hiro-Hito se rend à l'ambassade américaine pour saluer le commandant en chef des forces d'occupation alliées, le général Douglas MacArthur. Selon un témoin, l'empereur s'inclinera très bas, « comme un serviteur ». Il s'offrira en otage à la place de tous les criminels de guerre mais MacArthur en fera un collaborateur et un partenaire pour mener à bien une politique de coopération amicale. *(Cl. Mainichi Newspapers/Orion Press.)*

Le prince Konoye, ami intime de Hiro-Hito et ancien Premier ministre, qui avait essayé d'empêcher la guerre contre les Etats-Unis, se tue en décembre 1945 plutôt que de subir une condamnation injuste. *(Arch. E.R.L.)*

Ancien aide de camp de l'empereur, le général Honjo, dont le journal intime apporte des précisions révélatrices sur l'histoire du Japon pendant les années 30, se fait hara-kiri en août 1945. *(Cl. Mainichi Newspapers/Orion Press.)*

LES SACRIFIÉS

Le général Sugiyama, chef d'état-major de l'armée jusqu'en 1944, témoin du rôle de l'empereur dans la préparation de la guerre, se tue en août 1945. *(Cl. Mainichi Newspapers/Orion Press.)*

L'amiral Yamamoto, artisan de Pearl Harbour, ne croyait pas à la victoire japonaise. Il fut abattu en avion en avril 1943. *(Cl. Mainichi Newspapers/Orion Press.)*

Le marquis Kido, éminence grise de Hiro-Hito, rapporta dans son journal intime de multiples précisions sur le comportement de l'empereur ; condamné comme criminel de guerre, il sera gracié en 1952.
(Cl. Mainichi Newspapers/Orion Press.)

Hideki Tojo, partisan effréné de l'expansionnisme japonais et de la guerre à outrance, sera Premier ministre à partir de 1941. Condamné à mort, il sera pendu en décembre 1948.
(Cl. Mainichi Newspapers/Orion Press.)

Mais les plus grands criminels échapperont à la justice : le général Kesago Nakajima, véritable artisan des massacres de Nankin de 1937, mourra paisiblement dans son lit, enrichi par ses pillages...
(Cl. Mainichi Newspapers/Orion Press.)

... tandis que le général Shiro Ishii, qui crée l'« unité 731 » qui a fait du Japon le pionnier mondial dans le domaine de la guerre chimique et bactériologique, bénéficiera d'une mystérieuse mansuétude de la part de MacArthur.
(Cl. Mainichi Newspapers/Orion Press.)

LES RESCAPÉS

Créé par décret portant le Sceau impérial, l'« Unité 731 » basée en Manchourie, avait des antennes dans chaque unité combattante et dans chaque capitale occupée. Des milliers de cobayes humains chinois, coréens et russes blancs pour la plupart périrent dans le laboratoire secret du Ping Fang, au sud de Harbin, dans des conditions atroces. *(Cl. Mainichi Newspapers/Orion Press.)*

A partir de la fin de la guerre, Hiro-Hito, de « Dieu vivant » devint monarque constitutionnel. Pour la première fois, ses sujets pouvaient le regarder sans baisser les yeux. Les autorités américaines l'encouragèrent à se montrer et à projeter une image de citoyen démocratique... *(Cl. Mainichi Newspapers/Orion Press.)*

... pendant que le tribunal international militaire pour l'Extrême-Orient jugeait vingt-sept accusés, tous d'anciens proches de Hiro-Hito, dont il se distancia rapidement. *(Cl. Mainichi Newspapers/Orion Press.)*

Passionné de sciences naturelles, Hiro-Hito ne manquait pas une occasion de surveiller les récoltes de riz dans la ferme impériale — cette inspection ayant d'ailleurs une signification religieuse dans le rite shintoïste. *(Cl. Keystone et SIPA-Press.)*

Avec la normalisation du Japon et de début de la prospérité d'après-guerre, la famille impériale tint à ressembler le plus possible à la bourgeoisie japonaise. Cette campagne magistrale de relations publiques, destinée à préparer le retour de Hiro-Hito sur la scène internationale et à le rendre sympathique à ses anciens ennemis, fut une réussite totale, comme en ont témoigné les condoléances exprimées par les chefs d'Etat du monde entier après sa disparition. *(Cl. SIPA-Press.)*

L'ultime adieu de Hiro-Hito à son peuple eut lieu le 29 avril 1988, jour de son quatre-vingt-septième anniversaire. Exceptionnellement, à chaque anniversaire, ainsi qu'à chaque nouvelle année, la foule était admise à l'intérieur du palais impérial. L'empereur, saluant la foule, lui souhaitait une vie heureuse et la remerciait de son accueil. (Cl. SIPA-Press.)

Le nouvel empereur, Akihito avec, à ses côtés, l'impératrice Michiko, lit sa déclaration annonçant la nouvelle ère "Heisei", « l'état de paix retrouvée ». Le défunt Hiro-Hito est désormais passé dans l'histoire sous le nom de « empereur Showa ». (Cl. Sygma.)

*L'iconographie de cet ouvrage a été réunie
par Colette Laly, à Paris et à Tokyo.*

bonne humeur, en train de boire du saké, s'apprêtant à mourir en vrai *samurai*. Il ne semblait, toutefois, pas pressé d'en finir et se mit à parler, avec détachement, du passé. A cette heure, Takeshita savait déjà que la folle équipée des insurgés était vouée à l'échec. Plutôt que de partir retrouver Hatanaka, il préféra rester aux côtés d'Anami et le seconder dans les rites sacrificatoires, s'il l'en priait. Pour un homme sur le point de mourir, le général paraissait fort joyeux : il plaisanta avec son beau-frère au sujet d'une piqûre de vitamines qu'on lui avait faite le jour même : « Je n'allais quand même pas dire que ce n'était pas la peine parce que demain je serais mort. »

La coutume voulait qu'avant de commettre le *seppuku*, on rédigeât un dernier message. Anami avait mûrement réfléchi à sa déclaration posthume : il traça d'abord un poème de son élégante écriture :

> *Ayant savouré la profonde bienveillance de l'empereur,*
> *Je n'ai plus rien à dire.*

Sur un autre parchemin il écrivit :

> *Je demande pardon pour mon crime suprême,*
> *En me donnant ainsi la mort.*

Enfin, au verso de cette feuille, une dernière pensée venue comme après coup :

> *Je crois à l'indestructibilité sacrée du Japon.*

Sur les deux morceaux de parchemin, il inscrivit la date : 14 août, bien qu'on fût déjà à l'aube du 15. « Le message de l'empereur sera diffusé à midi, expliqua-t-il à Takeshita, je ne pourrais pas supporter de l'entendre. » Son beau-frère comprit que le « crime suprême » mentionné dans son ultime message était d'avoir perdu la guerre.

Jusque-là, le coup d'Etat entrepris par les officiers de la Garde impériale s'était déroulé sans la moindre faille, mais enfin le commandant d'un des régiments à qui l'on venait d'ordonner de sortir avec ses hommes pour encercler le palais trouva la requête si étrange qu'au lieu d'obéir, il décida de s'assurer auprès du commandement du corps d'armée de l'Est qu'elle était bien réglementaire. Il n'avait pas loin à aller, puisque le QG se trouvait dans l'immeuble Dai Ichi, presque en face. Le chef d'état-major, le général Tatsuhiko Takashima, comprit aussitôt qu'il se passait quelque chose d'anormal et téléphona à son supérieur, le général Shizuichi Tanaka, commandant en chef du corps d'armée de l'Est, véritable tyran que tout le monde redoutait ; en attendant, il envoya ses propres officiers, en qui il avait toute confiance, en mission de reconnaissance et mit aussi la police militaire, la *kempei,* en état d'alerte. D'ores et déjà, certains des officiers mutinés se demandaient si le commandant Hatanaka leur disait bien la vérité : il avait affirmé que le général Anami leur avait donné sa bénédiction, mais sans fournir la moindre preuve. Et lorsque deux officiers d'état-major du commandement du corps d'armée de l'Est demandèrent à voir le général Mori et se trouvèrent en présence d'un cadavre, ils devinèrent que le coup d'Etat avait mal tourné. Quelques minutes plus tard, un message du général Tanaka à la division de la Garde impériale ordonna à tous ses membres de quitter immédiatement l'enceinte du palais. Mori, ajoutait-il, avait été assassiné par des officiers rebelles. Dorénavant, tous les membres de la Garde impériale devaient obéir exclusivement aux instructions de son propre commandement.

Chez le général Anami, Takeshita finit par avouer brusquement que le général Mori avait été tué lors d'une tentative de coup d'Etat pour empêcher la radiodiffusion du discours impérial. « Une dernière faute à me faire pardonner », déclara froidement Anami.

Les chambellans du palais de service dans la bibliothèque, au-dessus du bunker de l'empereur, étaient désormais convaincus que les officiers rebelles allaient essayer d'un instant à l'autre de s'y introduire par la force : ils fermèrent tous les volets et se barricadèrent à l'intérieur.

Il était à présent un peu plus de quatre heures du matin et l'appareil du commandement de l'armée de l'Est se mit en route, lentement mais inexorablement : pour commencer, le général Takashima téléphona au QG de la Garde impériale et demanda à parler au leader du coup d'Etat, Hatanaka. « Vous n'avez aucun espoir de réussir, lui dit-il. Il faut obéir à l'empereur. »

Hatanaka, cependant, refusa de céder. Il réclama dix minutes de temps d'antenne sur les ondes du NHK, avant la radiodiffusion du discours de l'empereur, « afin de parler au peuple et de lui expliquer notre position ». Takashima lui raccrocha au nez. Les redoutables conséquences du complot — imposé à la Garde impériale sous un prétexte fallacieux — faisaient désormais de

Hatanaka un hôte indésirable et il repartit comme il était venu, sur sa moto.

Mais pendant ce temps, une des opérations qu'il avait prévues se déroulait dans une autre partie de Tokyo : une escouade de la Garde de Yokohama, à laquelle s'étaient joints quelques jeunes civils, était arrivée devant la résidence officielle du Premier ministre et ouvrit le feu à coups de mitraillette. Suzuki n'y était pas et, furieux, les insurgés essayèrent d'y mettre le feu. Ils se rendirent ensuite jusqu'à la résidence privée du ministre : ce dernier, prévenu de leurs mouvements, avait eu le temps de s'enfuir, mais sa demeure fut brûlée de fond en comble.

Hatanaka fonça le plus vite qu'il put jusqu'aux locaux du NHK et demanda à y être admis. Le cordon de la Garde nationale en faction devant le bâtiment le reconnut et le laissa entrer. Hatanaka annonça aux employés affolés qu'il allait prendre l'antenne. Il resta toutefois déconcerté lorsque le speaker de service, Morio Tateno, lui déclara que c'était impossible : « Pas d'émissions durant une alerte », précisa-t-il, ajoutant que, de toute façon, les radiodiffusions nationales devaient être signalées à l'avance, « en raison de problèmes techniques ». Tateno était un commentateur bien connu de la radio japonaise ; c'était lui qui avait annoncé le début des hostilités, le 8 décembre 1941. Avec beaucoup de sang-froid, il comprit tout de suite que Hatanaka faisait partie d'un complot militaire pour empêcher la diffusion du discours de l'empereur et il résolut aussitôt de déjouer ses manœuvres par tous les moyens. Si Hatanaka faisait mine de s'emparer du micro par la force, se dit-il, il couperait le courant. Hatanaka, cependant, n'essaya même pas d'avoir recours à la violence physique : le ton de Tateno était si plein d'autorité qu'il le crut sur parole et au lieu de déloger le commentateur de son siège, il se contenta de rester dans le studio en attendant la fin de l'attaque aérienne.

Il était à présent un peu plus de cinq heures du matin et un petit cortège de véhicules militaires vint s'immobiliser devant le palais impérial. Le général Tanaka en descendit, entouré de gardes du corps de la *kempei,* triés sur le volet, et se mit aussitôt en devoir de rétablir l'ordre avec la dureté qui le caractérisait. Il arrêta un des officiers de la Garde impériale, considéré comme un des chefs de l'insurrection, et le fit emmener par les membres de la police militaire. Il franchit ensuite une des portes du palais : son intention était d'ordonner aux commandants des régiments de la Garde de rassembler leurs hommes, de quitter l'enceinte du palais et de relâcher tous les prisonniers. Après quoi, son devoir le plus urgent serait de courir chez l'empereur pour lui demander de bien vouloir excuser ce lamentable coup d'Etat de dernière minute.

Ce fut à peu près l'heure où Anami, désormais anesthésié par le saké, mais la main toujours ferme, s'enfonça dans le ventre la lame acérée d'un poignard et tira d'un coup sec pour sectionner les tissus sur toute la largeur. Le sang jaillit et macula ses feuilles de parchemin. Anami, agenouillé, ne tomba pas et regarda le sang s'écouler. Faisant passer le poignard dans sa main gauche, il chercha sa carotide, du côté droit de sa gorge et fit une brutale et profonde incision. Le sang coulait à flots, mais Anami ne mourait toujours pas.

Les deux chambellans qui montaient la garde devant le bunker au-dessous de la bibliothèque impériale décidèrent qu'ils ne pouvaient plus différer davantage leur pénible devoir : il fallait réveiller l'empereur et lui annoncer qu'il était quasiment prisonnier à l'intérieur de son propre palais.

Hiro-Hito ne manifesta aucune émotion. « S'agit-il d'un coup d'Etat ? demanda-t-il. Dites-moi très exactement ce qui s'est passé. » Lorsqu'ils eurent terminé, il proposa de s'adresser en personne aux membres assemblés de la Garde impériale et de leur expliquer une nouvelle fois sa décision. Il demanda aux chambellans de trouver son premier aide de camp, mais ce dernier était coincé à l'intérieur du ministère de la Maison impériale, avec un écran de soldats rebelles entre lui et son souverain.

Le général Tanaka, après avoir adressé quelques phrases bien senties aux officiers de la Garde impériale, était en route pour la bibliothèque. Il croisa un chambellan qui essayait de se faufiler à l'intérieur du ministère à la recherche du premier aide de camp. « Le grand chambellan est-il dans la bibliothèque ? » voulut savoir Tanaka.

Ne sachant pas si le général était ou non du côté des insurgés, le chambellan refusa de répondre. « Cessez de trembler, lui dit Tanaka. La révolte est jugulée. » Il se fit connaître. « Je regrette profondément, ajouta-t-il, que tout cela ait occasionné un tel dérangement. »

Désormais, la rébellion était presque uniquement confinée au commandant Hatanaka et à une poignée d'officiers et de soldats, lesquels se trouvaient tous à l'intérieur ou aux alentours des locaux du NHK. Brandissant son revolver, Hatanaka insistait toujours pour passer à l'antenne — d'autant plus que le signal indiquant la fin de l'alerte avait retenti. Morio Tateno, avançant un prétexte après l'autre, continuait à le tenir en échec et bientôt le cordon d'hommes de la Garde impériale qui encerclait le bâtiment reçut l'ordre de se retirer.

Selon les souvenirs de l'ingénieur du son, Shizuko Haruna, qui s'était rendu aux studios dès qu'il avait pu quitter la salle des gardes où il était retenu, un chambellan « vêtu d'habits crasseux et qui avait presque l'air d'un mendiant » arriva un peu plus tard avec le précieux disque. Il s'était déguisé ainsi pour ne pas être reconnu par les soldats insurgés et risquer d'être fouillé. A l'insu du commandant Hatanaka, on se mit à préparer la diffusion du discours de l'empereur.

Morio Tateno se rappelle qu'il y eut un dernier appel téléphonique pour le commandant Hatanaka. Il devait émaner du corps d'armée de l'Est, peut-être du général Tanaka en personne, car l'officier se mit presque au garde-à-vous, dit « oui, mon général » à plusieurs reprises et, après avoir raccroché, marmonna comme pour lui-même : « Tout est fini. » Il quitta aussitôt l'immeuble, avec son fidèle complice, le lieutenant-colonel Shiizaki. Une fois dehors, ce dernier dans un accès de rage tira son épée et, de toute ses forces, lança la lame contre un pin, comme pour le décapiter. Ce fut à peu près l'heure où mourut enfin le général Anami, tandis que les membres de la Garde de Yokohama, déchaînés, mettaient le feu à la résidence du baron Hiranuma avant de regagner leur caserne.

Hatanaka, poussant sa moto, et Shiizaki, tenant son cheval par la bride, furent finalement appréhendés alors qu'ils distribuaient, devant le palais impérial, des tracts où l'on pouvait lire :

« Notre intention est de protéger l'empereur et de préserver notre régime politique national, en dépit des desseins de l'ennemi... Nous prions pour que le peuple japonais et les membres des forces armées apprécient le sens de notre action et se joignent à nous afin de lutter pour la préservation de notre pays et l'élimination des traîtres autour de l'empereur, faisant ainsi échec aux manigances de l'ennemi. » Les rares passants jetaient un coup d'œil distrait sur ce texte, sans prendre la peine de le lire.

Après leur arrestation, dans un dernier geste de défi, Hatanaka se fit sauter la cervelle, tandis que Shiizaki s'éventrait avec son épée. Sur le cadavre de Hatanaka, les policiers de la *kempei* trouvèrent un poème de sa main : « Je n'ai rien à regretter maintenant que les sombres nuages qui obscurcissaient le règne de l'empereur se sont dissipés. » Cette nuit-là eut lieu une veillée funèbre pour les deux hommes, à laquelle assistèrent la plupart des officiers d'état-major du ministère de la Guerre.

Désormais, à intervalles réguliers, à travers tout le territoire japonais, des annonces radiodiffusées précisaient que l'empereur devait parler à midi et que tout le monde devait l'écouter. Dans les usines, les bureaux, les hôpitaux, sur les places publiques des villages, on prépara des postes de radio et des comités de rue firent savoir que la population entière devait être systématiquement rassemblée pour assister à cet événement sans précédent. Dans les studios du NHK éclata un léger incident, lorsque Haruna vérifia la qualité du disque en passant quelques mots du discours : « J'étais obligé de le faire, a-t-il expliqué, pour pouvoir lancer l'enregistrement à la seconde près. » Le ministre de la Maison impériale s'éleva aussitôt contre cette manœuvre. « Il avait l'air désapprobateur et énervé, s'est rappelé Haruna. Un des chambellans qui l'accompagnait s'écria : Il n'y a pas à vérifier la voix de l'empereur. A cette époque, bien sûr, l'empereur était toujours un dieu vivant et il ne fallait pas faire faire des essais à un dieu. Je leur dis : Laissez-moi donc travailler à ma façon, et le directeur du NHK, qui se trouvait là, lança au ministre de la Maison impériale : Laissez donc ce jeune homme tranquille. »

« Une radiodiffusion de la plus grande importance est sur le point de commencer, annonça la voix d'un commentateur du NHK juste avant midi. Que tous les auditeurs veuillent bien se lever. »

Il y eut une brève pause, puis l'hymne national, *Kimigayo*, retentit. « Sa Majesté l'empereur, continua la voix de l'annonceur, va à présent lire sa proclamation impériale au peuple du Japon. Nous vous transmettons respectueusement sa voix. »

Hiro-Hito écouta, lui aussi, en sécurité dans son bunker. Sur tout le territoire japonais, il fut sans doute la seule personne physiquement valide à le faire assis.

Chapitre 23

Ceux qui écoutèrent le discours radiodiffusé de l'empereur, à midi le 15 août 1945 — et ils devaient être plus de cinquante millions, au bas mot, pour une population de soixante-quinze millions d'âmes — n'oublièrent jamais l'impact de son contenu, ni les circonstances dans lesquelles ils l'entendirent[1].

Akiro Kurosawa, le célèbre cinéaste, alors jeune réalisateur, contraint de faire des films de propagande et accablé par des problèmes de censure, avait, comme tous ses collègues, reçu l'ordre de se présenter aux studios où il était employé, afin d'écouter le discours de Hiro-Hito.

« Jamais je n'oublierai les scènes que j'ai vues dans les rues, ce jour-là[2], devait-il écrire plus tard. Sur mon chemin, entre Soshigaya et Kinuta, où se trouvaient les studios, la rue marchande paraissait tout à fait prête à devenir le théâtre de " la mort honorable de cent millions d'hommes ".

« L'atmosphère était tendue, frôlait même la panique. Certains commerçants avaient sorti leurs épées japonaises de leur fourreau et les contemplaient fixement. »

Robert Guillain, qui à l'époque était interné avec d'autres « ennemis étrangers » dans un village de montagne, où ils étaient relativement en sécurité, a raconté : « A l'heure dite, on avait sorti les récepteurs devant les maisons, et par petits groupes de voisinage les gens étaient debout devant les appareils, au garde-à-vous et têtes baissées, pour exprimer leur révérence devant la majesté impériale. Nul ne savait encore, sauf les autorités, ce qui allait venir, et la majorité des bonnes gens s'attendaient à un suprême appel à la résistance et au combat. Tout à coup, voici la voix jamais entendue, une voix étrange, triste, qui donnait une curieuse impression de maladresse. Que disait-elle, l'auguste voix ? Surprise, c'était un discours presque incompréhensible ! L'empereur parlait non pas le langage de son peuple, du commun des mortels, mais sa langue à lui, parlée par le seul Fils du Ciel, antique et presque chinoise... Mais il fallut qu'un speaker vînt parler au micro après le souverain, pour expliquer et commenter en langage ordinaire : alors seulement le sens fut clair... »

Quand tout fut fini, selon les souvenirs du correspondant de l'agence *Domei,* Matsuo Kato, « des gens se blottirent ensemble dans les ruines [de Tokyo]. Il n'y avait plus de chefs pour aider la masse à surmonter son inertie ». Kato n'a pas oublié « les regards éteints, hébétés des passants », non plus que leur « très net sentiment de soulagement. D'une certaine façon, c'était comme une guérison miraculeuse et inexpliquée, après une longue maladie. Les rédacteurs en chef des journaux et leurs reporters se comportaient comme des canaris à qui ont vient d'ouvrir la porte de leur cage... ».

Kurosawa remarqua les mêmes signes de soulagement. « En refaisant le même chemin en sens inverse, pour rentrer chez moi, j'ai trouvé une scène radicalement différente. Les passants de la rue marchande s'agitaient dans tous les coins, l'air joyeux, comme s'ils se préparaient pour une fête le lendemain. » Conscient que beaucoup de Japonais s'attendaient à entendre l'empereur annoncer « la mort honorable de cent millions d'hommes », Kurosawa nota : « Si l'empereur avait demandé nos " morts honorables ", ces gens dans la rue auraient probablement fait ce qu'on leur disait et se seraient fait tuer. Et j'en aurais probablement fait autant. Les Japonais considèrent l'affirmation de soi comme immorale et le sacrifice de soi comme la voie raisonnable à suivre tout au long de sa vie. Nous étions accoutumés à cet enseignement et n'avions jamais songé à le contester. Durant la guerre, nous fûmes tous des sourds-muets... »

Guillain, lui, s'est rappelé le choc — et le soulagement — causés par les accents aigus et incantatoires de la voix impériale à la radio : « Lorsque l'annonceur a repris l'antenne pour expliquer le discours de l'empereur, les gens sont restés raidis et silencieux pendant encore quelques instants, tant leur concentration était intense. Et puis, ils ont compris et éclaté en sanglots... Quelque

400

chose d'immense venait de se rompre : l'orgueilleux rêve d'un Grand Japon. Ils se sont dispersés et cachés pour pleurer dans la solitude de leur maison de bois. Un silence absolu régnait dans le village. En arpentant la rue, tout ce qu'on pouvait voir par les portes laissées ouvertes à cause de la chaleur du mois d'août, c'était de temps à autre un visage noyé de larmes qui se détournait très vite sur votre passage. »

Le général Anami ne fut pas le seul à préférer la mort à la capitulation : parmi les suicidés notoires, on recensa le général Sugiyama et son épouse, l'amiral Onishi, « père » des *kamikazes* (qui ne pouvait guère faire autrement sans perdre intolérablement la face), le général Honjo, ancien premier aide de camp du souverain, et le général Tanaka, commandant en chef du corps d'armée de l'Est, qui venait d'étouffer dans l'œuf le complot de la Garde impériale, ainsi que plusieurs autres officiers supérieurs. D'autres officiers moins en vue de l'armée et de la marine se tuèrent aussi, certains à quelques mètres des murs et des portes du palais impérial, délibérément tournés en direction de l'empereur. Dans l'ensemble, cependant, il y eut beaucoup moins de suicides de ce genre qu'on ne l'avait redouté. On discerna, en revanche, les signes d'une rage persistante : le « corps d'assaut spécial » de la marine survola plusieurs fois Tokyo, ce jour-là, laissant tomber des tracts où l'on pouvait lire : « Ne vous rendez pas, ne croyez pas un mot de la proclamation impériale, il s'agit d'un faux », et il y eut aussi de brèves mutineries à la petite base de sous-marins de Yokosuka, près de Tokyo, ainsi qu'à l'école militaire de Sanatan. Très vite, la « *kempei* » et la police navale vinrent enlever les hélices des avions encore en état de marche, afin d'empêcher toute attaque de *kamikazes* contre l'avant-garde de la force d'occupation américaine, attendue d'un moment à l'autre.

Ce fut seulement plus tard que l'ambiguïté du discours impérial se fit sentir. Comme l'a remarqué Guillain : « Que cette proclamation était donc étrange et combien japonaise dans son esprit ! Qu'elle abordait prudemment l'avenir, quel soin elle prenait de ne pas ternir le livre de l'histoire japonaise par le mot interdit de " capitulation "... Pas une seule fois, le mot " défaite " n'était mentionné. Si les militaires ont, à l'avenir, l'occasion de récrire l'histoire à leur goût, ils seront en mesure de citer cette proclamation pour prouver que le Japon n'a mis fin à la guerre qu'à cause de l'inhumanité de ses ennemis et que, bien que ses armées fussent intactes, l'empereur a accepté de faire cesser le carnage, parce qu'il souhaitait être non seulement le sauveur du Japon, mais le défenseur de la civilisation humaine. » C'est aussi l'avis de Russell Braddon, le biographe de Shoichi Yokoi, le soldat japonais qui resta caché pendant vingt-deux ans dans la jungle de Guam plutôt que de se rendre, et lui-même à l'époque prisonnier des Japonais : « L'empereur ne mentionna pas la capitulation inconditionnelle, mais dit seulement qu'il avait décidé de mettre fin à la guerre et que les combats devaient cesser, écrivit-il. Sur le moment, la proclamation fit à nos geôliers si peu l'effet d'une capitulation qu'ils nous dirent aussitôt de rentrer chez nous. Au lieu de nous battre, ils s'inclinèrent. Au lieu de nous massacrer, ils se mirent à nous engraisser. »

Cette tragédie finale, a noté Guillain, « nous réservait une ultime surprise. Soixante-quinze millions de Japonais auraient dû mourir jusqu'au dernier. Même les plus pauvres d'entre eux jurèrent, et sans doute le croyaient-ils, qu'ils préféraient se faire hara-kiri plutôt que de se rendre. Et lorsque le Japon, après avoir détourné son visage pour pleurer, releva la tête — il s'engagea tranquillement dans la voie de la défaite. Il semblait y avoir une facilité déconcertante dans cette façon d'accepter les choses ; la page fut tournée sans effort apparent. Et sur le nouveau visage du Japon, on vit luire faiblement quelque chose qu'on n'avait pas vu depuis très longtemps : le sourire spécial des Japonais ». La police « qui nous accablait depuis si longtemps sous le poids de sa haine et de ses persécutions mesquines » rendit visite à chaque étranger, s'inclinant interminablement et lui offrant aimablement ses services ; les chefs de la défense civile n'étaient qu'un sourire, en tendant aux étrangers du saké et des vêtements neufs ; il en allait de même pour les fonctionnaires du ministère des Affaires étrangères, qui rendirent d'obséquieuses visites aux diplomates des pays neutres pour les presser de venir inspecter les camps de prisonniers de guerre dont ils leur avaient, par le passé, constamment refusé l'accès. On avait même droit au sourire de l'homme de la rue.

En regagnant Tokyo, Guillain put constater que « comme si la courtoisie et l'hospitalité d'un Japon depuis longtemps disparu étaient ressuscitées, d'aimables volontaires nous offraient gentiment leurs services : Puis-je vous aider à porter vos bagages ? Etes-vous sûr de trouver votre chemin ? Tout a tellement changé, n'est-ce pas ? Et mon guide bénévole me désigna d'un ample geste la gare en ruine, la plaine ravagée où s'étendait naguère Tokyo, et se mit à rire, de ce rire japonais... La presse elle-même souriait. Comme un seul homme, tous les journaux tournèrent casaque. En l'espace d'une petite semaine, le célèbre *Nippon Times* (anciennement *Japan Times and Advertiser*), de fasciste et militariste qu'il était auparavant, devint le champion de la démocratie, du parlementarisme et des droits du citoyen ; après s'être enroué à force de crier à la " bestialité " américaine, voilà qu'il informait ses lecteurs de la générosité d'âme de ces envahisseurs qu'on attendait impatiemment et protestait que seuls des provinciaux grossiers et stupides pouvaient s'imaginer qu'un soldat américain était un gangster en uniforme ».

Survint alors l'un des plus étranges complots non seulement de l'ère Showa, mais de toute la dynastie impériale du Japon ; un épisode tragi-comique dans le style de ceux dont les cinéastes comme Kurosawa tirent leurs épopées. Quoique rarement mentionné, il fit très certainement l'objet de discussions dans l'intimité du palais même, car le prince Takamatsu en personne y joua un petit rôle. Hiro-Hito en fut-il, lui aussi, le spectateur rempli d'approbation, ou de détachement amusé, voire d'hostilité, nous ne le saurons sans doute jamais, car le sujet n'a pas été publiquement soulevé en sa présence, même si l'existence du complot fut par la suite officiellement reconnue. Il est vraisemblable qu'il approuva ce qui se fit dans le but de préserver le « système impérial », au cas où les Américains se seraient montrés assez sots, ou assez hardis, pour dissoudre la dynastie impériale et proclamer la république — mesures que beaucoup de Japonais s'attendaient à les voir adopter, à la fin de la guerre.

Tout commença dans une base aéronavale de Kyushu, l'île la plus méridionale du Japon, peu après le discours de capitulation. Un capitaine de la marine nippone, Minoru Genda, qui avait été dans le temps le bras droit de l'amiral Yamamoto et qui était un ami intime du prince Takamatsu (et selon de nombreux experts militaires, le véritable cerveau de l'opération contre Pearl Harbor) réunit pour une dernière parade tous les officiers et les hommes de son bien-aimé escadron 343. Il leur annonça que, comme tant d'autres officiers, il avait d'abord cru que l'empereur avait été amené par la ruse de « mauvais conseillers » à proclamer la fin des hostilités, mais qu'après s'être rendu à Tokyo pour s'entretenir avec des hauts fonctionnaires du ministère de la Marine, il était désormais convaincu que le souverain avait véritablement décidé de mettre un terme à la guerre. « Si nous devions continuer à nous battre, poursuivit Genda, nous irions contre la volonté de l'empereur. » Il conclut sa harangue avec émotion (« Jamais plus je ne vous verrai, adieu ! »), laissant entendre sans grande subtilité que plutôt que d'être témoin de l'occupation du Japon, il allait commettre le *seppuku*. Il pria alors les officiers et sous-officiers (au nombre de deux cents environ) de rester un instant. Il voulait, leur expliqua-t-il lorsqu'ils furent seuls, leur communiquer un secret. A vingt heures, il avait l'intention de se suicider. Quelqu'un souhaitait-il se joindre à lui et l'imiter ? Une vingtaine de mains se levèrent.

« Ne prenez pas votre décision à la légère, sous le coup de l'émotion, leur dit Genda avec insistance. Réfléchissez bien. Il n'y a aucun déshonneur à changer d'avis. »

Finalement, à vingt heures, vingt-trois officiers et sous-officiers vinrent le retrouver. Genda leur dit qu'il fallait d'abord écrire des lettres d'adieu à leurs familles. Chacun s'exécuta. On but ensuite les tasses de saké rituelles et on porta plusieurs toasts. L'atmosphère était sinistre, l'assemblée résolue, même si certains se demandaient pourquoi on mettait si longtemps à passer à l'acte. Genda leur exposa alors pour quelle raison il avait ainsi rassemblé ce petit groupe d'hommes prêts à tout, même à mourir. « Veuillez m'excuser si je vous ai mis à l'épreuve, leur dit-il, mais il n'y avait pas d'autre solution. Ce que j'ai à vous proposer est une mission bien plus importante que la mort. Elle commence immédiatement. »

Durant sa visite éclair à Tokyo, juste après le discours de Hiro-Hito, leur expliqua Genda, il était devenu le dépositaire d'un secret qui ferait date : la marine impériale avait l'intention de s'emparer d'un petit enfant de sang royal, de le cacher dans un lieu reculé où les forces d'occupation n'auraient aucune chance de le retrouver, de l'élever en tant qu'héritier légitime du trône et d'attendre que le moment fût venu pour l'y remettre. C'était un projet directement issu du riche et romantique folklore des légendes médiévales du Japon, mais qui n'était pas pour autant dépourvu d'authentiques précédents historiques, et il avait été conçu par quelques-uns des fonctionnaires et des officiers d'état-major les plus brillants de la marine impériale, qui comptaient le financer avec ce qui restait du « trésor de guerre » de leur ministère.

Genda avait été choisi pour préserver la dynastie impériale du Japon et réunir sous ses ordres un petit groupe tout dévoué à cette cause. Dès le départ (le projet fut évoqué pour la première fois quelques semaines avant la capitulation), le prince Takamatsu avait été mis au courant, avait marqué son approbation et avancé le nom de Genda pour prendre l'affaire en main. L'officier chargé de la planification générale était le contre-amiral Tomiyoka, qui avait exposé les grandes lignes du projet à Genda, après avoir réservé les fonds nécessaires, et lui avait ordonné de réunir une équipe pour le seconder.

Dans le contexte de l'époque, ce projet, indépendamment de ses aspects romantiques, n'était pas dénué de sens pratique : presque tous les officiers supérieurs étaient convaincus qu'en mettant les choses au mieux, Hiro-Hito serait obligé d'abdiquer ; en envisageant le pire, on pensait que toute la famille impériale serait punie, dispersée, exilée. Il ne s'agissait, toutefois, avait fait valoir Tomiyoka, que d'une crise passagère, car l'Amérique et l'Union soviétique ne pouvaient manquer de se brouiller très vite et finiraient par se déclarer la guerre, ce qui donnerait au Japon une nouvelle occasion de retrouver sa grandeur d'antan. L'important, c'était d'assurer, dans la clandestinité, la survie d'un membre de la lignée Meiji, que l'on veillerait à imprégner des traditions impériales séculaires du Japon, afin qu'il fût prêt à assumer ses fonctions d'empereur dès que la situation aurait évolué.

Etant donné l'état dans lequel se trouvait le monde, déclara Genda à ses hommes, ils n'auraient peut-être pas longtemps à attendre, mais mieux valait partir du principe que leur mission durerait toute leur vie. Dorénavant, leur petit groupe devenait une société secrète et l'existence de chacun de ses membres était subordonnée à leur tâche qui était de cacher, élever, éduquer et faire vivre dans des conditions dignes d'un souverain le petit garçon qu'ils auraient un jour pour empereur. Rien ne les empêcherait de se marier, de prendre un emploi, d'atteindre même des postes en vue dans le nouveau Japon, mais leur loyauté était due, en dernier ressort et quoi qu'il advînt, à cet héritier secret du trône ; ils devaient être prêts à sacrifier à ce nouvel idéal leur fortune, leur bien-être et, le cas échéant, leur vie.

La première étape, poursuivit Genda, était de trouver une

cachette appropriée et une famille digne de confiance. Ce choix était d'une importance cruciale, car la famille en question devait être capable d'enseigner au jeune prince non seulement les valeurs traditionnelles du *bushido,* mais les préceptes et rites shintoïstes qu'il fallait maintenir en vie. Les éléments d'élite de l'escadron 343, choisis pour cette mission délicate, devaient la considérer comme une véritable opération militaire et se mettre en quête d'un endroit reculé où la nourriture ne manquerait pas et où le climat serait favorable. Aussitôt les conspirateurs se dispersèrent, munis de camions, d'essence, de couvertures et de vivres. Ils établirent un réseau de communication à toute épreuve, Genda se chargeant de coiffer toute l'opération.

Onze jours après le discours de capitulation de Hiro-Hito, la cachette avait été trouvée : il s'agissait d'un village isolé, tout en haut d'une colline, dans l'île de Kyushu : l'endroit s'appelait Gokanosho. Genda, cependant, nourrissait certains doutes sur le compte de la population locale. Il n'avait pas l'impression qu'ils fussent dignes de confiance et il ne trouvait aucune famille autochtone susceptible de jouer le rôle de « parents ». A contre-cœur, on renonça donc à Gokanosho et Genda finit par choisir un autre endroit, un petit village également isolé, sur la côte, où ne vivaient que quelques habitants. On y construirait une maison, décida-t-il. Il y avait bien assez de terres à cultiver pour créer un potager et les poissons ne manquaient pas ; le futur empereur ne risquerait donc pas de mourir de faim.

Ce que Genda ignorait, c'était qu'au sein des forces armées, un autre groupe de militaires n'avait pas seulement eu la même idée, mais avait atteint un stade beaucoup plus avancé de ses préparatifs, puisqu'il avait déjà choisi le candidat au trône et obtenu la permission, au plus haut niveau, de mettre son projet à exécution.

Le cerveau de ce complot parallèle était un haut fonctionnaire du ministère de la Guerre, Hirose, qui, longtemps avant la capitulation effective, avait lui aussi conçu un plan pour préserver la dynastie impériale en cachant aux Américains un des descendants de Meiji, jusqu'à ce que le moment fût venu pour lui de faire valoir ses prétentions au trône. Son poulain était le petit prince Kitashirakawa, âgé de sept ans, petit-fils d'un autre prince du même nom, pilote et casse-cou notoire, décédé, dans des circonstances mystérieuses, des suites d'un accident de voiture en France, en 1923, à l'époque où le prince Higashikuni était « étudiant » à Paris. Ce dernier et Kitashirakawa avaient tous deux épousé des filles de l'empereur Meiji. Le fils du disparu, Nagahisa Kitashirakawa, qui était donc le père du petit prince choisi par les militaires, était mort lui aussi dans des circonstances peu banales : juste avant la guerre, au cours d'un meeting aérien, un pilote avait perdu le contrôle de son appareil et s'était écrasé sur la tribune des spectateurs, où le prince avait justement pris place. Hirose, cependant, ne se laissa pas rebuter par le mauvais sort qui semblait s'acharner sur cette famille. Au moment de la capitulation, l'enfant vivait avec sa grand-mère, sa mère et une petite suite de serviteurs et de dames d'honneur dans une vaste demeure proche du mont Fuji, qui appartenait à un homme d'affaires très en vue, du nom de Tanaka. Celui-ci entretenait des relations professionnelles avec la famille impériale. Les Kitashirakawa s'étaient réfugiés chez lui pour échapper aux bombardements qui avaient détruit tous les biens immobiliers considérables qu'ils possédaient à Tokyo.

Les conspirateurs de l'armée avaient non seulement trouvé l'enfant, mais obtenu la coopération de son aïeule, la princesse Fusako, deuxième des quatre filles de l'empereur Meiji. Sa cadette Nobuko avait épousé le prince Asaka, qui s'était « distingué » lors du viol de Nankin, et la plus jeune était mariée au prince Higashikuni qui était sur le point de devenir le premier chef du gouvernement japonais de l'après-guerre. La princesse Fusako avait même remis aux militaires une lettre confirmant qu'elle était au courant de leur projet et l'approuvait.

Tous les membres du petit groupe clandestin à qui l'on avait révélé la cachette du petit prince Kitashirakawa sortaient de l'école d'espionnage de Nakano et avaient été triés sur le volet. L'un des diplômés de cet établissement, le colonel Ichiro Kubata, se vit confier la responsabilité exécutive de l'affaire et il conçut un plan qui reflétait sa propre formation.

Il se trouvait que Kubata connaissait un riche fabricant de jambons, du nom de Takuzo Imanari, lui-même fervent patriote. Il décida de le mêler au complot et de cacher le jeune prince dans le village de Lokkamachi, à environ quatre cents kilomètres au nord-ouest de Tokyo, où habitait Imanari. Une chose était certaine : le petit fugitif aurait toujours de quoi manger à Lokkamachi.

Lorsque Kubata arriva au village, cependant, il trouva Imanari plutôt fuyant et apparemment désireux de se désolidariser du projet. Passé maître dans l'art d'interroger les gens, Kubata « cuisina » son complice au sujet de cette soudaine réticence et ce qu'il découvrit déchaîna sa colère : le fabricant de jambons reconnut, en effet, qu'à la demande du ministère des Affaires étrangères, il cachait déjà, depuis la capitulation, un illustre personnage dans son petit village. Il s'agissait du chef indépendantiste de la Birmanie, U Ba Maw, recherché par les Britanniques en tant que collaborateur notoire des Japonais.

Les conspirateurs ruminèrent cette révélation et en vinrent à la conclusion qu'ils n'avaient pas le choix et devaient continuer à utiliser les services d'Imanari. Toutefois, un autre ancien élève de l'école de Nakano, Inomata, décida qu'il était beaucoup trop risqué de cacher deux personnages aussi importants au même endroit. Juste avant la guerre, Inomata avait été un agent des services de renseignements japonais à Berlin et en URSS, sous le pseudonyme de Joji Imura. A présent, après avoir levé des fonds auprès d'anciens condisciples (qui le croyaient occupé à s'activer pour cacher le fils de l'un des principaux criminels de guerre nippons), Inomata partit pour Hiroshima, bien décidé à convaincre les fonctionnaires municipaux de lui fournir des papiers d'identité tout à fait légaux pour un petit garçon de sept ans. Il avait choisi l'endroit à dessein, car toutes les archives y avaient été entièrement détruites.

La tâche se révéla plus difficile qu'il ne l'avait escompté, car il tomba sur un de ces bureaucrates tâtillons qui suivaient le règlement à la lettre, en dépit de la calamité qui venait de frapper la ville. Sous le nom d'Imura, Inomata annonça qu'il était un lointain parent d'une famille décimée par le bombardement, les Kimura, dont il ne restait plus qu'un petit garçon, Michio, gravement blessé et présentement hospitalisé. Or, il avait besoin de papiers d'identité.

L'employé municipal était soit très obtus, soit très soupçonneux. Il n'était pas normal de voir des papiers d'identité disparaître sans laisser de trace. Etait-il bien certain que les parents fussent morts ? Pourquoi en était-on si sûr ?

Inomata expliqua que leur maison avait été à l'épicentre de l'explosion.

Mais alors comment se faisait-il que l'enfant ait survécu ? demanda le bureaucrate.

Il finit par laisser Inomata remplir un formulaire, mais lorsque ce dernier le lui remit, il demanda à voir ses propres papiers.

« Je n'en ai pas, dit Inomura. Ils ont été détruits dans les raids aériens contre Tokyo.

— Sans papiers, je ne peux rien faire », décréta l'employé.

Comment pouvait-il manquer de cœur à ce point ? s'indigna Inomata. L'enfant était affreusement brûlé et risquait fort de mourir. L'employé voulait-il donc qu'il fût incinéré de façon anonyme, comme une bête ? Sa famille n'avait donc pas assez souffert ?

Finalement, l'employé se laissa circonvenir et accepta d'établir des papiers au nom de Michio Kimura, né le 31 mars 1938, fils d'un travailleur de l'arsenal militaire, qui s'était marié et avait eu son fils à Okinawa (autre endroit où l'on ne risquait pas d'aller fouiller dans les archives, Inomata en était sûr).

Le petit prince, un turbulent garçonnet de sept ans, et sa ravissante sœur cadette, Hatsuko, habitaient toujours chez la famille Tanaka, à la campagne, dans des conditions fort enviables : en raison des liens de parenté très proches qui unissaient la princesse Fusako à Hiro-Hito (elle était la tante de l'empereur), la résidence Tanaka était gardée par la police et par une compagnie de l'infanterie japonaise. Le ministère des Affaires étrangères fournissait des rations supplémentaires, prélevées sur la part allouée aux diplomates. En tout, la suite de la princesse devait se monter à une trentaine de personnes, mais l'occupation américaine mit très rapidement un terme à leurs privilèges : les soldats furent démobilisés, la police affectée à d'autres tâches. Les dames d'honneur s'en furent, l'une après l'autre, et quelques semaines après la fin de la guerre, la princesse Fusako regagna Tokyo. Sa demeure était minuscule, cependant, et le petit prince resta à la campagne, Inomata et Kubata (qui avait fini par adhérer au plan d'Inomata) ayant décidé qu'il pouvait le faire sans danger pour le moment.

Ils commencèrent à chercher une maison convenable pour le loger, dans un environnement *ad hoc*, avec des compagnons dignes de lui, et ils ne tardèrent pas à se heurter aux mêmes difficultés que le groupe de Genda. Juste avant que les forces d'occupation américaines ne commencent à enquêter au sein du ministère de la Guerre, avant la démobilisation générale, Hirose se vit allouer cinq cent mille yens sur les fonds secrets pour faire face à ses frais considérables.

Les mois passèrent, l'occupation américaine devint un état de fait généralement accepté et la cachette du prince ne se matérialisa jamais : afin de le faire fructifier, Kubata se servit du fonds initial pour monter une petite fabrique de jouets et Inomata investit dans une firme de plomberie. Ils avaient, eux aussi, fait le serment de consacrer leur vie à perpétuer la dynastie Meiji et considéraient ces activités comme un premier pas pour assurer au petit prince des rentes régulières. Malheureusement, leurs sens des affaires n'était pas à la mesure de leurs talents de conspirateurs et loin de gagner de l'argent pour financer le train de vie de leur protégé, ils firent faillite l'un et l'autre. Pis encore, l'Intelligence Service britannique, avec l'aide du Counter-Intelligence Corps (CIC) américain qui venait tout juste de débarquer au Japon, se mit à rechercher activement U Ba Maw.

Au début de l'occupation américaine au Japon, le CIC était hanté, de façon presque obsessionnelle, par l'existence présumée de groupes clandestins japonais, occupés à comploter l'assassinat d'officiers américains haut placés et à organiser une guérilla contre les forces d'occupation. Ses membres découvrirent, certes, de nombreuses cachettes d'armes, mais les activités anti-américaines secrètes étaient dans une large mesure le produit de leur imagination. Le colonel Kubata, en raison de son passé d'ancien élève de l'école de Nakano, attira leur attention : des mouchards firent savoir aux agents du CIC que sa fabrique de jouets avait tout l'air d'une simple façade cachant d'autres activités. Il fut mis sous surveillance et, peu après, arrêté.

En se taisant, Kubata risquait de précipiter la découverte de la future cachette du petit prince. Il n'hésita pas une seconde et dénonça U Ba Maw. Sous prétexte de lui assurer un passage sûr et clandestin en Corée du Nord, Kubata persuada l'ancien « chef d'Etat » birman de le rejoindre à Tokyo. Il organisa un banquet en son honneur, à la fin duquel des officiers des services de renseignements britanniques, dûment prévenus, l'arrêtèrent. Kubata était si désireux de protéger le secret de son complot de restauration qu'il ordonna à sa femme de brûler la précieuse lettre de la princesse Fusako.

De toute façon, dès le début ou presque de l'occupation américaine, la situation n'évolua pas tout à fait dans le sens prévu par les conspirateurs : il devenait de plus en plus difficile d'imaginer que le Japon aurait un jour besoin d'un empereur clandestin.

Quelques membres du complot abandonnèrent. Le prince Kitashi-rakawa grandit, d'abord sous l'occupation alliée, puis dans le Japon « moderne », sans se douter qu'il avait bien failli être littéralement escamoté par des fidèles. Il ne fut mis au courant des projets Genda et Kubata que beaucoup plus tard. Désormais roturier et l'un des directeurs de la firme Toshiba, il est resté très proche de la famille impériale. Sa ravissante nièce est une des jeunes femmes dont le nom revient fréquemment lorsque les familiers du palais évoquent le mariage du prince Hiro, petit-fils de Hiro-Hito.

L'épisode U Ba Maw se termina bien, lui aussi, puisque, au bout du compte — l'Inde et la Birmanie étant l'une et l'autre sur le point de devenir des Etats souverains — les Britanniques furent contraints de le libérer, ce qui lui permit de devenir, brièvement, le « père » de l'indépendance birmane : il ne pardonna jamais aux Japonais de l'avoir livré.

Kubata, Inomata et plusieurs autres conspirateurs disparurent pour ainsi dire dans la nature, mais Minoru Genda, l'ex-crack de l'aéronavale, artisan de Pearl Harbor et candidat *kamikaze*, devint, après la guerre, chef d'état-major de l'armée de l'air du Japon, puis, après sa retraite, un des parlementaires en vue du PLD, le parti au pouvoir. Lui aussi avait assidûment étudié la généalogie impériale et, par une étrange coïncidence, avait également choisi le petit prince Kitashirakawa comme le candidat le plus prometteur. Mais il fut, comme ses rivaux, le jouet des circonstances et n'eut même pas le temps de contacter la famille de l'enfant.

En 1981, au temple de Togo à Harajuku, le général de l'armée de l'air Genda, désormais à la retraite après avoir servi dans les forces d'autodéfense de l'après-guerre, organisa une « dissolution cérémoniale » de tous les conspirateurs qui l'avaient jadis secondé dans sa romantique tentative pour préparer un jeune descendant de Meiji à monter un jour sur le trône du Japon : sur les vingt-trois officiers et sous-officiers qui avaient conclu avec lui un pacte suicidaire, en cette soirée fatidique d'août 1945, il restait un certain nombre de survivants, un échantillonnage assez représentatif du nouveau Japon prospère : parmi eux figuraient un pilote de ligne, un homme d'affaires, le propriétaire d'une librairie et plusieurs anciens officiers de l'armée de l'air. Dans une brève allocution, Genda leur déclara : « Notre plus grand succès a été d'avoir su nous dominer et de ne pas avoir kidnappé le prince. Notre mission est accomplie. »

Questionné au sujet de ce romanesque épisode, longtemps après la guerre, le prince Takamatsu répondit simplement qu'une « entreprise de ce genre aurait très bien pu se révéler nécessaire. » Telle était sans doute aussi l'opinion de Hiro-Hito. En l'occurrence, ce fut la politique des forces d'occupation américaines envers l'empereur et leur foi dans le « système impérial » en tant que facteur essentiel de stabilité dans la société japonaise, qui privèrent assez vite le complot de Genda et celui des anciens élèves de l'école de Nakano de toute raison d'être.

Mais tout de suite après son discours de capitulation, Hiro-Hito n'avait aucun moyen de savoir ce qui allait lui arriver ; d'ailleurs les alliés victorieux n'avaient pas complètement décidé de son sort. Il y avait tant d'autres problèmes : les villes du Japon étaient rasées, sa population mourait de faim, son économie était en ruine. On se préoccupait beaucoup plus du moyen de ramener le Japon à la normalité sans réveiller, du même coup, ses tendances agressives et militaristes, du moyen de lui faire accepter sa défaite sans provoquer un terrible contrecoup qui acculerait sa population au désespoir. L'arrivée des Soviétiques en Mandchourie au cours des six derniers jours de la guerre ne faisait que compliquer les choses : après Potsdam, les Alliés savaient pertinemment qu'une guerre froide était sans doute inévitable.

Il se trouva que dans cette nouvelle équation, le rôle de Hiro-Hito allait devenir capital : il ne mit pas longtemps à s'en apercevoir et surmonta la tempête avec une adresse consommée. Son sens de l'auto-préservation stupéfia ceux qui avaient cru que la défaite catastrophique entraînerait nécessairement son abdication. Durant les étonnantes années d'occupation, placées dès le départ sous le sceau d'une collaboration américano-japonaise, le plus grand collaborateur fut Hiro-Hito en personne.

Chapitre 24

Certains des projets secrets destinés à mettre fin à la guerre de façon acceptable pour le Japon, discutés à partir de 1944 par Kido, Konoye et Higashikuni, purent enfin se concrétiser : deux jours après la capitulation, le prince Higashikuni, oncle de Hiro-Hito (par son mariage avec Toshiko, la plus jeune fille de l'empereur Meiji), dont le nom avait été si souvent avancé à partir de 1944, devint le premier chef du gouvernement japonais d'après-guerre, comme il avait été secrètement convenu entre Kido et lui. Un des tout premiers rapports confidentiels du Commandement suprême des puissances alliées (le *Supreme Command of Allied Powers* ou SCAP) à son sujet précisait qu'il avait été relevé de son commandement en Chine après les atrocités de Nankin, qu'il avait été l'un des pionniers de la puissance aérienne japonaise, qu'il était « militariste et nationaliste, un casse-cou qui se promène seul au volant de sa voiture dans les rues de Tokyo », et qu'il avait la réputation d'un « homme féru de discipline, volontaire, obstiné, assez fantasque, admiré dans les rangs de l'armée pour sa force de caractère, son indépendance et son franc-parler ».

En tant que vice-Premier ministre, ministre sans portefeuille et véritable éminence grise, Higashikuni choisit le prince Konoye. La double présence d'un membre à part entière et d'un proche de la famille impériale à la tête du gouvernement était dictée par le besoin de faire sentir au peuple japonais que le « système impérial » fonctionnait toujours, même en ces temps épouvantablement difficiles et humiliants. De façon significative, d'autres membres de la famille impériale se virent assigner des commande-

413

ments militaires à travers tout le pays, afin d'expliquer ce que signifiaient le discours et les directives de l'empereur.

Durant le court intervalle qui s'écoula entre le discours de capitulation et l'arrivée de l'avant-garde des forces d'occupation, sous le commandement du général Douglas MacArthur, suivie de la signature officielle de l'armistice à bord du *Missouri,* le 2 septembre, l'empereur resta dans les limbes : comme tous les habitants de Tokyo, il dut être immensément soulagé par la fin des bombardements, mais pour lui cela ne signifiait nullement qu'il avait évité le pire. Les B-29 continuaient à survoler la capitale, venant rappeler de façon menaçante l'occupation à venir et l'insupportable humiliation qu'elle représentait. Le 30 août, l'impératrice en parla dans une lettre adressée au prince Akihito, toujours en sécurité dans les montagnes.

« Ici, tous les jours, des bombardiers B-29 et des chasseurs nous survolent à grand bruit du matin au soir, écrivit-elle. A mon profond regret, je dois constater que le B-29 est un formidable avion. Je vous écris ces lignes de la bibliothèque et en levant les yeux, j'en aperçois qui passent constamment au-dessus de nos têtes.

« Comment allez-vous ? continuait-elle. Je suis ravie que vous vous portiez bien par cette chaleur. Cela fait longtemps que nous ne nous sommes vus, mais vous avez dû entendre la voix de Sa Majesté. Votre père s'est fait tellement de souci, tous les jours, mais le Japon a été sauvé pour toujours. Beaucoup de gens viennent quotidiennement au palais présenter leurs remerciements et leurs excuses.

« Vous devez, vous aussi, réfléchir à ce que l'empereur a dit dans sa grande proclamation. Etudiez assidûment et supportez l'insupportable, sans faire d'erreur. Entraînez votre corps : nous devons établir une grande nation, pour transformer notre malheur en bonheur. »

Durant les premiers jours, presque irréels, de la paix, Hiro-Hito était surtout préoccupé par son avenir immédiat : devait-il abdiquer maintenant ou plus tard ? Les Alliés insisteraient-ils pour le chasser et peut-être pour l'accuser de crimes de guerre ? En outre, dans un pays où « la coutume veut que les dirigeants les plus haut placés endossent la responsabilité, en cas de sérieuse mésaventure mettant en cause leur organisation » (pour reprendre la formule du *Washington Post,* dans son article sur la démission du ministre japonais de la Défense, à la suite d'une collision entre un sous-marin nippon et un chalutier en 1988), il était impensable pour de nombreux Japonais, et notamment pour ses proches, qu'il pût rester sur le trône après ce qui était arrivé au pays ; le professeur Hata, historien de renom spécialisé dans cette période, a déclaré que la survie de Hiro-Hito tenait tout bonnement du miracle. Son rang d'empereur l'obligeait aussi à s'attarder par la pensée sur le sort probable de ses subordonnés les plus proches.

Ayant accepté les termes de la Déclaration de Potsdam, il savait que les Alliés avaient l'intention de châtier durement les criminels de guerre japonais. Déjà, les procès des commandants militaires capturés aux Philippines avaient commencé dès avant la fin des hostilités. Au début, Hiro-Hito parvenait à peine à évoquer le sujet. Le 29 août, il confia à Kido : « Il m'est si douloureux et intolérable de laisser tous les criminels de guerre aux mains des alliés. N'y a-t-il donc aucun moyen pour moi d'endosser l'entière responsabilité en renonçant à mon trône ? »

Kido répondit qu'en dépit de tout ce que cette « considération sacrée » avait d'émouvant, « les alliés ne s'en contenteront pas. Les étrangers, ajouta-t-il, voient souvent les choses d'un œil très différent ». En outre, une abdication risquait « d'abaisser le système impérial, ce qui pourrait faire naître l'idée de républicanisme et de démocratie. Nous devons donc être très prudents et voir ce que feront les alliés ». Dès avant le 15 août, Kido, toujours clairvoyant, avait décidé que l'empereur échapperait plus sûrement aux poursuites judiciaires s'il restait sur le trône et qu'une abdication serait considérée comme un aveu de sa culpabilité. Quant à Hiro-Hito, sa conduite ultérieure indique clairement qu'il ne fut pas long à s'en aviser à son tour.

Au début, cependant, la question de criminels de guerre fut en passe de prendre encore plus d'importance, dans l'esprit du souverain, que son propre sort encore incertain. Aux premiers jours de septembre, il revint une nouvelle fois à la charge au cours d'un entretien avec son Premier ministre, Higashikuni. Certains conseillers pressaient Hiro-Hito d'insister pour que les criminels de guerre fussent jugés et condamnés par les tribunaux japonais, mais l'empereur ne voulait même pas envisager une telle idée : « Les prétendus criminels de guerre, déclara-t-il à son oncle, surtout ceux qui occupent des postes à responsabilités, ont tout simplement fait preuve de loyauté envers la nation ; il serait donc insupportable de les exécuter au nom de l'empereur. N'y a-t-il aucun moyen de reconsidérer la chose ? » Le 13 septembre, Higashikuni répondit qu'il n'y avait pas le choix. De toute façon, précisa-t-il au souverain, « MacArthur veut un tribunal à la Nuremberg. »

Konoye n'avait pas de tels états d'âme. Peu avant la fin de la guerre (en juin 1945), il avait confié à son ancien bras droit, Tomita : « J'aimerais me venger ; j'aimerais ramasser, sans en oublier un, tous les intrigants qui ont causé ainsi la perte du Japon, tous les profiteurs égoïstes qui nous ont accusés de trahison. Je suis mieux qualifié que vous pour mener à bien une tâche aussi cruelle. peut-être devrais-je devenir (après la guerre) ministre de l'Intérieur. »

A cette époque, l'Australie, la Nouvelle-Zélande, l'Union soviétique, les Pays-Bas et la Chine étaient ouvertement désireux de voir Hiro-Hito passer en jugement en tant que criminel de guerre ; la France était indécise et le Foreign Office britannique prêt, dans son ensemble, à suivre l'exemple du « lobby de Tokyo » américain, à la tête duquel on trouvait Grew et Stimson, et qui, lui, était favorable à l'empereur. L'avenir du souverain était donc entre les mains de Truman, mais tout était loin d'être joué : le sens des responsabilités dont Hiro-Hito avait fait preuve aux tout derniers moments de la guerre, venait renforcer les arguments du « lobby de Tokyo », déjà en passe de triompher et résolu à lui conserver son trône ; toutefois, de nombreux membres du Congrès, représentants et sénateurs, aiguillonnés par l'opinion publique et les souhaits de leurs électeurs, se déclaraient en faveur de son arrestation et ils votèrent une résolution commune réclamant qu'il fût jugé pour crimes de guerre.

En Grande-Bretagne, un député travailliste nouvellement élu à la chambre des communes, James Callaghan, futur Premier ministre, consacra son discours inaugural à un fervent appel à « se débarrasser de lui ». Chiang Kai-shek était du même avis. L'Australie, plus proche de la guerre que les autres alliés (c'était le seul pays non asiatique qui eût essuyé les bombardements japonais) était exaspérée de voir le gouvernement britannique plutôt favorable à Hiro-Hito. Sur la liste des soixante-quatre principaux criminels de guerre, établie par le ministère australien des Affaires étrangères, l'empereur venait en septième position, mais uniquement parce que les noms y figuraient par ordre alphabétique. Dès avant la fin de la guerre, le gouvernement australien avait insisté pour que Hiro-Hito fût contraint de signer de sa main l'acte de capitulation à bord du *Missouri*. « Il existe sans aucun doute, dans les pays alliés, une tendance peu nombreuse, mais influente, qui est prête à sauver la face de l'empereur, déclarait un mémorandum du gouvernement. C'est une chose à laquelle nous sommes résolument opposés. » Un autre rapport, émanant du ministère des Affaires étrangères australien et transmis au SCAP qui le remit aux services du procureur du TMIEO, affirmait : « Certaines tentatives ont été faites pour absoudre Hiro-Hito de toute reponsabilité dans les agissements du Japon, sous prétexte qu'il fut forcé à déclarer la guerre par la faction militariste. La vérité, c'est qu'à aucun moment, il ne fut contraint par la force de donner son accord écrit. Il aurait pu refuser et étayer ses protestations en abdiquant ou en se faisant hara-kiri. On laisse entendre à présent qu'il va abdiquer. Il aurait été infiniment préférable qu'il prît fermement position contre ceux de ses ministres qui tenaient tant à en découdre. Il aurait pu leur signifier que si le Japon entrait en guerre, il manifesterait publiquement son désaccord par l'un ou l'autre des moyens sus-mentionnés. Peut-être est-il vrai que Hiro-Hito n'a jamais cru à la guerre, mais alors son crime n'est-il pas d'autant plus grand d'avoir ainsi approuvé une chose à laquelle il ne croyait pas ? »

La suggestion de se faire hara-kiri était d'une naïveté confondante et révélait une ignorance crasse des traditions japonaise : jamais un empereur n'y aurait seulement songé, car il était considéré comme sacrilège de répandre le sang royal.

Certains spécialistes, à Washington, étaient contre le procès de Hiro-Hito non pas parce qu'il leur semblait innocent, mais, faisaient-ils valoir, parce que cela risquait, paradoxalement, de permettre à certains des pires criminels de guerre d'échapper à tout châtiment. En effet, si l'empereur prenait sur lui l'entière responsabilité de tout et qu'on le punissait, comment pourrait-on ensuite demander des comptes aux terribles commandants des camps de prisonniers de guerre et aux instigateurs de la marche à la mort de Bataan ?

Pour trouver une réponse à cette grande question, le Département d'Etat américain ne ménagea pas ses efforts : parmi les experts consultés, un professeur de la Columbia University, Homer H. Dubs, qui faisait autorité sur le Japon, soumit à Grew un rapport dans lequel il recommandait de destituer Hiro-Hito.

« Peu importe qu'il ait été enclin à la paix ou à la guerre, écrivait-il. Aux yeux des Japonais, c'est la fonction qui prime et non l'individu : l'essentiel est d'extirper de l'esprit du peuple japonais sa foi dans la nature sacrée de l'empereur. Or, cela ne pourra être fait que si les Alliés lui prouvent qu'ils sont capables, s'il le faut, de déraciner leurs divins souverains. »

Montrant une prescience assez étonnante (son rapport est daté du 13 août 1945), Dubs notait que « l'actuelle pratique américaine qui consiste à se garder de critiquer l'empereur, de le blâmer ou d'y toucher de quelque façon que ce soit, fait le jeu des Japonais nationalistes. Ils peuvent ainsi déclarer à leurs concitoyens que les Américains eux-mêmes respectent l'inviolable mikado et qu'il leur inspire une crainte quasi religieuse ». Dubs prônait une opinion radicale : étant donné que la pérennité de la dynastie comptait davantage que les vies de tous les individus qui la composaient, « il est important d'éviter que Hiro-Hito reçoive les honneurs impériaux de la part d'un descendant qui sera lui-même empereur ». Une suggestion originale — mais affreusement blasphématoire, selon les critères japonais — était que les trois reliques sacrées transmises à travers les âges par la déesse du soleil, Amaterasu, le miroir, l'épée et le collier, fussent « désacralisées » par des expositions publiques, sous l'égide américaine, dans les grands musées du monde entier, afin que chacun pût voir qu'il s'agissait de « simples objets fabriqués par l'homme ».

Le sort de Hiro-Hito était aussi l'objet des préoccupations immédiates de ses frères cadets : le prince Chichibu entendit le message radiodiffusé dans sa demeure à la campagne et regagna aussitôt la capitale, malgré la tuberculose qui le minait. Le 30 août, le prince Takamatsu, le troisième frère, alla trouver Kido pour « s'enquérir de l'avenir de la famille impériale ». Le professeur Hata a le sentiment que l'un et l'autre prince répondaient peut-être à un appel qui ne vint jamais et se préparaient à assumer d'hypothétiques fonctions de régent. Durant les jours qui suivirent immédiatement la capitulation, il y eut — comme l'écrivit l'impératrice Nagako à son fils — de touchantes démonstrations de loyauté aux environs du palais. Mais il y eut aussi des manifestations hostiles à Hiro-Hito, ce qui eût été impensable avant le 15 août ; elles se déroulèrent sous les regards conjugués de la police de Tokyo, à présent désarmée (elle avait remplacé la Garde impériale), et de la police militaire américaine. Pour la première fois, il y eut, dans la nouvelle presse japonaise d'après-guerre, toute une série d'éditoriaux contre l'empereur, dont certains (mais pas tous) étaient repris de la presse américaine.

Avant la fin de la guerre, Higashikuni avait cru qu'il serait tout à fait impossible à Hiro-Hito de rester sur le trône. En 1965, il révéla à Yoshio Ando qu'il avait accepté de devenir Premier ministre parce que Kido lui avait dit : « Vous seul en êtes capable » et que l'empereur « qui avait l'air si las et avait perdu tant de poids », lui avait demandé « d'un ton sinistre : Acceptez-vous d'être le nouveau Premier ministre ? Alors, je n'ai pu résister davantage ». Le prince mit toutefois une condition, aussitôt acceptée par l'empereur : il refusait de se rendre à bord du *Missouri* pour signer l'armistice. « J'ai dit : je n'irai pas, expliqua Higashikuni à Ando. Si l'on veut m'y forcer, je démissionnerai. Il n'est pas question que j'aille là-bas faire des courbettes et signer des documents. » D'ailleurs, aucun membre de la famille impériale ne fut directement mêlé à ce honteux épisode de l'histoire japonaise.

Dans l'interview qu'il accorda à *Ekonomistu,* le prince Higashikuni révéla un autre détail important : alors que la thèse généralement acceptée veut que ce soit Hiro-Hito lui-même qui ait décidé de rendre visite à MacArthur, Higashikuni a clairement fait savoir que cette initiative venait de lui. « Je voulais que l'idée semble être venue de l'empereur, précisa-t-il, pas de moi. L'empereur s'est comporté avec beaucoup de modestie devant MacArthur et celui-ci en a été content et flatté. »

Bien que la substance de ce premier dialogue entre les deux hommes soit désormais établie, il n'en existe aucune version intégrale. A l'époque et plus tard, il fut bien entendu entre les deux protagonistes que leurs entretiens devaient rester secrets. MacArthur fit mieux que respecter ses engagements, puisqu'il ne prit même pas la peine de rapporter la teneur des propos échangés ni à son président ni au Département d'Etat. Après chacune des entrevues ultérieures, le ministère japonais des Affaires étrangères questionna minutieusement l'interprète de l'empereur et il existe des comptes rendus de ces interrogatoires, mais qui n'ont jamais été accessibles au public. Il est très probable, estime le professeur Hata, qu'au cours de cette première rencontre, l'Américain ait persuadé Hiro-Hito de ne pas abdiquer. En effet, si l'empereur parut caresser le projet de se retirer durant les trois premières semaines de paix, il n'en fut plus guère question après sa visite à MacArthur, le 27 septembre. Et c'est à partir de cette date, comme l'a noté Hanson Baldwin, du *New York Times,* alors jeune correspondant à Tokyo, que l'on vit apparaître « chez l'empereur une volonté tacite de devenir le partenaire subalterne de MacArthur dans le cadre de la capitulation et de l'occupation ». La victime de cette nouvelle politique impériale devait être le prince Konoye, l'homme qui se serait volontiers érigé en juge, sévère mais juste, des criminels de guerre japonais.

Avant le 12 juillet 1945, en raison de ses opinions pacifistes « suspectes », Konoye avait été tenu à distance par les membres de la cour et, jusqu'en février 1945, il n'avait pas eu l'occasion de revoir Hiro-Hito. Désormais, en sa qualité de vice-Premier ministre, le prince était chargé de rédiger une nouvelle constitution démocratique et il s'attela à cette tâche avec une énergie et une efficacité considérables. Toutefois, en sa qualité de loyal serviteur, dont les liens avec la famille impériale remontaient à plusieurs centaines d'années, il était fermement résolu à protéger l'empereur, bien qu'il n'eût absolument pas approuvé l'attitude qu'avait adoptée ce dernier juste avant la guerre. La façon dont il s'y prit pour le défendre garantissait pour ainsi dire sa propre perte.

A l'encontre de Hiro-Hito, le prince Konoye ne jouait pas les modestes en présence de MacArthur et ne jugeait pas bon de « s'incliner... aussi profondément qu'un domestique ». A ce stade de leurs relations, il avait plutôt tendance à penser que MacArthur et lui étaient du même côté et il s'imaginait que le général n'ignorait rien de ses efforts pour empêcher le Japon d'entrer en guerre.

MacArthur, en effet, était au courant du comportement de Konoye, mais son savoir, glané en lisant les rapports de ses adjoints, était extrêmement sélectif : aux yeux du SCAP, Konoye restait l'homme qui avait expédié les troupes nipponnes en Chine en 1937, « inventé » la « Sphère de coprospérité de la grande Asie » et établi au Japon même un régime totalitaire à tendances fascistes. Les conseillers de MacArthur ne se doutaient nullement des efforts déployés par le prince pour convaincre Hiro-Hito — et Tojo — de ne pas faire la guerre aux Etats-Unis et ils conservaient une profonde méfiance envers son idée d'une « rencontre au sommet » avec Roosevelt, juste avant Pearl Harbor.

La première entrevue entre Konoye et MacArthur fut brève et

officielle. Lorsque le prince demanda une seconde audience (accordée le 4 octobre 1945), on le fit exprès attendre une bonne vingtaine de minutes et un adjoint lui annonça même que MacArthur était « trop occupé » pour le voir. Ce ne fut que lorsque le prince menaça de repartir plutôt que de s'adresser à un subalterne que l'emploi du temps du général se dégagea, comme par miracle. Toutefois, ce que Konoye avait à dire ne fit que confirmer les préventions à son égard du commandant suprême.

Car la défense que présenta le prince en faveur de Hiro-Hito prit une forme inacceptable : c'étaient les militaristes et les ultra-nationalistes qui étaient entièrement responsables de la guerre, déclara Konoye à MacArthur, sans mâcher ses mots. S'il s'en était tenu là, il n'y aurait rien eu à redire, même si la thèse ne brillait pas par son originalité. Malheureusement, Konoye enchaîna sur un plaidoyer en faveur des *Zaibatsus*, les vastes conglomérats industriels que MacArthur s'était justement promis de détruire. Ces organisations, assura Konoye, ainsi que la nature féodale de l'institution impériale, « avaient toujours agi comme un véritable frein sur les militaristes ». C'était « l'élément gauchiste au sein de l'armée impériale du Japon, qui, en exploitant la clique militaire, avait poussé le pays dans la guerre ». Les seuls coupables, c'étaient eux.

Et de se lancer aussitôt dans le même genre de discours qu'il avait tenu à Hiro-Hito en février 1945, brandissant devant MacArthur le spectre du communisme japonais. Si les institutions de la cour impériale et les *Zaibatsus* étaient liquidés au même titre que la clique militariste et les ultranationalistes, le Japon deviendrait une proie aisée pour le communisme. Ces théories furent particulièrement peu appréciées : parmi le personnel du SCAP, on comptait de nombreux libéraux, partisans du « New Deal », aux oreilles de qui les propos de Konoye sonnaient comme ceux d'un indécrottable réactionnaire « ultra ». Insuffisamment informés sur le passé du prince, sur sa spectaculaire conversion de 1941, ses avertissements, proférés alors que la « guerre froide » n'avait pas encore commencé, leur firent l'effet d'une tentative délibérée de les berner.

MacArthur l'écouta poliment, mais répondit d'un ton rogue et sec de soldat, lorsque Konoye se mit à le questionner ouvertement sur la composition de la future Diète et l'organisation du gouvernement, car il entendait faire clairement comprendre à son visiteur que ces sujets étaient exclusivement de son propre ressort. Encore une fois, Konoye se méprit sur la nature de son rôle ; il crut qu'en sa qualité de grand aristocrate japonais, il devait avoir une large part dans la restructuration du Japon d'après-guerre et qu'il trouverait en MacArthur un simple associé et non un *genro*. Or, le général était disposé à montrer une certaine déférence envers un empereur, mais certainement pas envers un homme tel que Konoye, bouc émissaire idéal, à qui il était si facile d'imputer l'entrée en guerre du Japon contre la Chine — décision cruciale qui, en fin de compte, avait mené à l'attaque contre Pearl Harbor.

Konoye déclara à MacArthur qu'il était « prêt à servir la nation de son mieux », loin de se douter que leur entrevue n'avait fait que renforcer chez le « Supremo » la conviction qu'on ne pouvait pas lui faire la moindre confiance et qu'il importait, au contraire, se débarrasser de lui au plus vite. Faisant écho à l'animosité du SCAP envers Konoye, une série d'articles hostiles parut presque aussitôt dans la presse américaine. Le *New York Times,* dans un éditorial repris par certains journaux japonais, écrivit que si l'on permettait au prince de jouer un rôle dans le Japon d'après-guerre, cela revenait à « faire de Quisling le président de la Norvège, de Laval le président de la République Française et de Goering le chef des puissances alliées en Europe ».

Loin d'être considéré comme le justicier du Japon, Konoye devint soudain la cible des enquêteurs américains chargés de demander des comptes aux criminels de guerre nippons. Ne sachant pas grand-chose des crises internes qui s'étaient nouées autour du trône en 1941, les spécialistes du SCAP braquèrent leurs objectifs sur ceux dont les noms étaient revenus le plus souvent, dans les événements qui avaient débouché sur Pearl Harbor. Le nom de Konoye figurait évidemment en bonne place, puisqu'il avait été trois fois Premier ministre, avait présidé à la naissance de la « Sphère de coprospérité de la grande Asie » et avait été à la tête du gouvernement à l'époque de « l'incident du pont Marco Polo » qui avait dégénéré en conflit ouvert avec la Chine. (Une autre grande figure d'avant-guerre que les hommes du SCAP avaient dans le colimateur était Kiko Hirota, lui aussi ancien Premier ministre et lui aussi, ironie du sort, adversaire virulent de la guerre contre les Etats-Unis à partir de 1941.)

Dès le lendemain, le sort de Konoye était réglé. Higashikuni avait marqué plusieurs points lors de ses brefs démêlés avec le

SCAP. Il s'était opposé avec succès à l'introduction d'une « monnaie d'occupation » et à un contrôle militaire direct : « Le Japon ne pouvait pas être traité comme Hawaii ou les Philippines, confia-t-il plus tard à Ando. Il était vaincu, mais c'était toujours le Japon. » Confrontées à un Premier ministre reculé, assuré, princier en un mot, les autorités du SCAP avaient donc reculé, mais elles se tinrent fermement à leur volonté d'évincer de la fonction publique tous les hommes considérés comme « militaristes ». Prié de congédier son propre ministre de l'Intérieur pour cette raison, Higashikuni refusa et, le 5 octobre 1945, démissionna. Konoye, que Hiro-Hito trouvait désormais gênant, ne fit pas partie du nouveau gouvernement qui avait pour chef Mamoro Shigemitsu, ministre des Affaires étrangères dans le récent ministère Higashikuni.

Le prince vivait toujours dans une ignorance béate des nuages qui s'amoncelaient au-dessus de sa tête. Le 8 octobre, il obtint une entrevue avec George Atcheson, le principal conseiller civil de MacArthur, afin d'étudier avec lui la nouvelle constitution japonaise. Le 11 octobre, Hiro-Hito fit entrer Konoye au secrétariat du Sceau impérial, en qualité de conseiller sur la réforme constitutionnelle, presque certainement pour lui fournir une activité et le mettre à l'abri. Le 17 octobre, le prince donna un conférence de presse sur la réforme constitutionnelle, à laquelle assistèrent principalement des correspondants américains et britanniques, et laissa entendre que l'empereur deviendrait volontiers un monarque constitutionnel, selon le modèle britannique.

Presque tout de suite après, cependant, le SCAP fit savoir que Konoye était gravement compromis. A cette époque, Hiro-Hito subissait d'ores et déjà très nettement l'ascendant de MacArthur et il devint de plus en plus inaccessible au prince, tandis que le SCAP déclarait ce dernier persona non grata, ce qui, dans la pratique, signifiait qu'aucun membre de son personnel ne devait plus rien avoir à faire avec lui.

Un mois plus tard, Konoye fut interrogé pendant trois heures par les Américains chargés des Etudes sur les bombardements stratégiques. Se laissant aveugler par sa loyauté envers Hiro-Hito, Konoye ne voulut pas préciser les différends qui les avaient opposés en 1941, ni fournir sa propre version de sa démission en octobre 1941, ni surtout s'élever au-dessus des simples généralités ; tout cela dans le souci excessif de protéger l'empereur. La seule critique implicite qu'il émit contre le comportement de Hiro-Hito vint en réponse à une question lui demandant de préciser quels « efforts » avaient été faits pour mettre fin à la guerre. « De même que ce fut finalement l'empereur qui décida de terminer la guerre, déclara Konoye, à cette époque-là, des tentatives furent faites pour le persuader, particulièrement par l'entremise de Kido, qui était très proche de lui, de faire cesser les hostilités » ; il paraissait sous-entendre que la décision finale avait appartenu à Kido plutôt qu'à Hiro-Hito et que l'empereur aurait pu, s'il l'avait voulu, mettre un terme au conflit plus tôt qu'il ne l'avait fait.

En partie parce qu'il était bien décidé à rester dans le vague, afin de ne pas incriminer l'empereur, et en partie parce qu'il se sentait mal à l'aise, peu habitué qu'il était à de tels interrogatoires, Konoye fit une impression déplorable. Tout au long de la séance, il multiplia les faux-fuyants et les équivoques, rejetant la faute sur les militaires et sur sa mémoire défaillante, sans jamais spécifier clairement les détails de sa rupture avec Hiro-Hito en septembre 1941, ni de son affrontement avec Tojo en octobre, et sans se référer aux commentaires qu'il adressa à l'époque à ceux qui travaillaient sous ses ordres et qui auraient pu corroborer sa version des événements. Que ce fût par arrogance princière, ou parce qu'il n'était pas préparé à une telle attaque de la part du comité, il ne sut pas présenter une défense convaincante de ses actes à partir de septembre 1941 — ni même indiquer que ses propres convictions avaient subi un revirement total au cours des trois mois qui avaient précédé Pearl Harbor.

Il faut dire que les circonstances de l'interrogatoire furent exceptionnelles : en effet, Konoye fut questionné non pas à Tokyo même, comme tous les autres témoins, mais à bord d'un torpilleur de l'US Navy. Ses interlocuteurs mirent un point d'honneur à l'appeler « Mister Konoye ». « J'ai passé quelques heures atroces, confia-t-il ensuite à Tomita ; on aurait dit l'interrogatoire d'un criminel. » Il ne pouvait s'expliquer la chose, sinon en assurant que « l'attitude du personnel d'occupation américain se ressent du fait qu'il y a tant de Juifs au QG de MacArthur... Ils n'éprouvent pas seulement une vive antipathie envers la famille impériale, ils cherchent en outre un prétexte pour la détruire. Et j'ai aussi l'impression qu'ils préparent la communisation du Japon ». Cons-cient de l'ironie de la chose, il fit remarquer à Tomita que lui qui avait été quasiment accusé de trahison par les militaristes, à partir de 1941, à cause de sa prise de position contre la guerre, était à présent traité comme un criminel de guerre par le SCAP.

Le 22 novembre, Konoye vit enfin Hiro-Hito et lui remit son projet de réforme constitutionnelle. Il sollicita aussi officiellement la permission de renoncer à son titre princier. L'empereur se montra distant, peu intéressé par ses projets ou ses problèmes, à présent qu'il le savait sur la « liste noire » du SCAP.

Quand vint novembre 1945, Hiro-Hito, en dépit de sa première entrevue réussie avec MacArthur, n'était pas complètement rassuré sur son propre sort : les enquêteurs américains serreraient de près les présumés criminels de guerre haut placés. Ils finirent même par arrêter un membre de la famille impériale, le très vieux et très inoffensif prince Nashimoto, grand-prêtre du sanctuaire sacré d'Ise, qui était bien la dernière personne que l'on aurait songé à consulter pour la conduite de la guerre. Peut-être certains des membres du SCAP voulaient-ils ainsi faire comprendre à l'empereur qu'il était toujours sur la sellette.

Konoye prit fort mal la chose : « Le gouvernement va-t-il rester les bras croisés, alors qu'on emprisonne un prince impérial ? s'indigna-t-il auprès de Tomita. Au point où nous en sommes, je me demande si la presse [japonaise] élèverait la moindre objection en voyant arrêter l'empereur en personne. Il faudra que je demande à Nashimoto pourquoi il ne s'est pas tué, pour l'amour de l'empereur et du Japon. » (Après quelques semaines de détention, le vieux prince fut relâché ; contre toute attente, il surmonta cette épreuve avec beaucoup de cran, accomplissant ses corvées de détenu avec un grand sourire et paraissant considérer toute l'affaire comme une énorme plaisanterie.)

Enfin, le 6 décembre 1945, le coup tomba : Konoye reçut du SCAP l'ordre de se présenter le 16 du mois à la prison de Sugamo, en tant que criminel de guerre présumé.

Kido, également notifié, se montra plus serein. « Tout se passe comme je m'y attendais, nota-t-il dans son journal, et je ne suis nullement perturbé. » La seule chose qui comptait, déclara-t-il à Konoye, c'était d'éviter que l'empereur fût inculpé à son tour et qui, mieux qu'eux deux, était à même de s'en assurer ?

Konoye n'était pas de son avis. S'il cherchait à expliquer pourquoi il avait agi comme il l'avait fait du temps où il était Premier ministre, répondit-il à Kido, cela n'empêcherait pas les Américains d'inculper l'empereur. « La responsabilité du Commandement suprême n'en appartiendrait pas moins au souverain qui est commandant en chef. Si les Etats-Unis ont d'ores et déjà décidé de punir l'empereur, je me sens impuissant à le défendre. » Peut-être se sentait-il aussi incapable de préciser la raison d'être de son comportement, à partir de 1937, sans incriminer lourdement Hiro-Hito et peut-être la perspective de trahir ainsi l'empereur lui était-elle intolérable. De toute façon, confia-t-il à des amis, il ne pourrait supporter la honte de se trouver assis, en plein tribunal, au banc des accusés. Encore une fois, il en revint à ses activités de l'immédiat avant-guerre, déclarant à un reporter de *Mainichi* : « Avant la guerre, on se moquait de moi parce que j'étais indécis, pendant la guerre on me vilipendait sous prétexte que j'étais un rêveur pacifiste, et aujourd'hui, après la guerre, me voici accusé d'être un criminel de guerre. Je suis le jouet de la destinée. »

Par contraste, Kido ne sombra nullement dans ces abîmes d'introspection : bien qu'il eût soupçonné, dès avant le 6 décembre, qu'il figurerait probablement sur la liste des présumés criminels de guerre, jamais il ne laissa cette considération empiéter sur son devoir suprême : servir l'empereur. Il continua à prodiguer à Hiro-Hito ses excellents conseils. Le 29 septembre 1945 (deux jours après la visite à MacArthur), l'empereur déplora devant lui les attaques virulentes dont il était l'objet de la part de la presse américaine. « Je peux faire semblant de ne pas m'en apercevoir, dit-il à Kido, mais je peux aussi révéler mes véritables sentiments par l'intermédiaire d'un journaliste ou m'en ouvrir directement à MacArthur. » Le marquis lui recommanda de n'en rien faire. « D'une manière générale, expliqua-t-il, les Américains se méprennent considérablement sur l'attitude du Japon. Alors, si nous tentons de nous défendre, cela risquerait d'aggraver les choses. » Il était important de rester sourd à ces attaques et de laisser les choses se tasser. Hiro-Hito suivit ce conseil.

Le 12 décembre, le souverain manifesta le désir de communier avec ses ancêtres, au sanctuaire d'Ise, afin de les informer de sa défaite calamiteuse et de leur demander pardon. Une fois de plus, ce fut Kido qui arrangea tout auprès du SCAP, qui obtint l'autorisation spéciale de MacArthur pour ce déplacement et qui supervisa soigneusement tous les détails pratiques du voyage. C'était la première fois que Hiro-Hito quittait Tokyo depuis la fin de la guerre et Kido redoutait d'éventuelles manifestations d'hostilité. Il fut soulagé de constater, à la gare de Numazu, où le train impérial fit une halte de six minutes, qu'il n'en était rien, car « si une bande d'émeutiers était venue jeter des pierres, nous n'aurions rien pu faire ». Heureusement, « les six minutes ont passé très vite. Ce n'était pas l'accueil stéréotypé d'avant la guerre. Certains voyageurs se sont arrêtés et inclinés, mais en restant tout à fait naturels. J'ai été content de voir le peuple et la famille impériale ainsi rapprochés ». A une autre gare, « une veuve a montré la photo de son défunt époux, officier de l'armée. J'ai observé son visage et je me suis dit que c'était une vraie Japonaise ; mes yeux se sont embués ».

Après avoir officiellement renoncé à ses fonctions de garde du Sceau impérial, Kido était resté « employé spécial de la Maison impériale à titre temporaire » et avait reçu de l'empereur divers présents : vingt mille yens en argent liquide, un tonneau de saké impérial et des conserves alimentaires. « Cette grande et sainte pitié me fait verser des pleurs », nota-t-il dans son journal. De nouveaux cadeaux vinrent s'ajouter à ceux-là, lorsqu'il soumit, le 24 novembre, avec d'autres anciens pairs, sa requête officielle pour devenir roturier.

A l'encontre de Konoye qui était tenu à distance et volontairement ignoré, Kido reçut d'autres marques d'estime de la part de Hiro-Hito après le 6 décembre : cinq jours avant son incarcération, il fut invité à dîner avec le souverain. Il commença par refuser, faisant valoir qu'en tant que présumé criminel de guerre, il risquait de « contaminer » son hôte.

Hiro-Hito répondit au chambellan qui vint lui porter ces excuses que « aux yeux des Américains, c'est peut-être un criminel, mais c'est un dévoué serviteur de notre pays. S'il préfère ne pas venir, faites-lui porter le dîner ». Une voiture du palais vint chercher Kido chez lui pour son dernier repas avec Hiro-Hito.

Ce fut l'occasion de nouveaux dons, notamment une « grande table » de la part de l'impératrice, ainsi que des beignets qu'elle avait confectionnés de ses mains. Kido remarqua que, dans le courant de la conversation, « l'empereur me raconta diverses histoires dans le plus grand désordre » ; visiblement bouleversé à l'idée de ce qui attendait son vieil ami, Hiro-Hito ne parvint à tenir que des propos vagues et décousus.

Il y eut une ultime entrevue, la veille du jour où Kido devait se présenter à la prison de Sugamo. Les derniers mots que lui adressa l'empereur furent : « Cette fois, je suis vraiment désolé. Prenez soin de votre santé. Je crois que vous comprenez parfaitement ce que je ressens, car nous nous sommes toujours tout dit. Alors, je vous en prie, expliquez-leur [aux autres prisonniers]. »

En termes ambigus, selon son habitude, le souverain adressait ainsi à Kido un message crucial : il devait lui servir d'yeux et d'oreilles à l'intérieur de la prison, profitant de sa connaissance intuitive du point de vue impérial pour l'exposer aux autres et veiller à ce qu'il fût compris. Aussi clairement que s'il l'avait fait à haute et intelligible voix, Hiro-Hito le suppliait de le préserver, quoi qu'il advînt, de toute implication dans les procès à venir.

Dans sa maison de campagne, ignoré et rejeté par Hiro-Hito, Konoye se livrait à des préparatifs bien différents : il avait fait sa paix avec son frère, un musicien qui avait passé toute la guerre en Allemagne et avec qui il avait été brouillé ; il régla toutes ses affaires de famille et ses affaires personnelles et dicta un bref testament politique.

J'ai commis bien des bévues politiques, à commencer par la guerre de Chine, déclarait-il, et je suis intimement pénétré de mes responsabilités à cet égard.

Les airs retentissent de fausses accusations et de malentendus. Quoi que l'on dise, les gens vous accusent d'éluder et de mentir. Je refuse de m'abaisser à rivaliser de médisance avec des gens prêts à dire n'importe quoi pour se faire valoir. Je me moque éperdument de savoir si les gens me comprennent ou non. Je suis convaincu qu'un jour, à l'avenir, je serai jugé en toute équité et blanchi.

La ferveur et la haine qui accompagnent la guerre, l'arrogance excessive des vainqueurs et l'extrême servilité des vaincus, les rumeurs dues à des accusations volontairement fausses et à des malentendus — toutes ces choses mises ensemble constituent ce qu'on appelle « l'opinion publique ». Au bout du compte, j'espère, devant le tribunal des dieux, faire l'objet d'un jugement équitable. Cependant, il m'est intolérable de passer devant un tribunal américain en tant que prétendu criminel de guerre.

Le fait même que j'aie senti le poids de ma responsabilité dans la guerre de Chine a rendu d'autant plus cruciale pour moi la tâche de parvenir à un règlement [avec les Etats-Unis]. Ayant conclu que la seule chance qui me restait de trouver une issue à la guerre en Chine était d'arriver à m'entendre avec les Américains, j'ai fait tout ce qui était en mon pouvoir pour faire aboutir les négociations. Il est regrettable que je sois aujourd'hui soupçonné par ces mêmes Américains d'être un criminel de guerre.

Je crois que ceux qui me connaissent bien savent quelles étaient mes aspirations. Je crois que même aux Etats-Unis, j'ai des amis qui me comprennent.

Dînant, le 14 décembre, avec ses deux amis les plus intimes, Konoye laissa transparaître un peu de son amertume envers Hiro-Hito. Il les informa calmement de son intention de s'ôter la vie. « Dites à l'empereur, ajouta-t-il, d'en faire autant quand ils viendront le chercher. »

Le 15 décembre, à l'aube, il se suicida : un prince du sang ne devant pas verser ce précieux liquide, Konoye avala un comprimé de cyanure. Peu de gens assistèrent à ses obsèques. Comme devait le noter son biographe, Yoshitake Oka, « un certain nombre de ceux qui auraient dû être là se firent excuser. Dans le cours normal des choses, dix mille personnes seraient venues. Il n'y en eut que quelques centaines ». L'empereur n'assistait jamais aux enterrements, hormis ceux de sa famille très proche, mais en cette occasion, il ne se fit même pas représenter et n'adressa pas de lettre de condoléances immédiate à la famille. Comme l'écrivit à l'époque Mark Gayn, correspondant à Tokyo du *Chicago Sun* : « L'empereur, n'étant pas sûr qu'il ne passera pas lui-même en jugement en tant que criminel de guerre, ne veut pas se noircir par égard pour un homme dont il a depuis si longtemps suivi les conseils. » Si l'on en croit un témoignage contemporain digne de foi, la seule réaction du souverain en apprenant la mort de Konoye fut l'agacement : il s'empressa de faire savoir que tous ceux qui avaient reçu l'ordre de se présenter à la prison de Sugamo devaient s'exécuter sans faillir.

Outre son testament politique, Konoye légua à la postérité un exemplaire souligné du *De Profundis* d'Oscar Wilde, un ouvrage — et un écrivain — qu'il admirait particulièrement. Le passage qu'il avait souligné, le 1er janvier 1945, était le suivant : « Les gens disaient de moi que j'étais trop individualiste... Pourtant, mon grand crime n'est pas venu d'un excès, mais au contraire d'un manque d'individualisme dans ma vie. » C'est encore une référence indirecte à la vraie raison de sa mort : sa volonté de protéger coûte que coûte Hiro-Hito, laquelle était parfaitement conforme à la conception qu'il avait de son rôle princier.

Peut-être Konoye, doué d'un sens si aigu de l'ironie, aurait-il apprécié toute l'absurdité de sa disparition : en effet, quarante-trois ans plus tard, Robert Fearey, ancien fonctionnaire du SCAP, m'a fourni sa propre version des événements qui en furent la cause.

Peu avant que Konoye ne fût notifié de son inculpation en tant que criminel de guerre, m'a expliqué Fearey, « Atcheson me convoqua dans son bureau pour me dire : " Le général MacArthur vient de m'appeler parce qu'il a remarqué que tous les grands criminels de guerre ont été arrêtés et jugés, ou sont sur le point d'être jugés, en Allemagne ; or, ici, nous n'en avons pas arrêté un seul ; ils courent toujours les rues. Ça ne peut pas continuer comme ça. Alors, voulez-vous, s'il vous plaît, me dresser une liste des dix ou douze personnes — je ne sais combien il y en a — qui méritent d'être inculpées et les arrêter. " Avec Herb Norman, un Canadien qui travaillait pour les services de renseignements du SCAP, nous avons fait une liste de dix personnes qui nous semblaient mériter d'être arrêtées en tant que grands criminels de guerre et nous l'avons donnée à Atcheson, qui l'a remise à MacArthur ; le lendemain, ces gens ont été arrêtés et il y avait des gros titres dans tous les journaux.

Une semaine plus tard, MacArthur a dit : " Il doit y en avoir plus de dix. " Alors, j'ai fourni une autre liste sur laquelle figurait le prince Konoye, non pas parce que nous pensions que c'était un criminel de guerre qui méritait d'être jugé et condamné, mais parce qu'il avait été Premier ministre à des moments critiques, et qu'il avait joué un rôle important, du point de vue militaire. Il était bien entendu entre nous que nous ferions savoir au prince que nous ne le considérions pas comme un criminel de guerre au même titre que les autres, mais que nous voulions simplement le faire comparaître en qualité de témoin et que nous avions le sentiment de devoir agir ainsi, en raison de la position qu'il avait occupée. »

En d'autres termes, Konoye fut inclus dans la deuxième charrette de criminels de guerre essentiellement pour sa connaissance du passé. « Hélas, a conclu Fearey, il y a eu une négligence. Le prince Konoye n'a pas été averti de la chose. Personne n'a songé à le prévenir. On a tout simplement oublié. »

Chapitre 25

Le jour même où Kido et Konoye apprirent qu'ils devraient se présenter à la prison de Sugamo, le contingent américain du Tribunal militaire international d'Extrême-Orient (TMIEO) quittait les Etats-Unis à bord d'un avion à destination de Tokyo. Le chef du groupe, Joseph B. Keenan, homme de loi spécialisé dans la chasse aux gangsters, qui avait fait condamner Al Capone et qui était sur le point de devenir le procureur général du TMIEO, ne connaissait strictement rien du Japon. Truman l'avait choisi pour cette tâche parce qu'il voulait se débarrasser de lui. Proche ami de Franklin Roosevelt et de J. Edgar Hoover, Keenan n'avait guère d'atomes crochus avec le nouveau président américain, qui le détestait et qui voulait s'assurer qu'il ne hanterait plus les couloirs de la Maison-Blanche.

Le choix se révéla désastreux. Alcoolique invétéré mais honteux, Keenan, à qui il arrivait l'après-midi d'avoir l'élocution si pâteuse qu'il en devenait inintelligible, s'aliéna quelques-uns des plus brillants juristes déjà au travail au siège du SCAP à Tokyo. Durant les audiences, son cabotinage ne fit qu'irriter le président du tribunal, Sir William Flood Webb, juge australien irascible, mais d'une grande valeur, qui avait déjà mené les débats contre les criminels de guerre aux Philippines et qui était président de la cour suprême du Queensland. Les avocats japonais de la défense étaient médusés par ses effets de prétoire. Keenan ne se privait pas de manifester son mépris pour les us et coutumes du Japon, de façon bien souvent mesquine, refusant par exemple de se déchausser comme le voulait la coutume, dans un restaurant, ou chez des familles japonaises.

Sa ressemblance frappante avec le grand acteur comique hollywoodien, W.C. Fields, provoquait l'hilarité, mais autrement Keenan ne prêtait guère à rire. Touche-à-tout tyrannique, cherchant perpétuellement à se mettre en avant et à monopoliser l'attention de la presse, il s'aplatissait devant MacArthur. Sous son autorité, la prétendue indépendance des instances judiciaires devint une sinistre plaisanterie. Ce fut ce personnage fortement antipathique qui domina les débats du TMIEO à Tokyo de 1946 à 1948, menant une vie impossible à quiconque avait le malheur de le contrarier.

Avant de partir pour Tokyo, Keenan avait confié à la presse de Washington qu'à son avis, Hiro-Hito méritait de toute évidence de passer en jugement. Une dépêche de l'*Associated Press*, qui tomba peu avant son départ, précisait « Keenan révèle que l'empereur Hiro-Hito pourrait fort bien se retrouver au banc des accusés. » Selon les souvenirs de Robert Donihi, qui faisait aussi partie du contingent américain du TMIEO, « l'empereur était l'objet particulier de nos attentions avant notre départ des Etats-Unis et, en ce qui concernait notre équipe de seize membres, il figurait en tête de liste des candidats aux poursuites judiciaires. On nous laissa croire que nous allions le juger jusqu'au moment où notre avion décolla pour Tokyo. Ce fut littéralement en nous installant à bord qu'une lettre remise à Keenan de la part du président Truman nous apprit que Hiro-Hito et toute la Maison impériale étaient hors jeu. On me fit savoir que je ne devais surtout pas essayer d'interroger un seul d'entre eux. »

La lettre de Truman à Keenan s'inscrivait dans le cadre d'une lutte politique que se livraient deux factions de hauts fonctionnaires à Washington et Tokyo. Quelques jours auparavant (le 29 novembre 1945), des instructions ultra-secrètes adressées par les chefs d'état-major interarmées à MacArthur indiquaient qu'ils gardaient l'esprit ouvert quant aux responsabilités du souverain. Se référant à Hiro-Hito « en tant qu'individu et non comme incarnation de l'institution impériale », ils déclaraient :

Il est d'un grand intérêt pour les Etats-Unis de savoir si Hiro-Hito doit ou non passer en jugement pour crimes de guerre. L'attitude du gouvernement américain est qu'il ne doit pas automatiquement bénéficier d'une immunité l'empêchant d'être arrêté, jugé et condamné.

On peut considérer que, dès qu'il apparaîtra que l'occupation peut se dérouler de façon satisfaisante sans lui, la question de son procès sera soulevée.

On peut aussi considérer que si une telle proposition est d'une quelconque utilité, elle sera avancée par un ou plusieurs de nos alliés. De toute évidence, qu'il soit jugé ou non, nous devons nous empresser de réunir les preuves et témoignages nécessaires, puisqu'une éventuelle décision de ne pas le poursuivre devrait être prise à la lumière de tous les faits disponibles.

Il faudra réunir ces preuves et témoignages en respectant strictement les consignes de sécurité, afin de ne risquer de révéler ni leur teneur, ni même le fait que l'on s'occupe de les réunir.

Ce point de vue n'était certainement pas celui de MacArthur et ce fut peut-être pour cette raison que l'on remit à Keenan, au moment où il montait dans l'avion pour Tokyo, le fameux billet envoyé in extremis par Truman. George Atcheson, l'adjoint civil de MacArthur, qui avait rang d'ambassadeur, précisa le pour et le contre des poursuites contre Hiro-Hito avec une rare franchise. Dans un rapport au Département d'Etat, daté du 8 janvier 1946, il nota :

Il est bien entendu que Hiro-Hito ne jouit d'aucune immunité en ce qui concerne les crimes de guerre, mais il est néanmoins impossible de dissocier son sort et la façon dont il sera traité de notre objectif global au Japon.

Si nous sommes prêts non seulement à assurer une occupation indéfinie, mais aussi à fournir une aide économique énorme au Japon et à accroître en outre le nombre des soldats stationnés dans ce pays, afin de pouvoir faire face à toutes les éventualités, libre à nous d'adopter une attitude agressive sur le plan politique, de juger l'empereur pour crimes de guerre et d'encourager l'abolition totale du système impérial. Il se trouve même des Japonais pour faire valoir que s'il a pu mettre fin à la guerre, il avait forcément assez d'autorité pour l'empêcher.

Atcheson, toutefois, faisait remarquer que l'empereur était « utile, obéi des fonctionnaires et du peuple... » et poursuivait :

> ... Je suis informé par une source digne de confiance que Hiro-Hito envisage d'abdiquer dans un avenir relativement proche. Un des éléments importants de cette décision est sa peur d'être inculpé de crimes de guerre. Cela aurait pour résultat d'éliminer un chef d'Etat auquel le Japon est habitué et auquel, aussi bizarre que cela paraisse, la plupart des citoyens japonais ordinaires sont reconnaissants de leur avoir rendu la paix.
>
> Donc, si nous décidons de continuer à nous servir indéfiniment de l'empereur, il conviendrait de lui faire savoir que nous jugeons souhaitable de le voir rester sur le trône.

MacArthur fit suivre ce rapport de ses propres opinions, exprimées dans une lettre aux chefs d'état-major interarmées, datée du 25 janvier ; il reprenait les arguments d'Atcheson avec une emphase caricaturale. Cette extraordinaire missive mérite d'être citée presque in extenso :

> S'il passe en jugement, il faudra entièrement modifier nos projets d'occupation et effectuer par conséquent les préparatifs nécessaires, afin d'être parés avant de passer à l'acte proprement dit.
>
> Son inculpation provoquerait, sans le moindre doute, parmi le peuple nippon, de très graves remous, dont on ne saurait surestimer les répercussions. Il est le symbole derrière lequel s'unissent tous les Japonais. Qu'on le détruise et la nation entière se désintègre.
>
> A mon avis, on peut s'attendre à ce que le Japon tout entier résiste à cette mesure par des moyens soit passifs, soit semi-actifs.
>
> Ils sont désarmés et ne présentent donc pas de menace particulière pour des troupes entraînées et équipées, mais il n'est pas inconcevable de voir toutes les agences gouvernementales cesser de fonctionner et de voir s'installer en conséquence un état de chaos et de désordre clandestins, allant jusqu'à une guérilla dans les régions montagneuses ou reculées. Je crois qu'alors tout espoir d'introduire des

méthodes modernes et démocratiques s'évanouirait et que, lorsque le contrôle militaire prendrait éventuellement fin, il émanerait des masses mutilées une forme quelconque d'enrégimentement à outrance, sans doute selon un schéma communiste. Cela poserait un problème d'occupation radicalement différent de celui que nous connaissons à présent. Il serait tout à fait essentiel d'augmenter considérablement les forces d'occupation. Il est fort possible qu'un million de soldats, au minimum, soient nécessaires et doivent être stationnés indéfiniment au Japon.

En brandissant ainsi le spectre du chaos administratif, de la guérilla, de la montée du communisme japonais et du besoin d'entretenir au Japon, pendant des années, une garnison d'un million d'hommes sur le pied de guerre, MacArthur fit taire une fois pour toutes les velléités de faire passer Hiro-Hito en jugement.

Il est difficile de savoir s'il croyait vraiment à ses sombres prédictions ou s'il voulait simplement faire peur à Truman et aux chefs d'état-major pour imposer sa volonté. Grew lui-même, défenseur acharné du système impérial, s'était montré moins catégorique : en juillet 1944, l'OSS ayant signalé certaines rumeurs selon lesquelles Hiro-Hito était sur le point de quitter Tokyo pour la Mandchourie, Grew nota que « l'on pourrait faire valoir qu'une fuite hors du pays équivaudrait à une abdication. La question de savoir si le gouvernement militaire [d'occupation] devrait alors nommer un autre membre de la famille impériale pour succéder à l'empereur ou considérer que l'institution impériale a désormais pris fin, devra être tranchée une fois que nous aurons occupé Tokyo. » Vers cette époque, Washington songea un instant à encourager un groupe de Japonais en exil, sur le modèle des « Forces françaises libres », qui s'appellerait « l'Alliance internationale pour la libération des peuples japonais », soutenu par l'OSS et le Bureau d'information de guerre et qui servirait par la suite de noyau à un gouvernement d'après-guerre libre et « démocratique ». Si l'on renonça finalement à ce projet, ce ne fut pas parce qu'on redoutait de voir la disparition du système impérial engendrer le chaos, mais parce que l'OSS avait peur de voir les communistes japonais en exil infiltrer le mouvement.

Les lettres d'Atcheson et de MacArthur étaient toutes deux volontairement ambiguës : MacArthur énumérait les conséquences de l'abolition du système impérial. Cela dit, pas un instant on ne songea sérieusement à adopter cette solution radicale. Ce à quoi pensaient beaucoup de gens, en revanche — et parmi eux les propres intimes de l'empereur —, c'était à une abdication en faveur d'Akihito, placé jusqu'à sa majorité sous la régence de Chichibu, Takamatsu ou Mikasa, les frères cadets du souverain. Jamais personne n'a suggéré que, si l'on avait adopté cette solution, les conséquences auraient pu être celles décrites par Atcheson et MacArthur. Chichibu, Takamatsu et Konoye eux-mêmes avaient tous trois envisagé la possibilité d'une abdication de l'empereur, sans jamais indiquer qu'elle risquait de plonger le pays dans le chaos total. Rétrospectivement, les plus grands historiens nippons et de nombreux Japonais ayant personnellement subi le traumatisme de la capitulation s'accordent à dire qu'immédiatement après le discours du 15 août, il régnait une sorte d'apathie générale et que le départ volontaire du souverain n'aurait sûrement pas engendré de troubles violents ou durables, surtout si l'on avait établi une régence. D'ailleurs, même les romanesques complots ourdis en faveur du petit prince descendant de Meiji par les anciens élèves de l'école de Nakano et les fidèles de la marine impériale — les uns et les autres figurant parmi les partisans les plus coriaces et intransigeants de la poursuite d'une action clandestine après la guerre — s'appuyaient sur des projets non violents. Bref, tout permet de croire que MacArthur profita abusivement de son rang de commandant suprême pour forcer non seulement Truman, mais aussi les alliés des Américains, à accepter de garder Hiro-Hito sur le trône, parce que telle était sa propre volonté, surtout après la rencontre du 27 septembre 1945. Ce fut aussi MacArthur qui œuvra plus que quiconque pour officialiser la thèse de « l'empereur fantoche ».

Le général écrivit à Washington que ce serait :

> ... un désastre que d'inculper Hiro-Hito de crimes de guerre, puisqu'il n'a été, d'un bout à l'autre, qu'un simple fantoche, une véritable marionnette de ventriloque, qui n'a pas plus déclenché que stoppé la guerre. Tout au long des hostilités, il réagit de façon automatique aux conseils qu'on lui donnait, et jamais il n'aurait pu en être autrement. Le conseil des ministres où il fut décidé de mettre un terme au conflit était aussi soigneusement mis au point que ceux où il fut décidé de le déclencher.

Au fil des ans, cette opinion se généralisa . elle ne tenait aucun compte des preuves du contraire, si aisément disponibles dans le journal de Kido et dans certains passages clefs du mémorandum Sugiyama. Toutefois, en comparant Hiro-Hito à la marionnette d'un ventriloque, MacArthur lui retirait automatiquement son seul titre de gloire : la façon dont il avait mis fin à la guerre. Ses défenseurs étaient prêts à payer ce prix-là.

Comme le fit remarquer Donihi, l'immunité dont jouissait l'empereur s'étendait nécessairement à sa famille, car il aurait été impossible d'épargner le souverain tout en faisant subir à ses proches les rigueurs de la loi. Ce fut ainsi que certains personnages princiers, qui auraient autrement couru le risque de se retrouver au banc des accusés pour crimes graves contre l'humanité, passèrent à travers les mailles du filet, notamment le prince Asaka, qui avait commandé des troupes durant le « viol de Nankin ».

Un autre marché fut conclu en coulisse, qui transforma les débats du TMIEO en farce macabre : avant de quitter Ping Fan, à la suite de l'avancée soviétique en Mandchourie, durant les quatre derniers jours de la guerre, l'infâme général Ishii, directeur de la sinistre « unité 731 », fit faire des piqûres d'acide prussique à quarante cobayes « *marutas* » détenus dans son camp, puis fit incinérer leurs cadavres et jeter les cendres dans le fleuve Sungari, en même temps que des milliers de récipients contenant des spécimens et des cultures microbiens.

Ishii se réfugia d'abord à Harbin, d'où il passa à Pusan, en Corée, pour regagner Tokyo juste après la capitulation. Il prit une chambre à l'hôtel Wakamatsu, en face de l'hôpital militaire de Tokyo, dans le quartier de Shinjuku : et là, tandis que l'impératrice Nagako regardait passer les B-29 à bord desquels se trouvaient les troupes d'occupation américaines, le général s'activa pour faire disparaître les restes atroces des « *marutas* » qui s'y trouvaient conservés.

Or, si quelqu'un méritait d'être rangé parmi les grands criminels de guerre présumés, c'était bien Ishii. Le colonel Murray Sanders, de l'armée américaine, dépêché à Tokyo tout de suite après la guerre pour enquêter sur les activités de « l'unité 731 », raconta bien des années plus tard à TVS, la société de production de la télévision britannique indépendante, que son « contact » à Tokyo, le colonel Ryohi Nahito, soumis à des pressions considéra-

437

bles, exposa le schéma d'organisation : au sommet de l'organigramme se trouvait l'empereur, qui avait apposé son sceau à l'ordre créant « l'unité 731 » ; les ramifications s'étendaient à différents ministères et états-majors militaires.

Par le truchement de Nahito, Ishii, qui désormais se terrait, fit parvenir à Sanders une pétition réclamant l'immunité totale pour tous les membres de son unité en échange de toutes les données scientifiques accumulées au sujet de la guerre chimique et bactériologique. Sanders (décédé en 1986) confia à TVS : « MacArthur accepta d'amnistier tout le monde en échange de toutes les informations [sur l'unité 731]. Il m'avait donné sa parole qu'il n'y aurait pas de poursuites. » En janvier 1946, Ishii sortit de la clandestinité. Un an plus tard, deux scientifiques américains, Edwin Hill et Joseph Victor, se rendirent au Japon pour questionner à fond Ishii et ses collaborateurs. Figurait dans leur rapport l'euphémisme suivant : « Il aurait été impossible d'obtenir des informations de ce genre chez nous, en raison de nos scrupules concernant les expériences sur des êtres humains. »

MacArthur tint parole et Keenan ne souleva aucune objection : à aucun moment ni Ishii, ni un seul de ses subordonnés ne durent comparaître devant le TMIEO. L'affaire de « l'unité 731 » fut mentionnée, très brièvement, au cours des débats. Un des procureurs américains, se référant à des documents fournis par les Chinois, signala, au début des procès, que « le détachement " TAMA " [c'était le nom de code de l'unité 731] emmenait ses prisonniers civils dans un laboratoire médical, où l'on testait leurs réactions à des sérums toxiques. Ce détachement était l'une des unités les plus secrètes. Il est impossible d'établir avec certitude le nombre de ses victimes. »

Webb voulut en savoir plus long : « Voilà qui est tout à fait nouveau. Allez-vous en rester là ?

— Nous ne prévoyons pas, pour le moment, de fournir de preuves à ce sujet », répondit le procureur. Webb crut que c'était parce qu'il n'y en avait pas et rejeta ce chef d'accusation, déclarant, sans doute de bonne foi, qu'il s'agissait de « simples allégations que ne corroborait aucune preuve directe ». Tout au long du procès, « l'unité 731 » ne devait jamais plus être mentionnée.

Ishii mourut d'un cancer à un âge avancé ; plusieurs spécialistes de « l'unité 731 » ont noté qu'après la guerre, un « intervalle convenable » s'étant écoulé, il fut invité à donner des conférences devant des spécialistes de l'US Army, à Camp Detrick, en Virginie, le QG de la guerre chimique aux Etats-Unis, et jamais il n'y a eu de démenti.

Etant donné que Hiro-Hito ne figurait pas parmi les accusés et que ces derniers firent tous de leur mieux pour le protéger tout au long des débats, son nom ne fut que rarement cité au cours des interminables audiences du TMIEO. Dès avant leur début effectif (le 3 mai 1946), Keenan avait très clairement précisé son attitude : lorsque Sir William Webb lui demanda pourquoi l'empereur n'avait pas été inculpé, Keenan répondit qu'il était de notoriété publique que, durant toute la période qui avait précédé la guerre, « le souverain avait été aux mains de véritables gangsters ». Lors d'une réunion préparatoire du ministère public, il tint à souligner une nouvelle fois sa politique d'immunité totale vis-à-vis de l'empereur. Un membre britannique de l'équipe demanda : « C'est une décision ou une proposition ? » Keenan répliqua : « Notre politique est fixée. Je vous demande d'y consentir. » Le Britannique ayant rétorqué : « Je ne peux absolument pas accepter ce genre de choses », Keenan repartit : « Il est dans l'intérêt de toutes les nations alliées d'appliquer sans aucun heurt la politique d'occupation ; c'est aussi la volonté du SCAP. Messieurs, si vous n'êtes pas en mesure de suivre cette politique, libre à vous de faire vos bagages et de rentrer chez vous. » Ce fut exactement ce que firent, ultérieurement, certains de ceux à qui il s'adressait.

Quelques mois après le début du procès, cependant, une autre question se posa : l'empereur devait-il être cité comme témoin ? Comme on pouvait s'y attendre, aussi bien MacArthur que Keenan y étaient farouchement opposés. En novembre 1947, Webb quitta Tokyo, pour un bref congé : la décision de ne mêler en aucune façon l'empereur aux débats fut prise en son absence. Personnellement, Webb estimait que Hiro-Hito aurait dû comparaître devant les juges, avec les autres inculpés, et la plus franche animosité régnait entre lui et Keenan.

Une dernière tentative de mêler Hiro-Hito aux procès qui se déroulaient devant le TMIEO fut faite par Edward P. Monaghan, l'un des procureurs. Dans une note à Keenan, Monaghan faisait remarquer que plusieurs rapports dignes de foi signalaient que l'empereur tenait un journal intime depuis son enfance. Ce document étant, de toute évidence, susceptible de faire une lumière considérable sur les événements qui avaient précédé Pearl

Harbor, Monaghan suggéra d'ordonner au palais de le verser aux dossiers. La réaction de Keenan ne se fit pas attendre ; sur un billet manuscrit joint à la demande de Monaghan, il écrivit :

> D'importantes questions de politique sont mises en cause par cette suggestion ; elle touche des problèmes autres que le seul besoin de preuves fiables. Si l'on devait agir dans ce sens, ce ne serait que sur ordre spécifique de l'autorité suprême du SCAP. Je crois qu'il y a de puissantes raisons pour que cette requête soit repoussée.

La réponse officielle de Keenan marquée « CONFIDEN-TIEL », fut la suivante :

> Les éléments politiques nécessairement mis en cause, si l'on décide de se procurer un document aussi personnel que le journal intime de l'empereur du Japon, sont si importants qu'à n'importe quel stade des débats, il aurait été difficile d'obtenir une réponse favorable.
> Au stade actuel des débats, nos principaux chefs d'accusation étant déjà décidés, nous ne saurions prendre cette demande en considération.
> J'en suis donc amené à conclure qu'il faut renoncer à présenter une telle requête.
>
> Joseph B. Keenan,
> Procureur général.

En dépit de sa volonté acharnée de protéger Hiro-Hito coûte que coûte, il arriva parfois à Keenan lui-même, dans le feu de l'action, de se laisser emporter lorsqu'il interrogeait un témoin. A chaque fois que cela lui arrivait, se rendant compte, avec un désarroi presque comique, que la réponse à sa question risquait de compromettre l'empereur, il s'interrompait net et coupait court à ses propres questions. On en eut un exemple lors de l'interroga-toire de Kido. En réalité, dans ce cas précis, c'était le procureur spécialement chargé du dossier Kido qui aurait dû poser les questions, mais Keenan, malgré sa connaissance imparfaite du dossier, n'était pas du genre à laisser un de ses subordonnés occuper le devant de la scène quand un personnage de premier plan était à la barre des témoins.

Keenan essayait de prouver que Kido était au courant de l'attaque prévue contre Pearl Harbor. Un rapport des enquêteurs du TMIEO (fondé sur un article du *New York Times*) avait précisé que l'empereur, en uniforme d'amiral, avait passé la nuit du 7 au 8 décembre 1941 à écouter les transmissions radio en provenance du navire de l'amiral Yamamoto.

Keenan dut soudain se le rappeler.

KEENAN : J'ai cru comprendre qu'il y avait une petite réunion au palais, pour découvrir comment se passait l'attaque contre Pearl Harbor ?
KIDO : Je ne suis absolument pas au courant.
KEENAN : Pas d'autres questions.

Il était, en revanche, de première force pour faire tenir aux accusés des propos tendant à blanchir l'empereur et renforcer la thèse du « fantoche », chère à MacArthur. Ainsi lorsqu'il questionna Kido sur le « *Gozen Kaigi* » du 6 septembre 1941.

En réponse à une question de Keenan (« L'empereur eut-il la moindre part dans la décision prise lors de la Conférence impériale du 6 septembre ? »), le marquis se lança dans une explication longue et alambiquée, regorgeant de faux-fuyants. Keenan lui coupa la parole.

KEENAN : Bon, très bien, donc la réponse est qu'il ne s'agissait pas du tout en réalité d'une décision de l'empereur. C'était une décision officiellement prise en son nom, mais par d'autres personnes. N'est-ce pas parfaitement évident ?
KIDO : Pour parler clairement, oui.

Le seul moment des débats où l'on put croire que le tribunal allait remettre en cause le rôle tout entier de Hiro-Hito se situa vers la fin, le 31 décembre 1947. A l'époque, l'intérêt du public pour le procès avait nettement baissé, tant au Japon qu'ailleurs. Tojo parachevait la longue déclaration qui clôturait sa défense et il venait de préciser que Hiro-Hito avait consenti à la guerre, « mais à contrecœur », lorsqu'il fut interrompu par un des défenseurs de Kido : « Avez-vous jamais émis des suggestions ou pris des mesures allant à l'encontre du désir de paix de l'empereur ? » voulut savoir l'avocat.

Tojo fut déconcerté : « Non, répondit-il. Personnellement, non. D'ailleurs, aucun d'entre nous [Japonais] n'aurait osé agir contre la volonté de Sa Majesté l'empereur. »

Peut-être cette réponse parut-elle insignifiante à la poignée de journalistes occidentaux présents dans la salle, mais aux yeux des experts, il s'agissait d'un aveu crucial et potentiellement accablant ; il ridiculisait la thèse de « l'empereur fantoche », défendue par MacArthur et par Keenan, en sous-entendant que si Hiro-Hito avait vraiment voulu empêcher la guerre, il n'aurait eu qu'à prendre les mesures qui s'imposaient pour être obéi de tout le monde, y compris des militaristes acharnés et de Tojo lui-même. Webb sauta aussitôt sur l'occasion : non sans jubilation, il s'écria (et sa remarque, bien qu'elle fût adressée au tribunal dans son ensemble, visait sans conteste Keenan) : « Eh bien, vous vous rendez sûrement compte de la portée de cette réponse. » Dès le lendemain, le procureur soviétique réclama, hors de l'enceinte du tribunal, que Hiro-Hito fût inculpé au plus tôt.

L'incident n'aurait pu survenir à un moment plus défavorable : six jours auparavant, le 25 décembre 1947, avec la bénédiction de Keenan, son collaborateur japonais, Ryukushi Tanaka, avait rendu visite au prince Takamatsu, pour lui dire que l'empereur n'avait rien à craindre et que les audiences du tribunal allaient se terminer sans qu'il fût jamais mêlé aux débats. Keenan escomptait, bien sûr, que cette confidence serait officieusement répétée au souverain en personne.

Ryukushi Tanaka, véritable colosse d'une raideur quasi prussienne, était ce même officier des services de renseignements, qui jadis à la gare de Pékin, en 1928, avait surveillé le départ du train privé du seigneur de la guerre mandchou, Chang Tso-lin, et qui dans les années trente, avait supervisé les activités de « Joyau de l'Orient », la célèbre espionne mandchoue au service des Japonais. Par la suite, il avait subi bien des déboires. En raison d'une querelle ancienne avec Tojo et de ses propres doutes quant à la sagesse d'une guerre contre les Etats-Unis, il avait été mis en disponibilité et son inquiétude en voyant le tour que prenaient les événements avait provoqué chez lui des crises d'insomnie et de dépression, débouchant sur un séjour dans un asile psychiatrique, « si bien que mes ennemis n'hésitèrent pas à me déclarer fou », devait-il écrire par la suite.

442

En 1946, il avait été interrogé de façon routinière par le personnel du TMIEO et un jeune lieutenant américain, Robert Honidi, s'était rendu compte de son énorme potentiel en qualité de témoin à charge. Il le présenta à Keenan qui l'engagea aussitôt parmi ses collaborateurs personnels. Tanaka devint le bouffon de Keenan, son entremetteur et son conseiller pour les affaires japonaises. Dans ce nouveau rôle de zélé collaborateur, il en vint à être considéré comme un traître abject et un renégat par l'*establishment* japonais et la hiérarchie militaire désormais démobilisée. Toutefois, il fut, nul ne songea jamais à le nier, très utile à l'empereur, car il professait des sentiments d'intense loyauté envers son souverain et prétendait n'être devenu témoin à charge que pour une seule raison : protéger la réputation de Hiro-Hito. Il fournit des preuves accablantes contre Tojo et d'autres généraux « ultras », adoptant invariablement l'optique MacArthur-Keenan, selon laquelle l'empereur n'avait été qu'une simple marionnette dont les militaires avaient tiré les fils d'un bout à l'autre.

A présent que la thèse du « fantoche » se trouvait soudain menacée, Keenan chercha à la défendre avec toute l'énergie et le zèle dont il était capable. Il pria son secrétaire japonais de téléphoner à Tanaka, qui vivait à la campagne, et le convoqua à Tokyo au milieu de la nuit.

Bien des années plus tard, dans un article publié dans le numéro d'août 1965 du magazine « *Bungei Shinju* », Tanaka devait raconter ce qui s'était alors passé. Le professeur Hata, qui a étudié en détail l'histoire de Tanaka, et qui a étoffé le récit en question après avoir mené sa propre enquête, confirme que, même si la personnalité de Tanaka était sujette à caution, sa version des faits est rigoureusement exacte.

Le 1ᵉʳ janvier 1948, Keenan, fort agité, déclara à Tanaka que la seule façon de se tirer de ce mauvais pas était d'aller trouver Tojo, à la prison de Sugamo, et de le persuader de revenir sur sa déclaration. « Quelques jours plus tard, écrivit Tanaka, je me rendis au tribunal, où je vis Tojo, et lui fis une demande en ce sens. Mais Tojo était obstinément opposé à ma suggestion. Il répondit : J'ai dit ce que je pensais concernant la famille impériale et je ne saurais me rétracter. »

Tanaka sollicita alors une entrevue avec l'avocat chargé de défendre Tojo : « A mon grand embarras, devait noter Tanaka, un de ses autres défenseurs s'efforça d'empêcher notre entretien. »

Il ne restait plus qu'une solution : demander au palais même de faire pression sur Tojo. « Le soir du 3 janvier 1948, continua Tanaka, accompagné d'un adjoint de Keenan, je m'en fus voir Yasumaya Matsudaira, le ministre de la Maison impériale. » Le professeur Hata a fourni là-dessus quelques détails complémentaires. Tanaka, précise-t-il, se rendit au domicile personnel de Matsudaira à une heure fort avancée de la nuit, tambourina en vain à la porte et finit par escalader le mur pour s'introduire dans la place.

Le ministre accepta de coopérer : il déclara à Tanaka qu'il se rendrait personnellement au tribunal. Connaissant à fond la mentalité de Tojo et pleinement conscient du rôle spécial de Kido, en tant que représentant occulte de l'empereur à l'intérieur de la prison de Sugamo, Matsudaira savait que c'était Kido qu'il fallait utiliser pour faire pression sur Tojo. Le lendemain, 4 janvier, il vit donc Kido et lui expliqua tout. Le marquis accepta de s'entremettre.

« Kido eut un entretien avec Tojo et lui précisa les intentions de Keenan [défendre l'empereur à tout prix], écrivit Tanaka ; il rechignait toujours, mais Kido fit de son mieux pour le persuader et Tojo finit par comprendre et accepta à contrecœur. »

Le 6 janvier, un spectacle soigneusement prémédité eut lieu devant le tribunal militaire international. Keenan questionnait Tojo sur Pu Yi, l'empereur fantoche du Manchukuo ; brusquement, il fit une digression, dont Tojo avait été prévenu à l'avance.

KEENAN : Puisque nous sommes en train de parler empereurs, c'est peut-être le bon moment pour vous poser quelques questions sur les positions relatives que vous occupiez, l'empereur du Japon et vous-même, quant à la décision d'entrer en guerre en décembre 1941. Vous nous avez dit que l'empereur vous avait fait savoir à de nombreuses occasions qu'il était un homme épris de paix et ne voulait pas de guerre. Est-ce exact ?
TOJO : Je vous parlais alors de mes sentiments envers l'empereur en tant que sujet, ce qui est un problème tout à fait différent de celui de la responsabilité ; c'est-à-dire, la responsabilité de l'empereur.
KEENAN : Ecoutez, vous êtes bien entrés en guerre contre les Etats-Unis, la Grande-Bretagne et les Pays-Bas, à ce qu'il me semble ?

TOJO : C'est mon gouvernement qui a choisi la guerre.

KEENAN : Etait-ce conforme à la volonté de l'empereur Hiro-Hito, de voir son pays entrer en guerre ?

TOJO : Peut-être n'était-ce pas conforme à sa volonté, mais il est certain qu'en raison de mes conseils et de ceux que lui donna le haut commandement, l'empereur consentit, à contrecœur, à faire la guerre.

INTERPRÈTE : Il faut corriger la première phrase : C'était peut-être aller à l'encontre de la volonté de l'empereur.

TOJO : Le désir qu'éprouvait l'empereur de maintenir cette paix qu'il aimait tant est resté le même jusqu'au moment où les hostilités ont commencé et même durant la guerre ses sentiments n'ont pas varié. Il est facile de se rendre compte des sentiments de l'empereur à ce sujet, en lisant la proclamation impériale du 8 décembre 1941, déclarant la guerre... C'est-à-dire que la proclamation comporte certains mots qui veulent dire ceci : Cette guerre est vraiment inévitable et va contre mes propres désirs.

Comme devait le noter par la suite Seiichi Yamazaki, le secrétaire particulier de Keenan, « ce que les gens virent alors n'était qu'un faux-semblant... une comédie jouée d'un commun accord par Keenan et Tojo. » Arnold Brackman, l'auteur de *The Other Nuremberg* (« L'autre Nuremberg »), alors jeune correspondant de *United Press* à Tokyo, présent dans la salle d'audience ce jour-là, écrivit ultérieurement : « Ainsi, la crise la plus explosive qui eut lieu durant le procès fut-elle maîtrisée à la suite d'un accord secret entre le procureur général des Alliés et le pire de tous les criminels de guerre assis au banc des accusés. » Bien que la chose n'ait jamais été prouvée, de nombreux experts pensent qu'un généreux dédommagement à la famille Tojo faisait partie du marché.

Deux jours plus tard, le 8 janvier, Keenan était l'invité d'honneur d'un banquet donné pour lui à Atami, une célèbre station thermale, par quatre des principaux membres du « parti de la paix », notamment l'ancien Premier ministre Reijiro Wakatsuki et le général Ugaki. Tanaka y assista. Ce fut là que Keenan annonça : « L'innocence de l'empereur a été établie ». On se congratula avec émotion, en portant d'innombrables toasts au saké. Ensuite, Keenan réclama les services d'une prostituée, et

Tanaka nota, d'une plume désabusée, qu'il dut payer lui-même la jeune femme, car Keenan déclara : « Ici, je suis votre invité. »

Tanaka devint lui aussi l'objet d'une considération nouvelle : le 15 janvier, il fut présenté au jeune prince héritier, Akihito. Matsudaira assistait à la rencontre. Il dit à Tanaka que l'empereur avait lu des articles le concernant dans la presse japonaise et qu'il avait par le passé « manifesté son déplaisir » de voir le rôle qu'il jouait ; mais le ministre ajouta qu'il avait désormais expliqué au souverain ce qu'il en était réellement. « A présent, tout va pour le mieux. »

Le 12 novembre 1948, Webb fit enfin connaître le verdict de la cour : aucun des accusés n'était acquitté et sept d'entre eux étaient condamnés à mort, par pendaison. Parmi eux Tojo, que cette sentence ne dut guère surprendre, mais aussi Matsui, le général théoriquement responsable du « viol de Nankin » en 1937, et Koki Hirota, l'ancien Premier ministre, dont beaucoup de fonctionnaires du SCAP estimaient qu'il n'aurait de toute façon jamais dû être inculpé. Très vite une pétition en sa faveur recueillit trois cent mille signatures. Kido fut condamné à la détention perpétuelle.

Tous les condamnés se comportèrent avec une dignité et un stoïcisme remarquables. L'avocat de Tojo fit savoir : « Son esprit semble avoir été soulagé d'un grand poids par le verdict, sachant qu'il n'a pas causé à l'empereur de nouveaux problèmes. » La presse japonaise se montra moins respectueuse. « Quels sont les sentiments de l'empereur ? demanda le *Kokusai Times*. Il ne saurait continuer à dissimuler sa responsabilité dans les crimes de guerre. » Quelques journaux de province réclamèrent son abdication et des excuses au peuple japonais. Les éditoriaux les plus cinglants émanèrent, comme on pouvait s'y attendre, d'*Akahata* (Drapeau rouge), le quotidien communiste. Toutefois, certaines des plus amères critiques contre l'immunité accordée à Hiro-Hito vinrent de l'un des avocats de la défense du TMIEO, Owen Cunningham — et de certains membres du tribunal, notamment Webb en personne. « Si le ministère public voulait la vérité en matière de responsabilités individuelles, pourquoi n'a-t-il pas convoqué l'empereur du Japon à la barre des témoins ? demanda Cunningham. Le procureur général n'en avait-il pas le courage ?... Personne ne peut accepter la théorie selon laquelle l'empereur était une marionnette dont Tojo tirait les fils. » Le représentant de la France au TMIEO, Henri Bernard, nourrissait lui aussi une opinion mitigée. Il écrivit : « On ne saurait nier que la déclaration [de guerre] eut un auteur principal qui échappa à toute poursuite et dont, dans tous les cas, les accusés ici présents ne peuvent être considérés que comme des complices. »

Ce fut, cependant, l'opinion de Webb en personne, qui ne fut pas lue en plein tribunal, mais distribuée à la presse, qui provoqua les plus gros remous : « L'immunité dont jouit l'empereur, par contraste avec la part qu'il a prise au déclenchement de la guerre dans le Pacifique, est, selon moi, un élément que le tribunal devrait prendre en considération lorsqu'il prononcera les peines », écrivit-il. Il assimila l'empereur à « l'instigateur d'un crime », à qui l'on avait garanti l'immunité totale. « Nul doute que la chose a été décidée dans l'intérêt de toutes les puissances alliées », déclarait Webb, qui réfutait par la même occasion un argument qui n'avait pas été avancé devant le tribunal, mais que Hiro-Hito avait fait valoir à MacArthur lors de leur première rencontre : « Aucun dirigeant ne saurait prendre sur lui de déclencher une guerre d'agression et se retrancher ensuite derrière l'excuse qu'il n'a agi de la sorte que parce que sa vie aurait été en danger. »

On savait qu'il y avait eu d'acrimonieuses discussions parmi les juges quant au nombre de condamnations à mort qu'il convenait de prononcer et que Webb, qui s'était opposé à l'application de la peine capitale sous prétexte que tous les accusés, quelles que fussent leurs propres responsabilités, n'avaient été que des « complices », n'avait pas eu gain de cause. MacArthur aurait pu commuer les peines, mais ne voulut pas s'en mêler.

Hiro-Hito fut, à ce qu'on dit, atterré par ces verdicts, tout spécialement la détention à vie pour Kido. A cette époque, cependant, il était résolu à rester sur le trône. Délibérément, pour bien montrer qu'il n'avait pas l'intention de se laisser influencer par les commentaires hostiles de la presse japonaise, ni par les appels à l'abdication, il envoya Hidenori Terasaki, l'un de ses interprètes particuliers — l'ancien diplomate et chef d'un réseau de renseignements à Washington, qui avait monté toute l'affaire du message adressé in extremis à l'empereur par Roosevelt — voir William J. Sebald, le conseiller politique de MacArthur, porteur d'un message personnel pour le général. Nonobstant les sentences prononcées par le TMIEO, Terasaki confirmait que l'empereur avait « définitivement » décidé de ne pas abdiquer.

La nuit du 22 décembre 1948, les exécutions commencèrent. A

part Hirota, tous les condamnés crièrent « *Banzai !* » ; c'était leur ultime hommage à l'empereur. A deux heures trente du matin, le 23 décembre, elles étaient terminées. Ce jour-là, Hiro-Hito s'enferma tout seul dans la bibliothèque du palais, refusant de voir quiconque. Il se trouvait que c'était le quinzième anniversaire du prince Akihito, mais toutes les réjouissances furent annulées.

Avant de quitter le Japon, peu après, Keenan fut reçu en audience par l'empereur et l'impératrice, qui lui remirent une photographie dédicacée et un sac à main pour son épouse. Le propriétaire d'une célèbre galerie d'art de Tokyo lui offrit une topaze « pour tout ce qu'il avait fait afin d'innocenter l'empereur ».

Chapitre 26

« Les débuts pacifiques de l'occupation du Japon, écrivit Kazuo Kawai, politologue formé en Amérique [1], resteront toujours quelque peu mystérieux. Les Etats-Unis s'attendaient à rencontrer résistance et traîtrise. A sa profonde stupéfaction, chacun des deux camps découvrit que l'autre n'était pas ce qu'on lui avait laissé croire. »

Le comportement de l'empereur du Japon après la guerre et sa faculté d'adaptation furent sans doute ce qu'il y eut de plus suprenant. Du jour au lendemain, ses uniformes et ses chevaux blancs disparurent et ses sujets ébahis se retrouvèrent en présence d'un souverain résolument civil, débordant de vertus bourgeoises et de gauche amabilité, qu'ils pouvaient dévisager, voire aborder en toute impunité.

Du jour au lendemain, aussi, le toujours puissant ministère de la Maison impériale (qui n'allait pas tarder à devenir une « Agence ») commença à diffuser l'image d'une famille impériale si banale qu'elle en devenait presque caricaturale : on publia des clichés de Hiro-Hito, sa femme et son fils, assis autour d'une table de salle à manger dépouillée, dégustant un repas tout simple, ou bien occupés à lire *Stars and Stripes,* le journal de l'armée américaine, ou encore en train d'arroser des fleurs de leur jardin. Il y eut même des photographies des pantoufles impériales, tout à fait modestes et passablement râpées. Parmi les autres membres de la famille régnante, le changement fit moins de bruit, mais n'en fut pas moins radical : peu après la guerre, rien ne distinguait le prince Mikasa, par exemple, des autres étudiants de l'université de

449

Tokyo. Il portait des vêtements élimés et se déplaçait à mobylette. Quant à son frère Takamatsu, il cultivait lui-même son potager.

Les correspondants de presse basés à Tokyo, témoins de cette métamorphose, savaient pertinemment qu'elle n'avait rien de spontané. Car derrière les « nouveaux habits de l'empereur » se cachait une directive de juillet 1946, adressée à MacArthur par le Comité de coordination gouvernement/marine/guerre, à Washington, définissant la « préservation du système impérial » comme la politique officielle des Etats-Unis. « Une attaque directe contre le système impérial, pouvait-on lire, affaiblirait les éléments démocratiques et renforcerait, au contraire, les extrémismes, tant communistes que militaristes. Ordre est donc donné au commandant suprême de contribuer secrètement à populariser et à humaniser l'empereur. Cette directive ne doit pas être portée à la connaissance du peuple japonais. »

Hiro-Hito se prêta docilement à ces manœuvres, malgré ce qu'il dut lui en coûter personnellement. Ainsi, lorsqu'aux premiers jours grisants de l'occupation, un sergent de l'armée américaine découvrit le cheval blanc de l'empereur dans les écuries du palais et parcourut le parc, juché sur son dos, dans le plus pur style du far-west, Hiro-Hito en fut outré non seulement parce que c'était une atteinte à sa vie privée, mais parce qu'il y voyait un exemple intolérable de lèse-majesté, un affront personnel humiliant qui aurait dû, à son avis, être sévèrement puni. Toutefois, la nécessité de coopérer — et de collaborer — primait sur toutes les autres considérations.

La nouvelle constitution, imposée par les Américains et qui sonnait comme un texte traduit d'une langue étrangère (selon les experts, le projet rédigé par Konoye aurait été nettement préférable), garantissait les droits de l'homme, les libertés politiques et mettait fin au « droit de belligérance » du Japon, ordonnait la dissolution des forces armées et transformait le pays en démocratie parlementaire. L'empereur devenait un monarque constitutionnel, dont les pouvoirs étaient désormais purement cérémoniaux, selon le modèle britannique : il n'était plus que le « symbole de l'Etat et de l'unité du peuple ». Le 1er janvier 1946, dans un discours radiodiffusé, il renonça officiellement à sa « divinité ». Le shintoïsme cessa d'être une religion d'Etat. La « féodalité » sous toutes ses formes fut abolie. De nombreux Japonais, y compris ceux qui avaient les faveurs du SCAP, avaient le sentiment que, sous bien des rapports, les pratiques libérales imposées par la force à leur nation allaient trop loin. Comme l'écrivit ultérieurement dans ses mémoires Shigeru Yoshida, Premier ministre du pays sous l'occupation américaine : « Le SCAP accorda aux syndicats une liberté politique que ne justifiait aucun besoin économique. »

Hiro-Hito fit le nécessaire, tant pour rendre l'occupation aussi acceptable que possible à son peuple que pour assurer la survie du système impérial dans le cadre de cette occupation. En contrepartie, le SCAP entreprit non seulement d'aider le Japon sur une vaste échelle, dans le domaine économique, et de lui envoyer d'énormes quantités de nourriture durant les premières années, mais fit en outre son possible pour redorer le blason du souverain : outre l'immunité totale qu'ils lui accordèrent en ce qui concernait les crimes de guerre, les Américains contribuèrent aussi à forger l'image historique qui est restée celle de Hiro-Hito jusqu'à ce jour. *Stars and Stripes* veilla soigneusement à ne pas publier d'articles portant sur le rôle du souverain pendant la guerre ; la propagande virulente, frôlant parfois le racisme, déchaînée contre Hiro-Hito durant les années de guerre, fut remplacée par un autre genre de propagande, où le même Hiro-Hito était présenté comme un brave homme d'empereur, féru de démocratie et de paix, embarqué contre son gré dans une regrettable aventure militariste qu'il avait toujours déplorée. Des journalistes tels que Russell Brines, correspondant de l'*Associated Press* à Tokyo avant et après la guerre, avaient une expérience suffisante pour savoir que c'était une distorsion des faits, mais, comme il le nota, il s'agissait d'un sujet « trop brûlant pour s'y frotter : son procès n'aurait pas servi à grand-chose, sinon à mettre du baume au cœur de ses anciennes victimes ou, peut-être, à éviter les malentendus[2] ».

En observant l'empereur de près, durant les mois qui suivirent immédiatement la guerre, les envoyés spéciaux, dont beaucoup étaient d'anciens correspondants de guerre, copieusement exposés, un peu plus tôt, à la propagande alliée, eurent le plus grand mal à s'adapter à la nouvelle situation. La plupart d'entre eux réagirent par le mépris, l'incrédulité et une condescendance paternaliste. Mark Gayn, du *Chicago Sun,* vit Hiro-Hito sous les traits d'un « petit homme lamentable, obligé de remplir une tâche déplaisante, s'efforçant désespérément de contrôler une voix, un visage, un corps qui refusaient de lui obéir » ; à l'occasion d'une de ses premières apparitions en public, il le décrivit ainsi : « Il mesure environ un mètre soixante, porte un complet gris à rayures, mal coupé, dont le pantalon est trop court de cinq bons centimètres... Il est affligé d'un tic facial prononcé et son épaule droite est constamment secouée de soubresauts. Lorsqu'il marche, sa jambe droite part légèrement sur le côté, comme s'il ne parvenait pas à la contrôler. Il était de toute évidence énervé et mal à l'aise, ne sachant trop quoi faire de ses bras et de ses mains[3]. » Russell Brines, de son côté, trouvait l'empereur « petit, menu, voûté », ayant tant de peine à coordonner ses gestes « qu'il paraissait constamment sur le point de trébucher ».

Le contraste entre l'image martiale donnée de l'empereur durant la guerre et la navrante maladresse de ses nouvelles apparitions en public incita certains des membres les moins expérimentés de la presse étrangère à s'imaginer, de façon tout à fait erronée, que Hiro-Hito était effectivement un personnage risible et qu'il n'y aurait rien eu d'étonnant à ce qu'il eût été, comme on le prétendait, une marionnette créée de toutes pièces par l'appareil militaire. Lors d'un de ses premiers contacts avec le public, sous une pluie diluvienne, « l'empereur du Japon et ses sujets trempés se dévisagèrent en proie à un embarras mutuel, nota Brines. Hiro-Hito porta brusquement la main à son chapeau mou, se ravisa, laissa retomber sa main et grimaça un semblant de sourire. Tout d'un coup, son visage s'éclaira, il empoigna son chapeau et l'agita vigoureusement. La foule l'acclama et tout le monde se détendit... Le contraste saisissant entre son aspect actuel et la présence militaire à laquelle [les Japonais] s'étaient habitués naguère causait une perplexité générale. C'était un petit homme qui se laissait diriger par son entourage ».

En raison de la discrétion des bandes d'actualités japonaises et, ultérieurement, des chaînes de télévision, les remarques improvisées par l'empereur lors de ces « tournées » publiques n'étaient pas enregistrées, ou, du moins, pas diffusées. Une bande d'actualité, cependant, nous le montre s'efforçant désespérément d'échanger quelques menus propos avec un ouvrier.

« J'ai cru comprendre que vous avez été pris dans les bombardements, commence Hiro-Hito.

— Non, répond l'ouvrier, dédaignant les périphrases ultra-respectueuses généralement de rigueur pour s'adresser au souverain. Pas moi.

— *Ahso desuka*[4] ! s'exclame Hiro-Hito, ne sachant manifeste-

452

ment pas comment se sortir de cet entretien. Ma foi... [il se désintéresse tout à coup de l'affaire et cela se voit], nous devons tous conjuguer nos efforts. »

Rétrospectivement, il est clair que l'empereur négocia la transition entre souverain « de droit divin » et monarque constitutionnel nanti de pouvoirs purement formels, avec une patience infinie et un zèle considérable. Comment s'étonner qu'il ait cherché refuge dans les clichés polis et les formules vides de sens ? Il avait dû apprendre à parler une langue inconnue. La première fois où il s'approcha d'un petit garçon pour lui demander : « Où sont vos parents ? », les fonctionnaires de la cour furent stupéfaits. Le souverain avait bel et bien réussi à s'exprimer en langage de tous les jours ! Par la suite, Hiro-Hito devait confier à ceux qui travaillaient pour lui que son plus grand problème était qu'il manquait de vocabulaire pour les choses de la vie quotidienne. Jamais il ne maîtrisa l'art de la conversation mondaine et plus tard, avec l'avènement de la télévision, les équipes chargées de le filmer reçurent l'ordre de couper le son, afin de ne pas risquer d'embarrasser ou de ridiculiser le souverain. Bien qu'il fût nettement plus en évidence que par le passé, il parvint néanmoins à garder ses distances : il s'était habitué à voir les généraux américains lui serrer la main ou les GI lui demander des autographes. Impossible de se soustraire à ces familiarités, même s'il ne s'y habitua jamais et les exécrait, mais il était bien décidé à ne rien accepter de tel de la part de son propre peuple. Un chambellan de la cour a rapporté qu'un jour, Hiro-Hito, en tournée d'inspection dans une usine, s'était trouvé face à face avec une délégation syndicale. Le chef lui tendit la main en disant : « J'aimerais vous serrer la main, au nom de tous les travailleurs japonais. » L'empereur garda les bras le long du corps ; il recula d'un pas et répondit, en s'inclinant légèrement : « Faisons-donc cela à la japonaise. » L'ouvrier lui rendit son salut.

Peut-être la coordination physique de Hiro-Hito laissait-elle parfois à désirer, mais il n'était pas toujours le personnage bouffon décrit avec tant de mépris par les Américains. Un incident tout aussi révélateur fut immortalisé en 1975, dans un film pris lors de la visite de l'empereur à Disneyland. Un animateur déguisé en Mickey s'approcha de lui et parut sur le point de l'entourer d'un bras amical et rassurant. Agissant à la seconde près, avec une agilité inattendue, Hiro-Hito fit un brusque écart. Jamais Mickey ne serait autorisé à toucher le souverain, même dans l'intérêt des relations américano-japonaises.

Dès ses premières « tournées », son penchant pour les lapalissades devint légendaire. A l'occasion de sa première visite officielle en dehors de Tokyo, à Hiroshima, il regarda autour de lui, à travers ses épaisses lunettes, et déclara d'un ton sentencieux : « Il semble que cet endroit ait été considérablement endommagé. » Et Russell Brines devait noter : « C'était exactement le genre de remarque qu'il affectionnait. Sa conversation n'était qu'une suite de banalités, proférées d'une voix aiguë. Il avait le visage couvert de grains de beauté, aurait souvent eu besoin de se raser et ses souliers étaient éculés. » Parmi les journalistes, ces tournées acquirent le surnom de « visites *ahso desuka* », parce que c'était toujours ce que s'exclamait Hiro-Hito, quelle que fût la situation.

Brines savait que l'empereur « était loin d'être le fantoche impuissant ou ignorant, que l'on dépeignait ». Toutefois, la majeure partie des autres correspondants de presse fut incapable de comprendre que les chaussures éculées, les costumes mal taillés, le comportement presque clownesque faisaient sans doute partie d'un mécanisme d'autodéfense fort complexe : c'étaient autant de moyens d'indiquer que l'empereur, dans une situation pénible et sans précédent, affrontait l'occupation à la manière caractéristique de son pays. « Les Japonais avaient appris à se protéger tout en s'inclinant devant l'autorité, écrivit Kawai. Ils accompagnaient le coup. » Hiro-Hito leur donna l'exemple.

En privé, il était nettement moins humble et s'exprimait avec beaucoup plus de facilité. Dans une lettre à son fils, Akihito, datée du 9 septembre 1945, il révélait à la fois sa force intérieure et ses véritables sentiments concernant la guerre perdue :

> Merci de votre lettre. Je suis content de savoir que votre moral est toujours bon. Le Japon doit affronter de graves problèmes, mais tout va bien pour moi, ne vous inquiétez pas.
> J'aurais déjà dû vous parler de la décision que j'ai prise, mais j'ai hésité à le faire, car je ne voulais pas trop contredire votre professeur. Que je vous explique la raison de la défaite du Japon : le peuple japonais attendait trop du Japon impérial et sous-estimait les Etats-Unis et la Grande-Bretagne ; nos militaires ont attaché trop d'importance au courage, en négligeant l'aspect scientifique des choses.
> Du temps de l'empereur Meiji, il y avait des commandants

exceptionnels dans l'armée et dans la marine, mais cette fois-ci, le Japon s'est retrouvé exactement dans la même situation que l'Allemagne durant la Première Guerre mondiale.

Les militaires ont été arrogants et n'ont pas su envisager la situation d'un point de vue plus vaste. Ils ne savaient qu'avancer, pas reculer.

J'ai pensé que si nous continuions la guerre, nous serions incapables de protéger les trois objets divins et que nous devrions sacrifier beaucoup de gens.

Alors, ravalant nos larmes, j'ai choisi la voie permettant de sauver la race japonaise de l'extinction. Il commence à faire froid, alors, s'il vous plaît, faites bien attention.

Votre père.

A si peu de temps du discours de capitulation, on trouve donc clairement exprimée, dans une lettre à un enfant de douze ans, qui ne serait ni lue, ni contrôlée par le SCAP, la conviction d'avoir été trahi par des chefs militaires incompétents qui avaient sous-estimé la combativité de l'ennemi. Nulle trace, dans cette lettre, d'un sentiment de responsabilité quelconque dans le déclenchement de la guerre, ni de culpabilité apparente ; rien qu'une brève remarque dénigrant ses généraux. Il n'y avait pas qu'auprès du SCAP que Hiro-Hito cherchait à donner une image flatteuse de lui-même...

Dans le sillage immédiat de la capitulation, l'empereur en revint aussi à un de ses sujets de prédilection : sa haute estime pour la famille royale britannique et son désespoir lorsqu'il s'était vu obligé de déclarer la guerre à la Grande-Bretagne. Il crut même bon de rafraîchir la mémoire de Kido, le 26 septembre 1945 : « Vous ne vous rappelez pas, lorsque j'ai promulgué la déclaration de guerre, que j'ai dit à Tojo que cette décision m'était très douloureuse... J'avais l'impression qu'on me fendait les entrailles à coups de couteau. » Un peu plus tard, il revint sur ce même sujet. En visite au Japon en janvier 1946, Sir George Sansom, un diplomate britannique qui connaissait bien le Japon, fut invité à une audience privée auprès de Hiro-Hito, mais préféra décliner ; avant son départ, cependant, le ministre de la Maison impériale lui fit parvenir un message personnel de Hiro-Hito au roi George VI, espérant voir les relations normales entre leurs deux pays bientôt rétablies, insistant sur le fait qu'il avait « tout tenté pour éviter la guerre » et présentant ses excuses pour les souffrances endurées

455

par les Britanniques tués ou ruinés durant le conflit. L'empereur avait une bonne raison pour se livrer à cet inhabituel assaut de diplomatie : il savait pertinemment que Lord Mountbatten, qui avait ses petites entrées au palais de Buckingham, ne mâchait pas ses mots en ce qui concernait le Japon en général et son souverain en particulier, bien qu'il eût fait partie de la suite du prince de Galles, lors de sa visite au Japon en 1922, et eût ainsi bénéficié de la somptueuse hospitalité de Hiro-Hito, alors prince héritier. Mountbatten était de ceux qui auraient voulu voir l'empereur obligé de signer de sa main l'armistice. Comme le nota à l'époque le général Henry H. Arnold, de l'armée américaine, un des membres de son état-major, Mountbatten estimait que la famille impériale tout entière était composée « de crétins dégénérés à force de se marier entre eux » et était d'avis qu'il faudrait « liquider » tous ses membres[5].

En se trouvant ainsi brutalement mis en contact avec toutes sortes de foules, après des années d'isolement et de déférence, Hiro-Hito dut subir un traumatisme presque insupportable : Shizuto Haruna, de la station de radio NHK, qui avait assisté, en tant qu'ingénieur du son, à l'enregistrement du discours de capitulation, s'est rappelé l'une des premières « tournées » de l'empereur, peu après la guerre, dans le grand magasin Mitsukoshi. Bloqué par la foule des correspondants de presse (américains pour la plupart), Hiro-Hito fut dans l'incapacité de gagner l'estrade où se dressait le micro. Haruna se retrouva en train de brandir un micro portatif à la figure du souverain, dans l'une des allées du magasin, au milieu d'une foule compacte de journalistes, dont certains étaient des colosses américains en uniforme ; il finit par s'approcher si près du souverain qu'un chambellan du palais l'agrippa par sa veste pour le faire reculer. Voici donc, se dit le minuscule Haruna, en jouant des coudes et des épaules, le « dieu vivant » dont on n'avait jamais entendu la voix avant le 15 août 1945, vers qui le commun des mortels n'avait pas osé lever les yeux, le « divin monarque » qu'il n'avait même pas pu contempler durant le fatidique enregistrement du 14 août.

Dans beaucoup d'autres domaines, d'anciens crimes de lèse-majesté devinrent du jour au lendemain partie intégrante de la routine impériale : des manifestants communistes s'assemblèrent dans le parc Hibiya pour conspuer l'empereur. Yoshio Shiga, chef du parti communiste japonais et rédacteur en chef de *Drapeau rouge,* s'en prit à l'impératrice Nagako qu'il accusait « d'entraîner les femmes du Japon dans les sentiers de la réaction et du féodalisme ». Il y eut même des émeutes devant le palais impérial, organisées par le PC japonais récemment entré dans la légalité, pour contraindre la Maison impériale à distribuer ses stocks de riz au peuple. Selon les souvenirs d'un journaliste américain, tout le monde se tut lorsqu'une voiture, à bord de laquelle se trouvait l'impératrice, fendit la foule pour franchir la grille du palais, certains des manifestants allant même jusqu'à s'incliner. Hiro-Hito était, bien sûr, parfaitement conscient des changements extraordinaires imposés au Japon par la défaite et l'occupation qui s'en était suivie.

A la fin de 1946, il écrivit un poème pour inciter ses sujets à ne pas oublier leur passé :

> *Courageux est le pin*
> *qui ne change pas de couleur*
> *sous le poids de la neige.*
> *Les gens eux aussi*
> *devraient être comme lui.*

Comme l'a fait remarquer Brines, le sens de ce poème était le suivant : les Japonais devaient supporter la « neige » de l'occupation, sans se laisser transformer pour autant.

Gayn, qui entretenait, au cours de cette période de l'immédiat après-guerre, d'excellents rapports avec les dirigeants communistes japonais, a tracé un tableau déprimant d'un groupe « fortement réactionnaire » qui entourait MacArthur, résolu à protéger le statu quo d'avant la guerre tout en prétendant vanter le changement ; il cite les propos tenus par un aide de camp très influent de MacArthur, le général Bonner Fellers : « Hiro-Hito n'est pas plus coupable de crimes de guerre que Roosevelt. Au contraire, même... » Gayn avait le sentiment que les « tournées », la présentation délibérée — orchestrée par les Américains — de Hiro-Hito sous les traits d'un monarque constitutionnel démocratique, profondément concerné par le bien-être de ses sujets, était « un honteux complot contre le peuple japonais ».

Il y eut, à partir de 1947, une Américaine jouissant d'un accès privilégié auprès de la famille impériale, la seule étrangère admise à l'intérieur du palais, où elle fut le témoin direct de la métamorphose de l'empereur : Elizabeth Grey Vining, auteur de livres pour enfants et quakeresse, fut engagée par l'empereur en qualité de professeur d'anglais du prince héritier. C'était une idée de Hiro-Hito lui-même, devait-elle noter par la suite. « Les autorités d'occupation n'imposèrent pas de précepteur américain et [l'empereur] ne consulta même pas les spécialistes officiellement chargés de l'éducation du prince. » Hiro-Hito stipula, toutefois, qu'il voulait « une femme, chrétienne, mais non fanatique » ; la condition sine qua non étant que la personne choisie ne devait avoir aucune expérience du Japon d'avant la guerre[6].

Après avoir signé un premier contrat de deux ans, Miss Vining donna si entière satisfaction que son engagement fut renouvelé à deux reprises ; si elle l'avait voulu, elle aurait pu rester encore plus longtemps. Elle travaillait dur, car outre les heures passées auprès d'Akihito, elle finit par donner des leçons à l'impératrice et à plusieurs autres membres de la famille impériale. Arrivée à Tokyo en octobre 1946, elle put constater que les conditions qui régnaient à l'intérieur du palais reflétaient la désolation et la destruction de l'extérieur : il y avait des huttes préfabriquées dans le parc, l'école des pairs (*Gaiskushin*) était glaciale, humide et sale, l'empereur et l'impératrice vivaient toujours dans la bibliothèque au-dessus de leur abri anti-aérien, et, cet hiver-là, le jeune prince héritier souffrit d'engelures.

Peut-être l'impératrice fut-elle moins favorablement impressionnée que son époux par les mérites d'Elizabeth Vining, car vers le milieu de son séjour, elle contacta le SCAP pour suggérer qu'au lieu de continuer à recevoir des leçons de sa préceptrice, le prince Akihito devrait bien partir étudier aux Etats-Unis, « dans une école américaine », puis fréquenter une université britannique (peut-être Oxford). Les fonctionnaires haut placés du SCAP discutèrent longuement cette possibilité. Finalement, William H. Sebald, le conseiller politique de MacArthur, déclara au Département d'Etat à Washington :

Je suis contre l'idée de faire éduquer le prince Akihito aux Etats-Unis, étant enclin à croire qu'il serait presque impossible à un jeune homme élevé dans l'atmosphère de la vie de cour japonaise de s'adapter. Le fait de se trouver brusquement transplanté, à un âge relativement tendre et avec une connaissance rudimentaire de l'anglais, dans un pays étranger, parmi des jeunes pensionnaires, serait une expérience traumatisante.

Sebald citait d'éventuelles « réactions [parmi les autres garçons] en raison de la guerre… A cause de la possibilité d'incidents gênants aux Etats-Unis, dus à la discrimination raciale, et tout à fait indépendamment du casse-tête résultant des animosités du temps de guerre, le séjour du prince sur notre sol pourrait être une source de constante inquiétude ». Il était aussi préoccupé par l'idée de voir Akihito acquérir un préjugé anti-américain à la suite des expériences déplaisantes qu'il pourrait connaître aux Etats-Unis, à l'instar de l'ancien ministre japonais des Affaires étrangères, Yosuke Matsuoka, « qui est devenu violemment anti-américain par la faute des indignités subies dans sa jeunesse, lorsqu'il était étudiant d'une université de la côte nord-ouest du pays ». Pour toutes ces raisons, il conseillait d'envoyer le prince faire des études universitaires en Grande-Bretagne plutôt qu'aux Etats-Unis, car cela couperait court aux accusations de « colonialisme américain ».

En l'occurrence, Miss Vining continua à remplir ses devoirs auprès de « Jimmy », comme elle appelait son élève dans la salle de classe. Au début, elle trouva Akihito timide, introverti, quelque peu étroit d'esprit et dénué d'humour. Elle avait du mal à communiquer : « A cette époque, ses intérêts étaient presque entièrement limités à l'ichtyologie et il me semblait qu'il fallait les élargir », écrivit-elle. Sous l'égide de sa préceptrice, le jeune garçon se transforma en un extraverti liant et enjoué, prêt à se mélanger aux roturiers de son âge avec la plus grande facilité. En dehors de sa passion pour les poissons, le tennis et l'équitation, il « aime les voyages, l'histoire, l'aventure, les cow-boys. Il n'apprécie guère les histoires qui se passent dans les collèges, l'astronomie, les plantes, les avions et les machines quelles qu'elles soient ».

On aurait dit Elizabeth Vining faite pour la vie à la cour impériale — discrète, déférente, toujours disponible quand on avait besoin d'elle. C'est sans doute pour cela que son livre est aussi peu révélateur : tout en mettant l'eau à la bouche du lecteur par ses allusions à des dîners intimes avec Hiro-Hito et sa famille, à des jeux de société avec l'empereur et ainsi de suite, elle s'arrange invariablement pour décrire ces événements avec une discrétion digne d'un fonctionnaire de la Maison impériale. Il s'agissait de « joyeuses soirées à la bonne franquette, avec l'impératrice si gracieuse et charmante, l'empereur souriant avec bienveillance à ses enfants et faisant à l'occasion quelques commentaires ». Jamais elle ne précise lesquels.

Miss Vining ne connaissait le Japon d'avant l'occupation que par des sources japonaises à l'intérieur même du palais et ne songeait nullement à contester ce qu'elle entendait. Pour cette raison même, elle révèle parfois des choses malgré elle. Dans son livre, par exemple, elle fait allusion en ces termes au marquis Kido, qui languissait à l'époque au fond d'un cachot, après les éminents services rendus à Hiro-Hito : « ... le garde du Sceau impérial qui avait été le personnage le plus proche de l'empereur et *dont on disait généralement qu'il avait trompé Sa Majesté en lui taisant des informations importantes* ». (Les italiques sont de moi.)

Etant donné que la préceptrice n'avait que des contacts sporadiques avec le SCAP et prenait grand soin de ne pas lui servir « d'yeux et d'oreilles » à l'intérieur du palais, ni d'accepter le moins du monde les consignes de ses fonctionnaires, cette monstrueuse calomnie contre l'homme à qui Hiro-Hito devait tant ne pouvait donc résulter que de ce qu'elle entendait dire à des personnes haut placées au palais, y compris sans doute aux membres de la famille impériale. Tout devait contribuer à donner de l'empereur une image favorable et permettre de récrire l'histoire : Hiro-Hito devant apparaître blanc comme neige, il était bien entendu que tous les crimes commis antérieurement n'avaient rien à voir avec lui ; seuls ses subordonnés étaient concernés. Il est peu probable que Kido ait jamais découvert de quelle manière une vie entière de dévouement à l'empereur avait été travestie pour mieux servir les intérêts de la nouvelle image que Hiro-Hito voulait donner de lui-même : au fil du temps, le marquis dut quand même en être averti dans les grandes lignes. Il tenait toujours un journal intime. Nous y apprenons qu'en octobre 1951, il envoya au ministre de la Maison impériale, Matsudaira, un billet destiné à être lu par Hiro-Hito. Kido en était venu à la conclusion que l'empereur était responsable de la guerre et devait donc abdiquer. Il ajoutait que s'il agissait ainsi, « les familles des victimes et des criminels de guerre se sentiraient récompensées ». Autrement, les membres de la famille impériale « s'avéreraient être les seuls à s'être soustraits à leurs responsabilités ». Peu après, le Japon étant redevenu une nation souveraine, après son traité de paix avec les Etats-Unis en 1951, Kido, de même que tous les autres prisonniers condamnés par le TMIEO, fut libéré. Pendant tout le reste de sa vie, il garda sur le passé un silence plein de dignité, n'ayant plus désormais que de rares contacts avec la famille impériale.

En vieillissant, les horreurs de la guerre et son amitié pour la Grande-Bretagne devinrent les *leitmotive* familiers de l'empereur lors de ses séances annuelles avec le petit groupe de « correspondants de la cour », accrédités par l'Agence de la Maison impériale pour suivre ses activités. Le 29 août 1963, il leur dit : « Je n'ai aucun commentaire à faire : je regrette plutôt mes soixante années passées. Je n'ai rien pu faire de grand. A partir de maintenant, je veux faire un puissant effort pour aider les gens et contribuer à une meilleure entente internationale et à la paix mondiale. » Neuf ans plus tard, en 1971, il déclara : « J'ai éprouvé un sentiment analogue à l'occasion de mes noces d'or. Quand je pense au passé, j'ai vraiment très honte. » A d'innombrables reprises, il revint sur ses rapports amicaux avec le palais de Buckingham : « Mes souvenirs les plus mémorables datent de ma visite à la famille royale britannique, confia-t-il en 1969. Le prince de Galles avait à peu près mon âge. C'était comme de me retrouver chez moi. Le roi George V m'a expliqué avec beaucoup de gentillesse la politique constitutionnelle de son pays. Depuis, j'ai toujours réfléchi à la façon dont je me comporterais si je devenais le chef d'une monarchie constitutionnelle... Quand je suis allé en Europe, je me suis dit : il ne faut pas faire la guerre. Quand la guerre a commencé, je ne cessai de songer aux moyens d'y mettre fin. » Le voyage en Europe revenait continuellement lors de ces entretiens guindés ; une autre fois il précisa que le spectacle du champ de bataille de Verdun « était encore plus sinistre que je ne m'y attendais. Je me suis dit : jamais plus une telle chose ne doit arriver. » En 1975, quand on lui demanda quelles avaient été sa plus belle et sa pire expérience, il répondit : « Je suis sur le trône depuis longtemps et j'ai eu de nombreuses expériences de toutes sortes. Mon expérience la plus enrichissante a été mon voyage en Europe avec l'impératrice et puis le voyage aux Etats-Unis désormais imminent. » Il cita les Jeux Olympiques de Tokyo (1964) et la foire d'Osaka comme des temps forts de sa vie. « La pire expérience, bien sûr, a été, sans le moindre doute, tout ce qui concernait la Seconde Guerre mondiale. » En septembre de la même année, il précisa à ses « correspondants de la cour » que « je regrette toujours de ne pouvoir vivre comme le grand public, bien que les conditions soient assez difficiles dans la conjoncture actuelle. Je ne crois pas être si différent des gens ordinaires ». Le 22 janvier 1984, pour ses noces de diamant, il fit l'éloge de « l'aide invisible de l'impératrice ». « Lorsque mes pensées remontent le temps, je vois qu'il s'est passé beaucoup de choses durant les soixante dernières années, mais l'impératrice a toujours été gaie, elle a rendu ma famille heureuse et m'a apporté son soutien moral. Je lui suis très reconnaissant. » Deux mois plus tard, il expliqua que ses plus grands plaisirs étaient « de voir mes petits-enfants, de me promener, d'observer les animaux et les plantes. Durant mes soixante années de règne, je n'ai vraiment détesté que tout ce qui avait un rapport avec la Seconde Guerre mondiale. Ce qui me réjouit le plus, c'est de voir que le Japon s'est remis de sa défaite et a su établir par ses propres efforts une société prospère ».

Ce fut durant les années d'occupation que la fortune de l'empereur fit l'objet, pour la toute première fois, d'un contrôle officiel. MacArthur, en effet, abattit, comme il se l'était promis, les *Zaibatsus* d'avant-guerre ; or, la fortune du souverain était considérée comme le « *Zaibatsu* de la Maison impériale ». Le SCAP communiqua à la presse les résultats de son enquête. La fortune de Hiro-Hito se montait à un milliard cinq cents millions de yens, en terres, bois et biens immobiliers, et trois cent trente millions de yens en liquide. Les joyaux n'avaient pas été inclus dans cette estimation et le SCAP ajoutait que « les biens impériaux ont été nettement sous-estimés ».

Yomiuri Hochi publia sa propre évaluation de la fortune impériale, dans laquelle figuraient deux millions de yens de bijoux, trois millions de yens d'argenterie et trois cent neuf millions de yens en lingots d'or. « La Maison impériale, déclarait l'article, est une clique financière dont les intérêts sont liés à ceux de l'impérialisme par des Bons de l'Etat et des actions dans diverses banques privilégiées, dans des monopoles industriels et des entreprises commerciales agressives. La famille impériale est aussi le plus grand propriétaire terrien du Japon. » L'article suggérait d'ouvrir la vaste enceinte du palais à la population de Tokyo « pour lutter contre la crise du logement ».

Yomiuri Hochi dressait par ailleurs une liste des valeurs que la Maison impériale possédait à l'étranger, dans des banques coréennes et taiwanaises, et des avoirs des chemins de fer de Mandchourie méridionale (dont l'empereur était le principal

462

actionnaire) et de la Compagnie coloniale orientale. Parmi les autres biens de la Maison impériale figuraient l'Hôtel Impérial, juste en face du palais, la Société Minière et des navires à vapeur de Hokkaido, les firmes NYK et OSK, la Compagnie d'Electricité de Konto, un grand nombre d'actions de Mitsubishi, six compagnies de chemin de fer, la Société des Forêts du Japon et les sources thermales de Hakone, ainsi que des entreprises à l'étranger se montant à vingt-cinq millions de yens. On signalait aussi que la Maison impériale possédait quelque soixante pour cent des actions de la banque du Japon et vingt-deux pour cent de celles de la Banque centrale de Yokohama, spécialisée dans les investissements à l'étranger, dans les régions occupées par les Japonais durant la guerre.

La Maison impériale fut dépouillée de la majeure partie de ces biens, mais certains échappèrent néanmoins à la vigilance du SCAP : lorsque la guerre s'était mise à tourner au désavantage du Japon, en 1943 et 1944, le bruit avait couru avec insistance que l'empereur, suivant les conseils d'experts et agissant par le truchement d'intermédiaires à l'étranger, avait transféré certains de ses capitaux hors du pays, dans des banques de Suisse et d'Amérique latine, notamment en Argentine, pays dont le gouvernement ne cachait pas ses sympathies pour l'Axe. Un rapport du SCAP, daté du 19 juillet 1948, précisait que « les biens publics et privés japonais situés dans les pays neutres et d'Amérique latine n'ont pas été convenablement contrôlés et devraient normalement intéresser le SCAP ». Certains spécialistes du Commandement suprême estimaient le montant des capitaux escamotés durant les années de guerre et expédiés hors du Japon à cent onze millions de dollars (selon les valeurs de 1945) — dont vingt-trois millions en Suisse et trente-huit en Amérique latine, provenant principalement des fonds dont disposait à l'étranger la Banque Centrale de Yokohama. On ne devait jamais revoir un sou de tous ces millions envolés et en 1951 l'occupation américaine prit fin. Jusqu'au bout, MacArthur se montra particulièrement peu enclin à faire enquêter sur les biens impériaux cachés à l'étranger.

En devenant un monarque constitutionnel, Hiro-Hito devint aussi un fonctionnaire salarié. La liste civile qui lui fut attribuée en 1945 se montait à trente-deux millions de yens. Sur cette somme, huit millions (soit environ six cent cinquante mille dollars de l'époque) représentaient les émoluments de l'empereur ; le reste couvrait les frais d'entretien des palais impériaux et les salaires des fonctionnaires de la cour. Les biens immobiliers du souverain, sous formes de terres, bois et autres furent remis à l'Etat. On ne toucha pas au palais impérial et à l'inestimable palais d'Akasaka, où vivent encore aujourd'hui des membres de la famille régnante. Les parents du souverain furent, en revanche, beaucoup plus durement atteints : les membres directs de la famille impériale continuèrent à figurer sur une liste civile restreinte, mais du jour au lendemain, les cousins princiers se retrouvèrent, par la faute de la réforme agraire instituée par le SCAP et des taxes accablantes qu'il s'abattirent sur leurs autres biens, privés de leurs fermes, propriétés immobilières et, bien entendu, de la protection de la police et de l'armée dont ils avaient bénéficié jusque-là. Ils reçurent certes un dédommagement forfaitaire, prélevé sur la fortune impériale, mais tous ceux qui étaient encore assez jeunes durent se mettre à gagner leur vie. Etant donné que la carrière traditionnellement ouverte aux princes, avant la capitulation, était celle des armes, il y eut pour certains des changements traumatisants et on vit les niveaux de vie princiers chuter de façon spectaculaire.

Le Japonais moyen manifesta un intérêt considérable pour toutes ces transformations. Dans les Archives militaires des Etats-Unis, à Suitland, en Virginie, où sont entreposés les dossiers du SCAP, se trouvent trois grosses caisses portant une étiquette quelque peu erronée : « Renseignements militaires. » Elles contiennent des milliers de lettres écrites à MacArthur durant les années d'occupation, dont chacune a été traduite. Beaucoup sont des dénonciations anonymes d'anciens « militaristes » ou membres de la « police politique », occupant encore des emplois de fonctionnaires sous le nouveau gouvernement, de spécialistes du marché noir et d'organisateurs de rackets. D'autres lettres concernent Hiro-Hito et le système impérial et la plupart de celles-ci demandent à MacArthur de ne pas le traiter en criminel de guerre. Il existe certes une petite minorité qui le considère comme « le pire de tous les criminels de guerre », mais la majorité de ceux qui écrivirent voulait voir MacArthur lui « pardonner ». Un exemple typique est cette lettre d'un ancien pilote, kamikaze volontaire, « bien disposé envers les Etats-Unis » : « La famille impériale est au-dessus de tout reproche, affirmait-il. Tel est le sentiment national du Japon, depuis trois mille ans. Alors, si vous portez atteinte au système impérial ou à la personne même de l'empereur... ce sera la plus grande tragédie du monde. » D'autres correspondants se plaignaient du fait que certaines écoles, en dépit des changements imposés, continuaient à dispenser une « éducation militaire et shintoïste extrémiste ». Un citoyen de Tokyo expliquait qu'essayer de transformer le Japon en démocratie était comme « d'essayer de faire pousser des fleurs de cerisier sur un prunier ».

Progressivement, à mesure que les Japonais s'accoutumaient à leur nouvel environnement politique, les devoirs publics de l'empereur s'allégèrent quelque peu : dès 1948, il avait cessé de faire la une des journaux, sauf en cas d'événement sortant vraiment de l'ordinaire, par exemple, l'ouverture officielle de la Diète cette année-là. Les vieux tabous passèrent, en effet, à la trappe, les roturiers furent autorisés à contempler leur souverain de haut en bas, depuis la tribune des visiteurs, et Komakichi Matsuoka, l'un des membres en vue de la chambre des Représentants, refusa même de le rencontrer. Certains membres de la Diète s'abstinrent de s'incliner devant lui et le président du Sénat ne se présenta pas à l'audience qui lui avait été accordée avant la cérémonie inaugurale. Dans l'ensemble, cependant, les dirigeants de la presse japonaise veillèrent à censurer les reportages qui risquaient de donner une image défavorable de l'empereur et de sa cour.

Imperceptiblement, le Japon commença à se relever des ravages et des ruines de sa défaite, la vie quotidienne s'améliora et la Maison impériale devint moins austère. Dès 1947, Elizabeth Vining, décrivant le déjeuner donné en son honneur par la famille impériale, avant qu'elle ne partît en congé aux Etats-Unis, relève la « grande cuisine française » et s'attarde sur les fastes du dessert, une « pièce montée » avec un « aigle sculpté dans la glace, nourrissant un aiglon », le tout « symbolisant la préceptrice américaine apportant sa manne au prince héritier ». Plus tard, en 1949, elle assista à un autre banquet, durant lequel un orchestre à cordes joua sans discontinuer. Mme Matsudaira, veuve de l'ancien ambassadeur du Japon à Londres et Washington et belle-mère du prince Chichibu, lui chuchota : « Tout est revenu comme avant. »

Chapitre 27

Dès 1950, une des prédictions des conspirateurs de la Marine impériale et de « l'école d'espionnage », qui à la fin de la guerre avaient songé à cacher et élever un jeune garçon de la lignée impériale destiné à monter un jour sur le trône, s'était concrétisée : la « guerre froide » entre l'Union soviétique et les Etats-Unis avait commencé pour de bon et, à partir du 25 juin, une guerre « chaude » faisait rage en Corée. John Foster Dulles, adjoint hyperactif du Secrétaire d'Etat, Dean Acheson, et envoyé itinérant de Truman, estimait que le Japon était un allié trop précieux dans la guerre froide contre les Russes pour être traité indéfiniment en nation subalterne et occupée ; il lui semblait que le moment était venu pour qu'il prît d'importantes responsabilités internationales. Tout en veillant à ne jamais outrepasser les limites que lui imposait la constitution, Hiro-Hito fit beaucoup pour aider Dulles à mener à bien son projet, même si son rôle resta en majeure partie occulte.

Comme le fait remarquer le professeur Hata, au fil des ans certaines frictions s'étaient fait jour entre l'empereur et Mac-Arthur. La sympathie du « Supremo » se reporta sur Shigeru Yoshida, le Premier ministre, qu'il ne vit pas moins de soixante-seize fois au cours des six années qu'il passa à Tokyo. Durant toute cette période, jamais le général ne quitta la capitale, à l'exception d'un week-end dans la propriété de Yoshida à la campagne, et il vivait et travaillait dans un environnement presque entièrement américain ; en l'espace de six ans, il ne rencontra, en tout et pour tout, que seize Japonais.

Yoshida et MacArthur étaient d'accord sur presque tout, y

compris le besoin de s'en tenir strictement à la constitution mise en place après la guerre, qui interdisait le rétablissement des forces armées japonaises, et de respecter les impératifs économiques du pays. Hiro-Hito, en revanche, partageait le point de vue de Dulles, selon lequel le Japon devait être autorisé à réarmer et accueillir sur son sol des troupes non seulement américaines, mais appartenant à d'autres nations du camp occidental ; les deux hommes voulaient voir le Japon devenir membre à part entière de l'Alliance occidentale, bien avant que la notion ne fût acceptable au reste du monde.

A cette époque, bien sûr, du fait de ses fonctions purement cérémoniales et de son rôle très restreint, Hiro-Hito n'avait aucun moyen de faire pression, fût-ce indirectement, sur le gouvernement japonais, mais ses opinions personnelles avaient un poids considérable, surtout auprès des Américains haut placés. L'empereur et Dulles eurent plusieurs entrevues, lesquelles contribuèrent, selon le professeur Hata, à renforcer chez Dulles la conviction que le réarmement du Japon et son adhésion à l'Alliance occidentale, nécessaires à la sécurité globale de l'Occident, seraient également acceptables au peuple japonais. En 1950-51, la CIA prévoyait l'entrée imminente de l'URSS dans la guerre de Corée : si elle avait raison, il fallait que le Japon réarmât, et vite.

Inutile de dire que Dulles eut gain de cause. Comme l'écrivit ultérieurement Yoshida[1], « à cette époque, le réarmement était hors de question pour le Japon ». Les Etats-Unis insistèrent néanmoins et, incorporé au Traité de sécurité américano-japonais, signé presque tout de suite après la conclusion du Traité de paix de San Francisco, marquant la fin de l'occupation du Japon, figurait un préambule précisant que les Etats-Unis, « dans l'intérêt de la paix et de la sécurité, sont précisément désireux de conserver une partie de leurs forces armées au Japon même et dans les environs, étant bien entendu, toutefois, que le Japon assumera lui-même, de façon croissante, la responsabilité de sa propre défense contre les agressions directes et indirectes. » Il ne fait aucun doute que Yoshida, conscient du fardeau économique que feraient peser ces « forces d'autodéfense », n'accepta qu'à contrecœur, alors que Hiro-Hito était beaucoup plus enthousiaste sur le principe du réarmement japonais. Hata est en outre convaincu que Hiro-Hito était beaucoup moins préoccupé que son Premier ministre par l'avenir d'Okinawa, l'île située au large des côtes japonaises, administrée après la guerre par les Etats-Unis et qui était devenue une très importante base militaire américaine. Hiro-Hito était, dit-il, tout disposé à concéder indéfiniment ces droits aux Américains.

Les circonstances du départ de MacArthur, le 16 avril 1951, indiquent aussi à quel point Hiro-Hito avait changé d'attitude, depuis la rencontre historique et humiliante du 27 septembre 1945 : le SCAP aurait souhaité que l'empereur fît ses adieux au général à l'aéroport même. Les fonctionnaires de la Maison impériale refusèrent net. Ils désiraient, au contraire, que MacArthur vînt au palais pour prendre congé du souverain. Ce fut au tour du général de refuser. On finit par transiger : Hiro-Hito irait faire ses adieux à MacArthur à l'ambassade américaine, là où ils s'étaient vus pour la première fois.

Plus tard (le 22 avril 1952), Hiro-Hito devait déclarer à Dulles que la démission de MacArthur lui avait causé une « immense surprise », mais qu'il avait été rassuré par l'évidente résolution, qu'il discernait chez Dulles lui-même, de protéger le Japon des empiétements communistes. « Y a-t-il le moindre danger, demanda l'empereur, de voir les Etats-Unis modifier leur politique vis-à-vis du communisme en Asie, que soutient l'Union soviétique ? » Dulles lui assura qu'il n'avait aucun souci à se faire sur ce point. Le traité de San Francisco amorça le retour du Japon au sein de la communauté internationale des nations : en 1956, il devint le quatre-vingtième membre de l'ONU ; en 1958, les derniers soldats américains quittèrent son sol ; en 1969, Okinawa redevint partie intégrante du Japon.

Bien que les discrètes rencontres Dulles-Hiro-Hito eussent marqué le retour de l'empereur à la respectabilité internationale, il mit longtemps à reprendre des activités publiques au niveau mondial. Dans l'intervalle, il vieillit avec élégance, remplissant ses devoirs de chef d'Etat, assistant à des concours de poésie, des réunions d'athlétisme, des championnats de sumo et visitant toutes les provinces du Japon à l'exception d'Okinawa : ce ne fut qu'en 1971 qu'il se rendit à Bonn, Bruxelles, Paris et Londres. La seule manifestation d'hostilité de quelque envergure, organisée par des étudiants asiatiques, eut lieu à Bonn. En 1975, il se rendit en visite officielle aux Etats-Unis, déplacement fort réussi, dont on parla beaucoup.

A partir des années soixante-dix, le « miracle économique » japonais transforma la nation : dès le début de cette décennie, Tokyo devint une des capitales les plus modernes et les plus vastes de la planète. Alors même que l'on continuait à découvrir, en creusant le sol de la métropole pour bâtir d'innombrables gratte-ciel, des squelettes de victimes des raids aériens, les années de guerre paraissaient incroyablement lointaines, même à ceux qui les avaient traversées. Il était désormais impossible de ne pas regarder l'empereur d'en haut : en effet, le long des anciennes douves du palais, séparés d'elles par quelques centaines de mètres de pelouses soigneusement entretenues, se dressaient de grands immeubles ultra-modernes, dominant le parc du palais impérial. Par respect pour la famille régnante, cependant, il n'y avait ni enseignes au néon, ni panneaux publicitaires, ces deux symboles du Japon contemporain.

En prévision de la visite de l'empereur en 1975, une « histoire en images », spécialement destinée au public américain, fut publiée par Kodansha, la grande maison d'édition nippone. On pouvait y voir Hiro-Hito portant ses habituels complets sombres, toujours un peu informes, et des cravates en soie aux couleurs criardes, mais aussi en short blanc et chapeau de paille, comme n'importe quel vacancier japonais au bord de la mer. L'impératrice, « artiste accomplie », avait, bien entendu, sa place dans cet ouvrage qui se répandait en éloges dithyrambiques sur ses peintures et ses modèles de kimono.

Dans « l'histoire en images » figurait un rare aperçu de Hiro-Hito « dans l'intimité », révélateur non seulement à cause des détails qu'il comportait sur sa vie quotidienne, mais aussi parce qu'il traçait de lui un portrait presque caricatural à force de banalité. « C'est un téléspectateur assidu, expliquait le texte qui accompagnait les photos, et c'est une des activités qui indiquent que loin d'être asservi par la tradition et coupé de la vie de tous les jours, il se tient au courant de tout. Sa journée commence à sept heures du matin. Il se réveille même plus tôt, à ce qu'il semble, mais évite de quitter sa chambre, afin de ne pas déranger ceux qui le servent. A sept heures tapantes, il presse le bouton à côté de son lit, pour faire savoir à ses suivants qu'il est levé.

Sa chambre, où nul serviteur n'a le droit de pénétrer en sa présence, est meublée à l'occidentale, avec un lit tout à fait ordinaire et une moquette rouge. Au palais de Fukiaga, sa résidence privée, il n'y a qu'une seule pièce dans le style japonais, le salon de l'impératrice.

Il porte des complets vieux et confortables. Il se soucie peu de sa garde-robe, aurait plutôt tendance à laisser traîner ses affaires là où il les a enlevées, aime le gris, mais pas le marron, porte des bretelles et ne s'inquiète pas de constater que certains de ses costumes sont luisants de vieillesse. C'est l'impératrice qui choisit ses cravates.

Elle rejoint son époux dans le salon pour un petit déjeuner à l'occidentale : pain, flocons d'avoine, œufs, crudités et lait de la ferme impériale. L'empereur regarde le feuilleton de la chaîne de télévision NHK, à huit heures quinze, et s'intéresse aussi de très près aux matches de sumo, de tennis, de base-ball, qui le rivent devant son récepteur, mais uniquement pour la dernière heure des retransmissions sportives. Il enregistre les événements importants au magnétoscope et regarde les actualités. A dix heures du matin, il part pour le palais extérieur, à pied si le temps le permet. L'impératrice l'accompagne invariablement jusqu'en bas des marches et s'incline courtoisement, tandis qu'il soulève son chapeau. Puis elle le regarde s'éloigner jusqu'au moment où il disparaît au détour du chemin, à une cinquantaine de mètres ; elle s'incline alors une nouvelle fois. Arrivé là, l'empereur ne manque jamais de se retourner et d'agiter son chapeau en direction de son épouse. »

Le déjeuner, continuait l'histoire en images, consistait en « *sushi* (poisson cru), sandwiches ou nouilles, que l'empereur mange souvent dans son bureau, et le dîner est servi tôt, à dix-huit heures. Les médecins du souverain insistent pour qu'il suive un régime pauvre en graisses, avec beaucoup de légumes verts. Tous les légumes et fruits viennent de la ferme impériale et sont le produit d'une culture organique, sans aucun engrais chimique. Le chef, formé en France, prépare un mélange de cuisine occidentale et japonaise et les menus sont fixés deux semaines à l'avance ». Le recueil ne précisait pas que l'habitude de goûter les aliments, une coutume séculaire introduite à l'origine pour éviter les empoisonnements, était toujours en vigueur, mais il m'a été confirmé qu'un médecin de la cour goûtait une minuscule portion de tout ce que l'on servait et que les selles impériales faisaient toujours l'objet d'analyses quotidiennes.

Après dîner, l'empereur et l'impératrice « regardent la télévision, lisent jusqu'à vingt et une heures trente, puis se retirent pour la nuit. Pour les curieux, ajoutait, malicieux, l'auteur de ce texte, il sera peut-être intéressant de savoir que l'empereur jouit d'une entière souveraineté dans le choix du programme, mais il sait quelles sont les émissions qui plaisent à l'impératrice ». Parfois, « Hiro-Hito écoute sa femme chanter des *lieder* de Schubert en s'accompagnant au piano ».

Le dimanche, « ils font une promenade de deux heures, leurs petits-enfants leur rendent visite au moins une fois par semaine. La recherche biologique a lieu les jeudis et samedis ». A chaque fois que le monarque se rend à la campagne, « il porte une loupe attachée par un cordon autour de son cou ».

Si l'on compare l'emploi du temps de Hiro-Hito avec celui des membres de la famille royale britannique, on constate que, même avant que le grand âge et la maladie n'aient restreint ses activités, l'empereur avait beaucoup plus de loisirs. Jusqu'au moment où sa santé défaillante le lui interdit, il continua toutefois à lire les documents officiels, sur certains desquels il devait apposer son sceau, en or massif, haut de près de dix centimètres. Bien que tous les documents soumis à son examen dussent porter automatiquement la marque de ses trois cachets (« lu », « ratifié », « approuvé »), la ratification et l'approbation n'étaient que de simples formalités.

Inévitablement peut-être, après l'espèce de laisser-aller qui marqua les années d'occupation, durant lesquelles des soldats américains dépourvus de savoir-vivre n'hésitaient pas à photographier Hiro-Hito, quand ils ne lui demandaient pas un autographe, le cérémonial séculaire du palais fut progressivement rétabli. Les fonctionnaires de l'Agence de la Maison impériale y veillèrent, eux qui avaient toujours été des maniaques du protocole, même si leur véritable pouvoir avait été tronqué et ne s'appliquait plus désormais qu'aux seules fonctions officielles se déroulant à l'intérieur du palais. Leur conservatisme outrancier et l'insistance avec laquelle ils adhéraient à un protocle périmé était une constante source d'irritation pour la nouvelle génération de la famille impériale, notamment le prince Akihito. « Ils continuent à se comporter comme s'ils vivaient toujours dans les années trente », devait me dire un membre de la famille régnante.

Certains rituels étaient immuables : l'ambassadeur de France, Bernard Dorin, m'a expliqué de quelle façon, en 1987, on lui avait fait répéter le petit, le moyen et le grand salut avant de le laisser comparaître en présence de l'empereur pour lui présenter ses lettres de créance. Le chambellan de l'Agence de la Maison

471

impériale lui recommanda, en lui faisant la leçon, de garder les yeux baissés en présence de Hiro-Hito, car « on ne regarde pas le soleil ». Le discours de bienvenue du souverain fut fait dans un japonais archaïque, puis il s'enquit de la santé de « mon très estimé frère, le président Mitterrand ».

Jusqu'à sa maladie, Hiro-Hito était tenu au courant des affaires étrangères par des séances bihebdomadaires ; durant les dernières années de sa vie, il passait ses étés dans sa nouvelle résidence de Hasu, à la campagne, et ses hivers à Shunoda, dans une autre demeure toute neuve. Ce ne fut que quand il fut vraiment trop souffrant qu'il cessa d'assister aux réunions d'athlétisme, aux concours de poésie, de planter des arbres et de recevoir, à l'occasion, des invités étrangers. Toutefois, d'une façon générale, son emploi du temps officiel n'était pas très accaparant.

Il ne comportait en aucune façon la discrète mise en valeur des entreprises et produits nationaux, qui constitue une partie si importante des activités de la famille royale britannique, surtout lors de ses voyages à l'étranger. Les membres de la famille impériale japonaise sont beaucoup trop polis pour le dire carrément, mais il est évident qu'ils trouvent cette promotion bassement commerciale des marchandises britanniques d'un goût déplorable.

Ils sont également perplexes en constatant à quel point la presse s'intéresse à la reine Elizabeth et à ses proches. Certes, au Japon, tout le monde est avide de savoir qui le petit-fils de Hiro-Hito va épouser, mais la presse nippone fait les choses à sa façon : le petit groupe de correspondants, spécialement accrédités par l'Agence de la Maison impériale, est contrôlé de très près. Ils ont un petit club dans l'enceinte du palais et leur travail consiste en grande partie à reproduire dans leurs journaux respectifs des communiqués de presse officiels (préparés dans une immense « salle de rédaction », installée dans les locaux de l'Agence de la Maison impériale). Le phénomène des *paparazzi* n'existe pas dans le sillage de la famille impériale ; la police japonaise, discrète mais efficace, y veille. De toute façon, les membres de la famille régnante ne se livrent quasiment jamais aux genres de débordements qui font la joie de la presse à sensation. Ils mènent des existences très protégées et l'accès au parc du palais d'Akasaka, un gigantesque complexe ceint de murs de pierre, où vivent les proches du souverain, est sévèrement contrôlé, grâce à une surveillance électronique ultra-sophistiquée. Il faut obtenir une autorisation spéciale de l'Agence de la Maison impériale pour filmer ne serait-ce que l'extérieur du palais ; au moindre manquement à la règle, des voitures de police font leur apparition.

Selon Toshiya Matsuzaki, un des correspondants accrédités auprès de la cour impériale, l'atmosphère qui règne à l'intérieur du palais est devenue de plus en plus guindée à mesure que l'empereur prenait de l'âge. Chaque année, y compris jusqu'en 1988, Hiro-Hito invitait tous ses anciens condisciples de l'école des Pairs à venir prendre le thé, mais la réunion ne se distinguait nullement par le climat de détente et de bonhomie qu'elle aurait pu avoir ailleurs ; à vrai dire, a reconnu un des contemporains de Hiro-Hito, c'était plutôt une épreuve qu'autre chose, car l'empereur était, comme toujours, en panne de menus propos et la conversation tournait inévitablement autour des camarades décédés au cours des douze derniers mois.

Hiro-Hito a toujours traité ses employés de façon courtoise, mais impersonnelle. Un ancien interprète a déclaré : « Je crois qu'il savait mon nom, mais jamais il ne s'est adressé directement à moi. » De même, l'empereur ne reconnaissait jamais les correspondants de la cour, même ceux qui tenaient la « rubrique impériale » pendant des dizaines d'années ; il arrivait pourtant à certains d'entre eux, lorsqu'ils prenaient leur retraite, d'être faits membres de l'Ordre du Soleil Levant, à l'échelon le plus modeste.

En public, Hiro-Hito se montrait bienveillant, mais dans l'intimité du palais, assure un des correspondants de la cour, il piquait facilement des colères et on redoutait son mauvais caractère. Ce maniaque de la routine était furieux quand elle n'était pas parfaitement respectée : pour ses rares devoirs officiels, il exigeait un emploi du temps détaillé longtemps à l'avance et s'énervait quand on y apportait le moindre changement. Comme presque tous ses homologues, appartenant aux familles royales du monde entier, il était d'une ponctualité exemplaire : une fois, un valet de chambre lui apporta son habit (qu'il devait porter pour l'ouverture officielle du parlement) à la toute dernière minute et il se mit dans une colère noire.

Sous bien des rapports, précise un journaliste qui l'a suivi depuis la guerre, Hiro-Hito était une sorte de professeur Tournesol, toujours dans les nuages, indifférent à l'aspect qu'il présentait, détendu uniquement en compagnie d'autres scientifiques, à l'aise dans de vieux vêtements ou dans les blouses blanches de son laboratoire, et jamais plus heureux que lorsqu'il s'entretenait, avec d'autres experts, de seiches préhistoriques ou des habitudes de l'araignée de mer. « Il était fait pour être universitaire », déclare un ancien ambassadeur qui l'a observé de très près. La plupart des accès de gaieté publics de l'empereur sont liés, d'une façon ou d'une autre, à la biologie et à la science. En 1971, juste avant son voyage en Grande-Bretagne, une délégation de la Royal Society, prestigieuse société scientifique britannique, vint lui rendre visite, car il venait d'être officiellement réintégré dans ses rangs (dont il avait été radié après Pearl Harbor) ; il emmena ses invités visiter son laboratoire privé. « Il prit un plaisir malicieux à me fourrer un caméléon vivant dans le cou pour le voir changer de couleur », a confié un membre de cette délégation. Il savait aussi apprécier certains aspects comiques plus scabreux de la biologie. En 1971, lors de cette même visite en Grande-Bretagne, il se rendit au zoo de Londres et manifesta un vif intérêt pour les pandas qui s'y trouvaient ; leur récente tentative d'accouplement (ratée) semblait particulièrement piquer sa curiosité. Il fut de toute évidence enchanté par la réponse du gardien-chef : « Ils se sont trompés d'orifice. » Il n'alla certes pas jusqu'à éclater d'un rire épais, mais l'expression de son visage laissa entrevoir qu'il trouvait la remarque irrésistible.

D'une manière générale, les gens qui l'ont rencontré disent qu'il n'était parfaitement à l'aise qu'avec des biologistes marins de son envergure, dont il partageait pleinement les intérêts. Lors d'un savant entretien avec un biologiste marin soviétique en visite au Japon, s'est rappelé un des interprètes de la cour, il faillit y avoir rupture dans les communications, car — en l'absence d'un interprète parlant le russe — tout échange paraissait impossible. Hiro-Hito surprit alors son entourage — et son visiteur — en hasardant quelques mots hésitants de latin. Bientôt le Russe et lui étaient fort occupés à échanger les noms d'animaux sous-marins préhistoriques, dans le jargon latin exclusivement utilisé par les scientifiques, et s'entendaient comme larrons en foire. Toutefois, les banalités ne lui venaient toujours pas facilement. Lors d'une réception, un fonctionnaire de l'Agence de la Maison impériale s'avança vers un ambassadeur qui parlait le japonais pour lui dire : « Je vous en prie, allez donc lui faire la conversation, c'est un si gentil vieux monsieur. »

Durant son voyage en Europe, en tant que prince héritier, en

1921, Hiro-Hito avait commandé une paire de chaussures chez John Lobb, le bottier de la famille royale à Londres ; puis, avec un sens typique de l'économie, il fit copier cette paire par la célèbre boutique de chaussures de Tokyo, Otsuka, qui l'a depuis toujours fourni en souliers. Il en fut de même pour ses complets : avant la guerre des patrons avaient été expédiés chez un tailleur de Savile Row, mais du fait que personne ne devait toucher l'empereur, les résultats frisaient parfois le grotesque. A partir de 1941, ce fut un tailleur de Tokyo qui confectionna les costumes du souverain. Avant la fin de la guerre, le « label impérial » était aussi convoité par les grands commerçants japonais que le « label royal » peut l'être en Grande-Bretagne, mais la pratique fut abandonnée en 1950 : l'Agence de la Maison impériale décida que « dans l'intérêt de la démocratie » et pour éviter les risques de commercialisation excessive, l'empereur ne devait plus faire connaître ses préférences. Toutefois, on continua à fabriquer des marques de « saké impérial » et de « cigarettes impériales », destinés à être offerts en cadeau.

La télévision joua effectivement un rôle énorme dans la vie de l'empereur après la guerre. Il y avait certains aspects de la vie quotidienne de son pays qu'il ne pouvait connaître qu'en regardant les émissions. Lors de ses rares entretiens avec les correspondants de la cour, Hiro-Hito le reconnaissait volontiers et parlait même avec eux des feuilletons les plus populaires. Son préféré était *Oshin,* une série fort bien faite sur la vie d'une famille japonaise ordinaire au début du XXe siècle. « Je ne me rendais pas compte que les temps étaient si durs, alors, devait confier l'empereur à ces journalistes, surtout pour les femmes. » Un de ses interlocuteurs lui demanda s'il ne trouvait pas étrange ce qu'il voyait à la télévision. « Pas du tout, repartit le souverain. Cela m'a souvent été très utile. » Ainsi, s'il n'avait pas été un téléspectateur assidu, il aurait sans doute répondu différemment, lors de son soixante-dix-huitième anniversaire, à un journaliste qui lui demandait si sa vie ne lui semblait pas fatigante. « Il est beaucoup plus épuisant de travailler dans un bureau du quartier de Marinuchi, obligé de prendre un train bondé pendant des heures tous les jours », assura Hiro-Hito.

Lors de ses voyages à l'étranger, tout spécialement aux Etats-Unis, Hiro-Hito amusa souvent ses hôtes par ses facéties bon enfant : en visite dans la vaste propriété des Rockefeller, à

Williamsburg, il apprit que, selon la légende, quiconque s'asseyait sous un certain arbre du domaine était assuré de faire fortune. Aussitôt, il se précipita en droite ligne vers l'arbre en question, avec un large sourire. Il manifestait un intérêt authentique pour tout ce qui touchait à l'agriculture et on le vit, en visite dans des fermes, conduire une moissonneuse-batteuse ou saisir un petit porcelet et l'examiner sous toutes les coutures, avec un plaisir évident. Lorsqu'il rencontra Gerald Ford, il parvint à surmonter son aversion pour les conversations insipides (ils parlèrent de football américain et de la passion des Japonais pour le base-ball) et Hiro-Hito initia le président américain aux finesses du sumo. « Je regarde les championnats tous les ans, expliqua-t-il, mais je ne soutiens jamais une équipe plutôt qu'une autre, en tout cas pas en public. »

Quintessentiellement japonais dans son amour pour les plats de poisson exotique, Hiro-Hito appréciait particulièrement les anguilles et les bêches-de-mer. Son grand regret était que les règlements de la Maison impériale lui interdissent de goûter au célèbre poisson « *fugu* », cette gourmandise japonaise qui ne peut être préparée que par des cuisiniers experts, car elle contient un poison mortel. Un membre de la Maison impériale a fourni un rare aperçu de la vie de famille de l'empereur, en rapportant une conversation entre Hiro-Hito, l'impératrice Nagako et le médecin impérial, le docteur Sugimura, occupés à discuter le pour et le contre du *fugu*.

Est-ce que je peux en manger ? demanda Hiro-Hito à son médecin.

Certainement pas, rétorqua Sugimura.

Pourquoi pas ? protesta l'empereur. C'est mon fils qui me l'a donné. J'imagine quand même qu'il n'y a aucun danger quand il est préparé par un chef spécialisé.

Une longue discussion s'ensuivit. Le Dr Sugimura se montra intraitable, l'empereur insistant. Finalement, ce fut l'impératrice qui les fit taire : « J'ai suffisamment entendu parler de *fugu* comme ça, s'écria-t-elle. Je vous en prie, cessez cette discussion. »

Mis à part le portrait d'un jeune garçon charmant et docile qu'en a tracé Elizabeth Vining, laquelle s'efforça vainement de convaincre les fonctionnaires de la cour de le laisser vivre avec ses parents ou, pour le moins, partager sa demeure avec son frère cadet, on sait peu de chose sur le prince Akihito, sinon qu'il est un ichtyologiste averti, excellent joueur de tennis et skieur réputé, et qu'il fut le premier prince héritier à épouser une roturière. On savait, certes, que Michiko Shoda, fille d'un riche minotier, était l'une des plus sérieuses candidates à la main du prince, mais on considéra longtemps son absence de noblesse comme un obstacle insurmontable ; nul n'ignore, d'ailleurs, que les directeurs ultra-conservateurs de l'Agence de la Maison impériale ne furent pas ravis de cette union et que, durant les premières années du mariage, tout au moins, ils s'arrangèrent pour souligner de façon subtile les origines roturières de la future impératrice.

L'album publié par *Mainichi Shimbun* pour célébrer le cinquantième anniversaire de l'accession au trône de Hiro-Hito[1] permet de constater combien la presse japonaise reste respectueuse envers la famille impériale : il révèle, en effet, que comme tous les autres grands journaux nationaux, *Mainichi Shimbun* accepta de ne rien publier concernant la jeune fille choisie par le prince héritier tant que les fiançailles n'auraient pas été officiellement annoncées. Selon les auteurs de l'album, un reporter se précipita dans la salle de rédaction en clamant : « " Finalement, c'était bien Michiko-san ". Il sanglotait. Le rédacteur en chef était en larmes, lui aussi. »

L'ancien correspondant à Tokyo du *New York Times,* Clyde Haberman, assista à une conférence de presse donnée par le prince Akihito et la princesse Michiko en 1986, peu avant leur départ pour une brève visite aux Etats-Unis. « Tout en bavardant, ils étaient cernés par un véritable assortiment de bureaucrates en tout genre. Avec leur escorte de chambellans, on aurait dit des papillons épinglés dans un casier de verre. » Pourtant, l'un et l'autre ont la réputation de savoir ce qu'ils veulent : Michiko a eu, à plusieurs reprises, maille à partir avec les fonctionnaires de la Maison impériale et elle a insisté pour élever elle-même son fils Hiro, âgé aujourd'hui de vingt-neuf ans ; on dit aussi Akihito bien décidé, à mettre à la retraite bon nombre de vieilles ganaches de la Maison impériale et à faire du palais un endroit moins guindé et un peu plus en rapport avec la vie quotidienne de la fin du XXe siècle. Les traditions, cependant, ont la vie dure : cela fait à présent plusieurs années que le prince Hiro (prince héritier après l'accession au trône du nouvel empereur Akihito) est en âge de se marier, mais il n'est certainement pas entièrement libre de choisir sa future épouse : un comité composé des plus hauts fonctionnaires de la Maison impériale, du Premier ministre, de l'empereur Akihito, et d'autres membres de la famille devra approuver une liste de jeunes personnes acceptables et les critères sont draconiens. L'épouse de Hiro devra avoir une excellente vue, être issue d'un milieu convenable et avoir un passé irréprochable, que n'aura pas terni le plus petit scandale (ou le moindre petit ami) ; en outre, elle ne devra pas être plus grande que son futur mari.

La discrétion dont la presse japonaise fait preuve envers Akihito s'étend aussi au second fils de Hiro-Hito, le prince Hitachi (nom de courtoisie, car il reçut à sa naissance celui de Masahito) et envers les trois filles de l'empereur encore en vie à l'heure actuelle, Kazuko, Atsuko et Takako. Kazuko, qui a eu cinquante-neuf ans en 1988, est depuis son veuvage grande prêtresse du sanctuaire d'Ise ; Atsuko est l'épouse d'un homme d'affaires très en vue, descendant d'une vieille famille aristocratique ; quant à Takako, mariée à un banquier, elle a vécu plusieurs années à Washington avec son mari. Selon la tradition, les filles du souverain ont dû renoncer à leur titre de princesse impériale le jour de leur mariage et elles n'attirent que rarement l'attention des échotiers japonais, toujours pleins de déférence. Bien que Hiro-Hito ait été fort content de leurs mariages respectifs, le protocole lui interdisait d'assister à la cérémonie proprement dite, qui eut lieu en dehors du palais impérial.

Durant la majeure partie de sa vie, Hiro-Hito jouit d'une santé remarquable, mais le 29 avril 1987, au cours d'un banquet donné pour son anniversaire, il fut pris d'un malaise et dut quitter la table. Son état se détériora et un peu plus tard, cette année-là, il dut subir une grave opération chirurgicale. Elle eut lieu à l'intérieur de l'enceinte du palais, dans la clinique impériale, petite mais ultra-moderne, et, malgré le laconisme des bulletins de santé publiés par les médecins de l'empereur, la presse décela qu'on l'avait opéré d'un cancer de l'estomac et qu'il avait subi une ablation partielle du côlon.

Il se rétablit suffisamment pour saluer la foule lors de son anniversaire, en 1988, et parvint à remplir quelques devoirs officiels, notamment la cérémonie de plantation du riz, mais il était de toute évidence gravement malade. Une rumeur circula selon laquelle l'empereur souffrait d'une tumeur non opérable du pancréas, dont l'évolution était, toutefois, relativement lente. L'Agence de la Maison impériale se refusa au moindre commentaire et l'opération subie par le souverain en 1987 ne servit qu'à souligner à quel point ses fonctionnaires gardaient leur manie du secret. Ils cachèrent d'ailleurs la vérité sur son état à l'empereur lui-même, puisque lorsqu'il recommença à lire les journaux, durant sa convalescence en 1987, il y apprit certains détails que les membres de l'Agence lui avaient tus, ce qui eut le don de le mettre en rage. Un journaliste de la cour a révélé que certains de ces fonctionnaires avaient été éberlués par les cinglantes réprimandes qu'ils avaient alors essuyées. Le Dr Yashiko Moriaka, le chirurgien chargé de l'opération, se plaignit ensuite, auprès de la presse, de ne pas avoir été en mesure d'ausculter l'empereur seul à seul, car les fonctionnaires de la Maison impériale et les médecins officiels n'avaient cessé de s'interposer.

D'après ce qu'on rapporta aux correspondants de la cour, les premiers mots que prononça le souverain, lorsqu'il eut repris conscience, furent pour demander que l'on voulût bien allumer son poste de télévision, afin qu'il pût regarder des matches de sumo. Lors de la première visite qu'elles lui rendirent, à la clinique impériale, ses petites-filles lui apportèrent un ours en peluche géant.

Je pus voir Hiro-Hito lors d'une de ses dernières apparitions en public, pour son quatre-vingt-septième anniversaire, le 29 avril 1988. Ce jour-là des dizaines de milliers de Japonais, surexcités mais parfaitement disciplinés, venus pour la plupart en groupes, furent introduits dans l'enceinte du palais et réunis dans la cour rectangulaire qui s'étend devant l'aile construite après la guerre, un bâtiment bas et discret qui ressemble de l'extérieur à une école ou à un gymnase particulièrement coûteux. Une employée de la police annonça, par haut-parleur, l'arrivée imminente de l'empereur. La famille impériale vint s'aligner derrière une grande baie vitrée à l'épreuve des balles, puis Hiro-Hito en personne apparut, de sa démarche légèrement traînante. « C'est gentil d'être venus, dit-il dans un micro. Je vous remercie et vous souhaite beaucoup de bonheur. » La cérémonie se répéta trois fois, à quarante-cinq minutes d'intervalle ; c'était le temps nécessaire pour vider l'immense cour d'une fournée de visiteurs et en introduire une autre. L'empereur paraissait las, son visage et ses mains étaient couverts de taches brunes et il était si amaigri qu'il n'avait plus que la peau sur les os ; son élocution était légèrement pâteuse, sans doute à cause d'un appareil dentaire mal adapté.

Tout le cérémonial à mettre en train dès le décès de Hiro-Hito était prévu depuis des années. Bien entendu, les plans existants furent remaniés après son opération de 1987. Dans les milieux gouvernementaux et audiovisuels, l'opération en question portait le nom de code « Jour X » (pour l'impératrice, il s'agissait du « Jour Y ») et avec un sens du détail très japonais, tout avait été méticuleusement prévu, lors d'une série de conférences auxquelles assistèrent des représentants du gouvernement et de l'Agence de la Maison impériale, puis, un peu plus tard, des membres haut placés de la presse écrite et audiovisuelle.

Les instructions fort complexes communiquées à toutes les chaînes de télévision couvraient l'éventualité du décès de l'empereur durant la nuit. Dans ce cas, un programme spécial devait être mis en place immédiatement, jusqu'à la fin des émissions de la journée ; si le décès survenait après six heures du matin, le programme spécial devait s'étendre aux vingt-quatre heures suivantes (pour le « Jour Y », le programme durait un peu moins longtemps).

Pendant tout ce temps, il ne devait y avoir ni publicité, ni messages de condoléances sponsorisés, ni chansons, ni comédies, ni dramatiques, ni sport ; durant la période de deuil officiel, les grilles de programmes devaient être modifiées de façon à tenir compte de la mort du souverain. Les grandes chaînes de télévision avaient déjà toutes prêtes des quantités d'heures d'émissions sur l'empereur, sa vie et son temps. Lors de la première annonce de la disparition du monarque, on devait se contenter de mentionner l'heure et la cause du décès, ainsi que l'âge de l'empereur, mais éviter toute discussion détaillée de la maladie fatale. Les présentateurs devaient être vêtus de noir, les journalistes de complets sombres, bleus ou gris ; les cameramen pouvaient se permettre un blazer bleu marine. Cravates noires de rigueur. On avait dressé longtemps à l'avance des listes de personnalités à interviewer et des sources bien informées assurent que bon nombre des personnes contactées avaient décliné cet honneur : elles s'inquiétaient à l'idée que certains de leurs propos pussent être considérés comme irrespectueux, auquel cas les groupes d'extrême droite fanatiquement dévoués à l'empereur — et réclamant le retour à un

« système impérial » plus autoritaire — pourraient se croire obligés d'exercer des représailles.

Les maisons d'édition firent des préparatifs tout aussi minutieux : les journaux, les magazines de sport, d'actualité et de spectacle, ainsi que la presse populaire, avaient tous prévu un numéro spécial, prêt à sortir dans les plus brefs délais. Les banques et les centres boursiers, les cinémas, les théâtres et les boîtes de nuit devaient fermer leurs portes pendant quarante-huit heures.

Pour une raison éminemment japonaise, la mort de l'empereur était d'une importance primordiale pour les imprimeurs et pour les industries du papier et de l'encens. Avec le décès de Hiro-Hito, en effet, l'ère Showa prit fin, et Hiro-Hito sera désormais connu sous le nom d'empereur Showa. Or, jusqu'au jour de la mort du souverain toute la papeterie officielle, les en-têtes de lettres, les calendriers, les documents, les factures, etc., portaient la date « Showa » : ainsi 1988 était « la 63e année de l'ère Showa ». Ce qui signifiait que, du jour au lendemain, tous les agendas, les documents et les en-têtes officiels devaient être réimprimés.

Déjà, lors du décès de l'empereur Taisho, en 1926, cela avait causé une véritable révolution dans l'édition et l'imprimerie (et provoqué la ruine de nombreux petits fabricants de cartes de vœux), car, la mort de l'empereur ayant été annoncée le jour de Noël, la plupart des Japonais s'étaient abstenus d'échanger des cartes de vœux qui ne portaient pas trace du changement survenu : cela aurait pu passer pour un manque de respect.

En ce qui concerne Hiro-Hito, son état de santé mena dès 1987 à certains bouleversements boursiers : comme la mort de l'empereur devait faire monter en flèche les ventes d'encens, les actions d'une petite firme de produits chimiques qui fabriquait l'encens (et qui végétait depuis des années) suivirent la même trajectoire fulgurante ; les actions de certains fabricants de papier, éditeurs et imprimeurs connurent aussi une hausse. D'un commun accord, la plupart des fabricants d'agendas japonais, s'attendant à tort à voir le souverain s'éteindre avant le 31 décembre 1988, ne mirent pas sur le marché d'articles mentionnant l'ère Showa pour 1989.

A partir du 17 septembre 1988, date de la rechute, l'issue était inéluctable. Tout le monde, au Japon, savait que l'empereur était mourant, en dépit de la discrétion des communiqués de la cour.

L'agonie dura au-delà de toute attente. Pendant quatre mois, les médecins de la cour prolongèrent la vie de l'empereur artificiellement, grâce à des transfusions sanguines massives et répétées. Vers la fin, il ne pesait plus que vingt-cinq kilos, et se trouvait dans un état comateux semi-permanent.

En raison de cette agonie prolongée, l'accueil du peuple japonais à l'annonce de sa mort, le 7 janvier 1989, fut digne, mais les réactions émotives moins violentes que prévues. Deux anciens combattants, du même âge que l'empereur, se suicidèrent, mais la vague de « *seppukus* » devant le palais, tant redoutée par les autorités, n'eut pas lieu. Encore une fois, l'événement mettait en relief le clivage entre générations : exaspérés par six jours de télévision consacrés presque uniquement à des films retraçant la vie et la carrière de Hiro-Hoto (d'où était exclue toute allusion qui aurait pu froisser l'extrême droite), les Japonais se précipitèrent dans les magasins de location de vidéo-cassettes. Dans les usines, il y eut une minute de silence. Dans les administrations, un deuil officiel de six jours.

Le nouvel empereur, Akihito, annonça immédiatement, comme prévu, la nouvelle ère succédant à Showa : « HEISEI », ou « l'état de paix retrouvée ». Le langage d'Akihito devant les caméras de télévision importait plus que le contenu de son bref discours. Alors que Hiro-Hito, sa vie durant, s'était adressé à ses « sujets », utilisant un mot archaïque, Akihito utilisa un langage résolument moderne, s'adressant à ses « concitoyens ».

L'enterrement de Hiro-Hito, le 24 février 1989, fut l'occasion d'un énorme « sommet » politico-diplomatique. A de rares exceptions près (Australie, Nouvelle-Zélande) le monde entier dépêcha à Tokyo ses chefs d'Etat ou de gouvernement, ou des représentants hors pair, rendant ainsi hommage non seulement à Hiro-Hito, mais à la puissance retrouvée du Japon moderne.

Contre toute attente, la Bourse japonaise — où on s'était préparé à un recul — fit un bond en avant dans la semaine qui suivit la mort de Hiro-Hito. Beaucoup plus importantes, cependant, que les fluctuations de la bourse étaient des décisions politiques à prendre dans le sillage immédiat de la mort de l'empereur. Les funérailles du souverain n'ayant lieu, traditionnellement, que plusieurs semaines après le décès, les problèmes auxquels le gouvernement japonais se trouvait confronté étaient nombreux et difficiles à résoudre. Ce qui comptait plus encore — et qui était une source de graves controverses non seulement dans les milieux politiques, mais dans tout le Japon — c'était le rituel prévu aussi bien pour les obsèques que pour le couronnement du nouvel empereur. Hiro-Hito devait-il être inhumé comme n'importe quel autre citoyen — ainsi que le souhaitaient les partis de l'opposition — ou bien après toute une série de cérémonies shintoïstes, dues au descendant d'Amaterasu, déesse du soleil ? Quant aux cérémonies du couronnement, elles faisaient aussi l'objet de débats acharnés : à la mort de Taisho, Hiro-Hito n'officia pas à moins de soixante cérémonies shintoïstes et il fallut attendre le couronnement proprement dit pendant près de deux ans. Toutefois, en 1926 et 1928, l'empereur était encore un « dieu vivant ». En prévision du décès de Hiro-Hito, l'Agence de la Maison impériale et les hommes politiques devaient se mettre d'accord sur un cérémonial suffisamment impressionnant pour tenir compte du lien mystique entre l'empereur et le peuple japonais, mais ne pas oublier pour autant que depuis la guerre, le souverain n'était plus qu'un être humain ordinaire.

En raison de la ferveur militante des mouvements de droite ultra-nationalistes, peu nombreux certes, mais extrêmement dynamiques, qui réclament un retour aux traditions religieuses et « impériales » séculaires, la controverse menaçait d'engendrer une véritable crise politique, ponctuée de violents affrontements avec les mouvements de gauche : les camionnettes noires des gens d'extrême droite, qui patrouillent la capitale munies de haut-parleurs hurlant des slogans, phénomène désormais bien connu du centre de Tokyo, viennent rappeler, sur une note inquiétante, que les Japonais ne sont pas tous pénétrés des idéaux démocratiques introduits après la guerre. Le cérémonial adopté pour les funérailles et le couronnement devait constituer un test crucial : le Japon avait-il vraiment fait table rase de son passé d'avant la capitulation ou bien existait-il toujours, surtout parmi le tout venant du parti libéral démocrate (PLD), un puissant élément réactionnaire, assez influent pour obtenir l'organisation de cérémonies archaïques soulignant la nature unique du Japon en tant que pays aux origines « divines » ? Il était quasiment certain que Akihito penchait pour des obsèques très dépouillées de simple citoyen pour son père et un couronnement tout aussi sobre pour lui-même, mais les conservateurs du PLD et les traditionalistes de l'Agence de la Maison impériale représentaient une formidable coalition et voulaient pour leur part des cérémonies qui pussent se comparer à celles de 1926 et 1928.

Ils avaient pour cela plusieurs raisons. Malgré le prodigieux rétablissement du Japon après la guerre et son retour parmi les puissances mondiales de premier plan, l'ère Showa a été, pour certains, l'un des temps faibles de l'histoire du pays : des cérémonies traditionnelles et somptueuses pour marquer le début d'une nouvelle « ère » impériale permettraient, dans leur idée, d'exorciser le passé. De plus en plus, le PLD a eu le sentiment que le système impérial, même sous la forme modifiée introduite après la guerre, contribuait à souder la société japonaise et qu'il serait donc souhaitable de renforcer le respect envers l'institution monarchique, plutôt que de l'atténuer. Ses dirigeants pensaient que leurs opinions à ce sujet étaient partagées par la « majorité silencieuse » et qu'en rognant sur le spectacle et le cérémonial, ils ne feraient qu'alimenter la colère de cette majorité, tout en s'aliénant les électeurs centristes modérés et les conservateurs.

Pour toutes ces raisons, le défunt, devenu « l'empereur Showa », est resté un personnage controversé par-delà la mort ; son nom même symbolise non seulement l'extraordinaire trajectoire de la nation japonaise, plus puissante à l'heure actuelle que n'aurait pu l'imaginer le plus « ultra » de ses militaires d'avant-guerre, mais aussi la survie miraculeuse de celui qui, jusqu'à sa mort, porta le nom : HIRO-HITO.

Epilogue

Alors qu'il y a eu peu de livres sur l'empereur Hiro-Hito, il y en a eu des dizaines sur le miracle économique du Japon et son accession au rang de grande puissance depuis la fin de la guerre. C'est devenu un cliché que de dire qu'à partir des années soixante, le Japon a acquis beaucoup plus de pouvoir en tant qu'exportateur et innovateur industriel qu'il n'en avait obtenu entre 1931 et 1945 par la conquête brutale et l'occupation de la majeure partie de l'Asie. Aujourd'hui, aucun Japonais, fût-ce le plus acharné des nationalistes, ne songerait à suggérer que l'empereur du Japon possède le droit divin de gouverner le monde selon la doctrine du *Hakko Ishiu ;* en revanche, il est universellement admis que les grands noms de l'industrie nippone, tels que Honda, Mitsubishi, Sanyo, Sony et Toyota, règnent bel et bien sur « les huit coins du monde », de même que les banques nippones (neuf des dix plus grandes banques mondiales sont japonaises), les conglomérats immobiliers, les chaînes d'hôtels, de restaurants et même de salons de coiffure, et, bien sûr, le yen, qui, plus encore que le dollar, est devenu symbole de puissance et de richesse.

Il serait absurde de prétendre que le « système impérial » a été directement responsable de cet extraordinaire bond en avant : depuis janvier 1946, le rôle de Hiro-Hito en tant que « symbole de l'unité du peuple japonais » a été si effacé que bien peu des ouvrages de référence qui racontent l'étonnant rétablissement du Japon se donnent seulement la peine de mentionner son nom.

En dépit de cette grande discrétion et de son refus de faire de la réclame aux produits japonais, le système impérial, même dans sa version tout en demi-teinte de l'après-guerre, a été un facteur constant de la politique et de la société japonaises : on pourrait presque dire que les anciennes valeurs impériales ont été reprises à leur compte par les principaux conglomérats industriels et adaptées aux réalités économiques de notre époque. Alors que la fortune de la guerre commençait inexorablement à sourire aux ennemis du Japon, en janvier 1944, Kido avait noté dans son journal : « Lorsque j'envisage la tendance future du monde où nous vivons, je crois que nous devons préserver et cultiver notre véritable pouvoir dans l'Etat pendant une bonne centaine d'années, avant de tenter de nouvelles conquêtes. » Il a fallu bien moins d'un siècle au Japon pour atteindre ses objectifs et on s'est trouvé, à de multiples reprises, en présence de parallèles étranges, et parfois cocasses, entre les rites traditionnels d'avant-guerre et les pratiques d'aujourd'hui. Le sanctuaire de Yakusuni, voué aux esprits de tous les guerriers morts, a son pendant dans le Japon industriel des salariés, où les cendres de nombreux employés méritants des grandes firmes trouvent souvent un dernier repos dans les « sanctuaires d'entreprise ». Lors de pèlerinages annuels, organisés sur ces lieux, la « conduite héroïque » de ces vaillants combattants est célébrée ; les exploits accomplis pour promouvoir la grandeur et la rentabilité des firmes auxquelles ils ont consacré leur vie, bien souvent usée avant l'âge par le travail, les voyages et les abus d'alcool inhérents à la poursuite assidue de nouveaux marchés, profits et contrats, sont évoqués sur la note ronflante de rigueur à l'époque héroïque des années de guerre.

Les réunions de salariés, après le travail, dans les bars du centre-ville, au cours desquelles ils se confient les ragots qui courent dans leur entreprise et dissèquent ses batailles tactiques, sont un peu comme les beuveries rituelles des anciens guerriers japonais ; les buts, les objectifs et la stratégie globale des grandes firmes nippones ne sont peut-être pas aussi explicitement planifiés que pouvait l'être un « ordre de bataille » avant la guerre, mais leur processus décisionnel, le phénomène du consensus et les « réunions au sommet » fort complexes qui interviennent en fin de parcours sont comparables aux diverses étapes menant à l'ancien *Gozen Kaigi*, la conférence impériale sacrée : de même que l'empereur, lors de ces réunions, faisait indirectement sentir son influence par des allusions et des questions pertinentes, guidant les acteurs depuis la coulisse, mais sans chercher à contrarier ouvertement la politique officielle, les dirigeants les plus haut placés des énormes conglomérats japonais se comportent non pas en individualistes ou en novateurs, mais plutôt en figures de proue représentant la firme dans son ensemble, maniant leur pouvoir avec autant de doigté et de discrétion que le fit Hiro-Hito, lors des événements qui débouchèrent sur Pearl Harbor.

Parfois, au cours du miracle économique, le passé s'est fait sentir avec une intensité presque comique. Prenons, par exemple, le moment où l'ex-caporal Shoichi Yokoi regagna le Japon, après avoir passé vingt-huit ans à se cacher dans la jungle de Guam, suivant à la lettre l'ordre donné par son chef hiérarchique en 1944 : prendre le maquis et éviter d'être capturé par l'ennemi. Le 2 février 1972, de retour sur le sol japonais et luttant pour retenir ses larmes, Yokoi tint à remplir ses devoirs militaires jusqu'au bout. « Yokoi Shoichi, retour de Guam, annonça-t-il aux équipes de télévision médusées qui l'attendaient à l'aéroport de Tokyo, honteux d'être encore en vie pour dire comment la guerre a été perdue. J'ai rapporté le fusil [toujours en état de marche et intact, si l'on excepte la disparition de sa crosse en bois, mangée par les termites] que m'avait donné Sa Gracieuse Majesté. Je le rends à présent à Sa Majesté impériale. Je suis pénétré de honte à l'idée de n'avoir pas été capable de servir Sa Majesté. » (La réaction prévisible de Hiro-Hito : « L'épreuve a dû être très dure pour lui. J'espère qu'il pourra désormais se reposer. »)

Les Japonais qui n'avaient pas connu la Seconde Guerre mondiale ne parvenaient pas à comprendre le comportement de Yokoi. Ce dernier, en revanche, fut atterré de découvrir que le « tabou du chrysanthème » n'interdisait plus à la presse japonaise de publier des photographies de l'empereur. Les traditionalistes et, inévitablement, les groupes nationalistes d'extrême droite fêtèrent avec une fierté immodérée l'exploit de cet obscur sous-officier de la compagnie d'approvisionnement du 38e régiment, qui avait mis à profit ses talents de tailleur pour se fabriquer des chaussures et des vêtements faits de ficelle et d'écorce et qui avait survécu beaucoup plus longtemps que Robinson Crusoé dans un environnement autrement plus hostile, obnubilé pendant toutes ces années par une seule pensée : livrer tout seul sa guerre à l'ennemi et, par-dessus tout, échapper à la honte suprême de la capture.

Mais la notion de capitulation avait-elle jamais existé dans la conscience japonaise ? Dans sa clairvoyante préface au livre consacré à l'aventure de Shoichi Yokoi[1], Russell Braddon, lui-même prisonnier des Japonais pendant la guerre, fait valoir que non. Il note que nulle part, dans le discours radiodiffusé de Hiro-Hito ne figure spécifiquement le mot de « capitulation », ni même celui de « défaite » ; l'empereur précisait simplement que « les combats devaient cesser ». Et Clyde Haberman, du *New York Times,* observa dans un article d'adieu, après trois années passées à Tokyo : « On pourrait pardonner à quiconque habite le Japon de nourrir l'impression que la Seconde Guerre mondiale a commencé le 6 août 1945, le jour où les Etats-Unis ont lâché la première bombe atomique sur Hiroshima. Il n'est guère question, en effet, de toutes les souffrances que le Japon infligeait depuis des années à travers l'Asie entière... Hiroshima et Nagasaki ont permis aux Japonais de se persuader qu'ils étaient, avec la possible exception des Juifs, les plus grandes victimes de la guerre. »

Cela expliquerait, d'ailleurs, pourquoi le système d'éducation nippon s'acharne à perpétuer une version des événements qui, outre qu'elle absout le Japon de toute espèce de blâme en ce qui concerne les horreurs commises durant la guerre, met aussi en avant le concept du Japon victime du conflit. L'ancien ministre de l'Education, Masayuki Fujio, estimait même que les manuels d'histoire de son pays n'étaient « pas suffisamment patriotiques ». Le message que ne cessent d'assener un nombre impressionnant de politiciens en vue, appartenant aux rangs du PLD, est que le Japon n'a pas à rougir de ce qu'il a fait durant la guerre. Le 22 avril 1988, à l'occasion d'une cérémonie au sanctuaire de Yakusuni, le ministre du Territoire, Seisuko Okuno, déclara à une assemblée d'anciens combattants, que la guerre du Japon contre la Chine n'avait pas été « une guerre d'agression. Le Japon s'est battu afin de préserver sa sécurité ». De toute façon, poursuivit-il, « les races blanches avaient transformé l'Asie en colonie... » Etant donné que le gouvernement japonais tenait absolument à améliorer ses relations avec la Chine, ces propos soulevèrent un véritable tollé et le ministre fut contraint de démissionner. Ce qu'ignoraient la plupart des gens, c'est qu'un représentant haut placé de l'empereur Hiro-Hito était présent et que la remise de dons impériaux sacrés au sanctuaire de Yakusuni (des ballots de précieuse soie brute dont on ferait des bannières) était à l'origine même de la cérémonie.

Dans un autre contexte, le spectacle innocent d'écoliers japonais en uniforme, tirés à quatre épingles, photographiés en groupe devant l'enceinte du palais impérial (les visites se succèdent tout au long de la journée) perd un peu de son innocence une fois que l'on se rend compte de la censure considérable à laquelle sont soumis les manuels scolaires — et de la controverse autour de ce sujet important que les tribunaux japonais tardent à trancher.

En effet, tout livre d'histoire qui s'avise de révéler la vérité sans fard concernant le Japon à partir des années trente fait l'objet de corrections considérables et, du fait que la « Commission d'homologation des manuels scolaires » contrôle tous les livres du secondaire, les directeurs des établissements n'ont pas vraiment de choix. Certaines des modifications imposées aux auteurs d'ouvrages historiques par le ministère de l'Education ont été dénoncées dans la Revue du barreau japonais[2].

Ainsi, par des commentaires sur un passage concernant la guerre sino-japonaise dans un livre d'histoire soumis aux censeurs, un fonctionnaire anonyme nota : « Dans son traitement des causes de la guerre sino-japonaise, l'auteur donne l'impression que le Japon a mal agi. Spécifier que les torts sont de l'autre côté. » Ailleurs, le même fonctionnaire écrivit : « Les illustrations de " slogans antijaponais " en Chine sont humiliantes pour la nation. Il s'agit d'un manuel japonais. » Peut-être le « trou » le plus scandaleux dans les manuels scolaires traitant la Seconde Guerre mondiale est-il l'omission de tout récit sur les activités de « l'Unité 731 ». Malgré l'existence d'une kyrielle de best-sellers japonais extrêmement bien documentés sur le sujet, le ministère de l'Education persiste à faire comme si les allégations d'expériences perpétrées sur des cobayes humains n'avaient jamais été prouvées. De toute façon, il se retranche invariablement derrière l'argument suivant : « Il n'est pas nécessaire d'envisager une reconsidération de la guerre dans les livres scolaires, puisque les élèves d'aujourd'hui ne sont nullement concernés. Ils sont nés longtemps après. »

Cet argument parfaitement absurde qui, suivi jusqu'à sa conclusion logique, justifierait l'absence de toute espèce de cours d'histoire dans les écoles, forme un contraste saisissant avec les interminables examens de conscience auxquels se livre l'Allemagne au sujet de la période nazie ; dans le cours des recherches que j'ai dû effectuer pour le présent ouvrage, je n'ai pu manquer de constater à quel point de nombreux Japonais de moins de trente ans, sophistiqués, ayant fait des études poussées, ignorent le passé récent de leur pays. Au Japon, quiconque se hasarde à contester

« l'optique » officielle s'expose à des accusations de « gauchisme » et le public japonais a une telle peur des militants d'extrême droite que l'instinct déjà puissant de se conformer s'en trouve renforcé. Or, c'est justement cette tendance qui, dans les années trente, a lancé le Japon sur sa calamiteuse trajectoire d'avant-guerre. De nos jours, officiellement et institutionnellement, le Japon est une démocratie, mais l'influence officieuse des groupes d'extrême droite, qui possèdent des techniques tout à fait perfectionnées pour lever des fonds, est beaucoup plus forte que dans les autres pays démocratiques et — dès que l'on creuse un tant soit peu — on s'aperçoit que le PLD, le grand parti politique majoritaire, a beaucoup plus de points communs avec la John Birch Society ou même le Front National de Jean-Marie Le Pen qu'on ne le croit d'ordinaire. Le Front National et l'aile droite de PLD diffèrent d'avantage sur les questions économiques que politiques (la conviction lepeniste de l'inutilité de l'impôt personnel choque au Japon). En fait, en ce qui concerne l'immigration, la supériorité innée des races blanche ou « yamato » (japonaise) et le besoin de bases patriotiques et « nationalistes » solides pour promouvoir la grandeur nationale, les deux groupes sont quasiment à l'unisson. Jamais un porte-parole du PLD ne s'aviserait de le déclarer publiquement, mais de nombreux diplomates résidant à Tokyo le reconnaissent discrètement. Encore une fois, cependant, la crainte de la puissance financière du Japon est telle que ces remarques sont toujours faites d'une manière très discrète.

Le Japon est un pays si « moderne » et les Occidentaux sont si intimement persuadés que les ordinateurs sont des instruments de communication que l'on n'arrive pas à penser qu'un pays situé à la pointe de la technologie pourrait être politiquement rétrograde. Du fait que les pays de l'Ouest ont de nombreuses raisons de ne pas offenser les Japonais, l'interprétation extrêmement sélective du passé que l'on constate chez ces derniers et leur attitude collective envers les révisionnistes qu'il pourrait y avoir parmi eux, font rarement les gros titres. La plupart des non-Japonais sont même tout étonnés d'apprendre à quel point les groupes nationalistes vociférants, qui réclament la restauration du système impérial d'avant-guerre, peuvent influer sur la politique nationale et empêcher les opinions « révisionnistes » de s'exprimer. Lorsqu'un distingué rédacteur en chef d'*Asahi Shimbun,* Yetsuka Chikushi, décida de braver le « rideau de chrysanthèmes » et de publier un article sur les responsabilités de l'empereur durant la guerre, il ne tarda pas à recevoir des appels téléphoniques anonymes, menaçant la vie de ses enfants. Plutôt que d'avoir des ennuis ou de faire éclater le scandale au grand jour, ses supérieurs hiérarchiques préférèrent le transférer discrètement à New York. Le professeur Inouye, de Kyoto, qui a mis en vedette certains passages du journal de Kido et du mémorandum Sugiyama dans un livre destiné à présenter sous un jour nouveau le rôle de l'empereur durant la guerre [4], a reçu lui aussi des menaces ; des insultes ont été peintes sur les murs de sa maison et il a dû rester plusieurs années sous la protection de la police.

Ce désir manifesté par les nationalistes japonais d'en revenir à l'époque bénie d'avant Hiroshima, en réaffirmant la nature sacrée de l'empereur, partie intégrante de l'héritage national du Japon, sans laquelle il ne saurait y avoir de vraie grandeur, a été diversement considéré comme une nostalgie d'un romantisme désespéré (dont l'exemple suprême est la fin théâtrale de Mishima) ou comme un affrontement entre ceux qui acceptent le nouvel internationalisme de leur pays et ceux qui le rejettent. Il y a peu de chances de voir éclore une nouvelle génération de Mishima : il m'a toujours paru être le produit de son époque et sa quête romantique une rationalisation, en partie du moins, de sa culpabilité à l'idée de s'être soustrait au service militaire durant la guerre. Ce que nous apercevons dans le Japon d'aujourd'hui, c'est une attitude totalement illogique et irrationnelle envers le système impérial, non seulement parmi les nationalistes enragés, mais à travers la société japonaise dans son ensemble.

D'une part, existe la doctrine « officielle » proclamant le mythe de l'innocence de Hiro-Hito. Elle s'étend au-delà du Japon, à la plupart des milieux universitaires occidentaux et elle est soutenue par les générations de diplomates qui ont adopté « l'optique » de Joseph C. Grew, car presque tous les ambassadeurs occidentaux à Tokyo — charmés par les jeunes membres de la famille impériale qu'ils ont eu le privilège de côtoyer et absorbés par cette société d'élite, fascinante et, sous bien des rapports, tournée vers l'avant — repoussent tout autre point de vue qu'ils traitent de balivernes révisionnistes. « Révisionnisme » est un mot aux connotations déplaisantes, à moins de reprendre la définition du critique littéraire du *New York Times,* Ronald Sanders, et de l'appliquer à « toute œuvre qui se différencie des idées reçues et des mythes généralement répandus par son érudition et son objectivité nouvelles. » Moyennant quoi, fait-il remarquer, « toute œuvre historique sérieuse est révisionniste. »

Les attitudes japonaises envers l'empereur sont, en effet, fondées sur des idées reçues et des mythes généralement répandus, non seulement contestables, mais, par-dessus tout, incohérents : car, alors que l'on s'efforce au maximum de tenir Hiro-Hito à l'écart des événements ayant eu lieu entre 1931 et 1945, il est à présent de mieux en mieux vu d'affirmer bien haut que les événements en question étaient prédéterminés et qu'il n'y a aucune raison d'en avoir honte. Dans un ouvrage sur le cinquantième anniversaire de l'ère Showa, *Mainichi Shimbun,* vaste conglomérat de presse, a décrit en ces termes les événements qui culminèrent par l'attaque contre Pearl Harbor :

> Il serait inconsidéré de soutenir que le Japon a été obligé d'entrer en guerre par de subtiles manœuvres diplomatiques de la part des Etats-Unis. Mais en voyant le président Ford défendre le droit de son pays à intervenir militairement au Moyen-Orient, s'il est menacé d'étranglement dans son approvisionnement en pétrole en 1975, on peut se demander ce que l'attitude du Japon, désireux de défendre ce même droit en 1941, avait de si extraordinaire [5] ?

Ce genre d'affirmation fait plaisir aux lecteurs japonais peu familiarisés avec les circonstances qui entouraient l'événement en question (puisque les livres d'histoire nippons ne révèlent pratiquement rien de ce qui s'est passé à l'époque). On se garde, bien sûr, de préciser que le Japon avait besoin de pétrole surtout pour soutenir son gigantesque programme militaire expansionniste. Et, de toute façon, l'analogie ne serait valide que si les Etats-Unis — avant 1973, l'année de la crise du pétrole — avaient envahi de vastes zones d'Amérique centrale et d'Amérique latine et s'y étaient comportés, pendant des années, avec une cruauté insigne. On pourrait aussi faire valoir que le président Ford éleva certes la voix, mais que les Etats-Unis ne sévirent pas pour autant : au contraire, la politique américaine au Moyen-Orient a, depuis 1983, été caractérisée par un tel désengagement que de nombreux critiques considèrent qu'elle est indigne d'une nation chargée de responsabilités internationales.

De façon analogue, le rôle de l'empereur en tant que « père » de la vaste « famille » japonaise a rarement été remis en question. Juste avant le voyage du souverain aux Etats-Unis, en 1975, Bernard Krishner, correspondant de *Newsweek* à Tokyo, fut autorisé — rare faveur — à l'interviewer. Il lui demanda : « Quels sont, d'après Votre Majesté, les ingrédients particuliers qui ont contribué à la survie de la tradition impériale pendant plus de deux mille ans[6] ? »

Hiro-Hito répondit : « C'est dû au fait qu'à travers l'histoire, la famille impériale a toujours pensé d'abord au bien-être de son peuple. »

Si l'on songe aux incroyables sacrifices exigés des Japonais à partir de 1937, aussi bien en termes de cadences de travail, de pénuries, d'austérité que, pour finir, de vies humaines et de foyers détruits, la réponse est extraordinaire. Mais le plus incroyable peut-être, c'est qu'elle fut acceptée telle quelle tant au Japon qu'aux Etats-Unis et qu'aucun éditorial indigné ne vint souligner l'hypocrisie d'une telle affirmation.

Il est, somme toute, humain de vouloir tout et son contraire : mais dans le Japon d'aujourd'hui, cet état d'esprit atteint des proportions caricaturales. Aucun pays n'a jamais exploité plus que lui les règlements du libre-échange. Mais en même temps, pour justifier les restrictions draconiennes imposées aux importations de produits étrangers, les fonctionnaires et militants japonais invoquent — sans rire — le caractère « unique » de leur pays. Les importations de skis européens sont limitées parce que ceux-ci sont « inadaptés » au Japon, étant donné la nature « unique » de la neige nippone ; les importations de bœuf du Charolais sont elles aussi indésirables, en raison de la nature « unique » du système digestif japonais ; le riz japonais se vend à un prix dix fois supérieur au cours mondial, mais les importations sont interdites « parce que le riz est le noyau de notre civilisation spirituelle ». Les neurologues japonais ont même avancé la notion du caractère « unique » du cerveau japonais et d'autres scientifiques ont bâti des théories complètes sur le fait que cette nature « unique » est issue de l'évolution même de l'espèce à un stade très reculé : en effet, les races dites « européennes » descendraient des chimpanzés, alors que les Japonais descendraient de primates « orientaux » tels que l'orang-outang. L'un des tabous que tout homme d'affaires étranger, si ignorant soit-il des us et coutumes japonais, apprend vite à observer est qu'il est mal vu de faire allusion aux origines ethniques de la race nippone. Les sommités de l'anthropologie savent bien que derrière les légendes d'Amaterasu et de sa progéniture divine se cache la réalité d'une colonisation du Japon actuel par des envahisseurs chinois et coréens, mais la susceptibilité japonaise est telle que cette notion ne doit jamais être mentionnée, même en compagnie de gens sophistiqués. L'attitude des Japonais envers les Coréens qui vivent parmi eux est d'ailleurs révélatrice : vingt mille Coréens sont morts à Hiroshima, mais ce n'est que bien longtemps après la fin de la guerre qu'on a fini par ériger un monument à leur mémoire, lequel se dresse d'ailleurs à l'extérieur du « Parc de la Paix ».

Le comportement individuel de certains Japonais reflète cette double échelle des valeurs. Lors de ses visites dans les capitales étrangères, l'ancien Premier ministre, Nakasone, était un « internationaliste », presque un libéral. Dans son pays, c'était un nationaliste pur et dur, qui encouragea l'établissement de « l'institut de japonologie », dont le directeur, Takeshi Umehara, estime que la civilisation occidentale est une maladie menaçant le monde moderne. Jusqu'à sa mort, aucun peintre étranger n'a été aussi adulé en France que Foujita. Nul événement franco-japonais à Paris n'était complet sans lui et cet artiste à la mode, avide de publicité, ne laissa jamais passer une occasion d'affirmer les indestructibles liens entre les deux pays. A en juger par les coupures de presse, il était « Monsieur Japon » à Paris. Bon nombre de personnalités du Tout-Paris qui le fêtaient ainsi et achetaient ses tableaux auraient été bien étonnées d'apprendre avec quel acharnement Foujita avait, pendant la guerre, mis son talent au service de la propagande promilitariste et de la victoire de l'Axe. Seuls quelques journalistes chevronnés, tel Robert Guillain, qui a passé les années de guerre à Tokyo, ont remarqué avec quel empressement Foujita avait ensuite rejeté son passé. Pour reprendre la formule du correspondant du *New York Times,* Clyde Haberman (le 28 août 1988) : « Nul pays ne tourne casaque avec plus de dextérité que le Japon. »

C'est là peut-être une des fonctions du caractère « unique » du peuple japonais : il justifie une double échelle des valeurs et permet de n'attacher aucune flétrissure morale au comportement que l'on peut avoir envers les « étrangers ». Etant donné que ce caractère « unique » est le fondement sur lequel est bâtie la société japonaise et qu'il détermine les relations du Japon avec le monde extérieur, le système impérial revêt pour le peuple nippon une importance beaucoup plus grande que ne le font, disons, les monarchies britannique, hollandaise ou suédoise pour le leur. Comme l'a écrit Yuji Kishida, psychanaliste freudien (cité par Ian Buruma dans le *New York Times*) : « Les Japonais sont capables de faire face à la modernisation non pas parce que leur identité est fondée sur des principes fermes, mais grâce à l'illusion que tous les Japonais sont reliés entre eux... L'identité japonaise est menacée lorsque des étrangers sont assimilés parmi nous... Au centre de cette conviction, on trouve l'empereur, le fait que tous les Japonais sont reliés à lui par le sang... Aussi longtemps que nous croirons cela, l'identité japonaise ne sera pas menacée [7]. »

Une fois cette thèse acceptée, le véritable passé de l'empereur devient une espèce de secret de famille, qu'on ne doit pas divulguer aux gens de l'extérieur. Le caractère « unique » du Japon a été, en partie, sa faculté non seulement d'accepter, au fil des ans, une version de l'histoire et du rôle tenu par l'empereur dont l'ambiguïté n'est plus à démontrer, mais de l'imposer au reste du monde, avec sa tacite complicité.

Remerciements

C'est en réunissant la documentation nécessaire au Dernier empereur *que j'ai résolu de consacrer à tout prix mon prochain livre à une biographie de l'empereur Hiro-Hito.*

Pu Yi, le souverain fantoche du Manchukuo, et l'empereur Hiro-Hito avaient beaucoup de choses en commun : tous deux étaient prisonniers d'une routine impériale extrêmement rigide ; tous deux furent, dans leur jeunesse, traités en « dieux vivants » ; et tous deux étaient singulièrement impropres, sur le plan physique, à assumer le rôle auquel le sort les avait destinés. Toutefois, alors que la vie entière de Pu Yi ne fut qu'un long échec tragi-comique, celle d'Hiro-Hito est une saga à peine croyable : après avoir été, avec Hitler et Mussolini, l'un des trois hommes « les plus haïs de la planète », pour reprendre une expression de la presse alliée durant la guerre, il finit dans la peau d'un monarque constitutionnel universellement respecté, son passé des années de guerre et d'avant-guerre occulté, et à coup sûr pardonné. Ce n'est pas seulement la durée de son règne, mais la façon dont il est parvenu à éviter toute responsabilité en ce qui concerne les décisions prises avant et pendant la guerre, entraînant la mort de millions de gens, qui ont fait de lui sans l'ombre d'un doute le plus coriace de tous les survivants.

Parmi les événements dépeints dans les pages qui précèdent beaucoup n'ont été que partiellement rapportés à l'époque dans les pays occidentaux : l'irrésistible ascension de l'impérialisme et du militarisme japonais y fut en effet éclipsée par celle du fascisme en Allemagne et en Italie. Pearl Harbor fut une hideuse et brutale surprise pour la plupart des Américains, même si la perspective d'une guerre entre les Etats-Unis et le Japon avait paru inévitable au président Roosevelt et à son entourage.

Le présent ouvrage n'aurait pas pu voir le jour sans les documents inestimables que fournissent deux œuvres clefs : le Journal intime du

497

marquis Kido *en deux volumes et le* Mémorandum Sugiyama, *en deux volumes également. Du moment où il devint le secrétaire particulier du garde du Sceau impérial, avant d'être promu lui-même à ce rang, Koichi Kido tint un journal détaillé. Après son arrestation en tant que criminel de guerre présumé, il décida, sur les conseils de son gendre, de confier ce journal aux services du ministère public du Tribunal militaire international d'Extrême-Orient (TMIEO). Depuis, ce document a été publié en japonais, mais n'a jamais été traduit.*

De nombreux livres déjà parus sur l'empereur Hiro-Hito et la montée de la « sphère de coprospérité asiatique » citent des extraits choisis du journal de Kido, mais à ma grande surprise, j'y ai découvert de nombreuses informations qui n'ont encore jamais été utilisées ; le Mémorandum Sugiyama, *autre ouvrage crucial sur cette période, est une espèce de procès-verbal de toutes les réunions tenues à l'époque où le général Sugiyama, chef d'état-major de l'armée japonaise, était présent ; les rapports quotidiens sont si détaillés que l'on a parfois l'impression d'avoir affaire à des transcriptions d'enregistrements.*

Pour les chapitres 3 et 4, j'ai fait un grand usage d'une monumentale compilation de recherches, le rapport dit « Brocade Banner » de la « section des Renseignements civils » de l'état-major américain dans le Sud-Est asiatique (1946) ; pour le chapitre 5, je me suis inspiré de Sons of Heaven *de Jerrold M. Packard en ce qui concerne la description des cérémonies du mariage et du couronnement ; pour les chapitres 8, 9 et 10, j'ai puisé dans le* Journal *du général Honjo et dans « Brocade Banner ». A partir du chapitre 11, je suis très redevable au* Journal *de Kido et au* Mémorandum Sugiyama, *aux archives du Département d'Etat et de l'OSS, ainsi qu'aux archives du Commandement suprême des puissances alliées (SCAP) à Suitland, en Virginie.*

Je remercie, avant tout, ceux qui ont patiemment traduit pour moi des milliers de pages de documents, des journaux intimes, des livres et des articles de presse : Fuyuko Nishisato, Motoko Suzuki et Yukiko Shima-hara, mon interprète ; Janet Williams, de la BBC, à Londres et à Tokyo ; ainsi que les nombreux experts sur la période et le sujet en question, qui ont eu la gentillesse de se soumettre à de longs interrogatoires : Faubion Bowers, ancien aide de camp du général MacArthur ; Robert Fearey, ancien membre du SCAP de MacArthur, à Tokyo ; Robert Donihi, ancien procureur, lors des procès des criminels de guerre devant le TMIEO ; le Dr Ikuhiko Hata, professeur d'histoire à l'université Takushoku de Tokyo et auteur des Cinq Décisions *de l'empereur ; le professeur Kyoshi Inouye, auteur des* Responsabilités *de l'empereur ; le Dr Roger Buckley, professeur à l'université internationale du Japon, à Tokyo ; le Dr D.C.S. Sissons, du Département des relations internationales, Research School of Pacific Studies, à l'Australian National University à Canberra. John Taylor, des*

Archives nationales, à Washington, m'a fourni des conseils précieux; le personnel des Archives nationales des Etats-Unis et celui des Archives militaires à Suitland ont fait preuve d'une serviabilité et d'une patience inépuisables, de même que celui de la bibliothèque de l'Ecole des études orientales et africaines, à l'Université de Londres; celui de la bibliothèque du Correspondents' Club et du Japan Times, à Tokyo.

Parmi les experts chevronnés sur le Japon avant et pendant la guerre avec qui j'ai pu m'entretenir, je tiens à remercier tout spécialement Robert Guillain, correspondant de l'agence Havas à Tokyo de 1938 à 1943 et correspondant du Monde dans la même ville de 1948 à 1971; Jacques Baeyens, ambassadeur; Bernard Dorin, ambassadeur; Sir John Pilcher; le contre-amiral (en retraite) George C. Ross; le colonel Eiku Arisue; Morio Tateno, ex-NHK (radiodiffusion japonaise); Torahiko Nagazumi, condisciple de l'empereur Hiro-Hito à « l'école des Pairs », puis chambellan du palais impérial; Masaki Shimosato d'Akahata; Taro Kimura; Shizuto Haruna, ex-NHK; Toshiya Matsuzaki de Josei Jishin; Tetsuya Chikushi, d'Asahi Shimbun; Kyo Naruse, président de la maison d'édition Hara Shobo; Mme Yoshiko Yashimoto, Ted Slate, Walter Harris et de très nombreuses autres personnes. Enfin j'aimerais remercier Mme Penny Bergamini qui m'a généreusement permis d'utiliser les archives et documents réunis par son défunt époux, ainsi qu'Ed Victor pour son soutien et ses encouragements indéfectibles.

EDWARD BEHR
Paris, Londres, Tokyo, Washington,
New York et Ramatuelle,
1987-1988-1989

Annexes

Carte du Japon central et méridional

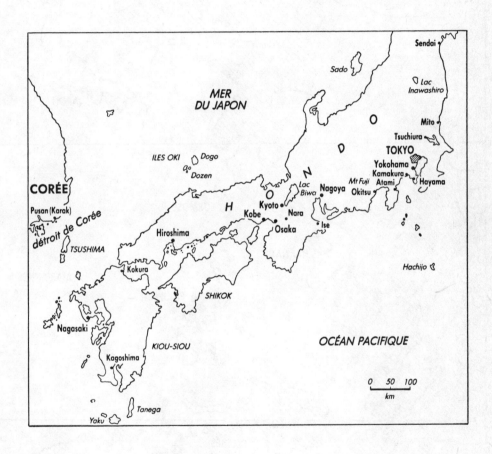

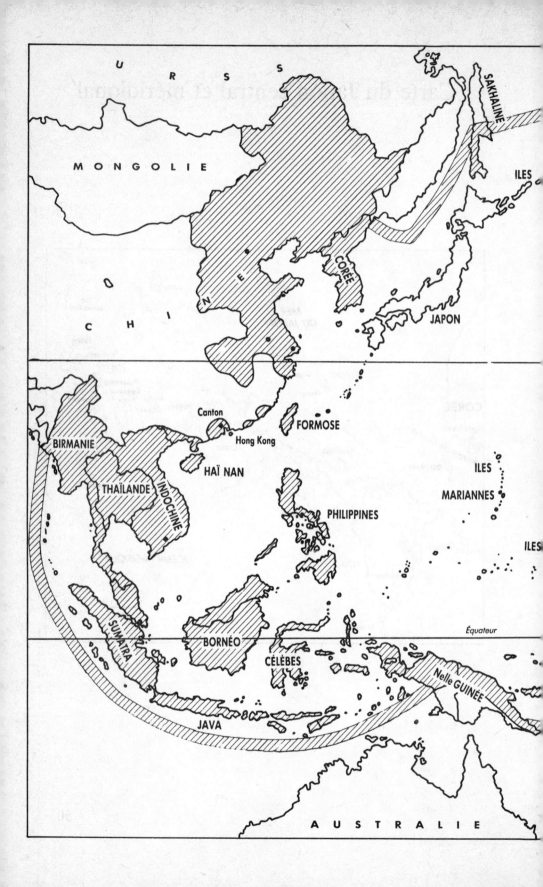

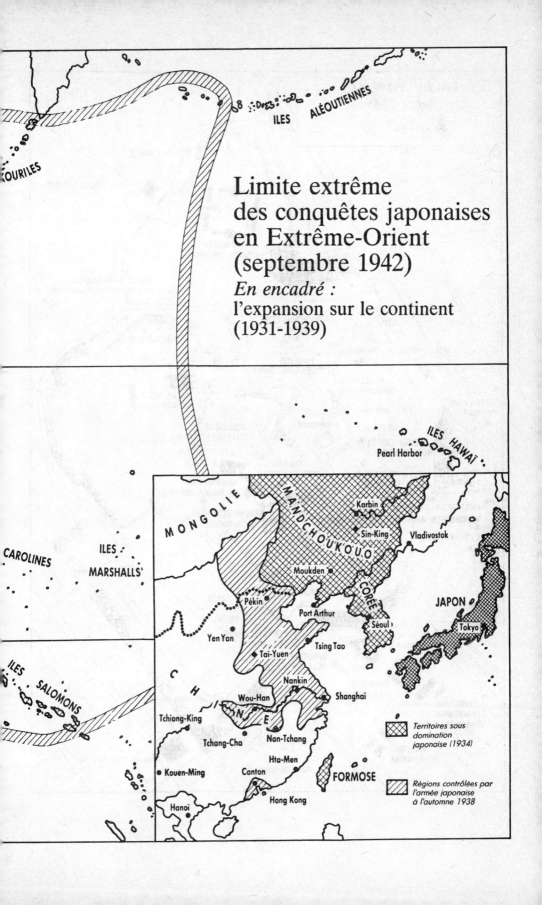

Limite extrême des conquêtes japonaises en Extrême-Orient (septembre 1942)

En encadré : l'expansion sur le continent (1931-1939)

ILES ALÉOUTIENNES

KOURILES

ILES HAWAÏ

Pearl Harbor

MONGOLIE

MANDCHOUKOUO

Karbin

Sin-King

Vladivostok

CAROLINES

ILES MARSHALLS'

Moukden

Pékin

Port Arthur

CORÉE

JAPON

Séoul

Tokyo

ILES SALOMONS

Yen Yan

Taï-Yuen

Tsing Tao

C H I N E

Nankin

Wou-Han

Shanghaï

Tchiong-King

Tchang-Cha

Nan-Tchang

Kouen-Ming

Hta-Men

Canton

FORMOSE

Hanoi

Hong Kong

Territoires sous domination japonaise (1934)

Régions contrôlées par l'armée japonaise à l'automne 1938

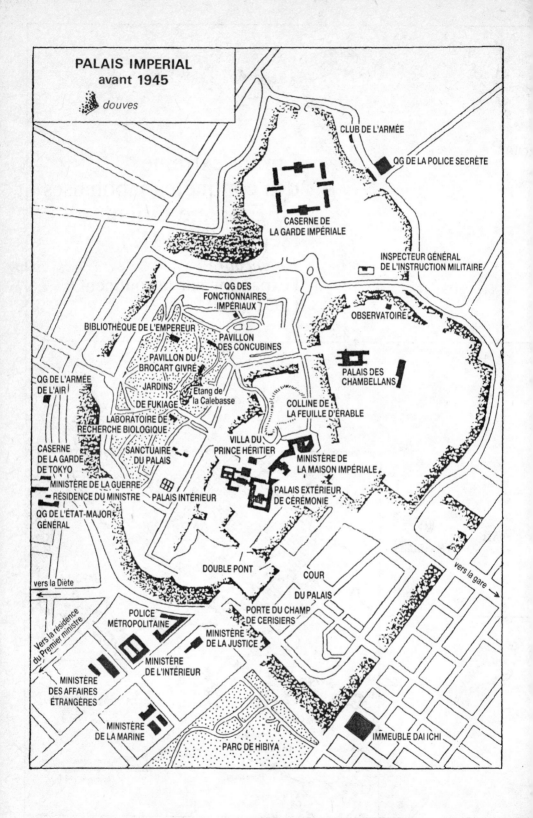

PALAIS IMPERIAL
avant 1945

douves

CLUB DE L'ARMÉE

QG DE LA POLICE SECRÈTE

CASERNE DE
LA GARDE IMPÉRIALE

INSPECTEUR GÉNÉRAL
DE L'INSTRUCTION MILITAIRE

QG DES
FONCTIONNAIRES
IMPÉRIAUX

OBSERVATOIRE

BIBLIOTHÈQUE DE L'EMPEREUR

PAVILLON
DES CONCUBINES

PAVILLON DU
BROCART GIVRÉ

PALAIS DES
CHAMBELLANS

QG DE L'ARMÉE
DE L'AIR

JARDINS
DE FUKIAGE

Étang de
la Calebasse

COLLINE DE
LA FEUILLE D'ÉRABLE

LABORATOIRE DE
RECHERCHE BIOLOGIQUE

VILLA DU
PRINCE HÉRITIER

CASERNE
DE LA GARDE
DE TOKYO

SANCTUAIRE
DU PALAIS

MINISTÈRE DE
LA MAISON IMPÉRIALE

MINISTÈRE DE LA GUERRE

RÉSIDENCE DU MINISTRE

PALAIS INTÉRIEUR

PALAIS EXTÉRIEUR
DE CÉRÉMONIE

QG DE L'ÉTAT-MAJOR
GÉNÉRAL

DOUBLE PONT

COUR

vers la Diète

DU PALAIS

vers la gare

Vers la résidence
du Premier ministre

POLICE
MÉTROPOLITAINE

PORTE DU CHAMP
DE CERISIERS

MINISTÈRE
DE LA JUSTICE

MINISTÈRE
DE L'INTÉRIEUR

MINISTÈRE
DES AFFAIRES
ÉTRANGÈRES

MINISTÈRE
DE LA MARINE

IMMEUBLE DAI ICHI

PARC DE HIBIYA

Maison de Fushimi

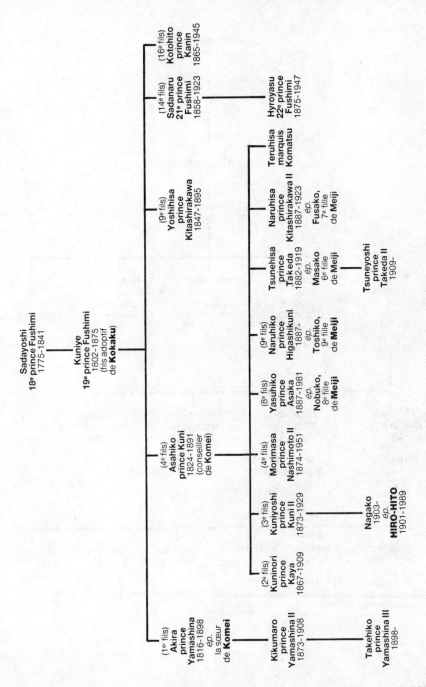

Sadayoshi
18ᵉ prince Fushimi
1775-1841

Kuniye
19ᵉ prince Fushimi
1802-1875
(fils adoptif
de **Kokaku**)

(1ᵉʳ fils)
Akira
prince
Yamashina
1816-1898
ép.
la sœur
de **Komei**

(4ᵉ fils)
Asahiko
prince Kuni
1824-1891
(conseiller
de **Komei**)

(9ᵉ fils)
Yoshihisa
prince
Kitashirakawa
1847-1895

(14ᵉ fils)
Sadanaru
21ᵉ prince
Fushimi
1858-1923

(16ᵉ fils)
Kotohito
prince
Kanin
1865-1945

Hyroyasu
22ᵉ prince
Fushimi
1875-1947

Kikumaro
prince
Yamashina II
1873-1908

(2ᵉ fils)
Kuninori
prince
Kaya
1867-1909

(3ᵉ fils)
Kuniyoshi
prince
Kuni II
1873-1929

(4ᵉ fils)
Morimasa
prince
Nashimoto II
1874-1951

(8ᵉ fils)
Yasuhiko
prince
Asaka
1887-1981
ép.
Nobuko,
8ᵉ fille
de **Meiji**

(9ᵉ fils)
Naruhiko
prince
Higashikuni
1887-
ép.
Toshiko,
9ᵉ fille
de **Meiji**

Tsunehisa
prince
Takeda
1882-1919
ép.
Masako
6ᵉ fille
de **Meiji**

Naruhisa
prince
Kitashirakawa II
1887-1923
ép.
Fusako,
7ᵉ fille
de **Meiji**

Teruhisa
marquis Komatsu

Takehiko
prince
Yamashina III
1898-

Nagako
1903-
ép.
HIRO-HITO
1901-1989

Tsuneyoshi
prince
Takeda II
1909-

507

Tableau généalogique de la famille impériale

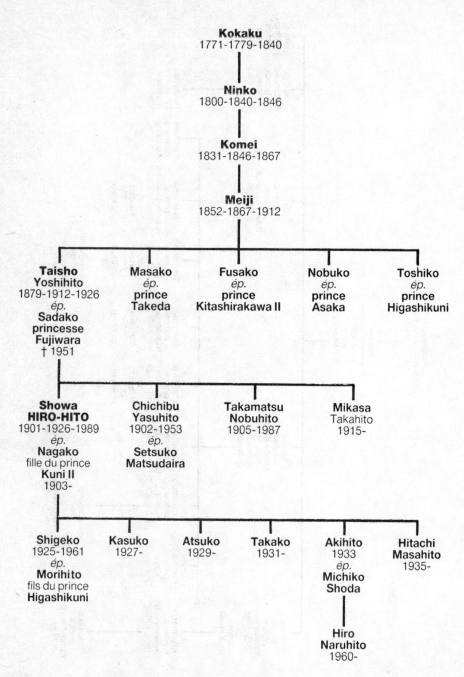

Kokaku
1771-1779-1840

Ninko
1800-1840-1846

Komei
1831-1846-1867

Meiji
1852-1867-1912

| **Taisho**
Yoshihito
1879-1912-1926
ép.
Sadako
princesse
Fujiwara
† 1951 | **Masako**
ép.
prince
Takeda | **Fusako**
ép.
prince
Kitashirakawa II | **Nobuko**
ép.
prince
Asaka | **Toshiko**
ép.
prince
Higashikuni |

| **Showa**
HIRO-HITO
1901-1926-1989
ép.
Nagako
fille du prince
Kuni II
1903- | **Chichibu**
Yasuhito
1902-1953
ép.
Setsuko
Matsudaira | **Takamatsu**
Nobuhito
1905-1987 | **Mikasa**
Takahito
1915- |

| **Shigeko**
1925-1961
ép.
Morihito
fils du prince
Higashikuni | **Kasuko**
1927- | **Atsuko**
1929- | **Takako**
1931- | **Akihito**
1933
ép.
Michiko
Shoda | **Hitachi**
Masahito
1935- |

Hiro
Naruhito
1960-

Index des noms propres

commencé à faire campagne pour attirer l'attention sur les atrocités commises à Nankin, durant le conflit sino-japonais déclenché en 1937.

BA MAW, U : chef nationaliste birman qui se cacha au Japon après la guerre jusqu'en 1946, date à laquelle il fut remis aux Britanniques.

BERGAMINI, David : auteur d'un ouvrage très discuté, « *Japan's Imperialist Controversy* ».

BHOSE, Subhas Chandra : chef de l' « Armée nationale de l'Inde », recrutée principalement parmi les prisonniers de guerre indiens, qui se battit aux côtés des Japonais dans le Sud-Est asiatique.

BOWERS, Faubion : ancien aide de camp du général MacArthur, linguiste, expert ès théâtre *kabuki*, chargé de conseiller le général sur les affaires japonaises (1945-46).

BRINES, Russell : correspondant d'*Associated Press* à Tokyo, avant et après la guerre.

CHICHIBU, prince : frère cadet de l'empereur Hiro-Hito, officier de carrière qui, aux premiers temps du règne de son frère, devint un héros pour les jeunes officiers nationalistes ; beaucoup de gens pensaient qu'il avait soutenu certains des complots militaires qui menèrent à l'insurrection « 2/26 ». Mort en 1953.

CRAIGIE, Sir Robert : ambassadeur de Grande-Bretagne au Japon, de 1937 à 1941.

DAN, Takuma : baron, banquier, éminent porte-parole des *Zaibatsus*, assassiné en 1932 pour s'être déclaré en faveur de la Société des Nations.

DOIHARA, Kenji : général, le « Lawrence d'Arabie » japonais, en Mandchourie et en Chine, qui fut ensuite directeur de l'Ecole militaire du Japon ; exécuté pour crimes de guerre en 1948.

DONIHI, Robert : membre du ministère public aux procès de Tokyo.

DOOLITTLE, James H. : général, emmena une audacieuse attaque aérienne contre le Japon en avril 1942.

DROUGHT, père James M. : membre de la *Catholic Foreign Mission Society*, de Maryknoll, qui, en compagnie de l'évêque Walsh, organisa des entretiens privés avec des citoyens japonais pour éviter la guerre.

FEAREY, Robert : membre du cabinet de l'ambassadeur des Etats-Unis, Joseph C. Grew, en 1941 ; fit ensuite partie du SCAP et fut l'un des principaux enquêteurs du TMIEO.

FEHLER, Johann Heinrich : remarquable commandant de sous-marins de la marine allemande, qui tenta de transporter de l'oxyde d'uranium jusqu'au Japon en 1945, mais se rendit à l'US Navy dans l'océan Atlantique.

FELLERS, Bonner : général, adjoint de MacArthur, il accueillit Hiro-Hito à l'ambassade américaine, le 27 septembre 1945.

FUSAKO, princesse : tante de l'empereur Hiro-Hito, grand-mère du jeune prince Kitashirakawa.

FUSHIMI, Hiroyasu, prince : cousin de l'impératrice Nagako ; chef d'état-major de la Marine et amiral de la flotte avant la guerre.

GENDA, Minoru : as de l'aviation japonaise, l'un des « cerveaux » de Pearl Harbor ; il mit sur pied, en 1945, un complot pour cacher le petit prince Kitashirakawa et l'élever en tant que futur empereur, au cas où il arriverait quelque chose à Hiro-Hito et à la famille impériale après la guerre. Plus tard membre en vue du Parti libéral démocrate à la Diète.

GIGA, Nobuya : commandant, officier de liaison auprès du seigneur de la guerre mandchou, Chang Tso-lin, participa au complot contre sa vie.

GOTO, Fumio : ministre de l'Intérieur durant l'insurrection « 2/26 » et, très brièvement, Premier ministre par intérim.

GREW, Joseph C. : ambassadeur des Etats-Unis au Japon de 1932 à 1941.

GUILLAIN, Robert : correspondant de l'Agence Havas à Tokyo de 1938 à 1941 et, ultérieurement, témoin précieux des événements qui se déroulèrent sur le sol japonais pendant la guerre.

HAMAGUCHI, Osachi : Premier ministre, il fit l'objet d'un attentat de la part d'un extrémiste de droite, à la gare de Tokyo, et mourut de ses blessures en août 1932.

HARA, Takahasi : Premier ministre, assassiné par un extrémiste en 1921.

HARADA, Kumao : secrétaire particulier du prince Saionji et auteur de mémoires passionnants jusqu'en 1940.

HARUNA, Shizuto : ingénieur du son de la station de radio NHK, qui enregistra le discours de capitulation de l'empereur.

HASHIMOTO, Kingoro : colonel, officier d'état-major d'extrême droite, fondateur de la « Société Fleur de cerisier », qui participa, en 1937, à l'agression contre deux navires américain et britannique, le *Panay* et le *Ladybird*.

HATANAKA, Kenji : commandant, officier d'état-major, partisan de poursuivre la guerre jusqu'au bout ; il tenta de s'emparer par la force de l'enregistrement du discours de capitulation fait par l'empereur afin de l'empêcher d'être diffusé ; il se suicida le 15 août 1945.

HIGASHIKUNI, Naruhiko, prince : fut brièvement Premier ministre du Japon juste après la guerre, proche parent de Hiro-Hito et militaire de carrière. Centenaire, en 1987, survécut à l'empereur.

HIRANUMA, Kiichi : baron, Premier ministre en 1937, ensuite président du Conseil privé ; idéologue nationaliste, il subit un progressif revirement et chercha des moyens de mettre fin au conflit ; condamné à la détention perpétuelle pour crimes de guerre par le TMIEO.

HIROTA, Koki : Premier ministre et ministre des Affaires étrangères avant la guerre, injustement condamné à mort et exécuté à la fin des procès de Tokyo, en 1948.

HONJO, Shigeru : général, premier aide de camp de Hiro-Hito (1933-36), il tint un journal intime très précieux.

Honma, Masaharu : général, exécuté pour crimes de guerre en 1946.

Hull, Cordell : secrétaire d'Etat américain en 1941.

IMTFE : International Military Tribunal for the Far East (Tribunal militaire international d'Extrême-Orient), ce fut le « Nuremberg asiatique » (1946-48), devant lequel furent jugés vingt-sept « criminels de guerre ».

Ishii, Shiro : général, distingué scientifique de l'armée, fondateur de « l'unité 731 » (chargée de la guerre chimique et bactériologique), il parvint à se soustraire aux poursuites judiciaires pour crimes de guerre. Mort en 1957.

Ishiwara, Kanji : général, il avait été (alors qu'il était encore colonel) l'un des « cerveaux » de « l'incident de Mukden » (1931), puis il s'opposa à la politique expansionniste du Japon en Chine, au détriment de sa carrière ; le Premier ministre Tojo le confina à des postes sans intérêt, avant de le faire mettre en disponibilité en 1941. Fit une précieuse déposition devant les enquêteurs du TMIEO sur son lit de mort.

Itagaki, Seishiro : général, autre « cerveau » de « l'incident de Mukden », il devint ministre de la Guerre (1938-39). Exécuté pour crimes de guerre à l'issue des procès de Tokyo en 1948.

Iwakuro, Hideo : colonel, officier de liaison qui joua un rôle ambigu dans les efforts tentés pour mettre sur pied des négociations américano-japonaises afin d'éviter la guerre ; peut-être cherchait-il à masquer ainsi ses activités d'espion.

Jones, révérend E. Stanley : prédicateur méthodiste et proche ami du président Roosevelt, il servit d'intermédiaire lors d'entretiens privés visant à éviter la guerre.

Kato, Matsuo : journaliste influent, ayant des relations très haut placées, correspondant de l'agence de presse *Domei* à Washington à l'époque de Pearl Harbor.

Kawashima, Yoshikuyo : ministre de la Guerre durant l'insurrection « 2/26 » et père adoptif du « Joyau de l'Orient ».

Keenan, Joseph : procureur général des Etats-Unis aux procès du TMIEO.

Kido, Koichi : baron, garde du Sceau impérial de Hiro-Hito de 1940 à 1945 et auteur du « Journal » (Kido Nikki) qui fournit de précieux renseignements sur les événements précédant la guerre. Condamné à la détention perpétuelle par le TMIEO ; libéré en 1953.

Kita, Ikki : idéologue dont les idées gauchistes, à tendance national-socialiste, inspirèrent toute une génération de jeunes officiers nippons. Exécuté après l'insurrection « 2/26 ».

Kitashirakawa, prince : âgé de sept ans en 1945, petit-fils de l'empereur Meiji, il fut choisi pour être caché et secrètement élevé en tant que futur empereur, au cas où les Américains auraient déporté Hiro-Hito après la guerre.

Koiso, Kuniaki : général, il succéda à Tojo en qualité de Premier ministre en 1944-45.

Komoto, Daisaku : colonel, l'un des meneurs du complot pour assassiner le seigneur de la guerre mandchou, Chang Tso-lin (1928).

Konoye, Fuminaro, prince : trois fois Premier ministre entre 1937 et 1940, un des amis et conseillers les plus proches de Hiro-Hito ; joua un rôle décisif dans l'invasion japonaise en Chine en 1937, mais subit ensuite un complet revirement et s'opposa à l'entrée en guerre du Japon contre les Etats-Unis. Inculpé à tort de crimes de guerre, il se suicida en 1945, plutôt que de subir l'humiliation de comparaître devant le TMIEO ou de risquer d'incriminer l'empereur.

Kuni, Kunioshi, prince : père de l'impératrice Nagako.

Kurosawa, Akiro : grand cinéaste japonais.

Kurusu, Saburo : diplomate de carrière, envoyé à Washington comme ambassadeur spécial, en 1941, lorsque la crise entre les Etats-Unis et le Japon s'aggrava.

MacArthur, Douglas : général, chef du SCAP, après avoir reçu la capitulation des Japonais à bord du *Missouri,* le 2 septembre 1945. Quitta le Japon en 1951. Mort en 1964.

« *MAGIC* » : nom de code du système de décodage mis au point par les Américains, qui leur permit de déchiffrer les messages adressés par le gouvernement nippon à ses ambassadeurs à l'étranger.

Makino, Nobuaki : comte, garde du Sceau impérial de Hiro-Hito jusqu'en 1936, il fut l'une des principales cibles des officiers insurgés durant le soulèvement « 2/26 ».

Matsudaira, Tsuneo : ministre de la Maison impériale en 1936.

Matsudaira, Yasumasa : secrétaire du marquis Kido à qui il succéda en tant que garde du Sceau impérial.

Matsui, Iwane : général, il commandait des troupes lors de l'attaque contre Nankin ; exécuté après les procès de Tokyo en 1948.

Matsuoka, Yosuke : ministre des Affaires étrangères non conformiste en 1938-39, éduqué aux Etats-Unis.

Mazaki, Jinzaburo : général, inspecteur général de l'Armée, révoqué en raison de ses opinions réactionnaires dans la controverse « de l'organe », en 1935 ; il joua un rôle ambigu en coulisse durant l'insurrection « 2/26 », ce qui mit un terme à sa carrière.

McGill, Peter : correspondant de l'*Observer* à Tokyo.

Mikasa, prince : troisième frère de l'empereur Hiro-Hito, le seul qui soit encore en vie.

Minami, Jiro : général, ministre de la Guerre durant « l'incident de Mukden », en 1931, il joua un rôle ambigu en encourageant secrètement les conspirateurs.

MINE, Komatsu : général chargé d'enquêter sur la mort du seigneur de la guerre mandchou, Chang Tso-lin, alors qu'il trempait dans le complot.

MINOBE, Tasukichi : professeur, l'un des principaux spécialistes du droit constitutionnel japonais avant la guerre ; il s'attira l'hostilité des ultra-nationalistes de 1934-1945, pour avoir déclaré que l'empereur était « un organe de l'Etat » ; il fut obligé de démissionner de la chambre des Pairs.

MORI, Takeshi : général, dit « le Moine », commandant de la Garde impériale, il fut assassiné par des officiers lorsqu'il refusa de participer à leur complot pour s'emparer du palais impérial, le 14 août 1945.

NAGANO, Osami : amiral, chef de l'état-major naval de 1941 à 1944, il prit part à des réunions cruciales avec Hiro-Hito, lesquelles devaient décider de l'entrée en guerre du Japon ; il mourut durant les procès de Tokyo, alors qu'il figurait parmi les accusés.

NAGATA, Tetsuzan : général, chef du bureau des affaires militaires et proche confident de Hiro-Hito, il fut assassiné en 1935 par le lieutenant-colonel Aizawa ; ce meurtre préluda à l'insurrection « 2/26 ».

NAGAZUMI, Torahiko : ami d'enfance de l'empereur Hiro-Hito.

NAKAJIMA, Kesago : général, chef de la « *Kempei* » (police militaire), en 1937 ; il commanda par la suite à Nankin une division qui commit des atrocités abominables. Il ne fut jamais inculpé pour crimes de guerre.

NHK : chaîne de radiodiffusion japonaise.

NOGI, Maresuke : général, héros de la guerre russo-japonaise de 1905, il devint ensuite directeur de l'école des Pairs et fut, jusqu'à son suicide en 1912, une sorte de second père pour Hiro-Hito.

NOMURA, Kichisaburo : ambassadeur à Washington en 1940-41.

OKADA, Keisuke : Premier ministre durant l'insurrection « 2/26 ».

OKAMURA, Katsuko : diplomate à Washington en 1941 ; il fut ensuite l'interprète particulier de l'empereur et assista à l'entrevue du 27 septembre 1945 avec MacArthur.

OKAWA, Shumei : idéologue, conspirateur invétéré et virulent partisan d'un Japon expansionniste et autoritariste. Il parvint à se soustraire aux poursuites du TMIEO en feignant la démence.

OSHIMA, Hiroshi : ambassadeur à Berlin en 1937 et durant la guerre, il était animé par un parti pris si violent en faveur de Hitler qu'on le surnommait « l'ambassadeur d'Allemagne à Berlin ».

REICHENAU, Ernst von : agent secret antinazi en Extrême-Orient, frère de Walter.

REICHENAU, Walter von : l'un des généraux préférés de Hitler (tué sur le front russe), il rencontra Hiro-Hito en 1937.

ROSS, George : contre-amiral (à la retraite), ancien attaché naval adjoint à Tokyo, en 1924.

Sackett, Henry R. : colonel, procureur adjoint chargé du « dossier Kido » devant le TMIEO.

Saionji, Kinmochi, prince : l'un des plus grands aristocrates du Japon, il était à la tête de la délégation nippone à la Conférence de Versailles en 1919 et fit son possible pour amener son pays à devenir un membre actif de la Société des Nations, car il espérait beaucoup d'un Japon internationaliste, ayant de puissants liens avec la Grande-Bretagne et la France ; au fil du temps, ce fervent libéral, dernier des « *genros* », fut de moins en moins écouté et son rôle dans les affaires d'Etat devint très marginal ; il mourut en 1940, désespéré par l'échec de sa politique modérée.

Saito, Makoto : garde du Sceau impérial, assassiné par les officiers insurgés le 2 février 1936.

Sakomizu, Hizatsune : gendre du Premier ministre Okada, il lui sauva la vie avec quelques autres fidèles, durant l'insurrection « 2/26 ».

Sato, Kojiro : général, auteur de « *Si le Japon et les Etats-Unis entrent en guerre* » (1921).

SCAP : Supreme Command Allied Powers (Commandement suprême des Puissances alliées) ; force d'occupation au Japon sous le haut commandement du général MacArthur.

Shidehara, Kijuro : ministre des Affaires étrangères dans les années 1930, réputé pour sa modération.

Shigemitsu, Mamoru : ambassadeur en Grande-Bretagne avant la guerre, ministre des Affaires étrangères en 1945, ce fut lui qui signa l'armistice à bord du « *Missouri* », le 2 septembre 1945.

Shimomura, Hiroshi : directeur de la NHK lors de la capitulation, en août 1945.

Shimosato, Masaki : reporter chevronné de *Akahata* et spécialiste de « l'Unité 731 ».

Shoda, Michiko : nom de jeune fille de l'épouse de l'empereur Akihito.

Suetsugo, Nobumasa : amiral, nommé par Konoye, il était tout à fait partisan d'une guerre contre les Etats-Unis.

Sugiyama, Hajima : général, chef d'état-major de l'armée (jusqu'en 1944) et auteur d'un ouvrage de référence, le « *Mémorandum Sugiyama* ». Il se suicida à la fin de la guerre (août 1945).

Suzuki, Kantaro : ex-amiral, ex-courtisan (dont l'épouse fut l'institutrice de Hiro-Hito quand il avait cinq ans), il devint l'ultime Premier ministre du temps de guerre.

Takahashi, Korekiyo : ministre des Finances, assassiné par des officiers insurgés le 2 février 1936.

Takamatsu, prince : deuxième frère de Hiro-Hito, officier de marine à tendance « colombe », mort en 1987.

TAKASHIMA, Tatsuhiko : général, chef d'état-major du corps d'armée de l'Est au moment de la capitulation japonaise, il contribua à faire échouer le complot pour poursuivre la guerre.

TANAKA, Giishi : ex-général et Premier ministre de 1927 à 1929, congédié par l'empereur après l'assassinat du seigneur de la guerre mandchou, Chang Tso-lin.

TANAKA, Ryushiki : ex-général, ex-agent de renseignements (amant et supérieur hiérarchique de « Joyau de l'Orient »), il devint, de 1946 à 1948, l'adjoint personnel du procureur général américain, Joseph Keenan, aux procès de Tokyo.

TANAKA, Shizuichi : général, commandant en chef du corps d'armée de l'Est, il déjoua à la fin de la guerre le complot des officiers qui voulaient continuer la guerre (août 1945) et se suicida ensuite.

TAKESHITA, Masahito : lieutenant-colonel, officier d'état-major, beau-frère du général Anami, il faisait partie de ceux qui voulaient poursuivre la guerre, bien que Hiro-Hito eût décidé d'y mettre fin ; il seconda le général Anami lors de son suicide rituel, le 14 août 1945.

TATENO, Morio : speaker de la NHK, le 15 août 1945.

TERASAKI, Gwen : épouse américaine de Hidenori Terasaki et auteur de « *A Bridge to the Sun* ».

TERASAKI, Hidenori : diplomate en poste aux Etats-Unis, qui fut secrètement à l'origine de la lettre que Roosevelt adressa à l'empereur Hiro-Hito, dans les jours qui précédèrent immédiatement Pearl Harbor. Les messages interceptés grâce à « *Magic* » permirent de constater qu'il fut tout au long de cette période un des principaux agents des services de renseignements nippons.

TERAUCHI, Hisaichi : maréchal, ministre de la Guerre (1937), puis commandant en chef en Birmanie. On songea à lui pour les fonctions de Premier ministre lorsque Tojo démissionna, mais son commandement fut jugé trop crucial pour lui permettre de regagner Tokyo. Il se suicida à la fin de la guerre, en août 1945.

TMIEO : Tribunal militaire international d'Extrême-Orient, voir IMTFE.

TOGO, Shinegori : ministre des Affaires étrangères au moment de Pearl Harbor (attaque japonaise contre la marine américaine).

TOJO, Hideki : ministre de la Guerre, puis Premier ministre de 1941 à 1944, il prit en main les forces de police civile et militaire et dirigea les opérations de la « Grande guerre asiatique » contre les Etats-Unis et leurs alliés jusqu'à la défaite de Saipan qui lui fut fatale et obligea Hiro-Hito à exiger sa démission. Exécuté pour crimes de guerre en 1948.

TOMIYOKA : amiral, un des principaux membres du complot échafaudé pour « kidnapper » un jeune prince descendant de Meiji, à la fin de la guerre, et l'élever en secret en tant que futur empereur.

Toyama, Mitsuru : chef de la « Société du Dragon noir » et éminence grise de la pègre de Tokyo, qui entretenait des relations cordiales avec certains membres de la famille impériale.

Toyama, Hidezo : fils du précédent, haut placé, lui aussi, dans la « Société du Dragon noir ».

Toyoda, Tekijiro : amiral, il succéda au fantasque Matsuoka en tant que ministre des Affaires étrangères, en 1939.

Tsuji, Masanobu : colonel, officier d'état-major dont les ordres entraînèrent d'innombrables sévices contre les prisonniers de guerre. Il parvint à se soustraire aux poursuites judiciaires devant le TMIEO, devint un conseiller de Chiang Kai-shek, fut élu à la Diète en 1952 et disparut dans des circonstances mystérieuses au Viêt-nam (du Nord) en 1961.

TVS : Television South, société de production britannique de la chaîne de télévision ITV.

Ugaki, Kazushige : général, ministre de la Guerre (1924-25), il réduisit la taille des forces armées japonaises. Gouverneur de Corée de 1931 à 1936, il fut proposé comme candidat au poste de Premier ministre en 1937, par Saionji, qui espérait ainsi contrer les tendances interventionnistes du gouvernement japonais ; mais ne jouissant pas du soutien de Hiro-Hito, il ne parvint pas à former un ministère, les forces armées ayant refusé de nommer un ministre de la Guerre.

Umezu, Yoshijiro : général, chef d'état-major de l'Armée au moment de la capitulation du Japon.

Vining, Elizabeth : professeur d'anglais du prince héritier Akihito, après la guerre, et auteur de « Windows for the Crown Prince ».

Wakatsuki, Reijiro : Premier ministre durant « l'incident de Mukden », en 1931, ce modéré fit son possible pour éviter l'entrée en guerre de son pays.

Walker, Frank C. : ministre des Postes et Télécommunications de Roosevelt, il donna sa bénédiction à des entretiens privés entre Japonais et Américains pour éviter la guerre (et fournit des fonds à cet effet).

Walsh, James E. : évêque, membre de la Catholic Foreign Mission Society, à Maryknoll, il prit l'initiative d'engager des négociations privées pour éviter la guerre en 1940-41.

Wang, Ching-wei : ex-leader du Kuomintang, il rompit avec Chiang Kai-shek et devint le fantoche des Japonais en Chine centrale.

Webb, Sir William Flood : président du TMIEO.

Yamagata, Arimoto : général, l'un des créateurs de l'armée moderne du Japon, ce « genro » mourut en 1921.

Yamagushi, Ichitaro : capitaine dans l'armée, il joua un rôle de premier plan dans l'insurrection « 2/26 » ; gendre du général Honjo, le premier aide de camp de Hiro-Hito, dont la carrière s'en ressentit.

517

YAMAMOTO, Isoroku : amiral, pittoresque héros de la Marine nippone, en dépit des graves réserves qu'il nourrissait quant à l'issue de la guerre contre les Etats-Unis, il conçut et exécuta l'attaque contre Pearl Harbor et commanda ensuite la flotte japonaise dans le Pacifique. Son avion fut abattu par des chasseurs américains en 1943.

YOSHIDA, Shigeru : Premier ministre après la guerre, durant l'occupation américaine ; ancien diplomate de carrière (et gendre du comte Makino), il s'opposa à l'entrée du Japon dans la Seconde Guerre mondiale.

YOSHIZAWA, Kenkichi : diplomate de carrière qui devint l'ambassadeur du Japon à Pékin et joua un rôle important dans l'expansion de son pays à travers tout le Sud-Est asiatique ; de tendance « ultra », il « négocia » avec le gouvernement des Indes néerlandaises l'approvisionnement du Japon en pétrole avant Pearl Harbor.

YUASA, Kurahei : garde du Sceau impérial durant l'insurrection « 2/26 ».

Discours de capitulation de l'empereur
enregistré le 14 août 1945
radiodiffusé le 15 août 1945

A Nos bons et loyaux sujets,

Après avoir mûrement réfléchi aux tendances générales prévalant dans le monde et aux conditions existant aujourd'hui dans Notre Empire, Nous avons décidé de régler la situation actuelle par une mesure d'exception.

Nous avons ordonné à Notre Gouvernement de faire savoir aux Gouvernements des Etats-Unis, de Grande-Bretagne, de Chine et d'Union soviétique que Notre Empire accepte les termes de leur Déclaration commune.

Nous efforcer d'établir la prospérité et le bonheur de toutes les nations, ainsi que la sécurité et le bien-être de Nos sujets, telle est l'obligation solennelle qui Nous a été transmise par Nos Ancêtres Impériaux et que Nous portons dans Notre cœur. C'est d'ailleurs en raison de Notre sincère désir d'assurer la sauvegarde du Japon et la stabilisation du Sud-Est asiatique que Nous avons déclaré la guerre à l'Amérique et à la Grande-Bretagne, car la pensée d'empiéter sur la souveraineté d'autres nations ou de chercher à agrandir notre territoire était bien loin de Nous. Mais voici désormais près de quatre années que la guerre se prolonge. Bien que tout le monde ait fait de son mieux — en dépit des vaillants combats livrés par Nos forces militaires et navales, de la diligence et de l'assiduité de Nos serviteurs et du dévouement de Nos cent millions de sujets — la guerre a évolué, mais pas nécessairement à l'avantage du Japon, tandis que les tendances générales prévalant dans le monde se sont toutes retournées contre ses intérêts. En outre, l'ennemi a mis en œuvre une bombe nouvelle d'une extrême cruauté, dont la capacité de destruction est incalculable et décime bien des vies innocentes. Si Nous continuions à nous battre, cela entraînerait non seulement l'effondrement et l'anéantissement de la nation japonaise, mais encore l'extinction totale de la civilisation humaine. Cela étant, comment pouvons-Nous sauver les multitudes de Nos sujets ? Comment expier Nous-même devant les esprits de Nos Ancêtres Impériaux ? C'est la raison pour laquelle Nous avons ordonné d'accepter les termes de la Déclaration commune des Puissances.

519

Nous ne pouvons qu'exprimer le sentiment de notre plus profond regret à Nos Alliés du Sud-Est asiatique qui ont sans faillir coopéré avec Notre Empire pour obtenir l'émancipation des contrées asiatiques. La pensée des officiers et des soldats, ainsi que de tous les autres, tombés au champ d'honneur, de ceux qui sont morts à leur poste, de ceux qui ont trépassé avant l'heure et de toutes leurs familles endeuillées Nous serre le cœur nuit et jour. Le bien-être des blessés et des victimes de la guerre, et de tous ceux qui ont perdu leur foyer et leurs moyens d'existence, est l'objet de Notre plus vive sollicitude. Les maux et les souffrances auxquels Notre nation sera soumise à l'avenir vont certainement être immenses. Nous sommes pleinement conscient des sentiments les plus intimes de vous tous, Nos sujets. Cependant, c'est en conformité avec les décrets du temps et du sort que Nous avons résolu d'ouvrir la voie à une ère de paix grandiose pour toutes les générations à venir en endurant ce qu'on ne saurait endurer et en supportant l'insupportable.

Ayant pu sauvegarder et maintenir ainsi la structure de l'Etat impérial, Nous sommes toujours avec vous, Nos bons et loyaux sujets, Nous fiant à votre sincérité et à votre intégrité. Gardez-vous très rigoureusement de tout éclat d'émotion susceptible d'engendrer d'inutiles complications ; de toute querelle et lutte fratricides qui pourraient créer des désordres, vous entraîner hors du droit chemin et vous faire perdre la confiance du monde. Que la nation entière se perpétue comme une seule famille, de génération en génération, toujours ferme dans sa foi en l'impérissabilité de son sol divin, gardant toujours présents à l'esprit le lourd fardeau de ses responsabilités et la pensée du long chemin qu'il lui reste à parcourir. Unissez vos forces pour les consacrer à bâtir l'avenir. Cultivez les chemins de la droiture ; nourrissez la noblesse d'esprit ; et travaillez avec résolution, de façon à pouvoir rehausser la gloire inhérente de l'Etat impérial et vous maintenir à la pointe du progrès dans le monde.

Sceau impérial.

14e jour du 8e mois de la 20e année de Showa.